영원히
타오르는
불꽃

안중근의 하얼빈 의거와 동양평화론

이태진 외
안중근·하얼빈학회

지식산업사

영원히 타오르는 불꽃

초판 제1쇄 발행 2010. 12. 23.
초판 제4쇄 발행 2020. 11. 12.

지은이　이 태 진 외, 안중근 · 하얼빈학회
펴낸이　김 경 희

경　영　강 숙 자
편　집　심 유 진
디자인　이 영 규
영　업　문 영 준
관　리　문 암 식
경　리　김 양 헌

펴낸곳　(주)지식산업사
　　　　본사 ● 10881, 경기도 파주시 광인사길 53(문발동)
　　　　　　전화 (031) 955-4226~7　팩스 (031) 955-4228
　　　　서울사무소 ● 03044, 서울시 종로구 자하문로6길 18-7
　　　　　　전화 (02) 734-1978　팩스 (02) 720-7900
　　　　한글문패 지식산업사
　　　　영문문패 www.jisik.co.kr
　　　　전자우편 jsp@jisik.co.kr
　　　　등록번호 1-363
　　　　등록날짜 1969. 5. 8.

이 책을 읽고 저자에게 문의하고자 하는 이는
지식산업사 전자우편으로 연락바랍니다.

안중근 초상사진, 40×31m, 일본 죠신지淨心寺 소장, 류코쿠대학龍谷大學 기탁보관.

大韓義士安重根公血書

大韓獨立

안의스의단총
安重根公之短銃

안의스의손가락
安重根公之手指

안의스즁근공의혈서

대한의사 안중근공 혈서 엽서, 11×19. 안중근은 1909년 연해주에서 단지동맹斷指同盟을 맺고, 조국독립을 위해 헌신할 것을 맹세하며 자른 손가락에서 나온 피로 태극기에 대한독립大韓獨立이라 휘호하였다. 이 엽서에는 그 태극기와 안중근의 여러 모습, 그리고 단지한 손가락과 사용한 권총 사진이 함께 나와 있다.

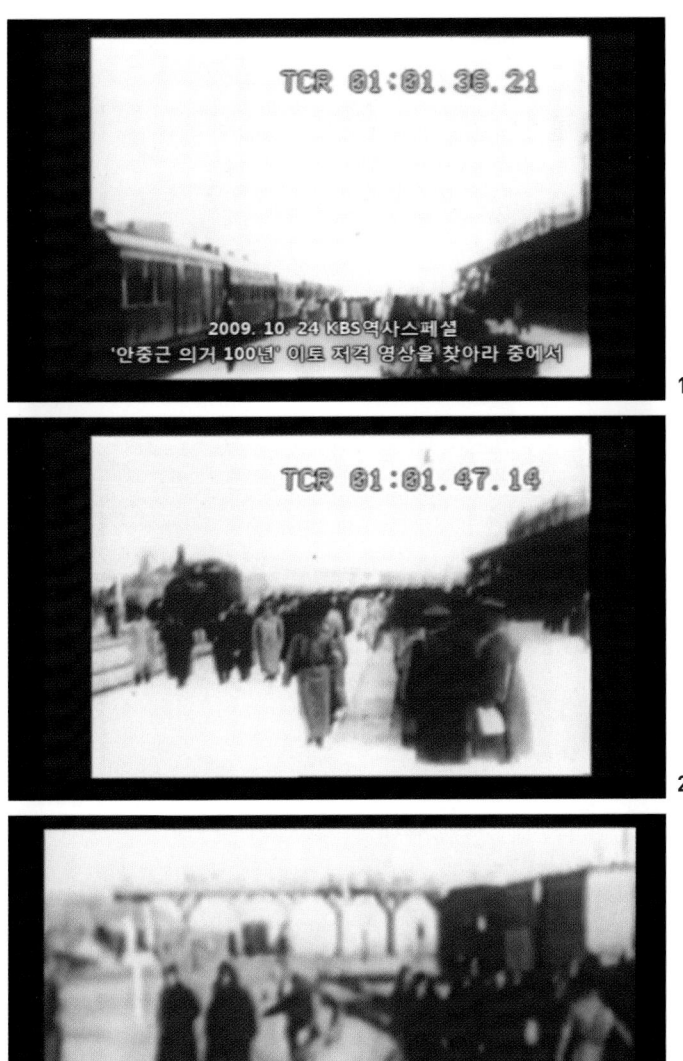

TCR 01:01.36.21

2009. 10. 24 KBS역사스페셜
'안중근 의거 100년' 이토 저격 영상을 찾아라 중에서

1

TCR 01:01.47.14

2

안중근

3

1_ 하얼빈 역에 기차가 정렬해 있다.

2_ 총소리가 난 직후 사람들이 우왕좌왕하며 바삐 움직이고 있다.

3_ 안중근이 저격에 성공한 뒤, 러시아 군 헌병대에 연행되는 장면이다. 손은 뒤로 묶였지만 의연한 모습이다. 뒤에 보이는 다리는 저격 전 안중근이 하얼빈 역 플랫폼을 내려다보며 사전 답사한 곳으로 알려져 있다. 이 동영상은 2009년 KBS 역사스페셜 〈안중근 이토 저격의 영상을 찾아라〉에서 공개되었다.

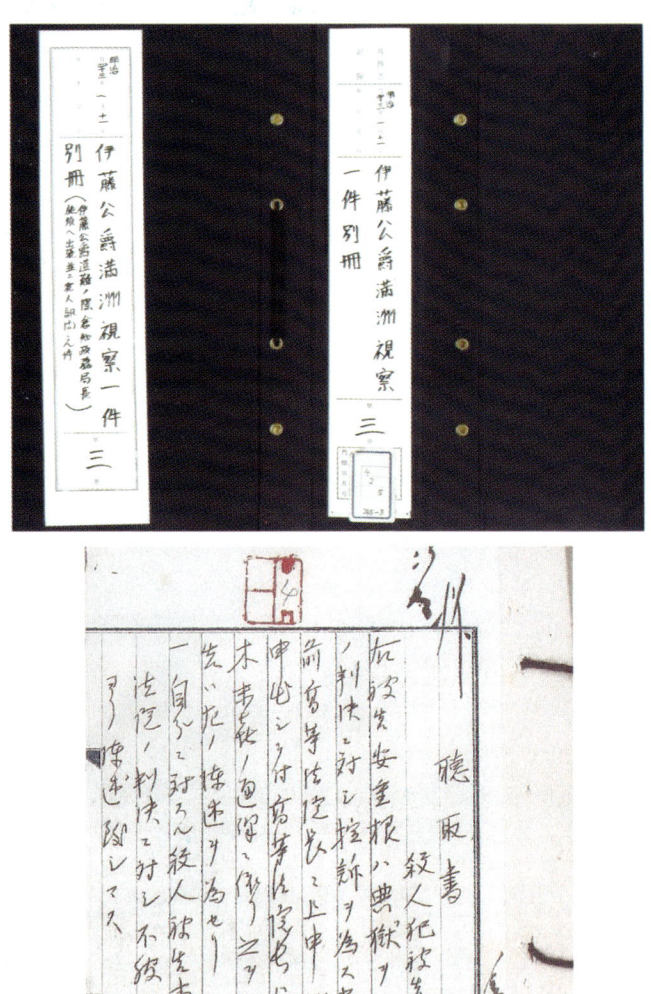

1_ 〈이토 공작 만주시찰 일건伊藤公爵滿洲視察一件〉

2_ 〈청취서 살인범 피고인 안중근〉 첫 장. 일본 외교사료관이 소장한 〈이토 공작 만주시찰 일건〉에 들어 있는 〈청취서〉는 1910년 2월 17일 안중근과 히라이시 재판장의 면담 기록으로, 안중근의 동양평화론에 관한 내용이 구체적으로 진술되어 있다.

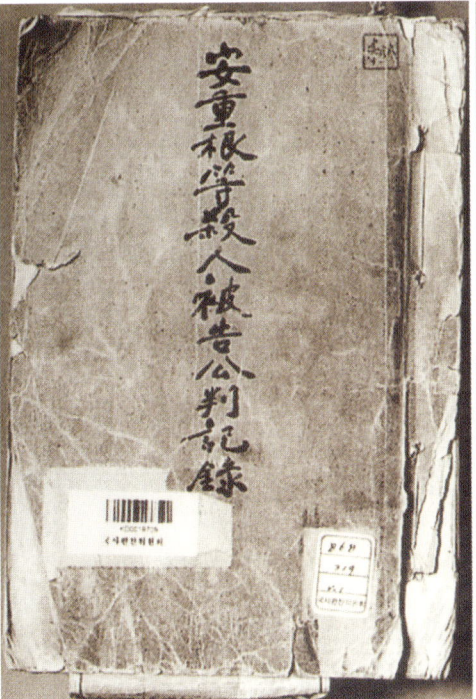

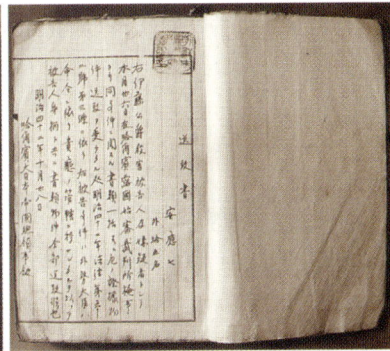

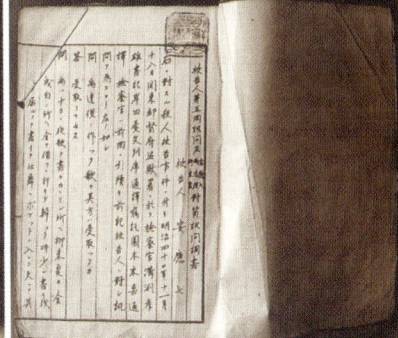

1 1910년 3월 뤼순감옥에서 아우 정근·공근과 홍석구 신부에게 유언을 남기는 안중근.

2 안중근의 재판에 대해 일제가 남긴 기록인 《안중근등살인피고공판기록》.

1_ 東洋代勢思杳玄 有志男兒豈安眠 和局未成猶慷慨 政略不改眞可憐
동양대세를 생각하매 아득하고 어두운데/뜻있는 사나이가 편한 잠을 어찌 자겠는가/평화로운 시국을 이루지 못함이 더욱 강개한데/(일본이) 정략을 고치지 않으니 참 가엾도다.

2_ 志士仁人 殺身成仁
지사와 어진 사람은 자신의 몸을 죽여 인仁을 이룬다.

서 문

1909년 10월 25일 오후 11시 정각, 이토 히로부미 일행을 태운 특별열차는 장춘長春〔寬城子〕을 출발하여 26일 오전 9시에 하얼빈 역에 도착하였다. 시베리아철도를 타고 멀리 상트페테르부르크로부터 하얼빈으로 온 러시아 재무대신 코코체프가 그를 영접하고자 귀빈객차 안으로 들어갔다. 두 사람은 25분 동안 동청철도 부설을 비롯한 몇 가지 문제를 중심으로 러·일 양국 사이의 협력관계를 다짐하는 대화를 나누었다. 이토는 객차 안을 둘러보면서 "이 근사한 차량은 위대한 사상의 보호자가 될 운명이다"라 말하고 코코체프의 안내를 받으며 플랫폼으로 내려와 주요 인물들을 소개받고 악수를 나누었다. 러시아 군악대의 연주 속에 의장대를 열병하고 일본인 환영객들이 서 있는 곳으로 발걸음을 옮길 때, 폭죽 같은 총성이 울렸다. 그리고 "코리아 우라(만세)" "코리아 우라" "코리아 우라"라는 소리가 울렸다. 9시 30분경에 일어난 영웅 안중근의 하얼빈 의거가 성공하던 순간이었다.

2007년 1월 나는 조동성 교수(경영학, 서울대)와 함께 2009년의 하얼빈 의거 100주년을 뜻 깊게 보내고자 '안중근·하얼빈학회'를 창설하였다. 조 교수는 안중근의 자당慈堂 조 마리아 여사의 후손으로서 하얼빈 의거에 대해 남다른 관심을 가져온 터라 역사 전공의 필자와 학회 창설에 뜻을 같이 하였다. 학회의 명칭에 특별히 의거가 일어난 하얼빈을 넣은 것은 하얼빈시 당국과 공동행사를 개최할 수 있으리라는 기대가 있었기 때문이었다. 이 학회는 의거 99주년이 되는 해인 2008년에 동북아역사재단의 지원을 받아 "동북아 평화와 안중근 의거 재조명"이란 주제로 의거 99주년 기념 국제학술회의를 가졌다. 100주년 행사를 더 알차게 수행하기 위한 예비회의의 성격을 가진 것이었다.

이어 2009년 8월 10일부터 9일 동안 한국철도대학교와 함께 "안중근 장군, 항일유적지를 찾아서"란 주제로 역사 여행을 하였다. 최연혜 총장이 안중근·하얼빈학회의 회원으로서 한국철도공사와 협의하여 러시아, 중국 철도 당국과의 협의에 적극적으로 나설 것을 약속하여 이루어진 대장정이었다. 서울에서 하바로프스크–블라디보스토크–크라스키노–훈춘–연길–하얼빈–뤼순·다롄–서울로 이어지는 8박 9일의 긴 여행이었다. 이 여행에는 당시 모 일간지에 안중근 일대기를 〈불멸〉이란 타이틀로 소설을 연재하던 이문열 씨를 비롯해 유지 및 각계 인사들이 참여하였고, 서울대, 한양대의 학생들이 동북아역사재단, 우리은행, 하얼빈안중근기념관후원회 등의 후원으로 여정을 함께 하였다. 일행은 안중근을 비롯한 대한의군이 항일독립운동을 벌이며 겪은 고초를 현지에서 실감하고, 또 뤼순감옥에서 형장의 이슬이 된 영웅의 숭고한 뜻을 절실하게 기리는 행운을 누렸다. 더욱이 8월 14일 밤에 하얼빈에 입성하여 이튿날인 광복절에 조선민족예술관에서 "안중근 장군의 하얼빈 의거 현양 및 동양평화사상 계승 기념식"을 가질 수 있었던 것은 잊지 못할 추억이 되었다. 또 저녁에는 세계적 소프라

노 김인혜 교수가 서울에서 날아와 "안중근을 기리는 작은 평화콘서트"를 헌정하여 우리 일행들이 너무나 뜻 깊고 아름다운 추억을 가질 수 있게 해 주었다. 조선민족예술관 강월화 관장, 하얼빈시 문화국의 서학동 부국장의 동포애가 이를 가능하게 해 주었다.

2009년의 여름을 이렇게 뜨거운 열망 속에 보낸 뒤, 안중근·하얼빈학회는 10월 26일부터 27일까지 "안중근의 동양평화론과 동북아 평화공동체의 미래"란 제목으로 안중근 의거 100주년 기념 국제학술회의를 서울에서 개최하였다. 동북아역사재단과 공동주최로 이루어진 이 학술회의에서 일본, 중국의 저명한 학자 각 3인, 한국에서 5인이 논문을 발표하였다. 이 책은 본래 앞의 99주년 회의 때 발표된 논문 가운데 몇 편과 100주년 기념 학술회의의 논문들을 하나로 엮으려 하였던 것이다. 그런데 2009년과 2010년에 다른 기관에서도 국제학술회의를 열어 좋은 논문들이 다수 발표되었다. 그 가운데 안중근의사숭모회와 안중근의사기념관이 주최한 "대한국인 안중근의 삶과 꿈—대한독립과 동양평화—"(2009년 10월 23일), 여순순국선열기념재단이 주최한 "안중근 재판에 대한 재조명"(2010년 3월 24일)에는 내가 발표자, 토론자로 직접 참가하였다. 또 2010년 3월 26일은 순국 100주년으로 기념 학술회의가 이어지게 되었다. 이 두 회의에서 발표된 논문 가운데 3편을 책에 꼭 싣고 싶은 욕심에서 필자들의 승낙을 얻어냈다. 나아가 하얼빈 의거 당시 일본 사회의 반응이 매우 궁금하여 조사해 본 결과, 히라다 겐이치平田賢一의〈조선병합과 일본의 세론世論〉(이 책에서는 〈'조선병합'과 일본의 여론〉)을 찾을 수 있었고, 또 일본 조선대학의 강성은康成銀 교수가 일본에서의 안중근 연구 현황에 대한 보고 논문을 최근에 쓴 것을 알게 되어 모두 필자의 승낙을 구하여 싣기로 하였다. 이런 경위로 해서 이 책을 안중근·하얼빈 학회의 이름으로 내면서도 모든 필자를 대표하여 본인의 이름을 앞세우게 되었다. 필자들과 독자들의 양해를 구해 마지않는다.

　2009년, 2010년의 국제학술회의 참가자 가운데 하얼빈 사건 못지 않게 안중근의 평화사상에 놀라는 학자들이 많았다. 안중근은 20세기 초의 동아시아의 대표적 지성으로 조명되어야 한다는 소리가 높았다. 또 그에 관한 연구의 활성화를 위해서 자료집 편찬이 시급하다는 주문도 여러 번 나왔다. 칸트 철학 전공자인 일본의 마키노 에이지牧野英二 교수가 2008년에 안중근의 동양평화사상이 칸트의 영구평화론과 관련이 있다고 지적한 것도 중요한 성과였다. 100주년 학술회의에서 안중근의 동양평화사상을 주목한 논문은 마키노 교수의 것 외에도 여럿이 있었다. 이는 곧 안중근 연구의 새로운 학문적 개화開花라고 할 만한 것이다. 100주년을 전후하여 이렇게 달아오르는 학문적 열기 속에 책의 이름으로 떠오른 것이 《영원히 타오르는 불꽃》이었다. 불의不義의 침략에 맞서 안중근이 '참모중장'으로 활동한 대한의군의 항일무력투쟁정신과 동양평화사상의 불멸성이 이로써 영원히 기려질 수 있기를 기대한다. 지식산업사 김경희 사장은 2009년 8월 "안중근 장군, 항일유적지를 찾아서" 철도여행을 함께 할 정도로 열렬한 안중근 의사 숭배자이다. 이 책의 출간을 자청하다시피 한 것에 대해 고마움을 표한다. 아울러 지식산업사 편집부 여러분의 정성어린 노고에 대해서도 감사를 표한다.

2010년 10월 26일
이 태 진

차 례

14

제2부 안중근의 동양평화론과 현대적 의의

한국 근대 동양평화론의 기원 및 계보와 안중근 ● 서영희

안중근의 동양평화론 재조명 ● 이태진
―칸트 철학의 평화사상과의 만남―

제언: 연구의 방향과 현양의 과제

안중근 의거 100년 · 강성은
-일본에서 안중근 연구의 현황과 과제-

제1부

하얼빈 의거와 뤼순재판, 그리고 그 후

안중근의 의병운동

오 영 섭

머리말

개항 후부터 경술국치 직후까지 한국의 근대화운동과 자주화운동과정에서 수많은 인물들이 분투를 거듭하였다. 이들은 자신들이 평소에 품고 있던 개인적 신념과 이상을 실현하고자 굳은 의지와 열정을 쏟았다. 또한 자신들이 속한 신분이나 계층의 사회적·경제적 이익을 위해 자진하여 봉사하기도 하였다. 나아가 자신들이 철석같이 믿고 있던 학문과 종교의 가르침을 그대로 실천하기 위한 노력을 아끼지 않았다. 이들의 의롭고 순결한 생애는 자주화와 근대화에 실패하여 일제의 식민지로 전락한 한국근대사를 영광스런 역사로 만들어 주고 있다.

안중근(1879~1910)은 개화기 한국의 시대적 과제인 근대화와 자주화를 실현하고자 일신을 민족운동의 제단에 바친 인물이다. 뤼순 감옥에서 장렬히 순국하기 전까지 그는 일제의 식민지로 전락해 가는 조국의 암울한 상황을 극복하고자 온갖 고초를 겪어가며 헌신하였다. 구체적으로 그는 국내의 평안도-황해도-서울 등지와 국외의 간도-연해주-뤼순 등지에서 천주교 포교활동, 계몽운동(학교운영·학회활동·국채보상운동·회사운영·언론활동·강연활동), 항일의병운동과 비밀결사활동, 이토 히로부미 포살 의거, 옥중공판투쟁과 문필활동 등을 통해 자신이 지닌 구국 이상을 실현하려 하였다. 이로써 안중근은 천주교도, 계몽운동가, 의병운동가, 의열투쟁가, 평화사상가로 널리 알려지게 되었다.

안중근이 벌인 다양한 활동들 가운데서 우리에게 가장 널리 알려진 것은 두 가지이다. 하나는 하얼빈 역두에서 한민족의 원흉이자 근대 일본의 원훈인 이토 히로부미를 포살한 것이다. 이 의거는 일제 침략에 신음하고 있는 한민족과 중국인들의 항일운동 전개와 민족의식 고양에 큰 영향을 미친 역사적 사건이었다. 다른 하나는 뤼순감옥에서《동양평화론》이란 미완성의 짧은 논문을 통해 한·중·일 삼국의 항구적 평화를 역설한 점이다. 이는 일본 제국주의의 한국 침략을 비판하고 동양평화의 사상적·제도적 장치의 마련을 주장한 것으로서 현재까지 극동 삼국의 평화와 우호 분위기 진작에 큰 영향을 미치고 있다. 이로 말미암아 안중근은 민족자주와 동양평화를 갈구했던 위대한 인물로 평가받고 있다.

그런데 안중근은 하얼빈 의거 이후 법정공판에서 자신이 대한의병의 '참모중장參謀中將' 자격으로 독립전쟁을 일으켰음을 여러 번 강조하였다.[1] 이것은 그가 민족운동의 방략상 의열투쟁에 속하는 하얼빈 의거를 의병운동의 연장선 위에서 파악하고 있었음을 보여준다. 이로 말미암아 우리는 안중근을 '항일의병장'이라고 부르고 있으면서도 정작 그가 연해주 일대에서 펼쳤던 의병운동의 실상에

---

1)《한국독립운동사자료》(이하《독운자료》로 줄임) 7, 국사편찬위원회, 1968, 313, 333, 385쪽.

대해서는 깊은 관심을 보이지 않았다. 그러나 하얼빈 의거를 구조적·계기적으로 이해하려면 그 의거의 전사前史에 해당하는 안중근의 의병운동에 대한 이해가 선결적인 문제라고 하지 않을 수 없다. 이러한 문제인식에 입각하여 이 논문에서는 안중근이 전개한 의병운동의 여러 모습 가운데 의병부대를 조직하여 두만강을 건너가 전투활동에 돌입하기 이전의 측면들을 파헤치는 데 주안점을 두려한다. 더욱이 그의 의병운동이 당시 서울의 근왕적勤王的 민족운동 세력과 어떤 연관이 있는가 하는 점을 곁들여 설명하려 한다.[2] 이로써 안중근의 의병운동이 넓게 보아 고종세력, 즉 고종과 그의 측근들이 구상·추진하고 있던 근왕적 민족운동의 일환으로 전개된 것임을 강조하려 한다.

1. 간도 망명과 항일 방략의 전환

안중근이 해외로 망명하여 민족운동을 벌이게 되는 직접적인 계기는 부친(안태훈安泰勳)의 친구이자 서우학회의 핵심 간부인 김달하金達河의 특별 권유에 따른 것이다. 1907년 봄에 안중근은 평양에서 식산활동과 국채보상운동을 벌이고 있었다. 이때 김달하가 안중근을 찾아와 "지금 백두산 뒤에 있는 서북간도와 러시아 영토인 블라디보스토크 등지에 한국인 100여 만 명이 살고 있는데, 물산이 풍부하여 과연 한 번 활동할 만한 곳이 될 수 있네. 그러니 자네 재주로 그곳

---

2) 안중근의 의병운동을 다룬 연구로는 신용하, 〈안중근의 사상과 의병운동〉, 《한국독립운동사연구》, 을유문화사, 1985; 조광, 〈안중근의 애국계몽운동과 독립전쟁〉, 《교회사연구》 9, 1994; 박환, 〈러시아 연해주에서의 안중근〉, 《한국민족운동사연구》 30, 2000; 신운용, 〈안중근의 의병투쟁과 활동〉, 《한국민족운동사연구》 54, 2008.

에 가면 뒷날 반드시 큰 사업을 이룰 것이네"라며 해외로 망명하여 민족운동을 벌일 것을 은근히 권하였다. 이에 안중근은 "꼭 가르침대로 수행하겠습니다"라고 말하고,[3] 얼마 뒤 그때까지 해오던 일체 사업을 접고 가족과 작별하여 서울로 올라갔다.

안중근은 해외로 망명을 떠나가기 전까지 서울에 머물며 김달하 주변의 인사들과 함께 활동하였다. 이로써 안중근은 러일전쟁 이후부터 추진해 왔던 애국계몽운동 외에도 의병운동을 비롯한 새로운 항일노선을 수용하는 계기를 마련하였다. 이와 관련해 일제는 안중근 의거 이후에 내사를 통해 해외 망명 직전 안중근의 서울 행적을 대략이나마 밝혀냈다. 그동안 안중근 연구가들이 간과한 아래의 중요 사료에는 해외 망명 직전 안중근의 활동상이 잘 나타나 있다.

> 메이지 40년(1907) 3월 북간도에 있는 천주교 주임신부 백모白某에게 의지하려고 신부 홍석구洪錫九로부터 서신을 얻고 간도로 가다가 경성에 두류逗留하여 중부 다동茶洞 김달하의 집에 기우寄寓하기를 수개월 동안 김종한金宗漢·민형식閔衡植(민영휘의 장남)·김세기金世基의 아들 모某씨·이종건李鍾乾·유종모柳宗模(충청북도 황간 사람)·안창호安昌浩(평양 사람)·이동휘李東輝·강영기姜泳璣(함경남도 이원 사람으로 서북학회 지회장) 등과 친교를 맺고 지사志士로 자임하였는데 그가 간도에 가는 모든 비용 등은 앞서 밝힌 강영기·김동억金東億(김달하의 아들)·민형식·이종건 등이 지출하여 그 해 6월 경성을 출발하여 김동억과 함께 북간도로 갔다고 한다.[4]

위 사료에 따르면, 안중근은 첫째, 김달하와 만난 직후 북간도행

---

3) 《안중근의사자서전》, 안중근의사숭모회, 1979, 111~112쪽.
4) 앞의 《독운자료》 7, 243~244쪽.

을 결행하기 위해 원산의 브레Aloysius Bret(백유사白類斯) 신부 앞으로
보내는 빌렘 신부의 소개장을 얻었으며, 둘째, 서우학회 발기인이며
나중에 서북학회의 총무를 지낸 김달하의 권고에 따라 서울로 올라
가 그의 집에서 몇 개월 동안 머물렀고, 셋째, 한국을 떠나기 전에
김종한·민형식 등 고관들 및 안창호·이동휘 등 서우학회(서북학회)
인사들과 친교를 맺고 활동하며 지사로 자임했으며,5) 넷째, 목적지
인 간도로 가는데 필요한 모든 비용을 민영휘의 양자인 민형식과 김
달하의 아들인 김동억 등으로부터 받았고, 다섯째, 간도로 떠날 때
김동억과 동행했음을 알 수 있다.

위의 사실들로 미루어 볼 때, 안중근의 해외 망명은 자진해서 이
루어진 것이 아니라 중앙의 고관들과 서북학회-신민회계 민족운동가
들과 연계해서 이루어진 것임을 알 수 있다. 이를테면 서북학회-신민
회세력은 그들의 이면 지지자들과 함께 신심이 두텁고, 무용이 뛰어
나며, 항일 성향이 강하고, 황해도 지방 출신으로 평양에서 활동하고
있던 호협지사 안중근을 특별히 발탁하여 간도와 연해주로 보내려 하
였던 것이다. 이때 안중근 자신은 민족운동 자금마련을 위해 석탄회
사 삼합의三合義를 운영했다가 실패하고 향후 진로를 고심하다가 김달
하의 권유로 상경하여 그의 집에서 머물며 연해주로 건너갈 때까지
김동억과 행동을 함께 하였다. 이런 점에서 안중근의 간도행은 그의
애국지사로서의 풍모와 서울에서 활동하던 우국인사들의 연대활동이
맞아 떨어진 결과였다.6) 그렇기 때문에 일제는 안중근 의거 이후에
서울의 서북학회세력과 연해주의 동의회同義會세력이 기맥을 통하고
있다고 파악하고 서북학회세력에게 엄한 추궁을 했던 것이다.7)

---

5) 안중근은 1907년 7월 이전에 서우학회에 가입하였다. 〈제8회 신입회원 입금수납보고〉,
《西友》, 1907. 7.
6) 오영섭, 《고종황제와 한말의병》, 선인, 2007, 250쪽.

그런데 안중근의 해외 망명은 서북학회-신민회세력이 해외독립
운동기지를 개척하는 가운데 추진된 것임을 주목할 필요가 있다. 을
사조약 이후 한국의 민족운동가들은 항일활동의 어려움을 타개하고
자 토지가 넓고 동포가 모여 사는 백두산-서북간도-연해주에 독립
기지를 개척하려 하였다. 1906년 초여름에 신민회 초기세력으로 분
류되는 이회영·이동녕·여준 등 이른바 상동파尙洞派가 이상설과 이
동녕을 간도 용정에 보내 독립기지를 개척하게 했던 것도 이러한 노
력의 일환이었다.[8]

다만 당시 신민회계 민족운동가들은 해외 근거지 개척운동 이후
의 운동노선에 대해 계몽운동과 독립전쟁으로 갈려 이견을 보이고
있었다. 안중근이 서우학회에 가담한 다음 서울에서 서북학회세력과
친교를 맺었을 때 안창호가 "안중근은 우리 당에서 열렬한 사람으로
급진을 주장하며 오늘의 일은 의거일 뿐이라고 생각한다. 그 성패를
물론하고 꼭 위대한 사업이 있을 것이다"라고 말한 것으로 미루어
망명 직전에 안중근은 의열투쟁이나 의병운동을 지지하는 입장을 드
러냈던 것으로 보인다.[9]

7) 《要視察韓國人擧動》 3, 기밀 제78호, 〈조선인 상황취조…건〉(1909. 11. 25.), 국사편찬위
원회, 2002, 360쪽; 〈韓國獨立運動の淵源〉, 《齋藤實文書: 민족운동 1》, 고려서림, 1990,
362~363쪽.
8) 이정규·이관직, 《우당이회영약전》, 을유문화사, 1985, 30~31쪽.
9) 박은식, 《안중근》, 윤병석 편, 《안중근전기전집》, 국가보훈처, 1999, 287쪽. 안중근의
독립방략과 신민회의 독립방략의 관계에 대해, 신용하와 백기인은 "의병을 일으켜 독
립전쟁을 하자는 안중근의 독립전쟁전략은 그 후 신민회의 독립전쟁방략으로 더욱 발
전되어 독립운동노선의 중추가 되기에 이르렀다"고 하여 안중근의 독립방략이 신민회
에 영향을 미쳤다고 보고 있다.(신용하, 〈안중근의 사상과 의병운동〉, 157쪽; 백기인,
〈안중근연구〉, 한국학중앙연구원 석사논문, 1994, 27~28쪽). 이와 달리 한상권은 "안
중근의 실력양성운동에서 무력투쟁으로의 전환은 신민회 인사들과의 교류에서 영향을
받은 바가 크다"고 하여 안중근이 오히려 신민회로부터 영향을 받았다고 주장한다(한
상권, 〈안중근의 국권회복운동과 정치사상〉, 《한국독립운동사연구》 21, 2003, 57~58

1907년 8월 1일[10] 남대문에서 한·일 양국의 병사들이 충돌하던 날 안중근은 서울을 출발하여 부산 초량의 객주가에서 1~2일 유숙하고 병원선 고베마루神戶丸 편으로 원산을 향해 떠났다. 이미 그는 서울을 떠나기 직전에 군부 경기국장 이강하 집에서 아우 안정근에게 연해주 블라디보스토크로 가겠다는 의사를 밝힌 상태였다.[11] 원산시장에서 5~6일 머무는 동안 안중근은 여러 차례 원산본당의 브레 신부를 방문하였다. 그는 시국문제에 대한 언급은 되도록 피하고 간도로 건너가겠다는 뜻만을 밝혔으나, 브레 신부는 간도에 아무런 관심이 없다고 답하였다.[12]

안중근은 돌아오는 8월 15일 교회기념일을 맞이하여 브레 신부에게 성사를 청하였다. 그러나 황해도의 빌렘 신부를 통해 안중근이 반침략 민족운동에 투신할 것이라는 사실을 전해들은 브레 신부는 "(안중근이)어떤 정치적 선동에도 가담하지 않겠다고 사람들에게 확실히 약속하려 하지 않았다"는 이유로 그의 성사 요청을 거절하였다.[13] 당시 대부분의 천주교 선교사들과 마찬가지로 브레 신부는 강력한 정교분리주의와 정치불간섭주의 선교관을 지니고 있었다. 이와 달리 안중근은 "국가 앞에는 종교도 없다"며 민족문제와

쪽). 이에 대해 필자는 안중근이 해외로 망명하여 독립기지를 개척하려 했던 것은 서북학회 인사들의 영향에 따른 것이 분명하지만, 그러나 의열투쟁과 의병운동 등 무장투쟁방략을 수용하는 데는 서북학회의 영향은 물론, 을사조약 이전의 활동경험도 큰 영향을 미쳤다고 본다. 왜냐하면 그는 동학도를 진압하고, 포군과 일상생활을 같이하고, 권총을 소지하고 다니며 평소부터 무력행사에 익숙했던 인물이기 때문이다.

10) 서울을 떠난 일자에 대해 안중근 자신은 8월 2일, 계봉우는 8월 3일이라고 했으나, 군대해산으로 남대문에서 전투가 벌어진 날은 8월 1일이었다.

11) 《독운자료》 7, 394쪽, 404쪽.

12) 《독운자료》 6, 57쪽; 《독운자료》 7, 394쪽.

13) 〈조선교구통신문〉(1909. 11. 7.), 《안중근(도마)의사 추모자료집》, 천주교정의구현사제단, 1990, 174쪽.

천주교 신앙을 일치시켜 민족운동의 정신적 버팀목으로 삼으려 하
였다. 이처럼 선교관과 정치관의 차이로 말미암아 브레 신부는 안
중근의 간도행에 대해 매우 부정적이었다.[14] 그래서 브레 신부는
황해도의 빌렘 신부에게 안중근이 블라디보스토크로 가려 한다는
사실을 통보하였다.[15]

안중근은 원산을 출발하여 8월 16일 북간도 용정龍井에 도착하
였다. 처음에 그는 간도에서 의병운동보다는 "민지民智개발을 통한"
계몽적 민족운동을 구상하고 있었다.[16] 그는 9~10월 2달 동안 용
정·불동佛洞 등지에 머물며 한인들의 생활상을 두루 시찰하며 국권
회복운동을 권면하였다. 이때 그는 1906년 가을에 서전서숙을 개설
하여 민족교육을 실시하고 있던 이상설을 만나러 때때로 용정촌을
방문하기도 하였다.[17] 그러나 이상설은 이미 헤이그 특사활동을 위
해 블라디보스토크로 떠났으며, 서전서숙은 9월 무렵 재정난으로
말미암아 자진해서 문을 닫은 상태였다.[18] 이에 안중근은 개신교세
가 강한 용정을 떠나 천주교도들의 집성촌인 불동의 남 회장 댁에
주로 머물며 불동의 천주교도들을 인적 자원으로 삼아 민족운동을
추진하려 하였다.[19]

불동과 용정에서 2달 동안 머문 뒤 안중근은 간도에서 연해주로
건너가기로 결심하였다. 그가 간도를 떠나려는 이유는 여러 가지였

---

14) 윤선자, 〈안중근의 애국계몽운동〉,《한국근대사와 종교》, 국학자료원, 2002, 199쪽.
15)《독운자료》7, 337쪽.
16)《독운자료》7, 404쪽.
17)《독운자료》7, 395쪽. 안중근은 이상설을 "기량이 크고 사리에 통하는 대인물" "동양
    평화사상을 지닌 인물"이라며 가장 존경하였다.《독운자료》7, 408쪽, 418쪽.
18) 박주신, 〈한국독립운동사에서 서전서숙의 위상〉,《한국독립운동과 서전서숙》, 보재이
    상설기념사업회, 2007, 173~180쪽.
19) 〈만고의사 안중근전 4〉,《권업신문》, 1914년 7월 19일자;《독운자료》7, 395쪽.

다. 첫째, 간도에서 일제의 한인 민족운동가들에 대한 감시와 탄압이
차츰 심해지고 있는 상황에서 안중근은 운신하기가 힘들었다. 당시
일제는 8월 23일 간도 침략의 교두보인 통감부 임시간도파출소를 용
정에 설치하여 그곳 한인사회에 대한 본격적인 감시와 탄압을 가하
기 시작했다.[20] 둘째, 불동의 천주교도들은 천주교 신부의 정치불간
섭주의를 추종하여 안중근의 민족운동에 동참 의사를 밝히는 이가
한 사람도 없었을 정도였다.[21] 불동의 천주교도들은 브레 신부가 관
할하는 원산교구의 영향력과 일제의 간도파출소의 감시 아래 살면서
'인간적인 동기'를 가지고 개종한 이들이 많았다.[22] 셋째, 간도 전역
의 천주교도 숫자는 1912년경에도 1,500명에 지나지 않았다. 각지에
산재한 소수의 인원을 가지고 민족운동을 원활히 수행하기는 어려운
문제였던 것이다. 따라서 안중근은 간도를 떠나 연해주로 건너가 의
병운동을 비롯한 새로운 민족운동방략을 수립하려 하였다.

> 나는 간도의 동포를 시찰하는 한편, 민지 개발을 꾀할 생각이며 의병을
> 일으킬 생각은 터럭만큼도 없었던 것이다. 그런데 그곳에서 내지의 형세를
> 보니 날로 동포는 불행에 빠질 뿐이므로 부득이 의병을 일으켜 천하를 향
> 해 이토伊藤가 한민韓民을 압제하는 것을 공표公表하고 한편으로는 일본 천
> 황에게 이토의 정략에 한민이 만족하고 있지 않음을 알리고 한민이 일본
> 의 보호를 원한다는 것은 사실이 아니라는 뜻을 호소하려는 데 있었다.[23]

이를테면 안중근은 처음 간도에 도착했을 때만 해도 계몽운동에

---

20) 박주신, 위의 글, 175쪽.
21) 〈만고의사 안중근전 10〉, 《권업신문》, 1914년 8월 29일자.
22) 〈1909년도 보고서〉, 《서울교구년보 Ⅱ》, 명동천주교회, 1987, 69쪽.
23) 《독운자료》 7, 394쪽.

뜻을 두고 있었다. 그러나 그는 간도에서 벌인 계몽운동이 여러 이유로 어려움에 부딪치고, 또 한국 내부의 현실이 나날이 악화되는 것을 보고 의병운동을 결심하게 되었다. 사실 안중근은 러일전쟁 이후 보안회가 창설되었을 때 서울로 올라가 보안회 회장 원세성元世性을 방문하여 자신의 수하에 결사대 20명이 있으니 보안회가 장사 30명만 선출하여 도합 50인의 결사대만 있으면 혈전을 벌여 안으로 매국역적을 죽이고 밖으로 하야시 곤스케林權助를 도살할 수 있다고 하였다. 그러나 이 제안은 아무런 반응을 얻지 못하였다.24) 그리고 1907년 7월 평양에 잠시 들렀을 때 학도들과 함께 의병을 일으키고자 군기고의 무기를 이용하려 하다가 뜻을 이루지 못했을 정도로 그는 이미 의병운동에 깊은 관심을 두고 있었다.25) 따라서 이때 안중근으로서는 계몽운동과 의병운동과 의열투쟁 등 독립운동방략들을 다각도로 고려하는 가운데 일단은 연해주에서 의병운동에 착수하기로 방향을 바꾸었다고 판단된다.

안중근이 연해주에서 전개하려던 의병운동은 강력한 무력으로 일제를 한반도에서 완전히 구축하고 자주국권을 확립하겠다는 독립전쟁론을 뜻하는 것은 아니었다. 그것은 ① 의병운동을 통해 이토 히로부미의 한국민 탄압을 전 세계에 알리고, ② 일본 천황에게 한국민이 이토 히로부미의 대한對韓정략을 반대하고 있을 뿐 아니라 한국민이 일본의 보호를 원한다는 것은 사실이 아니라는 뜻을 알리려 하였다. 이 점에서 안중근의 의병운동 구상은 처음부터 일본 천황의 존재를 인정하고 이토 히로부미의 대한정책만을 문제 삼는 제한적이며 평화적인 성격을 띠었음이 주목된다.26)

---

24) 〈안중근내력〉,《대한매일신보》, 1909년 12월 3일자; 〈만고의사 안중근전 4〉,《권업신문》, 1914년 7월 19일자.
25) 〈만고의사 안중근전 10〉,《권업신문》, 1914년 8월 29일자.

2. 연해주에서 창의활동과 계몽활동

안중근은 간도를 출발하여 함북 종성鍾城에 이르러 주막에서 자고 경원慶原에 이르러 5~6일 지낸 뒤에 1907년 10월 20일 연해주 남단의 연추煙秋(당시 노보키에프스크, 현 크라스키노)로 들어갔다.[27] 안중근이 도착한 연해주는 을사조약 이후 고종황제를 비롯한 반일운동 세력들이 국권회복을 위한 최후의 보장지로 간주하여 많은 인사들을 파견, 활동하게 하였던 한국독립운동사의 호수와도 같은 곳이었다. 이후 안중근은 한인이 운영하는 도주막에서 1~2일 숙박한 다음, 포시에트 항에서 러시아 기선을 타고 10월 말경에 블라디보스토크로 들어갔다. 이어 수청·우노르·소왕령·몬고계·아찌미·시찌미 등 여러 지방을 시찰하였고, 또 대도시 하바로프스크에 이르러 흑룡강을 배로 거슬러 오르기도 하였다. 이렇게 안중근은 4만 리를 돌아다니며 연해주의 현황을 파악하고자 노력하였다.[28]

안중근은 연해주 각지를 돌아다니며 의병봉기를 촉구하고 교육 발전과 산업 진흥을 촉구하는 연설을 하였다. 그는 자신의 정력적인 연설활동을 "천직으로 알고 열심히 권유하였다"고 술회하였다.[29] 그런데 한말 의병장 가운데는 일본군과의 전투에서 패한 뒤에 무력투쟁의 한계를 절감하고 계몽운동으로 돌아선 이들이 많았으며, 고종 측근의 항일대신이나 별입시別入侍들의 경우 고종의 항일 전략에 따라 처음부터 의병운동과 계몽운동을 동시에 전개한 이들

26) 안중근이 이토 히로부미의 대한정책만을 비판하고 일본 천황에게 기대를 표명한 점에 대해서는 오영섭, 〈안중근의 정치체제 구상〉, 《한국독립운동사연구》 31, 2008, 제2장 제3절 참조.
27) 〈만고의사 안중근전 4〉, 《권업신문》, 1914년 7월 19일자.
28) 《독운자료》 7, 395쪽.
29) 《독운자료》 7, 235쪽, 436쪽.

도 있었다.30) 그렇지만 안중근처럼 계몽운동에 종사했던 재야인사가 다시 의병운동과 계몽운동을 함께 수행한 사례는 거의 없었다. 따라서 연해주에서 안중근이 계몽운동과 의병운동을 동시에 벌인 것은 서북학회-신민회 좌우파의 민족운동노선이 안중근의 일신에 융화되어 실천된 것으로 이해된다. 다만 상호 대립적인 운동노선을 동시에 추구함에 따라 안중근은 의병장으로서의 선명성이나 투쟁성의 측면에서 다소 약점을 드러낼 수밖에 없었다.

안중근은 간도에서 블라디보스토크에 도착한 다음 계동청년회에 가입하여 임시사찰로 활동하였다. 일제의 내사에 따르면, 계동청년회는 20세 이상의 한인들로 구성되어 있으며, "한국에서 일본의 억압을 전복하는 것을 목적으로 하는 비밀결사"였다. 당시 계동학교 강당에서 열린 청년회 임시총회에서 '애골 최崔'라는 자가 규칙을 어겨가며 질의를 하고 사담을 하였다.31) 이에 안중근은 그의 잘못을 지적하다가 귀뺨을 몇 대 맞고 귓병을 얻어 고생하기도 하였다. 이때 안중근은 사회가 운영되려면 여러 사람이 합심 협력할 필요가 있다고 말하며 폭행 사건을 대범하게 넘기는 도량을 발휘하였다.32) 이는 연해주 한인사회에서 안중근이 안착하는 데 일정한 도움을 주었을 것이다.

이제 1908년 4월 항일조직인 동의회가 조직되기 전까지 안중근이 전개한 의병운동과 계몽운동의 구체상을 차례로 알아보기로 한다. 먼저, 안중근이 전개한 의병운동이다. 간도에서 연해주로 건너온 안중근은 연해주 한인사회가 경계할 만한 낯선 인물이었다. 당시 연

---

30) 을미 춘천의병장 이소응의 의병운동에 깊이 관계했던 주러 한국공사 이범진의 경우 정미조약 뒤 연해주 한인들을 상대로 신문 간행 지원, 논설 기고 활동, 의병 후원 등을 동시에 추진하였다.
31) 안학식, 《의사안중근전기》, 만수사보존회, 1963, 59~60쪽.
32) 《안중근의사자서전》, 115~116쪽.

해주에는 일제 밀정이 횡행하며 유력한 재러 한인들의 동태를 일본 영사관에 낱낱이 보고하고 있었다. 그렇기 때문에 안중근은 재러 한 인사회에 안착하기 전까지 각고의 노력을 기울여야만 했을 것이다. 옥중에서 일제 검찰관의 심문에 대해 안중근은 "(1908년 봄에는) 각지 를 돌아다니며 의병을 일으키도록 권유하였으나 감히 의병을 일으킬 자가 없었다. 교육 발달, 사업 발전 등도 촉구하였다. 고로 나를 의 병이라고 부르게 되었을 것이다"라고 하여 자신의 최초 창의활동에 동참자가 거의 없었음을 토로하였다.[33]

창의활동에 돌입한 안중근은 1907년 11월경 연해주 지역 의병운 동의 거물인 이범윤李範允을 찾아갔다. 1902년 고종황제로부터 북간 도관리사에 임명된 이범윤은 러일전쟁 때 휘하의 충의대를 이끌고 참전하여 공을 세웠다. 이후 그는 자기를 따르는 일부 군사들을 거 느리고 연해주로 망명하여 연추의 실력자 최재형崔在亨의 식객으로 머물며 재차 창의倡義를 모색하고 있었다.[34] 안중근은 여러 차례 이 범윤을 찾아가 자신과 뜻을 모으자고 권하였다. 이때마다 이범윤은 그 뜻에는 동감을 표하면서도 재정과 군기를 마련할 길이 없다는 이 유를 들며 그의 권유를 거절하였다.[35]

그런데 일제 검찰관의 심문을 받을 때 안중근은 이범윤이 자신 과 의견이 일치하지 않았고, 또 러시아에 대한 이범윤의 태도가 '러 시아 일진회'에 해당한다고 지적하였다.[36] 이를 보면 안중근은 이범 윤의 충군애국성은 인정하면서도, 그의 친러적 외세의존성과 다소 수구적인 정치노선에 비판적 태도를 견지했음을 알 수 있다. 이와

---

33) 《독운자료》 7, 405쪽.
34) 《독운자료》 7, 280~281쪽.
35) 《안중근의사자서전》, 118~119쪽.
36) 《독운자료》 7, 396쪽, 405쪽.

달리 이범윤은 서울과 연해주의 계몽운동가들과 친교를 맺는 안중근의 계몽 성향이 미덥지 않았을 것이다. 그러나 얼마 뒤인 1908년 봄에 안중근은 이범윤·유인석과 함께 '한국어사관韓國御使官'의 마패를 가지고 '한국칙사韓國勅使'라고 일컬으며 블라디보스토크 일대에서 의병모집활동을 벌이다가 의병운동에 반대하는 재러 한인사회의 계몽운동가들로부터 핍박을 받기도 하였다.37) 따라서 안중근과 이범윤은 1908년 4월 동의회 창립 전에 노선 차이를 극복하고 일시 연대관계를 맺었던 것으로 보인다.

1907년 겨울에 안중근은 블라디보스토크에서 엄인섭嚴仁燮·김기룡金起龍과 결의형제가 되었다. 이때 나이순으로 최재형의 조카인 엄인섭이 큰형, 안중근이 둘째, 평양 출신으로 안중근의 단지동맹원斷指同盟員인 김기룡이 셋째가 되었다.38) 안중근은 이들과 함께 두터운 정을 나누면서 의거를 모의하였다. 또한 이들과 함께 각지를 돌아다니며 재러 한인들에게 본국을 불행에서 구제하려면 연해주의 한인들이 떨쳐 일어나야 한다는 점을 역설하였다. 그의 자서전에는 안중근이 재러 한인들에게 한국 안에서 치열하게 벌어지고 있는 의병활동에 적극 동참할 것을 간곡히 호소한 내용이 실려 있다. 여기서도 안중근은 일제의 한국 침략을 규탄하고 창의의 정당성을 천명한 다음, 침략정책의 최종책임자인 일본 천황을 비판하지 않고 이토 히로부미만을 겨냥하였다.

현재 한국의 참상을 그대들은 아는가 모르는가. 일본과 러시아가 개전開戰할 적에 전쟁 선언하는 글 가운데 "동양평화를 유지하고 한국 독립을 굳

37) 조창용, 〈海港日記〉, 《한국학논총》 15, 국민대 한국학연구소, 1992, 51쪽.
38) 《안중근의사자서전》, 119~120쪽;《독운자료》 7, 267쪽.

건히 한다"고 했으나 오늘에 이르러서는 이같이 무거운 의리를 지키지 아니하고 도리어 한국을 침략하여 5조약과 7조약을 강제로 맺은 다음, 정권을 손아귀에 쥐고서 황제를 폐하고 군대를 해산하고 철도·광산·산림·천택을 빼앗지 않은 것이 없으며, 관청으로 쓰던 집과 민간의 큰 집들을 병참이라는 핑계로 모조리 빼앗아 차지하며, 기름진 전답과 오랜 분묘들도 군용지라는 푯말을 꽂고 무덤을 파헤쳐 화가 백골에까지 미쳤으니, 국민된 사람으로 또 자손된 사람으로 어느 누가 분함을 참고 욕됨을 견딜 것입니까. 그래서 2천만 민족이 일제히 분발하여 3천리 강산에 의병들이 곳곳에서 일어났습니다.

아! 슬픕니다. 저 강도들이 도리어 우리를 폭도라 일컫고 군사를 풀어 토벌하고 참혹하게 살육하여 두 해 동안에 해를 입은 한국인들이 수십만 명에 이르렀습니다. 강토를 뺏고 사람을 죽이는 자가 폭도입니까. 제 나라를 지키고 외적을 막는 사람이 폭도입니까. 이야말로 도둑놈들이 막대기를 들고 나서는 격입니다. 한국에 대한 정략이 이같이 잔폭해진 근본을 논한다면 전혀 그것은 이른바 일본의 대정치가 늙은 도둑 이토 히로부미의 폭행인 것입니다. 한국 민족 2천만이 일본의 보호를 받고자 원하고, 그래서 지금 태평무사하며 평화롭게 날마다 발전하는 것처럼 핑계하고 위로 천황을 속이고 밖으로 열강들의 눈과 귀를 가려 제 마음대로 농간을 부리며 못하는 일이 없으니, 어찌 통분한 일이 아니겠습니까. 우리 한국 민족이 만일 이 도둑놈들을 죽이지 않는다면 한국은 꼭 없어지고야 말 것이며, 동양도 또한 망하고야 말 것입니다.[39)]

나아가 안중근은 한국인들이 의병을 일으켜 애써 싸우기만 하면 세계열강의 공론도 없지 않을 것이며 독립할 수 있는 희망도 있을

---

39) 《안중근의사자서전》, 123~124쪽.

것이라고 보았다. 또 일본은 5년 안에 러시아·청국·미국 등 3개국과 전쟁을 벌일 것이므로 이때가 한국 독립의 기회가 될 것이라고 하였다. 따라서 한국으로서는 독립의 기회가 올 때까지 지속적으로 일본과 무력항쟁을 전개해야만 한다는 것이었다. 이러한 안중근의 연설에 감화된 다수의 재러 한인들은 자원하여 출전도 하고, 또는 무기도 제공하거나 군자금을 내어놓기도 하였다.[40] 당시 '국가사상'이 박약하고 산업기반이 취약한 것으로 알려진 연해주 한인사회가 안중근에게 제공한 군자금은 4천 원에 이르는 것으로 알려져 있다.[41]

다음, 안중근이 전개한 계몽운동이다. 안중근은 여러 동지들과 함께 연해주 곳곳을 돌며 교육 발전과 산업 진흥을 역설하였다. 이는 여러 곳에 학교가 설립되는 성과로 이어졌다.[42] 이처럼 안중근이 창의활동과 교육·식산 진흥을 동시에 강조한 것은 오랜 기간 철저히 준비하면 언젠가는 독립을 이룰 것이라는 신념을 지녔기 때문이었다. 나중에 그는 국내진공작전을 앞두고 휘하의 의병들에게 "오늘은 군사들이 병약하고 늙은 사람이라도 좋다. 그 다음 청년들은 사회를 조직하고, 민심을 단합하고, 유년을 교육하여 미리 뒷날을 준비하는 한편, 여러 가지 실업에도 힘쓰며 실력을 양성한 연후에라야 대사를 쉽게 이룰 것이다"고 하였다.[43] 이는 연해주의병의 항일활동을 밑거름으로 삼아 국권을 회복하고 신사회와 신국가를 건설할 새로운 세대가 태동하기를 기원한 말이었다. 이러한 발언에 대해 그 자리에 모인 병사들은 상당한 불만을 드러내기도 하였다.

1908년 3월에 안중근은 연해주 한인사회의 인심 통합을 강조하

40) 《안중근의사자서전》, 128~129쪽.
41) 《독운자료》 7, 235쪽.
42) 〈만고의사 안중근전 4〉, 《권업신문》, 1914년 7월 19일자.
43) 《안중근의사자서전》, 131~132쪽.

는 논설을 신문에 기고하였다. 당시 연해주 한인사회에는 생계를 위해 두만강을 넘어 정착한 다음 러시아에 편입된 원호인原戶人과 민족운동을 위해 연해주로 건너온 이주민 사이에 심각한 갈등이 있었다. 또한 민족운동가들이 대부분을 차지하는 이주민들은 기호·평안·함북 출신 사이의 지역감정, 군권주의자와 민권주의자 사이의 정체관 차이, 계몽운동자(완진론자)와 의병운동자(급진론자) 사이의 운동방략 차이에 따라 복잡하게 대립하고 있었다.[44] 이런 상황에서 안중근은 연해주 한인사회에 국권회복의 선결과제로서 인심 단합이 무엇보다도 필요하다는 점을 역설함으로써 한민족의 독립운동에 필요한 정신적 통합을 이루려 하였다.

　대저 사람이 천지만물 중에 가장 귀한 것은 다름이 아니라 삼강오륜을 아는 까닭이라. 그런 고로 사람이 세상에 처함에 제일 먼저 행할 것은 자기가 자기를 단합하는 것이오, 둘째는 자기 집을 단합하는 것이오, 셋째는 자기 국가를 단합하는 것이니, 그러한즉 사람마다 마음과 육신이 연합하여야 능히 생활할 것이오. 집으로 말하면 부모처자가 화합하여야 능히 유지할 것이오. 국가는 국민 상하가 상합하여야 마땅히 보전할지라.

　슬프다. 오늘날 우리나라가 이 참혹한 지경에 이른 것은 다름이 아니라 불합병不合病이 깊이 든 연고로다. 불합병의 근원은 교오병驕傲病이니 교만은 만악萬惡의 뿌리라. …… 오늘날 우리 동포가 불합한 탓으로 삼천리강산을 왜놈에게 빼앗기고 이 지경이 되었도다. 오히려 무엇이 부족하며 어떤 동포는 무슨 심정으로 내정을 정탐하여 왜적에게 주며 충의한 동포의 머리를 베어 왜적에게 바치는가. …… 여보 강동 계신 우리 동포 잠을 깨고

---

44) 을사조약 후부터 한일병합 직후까지 연해주 한인사회의 민족운동에 나타난 노선차이에 대해서는 반병률, 〈노령 연해주 한인사회와 한인민족운동(1905~1911)〉, 《한국근현대사연구》 7, 1997, 79~95쪽.

정신 차려 본국 소식 들어보오. 당신의 일가가, 친척 일가가 대한 땅에 다 계시고 당신의 조상 백골 본국강산에 아니 있소. 나무뿌리 끊어지면 가지를 잃게 되며 조상 친척 욕을 보니 이내 몸이 영화되길 비나이다.

여보시오 우리 동포. 지금 이후 시작하여 불합不合 두 자 파괴하고 단합 두 자 급성急成하여 유치자질幼稚子姪 교육하고 노인들은 뒷배 보며 청년형제 결사하여 우리 국권 빨리 회복하고 태극기를 높이 단 후에 처자권속 거느리고 독립관에 재회하여 대한제국 만만세를 육대부주 혼동하게 일심단체 불러보세.45)

연해주 한인사회에 처음이자 마지막으로 공개적으로 공포한 짧은 논설 〈긔서〉에서 안중근은 단합의 요건으로서 3가지를 들었다. 그는 일신과 가정과 국가가 각기 제대로 보존되려면 정신과 육신의 결합, 부모와 처자의 화합, 국민 상하의 결합이 순조롭게 이루어져야 한다고 주장하였다. 그가 이렇게 개인·가정·국가의 삼위일체의 단합을 강조한 것은 대한제국이 일제로부터 참혹한 침탈을 받고 국권을 상실한 원인이 다름 아닌 단합력의 부재에서 말미암은 것이라고 판단했기 때문이었다. 나아가 그는 한국인의 단합심 부재 원인은 교오병驕傲病에 있다고 하면서 교오병을 부르는 교만은 만악萬惡의 뿌리에 해당한다고 보았다. 그러므로 그는 가정과 국가의 단합심을 저해하는 가장 중요한 원인인 개인의 교만병을 없애려면 모든 개인이 겸손한 자세로 스스로를 낮추고 타인을 존중하고, 책망을 참아내고 잘못한 이를 용서하고, 자기의 공을 타인에게 돌려야 한다고 하였다. 그러면 모든 사람들이 서로 감화될 것이라는 것이 안중근의 주장이었다.

---

45) 〈긔서〉, 《해조신문》 1908년 3월 21일자.

3. 고종세력의 의병 추동과 동의회의 결성

한말 20만의 한인들이 살고 있던 연해주는 고종세력이 한국독립
운동의 전초기지이자 고종의 망명지로 삼으려던 곳이다. 국내에서
고종세력(고종과 그 측근들)은 집사나 밀사를 통해 지방 각지에 있는
자기들 소유의 향제鄕第와 농장에 딸려 있는 농민이나 포군을 대거
동원하고, 친교가 있는 인근의 유력자와 부호들을 상대로 군자금을
얻어냄으로써 쉽게 의병을 일으킬 수 있었다. 그러나 연해주는 그들
의 영향력이 미치지 못하는 낯선 곳이었다. 따라서 고종세력은 을사
늑약의 강제 체결에 분노하는 재러 한인의 항일 열기를 수렴하고자
연해주에 인력과 자금을 집중적으로 내려 보냈다.

을사늑약 이후 연해주의 한인들 사이에 조약체결에 반대하는 반
일 열기가 분출함에 따라 창의의 분위기가 일어나기 시작했다.[46] 당
시 연해주 남단의 연추와 블라디보스토크 북쪽의 수청水淸 지역은
의병운동의 분위기가 강한 곳들이었다. 이들 지역의 항일 열기는
1907년 7월 고종 퇴위 이후 고종의 대러 비밀외교를 수행하는 주러
공사 이범진, 간도관리사 이범윤, 연추의 한인지도자 최재형이 연대
함으로써 의병운동으로 수렴되었다. 이런 점에서 한말 연해주의병은
국내에서 결성된 대규모 연합의진과 마찬가지로 대한제국의 국권을
지키려는 고종세력과 연해주에 토착하여 원호原戶(元戶)로 불리는 재
야세력 사이의 연합으로 이루어진 것이었다. 이때 이범진은 러시아
수도 상트페테르부르크에 머물며 의병의 전략과 자금을 후원했고,
이범윤과 최재형은 동의회 결성 이전까지 연해주 현지에서 군사를
규합하고 군수금을 모금하는 일을 담당하였다.[47]

---

46) 〈강동션해〉, 《한인신보》, 1917년 10월 7일.

친러 성향이 강한 이범진과 이범윤은 고종과 대한제국에 충성을 바친 충군애국론자들로서, 1908년 여름 무렵에 결성되어 활동한 연해주의병의 중핵에 해당한다. 세종대왕의 다섯째 아들 광평대군의 후손인 두 사람은 을미의병운동 때부터 이미 협력관계를 유지해 온 사이였다. 한말 13도 창의대장 이인영[48])에 따르면, "을미년에 이범윤은 유인석과 같이 거의擧義하고 있던 사람으로서 서울에서 유인석을 응원하며 유인석과 연락을 취하고 있었다"고 하였다.[49]) 당시 이범진은 서울에서 고종의 아관파천을 성사시키고자 지방에서 의병을 일으켜 친위대를 지방으로 출동시키려는 성동격서 전략을 기획·추진하고 있었다. 따라서 이범진이 춘천의 이소응李昭應을 비롯한 을미의병장들과 연대관계를 맺었을 때 이범윤은 서울에서 이범진의 지시에 따라 제천의 유인석과 연락을 취하고 있었던 것이다.[50])

이범윤은 대한제국기에 간도시찰원(1902. 6.)·'간도관리사 겸 산포사장山砲社長'(1903. 7.)으로서 한·청 국경문제와 한인 보호문제를 처리했다. 그러다가 러일전쟁이 발발하자 휘하 포군砲軍들로 구성된 충의대를 이끌고 전쟁에 참가하여 아니시모프 장군의 부대와 함께 함경북도에서 일본군을 물리쳤고, 전쟁 종료 후 잔여군사를 이끌고 연해주로 망명했다. 이후 그는 연해주 한인사회의 유력자인 연추 도헌都憲 최재형의 물적 지원을 받아가며 의병운동을 모색하였다.[51]) 그는

---

47) 연추 도헌 최재형이 초기 연해주의병을 후원한 것은 사실 이범윤보다는 그의 협력자인 이범진을 후원한 것이며, 궁극적으로는 이범진의 배후에 있는 고종을 후원한 것이었다. 따라서 연해주의병은 넓게 보아 고종세력의 대표자인 고종과 연해주 한인사회의 유력자인 최재형의 연합에 의해 결성되었다고 평할 수 있다.

48) 이인영의 의병운동에 대해서는, 오영섭, 〈한말 13도창의대장 이인영의 생애와 활동〉, 《한국독립운동사연구》 19, 2002, 201~236쪽.

49) 〈제이회 이인영문답조서〉, 《한국독립운동사》 1, 국사편찬위원회, 1965, 732쪽.

50) 이범진·심상훈 등 고종 측근들과 유인석 등 제천의병과의 관계에 대해서는, 오영섭, 〈을미의병운동의 정치·사회적 배경〉, 《국사관논총》 36, 1995, 238~251쪽.

연추에 터를 잡고 각지의 동지들과 기맥을 통한 결과 산포수들이 포함된 소규모 의병단체를 거느리게 되었다.[52]

이범윤은 의병과 군수전을 모을 때 자신과 고종의 관련성을 크게 강조하였다. 이범윤은 간도관리사 시절에 고종이 하사한 유척鍮尺과 마패馬牌를 가지고 있었는데, 의병을 소모하고 격문을 발송할 때 이것들을 사용했다.[53] 아울러 1907년 2월 이전에 그는 중앙으로부터 고종황제 명의의 밀지를 받았다. 두말할 것도 없이, 한말에 고종 세력으로부터 밀지를 받은 다른 의병장들처럼 그도 밀지가 지닌 고종의 권능을 십분 활용하였다. 이범윤은 엄인섭을 비롯한 부하들을 데리고 블라디보스토크에 나타나 자신에게 고종의 밀칙이 있음을 자랑하며 일진회원을 공박하는 광고문을 한인 거주지에 내걸고, 일본 정부의 조치에 찬동하는 자에 대해서는 귀천과 노소를 가리지 않고 심하게 폭행하여 사망에 이르게 하기도 하였다.[54]

1907년 여름에 이범윤은 서울로 2명의 밀사를 보냈다. 그는 "러시아에 거주하는 한국인들 사이에서 항일운동을 주도하겠다는 결심을 하고" 고종에게 자금 지원과 권한 위임을 요청하는 서한을 올리게끔 대리인을 파견했던 것이다. 이범윤의 수하들은 서울의 러시아공사관에 나타나 이범윤의 서한을 고종에게 직접 올려야 하는지, 아니면 플란손 공사를 통해 올려야 하는지를 문의하였다. 그러나 한국 황제가 부여하는 권한은 서울 주재 러시아총영사가 증명해야만 효력을 발휘할 수 있다는 플란손 공사의 만류로 고종에게 서한을 올리지는 못하였다.[55]

51) 정제우, 〈연해주 이범윤 의병〉, 《한국독립운동사연구》 11, 1997, 2~6쪽.
52) 〈강동쇤해〉, 《한인신보》, 1917년 10월 7일.
53) 〈노국영토 내의 한국인 비도상황 보고건〉, 《통감부문서》 5, 311~312쪽.
54) 〈원간도관리사 이범윤에 관한 건〉(1907. 5. 14.), 《통감부문서》 3, 165~167쪽. 엄인섭 명의의 광고는 1907년 2월 27일자이다.
55) 〈이범진 외교자료〉, 〈이범윤에 관한 플란손 한국 주재 총영사의 정보〉(1908. 5. 24.),

1907년 봄부터 겨울까지 이범진은 이범윤·엄인섭 등 연해주의병의 중추인사들과 자주 서한을 주고받으며 나랏일을 개탄하고 국권회복의 방책을 강구했다. 일본군이 연해주의병을 진압하면서 노획한 이범진의 서한들은 일본외무성 외교사료관에 소장된 《불령단관계잡건不逞團關係雜件》에 일어로 번역·수록되어 있다. 이것들을 보면, 이범진은 각각 1907년 4월 28일(러시아력) 조창호에게, 6월 10일(러시아력) 엄인섭에게 답신을 보냈다. 이들 서한들은 비밀엄수를 위해 항상 연해주 군무지사 홀우그 소장의 손을 거쳐 전달되었다. 여기에서 이범진은 이미 이범윤〔管理年鑑〕의 서신을 통해 엄인섭·안중근 두 사람의 활약상을 잘 알고 있다며 이들의 구국활동을 격려하고 계속 동심동력하여 국가의 원수를 갚고 국권을 회복하자고 역설했다.56)

이범윤이 막하의 엄인섭·안중근 두 사람에게 보여준 이범진의 친필편지에는 "연해주 방면에서 동지들을 연락하여 두만강을 넘어서 일거에 함경도를 점령하고 길게 달려서 서울로 들어가 개선가를 부르자. 러시아 관헌들은 항상 우리를 후원하겠다는 뜻을 보였다"고 하였다. 아울러 그 편지에는 이범진 자신이 총사령관이 되고 이범윤이 부사령관이 되어 국내로 진공할 것을 천명하고 있었다.57) 이범진은 또한 1907년 9월 30일자 엄인섭의 편지에 대한 11월 10일(러시아력)자 답신에서 엄인섭이 서울에 다녀오느라 고생한 점을 위로한 다음, 자신과 아들 이위종은 현재 생사를 가리지 않고 주야로 국사에

《이범진의 생애와 항일독립운동》, 외교통상부, 2002, 212~213쪽.

56) 〈배일선인 이위종에 대하여〉, 《불령단관계잡건》, 재서비리아 5.

57) 〈배일선인 이위종에 대하여〉, 《불령단관계잡건》, 재서비리아 5. 당시 안중근은 항상 자신을 '황족'이라고 칭하는 이범진이 러시아 황제의 힘을 빌어서 한국의 현 황제를 폐하려고 한다고 생각하여 이범진을 '모반인謀反人'이라고 칭하며 분개하였다. 그러나 그는 이범진이 군자금을 보내어 의병을 돕겠다고 누차 언명함으로써 이범진에 대한 혐의를 풀었다고 한다.

매진하고 있는데, 대궐[內裏]에서 내려준 '하사금'을 중간에서 사기 당했다는 소식에 분노를 금할 수 없으니, 진위 여부를 상세히 조사하여 비밀리에 위에다 통보하라고 하였다.[58]

위 서한들의 내용으로 미루어 1907년경부터 상트페테르부르크의 이범진과 연해주의 이범윤은 연해주의병의 결성을 위해 이면에서 활발히 움직였을 뿐 아니라, 1907년 가을에 고종이 거액의 군자금을 연해주 지역에 하사했음을 알 수 있다. 고종의 하사금을 중간에서 사기 당했다는 내용의 진위 여부에 대해서는 명확히 알 수가 없지만, 고종이 의병을 후원했다는 사실은 그 자체만으로도 중요한 의미가 있었다. 고종의 군자금 하사는 곧바로 최재형 같은 연추 지역 재야세력의 공조를 이끌어내는 촉매제로 작용했을 것이기 때문이다. 그러나 엄인섭이 고종에게 받은 군자금을 사기 당하면서 이범진의 연해주의병 결성 노력은 가시적인 성과를 거두지 못하고 말았다.

연해주의병의 결성이 지지부진을 면치 못하자 이범진은 직접 지원책을 마련하였다. 그는 1908년 2월경에 아들 이위종과 사돈 놀켄 남작에게 1만 루블을 가지고 블라디보스토크에 가서 이범윤의 의병 활동을 후원하게 하였다.[59] 그런데 이범진이 이위종에게 내려준 1만 루블은 고종의 내탕금일 가능성이 높다고 본다. 을사늑약 후 재정형편이 곤란하여 여러 차례 러시아 정부에 생활자금을 간청했던 이범진이 아들에게 내려준 1만 루블이란 거액은 1905년 11월 초에 고종의 친서를 니콜라이 황제에게 전달하기 위해 상트페테르부르크에 당도한 고종의 외교특사 현상건이 고종의 지급보장 아래 상하이 주재 러청은행露淸銀行으로부터 빌린 1만 루블이거나,[60] 1905년 12월 31일

---

58) 〈배일선인 이위종에 대하여〉, 《불령단관계잡건》, 재서비리아5.
59) 〈배일선인 이위종에 대하여〉, 《불령단관계잡건》, 재서비리아5; 이범진 외교자료, 서한: 내무장관→외무장관 이즈볼스키(1908. 7. 5.), 215~216쪽.

상트페테르부르크에 당도한 고종 측근 이용익이 지니고 있던 고종의
내탕금의 일부일 것이다.[61] 하여튼 이범진이 연해주에 보낸 1만 루
블이란 자금은 연해주의 항일세력들이 의병을 결성하여 국내진공작
전을 펼칠 수 있는 발판이 되었다.[62]

이범진의 지원금이 연해주에 전해진 후에 의진 결성 노력이 구
체화되기 시작했다. 1908년 2～3월 무렵 이범진의 대리인 이위종,
이범진의 협력자 이범윤, 황실친위대 참령參領 출신의 김인수金仁洙는
계몽세력이 강하여 의병운동에 소극적인 태도를 보인 블라디보스토
크에 나타나 의병소모활동과 군기軍器마련활동을 활발히 벌이고 있
었다.[63] 또한 3월 말에 이범윤은 김인수와 함께 연해주 군총독을 찾
아가 "일본인의 압제에 더욱 적극적으로 대항하기 위해 압수당한 한
국 의병의 무기를 돌려 달라"는 요청을 하였다.[64] 그리고 앞장에서
살펴본 것처럼, 1808년 봄에 안중근은 이범윤·유인석과 함께 블라디
보스토크 일대에서 의병소모활동을 벌이고 있었다.

1908년 4월경 연추의 최재형 집에서 연해주 일대에 흩어져 있던
의병운동가들의 회합이 열렸다. 이때 동의회의 조직이 논의되었다.
동의회의 발기인들은 지운경池云京·장봉한張鳳漢·전제익全濟益·전제악

60) 이범진 외교자료, 〈파블로프의 비밀전보〉(1905. 11. 7.), 197쪽; 이범진 외교자료, 서
한: 외무장관→주청공사 쉬보프(1905. 12. 29.), 198쪽. 고종황제는 1909년 2월 현재
상하이 러청은행에 30만 엔을 예치 중이었다. 《재러시아 한국관계 문서요약집》, 공
문: 서울 러시아총영사관-›블라디보스토크 러청은행지점장(1909.2.11.), 438쪽.
61) 《재러시아 한국관계 문서요약집》, 이용익 저격범 김현토 사건, 238쪽.
62) 이범진 외교자료, 보고서: 남우수리 국경행정관 스미르노프→연해주 군총독 플루구
(1908. 4. 3.), 207쪽.
63) 이범진 외교자료, 보고서: 남우수리 국경행정관 스미르노프→연해주 군총독 플루구
(1908. 4. 3.), 207쪽.
64) 이범진 외교자료, 보고서: 남우수리 국경행정관 스미르노프→연해주 군총독 플루구
(1908. 4. 3.), 208쪽.

全濟岳·이범윤李範允·이승호李承浩·이군보李君甫·최재형崔才亨·엄인섭嚴仁燮·안중근安重根·백규삼白圭三·강의관姜議官·김길룡金吉龍·이위종李瑋鍾·조순서趙順瑞·장봉금張奉金·백준성白俊成·김치려金致汝 등 18인이었다. 이어 수백 명의 동지들이 참석한 총회에서 총장·부총장·회장·부회장 및 기타의 임원선거를 실시한 결과, 총장에 최재형, 부총장에 이위종이 선출되었다.[65] 부총재 선거에서 53살의 나이에 독자세력을 지닌 이범윤이 연해주에 처음 나타난 23살의 젊은이 이위종에게 밀린 것은, 고종 측근인 주러공사 이범진과 고종 측근 심상훈의 수하인 강姜의관(강참봉) 및 서북학회와 관련된 인사들의 지지를 받은 안중근과 같은 인사들이 이범윤보다는 연추의 지배세력인 최재형계를 지지한 결과였다.[66]

동의회 임원 선출에서 한 표 차이로 부총장에서 밀려난 이범윤은 자리를 박차고 일어났다. 이범윤이 "수년 간 국사를 위해 진력했는데도 명성도 없고 나이도 어린 조카보다 뒤졌다"며 분노를 나타내자 이범윤세력이 동요하기 시작했다. 그러나 이위종이 급히 단상에서 내려와 이범윤에게 부총재를 사양하여 사태가 진정되었다. 그 뒤 실시된 회장 이하의 선거에서 회장에 이위종, 부회장에 엄인섭, 서기에 백규삼, 평의원에 발기인 전부가 선출되었다. 선거 후에 이범윤 일파는 고종황제의 밀지를 소지한 이범윤을 반대한 9인(안중근·지운경·장봉한·전제익·전제악·백규삼·강의관·김길룡·엄인섭)을 '어명을 어긴 모반인'이라고 몰아붙이는 첩지를 곳곳에 붙였다.[67] 이는 연해주의병의 중추세력인 이범진·이범윤세력이 갈등 양상을 보였음을 입증하는 것이다.

65) 〈배일선인 이위종에 대하여〉, 《불령단관계잡건》, 재서비리아5.
66) 서북학회계열이 이범진·이범윤 등과 "기맥을 통한" 사실에 대해서는 〈한국인의 부〉 9, 《요시찰외국인의 거동관계잡록》.
67) 〈배일선인 이위종에 대하여〉, 《불령단관계잡건》, 재서비리아5.

그런데 이처럼 주도권 장악에서 비롯된 여러 세력 사이의 갈등은 이후 연해주에서 벌어진 독립운동에 직접적 영향을 미쳤다.

이범윤계가 동의회를 이탈하는 우여곡절을 거친 다음, 1908년 5월에 최재형의 집에서 동의회가 조직되었다.[68] 동의회는 이주한인들의 조국정신배양, 결속도모, 환난구제를 표방하며 결성된 단체였다. 그러나 5월 10일자 《해조신문》의 〈동의회취지서〉에서 동의회는 위로는 국권이 소멸되고 아래로는 민권이 억압당하고 있는 한국의 현실을 통탄한 다음, "금일 시대에 교육을 받아 조국정신을 배양하고 지식을 밝히며 실력을 길러 단체를 맺고 일심동맹을 이루는 것이 제일 방침"이라 하였다. 이어 말미에는 "철환을 무릅쓰고 앞으로 나가 독립기를 크게 쓴다"고 하였다. 동시에 동의회의 주요 인사들은 연해주 항일운동을 주도한 이들이 대부분이었다. 이런 점에서 동의회는 실질적으로 항일의병을 위한 결사의 성격이 강한 단체였다.[69]

동의회는 이범진·이범윤·이위종 등 서울에서 내려온 고종세력들과 최재형·엄인섭 등 연해주의 재야세력들이 대거 합세하여 조직한 연합체였다. 그렇기 때문에 동의회의 임원직(총재단·회장단)은 고종세력(이범윤·이위종)과 재야세력(최재형·엄인섭)이 절묘하게 양분하여 가졌다. 그러나 재야세력이 최재형의 일족으로 구성되어 결속력이 강했던 것과 달리, 이범진계와 이범윤계로 구성된 고종세력은 의진의 주도권을 둘러싸고 갈등양상을 보였다. 이로 말미암아 서울의 서북학회 인사들과 연계한 이범진계가 최재형세력을 지지함에 따라 이범윤세력은 동의회 결성 직후에 이 단체를 이탈하고 말았다. 그럼에도 결성 초기의 동의회는 한말 대규모 연합의진의 경우처럼 고종세력과

---

68) 동의회 결성에 투여된 군자금은 이위종 1만 루블, 최재형 3천 루블, 소성蘇城 방면의 기부액 6천 루블, 총기 약 1백 정 등이었다.

69) 박민영, 〈한말 연해주 의병에 대한 고찰〉, 79쪽.

재야세력의 연합체적 성격을 지니고 있었다.

동의회 안에서 안중근의 위상은 후원자 최재형, 결의형제 엄인섭의 지위와 연동되어 있었다. 안중근은 연해주 각지에서 의병봉기·교육진흥·산업진작·인심단합 등을 역설함으로써 꾸준히 영향력을 넓혀 나갔다. 그리하여 동의회 발기인 18인의 명단에 오를 정도로 연해주의 무장투쟁론자들로부터 일정 정도 인정을 받고 있었다. 그는 연해주의병의 다른 한 축을 이루고 있는 수청파의 주요 인사로 분류되기도 하였다. 동의회 총재를 선출할 때에 안중근은 엄인섭·김기룡과 함께 최재형을 추대하였고, 다른 발기인들과 함께 동의회 평의원에 임명되었다.70) 이로 말미암아 안중근은 최재형세력이 국내진공작전을 결행할 때 우영장右營將의 중임을 맡아 활동하게 되었던 것이다.

요컨대 넓은 의미에서 볼 때 1908년 여름 연해주 지역의 의병운동은 고종황제의 항일운동과 밀접한 관련이 있었다. 당시 고종과 이범진은 주한 프랑스공사관이나 상하이 주재 구미공사관을 통해 비밀전보와 서한을 주고받았다. 이들이 강구하는 국권수호 전략의 궁극목표는 러시아 정부를 상대로 한국의 국권을 수호해 달라고 하는 대외청원외교를 성사시키거나, 국내의 춘천·평양 등의 보장지나 러시아 연해주로 고종의 파천이나 망명을 단행하는 것이었다. 이를 위해 이범진은 일본군과 전투에서 승리할 가능성이 희박한 연해주 지역의 재야세력으로 하여금 의병을 규합하여 국경으로 진공토록 하였다. 이는 동양의 전통적 병략술인 성동격서 전략을 성사시키려는 것이었다. 실제로 1908년 가을에 고종은 육로나 배편으로 연해주 망명을 준비하고 있었는데,71) 고종의 망명운동은 이범진의 연해주의병 후원

---

70)《독운자료》7, 244쪽.

71) 박종효 편역,《러시아 국립문서보관소 소장 한국 관련문서 요약집》, 말레비치→외무성 비밀전문(1908. 11. 20.), 74쪽. 당시 도쿄 주재 러시아공사 말레비치는 고종의 러

활동과 긴밀한 연관 아래 추진되었다고 판단된다. 이렇게 고종과 이범진 등이 짜놓은 항일구국 방략의 구도 속에서 안중근은 의병운동을 일선에서 직접 수행하는 전제익 의병장 휘하의 막하장幕下將 역할을 맡고 있었다.[72]

4. 국내진공작전의 전개와 실패

연해주 지역의 의병활동은 동의회가 결성된 1908년 4월부터 본격화되기 시작하였다. 동의회 창설 당시에 대립을 보였던 최재형계와 이범윤계는 이범윤의 부하들이 동의회 무기고를 습격하여 총기를 탈취해 간 사건을 처리하는 과정에서 이전의 불화를 접고 협력하게 되었다. 당시 안중근을 비롯한 소성파 인사들이 크게 분노하여 일거에 이범윤파를 제거하려 들자 사태가 험악한 지경에 이르렀다. 그러나 최재형과 이위종은 이범윤파의 행위가 국사를 위한 지나친 열성에서 나온 것이며, 왜적 앞에서 형제간에 다투는 것은 옳지 못하다고 무마함으로써 사태가 해결되었다. 이는 연해주의병의 지상과제였던 국권회복이란 당위성 앞에서 상호 대결의식을 버리고 연합전선을 구축하는 계기로 이어졌다.[73]

최재형의 동의회와 이범윤의 창의회를 비롯한 연해주의병은 국내진공작전을 구상하였다. 이들은 국내에서 치열하게 벌어지고 있는 의병운동을 원거리에서 호응하기 위해 국내로 진공하려 하였다. 이

시아 망명이 러일관계의 긴장을 비롯하여 극동정세를 복잡하게 만들 것이기 때문에 좌절시켜야 한다고 건의하였다.

72) 오영섭, 《고종황제와 한말의병》, 36~43쪽.

73) 신운용, 〈안중근의 의병투쟁과 활동〉, 21~22쪽.

를 위해 연해주의병은 중·러 국경지대의 훈춘과 간도를 거쳐 두만강
의 산악지대로 이동하여 국내 의병과 합동작전을 펼침으로써 일제를
한반도에서 구축하겠다는 전략을 수립하였다. 그들은 무산시와 회령
시를 차례로 장악하고, 나아가 두만강 상류지역 전체를 장악하는 것
을 궁극의 목적으로 삼고 있었다.[74] 이미 소규모 한인의병들이 두만
강을 건너 일본병과 전투를 벌이고 있는 상황에서 연해주의병은 북
간도 일대에서 무기를 적극적으로 구입하였다. 이런 과정을 거쳐 추
진된 연해주의병의 국내진공작전은 일본군과 러시아군의 각별한 주
목을 끌기에 충분하였다.[75]

1908년 5월 동의회가 결성된 시점을 전후하여 안중근은 홍범도
의병과 연합작전을 모색하기도 하였다. 1908년 봄에 그는 함경북도
에서 거병하여 활동하고 있는 홍범도洪範道로부터 회견 요청을 받고
갑산으로 가서 홍범도·차도선 등의 의병장을 찾아보았다.[76] 그러나
홍범도가 일본군에게 쫓기는 신세라 만나지 못하고 말았다. 6월에
안중근은 홍범도가 회령 근처에 있다는 소식을 듣고 홍치범·윤치
종·김기열과 함께 홍범도를 방문하여 하룻밤을 유숙하면서 단발斷髮
한 사람이나 일본 양민을 함부로 살해해서는 안 된다고 설득하였다.
이때 안중근은 홍범도가 "무학無學으로 시세에 통하지 못하나 임금에
대한 충성은 가장 깊고 또 청렴하여 양민의 재물을 침탈하지 않는
다"고 평하였다.[77] 이로써 안중근은 '시세時勢에 불통不通'한 홍범도
가 자기와 맞지 않는다고 생각하여 연대하는 것을 포기하고 말았다.
거의를 준비할 때쯤에 연추 부근에서 안중근은 '8도 의병총독 김

74) 《독운자료》 34, 국경수비대원→연해주 군총독(1908. 4. 5.), 12쪽.
75) 《독운자료》 34, 〈한국과 만주 국경에 대한 보고〉(1908. 7. 15.), 26쪽.
76) 《독운자료》 7, 396쪽.
77) 《독운자료》 7, 398, 406, 434쪽.

두성金斗星'으로부터 청국淸國과 노령露領 부근의 의병사령관으로 일하라는 명령을 받았다.78) 이에 대해 안중근은 자신의 일대기에서 "그때 거의를 준비할 때 김두성과 이범윤 등이 모두 함께 의병을 일으켰는데, 그 사람들은 전일에 이미 총독과 대장으로 피임된 이들이요, 나는 참모중장의 책으로 피선되어 의병과 군기 등을 비밀히 수송하여 두만강 근처에서 모인 다음 대사를 모의하였다"고 하였다.79) 이때 안중근에게 참모중장이란 직함을 내려준 연해주의병의 총사령관 김두성에 대해서는 실존인물이라는 설과 유인석일 것이라는 설이 엇갈리고 있다.80)

안중근의 직속상관인 의병총독 김두성이 실존인물일 가능성에 대해 먼저 알아보겠다. ① 한일의정서 체결 이후인 1906년 6월에 김두성(1867년생)은 이승재·오영조·오주혁吳周赫 등과 함께 한일의정서 배척 통문을 각지에 발송했다가 일본 측에 체포·투옥되었다. 그는 중추원 의관, 내장시 수륜과 주사, 봉상시 주사를 역임했다.81) ② 김두성의 항일동지 오주혁은 군대해산 이후 연해주로 망명하여 민족운동을 활발히 벌였으며, 1910년대에는 거물급 독립운동가로 성장하였다. 따라서 김두성도 연해주로 망명했을 가능성을 염두에 두어야 한다. ③ 1908년 봄-여름 연해주에는 고종의 최측근으로서 탁지부대신-군부대신을 오랜 기간 지낸 심상훈의 큰아들 심이섭沈理燮,82) 군대해산 이

---

78) 《독운자료》 6, 333쪽.
79) 《안중근의사자서전》, 130쪽.
80) 신용하는 실존설을, 조동걸은 유인석설을 주장하였다. 조동걸, 〈안중근의사 재판상의 인물 金斗星考〉, 《한국 근현대사의 이상과 형상》, 푸른역사, 2001, 123쪽; 신용하, 〈안중근의 사상과 의병운동〉, 163쪽.
81) 〈의정서 배척운동자 覈辦件〉·〈한일의정서 반대운동자 李承宰·吳周赫·吳永祚·金斗星 등의 청취서〉, 《주한일본공사관기록》 24, 42~86쪽, 107~112쪽.
82) 부친 심상훈의 지시에 따라 을미 제천의병장 유인석의 막하에서 참모의 직함을 맡아 의병활동을 벌었다.

후 고종의 밀지를 가지고 연해주로 망명하여 의병활동을 벌였고 1910년 8월 연해주에서 성명회 선언을 주도한 이규풍李奎豊, 을사늑약 후 유인혁·이범석 등과 고종의 밀지를 가지고 의병소모활동을 벌이다가 연해주로 망명하여 활동한 정순만鄭淳萬 등을 비롯하여 한말 근왕적 민족운동을 벌인 다수의 인사들이 암약하고 있었다.[83] 따라서 김두성이 실존인물일 가능성을 충분히 고려할 수 있다.

김두성이 유인석일 가능성에 대해 알아보겠다. 안중근은 재판과정에서 그리고 자신의 자서전에서 김두성에 대해 몇 마디를 적어 놓았다. ① 연추 근처에서 김두성으로부터 청국과 노령 부분의 의병사령관으로 일하라는 명령을 받았다. ② 김두성은 8도의 총독으로서 강원도 사람이지만 거처는 모른다. ③ 그 부하에는 허위·이강년·민긍호·홍범도·이범윤·이은찬·신돌석 등이 있으나 지금은 없는 사람도 있다. ④ 김두성으로부터 자금을 받은 일은 없으며 각 부락에서 유세를 하고 받은 기부금을 군사비용에 충당했다. ⑤ 대한의병의 참모중장으로 추대되어 특파독립대로 하얼빈에 와서 이토 히로부미를 포살하였다.[84] 따라서 "김두성이 강원도 사람이며 8도의 의병장들을 휘하에 거느린 인물이다"는 안중근의 진술을 전적으로 믿는다면, 김두성이 유인석일 가능성을 고려할 수가 있다.[85]

김두성의 실체에 대한 이상의 두 가지 다른 주장은 모두 논리적이지만, 사료적인 측면에서 약점이 있다. 전자는 김두성의 연해주에

---

83) 오영섭, 《고종황제와 한말의병》, 43~49쪽. 이 밖에도 고종의 총애를 받은 대신급 별입시 최병주·김승지, 최병주의 수하인 전 주사 김완준 등이 연해주로 내려와 활동하다가 동의회가 결성될 즈음에 블라디보스토크의 계몽운동가들과 마찰을 일으키기도 하였다. 〈挾雜輩痛懲〉·〈更査挾雜〉, 《해조신문》, 1908년 4월 40일자, 5월 1일자.

84) 《독운자료》 7, 333쪽.

85) 박민영, 〈유인석의 의병통합 노력과 안중근의 하얼빈 의거〉, 《의암학연구》 7, 2009, 99~103쪽.

서 활동상을 구체적으로 밝히지 못하고 있다. 여러 사료에서 확인되는 것처럼 서울에서 다수 인사들이 연해주로 내려와 은밀하게 근왕적 민족운동을 벌인 것은 분명한 사실이지만, 그러나 안중근의 공판기록에만 나오는 김두성을 실존인물로 간주하려면 그가 연해주에서 벌인 활동상을 좀 더 구체적으로 밝혀야 한다. 한편 후자는 안중근의 공술 내용에만 전적으로 의존하고 있다. 공판과정에서 안중근은 수많은 인사들을 평하면서 그들의 신변 안전을 위해 또는 개인적 편견에 따라 거짓 공술을 하기는 했지만, 의도적으로 가공의 인물을 날조하거나 성명을 완전히 바꾸어 진술한 적은 없었다. 또한 안중근은 항일의병장 가운데 최익현을 극찬했던 것과 달리 최익현과 동문 관계이며 자신이 직접 만나본 유인석에 대해서는 "일본을 미워할 뿐이며 세계의 대세와 동양의 국면을 모르는 노쇠한 사람, 금일의 형세에는 통하지 않을 사람, 완고하고 시세에 어두운 사람"이라며 그야말로 혹평을 하였다.[86] 따라서 김두성을 유인석으로 간주하려면, 유인석이 연해주에서 김두성이란 가명(이명)을 사용한 사실이 있는지 자세히 구명할 필요가 있을 것이다. 그러나 현재 유인석이 김두성이라는 가명을 사용했다는 자료는 나와 있지 않다.

그런데 김두성이 실존인물이든 유인석이든 간에, 그가 전국 의병을 총괄하는 '의병총독'의 자격으로서 안중근에게 '청국-노령 부근 의병사령관'의 직함을 내려줄 수 있었던 사실을 주목할 필요가 있을 것이다. 어떤 의미에서 이 문제는 김두성이 실존인물인지 유인석인지의 문제보다 더욱 중요한 것이기 때문이다. 일반적으로 한말 의병운동사에서 전국의병을 총괄하는 위치에 오르거나 또는 일정 지역을 통괄하는 연합의병장의 직책을 맡으려면 고종이나 그의 측근들로부

---

86) 《독운자료》 7, 402쪽.

터 고종의 밀지나 또는 밀지에 준하는 신물 및 구두상 당부를 받아야만 가능하다. 아마도 연해주에서 김두성은 김현준金賢峻(영남, 충북)·유병기劉秉淇(호남)·박충보朴忠保(관북)처럼 고종세력의 밀사로서 연해주의병의 전략·전술을 통괄하고 다양한 의병세력들을 단일한 항일세력으로 통합하는 막중한 임무를 이면에서 담당하는 역할을 맡았던 것으로 보인다.87)

따라서 김두성이 대한제국의 영토 밖인 연해주에서 8도의 의병장을 휘하에 두는 의병총독의 자격으로 안중근에게 '의병사령관'의 직임을 주었다는 것은, 그가 고종세력으로부터 재야의병을 통할할 수 있는 권능을 부여받은 다음, 그 권능에 근거하여 안중근에게 의병사령관의 직함을 내려주었다는 사실을 뜻하는 것이다. 이러한 점에서 의병운동과 의열투쟁을 전개하면서 안중근은 연해주 현지에서는 고종황제를 비롯한 고종세력으로부터, 그리고 연해주로 건너갈 때는 서북학회계열의 근왕적 민족운동자들로부터 이중적인 영향을 받았다고 판단된다.

연해주의병의 국내진공작전은 해상과 육상으로 동시에 진행되었다. 해로의 경우 약 600명의 의병이 두만강 하구 녹둔鹿屯에서 중국 배편을 이용해 청진과 성진 사이의 해산으로 상륙하였다.88) 육로의 경우 안중근을 비롯한 동의회의병은 지신허를 출발하여 두만강을 건너 홍의동洪儀洞과 신아산新阿山을 거쳐 회령에서 무산으로 이동하는 경로를 택하였다.89) 하여튼 이범윤의 창의회의병과 최재형-이위종의 동의회의병은 두만강 상류지역으로 진출하여 장기적인 항일전을 수행할 근거지를 마련하려 하였던 것으로 보인다. 동의회의병의 국

---

87) 오영섭, 〈고종황제와 한말의병〉, 43~49쪽.
88) 《독운자료》 11, 459쪽.
89) 신운용, 〈안중근의 의병투쟁과 활동〉, 28쪽.

내진공작전은 7월 3일경90)에 개시되었다. 이때 의병장 전제익이 통솔하는 동의회의병 2~300명은 두만강을 건너 국내로 진격하였다. 이때 안중근은 50명의 의병을 직속군으로 거느리고 있었다. 동의회의병은 목호우(포시에트)에서 야음을 틈타 목선을 타고 밤이 깊어 두만강 기슭에 있는 경흥군 홍의동에 상륙하였다. 당시 의병의 직임은 다음과 같았다.

> 도영장: 전제익全濟益
>
> 참모장: 오내범吳乃凡
>
> 참　모: 장봉한張鳳漢·지운경池云京(또는 지용수池用洙)
>
> 군　의: 미국에서 온 뒤 일본병에게 체포되어 총살당함
>
> 병기부장: 김대련金大連　부장: 최영기崔英基
>
> 경리부장: 강의관姜議官　부장: 백규삼白圭三
>
> 좌영장: 엄인섭嚴仁燮
>
> 제1중대장: 김 모, 제2중대장: 이경화李京化, 제3중대장: 최화춘崔化春
>
> 우영장: 안중근安重根
>
> 제1중대장 이하 중대장 3인 성명 미상91)

위의 의병직제에서 지도부를 구성한 인사들 가운데 동의회의병의 배후에서 의병을 총괄한 이범진의 아들 이위종, 연추의 실력자 최재형, 청년행동가 안중근을 제외하면, 의병장을 맡은 전제익(44세)은 함북관찰부 경무관 출신으로서 회령 태생이며,92) 참모 장봉한(34

---

90) 출동일에 대해 안중근은 음력 6월 5일(양 7. 3.), 계봉우는 6월 4일, 일본측은 6월 6일이라고 하여 다소의 차이가 있다.

91) 〈배일선인 이위종에 대하여〉, 《불령단관계잡건》, 재서비리아5.

92) 《한국독립운동사40: 중국동북지역편 2》, 국사편찬위원회, 2004, 104쪽.

세)은 경성군 태생의 평민 출신 기독교도로서 어렸을 때 10여 년 동
안 한학을 수련하였다.[93] 또 경리부장으로서 동의회의병의 재정문제
를 담당한 강의관姜議官은 성명 미상의 서울에서 내려온 전직 관료이
며, 경리부副부장 백규삼은 기독교도로서 10여 년 동안 한문을 수학
하고 러시아어와 중국어에 능하였고, 최재형의 생질인 좌영장 엄인
섭은 경흥 출신으로 러일전쟁 때 러시아군의 일원으로 참가한 경력
이 있다.[94] 이를 보면 대체로 최재형-이위종의병의 지도부는 함경
도 출신으로 연해주에 정착한 원호민과 민족운동을 위해 서울에서
내려간 이주민들로 구성되었음을 알 수 있다.

함경도세력과 서울세력의 연합체인 동의회의병의 편제에서 가
장 주목할 만한 존재는 강의관이다. 그는 1908년 4월에 참봉 첩지
를 가지고 다니며 모금행위를 하다가 《해조신문》으로부터 '협잡한
다'는 비판을 받은 '강승지姜承旨'로 보인다. 그런데 그가 가진 1906
년 9월자 첩지는 고종의 최측근이자 이종사촌이요, 한말 의병운동
이 가장 치열했던 제천 지역 의병운동의 최대 후원자인 궁내부대신
심상훈沈相薰이 발행한 것이었다.[95] 위에서 말한 것처럼, 을미의병
때 서울의 심상훈과 제천의 유인석 사이에서 연락을 전담했던 심상
훈의 큰아들 심이섭沈理燮이 1908년 봄에 블라디보스토크에서 활동
하고 있었고, 또 심상훈의 서자 심장섭沈璋燮은 을사늑약 이전에 러
시아에서 주러공사 이범진 밑에서 서기관으로 근무하였으며, 을사
늑약 후에는 서울에서 부친의 의병운동을 돕고 있었다. 이를 감안
할 때 심상훈을 빙자한 '강승지'의 모금행위는 《해조신문》의 보도
처럼 단순한 협잡행위만은 아니었으며, 연해주의병을 후원하기 위

93) 위의 책, 51~52쪽.
94) 박민영, 〈한말 연해주 의병에 대한 고찰〉, 93~94쪽.
95) 《해조신문》 1908년 4월 1일자.

한 고종세력의 의병자금 모집운동의 일환이었다고 볼 수 있다. 아울러 강의관이 연해주에서 암약하며 서울의 고종세력으로부터 의병활동에 필요한 자금과 전략을 내려 받았을 것이라는 사실을 염두에 두어야 한다.

그런데 의병진의 한 축을 맡은 장수로서 안중근의 의진 안에서 위상은 그리 높지 못했던 것 같다. 그에 따르면, "연해주 한인들은 기풍이 완고하여 권력자나 재산가, 주먹이 센 사람, 관직이 높은 사람, 나이 많은 사람을 쳐주는 경향이 있는데" 안중근은 여기에 전혀 해당하지 않았다. 따라서 군사활동 초기에 안중근은 병사들이 자신의 계몽사상이 가미된 창의연설에 불만을 토로하는 것을 보고 불쾌하게 생각하여 물러나려 하였다.[96] 그러나 이미 군사활동에 돌입한지라 어찌할 수 없어 그대로 주저앉고 말았다. 이처럼 전투를 치르기도 전에 병사들이 안중근의 발언을 문제삼고 불만을 토로한 것은 동의회의병의 패전에 일정한 영향을 미쳤다고 판단된다.

7월 7~8일 즈음에 동의회의병은 경흥군 홍의동의 산골짜기에 매복하고 있다가 새벽녘에 남방으로 오는 일본군 척후병 4명을 기습하여 사살하였다.[97] 이 홍의동전투는 7월 10일 오내범부대가 치른 신아산전투와 함께 동의회의병이 승첩한 전투였다. 그런데 전투활동 초기의 작은 승리에도 불구하고 곧이어 일본군의 전진을 막으려면 척후병을 공격해야만 한다는 엄인섭의 주장과, 4명의 척후병을 죽이는 것은 최대 목적을 달성한 것이 아니라 오히려 의병의 전진을 막은 것이라는 안중근의 주장이 엇갈려 엄인섭이 공동군사작전을 철회하고 군사를 거느리고 떠나 버리는 불상사가 일어났다.[98]

---

96) 《안중근의사자서전》, 131~133쪽.
97) 《독운자료》 11, 450쪽, 456쪽.
98) 《독운자료》 7, 435쪽.

이로 말미암아 전투력이 분산된 동의회의병은 의병진압을 위해 전력을 보강한 일본군을 대적할 수가 없었다. 더욱이 이때 의병의 기세에 놀란 일제는 7월 10일 70여 명의 증원군을 경성에서 경흥으로 보내 의병을 진압토록 함으로써 동의회의병은 어려운 처지에 봉착하게 되었다.

홍의동전투 이후 안중근은 일본 군인과 상인을 사로잡았다. 그는 이들에게 천황의 거룩한 뜻을 받들어 역적이나 강도처럼 동양을 침략하는 행위를 범하지 말 것을 훈계하고 무기를 주어서 풀어주었다. 그가 이들을 풀어준 것은 만국공법에서 '사로잡은 적병을 죽이지 않는다'는 구절에 따른 것이었다. 그러나 안중근 휘하의 장교들은 풀려난 일본인들이 의병의 위치를 일본군에게 알려줄 것이라는 우려에서 불평을 토로하였다. 이에 일부 장교들이 군사를 거느리고 떠나버렸다.[99]

일본군의 추격과 장교들의 이탈로 내우외환에 처한 동의회의병은 지형이 익숙한 무산 방면으로 퇴각하여 진용을 정비하려 하였다. 그리하여 군사를 몰아 회령 영산 부근에 이르러 이범윤의 부장 김모某부대와 합진하려 하였다. 그러나 전제익과 김 모 사이에 서로 대장이 되려고 하는 주도권 경쟁으로 말미암아 합진이 무산되고 말았다. 이어 7월 20일 즈음에 동의회의병은 일본군의 습격을 받고 전투다운 전투도 치르지 못한 채 크게 패전하고 말았다.[100] 이로써 안중근의 의병운동은 실질적으로 끝나고 말았다.

99) 《안중근의사자서전》, 133~141쪽.
100) 《독운자료》 7, 435쪽.

맺음말

1907년 7월 군대해산 이후 안중근은 해외로 망명하여 간도를 거쳐 연해주에서 항일의병운동을 벌였다. 그가 전개한 의병운동은 의병 지도부의 단결력 박약과 장기전략 부재, 군사들의 훈련 부족과 무기 열세, 러시아 지방정부의 비협조, 고종세력의 재정지원 부족 등으로 말미암아 두드러진 성과를 올리지 못하고 말았다. 그럼에도 그의 의병활동은 이토 히로부미를 포살한 하얼빈 의거의 전사前史에 해당할 뿐 아니라 한말 연해주 지역 의병운동의 특징적 면모를 잘 보여준다.

첫째, 안중근의 해외망명과 간도·연해주에서 계몽운동 참여는 서북학회의 민족운동가들과 일정한 관련이 있었다. 그는 평양으로 자신을 찾아온 서북학회 총무 김달하의 권유에 따라 서울로 올라가 그의 집에 머물며 서북학회-신민회계 인사들과 몇 달간 친교를 맺은 뒤에 그의 아들 김동억과 함께 해외 망명길에 올랐다. 이는 서북학회-신민회세력이 독립운동의 새로운 방안으로서 해외 근거지 개척운동을 추진할 때 안중근이 중요 인적 자원으로 특별히 발탁되었음을 의미하는 것이다. 이런 이유로 안중근이 해외에서 벌인 민족운동은 일제가 집요하게 추궁한 것처럼 서북학회-신민회계와 일정한 연관을 맺고 전개될 수밖에 없었다.

둘째, 안중근의 의병운동은 정치적 민족운동의 성격을 포함하고 있었다. 형태상으로 안중근의 의병운동은 연해주에 일어난 수백 명의 무장부대가 두만강을 건너 서울진공작전을 펼친 것에 다름 아니다. 그러나 그것은 두만강 일대에서 벌어진 재야세력의 단순한 군사활동이 아니라 고종의 국내외 파천·망명이나 대외청원운동을 재야에서 뒷받침해 주는 구실을 하였다. 연해주 의병운동의 총괄기획자인 주러공사 이범진은 고종의 파천이나 망명을 성사시키고자 연해주

의병으로 하여금 한·러 국경지대에서 무력시위를 전개토록 하는 성
동격서전략을 구상·추진했던 것이다. 따라서 안중근의 의병운동은
국권 수호를 위해 황제파천운동·대외청원운동·항일의병운동을 동시
에 추진하고 있던 고종과 그 주변세력들의 항일구국방략과 긴밀한
연관을 맺고 있었다.

셋째, 안중근은 연해주에서 서로 대립적인 운동방략인 의병운동
과 계몽운동을 동시에 추진하였다. 다시 말해 그는 연해주 각지를
돌며 국권회복을 위한 방편으로 독립전쟁으로서의 의병운동과 독립
전쟁에 필요한 실력을 축적하는 데 필요한 계몽운동을 동시에 벌였
다. 그러므로 안중근의 연해주활동을 언급할 때 의병운동과 의열투
쟁만을 강조하는 것은 부분적으로만 타당하다고 할 수 있다. 안중근
은 의병운동 가운데서도, 그리고 의병운동이 종식되고 재차 창의를
모색하는 과정에서도 의병운동과 계몽운동을 동시에 추진하였다. 이
로 말미암아 계몽운동세력과 의병운동세력이 확연히 구분된 연해주
한인사회에서 안중근은 완전히 정착하는 데 상당한 시일을 보내야만
했으며, 의병활동 중에도 병사들로부터 절대적 신뢰를 받지 못하는
한계를 드러냈다. 바로 이 점이 안중근의 의병운동에 나타난 특질이
자 취약점을 설명해주는 실마리라고 생각한다.

넷째, 안중근의 의병운동은 독립전쟁으로써 한반도에서 일제를
완전히 몰아내겠다는 독립전쟁론과는 다소 성격이 다른 것이다. 그
는 의병투쟁이 짧은 기간에 성공을 거둘 수 없음을 알고 있었으며,
계몽운동이 포함된 대일항쟁을 오랜 기간 지속해야만 언젠가는 독립
을 이룰 수 있다고 보았다. 이는 계몽운동가의 입장에서 한말 의병
운동의 진로를 제안한 것이다. 더욱이 그는 모병 연설에서 일제의
최종책임자인 천황의 침략성을 규탄하거나 그를 침략정책의 최종책
임자로 간주하는 것이 아니라 천황의 하수인인 이토 히로부미의 대

한정책의 잘못만을 지적하고 있었다. 이는 안중근의 의병사상에 나타난 사상적 한계점이라고 말할 수 있을 것이다.

다섯째, 안중근에게 '청국과 러시아 인근의 의병사령관' 또는 '참모중장'이란 직함을 내려준 김두성이 서울에서 내려온 근왕 성향의 인사라는 점을 주목해야 한다. 김두성은 실존인물일 수도 있고 유인석일 수도 있는데, 이때 김두성의 실체구명문제보다 더욱 중요한 문제는 김두성이 의병총독이라는 막중한 대임을 맡은 인사라는 점이다. 다시 말해 김두성이 대한의병의 총사령관에 해당하는 총독의 자격으로서 안중근에게 의병사령관이나 참모중장이란 직함을 주려면, 당시의 사회상황에서 아무래도 전국 의병의 총책자임을 허여하는 고종의 밀지나 그에 준하는 신물(마패 등) 및 구두성 당부를 고종세력으로부터 받아야만 한다. 따라서 김두성은 그 자신이 고종세력에게 받은 고종의 권위에 기대어 안중근에게 의병사령관이나 참모중장이란 직함을 내려준 것임을 유의할 필요가 있을 것이다. 요컨대 김두성이란 인물은 연해주의병을 이면에서 총괄한 의병총독에 해당하는 인물로서, 고종세력이 연해주에 특별히 파견한 인사였던 것으로 보인다.

여섯째, 안중근이 우영장右營將을 맡은 동의회의병은 함경도 출신의 연해주 원호민들과 서울에서 내려온 근왕인사들의 연합체였다. 이처럼 지방세력과 고종세력의 연대관계는 의병권력을 분할하는 데도 그대로 적용되었다. 동의회 최상부를 지방세력 최재형과 고종세력 이위종이 양분하여 차지하고, 동의회의병 안에서 지방세력 전제익이 의병장 자리를 차지하고 궁내부대신 심상훈의 수하인 강의관(강승지)이 재정과 군수문제를 총괄하는 경리부장을 맡으며, 군사상 실권의 면에서는 재야세력 엄인섭이 좌영장을 맡고 고종세력 안중근이 우영장을 맡는 역할 분담이 이루어졌던 것이다. 이는 한말 대규모 연합의병의 편제에서 고종세력과 재야세력이 의병지도부를 나누어 차지하는 것과 동일한 양상이다. 연해주의병이 고종 측근 이범진의 자금지원과 정신적 후원, 고종의 이종사촌 심상훈의 수하인 강의관의 참여, 연추의 실력자 최재형의 적극 지원으로 결성되었기 때문에 이와 같은 재야세력과 고종세력의 연합형태를 띠었던 것이다.

일곱째, 안중근은 병사들의 생사가 달린 전투를 치르는 의병장으로서 다소 낭만적인 성향을 드러냈다. 안중근은 군사작전이나 포로 대우에서 지나치게 종교적이며 평화주의적인 성향을 드러냈다. 그는 군사활동을 하다가 엄인섭과 의견이 불합하였고, 생포한 일본군과 상인을 만국공법에 따라 석방하였다. 이로 말미암아 위치와 전력이 노출된 동의회의병은 일본군의 기습을 받고 궤멸하고 말았다. 이후 그는 군사들로부터 신임을 잃었고, 패전 뒤에 연해주에서 다시 의병을 모집하려 했으나 호응하는 이가 없었다. 요컨대 안중근은 고결한 정신과 이상에 따라 개인의 생명을 담보로 대의를 성취하는 의열투쟁 같은 방면에서는 대성공을 거둘 수 있었으나, 많은 군사들을 거느리고 적군과 직접 전투를 벌여야 하는 장군으로서는 실패한 셈이었다.

안중근의 하얼빈 의거와 고종황제

이 태 진

머리말

일본 외교사료관이 소장한 '하얼빈 사건'에 대한 취조 및 탐문자료(《이토 공작 만주시찰 일건伊藤公爵滿洲視察一件》) 가운데 이 사건에 대한제국 고종황제가 개입되어 있었다는 탐문보고 및 이에 근거한 판단자료를 최근 필자가 발굴하여 언론에 보도된 적이 있다.[1] 이 발표는 이에 대한 보고의 성격을 띤다. 이 자료는 지금까지 전혀 알려지지 않은 것일뿐더러, 사실 자체를 전혀 예상하지 못했던 것이므로 사회적으로나 학술적으로 그 중요성이 크다고 생각된다.

항일의병운동에 관한 연구에서 고종황제가 중심에 있다는 주장은 오영섭이 제기해 왔다.[2] 최근에 그는 연해주에서 이범윤李範允, 이범진李範晉 등 '고종세력'과 1907~1908년대 의병활동의 관련 속에서 안중근과 그의 저격 사건이 놓인 위치를 파악하는 글을 발표하였

---

1) 《조선일보》 2009년 8월 29일자 및 연합뉴스 같은 날.
2) 오영섭, 《고종황제와 한말의병》, 2007, 선인.

다.3) 여기서 그는 안중근이 법정에서 스스로 자신의 사령관이라고 밝힌 김두성金斗星에 대해 고종황제의 밀사로서 이력을 밝히기도 하였다. 즉 김두성은 중추원中樞院제도가 도입되었을 때 황제로부터 의관議官으로 추천된 적이 있고, 황제 직속 궁내부宮內府의 내장원內藏院, 수륜과水輪課 및 봉상시奉常寺 주사主事를 역임한 경력이 있으며, '고종 세력'의 밀사로서 지방에 내려가 재야의병의 전략·전술을 통괄하는 막중한 임무를 이면에서 처리한 이력을 가진 것을 밝혔다. 김두성의 이런 경력이 곧 이토 히로부미 저격 사건 당시 그가 연해주독립의군의 사령관이 될 수 있게 한 것이라고 하였다.

필자가 새로 발굴한 자료는 오영섭의 연구 성과를 뒷받침하거나 이를 더 발전시키는 성격의 것으로, 그 내용은 두 가지 사실에 관한 것이다. 첫째, 일본의 뤼순지방법원에 넘겨진 안중근 재판을 황제가 국제적으로 명성이 있는 변호사들을 동원하여 러시아 법정으로 옮기 도록 하는, 이를테면 안중근 구출작전에 깊이 관여된 사실, 둘째, 이 저격 사건은 처음부터 황제 측이 기획하여 연해주의병세력이 이를 실행에 옮긴 것으로 보인다는 일본 첩보망의 보고이다. 이 가운데 후자는 오영섭의 연구가 다루어 오던 것과 관련이 있지만, 전자는 지금까지 전혀 알려지지 않은 것이다.

돌이켜 생각해 보면, 1905년 11월의 보호조약 강제 이후, 고종황 제는 국제사회를 상대로 조약무효운동을 펼쳤고, 그것이 빌미가 되어 일본에 의해 강제로 퇴위당한, 말하자면 일본 침략의 최대 피해자였 다. 따라서 그런 위치에서 가해자에 대한 저항 또는 반격은 당연히 나올 수 있는 것이다. 일제 식민주의 역사관이 남긴 그에 대한 부정

---

3) 오영섭, 〈간도지역 독립운동과 안중근이 지도한 의병전선〉, 안중근 의거 99주년기념 국제학술회의 "동북아평화와 안중근 의거 재조명"(2008년 10월 17일, 안중근 하얼빈 학회). 이 책 제1부에 〈안중근의 의병운동〉이란 제목으로 실림.

적 인식, 즉 무능군주론의 영향, 그리고 일본의 감시가 극대화된 상황에서 비밀스럽게 진행된 저항활동이 가지는 자료상의 제약 등으로 지금까지 항일독립운동 연구에서 황제의 존재는 잘 드러나지 않았던 것이다. 오영섭의 연구는 곧 이런 제약을 타개해 나가는 작업이었다.

고종황제는 러일전쟁이 일어난 뒤, 거의 일본의 한국주차군韓國駐箚軍의 감시 아래 경운궁慶運宮(현 덕수궁)에 갇혀 있는 상태였다.[4] 그런 가운데 오영섭이 밝혔듯이 '별입시別入侍'의 암약으로 외부세계와 연결을 맺으면서 항일운동을 펼쳤던 것이다. 황제는 강제로 퇴위당한 뒤 경운궁에서 의병활동을 지시, 독려하는 밀지를 내리는 한편, 국제사회를 상대로 한 항일운동을 지속시켰던 것이다. 황제는 국가원수이자 침략의 최대 피해자로서 의병활동의 무력대항을 독려하다가 최대 가해자인 이토 히로부미伊藤博文가 만주 여행에 오르자 이를 그에 대한 적극적인 공격의 기회로 삼았던 것이다. 그의 여행이 만주에 대한 일본의 지배력 강화를 가져온다면 그것은 곧 그동안 어렵게 구축한 무장 항일의병의 기지를 위협하는 결과를 가져올 수 있는 것이기 때문에 고종황제로서는 좌시할 수 없는 문제이기도 하였다.

1. 고종황제 밀사에 대한 블라디보스토크 일본 총영사의 보고문

일본 외교사료관이 소장한 〈이토 공작 만주시찰 일건〉에 철해진 자료들은 대개 외무성 정무국장 구라치 데쓰키치倉知鐵吉의 지휘 아

---

4) 하세가와 요시미치長谷川好道 사령관은 1904년 10월경부터 경운궁 동편 원구단 앞에 있는 대관정大觀亭(迎賓館)을 무단 점거하여 사령부 겸 거처로 사용하면서 경운궁의 동정을 감시하였다.

래 관련지역(블라디보스토크, 하얼빈, 장춘, 뤼순 등)의 영사관 정보망을 통해 획득된 정탐보고서, 육군참모부의 지휘 아래 한국주차군 헌병대 사령부에서 현지에 직파한 헌병 밀정이 올린 보고문, 그리고 통감부 경시청에서 취조한 심문서 및 정탐보고서 등으로 이루어져 있다. 이 가운데 황제 밀사에 관한 자료는 영사관 정보망을 통해 보고된 것이며, 이에 대한 최종 판단에서는 육군참모부 및 육군대신 데라우치 마사타케寺內正毅의 입김이 강하게 작용한 것으로 나타난다.

저격 사건의 배경에 대한 일본 측의 탐문조사는 초동단계에 많은 제약이 있었다. 사건의 진원지인 연해주 일대가 러시아령으로서 러-일 사이에 수사협조에 대한 어떤 협약도 체결되어 있지 않아 정부 차원의 협조를 받기 어려운 점,5) 한국인들의 동태를 파악할 수 있을 정도로 한국어에 능통한 일본인을 정보원으로 확보하여 투입하기 어려운 점 등이 탐문수사에 제약을 주었다.6) 한국주차군의 아카시 모토지로明石元次郎 사령관의 지휘 아래 2명의 헌병장교를 블라디보스토크에 투입하기 위해 신원을 서울 용산 니시혼간지西本願寺의 승려로 등록하여 블라디보스토크의 니시혼간지에 파견하는 형식을 취해야 했던 것이 단적인 예이다. 이런 제약으로 1909년 11~12월에 획득된 정보들은 정확도가 떨어지는 것이 많았다. 예컨대 통감부 통

---

5) 이하 일본 외교사료관 소장의 〈이토 공작 만주시찰 일건〉은 4문門 2류類 5항項에 속하며 문서번호 245번의 범위에 있다. 이 글에서는 《亞洲 第一義俠 安重根》(1995, 국가보훈처)에 실린 본 자료를 이용하지 않고 별도로 외교사료관에서 CD로 복사해 온 것을 활용했다. 따라서 매 인용문서에 대한 문서번호와 류, 항을 개별적으로 붙이지 못했다. 메이지 42년 11월 20일에 고무라 쥬타로小村壽太郎 외무대신이 재블라디보스토크 오토리 후지타로大鳥富士太郎 총영사에게 보낸 암호문(제64호)에 "일·러 두 나라 사이에는 아직 사법상의 공조에 관한 조약이 없기 때문에" 수색에 어려움이 있을 것을 지적하였다.

6) 機密 제56호 메이지42년 12월 6일, 재하얼빈 총영사 가와카미 도시히코川上俊彦→외무대신 고무라 쥬타로, 〈伊藤公爵 加害事件에 關한 搜査方法에 就한 報告의 件〉.

감 소네 아라스케曾彌荒助의 이름으로 보고되는 '극비極秘'〈흉행자급 흉행혐의자조사서兇行者及兇行嫌疑者調査書〉의 경우, 제1, 2보와 제3보 (1910년 1월 8일자) 사이의 내용에 차이가 많다.

일본의 현지 관련기관들은 이러한 제약을 타개하기 위해 한국인을 밀정으로 고용할 필요가 있었다. 그리하여 블라디보스토크의 경우, 12월 6일에 탐문수사비의 증액을 요구하여 즉각 수용되었다.[7] 한국인 밀정의 고용은 탐문 정보의 질과 양을 높여 주었다. 1910년 1월 이후의 보고서들은 질적으로 더 심층적인 정보를 담고 있는 경우가 많은데, 이는 이러한 탐문수사력의 강화에 힘입은 것으로 보인다. 사건 발생 초기에 뤼순 현지에 급파된 외무성 정무국장 구라치 데쓰키치는 1909년 12월 18일자로 29쪽에 이르는 장문의 보고서를 쓴 뒤, 관동도독부의 민정장관 시라니白仁에게 자신의 역할을 넘기고 귀국한다.[8] 아마도 내각에서 사건에 대한 대책 수립에 그가 필요하였기 때문에 귀국을 요구하였던 것으로 보인다. 아이러니하게도 그의 귀국 이후, 관련지역에서 한국인 밀정이 투입되는 변화와 함께 탐문정보의 질이 나아지기 시작하였다. '태황제'의 밀사와 안중근 구출을 위한 변호단의 구성 등에 관한 보고는 모두 1910년 1월 이후의 것으로 신빙성이 꽤 높아진 상태였다. 먼저 밀사에 관한 보고문들부터 보기로 한다.

첫 보고문은 1910년 1월 29일에 블라디보스토크 주재 일본 총영사 오토리 후지타로大鳥富士太郎가 외무대신 고무라 쥬타로小村壽太郎에게 올린 전보다(〈부록〉의 자료 1). 그 내용을 정리하면 다음과 같다.

---

7) 機密 제57호 메이지 42년 12월 6일, 재하얼빈 총영사 가와카미 도시히코→외무대신 고무라 쥬타로, 〈伊藤公爵加 害事件에 關하여 要하는 特別費 其他支出方 稟請의 件〉.
8) 메이지 42년 12월 18일, 極秘.

① 태황제(고종황제)의 밀사를 자처하는 사람은 37~8세쯤의 송선춘〔일어 표기는 '송송준'으로 되어 있고, 성〔송〕은 宋으로 달리 표기함-필자 주〕, 35~6세 정도인 조병한〔趙ビョンハン'이라 표기함-필자 주〕 2인.

② 경성에서 출발하여 하얼빈을 거쳐 현지(블라디보스토크)에 1910년 1월 27일 도착하였다.

③ 1월 28일 최봉준崔鳳俊이 주재하는 블라디보스토크 (한국인) 민회民會에 처음 나타나서 태황제의 칙명을 받들어 뤼순감옥에 있는 안응칠安應七〔安重根〕을 구출하기 위해 유세하러 온 것이 그들의 사명이니 도우라는 것.

④ 태황제의 어새가 찍힌 친서를 보임.

⑤ 두 사람은 곧 니코리스크〔秋豊〕, 하바로프스크 방면으로 갈 예정.

⑥ 송선춘은 한국 관리로서 일본, 미국을 다녀온 적이 있고 일본어와 영어에 숙달되어 있으며, 두 사람은 모두 단발 양장을 함.

⑦ 현재는 한인정韓人町 최 모의 집에 투숙 중.

오토리 총영사는 위 보고에 이어 같은 해 2월 4일 다시 한 차례 같은 건에 관해 보고하였다(자료 2). 이 보고서는 추가사항으로 민회 참가자의 일부 명단과 인원(40여 명), 그리고 앞서 미리 안중근 유족의 구제금 잔금 1,253류留(=루블)를 밀사를 위해 쓸 수는 없다고 최 회장이 말했을 뿐더러 이들의 진위 파악이 우선해야 한다고 스스로 말한 점, 그리고 이들은 곧 예정대로 니코리스크 등지로 떠날 것에 대한 재확인 등을 담고 있다.

오토리 총영사는 이어 2월 17일에 다시 〈한인근황보고韓人近況報告의 건〉에서 '한인거류민회韓人居留民會의 분운紛紜', '공동회共同會'에 이어 '태황제 밀사'에 관해 보고하였다(자료 3). 거의 ①과 비슷한 내용을 약간 더 자세한 표현으로 정리한 다음, 끝에 4, 5일 뒤(민회에 나타난 28일 기준이면 2월 1, 2일) 조병한이 니코리스크로 출발하고 김기룡金

基龍, 엄인섭嚴仁燮, 정재각鄭在覺, 이강李堈 등이 날을 달리 하여 곧 같은 지역으로 떠난 사실을 밝혔다. 블라디보스토크에 남은 송선춘은 현재 한인정의 김金소시 집에 머물고 있다고 하였다. 니코리스크에는 당시 안중근의 가족이 와 있었으며, 블라디보스토크 한인회는 이미 '안응칠유족구제회'를 결성하여 모금운동을 벌이고 있었다.[9]

오토리 총영사의 후속보고는 5일 뒤인 2월 22일에 〈한황韓皇의 밀사密使 송모宋某에 관한 건〉이란 제목의 전문電文으로 다시 발송되었다(자료 4). 여기서 "밀사는 도착 당시 다수의 한인으로부터 그 진위를 의심받고 있었는데 작금에 이르러서는 한인들은 위 밀사, 밀칙을 믿기에 이르렀다"며 정황 변화를 알렸다. 그리고 그동안 블라디보스토크에 남아 있던 송선춘도 "공동회로부터 안중근의 가족에게 보낼 러시아화 300루블을 휴대하고 어젯밤 니코리스크로 향해 출발했다"고 보고하였다. 이어 앞서 조병한과 함께 니코리스크로 떠난 김기룡 외 2명(3명?)은 그 지역의 한인을 대표하여[10] 다음과 같은 임무를 띠고 떠난 것이라고 하였다. 즉, 안응칠에게 법원에 휴가를 요청[乞暇]하도록 하고자 처형되기 전에 뤼순에 닿도록 급히 이곳을 떠나도록 한 것이라고 하였다.

뤼순지방법원은 2월 3일 '안중근 사건'에 대한 공판을 2월 7일자로 첫 개정한다고 공고하였다. 공판의 개정에 대해서는 최소한 1주일 전에 하는 것이 관례인데 5일 전에 공고하여 안중근을 지원하는 측을 당황하게 만들었다. 위 보고문에서 밝혀지는 김기룡 등의 동정, 즉 안중근으로 하여금 뤼순법원에 휴가신청을 내게 하려 한 것은 이

---

9) 機密 한韓 제2호, 메이지 43년 1월 20일, 재블라디보스토크 총영사 오토리 후지타로 →외무대신 고무라 쥬타로, 〈韓人靜態에 관한 件〉.

10) '當地方 韓人 惣代로서'라고 표현하였는데, '이 지역 한인을 대표하여'라는 뜻으로 읽을 수 있다.

공고를 전후해서 있었던 움직임이다. 뒤에 쓰겠지만 안중근 '구출작전'은 1909년 11월 하순부터 대동공보사 사장이던 변호사 미하일로프가 나서 변호인 신청의 형태로 진행 중이었다. 그러나 일본 정부가 이에 대해 외국인 변호인 불허방침을 확정함과 동시에 개정을 늦게 공고하였기 때문에 블라디보스토크 대동공보사의 움직임이 빨라지게 되었던 것이다. 위 일본 총영사관의 보고는 이 숨 가쁜 동정에 대한 보고인 셈이다. 이 보고문은 끝에 송성춘(보고문의 일어 표기는 ノ ンソンジュン으로 되어 있고, 성은 宋으로 달리 표기함)이 그새 한인 인사들 사이에 '송 주사'라고 불리고 있는데, 이것은 그가 일찍이 본국에서 주사主事라는 관직에 있었기 때문인 듯하다고 하였다.

오토리 총영사는 3월 2일자로 황제 밀사에 관한 마지막 보고를 올렸다(자료 5). 이 보고문은 ① 거류민회장의 선거, ② 일본인에 대한 한인의 밀정, ③ 이강의 휴대도주携帶逃走, ④ 공동회 및 대동공보, ⑤ 미하일로프의 밀정, ⑥ 한국 궁정으로부터의 밀사, ⑦ 배일排 日의 근거〔根蔕, 土台〕 등으로 구성되어 있다. 이 가운데 ⑥에서는 (영사관 측에서 고용한)밀정의 말에 따르면, 지금 이곳을 떠나 뤼순으로 간 송, 조 두 사람의 밀사는 결코 가짜〔僞物〕가 아니라고 한다고 보고 하였다. 즉 그새 한인회 안에서 두 사람을 진짜로 판단하였다는 것이다. 밀정의 말에 따르면, 작년에 니코리스크 시에서 사망한 이용익李容翊도 실은 '한황의 밀사'로서 당시 그가 가지고 온 내탕內帑의 잔금 7천 엔은 지금도 최봉준의 집에 보관되어 있다고 하였다.[11] 그리

---

11) 모스크바국립대의 박종효朴鍾涍 교수는 1997년에 러시아 총참모부 정보국의 니콜라이 비류리코프 대위의 1909년 4월 16일자 비밀보고 전문에서 고종황제가 보낸 돈 30 만 엔(당시 시가로 쌀 10만 석에 해당)을 루스코-카타이스키 은행(러중은행) 블라디 보스토크 지점에 예치하였다고 한 자료를 발굴하였다. 이 전문에는 "고종황제가 비 밀리 독립군에게 협조하고 있기 때문에 일본이 이 돈을 빼앗을 우려가 있다"고 적혀 있다고 하였다(《조선일보》 1997년 11월 27일자).

고 이곳에 거주하는 이상운李尚雲도 처음에 밀사로서 블라디보스토크에 온 것으로, 그 임무는 주로 '폭도(의병)'를 위로하고 선동하는 것이며, 당시 샌프란시스코의 한인이 이곳 한인에 '폭도'의 비용으로 5천 엔을 송부한 사실(시일 불명)도 보고하였다. 이 보고문은 한인 측에서도 일본인에 대한 탐문을 위해 밀정을 고용하고 있는 사실(②), 그리고 대동공보사 발행인 겸 사장인 러시아 사람 미하일로프가 한인(김진성金振聲)을 고용하여 거짓으로 일본인 밀정 행세를 하게 하여 일본인이 한인에 대해 어떤 일을 탐색하는지를 파악하고 있는 사실을 함께 보고하였다. 뒤에 서술하겠지만 미하일로프는 밀사의 안중근 구출작전에 이미 깊이 개입한 인물이기 때문에 이러한 역逆정보망의 운영은 있을 법한 일이다.

오토리 총영사의 마지막 보고문에서 가장 주목되는 것은 한국 황제가 배일의 토대〔根蔕〕이며 하얼빈 의거도 한국 궁정에서 선동한 것이라는 보고이다(⑦). 이것도 물론 일본영사관에 고용된 한국인 밀정이 탐문하여 보고한 것으로, "배일의 본원本元은 말할 것도 없이 한국 황제"라고 하였다. 재작년(1908)에 경성 및 평양 사람 다수가 이곳으로 와서 배일을 종용한 것도 궁정이 준 돈을 자금으로 하였으며, 이 무렵부터 지역의 거류민회와 신문사가 점차 세력이 있게 되었고, 작년(1909) 10월 하얼빈에서의 흉변 사건도 궁정으로부터 연추煙秋(노보키에프스크)의 최재형 집으로 선동해 온 것이라고 하였다. 최재형은 블라디보스토크의 최봉준과 관계가 밀접하고 위 두 사람이 사건 뒤에도 여러 일에 알선되어 있는 것도 알아야 한다고 하였다. 그리고 안중근과 북한 지역으로부터 함께 온 김기룡의 권총 등의 짐〔荷物〕이 지금 최재형의 집에 보관되어 있음(김기룡의 말)은 사건과 최의 관련을 증거하는 것이라고 하였다.

이러한 보고들은 오영섭이 1907년 이래 1908년 5월 최재형의 집에서 이루어진 동의회同義會의 결성 등에 작용한 '고종세력'의 역할에 대한 연구 결과와 대체로 일치하는 것이다. 만약 이 보고대로 1909 년 10월 26일의 하얼빈 의거의 배후가 한국 궁정, 곧 고종황제라면 하얼빈 의거는 새로운 차원에서 해석될 소지가 많아진다.

2. 하얼빈 의거의 기획 전말에 관한 탐문보고와 정재관

1910년 1월 8일자로 통감부 통감 소네 아라스케는 본국 외무대 신 고무라 쥬타로에게 '극비'로 〈흉행자급흉행혐의자조사서兇行者及兇 行嫌疑者調査書〉(제3보)를 보냈다.[12] 이 조사서는 목록상 8항목에 걸치 는 장문의 보고로, 그 가운데 ① 흉행의 발단 및 경위, ② 흉행 뒤 동지의 행동 등이 주목된다. 이 조사서는 서두에 '안중근 흉행 사건' 발생 이후 블라디보스토크 방면에 한국에서 내방하는 자들이 있는 것을 발견하고, 이곳에 파견한 밀정이 가져온 정보 가운데 가장 신 빙성 있는 것을 열거한다고 하였다. 이전에 올린 제1, 2의 조사서 가 운데 잘못을 정정한 것이라고 밝히기도 하였다. 제1 "흉행의 발단과 경과"의 요지는 아래와 같다.

   ① 1909년 10월 10일 이래 한국인(유진율兪鎭律) 경영의 대동공보사 내 사무실에 사장 러시아인 미하일로프, 주필 정재관鄭在寬, 기자 윤황尹煌, 윤 일병尹一炳, 이강李剛, 이정래李政來, 왕창동王昌東, 정순만鄭順萬 등 6명의 집

---

12) 기밀통발統發 제20호, 메이지 43년 1월 8일자 첨부, 통감 소네 아라스케→외무대신 고무라 쥬타로, 極秘, 〈兇行者及兇行嫌疑者調査〉(제3판). 이 첩보의 제1사항의 자료가 된 것으로 경성→도쿄, 메이지 43년 1월 7일, 이시즈카石塚 장관 사무취급→이시이石 井 외무차관 〈4문〉이 있다.

무 중에 안중근, 우덕형禹德淳, 조도선曺道先 등 3명이 내방하여 9명이 한 무리가 되어 잡담하던 끝에 이토 공이 하얼빈에 온다는 보도에 대해 얘기가 있자 좌중의 1명이 "그가 한국을 삼키고(呑喫) 이제 또 하얼빈에 온다면 반드시 예측할 수 없는 간계를 품고 오는 것이라"고 매도하자 또 1명은 "그를 암살하는 데 아주 좋은 기회인데 불행하게도 역부족이라서 어떻게라도 하기 어렵다"고 하였다.

② 사장 미하일로프가 이번은 정말 좋은 암살의 기회이니 '흉기'를 구입하는 등에 필요한 자금을 입체立替하고 동포들로부터 자금을 갹출하여 갚을 수 있다고 하자, 안중근은 그에 대해 자신이 실행을 맡겠다고 자청하고 사후에 전력을 다해 보호해 줄 것을 바란다고 하였다.

③ 이에 대해 미하일로프는 하얼빈이 러시아 조차지租借地이므로 재판권이 러시아에 있어 맹세코 무죄가 될 것이라고 확언하였다. 곁에서 이 문답을 듣던 우덕형, 조도선도 안중근과 공동실행을 신입申込하여 3명이 서로 약속하고, 나머지 대동공보사원 5명은 실행 이후 보호에 진력할 것을 서약하였다.

④ 동 15일에 사장 미하일로프는 금 약간(금액 불명) 및 단총 3정을 안중근에게 넘기고 2일 안에 동지와 결별하여 18일에 블라디보스토크을 출발했다. ……

이에 따르면 대동공보사에서의 '암살' 결정은 하얼빈에서의 결행 후 수사와 재판이 러시아에 맡겨질 것으로 예상하면서 일이 비교적 순조롭게 진행되었던 것이라고 할 수 있다.

위 〈조사서〉의 제2 "흉행 후 동지의 행동"에선 거사 이후 실제상황으로는 안중근 등 3인의 신병이 일본 측에 넘겨지면서 대동공보사측이 "크게 낭패하여 어떻게 해서라도 사형에 처해지지 않는 방법을 얻고자" 사장 미하일로프가 상하이로 가서 영국인 변호사 더글러스에게 자문하여 즉시 흔쾌히 허락을 얻었다고 하였다. 미하일로프는 자신이 변호사이기도 하였지만, 더 명성이 높은 더글러스를 찾아갔던 것이다. 그리고 이에 필요한 자금은 상하이에 머물고 있던 한국인 민영철閔泳喆, 민영익閔泳翊, 현상건玄尙健 등이 뛰어다니며 그 지역에 거주하는 사람들로부터 금 1만 엔을 갹출하여 마련됐다. 이 돈은 미하일로프를 경유하여 더글러스에게 건네져 변호계약을 맺는 데 쓰였다. 더글러스는 영국 "제일등의 변호사"로서 자문에 들어가 변호의 노력을 함께 하여 미하일로프와 함께 뤼순으로 가서 재판장을 면회하고 변호 허가를 얻었다. 그리고 두 사람은 안중근도 면회하고 결코 사형에 처해지지는 않을 것이라 위유慰諭하고 돌아갔다고 하였다.

　〈조사서〉의 제2는 이어서 변호활동을 통한 안중근 구출을 위한 모금운동에 대해 다음과 같이 보고하였다. 블라디보스토크 한인들 사이에 샌프란시스코에서 전명운田明雲 등이 스티븐스를 암살한 것에 대해 미국 법정이 겨우 7년의 징역에 처하였으니, 안중근도 동일한 형기가 될 것이고 일본이 어찌 무법재판을 할 수 있겠으며, 재판이 무법이 되면 반드시 열국列國에 호소하여 만국공동재판으로 가져갈 것이라는 장담〔傲語〕이 나왔다. 그때부터 대동공보사 측은 그 비용 조달이 초미의 일이 되어 샌프란시스코와 하와이 거주 한국인은 정재관·이강의 이름으로, 러시아 및 상하이 거주 한국인은 정순만·유진률·윤일병의 이름으로 지금 열심히 의금義金이라 일컬어 모집하고 있다. 그리고 한편으로 러시아 수도에 머물고 있는 이범진과 그 아들 이위종은 러시아 관헌에게 안중근을 일본 정부에 인도한 것에 대한 부당함과 장래의 보호·교섭방법을 타진하였다고 하였다. 그리고 블라디보스토크에 있는 최봉준이 2,000엔, 노보키에프스크에 있는 최재형이 400엔을 낸 것을 비롯해 여러 사람이 만국재판에 대비해 모금에 응하고 있다는 것, 안중근의 가족〔妻子〕을 수분하須紛河에서

블라디보스토크 한인촌인 개척리開拓里로 데려와 보호 중인 것 등을
보고하였다.

이상 소네 통감의 이름으로 올린 조사서에 나타나는 안중근 구
출활동은 뤼순에 파견된 외무성 구라치 정무국장의 보고전문들에서
도 확인된다. 구라치는 1909년 12월 2일자 전문에서[13] 미하일로프
가 상하이로부터 변호사 더글러스와 함께 그저께(11월 30일) 밤 다롄
에 도착하여 어제(11월 31일) 이곳 법원에 출두, 두 사람이 안중근의
변호인이 되는 것을 신청하였고, 법원에서는 안安의 의견을 듣고서
그 청구를 수리하였다고 밝혔다. 그리고 안중근은 두 사람이 면회할
때 감옥에서 대우가 정중하여 만족한다는 뜻을 블라디보스토크에 있
는 한인들에게 전하기를 바랐다고 하였다. 이 조사서를 통해 확인되
는 안중근 변호를 위한 한인들의 모금운동은 황제밀사의 출현에 대
한 이해를 높여 준다. 즉 밀사들은 스스로 밝혔듯이 안중근 구출을
위한 모금운동을 독려하고자 하였다.

그런데 여기서 몇 가지 문제가 제기된다. 첫째, 러시아인 미하일
로프가 이토 저격 계획에 앞장선 까닭은 무엇인가, 둘째, 안중근 구
출 움직임에서 황제 측의 위치, 즉 고종황제 측이 미하일로프가 이
끄는 대동공보사 팀의 활동을 추동하는 것이었는지, 아니면 선동하
는 위치였는지 하는 문제가 있다.

첫째, 미하일로프에 대해 현재 알려진 사실은 다음과 같다. 즉 그
는 러일전쟁 중에 러시아군이 두만강 일대에서 간도관리사 이범윤이
이끄는 한인 의병부대와 함께 진공작전을 수행한 경험이 있는 러시
아군 장군 출신으로 변호사 자격도 가지고 있다. 러시아군과 한국
의병의 공동작전은 러일전쟁 전인 1903년 8월 15일, 전쟁 중인 1905

---

13) 메이지 42년 12월 2일, 구라치 정무국장→고무라 외무대신 제36호.

년 1월 10일에 각각 한국 황제가 러시아 황제에게 러시아군이 한반도의 북부에 진입한다면 한국인들이 이에 협력할 것이라는 언명言明과 일치하는 움직임이었다. 이범윤은 실제로 간도 및 연해주 일대에서 황제로부터 직함을 부여받은 유일한 인물이었다. 그가 전쟁이 끝난 뒤 간도에서 연해주로 근거지를 옮긴 것은 물론 러시아군과의 이런 협력관계 때문이었을 것이며, 미하일로프가 한국인들이 세운 대동공보사의 사장으로 앞세워진 것도 이런 협력관계의 경험 때문이었을 것이다. 앞서 《해조신문海潮新聞》이 한국인 명의 때문에 일본의 공작에 말려 단명에 그친 것을 참작하여 그를 앞세우게 된 사정도 있었다. 어쨌든 그가 한국인들의 항일운동에 협조적이었다는 것은 쉽게 이해할 수 있지만, 과연 그가 모든 것을 이끌어가는 위치였는지는 확인할 필요가 있다. 하얼빈 의거에서 그의 위치는 탐문보고에 나타나듯이 주동하는 위치라기보다 대동공보사의 사장으로 이름만 내세워진 것과 마찬가지로 한국인 사이에 계획된 일을 표면에서 이끄는 형식을 취했을 가능성이 높다. 이 관점에서 주목되는 것은 1909년 12월 7일에 일본 관동도독부의 육군참모장 호시노 긴코星野金吾가 구라치 정무국장에게 보낸 보고문이다.14) 이 보고문의 주요한 탐문 내용은 다음과 같다.

① 하얼빈 흉행兇行, 곧 하얼빈 의거를 주도한 사람은 샌프란시스코에서 한국어 신문을 발행하고 있는 전 시종무관 정재관鄭在官(寬)이다.

―――――――――――――――――

14) 秘, 關都督府 未發 제682호, 메이지 42년 12월 7일, 관동도독부 육군참모장 호시노 긴코→외무성 정무국장 구라치 데쓰키치, "장춘의 우에하라上原 소좌로부터 좌의 보고가 있었으니 참고하시기 바람. 하얼빈 사건 後報, 하얼빈에 殘置한 총영사관의 탐사에 조력한 한인 某는 12월 2일 귀래하여 상세는 동지 제국총영사가 직접 통보할 수 있도록 하여 공동인이 조사한 개요 좌와 같이 보고한다."

② 정재관은 하와이와 블라디보스토크의 항일단체에 강력한 영향력을 행사하고 있는 인물로서 1908년 3월의 스티븐스 암살 사건을 일으킨 주동자이기도 하다.

③ 그는 약 2개월 전 샌프란시스코에서 발행되는 한국어 신문(《신한민보新韓民報》)에 한국인이 이토 공을 권총으로 겨누고 있는 삽화를 싣게 한 적이 있다.

④ 정재관은 경성을 거쳐 블라디보스토크에 와서 안중근 등 뜻을 같이하는 무리를 사주하여 하얼빈 사건을 감행하게 하였다.

⑤ 사건이 성공적으로 끝난 뒤에는 하얼빈의 한인들에게 서신을 보내 칭찬을 하고 곧 하얼빈을 방문하겠다고 하였다.

이 보고문에서 사건의 기획 인물로 지목된 정재관은 앞의 자료 〈흉행자급흉행혐의자조사서〉(제3보)에서 대동공보사의 주필로 소개되었다. 사장 미하일로프가 주필인 정재관의 요청으로 거사계획과 사후의 변호구출의 일을 표면적으로 대행했을 가능성은 얼마든지 있다. 정재관은 기존의 연구에서 이미 잘 밝혀졌듯이, 1902년에 미주로 이주한 뒤 북미 지역 교민들이 결성한 국민회國民會의 총회장을 맡았고, 1909년 5월에 이상설李相卨과 함께 북미 지역과 하와이 지역 국민회 총회의 결의에 따라 '원동遠東'의 독립운동사업을 추진하라는 중책을 맡고 블라디보스토크로 왔다.[15] 그는 위 보고문이 밝히듯이 1908년 3월 샌프란시스코에서 있었던 스티븐스 총살 사건에서 주도적 역할을 하였다. 스티븐스가 기자회견에서 한국인들이 보호조약을 환영한다는 말로 일관하자 그 자리에서 응징에 나서 이튿날 전명운, 장인환이 그에게 총격을 가하는 것으로 사태가 발전하는 데 중심적

15) 尹炳奭, 《國外韓人社會와 民族運動》, 일조각, 1990, 310쪽, 323~324쪽.

역할을 하고 있었다. 그는 1911년 이후 권업회勸業會를 통한 활동에서도 광복군의 창설에 적극적이었듯이 무장투쟁론을 우선적으로 내세웠다. 그의 이력으로 볼 때, 대동공보사의 회의 당시 이토 히로부미 저격을 처음 발의한 사람이 바로 그였을 가능성이 높다.

그가 관여하고 있던 샌프란시스코 발행의 《신한민보》(처음에는 《공립신보共立新報》라 하였음) 1909년 9월 15일자 지면에 특별한 삽화가 실렸다. 이것은 여성으로 표현된 한국을 사무라이 일본이 농락하는 장면의 한 일본 신문의 삽화에 응답하는 취지로 제작된 것이다. 삽화의 내용은 김척金尺이란 이름의 한국 남성이 만주마저 맛나게 먹겠다고 나선 욱일旭日, 곧 일본을 향해 천도天道와 공법公法의 이름으로 권총 5발을 쏘는 장면으로, 신문에는 두 삽화가 나란히 실렸다. 안중근은 뤼순감옥에서 사카이境 경시가 심문할 때 이 삽화가 자신의 의거 결행에 큰 영향을 주었다고 밝힌 적이 있다. 이 삽화가 실릴 즈음 정대관은 미국을 떠나 한국에 와 있었다. 그러나 자신이 관여한 이 특별한 삽화에 대한 관심은 남달랐을 것이다. 이러한 정황은 대동공보사 회의에서 그가 이토 히로부미를 처치할 수 있는 이 '천재일우千載一遇'의 기회를 놓치지 말자고 강력히 주장한 장본인이었을 가능성을 더 높여 준다.

위 보고문은 정재관이 한국에 들어온 시점이 사건 2개월 전이며, 경성을 거쳐 블라디보스토크로 왔다고 했다. 일본 측의 정보망은 그가 경성에서 무슨 일을 했는지는 알지 못한다고 하였다. 경운궁의 황제 측이 이토 히로부미 저격기획과 관련하여 그와 접촉했다면 시기는 바로 이때가 될 것이다. 위 보고문에서 밝히듯이 그가 시종무관이었다면 황제 측과의 접선은 불가능하지 않다. 그는 1902년에 하와이로 이주한 것으로 되어 있다. 그러나 이 해는 바로 황제 직속의 비밀 정보기관인 제국익문사帝國益聞社가 통신사를 가장하여 비밀리에 창설된 해이다. 광무 6년(1902)년 모월 모일자에 제정된 《제국익

문사비보장정帝國益聞社秘報章程》은 해외 주요 도시에 통신원을 파견하
는 것을 규정하고 있다.16) 이로 보면 시종무관 출신의 정재관은 이
민을 가장하여 제국익문사 통신원으로 미국에 파견되었던 것으로 볼
수 있다. 황제 직속의 항일정보기관의 요원이었던 만큼 국권수호를
위한 그의 활동은 활발했던 것으로 보인다.

3. 황제 고문역 헐버트의 상하이 행과 그 임무

안중근의 하얼빈 의거 전후에 황제 주위의 동향으로 주목되는
것은 오랫동안 국제관계문제에서 고종황제를 도왔던 헐버트Hormer
B. Hulbert의 상하이 행이다. 이에 관한 일본 측의 탐문보고는 사건의
현지 지휘총책으로 뤼순에 와 있던 구라치 정무국장과 고무라 외무
대신 사이에 오간 전문들에서 볼 수 있다.

첫 전문은 헐버트가 1909년 11월 7일 아침에 사케다마루酒田丸
편으로 인천에서 출발, 다롄에 도착하였는데, 그의 여행은 미국으로
돌아가기 위한 것이라고 하며 엄중 경계하고 있다는 것이다.17) 그리
고 바로 뒤이은 보고문은 인천서 오는 배 위에서 헐버트는 스스로
자신이 시베리아를 거쳐 미국으로 귀국한다고 말했다고 하지만 9일
4시 급히 다롄을 출발하는 사이쿄마루西京丸 편을 타고 상하이로 향
하였다고 보고하고, 이곳의 영사에게 그의 동정을 경계하도록 훈령
을 내려주기 바란다고 하였다.18) 이어 상하이에 도착하여 파레스 호

16) 이태진, 〈고종황제의 항일정보기관 益聞社 창설과 배경〉, 《고종시대의 재조명》, 2000,
    태학사, 387~402쪽.
17) 1909년 11월 7일 오전 8시 50분 구라치→고무라 외무대신, 제4호.
18) 1909년 11월 7일 오후 2시 구라치→고무라 외무대신, 제5호.

텔에 투숙한 그는 다키시마瀧島 경찰서장에 의해 11일까지 3일 동안
의 행적이 소상하게 추적, 보고되었다.[19] 이 탐문보고는 그의 행동
에서 한국인을 비롯한 특정한 사람과의 접촉을 비롯해 특별히 의심
할 만한 것을 볼 수 없다고 하였지만, 상하이로 오는 배 위에서 영
국인 회사원이라고 하는 모리스 헨리 주니어와 같은 호텔에 투숙한
점, 제2일째 산동로山東路의 군중 속에서 그를 놓친 점 등, 미행에 취
약점이 없지 않은 것이 발견된다. 그가 들른 곳으로는 미국 기독교
선교회 출판사 및 서점, 광학회廣學會, 전신회사電信會社, 미국 침대회
사 대리점, 남경로 도서관, 환전소換錢所 등이었다. 헐버트는 11월 11
일 9시 반에 사이쿄마루를 타고 다롄으로 와서 북행北行, 곧 장춘, 하
얼빈을 거쳐 런던으로 간 것으로 보고가 마무리되었다.[20] 그런데 문
제는 오히려 의심할 만한 행적이 보이지 않는다는 보고 자체이다.
다롄에서 갑자기 나선 것으로 되어 있는 상하이 행이 특별한 목적
없이 이루어졌다는 것 자체가 납득이 가지 않는다. 이토 히로부미
저격과 같은 대사건이 일어난 시점에서는 더욱 그렇다.

　여기서 주목되는 것은 고종황제가 "상하이 덕국은행德國銀行에 임
치任置한 짐朕의 소유재산"을 찾아오는 임무를 그에게 맡겨 1909년
10월 20일자로 '황제어새皇帝御璽'가 날인된 위임장을 써 준 사실이
다. 황제는 앞서 1903년 12월 2일에 15만 엔 상당의 금 덩어리[bar]
23개(575kg가량)를 이 은행에 예치하였다. 그런데 헐버트가 이 돈을
모두 찾고자 고종황제의 위임장을 들고 현지 은행을 찾았을 때, 이

---

19) 機密 제64호, 메이지 42년 11월 12일, 재상하이 일본총영사관 총영사대리 마츠무로松
　室洋右→외무대신 고무라 쥬타로, 〈米人 헐버트에 關한 件〉 및 첨부자료 〈明治 42年
　11月 11日 米國人 ハルバート行動視察報告〉.
20) 메이지 42년 11월 14일, 구라치→고무라 외무대신, 제16호, 앞의 다키시마瀧島 서장
　보고문.

재산(153,939.53엔)은 모두 1908년 4월 22일자로 통감부가 개입한 가운데 궁내대신 이완용李允用의 이름으로 인출된 뒤였다.[21] 헐버트의 임무는 결과적으로 실패했지만, 이런 중대한 임무가 수행될 시기는 이때 밖에 없었다고 볼 때, 헐버트의 상하이 행은 곧 황제가 써 준 위임장을 가지고 이 예치금을 찾기 위한 것이었을 가능성이 높다.

고종황제가 상하이 덕국은행, 곧 덕화은행德華銀行의 돈을 찾고자 헐버트에게 위임장을 써 준 1909년 10월 20일은 안중근이 블라디보스토크에서 하얼빈으로 떠나기 하루 전, 하얼빈 의거가 성공하기 6일 전이다. 따라서 이 인출引出은 사후 수습을 위한 것은 물론 아니었다. 헐버트가 위임장을 가지고 인천에서 상하이로 출발한 시기는 11월 7일로 거사 뒤였다. 그렇다면 10월 20일 현재로 거의 6년 동안 예치해 둔 거액의 돈을 찾아야 할 까닭이 무엇인지가 문제이다.

이토 히로부미는 1909년 10월 9일에 '개인 자격'의 만주 시찰이라고 하면서 천황을 알현하여 이에 대한 칙허勅許를 받았다. 그리고 10월 14일에 이토는 오후 5시 20분에 도쿄 오이소大磯 역에 특별히 기차를 세워 시모노세키下關로 가는 급행열차에 올랐으며, 10월 16일에 모지門司에서 배를 타고 10월 18일에 다롄에 도착하였다. 블라디보스토크의 대동공보사 측이 대책을 의논하기 시작한 날이 10월 10일이었던 것으로 보면, 그의 만주 행은 천황 알현과 동시에 신문에 보도되었던 것으로 보인다. 경운궁(덕수궁)의 고종황제도 이 무렵에 이미 이토의 하얼빈 방문을 알았을 것이다.

그렇다면 10월 20일에 거액의 예치금을 찾기 위한 위임장 작성과 서명은 곧 이토 히로부미에 대한 적극적 조치가 군사적 상황으로

21) 대한민국 외교부 공개문서, 〈對독일 未淸算 채권의 청산요청, 1951~55〉, 분류번호 722.1 GE, 등록번호 48. 201, 207, 217, 218, 220, 223쪽.

발전할 것에 대한 대비라고 판단해도 좋을 것이다. 그러나 이 인출이 허사가 되자 실제의 공작금은 블라디보스토크 근처에 앞서 예치되었던 비밀자금을 사용하는 정도에서 그쳤다. 12월에 들어서 미하일로프가 상하이로 가서 더글러스 변호사로부터 동의를 얻어 계약금 지불을 할 때 상하이에 거주하던 민영찬, 민영익, 현상건이 동분서주하여 1만 엔을 마련해야 했던 것도 이 예기치 않은 상황 때문이었다고 볼 수 있다. 3인은 모두 황제의 측근 인물들로서 헐버트, 미하일로프가 띤 사명에 대해 어느 정도 알고 있었을 가능성도 없지 않다. 헐버트의 상하이 행은 곧 황제 측에서 그동안 비밀리에 지원한 독립의병전선의 힘을 활용해 만주 여행길에 오른 이토 히로부미를 제거하는 작전을 위한 것이었을 가능성이 높다.

헐버트에 대한 의심은 사건 발생 초기부터 일본 정보통 사이에 거론되었다. 11월 9일의 한국주차군 정보통은 스티븐스 사건과 동일한 배후로 미국인 헐버트와 언더우드를 지목하였고,[22] 12월 4일 구라치 정무국장의 외무대신에 대한 보고에서는 헐버트와 더글러스 변호사 사이에 왕래 흔적이 없다는 상하이총영사의 보고를 첨부하고 있다.[23]

4. 국제변호인단 구성 추진의 전말

안중근 사건에 대한 일본 정부의 법적 대응은 사건 초기인 11월 5일에 이미 거론되기 시작하였다. 이날 구라치 정무국장이 고무라 외무대신에게 보낸 제3호 전문電文에 "흉도兇徒의 처벌은 (일본)제국

---

22) 메이지 42년 11월 9일, 오카모토岡本 중좌→아카시明石 소장.
23) 메이지 42년 12월 4일, 구라치 정무국장→고무라 외무대신, 제41호.

형법에 근거해야 하며, 장차 한국 형법에 근거하여야 함에 대해서는 (뒤순)도독부에서 강구중이다. 위(제국형법에 근거함)는 검찰관에서 공소公訴 제기하는 방법으로 결정할 필요가 있으므로 (일본제국)형법 3조, 한청조약韓淸條約 5조 및 선년先年의 재청영사在淸領事에 발부한 훈령訓令 등을 참조하여 본성本省(외무성)의 의견을 급히 전보로 내려주기 바란다"는 요청이 실려 있다. 그리고 이에 대한 답변은 11월 8일에 다음과 같은 내용으로 도착하였다. 즉 청국에서 한국인은 보호국인이기 때문에 그 범죄는 형법 제1조의 이른바 '제국 안의 범죄'로 간주하여 당연히 제국형법을 적용함이 옳다고 생각한다는 원론적인 방침과 함께, 이에 대한 부연해석이 전해졌다. 그 뒤 안중근 및 다른 혐의자들에 대한 검찰관의 심문, 통감부 경시청 소속 사카이 경시의 심문 등은 다만 배후조사 차원에 지나지 않는 것이었다.

일본 정부의 수뇌부에서는 12월 초에 '수색搜索'과 재판을 분리하는 방침을 세웠다. 즉 12월 2일에 외무대신 고무라는 정무국장 구라치의 전문(제28호)에 대한 답전答電에 그러한 방침을 전달하고 있다. 즉 구라치는 이 사건의 배후 조사를 위해 현지 러시아 당국의 원조가 필요하므로 조치를 지시해 주길 요청하였는데, 고무라 외상은 러시아 정부에 대한 원조를 공개적으로 구하지 말고 블라디보스토크에서 시간을 가지고 비밀수색을 충분히 하면서 공판은 그 종료에 구애받지 않고 진행시키도록 하겠다고 답하였다. 그리고 정부는 예심豫審 재판을 열기를 희망하지 않으며, 언도서言渡書 같은 것도 될수록 간단히 하고자 한다고 밝혔다.24) 이어 12월 3일에는 안중근에 대해 지방법원에서 검찰관이 사형을 구형하고 선고도 이를 따라 이루어지도록 하되, "만만萬萬의 하나라도 법원에서 무기 도형徒刑을 판결하는

---

24) 도쿄발 12월 2일, 신뤼순新旅順착 같은 날, 고무라→구라치, 제21호.

일이 있을 때는 검찰관으로 하여금 공소를 하게 하여 고등법원에서 사형을 언도하도록 한다"고 방침을 밝혔다.25)

앞에서 살폈듯이, 바로 이즈음에 미하일로프가 상하이를 방문하여 더글러스 변호사를 만나 변호인단 구성을 의논하는 일이 일본 측에 탐지되었다. 11월 30일 밤에 미하일로프가 상하이로부터 더글러스 변호사와 함께 다롄에 도착하여 31일 법원에서 변호인 신청을 마쳤던 것이다. 이러한 움직임이 포착된 이상, 일본 정부가 대책을 내는 것은 당연한 것이었다. 12월 4일, 구라치 정무국장은 고무라 대신에게 다음과 같은 상황보고를 전보로 보냈다. 즉 법원에서는 외국인의 변호인 신청은 법이 허용하는 것이라 이를 거부함은 낯부끄러운 일이므로 일본어 통역을 동반하는 조건으로 허락하여 이들은 임시주소를 다롄에 정하고 안중근과 함께 3인 연서로 변호계를 제출하였다고 보고하였다.26) 이에 대해 외무대신은 외국인의 변호신청은 정부에서 허가하지 않는다고 답하고,27) 12월 16일에는 한국인도 이 방침의 대상에 포함하는 것과 함께 오로지 관선官選변호사만을 허용한다고 하였다.28) 이 사건에서 외국인 변호사의 참여에 대한 부정적 견해는 12월 3일에 고무라 외상이 구라치 정무국장에게 보내는 전문에 이미 분명하게 드러나 있다.29)

일본 정부의 이러한 방침은 물론 외부로 알려지지 않았다. 미하일로프나 더글러스 변호사도 2월 초에 법원이 개정開廷 날짜를 통고하면서 이 방침을 알려줘 이때 비로소 알게 되었다. 두 변호사 외에

---

25) 極秘, 메이지 42년 12월 3일, 구라치→고무라, 제39호.
26) 메이지 42년 12월 4일, 구라치→고무라 제36호, 제43호.
27) 極秘, 메이지 12월 4일, 구라치→고무라, 제41호.
28) 메이지 42년 12월 16일, 고무라→관동도독 제125호.
29) 메이지 42년 12월 3일, 고무라→구라치, 제24호.

도 하얼빈시에 거주하는 스페인 출신 변호사 에프로메로도 12월 하순에 어떤 한국인으로부터 변호를 의뢰받고 머지않아 뤼순으로 간다는 탐문보고가 있었다.[30] 그리고 1909년 12월 23일에는 일본 측 탐문에 김기룡이 뤼순에 사람을 보내 안중근을 탈취해 오는〔奪返〕일을 계획하여 필요한 자금의 지출을 민회로부터 승인받아 곧 출발 시일과 파견원을 정할 계획을 세웠다는 사실이 포착되었다.[31] 이것은 실현성이 낮은 일이지만, 대동공보사 팀이 안중근 구출에 진력하고 있었던 사실을 보여주는 것이다.

통감부는 1910년 1월 7일 평양 거주의 변호사 안병찬安炳瓚이 안중근 어머니의 요청으로 변호인 신청을 하러 곧 뤼순으로 갈 것이라는 보고를 외무성에 올렸다. 안병찬은 보호조약 체결 때, 이를 반대하는 상소를 올린 극단적인 배일사상을 가진 자이므로 대책을 세울 필요가 있다는 의견을 덧붙였다.[32] 안병찬은 1월 11일에 기차로 출발하였고, 이후 뤼순에서 그의 일거수일투족은 빠짐없이 탐지, 보고되었다.[33] 한국의 통감부에서는 그의 출발을 앞두고 그를 설득하여 출발을 중지시키거나 인신을 구속하는 방안까지 검토하였지만, 최종적으로는 법원에서 변호를 허락하지 않는 쪽으로 가닥을 잡았다.[34] 그러나 법원에서는 안병찬에게도 변호를 허락할 방침이어서 정부를

---

30) 메이지 42년 12월 23일, 가와카미 총영사 →고무라, 호외號外 39.
31) 메이지 42년 12월 23일, 오토리 총영사→ 고무라, 제96호.
32) 메이지 43년 1월 7일, 이시즈카 총무장관 → 이시이 외무차관, 제2호. 안병찬은 법관양성소 제3기로 졸업하고 변호사로 활동하였다.
33) 첫 보고는 메이지 43년 1월 19일, 뤼순민정서장 보고 〈한국인 변호사 安炳瓚 일행에 관한 건〉로, 일행(안병찬과 일본어 통역 고병은高秉殷)의 본적, 주소, 성명, 연령을 먼저 쓰고, 안중근 변호의 목적으로 그 달 17일 오전 9시 55분에 (뤼순)당역에 도착하였다는 사항에서 시작하여 그 동정을 낱낱이 기록하였다.
34) 메이지 43년 1월 10일, 사토佐藤 민정장관 대리→이시이石井 외무차관; 메이지 43년 1월 11일 사토 민정장관 대리→이시이 외무차관, 제8호.

곤혹스럽게 만들었다.[35] 그뿐만 아니라 1월 21일 당시 도쿄의 유명 변호사인 기시岸, 다롄 거주의 고바야시小林 및 그 외 1인 등 일본인 변호사 3명이 안중근 변호에 참가하겠다고 나서 일본 정부를 더욱 어렵게 하였다.[36]

이런 모든 어려운 정황에 대해 일본 정부는 2월 1일에 12월 초 이미 굳힌 방침대로 이 사건에 대한 변호는 외국인에게는 허용하지 않고, 미즈노 기치타로水野吉太郎 변호사와 관선으로 관동 거주 변호사 가마타 마사하루鎌田政治까지 2명에 한정한다고 선언하는 강경책으로 타개해 나갔다.[37] 그리고 이어서 2월 7일부터 공판을 시작한다는 것을 5일 전에 공고하여 반발할 시간적 여유조차 주지 않았다. 블라디보스토크의 미하일로프에게도 2월 초에 변호의 기회를 줄 수 없다는 통보가 왔고, 이 소식을 들은 이곳 한인들은 일주일의 여유조차 주지 않은 것에 대한 불만이 심한 것으로 보고되었다.[38]

블라디보스토크에 황제의 밀사들이 도착한 1월 27일은 곧 러시아, 영국, 스페인, 심지어 일본의 유명 변호사들이 자발적으로 또는 의뢰를 받아 안중근 변호에 나서고 있었다. 황제 밀사들이 경성을 출발, 하얼빈을 거쳐 블라디보스토크에 왔다면 뤼순, 다롄도 경유했을 가능성이 높다. 블라디보스토크의 대동공보사 측이 밀사들의 정체를 확인한 뒤, 이들과 보조를 같이 하여 여러 곳으로 흩어진 것은 국제적 변호인단의 형성 분위기로부터 크게 고무받아서였을 것이다. 이 국제변호인단이 법정에 섰다면, 이 재판은 황제 측이 기대한 대로 러시아 법정으로 되돌려주어야 한다던가, 개인적 살인행위가 아

---

35) 메이지 43년 1월 11일, 이시즈카 총무장관→소네 통감, 제8호.
36) 메이지 43년 1월 21일, 별지別紙 切拔, 외무성 문서과장.
37) 메이지 43년 2월 1일, 뤼순 발전發電, 사토 민정장관 대리→시라니 장관.
38) 메이지 43년 2월 5일, 재블라디보스토크 오토리 총영사→고무라, 제20호.

니므로 극형에 처해질 수 없다는 쪽으로 변호했을 것이다. 황제 측이 저격 자체를 주도한 입장이었다면 변호인단활동을 통해 안중근을 극형 언도로부터 구출한다는 것은 당연한 의리의 행위였다.

그러나 일본 정부의 초탈법적, 초관례적 조치로 '외국' 변호인들은 방청석에서 법정을 지켜보고 있어야만 했다. 일본 측 탐문에는 200여 명의 방청인 가운데 한국인 변호사 안병찬 및 통역, 상하이 변호사 더글라스, 러시아 영사 부부, 러시아 변호사 야우덴스키 등이 자리하고 있었다고 보고하였다. 미하일로프는 법원이 요구하는 일본어가 능통한 통역으로 나가사키長崎에 사는 한기동韓基東을 동반하고 2월 9일에 뤼순에 도착하여 늦게 합류하였다.39)

맺음말

이상으로 뤼순감옥에 수감된 안중근을 러시아 법정으로 이관하는 것을 목표로 만주, 연해주 등지의 한인들에게 이를 실현하는 데 나서도록 독려하고자 현지(블라디보스토크)에 출현한 고종황제의 밀사에 대한 일본 측의 탐문보고서, 그리고 1909년 12월 중순 이후 관련 예산의 증액을 통해 한국인 밀정을 매수, 투입한 것을 계기로 강화된 정보력으로 생산된 저격모의 주체에 대한 조사보고서 등을 중심으로 하얼빈 저격 사건의 기획 전말 및 국제적 규모의 변호인단 형성을 위한 제반 노력과 상황 등에 대해 고찰하였다. 검토 결과, 고종황제 측이 사건 기획의 진원지란 일본 측 정보망의 판단이 설득력

39) 메이지 43년 2월 7일, 사토 민정장관 대리→이시이 외무차관; 메이지 43년 2월 9일, 사토 민정장관 대리→이시이 외무차관; 메이지 43년 2월 9일, 사토 민정장관 대리→이시이 외무차관.

있는 것으로 인정되었다.

하얼빈 역에서 일어난 이토 히로부미 저격 사건은 1908년 3월에 있었던 샌프란시스코의 스티븐스 총격 사건의 연장이라고 해도 좋을 만큼 밀접한 관계를 가지고 있었다. 저격, 총살의 대상이 모두 보호조약 강제의 주동적 인물이란 점, 스티븐스 총격 사건을 주도한 인물(정재관)이 블라디보스토크 대동공보사에서 이토 히로부미 저격에 대한 모의를 주도한 점, 특파대 구성에 제일 먼저 지원한 안중근이 샌프란시스코에서 발행되는 《신한민보》에 2개월 전 실린 삽화에 자극을 받은 점 등이 두 사건 사이의 연관성을 크게 부여한다.

그리고 고종황제가 1902년에 발족시킨 비밀 항일정보기관인 제국익문사의 요원이 두 지점을 연결시키는 역할을 한 것도 규명되었다. 이 정보기관의 활동에 대해서는 앞으로 별입시 집단의 핵심조직으로 더 연구해야 할 필요가 있지만 블라디보스토크에 나타난 황제의 밀사, 송선춘과 조병한 2인도 그 요원이었을 가능성이 높다. 이 기구의 해외요원(통신원)으로 보이는 이들은 모두 고종황제의 정부 관력과 외국어 구사력을 지니고 있다는 공통점을 가졌다. 상하이에서 더글러스 변호사의 계약금 조달을 위해 동분서주한 민영찬, 민영익, 현상건 3인 가운데서도 이 조직과 직·간접적인 관계를 가진 자가 있을 것으로 보인다.

1909년 3월 이토 히로부미는 한반도 안의 한국 의병세력의 도전을 이기지 못하고 통감직을 사임하였다. 그는 귀국하자마자 군벌세력(겐로元老 야마가타 아리토모山縣有朋, 육군대신 데라우치 마사타케寺內正毅 등)이 물어온 한국병합에 대한 의견에서도 병합을 지지하는 것으로 입장을 분명히 하였다. 그리고 그는 10월에 만주 여행에 나섰다. 일본은 그새 간도 소유권과 장춘-회령간 철도부설권을 맞바꾸는 것을 비롯해 몇 가지 사안에 대한 합의로 중국과의 유대를 크게 개선하였다. 중국, 일본 사이의 이런 움직임에 대해 러시아는 하얼빈-수분하 사이의 철도(동청철도)를 미국의 한 자본가에게 매각할 의사를 표시 하면서 미국과 유대를 강화하였다. 러시아 재정대신 코코체프가 바로 이 방안을 이끌고 있었지만, 1909년 중반에 미국 측 매입 희망자 였던 해리먼이 사망함으로써 이 관계는 백지로 돌아갔다. 그 코코체 프를 만나기 위한 이토 히로부미의 하얼빈 방문은 곧 러시아의 약점 을 파고들려는 것이었다.

만주에서 일본세력이 강화되는 것은 곧 한국독립운동세력이 그 만큼 위태로워지는 것을 뜻했다. 나라의 장래를 위한 출구를 국제관 계에서 찾던 고종황제가 이 상황을 살피지 못했을 리 없다. 그래서 그는 이토 히로부미 제거 뒤에 닥칠지 모를 군사적 대결상황에 대비 하고자 상하이 덕화은행에 예치한 15만 엔을 상회하는 거금을 인출 하고자 했던 것이다. 황제로서는 이것이 주권 수호를 위한 최후의 대결이나 마찬가지였다.

일본 정부 수뇌부는 육군대신 데라우치를 필두로 한 군벌세력의 의견에 따라 1910년 2월 안중근을 극형에 처하는 결정을 내린 뒤, 한국병합을 하루 속히 실행할 것을 결의하였다. 탐문정보의 대략적 인 요지를 지켜보면서 고종황제의 움직임을 확인한 데라우치를 비롯 한 군벌의 핵심들은 병합을 더 지연시킬 이유가 없었다. 데라우치는 1910년 5월부터 한국병합준비위원회가 준비한 병합에 필요한 제반 문건과 지침을 가지고 7월 하순에 3대 통감으로 현지 부임하여 병합 을 일선에서 지휘하였다. 병합은 고종황제를 묶는 가장 효과적인 방 법이었다. '하얼빈 사건'에 대한 수사를 통해 고종황제의 무력저항을 직시한 데라우치는 1918년 1월에 미국 대통령 우드로 윌슨이 민족 자결주의를 선언하자 과민한 반응의 결단을 내렸다. 그는 1914년부 터 1918년 8월까지 내각 총리대신의 자리에 있었다. 비록 종반에 총리대신에서 물러났지만, 1919년 1월에 군벌 후배인 조선총독 하세가와 요시미치長谷川好道에게 고종황제 독살을 지시하였다. 10년 전의 경험에 비추어 그는 고종황제가 해외의 무장독립운동세력과 다시 제휴하여 움직일 것으로 확신하였던 것이다.[40]

40) 이태진, 〈고종황제의 독살과 일본 정부 수뇌부〉, 《Personality and Politics in Japan' Annexation of Korea》, 제10회 "한국병합에 대한 역사적 국제법적 재조명", 2009년 4월 23~24일, 하와이대학교 환태평양학대학, 동북아역사재단 지원.

부록: 고종황제 밀사에 관한 블라디보스토크 주재 일본 영사관의 보고자료41)

자료 1

明治 43년 1월 29일 在浦潮大鳥總領事來電寫

~~明治43년 1월 29일 後 7.30~7.40 大鳥總領事, 小村外務大臣~~

제11호

崔鳳俊 이하 民會員은 楊成春의 사망에 관하여 협의 위해 지난 28일 집회하였는데 27일 京城으로부터 哈尒賓을 거쳐 당지에 도착한 **송선춘** 연령 37, 8세 종두(자국) 있는 자 및 **조병한** 연령 35, 6세의 두 사람은 동회에 출석하여 이번 태황제 폐하의 칙을 받들어 在旅順 安應七을 옥중으로부터 구출하기 위해 유세하러 온 것에 대해 助力해야 한다고, 太皇帝의 璽가 찍힌 親書를 보이고 그 취지는 이 자를 파견함에 대한 것이고, 그 말하는 바를 보아 조력해야 함을 말하는데 있다. 폐회 후 최봉준은 그 진위를 의심함에 대해 취조를 요한다고 말하였다. 위 두 사람은 당지로부터 '니코리스크', '하바로프스크' 방면으로 간다고 하여 위 송은 일찍이 한국 관리로서 일본 및 아메리카에도 간 적이 있고 일본어·영어에 숙달되어 있으며 또 위 두 사람은 모두 단발 양장을 하고 있다. 한인 嚴仁涉(燮)은 27일 蘇城으로부터 당지에 도착하여 韓人町 최모의 집에 투숙하고 있다.

자료 2

明治 43년 2월 4일 오후 12.06~2.50 도쿄 착, 大鳥 總領事→小村

---

41) 자료의 강조, 삭제 표시는 원문 그대로이다.

外務大臣
　　제18호

往電 제11호의 밀사를 위해 지난 3일 민회를 개회하여 모인 자, 崔, 金, 金學萬, 高尙俊, 李尙雲, 金相萬, 車錫甫 등 40여 명 崔 민회장 먼저 공동회가 모집한 安 및 그 유족 구제기금의 잔금 1,253留(루블)를 밀사를 위해 사용함은 불가하다. 오히려 밀사에 대해서는 그 진위를 확인할 필요가 있다고 논단하였다. 밀사는 다시 니코리스크 등지에로 한국 태황제의 뜻을 전하기 위해 곧 당지를 떠난다고 한다.

자료 3

機密韓 제6호, 明治 43년 2월 17일 在浦潮總領事大鳥富士太郎→外務大臣伯爵小村壽太郎殿, 韓人近況報告의 건

一. 韓人居留民會의 紛紜(생략 – 필자)

一. 共同會(생략 – 필자)

一. 太皇帝密使

객월 27일 경성으로부터 하얼빈을 거쳐 당지에 來着한 소위 태황제의 밀사 宋선춘과 趙병한 두 사람은 동 28일 楊成春 사후의 善後策에 관한 협의 중의 거류민회에 출석하여 懷中으로부터 1통의 서면을 꺼내 이를 會衆에 보이고 자기는 이번 我太皇帝 폐하의 칙명을 받고 이렇게 폐하의 親璽가 찍힌 密書를 가지고 뤼순의 옥중에 있는 安重根을 구해내어 露領에 있는 우리 동포와 함께 극력 이를 露國의 재판에 맡기기 위해 당지에 왔다고 揚言하였지만도 일이 너무나 의외였기 때문에 회중은 오직 어리둥절할 뿐이었다. 崔 民會長은 밀사

의 素性 아울러 密勅의 진위에 대해서는 이어서 천착할 필요 있어서 그날 밤은 그대로 산회시켜도 형세의 불리함을 느꼈다. 송, 조 두 사람은 다시 니코리스크 및 하바로프스크로 가서 유세한다고 알리고, 4, 5일 후 조는 니코리스크로 향하여 당지를 출발하고 이어 金基龍, 嚴仁燮, 鄭在覺, 李堈 등도 서로 전후하여 同地를 향해 출발하였다. 右 밀사 중의 1명 송선춘은 일찍이 본국에서 관직을 가진 적이 있고 나중에 일본 및 미국 桑港에도 간 적이 있으며 日·英 양국어를 하는 자로서 目下 韓人町 金소시 집에 체제하고 있다.

자료 4

機密韓 제7호, 明治 43년 2월 22일 在浦潮總領事大鳥富士太郎→外務大臣伯爵小村壽太郎殿, 韓皇의 密使 宋某에 관한 건

경성으로부터 하얼빈을 거쳐 客月(1월) 27일에 당지에 도착한 밀사 송, 조 두 사람이 지난 28일의 거류민회에 출석하여 태황제의 밀칙을 전한 후 조는 니코리스크로 가고 송 1인은 당지 한인정 김 소시 집에 체제 중이란 것은 본월 17일자 기밀 한 제6호로서 보고를 드렸습니다. 위 밀사는 도착 당시 다수의 한인으로부터는 어느 정도 그 진위를 의심받고 있었는데 작금에 이르러서는 한인들은 위 밀사 밀칙을 믿기에 이르렀습니다. 본일 자의 拙電 제24호대로 당지에 남아 있는 宋은 공동회로부터 安의 가족에 送付할 露貨 300留(루블)을 携帶하고 어제 니코리스크로 향해 출발했습니다. 앞서 同地에 와 있던 밀사의 한 사람인 趙와 함께 김기룡 외 2명의 한인과 함께 당지방 한인 惣代('촌장'의 뜻 - 역자)로서 安에게 暇乞을 하게 하기 위해 그 처형 전에 제때에 대도록 근일 同地를 發程하여 旅順에 가도록 하는 일이 있으니 보고합니다.

추가: 宋은 宋 주사라고 불리기도 하는데 일찍이 본국에서 主事의 官에 있었던 것으로 그렇게 된 것 같습니다.

자료 5

機密韓 제8호, 明治 43년 3월 2일 在浦潮總領事大鳥富士太郞→外務大臣伯爵小村壽太郞殿, 韓人近況報告의 건

一. 거류민회장의 선거(생략)

一. 일본인에 대한 한인의 밀정: 포조사浦潮斯 정거장 화물 취급소의 고리 安敏植, 30세, 일·러 양국어 통한 자

一. 李剛의 携帶逃走: 재미 한인으로부터 온 안중근 유족구제공동회에 기부된 1만 円 중 5천 円

四. 공동회 및 대동공보(생략)

五. 미하일로프의 밀정(생략)

六. 한국 궁정으로부터의 밀사

밀정의 말에 의하면, 목하 당지를 떠나 뤼순으로 간 송, 조 두 사람의 밀사는 결코 僞物이 아닌 것으로 오히려 先年 니코리스크 市에서 사망한 李容翊도 韓皇의 밀사로서 당시 그가 휴대하여 가지고 온 內帑의 잔금 7천 円은 지금도 崔鳳俊의 집에 보관되어 있다고 한다. 당지에 거주하는 李尙雲도 처음에 밀사로서 浦潮(블라디보스토크)에 온 것으로 그 用向은 폭도의 위로 및 선동에 있다고 한다. 그리고 당시 桑港의 한인으로부터 당지 한인에 폭도의 비용으로 5천 円을 送付해 왔다고 한다(時日不明).

七. 排日의 根蔕(土台의 뜻 - 역자)

한인 밀정이 말하는 바에 의하면 排日의 本元은 말할 것도 없이 한국 황제라고 한다. 재작년 경성 및 평양 사람 다수가 와서 排日을

종용한 것도 궁정이 준 돈으로서 이 무렵부터 당지의 거류민회 및 신문사가 점차 세력이 있게 되었다고 하고, **작년 10월 하얼빈에서의 흉변 사건도 궁정으로부터 煙秋의 崔在衡 집으로 선동해 온 것으로서** 최는 浦潮의 崔鳳俊과 밀접한 관계를 가지고 있고 위 두 사람이 사건 후도 여러 일에 알선되어 있는 것도 알아야 한다고 한다. 그리고 安重根과 북한으로부터 함께 온 金起龍의 피스톨 등 荷物이 지금 煙秋의 최재형 집에 보관되어 있음(김기룡의 말)은 사건과 최의 관련을 증거한다고 말한다.

안중근의 재판의 불법성과 동양평화
-1905년 한국보호조약 효력과 관련하여-

도츠카 에츠로

들어가며 – 안중근 재판이란 무엇인가?[1][2]

사건: 한국의 독립을 지키고자 '의군참모중장義軍參謀中將'으로 대일본제국에 대한 군사작전행동에 종사해 온 대한국인 안중근은, 1909년 10월 26일 오전 9시에 하얼빈 역에 도착하여 경비를 담당하던 러시아군을 열병하는 이토 히로부미 공작(추밀원 의장, 전 한국 통감)을 권총으로 3발 사격, 그 자리에서 사망에 이르게 했다.

공판: 일본 관헌에 의해 대일본제국의 식민지 뤼순 소재 관동도독부 지방법원에 살인죄로 기소된 안중근(그 밖에 3명의 공범도 기소)

1) 이 글은 戸塚悦郎, 〈安重根裁判の不法性と東洋平和〉, 《龍谷法学》 42권 2호, 2009, 2~22쪽에 실릴 예정인 논문을 바탕으로, 1905년 '한국보호조약'의 효력관련에 관한 최신의 연구성과를 가필한 것이다.
2) '들어가며' 이하 이 글의 주된 내용은 《安重根事件公判速記錄》(天津市: 満洲日日新聞社, 1910, 이하 《공판속기록》), 1~185쪽을 바탕으로 작성되었다. 2008년 12월 서울 안중근 의사기념관을 방문했을 때, 기념관에서 복사해 주어서 이 연구가 가능하게 되었다. 기념관의 협력에 감사한다.

에 대한 공판은, 1910년 2월 7일부터 4일 동안 이어졌다. 공판에서 법원은 안중근이 선임한 변호인의 변호활동을 허락하지 않았을 뿐만 아니라, 대한제국 형사법에 준하지 않고 일본제국 형사법을 적용하여, 안중근이 국제법에 근거해 주장한 포로로서의 자격에 대해서는 무시한 채로 심리를 진행하였다. 판결에 이르는 과정 동안에 일본정부는 '극형'을 선고해야 한다는 요구를 법원에 전했다.

판결: 관동도독부 지방법원의 마나베 쥬조真鍋十蔵 판사는 같은 해 2월 14일 이 법원의 재판관할권을 인정하고 일본제국형법 제199조 살인죄를 적용하여 안중근을 유죄로 하며, 양형量刑은 정부가 요구한 대로 '극형'인 사형에 처한다는 판결을 언도하였다. 이토 공작 사망과 같은 시각을 택하여, 사망 5개월 뒤 같은 날인 1910년 3월 26일 오전 10시 교수형으로 안중근의 사형이 집행되었다.

1. 안중근 재판의 불법성에 대해

1) 관동도독부 지방재판소의 관할권 문제

(1) 검찰관의 주장3)

공판 제4일째, 2월 10일 미조부치 다카오溝渕孝夫 검찰관의 유고諭告는 다음과 같다.

> 하얼빈은 청국 영토이지만 동청철도東淸鐵道 부속지인 동시에 공개지로,

---

3) 《공판속기록》, 119쪽.

청국에 대한 치외법권을 가지는 각국은 이 지역에서 자국 신민에 대해 법권을 가진다. 일본과 한국은 청국에 대해, 각 자국 신민에 대한 치외법권을 가짐은 조약상 명료하다. 따라서 이번 건에 대해 러시아 또는 청국에 재판권이 없음 또한 명료하다.

하얼빈 주재 제국총영사는 메이지 32년(1899) 3월 법률 제70호, 메이지 33년(1900) 4월 칙령 제153호에 따라 일본 신민을 관할한다. 단 이들 조약만으로 하면 일본 관헌이 외국인인 한국 신민의 관할을 가지게 되지 않지만, 메이지 38년(1905) 11월 17일 일한보호협약 제1조에 따라 한국 밖에서의 한국 신민 보호는 제국관헌이 그를 집행하게 되었으며, 조약의 성질효력이 되는 것은 제국에서 법원法源의 하나로 인정한 학설 및 실례가 있기에 이 일한협약에 따라 제국총영사의 직무관할에 관한 법령은 확충된 효과를 가지므로 총영사가 일본 신민 외에 한국 신민을 관할함은 당연하다. 따라서 소송법상 본 건 피고 사건이 하얼빈 제국총영사의 관할에 속하는 것 또한 명백하다.

(2) 관선변호인의 주장4)

2월 12일 제5회 공판에서 가마타鎌田 관선변호인의 변론은 다음과 같다.

변호인은 …… 이 문제에 대해서는 종종의 논의를 알고 있습니다. 그 가운데서 가장 귀를 기울인 것은 제국형법 제3조의 규정, 즉 '본 법은 제국 외에 대해 다음에 기재한 죄를 범한 제국 신민에 그를 적용한다. 제국 밖에서 제국 신민에 대해 전 항의 죄를 범한 외국인에 대해서 역시 마찬가지이

---

4) 《공판속기록》, 130~134쪽.

다.' 이 조항과 더불어 피고들이 현재 관동도독부 감옥에 유치되어 있음에 따라 본 건은 당연 제국형법으로 처단할 수 있다는 논의가 있습니다. 변호인은 이 논의로 …… 실로 일청통상조약을 무시한 폭론暴論이라는 것을 발견했습니다. ……

일청통상항해조약에 근거하면 그 제22조에서, 청국에서 범죄의 피고가 된 일본국 신민은 일본국의 법률에 따라 일본국 관리가 그를 심리하고 유죄라고 인정한 때는 그를 처벌할 수 있다고 되어 있으며, 외국인에 대해 재판권을 행사하는 일은 인정하고 있지 않습니다. ……

광무光武 3년(1899) 9월 11일 체결된 한청통상조약의 명문은 …… 한국인이 청국 영토에서 범죄를 저지른 경우에 적용할 실제적 형벌법이 한국법이라는 점은 실로 명백합니다 …… 그 뒤 일한 양국 사이에 체결된 협약, 즉 광무 9년(1905)의 이른바 보호조약이 이 한청통상조약에 대해 어떤 영향을 주는가 하는 점인데 이것이 이 문제의 쟁점을 결정하는 분기점이 됩니다. 피고 안중근이 이번의 흉한 일을 저지르게 된 중요한 원인은 이토 공이 광무 9년(1905) 한국 상하의 의사를 무시하고 병력을 이용하여 억지로 이 일한협약을 체결시켰기 때문이며, 지금 또한 피고들의 재판에 마찬가지로 이 협약의 해석문제가 나오기에 이르렀다는 것은 실로 이상한 현상이라고 말하지 않을 수 없습니다. ……

메이지 38년(1905) 11월 17일에 체결된 일한협약에서는 '제1조 일본 정부는 도쿄에 있는 외무성에 의해 앞으로 한국의 외국에 대한 관계 및 사무를 감리지휘하며 일본국의 외교대표자 및 영사는 외국에서의 한국의 신민과 이익을 보호해야 한다' 하였습니다.

검찰관은 일한협약 제1조의 규정이 영사재판권을 위임하는 데 그치지 않고 연장하여 재외 한국 신민을 일본의 형벌법에 근거하게 함도 의미하는 것이라고 논하고 있지만 …… 만약 이런 논의가 용인된다고 하면 이른바 외교위임이라고 하는 정도를 초월한 입법권의 위임이라고 말해야 하며,

이는 과연 이 협약이 바라는 바이겠습니까.

요약하자면 본 건에 대해서는 광무 9년(1905) 일한협약의 규정과 메이지 42년(1909) 법률 제52호의 결과 관동도독부 지방법원이 한청통상항해조약에서 인정된 한국의 영사재판권을 대신하여 집행하는 데 그치며, 적용해야 할 형벌법은 당연히 한국 형법에 근거한다고 믿는 것입니다.[5]

······ 한국 형법이 외국에서의 범죄를 도외시하고 있다고 하면 이 사건에 대해서 벌해야할 규정이 없다고 하는 결론을 낳게 됩니다. ······ 변호인은 입법상의 문제로는 피고 등을 처벌해야 할 것을 바랍니다만, 어쨌든 법이 불비하므로 어쩔 수 없이 무죄의 변론을 할 수밖에 없습니다.

(3) 재판소의 판단

재판소의 판단과 1905년 '한국보호조약'의 관계

이 부분[6]은 2009년 8월 유럽에서의 연구[7]를 바탕으로 하여 종전의 논문을 고쳐 쓴 것이다.

대한제국 대표 개인에 대한 일본의 1905년 '한국보호조약'의 강제와 조약의 효력문제는 아래와 같이 많은 법률문제와 관련을 가지는 중요한 논점이다. 1910년 '한일병합조약'의 강제는 그때까지 일본

---

5) 필자는 뒤에 쓴 바와 같이 보호조약에 대해서는 불성립(가령 성립했다고 해도 절대적 무효)이라고 생각하지만, 가마타 관선변호인은 보호조약의 합법성에 대해서는 의심하고 있지 않다. 그러나 조약이 합법적으로 성립했다고 해도 가마타 관선변호인의 조약 해석은 문언文言의 통상적 의미에 따른 적절한 것이었다. 이 변호활동은 적극 평가해야 한다.
6) 이 연구는 한국동북아역사재단의 조성에 바탕을 둔 연구 성과이다. 재단의 협력에 감사한다.
7) 2009년 9월 4일에서 9월 6일까지 핀란드 투르쿠 대학의 동아시아연구센터에서 객원연구원으로 체재하며, 북유럽에서의 일한관계 연구의 현상을 조사하고, 이 기간 동안 두 번에 걸쳐 네덜란드 헤이그 시 정부공문서관 등에서 연구한 성과이다.

이 대한제국 정부대표에게 서명을 강제한 여러 조약, 그 가운데서도 1905년 '한국보호조약'에 바탕을 두고 있다.[8] 1905년 조약이 무효라면 1910년의 조약은 사상누각이라고 평가할 수밖에 없다. 따라서 1905년 '한국보호조약'의 효력문제는 '한일병합조약'의 효력문제를 검토하는 데 매우 중요한 기초가 된다. 또 1905년 '한국보호조약'은 안중근 의군참모중장이 이토 히로부미 공작을 사살한 이유인 15개의 죄상 가운데서도 가장 중요한 것이라고 생각된다. 더구나 '한국보호조약'의 효력 유무는 아래와 같이 1910년의 안중근 의군참모중장 재판의 불법성도 좌우하는 것이기에 양자는 밀접한 관계를 가진다.

재판소의 판단 내용

1910년 2월 14일 관동도독부 뤼순지방법원 마나베 판사는 판결을 선고하며 검찰관의 주장을 채택하고 변호인이 주장을 아래와 같이 배척했다.[9]

> …… 일한협약 제1조의 취지는 일본 정부가 그 신민에 대해 가지는 공권 작용 아래 똑같이 한국 신민도 보호하는 데 있다고 해석해야 하므로, 공권 작용의 일부에 속하는 형사법의 적용에서 한국 신민을 제국 신민과 동등 한 지위에 두고 그 범죄에 제국형법을 적용 처단하는 것은 무엇보다 조약 의 본지에 맞는다고 말할 수 있으며, 따라서 본 법원은 이 사건의 범죄에 제국형법의 규정을 적용해야 하고 한국 법을 적용하지 않는다고 판정한다.

---

8) 戶塚悦郎, 〈統監府設置100年と乙巳保護条約の不法性: 1963年国連国際法委員会報告書をめ ぐって〉, 《龍谷大学》 vol.39, No.1, 15~42쪽(http://ci.nii.ac.jp/naid/110006607790).
이 글은 본문의 '날조설' 지지를 전제로, '가령 형식적으로는 조약이 체결되었다고 생 각할 수 있더라도 1963년 ILC 국제연합총회 앞으로의 보고서에서는 절대적 무효라고 되어 있다'고 읽어야 한다. 2009년 3월 10일 열람.
9) 재판소의 심의는 《공판속기록》, 1~185쪽. 판결의 해당 부분은 같은 책, 186~188쪽.

당시의 국제법

《류코쿠법학龍谷法学》에 논문10)을 실은 대로, 필자는 1905년 한
국보호조약이 가령 형식상 체결된 것처럼 보여도 일본군과 이토 히
로부미가 한국 측의 각료 개인을 협박하여 체결의 형식을 만들어 낸
것으로, 추완追完이 용납되지 않는 절대적 무효인 조약이며, 처음부
터 효력이 발생하고 있지 않았다고 논하고 있다. 이 법리론적인 입
장은 국제연합 국제법위원회ILC 1963년 총회 앞으로 보낸 보고서11)
를 '발견'하고 이를 원용하여 1993년 이후 논하기 시작했으며, 필자
의 독자적인 학설이라고 할 수는 없다. 1905년 당시의 관습국제법에
따르면, 국가의 대표 개인을 협박하여 체결의 형식을 이루었어도 그
조약은 절대적 무효이며 효력이 발생하지 않음은 인정되고 있었다.

그 뒤 이 문제에 대한 논의가 더해졌고, 이태진 서울대 교수의
연구가 두드러지게 진행되어 조약 원본 등에 걸친 상세한 연구12)를
쌓아왔다는 것에 주목해야 한다. 2009년의 현 시점에서는 '날조설'
쪽이 설득력 있다. 주요한 논점은 아래와 같다.

---

10) 戸塚悦郎, 위의 글, 위의 책.

11) UN Document: −A/CN.4/163, Report of the International Law Commission covering
the work of its Fifteenth Session, 6 May~12 July 1963, Official Records of the General
Assembly, Eighteenth Session, Supplement No.9 (A/5509), Extract from the Yearbook of
the International Law Commission: 1963, vol. II, 139쪽. 1963년 11월 18일 국제연합총
회는 결의 1902(XVIII)을 채택하고, 이 1963년 국제법위원회보고서를 검토하며 이에
유의하고 특히 조약법 기초에 관한 일에 감사를 표했다. UN Doc. 1902(XVIII),
RESOLUTIONS ADOPTED BY THE GENERAL ASSEMBLY DURING ITS
EIGHTEENTH SESSION, 1258th plenary meeting, 18 November 1963.

12) 일본어로도 알기 쉬운 이 교수의 저서가 출판되었다. ① 李泰鎮 著, 鳥海豊 譯,《東大生
に語った韓国史 : 韓国植民地支配の合法性を問う》, 明石書店, 2006. 특히 159~219쪽을 참
조. ② 笹川紀勝 著・李泰鎮 原著,《国際共同研究韓国併合と現代−歴史と国際法からの再検
討》, 明石書店, 2008. ③ 영어로는 Yi, Taijin, *The Dynamics of Confucianism and
Modernization in Korean History*, Cornell University, 2007.

① 한국 대표라고 기재되어 있는 외무대신은 조약문을 작성·서명할 권한을 증명하는 서면(전권위임장)을 고종황제에게서 받지 않았으며, 조약 작성·서명의 권한이 없었다.

② 조약문의 원본에는 제목조차 없어 조약문이 완성되어 있다고 볼 수 없었다.13)

이 교수의 저서14)에 실려 있는 1905년 '한국보호조약(?)'의 영문 번역에는 'CONVENTION'이라는 타이틀이 있다. 이 영문 번역은 일본 정부가 작성하여 널리 공표한 것이다.15) 'CONVENTION'이라는 영문 용어는 빈 조약법 조약16)에서 사용되고 있는 영문 용어와 같다. 일본 정부는 〈조약법에 관한 빈 조약〉(이하 〈빈 조약〉이라 함)에 나오는 'CONVENTION'의 일본어역으로 '조약'을 사용하고 있지만, '한국보호조약(?)'의 경우는 '협약'이라는 일본어를 제목으로 붙여 유포하고 있다. 이처럼 일본 정부는 한국어판 원본에는 실재하지 않는 제목을, 마치 존재하고 있는 것처럼 보이는 제목으로 마음대로 붙여서 영문 번역을 작성하고 국제적으로 유포하였다. 이것은 이 문서가 적법하게 성립한 것 같은 외관을 만들고, 문서에 외형적 신용성을 부여하여 구미열강을 속이려는 작위였다고 비판받아도 어쩔 수 없으며, 적어도 그런 의혹을 부른다. 이것을 오해라고 말할 수 있을까.

한국어판 원본17)에 제목이 없는 것은 이미 이 교수가 확인하였다. 필자는 이 교수의 저서에 실린 한국어판 원본의 사진으로 그 사

13) 이태진, 위의 책 참조.
14) Yi, Taijin, *The Dynamics of Confucianism and Modernization in Korean History*, Cornell University, 2007, 200쪽.
15) 앞의 이태진 교수의 저서 200쪽 삽화 3b의 각주에 따르면, 영문 번역은 한국조약유찬 韓國條約類纂(Kankoku choyaku ruisan)으로 편찬되어 있다.
16) 〈조약법에 관한 빈 조약Vienna Convention on the Law of Treaties〉, 1969. 5. 23.
17) 이태진, 위의 책, 199쪽.

실을 안 것이지만, 기회가 된다면 직접 그 원본을 확인해 보고 싶다. 또한 일본 정부 외무성 조약국에 따른 영어판이지만, 이 교수가 주기注記하고 있는 문헌을 앞의 주석에 기재하였는데, 이것은 1908년에 출판되었다.

필자가 이 교수의 '날조설'을 지지하기에 이른 이유는, 그의 저서에 실린 한국어판 원본의 사진과 영문 번역 사진을 비교해 본 것에 따른다. 그 지지는 이태진 교수가 지적하는 영문 'CONVENTION' 이라는 영문 제목을 1934년에 대일본제국외무성이 출판한 일본 소재의 문헌[18]에서 직접 확인한 것에 따라 확신하게 되었다. 이《구조약휘찬舊條約彙纂 제3권(朝鮮·琉球)》은 2009년 11월 15일 교토대 부속도서관에서 직접 열람하고 사진을 촬영한 것이다. 아래에 그것을 실어 독자들이 참고할 수 있도록 제공하자 한다(《사진 1》).

이 문헌에서 알 수 있는 것을 열거해 보자.

첫째로, 1934년 단계에서 일본 외무성의 출판물은 1905년 '한국보호조약(?)'의 영역 제목으로 'CONVENTION'을 붙이고 있다. 이 사실은 이 교수의 저서에 실린 사진의 출판물에서도, 26년 뒤의 외무성 출판물에서도 확인할 수 있었던 것이다.

둘째로, 이 교수 저서의 한국어판 원본 사진에는 제목이 존재하지 않는다. 일본 외무성은 이 출판물의 한국어판(1934년 출판)에 '한일협상조약韓日協商條約'이라는 명칭을 붙이고 있다. 이것은 필자에게는 새로운 발견이다.

셋째로, 아직 일본어판 원본을 확인하지 않았지만, 이것에는 제목이 있지 않을까 하고 생각하며, 원본을 확인할 필요가 있다고 본

---

18)《구조약휘찬 제3권(朝鮮·琉球)》, 외무성 조약국[1934(쇼와 9)년 3월], 204쪽. 외무성이 교토京都제국대학에 기증한 것인데, 2009년 11월 14일 교토대 부속도서관 소장으로 열람하여 확인했다.

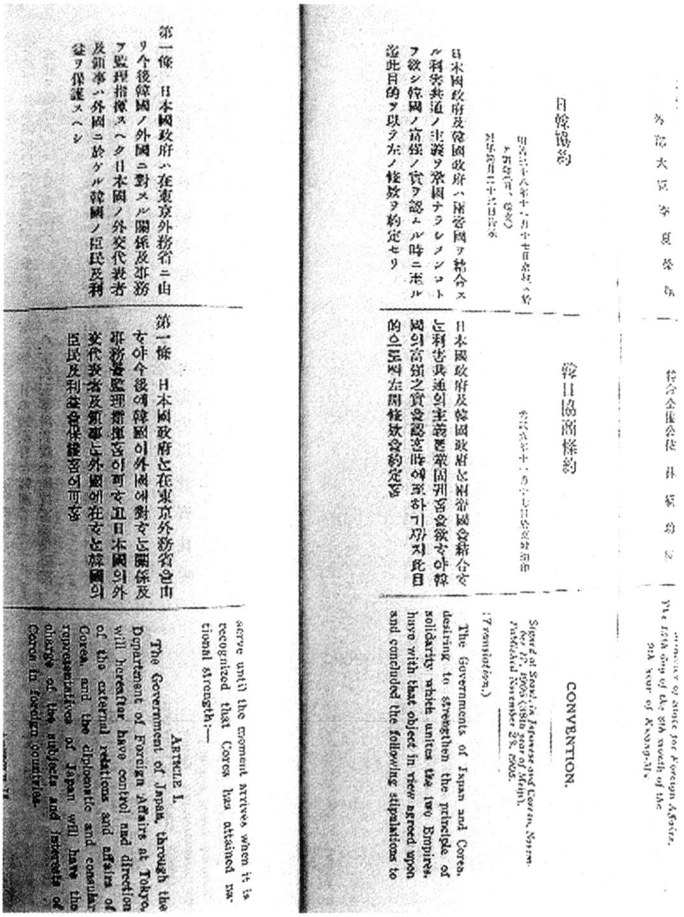
日韓協約
日本國政府及韓國政府ハ兩帝國ヲ結合スル利害共通ノ主義ヲ鞏固ナラシメンコトヲ欲シ韓國ノ富強ノ實ヲ認ムル時ニ至ル迄此目的ヲ以テ左ノ條款ヲ約定セリ
第一條 日本國政府ハ在東京外務省ニ由リ今後韓國ノ外國ニ對スル關係及事務ヲ監理指揮スヘク日本國ノ外交代表者及領事ハ外國ニ於ケル韓國ノ臣民及利益ヲ保護スヘシ

韓日協商條約
日本國政府와韓國政府는兩帝國을結合하는利害共通의主義를鞏固케홈을欲하야韓國의富强之實을認홀時에至하기까지此目的으로左開條款을約定홈
第一條 日本國政府는在東京外務省을由하야今後에韓國이外國에對하는關係及事務를監理指揮홈이可하고日本國의外交代表者及領事는外國에在하는韓國의臣民及利益을保護홈이可홈

CONVENTION.
Signed at Seoul, in Japanese and Corean, November 17, 1905 (38th year of Meiji). Published November 23, 1905.
(Translation.)
The Governments of Japan and Corea, desiring to strengthen the principle of solidarity which unites the two Empires, have with that object in view agreed upon and concluded the following stipulations to serve until the moment arrives when it is recognized that Corea has attained national strength:—
ARTICLE I.
The Government of Japan, through the Department of Foreign Affairs at Tokyo, will hereafter have control and direction of the external relations and affairs of Corea, and the diplomatic and consular representatives of Japan will have the charge of the subjects and interests of Corea in foreign countries.

〈사진 1〉《구조약휘찬 제3권(朝鮮·琉球)》

다. 어쨌든 일본 외무성은 1934년 출판물 일어판에 '일한협약日韓協約'이라는 명칭을 붙이고 있다.

즉 일본 외무성의 출판물에는 일어판(필자는 아직 원본을 확인하지 않았다), 한국어판(원본에는 제목이 없다는 것이 이 교수의 저서 사진에서 확인 가능하다), 영어판(원본은 존재하지 않지만, 이 교수가 확인한 1908년 출판물, 필자가 확인한 1934년의 대일본제국 외무성 출판물에 영문 번역이 실려 있다)

모두 제목이 있는 것으로 나타났다. 이는 필자에게는 새로운 발견이었다. 영어판에 대해서는 이 교수의 저서에 사진이 실려 있지만, 1908년 출판된 조약집과 마찬가지로 영어 제목 "CONVENTION"이 1934년 출판물에도 붙어 있었다는 점을 확인할 수 있었다. 또 한국어판 원본에는 이 교수의 저서에 실린 사진으로 보는 한 제목이 없음에도 1934년 일본 외무성이 출판한 조약집에는 '한일협상조약'이라는 타이틀이 있다.

여기에서 결론을 내리자면, 1905년 '한국보호조약(?)'은 (이 교수의 저서에 실린 사진이 정말 원본이라면) 일본 정부가 한국어판도 '날조'하여 공표하였다고 평가받아도 어쩔 수 없다. 한국어판 원본에 제목이 없는 것이 사실이라면, 영문역도 날조라고 판단된다.

위와 같은 이유로 1905년 '한국보호조약(?)'에는 제목도 없으며, 이것은 미완성된 문서에 지나지 않았던 것이 아닐까. 즉 조약문 기초단계의 원안이라고 생각하는 것이 합리적이라는 생각이 든다. 일본 정부는 미완성의 조약문 원안에 마음대로 제목을 붙여 조약을 날조하고, 이를 안팎에 일방적으로 공표한 것이라 판단된다.

③ 한국에서는 조약에 고종황제가 서명하고 옥새를 찍어 승인비준하지 않으면 효력이 발생하지 않는다고 되어 있었는데, 황제는 마지막까지 서명도 옥새의 날인도 하지 않았다.[19] 주권국가가 외국에 외교권을 빼앗기고 독립을 잃을 정도의 중요한 조약을 황제의 동의 없이 체결했다는 것은 당시의 국제법상에서도 상정되고 있지 않았다고 생각할 수밖에 없다.

아래에서는 이 비준의 문제에 대한 당시 일본 국내외 학자들의 의견을 각각 검토해 보도록 하겠다.

---

19) 이태진, 앞의 책 참조.

《홀씨 국제공법》(1899)

영국의 국제법 권위자였던 윌리엄 에드워드 홀William Edward Hall
은 1899년에 일본어로 출판된 《홀씨 국제공법ホ-ル氏国際公法》에서,
조약체결에 대한 비준의 필요성에 대해 '조약을 유효하게 하려면 국
가에서 최고의 조약체결 권한을 가지는 기관에 의해 …… 비준됨을
요한다'고 하며, 비준필요설을 설명하고 있다.20) 또 1905년 '한국보
호조약(?)'의 문면文面에는 비준의 필요성에 대해 명시한 항목이 없
는데, 홀은 그런 경우에 대해 아래와 같이 '명시의 비준'이 필요하다
고 명기하고 있는 것에 주의해야 할 것이다. 그는 '전권대표에 의해
체결된 조약은 반대의 특약이 없는 경우에는 통상 명시적인 비준을
필요로 한다'21)고 서술하고 있다.

이는 당시의 권위 있는 연구서의 번역이므로, 관습국제법에 대한
그 당시의 해석이며 신뢰할 수 있는 통설이었다고 판단해도 좋지 않
을까 생각한다. 또한 이 책의 원서22)는 1895년 영국에서 출판되었는
데, 일어판 출판(1899)에 앞서 이미 원서 출판의 다음 해인 1896년에
이 영어판의 재판再版이 일본에서도 출판되었다.23) 이는 이 책이 당
시 일본에서 널리 보급되어 있었다는 증거로 들어도 좋을 것이다.

---

20) William E. Hall 저, 立作太郎 역, 《ホ-ル氏国際公法》(원저 제4판의 번역, 東京法學院),
有斐閣書房, 1899, 433쪽. 또한 비준을 필요로 하지 않는 예외로서는 '군주 또는' 그
밖에 '조약 체결의 권한'을 가지는 '기관에 의해 직접 체결된 경우' 등을 들고 있다.
1905년 '한국보호조약(?)'은 고종황제가 체결한 것이 아니다. 그 밖에 고종황제와 동
등한 조약 체결 권한을 가진 기관은 없었기에, 예외가 되지 않는다.

21) William E. Hall, 위의 책, 433쪽.

22) Hall, William Edward, A treaties on international law, Oxford: Clarendon Press, 1895.
문제의 해당 부분은 345쪽 참조. "Except …… ratification by the supreme treaty-making
power of the state is necessary to its validity."

23) William Edward Hall, A treaties on international law, Tokyo: Sanseido, 1896, 三省堂書
店.

다카하시 사쿠에, 《평시국제법론》(1910)

당시의 대표적인 일본인 국제법학자도 비준필요설을 주창하였다.
다카하시 사쿠에高橋作衞 교수는 도쿄제국대학에서 국제법을 가르치고
있었는데, 1903년(메이지 36) 도쿄대에서 했던 강의를 《평시국제법론
平時國際法論》(1910)으로 출판했다. 다카하시 교수는 1905년(메이지 38)
1월 이 책의 〈증보 제6판의 서序〉에서 웨스트레이크John Westlake 박사
를 스승으로 삼고 있다고 서술하고 있는데, 홀과 같은 비준필요설을
취하고 있다. 다카하시 교수는 '유효하게 조인된 조약은 또한 그 위
에 비준될 것을 요한다. 조약의 비준에는 법률의 재가와 닮은 점이
있으며, 조인에 의해 제정되고 비준이 있은 뒤에 유효하게 성립하는
것으로 한다'[24]고 하였다.

만약을 위해 덧붙이자면, 다카하시 교수는 '조약의 비준은 대개
이 방법에 근거한다'고 하여 '명시의 비준'이 원칙이라고 한다. 그러
나 예외로서 '그 상대가 그를 알면서도 굳이 이의를 진술하지 않는
경우는 묵시의 비준이 있는 것'이라며 '묵시의 비준'이 있을 수 있음
도 인정하고 있다.[25] 그러나 고종황제는 1907년 헤이그에 밀사를 파
견하는 등, 국제적으로 몇 번이나 1905년 '한국보호조약(?)'이 일본의
일방적인 행위이며, 자신은 승인하지 않았다고 이의를 계속 주장하고
있었다. 따라서 이에 대해서는 묵시의 비준이 있었다고 할 수 없다.

이 책은 1903년(메이지 36) 7월 초판 이후, 1910년(메이지 43) 4월
정증보訂增補 9판 출판까지 7년 동안에 9회나 출판할 정도로 널리 읽
힌 책으로, 당시의 표준적인 국제법 교과서였다고 할 수 있을 것이
다. 게다가 다카하시 교수는 제2차 오쿠마大隈 내각에서 1914년 4월

24) 高橋作衞 저, 《平時國際法論》, 日本大學, 淸水書店, 1903 초판 출판. 여기에서는 1910년
(메이지 43) 출판된 같은 책 4정증보 9판, 651쪽을 참고했다.
25) 高橋作衞 저, 위의 책, 653쪽.

25일부터 1916년 10월 9일의 사이에 법제국장관으로 일한 귀족원 의원이기도 했다. 법학자로서 당시의 권위자 가운데 한 사람이었다 는 사실은 틀림없을 것이다.[26]

다치 사쿠타로, 《평시국제법완 다이쇼 14년 도쿄대 강의》

다치 사쿠타로立作太郎 박사는 다카하시 사쿠에 교수보다 나중에 도쿄제국대학에서 국제법을 가르쳤는데, 그 전인 1899년에 앞에 설 명한 《홀씨 국제공법》을 번역 출판하였다. 때문에 홀의 학설을 계승 하고 있다는 사실이 이상할 게 없으며, 도쿄제국대학의 국제법 강의 에서 비준필요설을 주장한 것도 당연한 것이다. 다치 박사의 도쿄제 국대학의 강의록(《평시국제법완平時國際法完 다이쇼 14년 도쿄대강의》)은 등 사판 인쇄물로 남아있으며, 이 도쿄대 강의는 '…… 비준을 요하는 일 반의 조약에는'이라는 한정이 붙었지만 '조인은 비준을 조건으로 하 며, 조건부로 조약을 성립시키는 것으로서 조약의 구속력을 확정하는 것은 비준을 기다리지 않으면 안 되는' 것을 원칙으로 하고 있다.[27]

다치 박사는 나중의 저서에서 소수설을 주장하기에 이른다. 그러 나 다치 박사 자신은 1942년(쇼와 17)의 시점에 '다수설은, 전권위원 이 서명 조인한 것도(적어도 비준을 요하는 조약에 있어서는), 비준 전에 는 조약안에 지나지 않으며, 아직 조약으로서 성립하기에 이르지 않 았다고 보는 것이다'고 하여 '비준필요설'이 다수설이라는 것을 인정 하고 있는 것에 주의해야 한다.[28]

---

26) http://ja.wikipedia.org/wiki/內閣法制局長官(일본어 위키피디아 2009년 11월 7일 열람).
27) 立作太郎, 《平時國際法完 大正14年 東大講義》(비매품), 373쪽.
28) 다치 박사는 후년의 저서 《평시국제법론平時國際法論》(日本評論社)을 출판하게 되자, 입장을 바꾸어 '실제상 행해진 관례를 생각할 때는, 전권위원의 서명조인에 의해 조 약이 조약으로서 체결된 것이라고 인정할 수 있다'고 '비준불요설'을 주장하기에 이 르렀다(立作太郎 저, 《平時國際法論》, 日本評論社, 1932 초판, 1942 11쇄 발행, 559~560

따라서, 전전(戰前)의 일본 국제법학자 사이에서도 '비준필요설'이 다수설이었다는 점은 틀림없다.

〈조약법에 관한 빈 조약〉의 해석

1905년 당시의 국제관습법의 해석상 '비준필요설'이 다수설이었는데, 현재에 와서 이 경향이 바뀌었는가를 검토해 보겠다.

〈빈 조약〉 14조 1항29)은 '조약에 구속되는 것에 대한 국가의 동의는, 다음의 경우에는 비준에 의해 표명된다'고 정하고 있는데, '다음의 경우'로서 비준이 필요한 조약에 대해 4항목을 들고 있다. 요약하면 당사자 사이에서 비준이 필요하다고 합의한 경우는 비준이 필요한데, 비준의 필요성이 없다는 합의가 있는 경우는 비준은 필요하지 않다. 문제는 비준의 필요성에 대해 조약문에 명시되어 있지 않은 경우인데, 이런 경우는 어떤지를 검토해 두자.

비준의 필요 유무에 대해 명문의 문언이 없는 1905년 '한국보호조약(?)'의 경우는 어땠을까. 이 경우에 당사자 사이에 비준을 필요로 하지 않는다는 합의도 명시되어 있지 않으므로, 불요不要라는 합의가 존재했다고 추정하는 것에는 무리가 있다.

여기에서 당사자 사이에 비준의 필요성에 대해 어떤 합의가 있

쪽). 왜 다치 박사는 통설인 '비준필요설'을 버리고 비준을 경시하는 이와 같은 입장을 취하게 되었을까. 이 변절에 이르는 진의는 명확하지 않다. 하지만 이 소수설은, 1905년 '한국보호조약(?)'이 '고종황제의 비준이 없어도 유효하게 성립했다'고 하는 일본 외무성의 입장에 유리한 학설이라는 점은 틀림없다.

29) 제14조 제1항 조약에 구속되는 것에 대한 국가의 동의는, 다음의 경우에는 비준에 의해 표명된다. (a) 동의가 비준에 의해 표명된 것을 조약이 정하고 있는 경우, (b) 비준을 요하는 것을 교섭국이 합의한 것이 다른 방법에 의해 인정된 경우, (c) 국가의 대표자가 비준을 조건으로 조약에 서명한 경우, (d) 비준을 조건으로 조약에 서명할 것을 국가가 의도하고 있는 것이 해당 국가의 대표자의 전권위임장에서 밝혀져 있거나 또는 교섭의 과정에서 표명되었든지 하는 쪽의 경우.

었는가에 대해서는, 구체적으로 검토하도록 한다.

일본 정부 측조차도, 당초는 비준이 필요하다고 생각하고 있었던 것은 아니었을지 추측해 본다. 그러나 고종황제가 목숨을 걸고 비준을 거부하였기 때문에 비준이 불요한 조약이었다고 주장하게 된 것이라고 생각된다.

대한제국의 법제도는 조약의 체결을 위해서는 비준이 필요하다고 정하고 있다.30) 일본 정부 측이 한국의 법제도를 몰랐다고는 생각하기 어렵다. 고종황제는 이토 히로부미의 강요 담판에도 불구하고 사전에도 사후에도 이 조약에 동의를 하지 않았다는 것은 널리 알려진 사실이었다. 황제는 조약(?) 서명의 날이라고 되어 있는 1905년 11월 17일에도 체결에 동의하지 않았다. 그렇지 않았다면 이토 히로부미가 이날 일본군을 동원하여 황궁을 포위하고 강압적으로 조약체결을 압박할 필요가 없었다. 또 1907년 헤이그 밀사 사건은 고종황제가 이 조약(?)을 계속 부인하였다는 사실에 관한 저명한 증거의 하나이다. 이런 일관된 고종황제의 자세에서 보면, 이 조약(?)에 대해 대한제국 측이 서명만으로, 황제의 비준 없이 조약을 성립시킬 의도였다고 추정하는 것은 불가능하다. 따라서 당초부터 이 조약(?)에 대해 비준이 불요하다고 하는 당사자 사이의 합의가 있었다고 판단할 수 없다. 결론적으로 이 경우에는 조약에 관한 국제관습의 원칙에 따라서 비준이 필요했다고 해야 한다.

---

30) 당시 대한제국의 조약체결 국내 수속이 정해져 있었는데, 조약문의 서명 이후 황제의 비준에 이르기까지 모든 기관의 심의가 필요했다. 대한제국 정부는 그 어느 단계의 심의도 하지 않았다(2009년 10월 10일 류코쿠대학에서의 '한국병합' 100년 시민네크워크 제2회 총회 뒤 강연회에서 이태진 교수의 강연).

《오펜하임》(제9판)

《오펜하임Oppenheim's International Law(일어명 '才ッ✕ンハイム')》는 전전에서 전후에 걸쳐 일본의 제국대학에서도 널리 읽힌 권위 있는 국제법학의 기본서였는데, 그 제9판[31]을 참조해 보고자 한다. 이 책은 과거 3세기 사이에 비준제도의 기능이 현저한 변모를 이루었다고 하지만, 아래 요약한 내용과 같이 '비준필요설'을 채용하고 있다.

비준의 기능은 조약에 따라 구속되기 위한 동의를 표명하는 것이라고 하고 있다. 비준을 필요로 하는 조약은 비준 없이는 구속하지 않기 때문에, 비준이야말로 조약을 체결하는 것이라 할 수 있다. 비준 전에는 단지 조약의 제안에 대해 상호간에 합의한 것에 지나지 않는다. 앞에서 언급한 〈빈 조약〉 14조에선 '비준이 필요한 조약'에 대해 상술하고 있다. 이때 조약에 비준의 필요성이 명기되어 있지 않은 경우가 문제인데, 이 경우 원칙적으로 '비준불요설'을 취하는 입장과, '비준필요설('조약에 명기되어 있지 않은 경우라도, 조약은 원칙으로서 비준을 필요로 한다'는 설)'을 취하는 입장 사이에 학설상의 논쟁이 있는 것을 인정하고 있다. 이를 바탕으로 《오펜하임》은 후자를 '보다 좋은 설'로 선택하고 있다.[32]

한편 《오펜하임》은 원칙에 대한 다수의 예외가 있는 것을 언급하고 있다. 예를 들면, 'treaty(조약)' 또는 'convention(협약)'이라고 불리는 조약이 아닌 경우, 특히 비준필요성을 명기한 경우에 한하여 비준을 요한다고 하는 주장, 즉 문서의 명칭을 중시하는 주장이 있는 것을 지적하고 있다.[33] 또 《오펜하임》은 어떤 명칭이든 문서의

---

31) Jennings, Robert and Watts Arthur(ed.), *Oppenheim's International Law Ninth Edition Vol.1*, Peace Parts 2 to 4, Longman, 1226~1230쪽.
32) 위의 책, 1229쪽.
33) 같은 책, 1230쪽.

내용에 따라 비준 적용 여부가 다르다는 것도 지적하고 있다. 예를 들면 다른 조약의 조항의 해석에 관한 합의와 같은 사소한 문제에 대한 문서는, 비준을 필요로 하지 않는 예외로 하고 있다.[34]

이러한《오펜하임》의 기재를 참고로 하자면, 1905년 '한국보호조약(?)'에는 비준의 요부要否가 명기되어 있지 않지만, 아래의 3가지 어느 것의 논점에서도 '비준필요설'이 정당하다고 할 수 있을 것이다.

첫째로, 일반 원칙에서 보면 '비준필요설'이 보다 좋은 설이다.

둘째로, 문서의 명칭에서 보면, 대일본제국 외무성이 영문에서는 "CONVENTION"이라고 선전했고, 일본어판에서는 '협약', 한국어판은 '조약'이라는 제목을 붙인 문서이기 때문에, 비준이 필요했다.

셋째로, 문서의 내용에서 보면, 외교권의 박탈과 같이 국가주권의 상실에 관한 중요한 사항에 관한 규정을 포함하고 있기 때문에, 비준이 필요했다.

당시의 국제법 해석 실행의 실례

당시의 유럽 여러 나라의 외무당국도 실무상 이런 국제법 해석을 하고 있었던 실행사례를 나타내는 증거를 발견, 확인하였기에 보고하고자 한다.

문제의 소재

조약, 더욱이 독립주권국가의 외교권을 빼앗는다고 하는, 국가의 존립에 관계된 중요한 조약을 그 나라 외무대신의 서명만으로 체결할 수 있는가 아닌가 하는 것이 문제이다. 상식적으로는 '있을 수 없'으며, 이 건의 경우는 대한제국 고종황제의 서명·비준이 필요했

34) 같은 책, 1230쪽.

다고 생각한다. 이를 '비준필요설'이라고 말하기로 한다.

그러나 일본 측은 대한제국 황제의 동의에 바탕을 둔 비준 없이도 국가가 외교권을 위양委讓하고 독립을 잃는 조약을 체결하는 것이 국제법상에서 있을 수 있다며 '비준불요설'을 주장해 왔다. 거꾸로 말하면 일본의 외무대신이 외교권 위양문서에 서명만 하면, 전전戰前의 일본헌법 하에서는 천황의 승인에 바탕을 둔 비준 없이, 현행 헌법 하에서는 국회의 승인에 기초한 비준 없이 일본의 외교권을 잃을 수 있다고 하는 결론이 된다. 이런 것이 국제법상 상식적인 해석일까.

1969년 5월 23일 채택된 〈조약법에 관한 빈 조약〉(일본에서는 1981년 8월 1일 효력발생)의 제2조35)에서는 조약이란 어떤 것인지 정의하고 있다. 이는 지금까지의 관습국제법을 정리한 것이다. 이 2조를 기준으로 정리하면, 종전의 국제관습법에 따른 조약체결의 조건으로는 원칙으로서 다음의 세 가지 조건이 필요하다. ① 국가 사이에 문서 형식에 의해 체결된 구체적인 합의일 것, ② '비준', '수락', '승인' 및 '가입' 등 국제적인 조약에 구속되는 것에 대한 국가의 동의행위에 따라 국제적으로 확정적이 되며, ③ '전권위임장'은 조약문의 교섭, 채택 또는 확정을 행하기 위해, 조약에 구속되는 것에 대한 국가의 동의를 표

---

35) 제2조 용어는 다음과 같은 의미이다.
　1. 이 조약의 적용상,
　(a) '조약'이라는 것은 국가 사이에 문서 형식으로 체결되어 국제법에 따라 규율된 국제적 합의(단일의 문서에 의하는 것인지 관련한 둘 이상의 문서에 의하는 것인지를 불문하며, 또 명칭의 여하를 불문한다)를 말한다.
　(b) '비준', '수락', '승인' 및 '가입'이라는 것은 각각 그렇게 불리는 국제적 행위를 말하며, 조약에 구속되는 것에 대한 국가의 동의는, 이들 행위에 따라 국제적으로 확정적인 것이 된다.
　(c) '전권위임장'이라는 것은 국가의 권한이 있는 당국이 발급한 문서이며, 조약문의 교섭, 채택 또는 확정을 행하기 위해, 조약에 구속되는 것에 대한 국가의 동의를 표명하기 위해, 또는 조약에 관한 그 외의 행위를 수행하기 위해 국가를 대표하는 하나 또는 둘 이상의 사람을 지명하고 있는 것을 말한다. ……

명하기 위해, 또는 조약에 관한 그 밖의 행위를 수행하기 위해 국가를 대표하는 하나 또는 둘 이상의 사람을 지명하여 제출된다.

그런데 '비준불요설'을 대표하는 운노海野설36)은 일본 외무성의 실무를 근거로, '비준을 필요로 하지 않는 제2종 형식의 국가간협정도 있을 수 있다'고 주장한다. 1905년 '한국보호조약'은 이 경우에 해당하며, 고종황제의 비준이 없어도 유효하게 체결되었다고 주장한다. 운노 교수는 이 조약(?)을 '제2차 일한협약'으로 부르는데, 사실 문서 정문正文에서는 '조약'이라고도 '협약'이라고도 쓰여 있지 않고, 이와 같은 제목이 기재되지 않았다. 이 하나만 보아도 1905년의 '한국보호조약'(?)은 조약문으로서 완성되어 있지 않은, 미완성인 문서 원안의 일부 밖에 되지 않는다고 말해야 한다.

한국과 북조선 측의 연구자들은 이태진 교수의 연구 등을 바탕으로 하여 황제의 비준이 없었던 조약은 '날조'된 것이라고 '비준필요설'을 주장하며, 대립하고 있다.

그렇다면 유럽 등 국제법의 요람인 지역에서 1905년 당시 조약 체결에 관한 국제법 해석의 실행은 어떠했을지 궁금하지만, 이 점에 대해서는 이제까지 충분한 실증적 연구가 이루어지지 않았다.

---

36) 海野福寿, 〈I. 研究の現状と問題点〉, 海野福寿 編, 《日韓協約と韓国併合−朝鮮植民地支配の合法性を問う》, 明石書店, 1995, 17쪽 참조. 운노 교수는 '후고後考를 기다리고 싶다'고 하면서도, '한국·북조선의 역사학자들이 주장하고 있는 전권위임장, 비준서의 결여로 법적 결함이라 간주하는 무효론에 대해서는, 비준을 필요로 하지 않는 제2종 형식의 국가간협정도 있을 수 있기에 곧바로 찬성하기는 어렵다'고 하며 '비준불요설'을 주장하고 있다. 이런 생각은 일본 정부(외무성)의 입장을 답습하는 것이다. 그러나 이러한 주장이 이때까지 일본 정부의 식민지 지배에 관한 반성과 사죄에서 1905년 '보호조약' 및 1910년 '병합조약'을 '부당하지만 유효'한 조약으로 하는 판단을 이끌고 있는 것은 아닐까. 이는 모처럼의 반성과 사죄가 피해자 측에서 '불충분'하다고 여겨지는 원인이 되고 있으며, 앞으로 극복해야 할 국제법의 해석이라고 생각된다.

제2회 헤이그 평화회의 당시 국제법 해석의 실행 사례

1907년 제2회 헤이그 평화회의는 당시로서는 가장 큰 국제회의 였다. 대한제국 고종황제가 파견한 헤이그 '밀사' 사건으로 유명하다. 이때 대한제국 대표로서 헤이그에 나타난 3명의 '밀사'를 정식 한국 대표로서 참가토록 인정할 것인가가 회의 개최 당시 큰 문제가 되었다. 개최지 네덜란드 정부의 수석대표(전 외무대신)인 드 보포트 W. H. De Beaufort는 평화회의 부의장이라는 요직을 맡고 있었다. 대한제국 정부사절 3명은 1907년 7월 3일 부의장을 방문하고, 이 회의에 대한제국 정부대표로서 참가할 수 있도록 해줄 것을 요청하는 문서를 제출했다. 네덜란드 정부는 평화회의 개최국으로 부의장의 지위를 쥐고 있었기 때문에, 그 외무성의 판단은 대한제국 정부대표의 취급에 대한 주최자 측 판단의 중요 부분이었고, 실질적으로 최종판단에 가까웠다고 생각된다.

3명의 사절은 별도로 7월 1일 네덜란드 정부 외무성에 서면을 제출하였고, 네덜란드 외무성 렌도르프Jhr. Mr. J. C. E. C. Rendorp가 대한제국 정부대표 이준 등 세 사절이 머물던 호텔[37]에 찾아와 사정을 청취하였다. 렌도르프의 보고메모(1907년 7월 4일, 앞면)에 따르면, 세 사절은 '이른바 '1905년 10월 17일부의 조약'은 이토 공작이 일방적으로 한국의 국새를 날인하여 작성한 것이며, 조약이 아니다'라고 진술하고, 황제로부터 정식 위임장을 받은 3명의 한국 대표는 이 조약에 구속되지 않고 일본의 동의 없이 회의에 참가할 수 있으며, 급히 외무대신을 만나고 싶다는 뜻을 밝혔다고 한다.

렌도르프는 1907년 7월 4일부로 그 상황을 메모[38]로 정리하여

---

37) 현재 이준기념관Yi Jun Peace Museum이 되어 있다.
38) 이 메모의 복사본으로 보이는 문서가 종전에 입수한 헤이그 소재 이준기념관 발행 책자(*The independence Movement of Korea in The Hague*, 1907 on 13 July 2007, 25

구드리안 외무대신Jhr. Mr. D. A. W. Tets van Goudriaan에게 제출했다.

이 메모를 참고로, 구드리안 외무대신은 메모의 뒷면에 그 판단을 기록하였다. 그 내용은 1905년 조약이 가져온 현상을 기정사실로 하고 일본 정부의 중개 없이 네덜란드 정부 외무대신이 사절을 면회할 수는 없다고 하였다. 이는 실질적으로 밀사의 회의 참가를 인정하지 않는다는 것이었다.

증거의 검토

세 사절과의 회견 모습을 보고한 메모39) 원본이 헤이그 소재 네덜란드 정부공문서관에 보관되어 있는 것을 2009년 8월 20일 현지에서 확인할 수 있었다. 그곳에서 원본을 디지털 카메라로 촬영하였다.40)

〈사진 2〉를 보면, 앞에 쓴 '이른바 '1905년 10월 17일부 조약'은 이토 공작이 일방적으로 한국의 국새를 날인하여 작성한 것이며 조약이 아니다'라고 하는 부분의 아래쪽 공백 오른쪽 절반에 써넣은 메모가 있는데, 그 부분도 확인할 수 있었다.

〈사진 3〉의 메모 중간 오른쪽 공란에 써 넣은 메모는 렌도르프41)의 것이다. 이 메모에는 '그럼에도 불구하고 조약은 한국 황제

쪽)에 실려 있는 것을 알고 있었는데, 그 문서가 정말 원본의 복사본인지, 원본이 어디에 보관되어 있는지, 현재도 실재하고 있는지에 대해서는 팜플렛에 어떤 기재도 없었다. 그것들을 확인할 수 있을 때까지는 이 팜플렛을 확실한 증거로 드는 것에 불안함이 남았다. 때문에 헤이그로 출장하여 문서 원본의 존재를 찾을 필요가 있었다.

39) 문서번호 12303/1907 4 July 1907. In: Source: Ministerie van Buitenlandse Zaken, A-dossiers 1871~1918, searchlist 2.05.03, inventorynumber 535. 이 문서는 네덜란드어의 손글씨로 쓰여져 있는데, 그 내용과 메모의 작성자를 특정하는 작업은 동 공문서관의 아키비스트인 하이데브링크Iris Heidebrink의 협력을 받았다. 이 분에게서 영문 번역의 제공을 받았다. 그의 협력에 감사한다.

40) 원본의 사진촬영에 대해 위 공문서관의 허가에 감사한다.

41) 이준기념관의 책자에는 '(아마)하네마 사무차관(Mr. S. Hanema, Secretary-General)에 의함'이라고 되어 있으나, 아키비스트인 하이데브링크에게 다시 조회하여 확인한 결

12303 / 1907

4 Juli 1907

De Delegatie van Corea verzocht mij aan Z.Ex. mede te deelen:

1° dat het z.g. verdrag van 17 Nov. 1905 geen verdrag is, maar een zelfstandige eenzijdige akte van Japan, waarop de Japanners, Markies Ito, het zegel van Corea hebben geplaatst. [illegible]

2° dat zij een volmacht van den Keizer van Corea bezitten

3° dat zij Z.Ex. beleefdelijk om een persoonlijk onderhoud verzoeken, waarvoor zij meenen Japan's tusschenkomst niet noodig te hebben, omdat boven bedoelde akte niet voor hen noch door iemand in hun land als bindend wordt beschouwd.

Mr. Rendorp deelt mij [illegible]

5 Juli 1907

〈사진 2〉 렌도르프의 메모

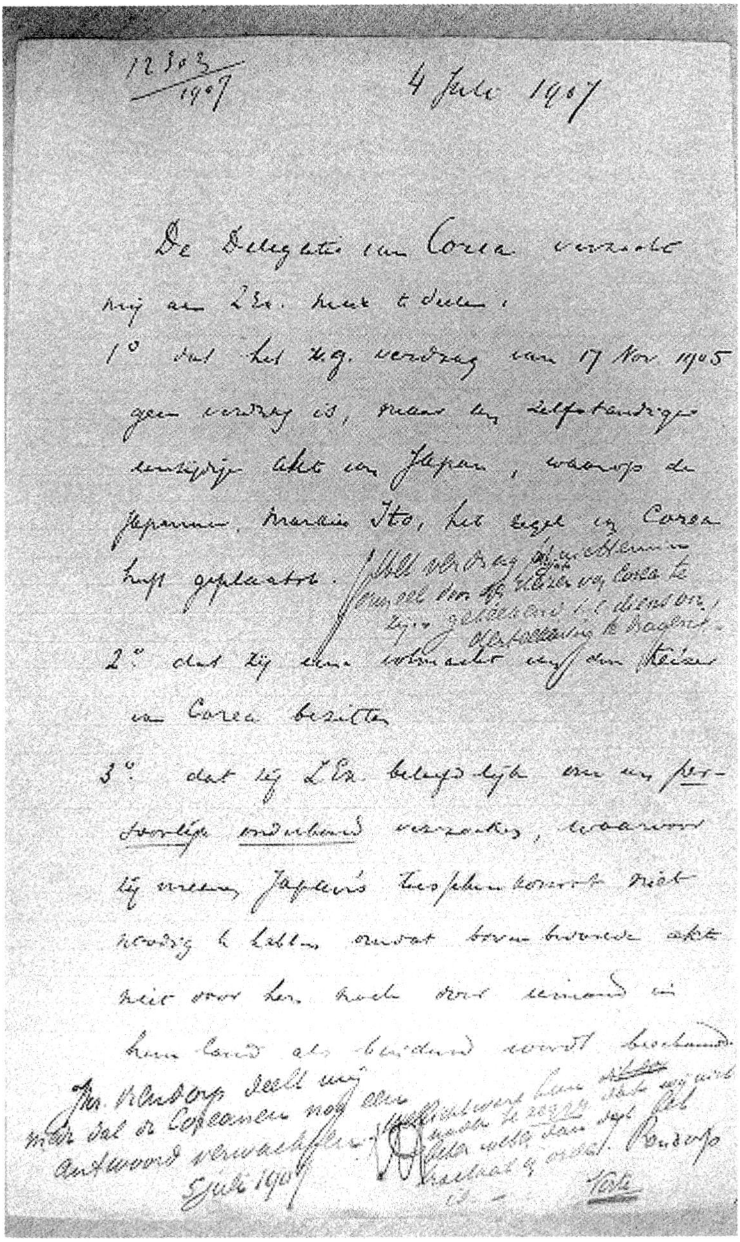

〈사진 3〉 렌도르프의 메모. 중간 오른쪽 공란에 쓴 내용을 확대한 것이다. '그럼에도 불구하고 조약은 한국 황제에 의해 공식적으로 서명되었다고 생각된다'고 쓰여 있다.

에 의해 공식적으로 서명되었다고 생각된다'[42]고 쓰여 있다. 이 메모는 매우 중요한 것으로, 네덜란드 외무성 고관은 조약이 한국 황제에 의해 공식적으로 서명(승인, 즉 비준)되었다고 판단하고 있던 것을 나타낸다. 이 최하단 우측에는 또한 같은 사람의 추가 메모가 있는데, '아마 우리들은, 우리들이 아는 한에서 조약에는 문제가 없다고 그들에게 설명해야 할 것이다'[43]라고 진언하고 있다.

과 그는 확신을 가지고 '렌도르프가 써 넣은 것'이라고 하였기에 그 판단에 따른 것이다. 또한 가장 아래쪽 우측에 써넣은 것 말미에 'Rendorp'라고 하는 서명이 있다.

42) 하이데브링크가 한 영역英譯은 "The treaty appears nevertheless to be formally signed by the Korean Emperor"이다.

43) 하이데브링크의 번역은 "Maybe we should explain to them that to our knowledge the treaty is in order"이다.

증거의 평가

이 국제법의 해석 실행을 보면 당시 네덜란드 정부 외무성 고관은 ① 1905년 '한국보호조약'의 체결이 유효하려면 대한제국 황제의 서명(비준)이 당연히 필요하다고 생각하고 있었으며('비준필요설'의 입장), ② 그리고 황제의 서명(비준)이 있었다고 판단하였고, ③ 결국 대한제국의 외교권이 대일본제국에 양도되었다고 판단한 것이 그 판단과정을 증명하는 증거라고 생각해도 좋을 것이다.

가령 네덜란드 정부가 '비준불요설'의 입장에 서 있었다고 하면, 황제의 서명(승인 내지 비준)의 유무를 검토할 필요는 없었을 것으로, 굳이 이런 판단을 덧붙여 메모할 필요는 없었을 것이다. 따라서 여기에서 한 걸음 나아가 검토하면 네덜란드 정부는 국왕의 서명(비준)이 없으면 '한국보호조약'의 체결은 완성되지 않는다고 하는 해석 실행을 하였다고 보는 추정이 가능하다. 이는 분명한 '비준필요설'의 입장이다. 네덜란드 정부는 당시 헤이그 평화회의의 주최국이 될 정도로 국제법의 활용면에서는 유럽에서도 눈에 띄는 존재였다는 점을 생각해 보면, 이 판단은 경시할 수 없다.

이 네덜란드 외무성의 해석 실행에서 보면, 운노 교수의 '비준불요설'은 근거를 잃는다고 말할 수 있을 것이다. 이렇게 '비준필요설'을 뒷받침하는 유력한 증거의 원본이 존재함을 확인한 의의는 크다.

1905년 한국보호조약에 관한 법적평가의 결론

따라서 당시 국제법의 원칙 및 유럽의 국제법 해석의 실행을 참조하면, 1905년 '한국보호조약'이 조약문으로서 완성되지 않았던 점과, 또 고종황제의 서명도 비준도 없었던 사실 때문에 유효하게 체결되었다고 생각할 수 없는 것이었다. 일본이 작성하고 반포한 1905년 한국보호조약은 날조되었다고 말하지 않을 수 없다.

그럼에도 불구하고 일본 정부가 날조한 (제목이 있는)영문 조약문[44])을 여러 외국에게 보이고, 이것이 한국 황제에 의해 적절한 절차를 거쳐 비준되고 적법하게 체결된 조약이라고 여러 외국의 외교담당자로 하여금 잘못 판단하게 하였다고 추정된다.[45]) 이 1905년 조약강제 사건은 실제로는 무력을 이용한 침략행위에 따라 강제 정복이 진행되는 사실을 은폐하고 여러 국가들로부터의 비판을 받지 않기 위한 외형을 갖추고자 날조된 것이라고 생각된다. 한국 황제가 보호국화를 희망한 '합법적'인 조약의 체결이었다고 유럽열강정부 외교담당자가 오인하도록 만든 모략이었다고 평가하는 것이 합리적이지 않을까. 그리고 이런 전 과정을 총지휘한 것이 이토 히로부미였다.

정리하며

안중근 재판에서 검찰관과 재판소가 검찰관할권의 근거로 삼은 1905년의 이른바 한국보호조약은 체결되지 않았으며, 가령 체결되었다고 해도 절대적으로 무효였다. 그 결과 한국보호조약의 유효성을 전제로 하는 1910년 병합조약 유효론은 사상누각이며, 붕괴될 수밖에 없다. 또한 안중근 재판에서 재판소는 관할권을 확립할 법적 근거가 없었다고 생각할 수밖에 없다. 그리고 네덜란드에서는 본론에서

---

44) 이태진, 앞의 책 참조.
45) 실제로 대한제국 고종황제의 서명도 비준도 없었는데, 어째서 이런 잘못된 믿음이 생겨난 것인지, 그것이 어떤 이유에 바탕을 둔 것인지는 불분명하다. 원본은 서울과 도쿄에 있었다. 팩시밀리도 복사기도 없던 시절에 어떻게 이를 확인한 것인가는 흥미롭다. 일본 정부가 '날조'한 (조약 정문이 아닌)영문 번역을 제국諸國 정부에 반포하고, 고종황제의 서명비준이 있었던 듯한 언동을 반복한 가능성은 없는 것일까. 아직 이는 추정에 그친다. 이를 실증하려면 앞으로 연구의 진전이 필요하다. 그러나 이는 역사연구가 필요한 부분이며, 국제법 해석을 위한 국제실행의 발견으로서는 이것으로도 충분하다. 이 점의 증명이 없어도 '비준필요설'을 뒷받침하는 유력한 증거 원본의 존재가 확인된 의의를 부정할 수 없다는 점은 유의해야 할 것이다.

서술한 바와 같은 역사 연구가 어느 정도 진행되고 있는데, 핀란드[46)]
에서는 필자가 1개월 동안 벌인 현지조사에 따르더라도 일한관계에
관한 연구자를 찾아낼 수 없었다. 세계적인 규모에서 동아시아에 관
한 역사연구의 거점을 창설할 필요가 있지 않을까 하는 생각이 든다.

한편 2009년 9월 16일 일본에서는 신정권이 발족하고 정권교체
가 실현되었는데, 그 뒤 일본 정계에서 '동아시아공동체'의 구상이
나오게 되었다. 이는 한 걸음의 전진이지만, 아직 두 손 들고 환영할
수 있는 단계는 아니다.

첫째로 일본에서 조약문제의 연구는 아직 이태진 교수의 주장을
받아들이고 이것을 이해하는 단계에 이르지 못했다. 1945년 9월 2일
의 항복문서 조인에 이르는 경위에 관한 공적인 진상규명도 진행되
지 않았기 때문에, 일본의 식민지 지배에 대한 반성과 사죄도 충분
히는 이루어지지 않고 있다. 오늘날의 EU는 독일의 나치 범죄에 대
한 깊은 반성과 명확한 사죄가 그 기반을 이루고 있다는 점에 대비
하면, 아직 '동아시아공동체'의 전제조건이 갖추어지지 않았다고 말
할 수밖에 없다.

둘째로 조약문제와 안중근 재판의 불법성에 관한 연구는 일본에
서 금기시되어 있었기 때문인지 완전히 불충분한 단계에 있다는 점
은 말할 것도 없다. 안중근이 처형 직전까지 집필하고 있었던 미완
성의 《동양평화론東洋平和論》은 일본에서 2009년 9월이 되어서야 겨
우 잡지 《세카이世界》가 그 번역을 실어서 지식인 사이에 조금씩 알

---

46) 핀란드 투르쿠 대학(동아시아연구센터)에서 2009년 8월 약 1개월 동안 객원연구원으
로 체재하며, 2009년 9월 4일 '일반 사회와 인권'에 관한 세미나에서 '위안부' 문제
등에 대해 대학원생을 대상으로 강연하였다. 이때 관계자의 이야기를 듣고 조사한 범
위지만, 핀란드에서 일한관계에 관한 충실한 연구는 아직 이루어지지 않았다는 인상
을 받았다.

려지게 되었다.

앞으로 일본·한국·중국인들이 이를 완성해야 한다.《동양평화론》은 오늘날의 EU와도 상통하는 높은 질적 수준을 가지고 있었으며, '대동아공영권'과 전혀 다르다고 평가해야 한다. 일본의 '동아시아공동체' 구상은《동양평화론》을 충분히 받아들인 제안일까. 그 구상의 일부라도 실현하려면, 그 길을 모색하는 노력을 할 필요가 있다.

2) 무시된 '의군참모중장'으로서 안중근의 주장[47]

2월 12일 관선변호인 2명의 변론이 이어져 1시간에 걸친 피고인 4명의 최종진술이 행해졌다. 통역을 사이에 둔 속기이기 때문에 모두 기재되었는지 확실하지 않은데, 안중근의 최종진술은 매우 충실하다. 그 일부를 들어보자.

> 또한 조금 전 변호사와 검찰관의 유고와 변론의 대강을 들어보면 모두 이토의 시정방침은 완전무결하고 그에 대한 오해를 품고 있다고 말했는데 이는 매우 이치에 어긋나며, 결코 이토의 시정방침이 완비完備하지 않았기 때문에 전혀 오해라고 할 것이 없다. 나는 이토의 시정방침은 충분히 꿰뚫고 있다. 그가 한국에 주재하고 난 뒤 대한對韓정책에 대해서는 상세하게 말할 수 없지만, 그 대응을 말하고 싶다.
>
> 1895년[48]의 5개조 조약을 체결한 그것은 이른바 보호조약이지만, 한국 황제를 비롯하여 한국 신민이 보호를 받을 희망이 없었음에도 불구하고 한국의 희망에 따라 체결한 것이라고 하는 말은 이토가 퍼뜨린 것이다.

47)《공판속기록》, 170~177쪽.
48) '1905년'의 오식誤植일 것이다.

그것은 …… 황제의 옥새도 없이, 총리대신의 승낙도 없이 단지 권세로 남의 눈을 속여 이토가 4개조의 조약을 체결한 것으로, 결코 한국의 희망 때문에 한 것이 아니라는 것을 전적으로 알 수 있다. ……

그리고 이토가 또한 한국으로 와서 궁중에 찾아가 검을 뽑아 위협하고 황제 폐하를 협박하여 7개조의 조약을 체결했다. …… 이런 상태이기 때문에 한국민은 상하를 불문하고 분개하여 뜻있는 자들은 배를 찔러 순사殉死하거나 일본과 싸운다든가 하고, 인민은 검을 들고 일본 병대에 저항하는 병란이 일어난 것이다. 그리고 그 뒤 수십만의 의병이 조선 팔도 각처에서 일어났고 …… 점점 분개하여 오늘날까지 싸우며 매듭이 지어지지 않게 된 것이다.

이런 까닭으로 오늘날까지 죽은 한국민은 10만 이상이라고 생각된다. 즉 10만 남짓의 한인들은 국가를 위해 쓰러져 죽는 것이 본래의 바람일진대, 이토로 인해 죽게 된 것이다. …… 이토의 정책을 바꾸지 않는다면 한국의 독립은 불가능하고 또 전쟁은 그치지 않을 것이라 생각한다. …… 한국의 신민은 항상 도탄의 고통을 받고 있기에 평화롭게 살고 싶다고 하는 생각은 일본보다도 깊고 또 중하다고 생각한다. ……

이토를 죽인 것은 이전에 말한 대로 의병중장이라고 하는 자격으로 한 것이다. 일한 양국의 친밀을 방해하고 동양의 평화를 교란한 자는 이토이기 때문에 의병중장의 자격으로 죽인 것이고, 절대 자객으로 한 것이 아니다.

…… 두 변호인의 말에 따르면 …… 한국인이 해외에서 죄를 범했을 때 어떤 명문이 없기 때문에 무죄라는 설이지만 이는 매우 도리에 맞지 않는 이야기이라고 생각한다. …… 나는 의병으로서 한 것이기 때문에 전쟁에 나와 포로가 되어 여기에 와 있는 것이라고 믿고 있으므로, 나의 생각으로는 본인을 처분하는 데 국제공법 만국공법에 따를 것을 희망한다.

(1) 검찰관의 유고[49]

검찰은 피고가 이토를 쏜 동기를 '자국의 영고성쇠 및 그 유래에
관한 정당한 지식의 결핍으로 발생한 오해'에서 생긴 것으로 결정하
고, 의군중장으로서의 전투행위였다는 점은 전혀 건드리지 않고 있
다. 따라서 포로의 지위에 대해서도 무시하는 유고가 되었다. 때문에
피고 안중근에 대해 극형인 사형을 구형하게 되었다.

(2) 관선변호인의 주장[50]

가마타 변호인의 변론(127~153쪽)에서도 미즈노水野 변호인의 변론
(153~170쪽)에서도 포로로서의 지위를 논한 부분은 찾아볼 수 없다.
가마타 변호인은 재판소의 관할권을 부정하고 안중근의 무죄를
주장하였다. 그때 '법이 불비하여 어쩔 수 없이 무죄의 변론을 하지
않으면 안 된다'라고 결론짓는데, '어쩔 수 없이'라고 말한 것이 변호
인으로서 적절한지 어떤지는 논의할 필요가 있을 것이다. 그렇다면
다른 처벌 가능성에 대해서도 논해 둘 필요가 있지 않았을까. 그리
고 당연히 해야 할 사전준비이지만, 피고의 희망을 청취했었다고 한
다면, 피고 본인이 진술한 바와 같이 포로의 지위와 전쟁범죄의 성
부成否에 대해서도 따져 볼 수 있었을 것이다. 그러나 가마타 변호인
은 피고가 역설한 가장 중요한 논점을 이야기하지 않았다. 이 점에
서 변호인의 변호활동은 중대한 결함을 가진다고 지적되어도 어쩔
수 없을 것이다.

49) 《공판속기록》, 106~127쪽.
50) 《공판속기록》, 127~170쪽.

미즈노 변호인은 이토를 '일대의 위인'으로 판정해 버렸기 때문에, 이토가 지도한 일본의 한국에 대한 군사공격의 성격에 대해서 언급할 근거를 잃고 말았고, 안중근이 든 이토의 15개 죄상의 위법성·침략성에 관해 논할 수 없게 되었다. 안중근이 의군중장으로서 이토가 이끈 일본의 군사적 침략에 대응하여 한국 독립의 자위를 위한 전투행위를 한 것이라는 동기도 언급하지 않고, 법적인 논점에서 포로의 지위에 대해서는 전혀 주장하고 있지 않은 결과를 낳았다.

'그저 군국君國에 보답하고 동포를 위해 죽는 적성赤誠에서 일신과 일가를 버리고 이 일을 강행한 것이라고 볼 수밖에 없다고 생각한다'라고, 한결같이 안중근을 동정해야 한다는 정상론情狀論을 펼치고 있다. '이것은 무지와 오해를 불쌍히 여겨야 할 것이지 미워해야 할 것은 전혀 없고'라는 미즈노의 말에는 의문이 든다. 정상론을 펼칠 생각이었을지도 모르지만, 논점은 거기에 있는 것이 아니기 때문이다. 안중근의 주장은 '무지와 오해'에서 비롯한 것이 아니라, 정당한 판단에 바탕을 둔 것이라 변론했어야 하는 것이다. 이미 이토, 즉 일본의 정책이 정당하다는 점은 의심할 바 없으며, 피고인의 판단이 '무지와 오해'에 따른 것이라고 보고 있는 점은 피고인의 변호로서 완전히 부적당한 것이었다. 이 점에서 검찰관의 유고를 보완하는 기능을 달성하기까지 했던 것이다. 이 재판에서 가장 중요한 쟁점은 이토의 정책이 정당했는지, 아니면 안중근의 주장이 정당한 것인지인데, 그 논점을 잃고 만 것이다. 피고의 입장과 주장을 '무지와 오해'에 바탕한 것으로 즉단51)해 버렸기 때문에, 변호할 기초가 없어지게 된 것이다.

때문에 미즈노 변호인은 정상참작을 구하는 변론으로 시종일관

---

51) 이는 변호인이 받은 교육 때문이었을까, 아니면 변호인의 '무지와 오해' 때문이었을까.

하였고, 법적인 주장은 거의 하지 않고 말았다. 그가 비교하고 있는 것은 막말幕末이나 메이지유신, 한국, 이토 자신이 관계한 사건 등에서 나타난 내전 때 '자객'의 사례이다. 안중근은 '한국의 독립', '전쟁', '동양평화의 교란' 등의 단어를 사용하여 대일본제국의 대한제국에 대한 국제적인 전쟁에 관한 논점을 주장하고 있었지만, 미즈노는 국제적인 전쟁에 관한 사례는 언급하고 있지 않았다.

결국 변호인은 피고 본인이 가장 중점사항으로 삼은 '의군중장'으로서의 전투원 자격에 기반한 포로 지위의 성부成否에 대한 국제공법의 법률론을 전혀 언급하지 않았다. 피고인 본인이 희망하는 논점에 대해 연구하고, 그 주장을 법적으로 강화하는 노력은 변호인의 가장 기본적인 책무이다. 그것을 전혀 하지 않은 부작위不作爲가 있다는 점에서 미즈노는 변호인으로서 직책을 일탈하였다고 말해야 한다.

피고는 본인진술에서 위와 같은 변호인 변론의 부당성을 지적하고 있는데, 미즈노 변호인은 안중근의 행위를 평가하며 '검찰관의 논지와 같이 세계의 대세에 통하지 못한 이른바 무지가 다다른 바이다'고 말하였다. 때문에 정상참작의 여지가 있다고 말하고 있으나, 피고인은 '무지'하기는커녕 최신의 세계정세, 특히 국제공법의 발전에 대한 정보를 가지고 주장하고 있었다고 추정할 수 있다. 변호인은 그것을 이해할 수 없었던 것일까. 일본에서 교육을 받은 변호사가 국제정세에 어두운 것은 하루 이틀 일이 아니지만, 이런 변호인의 변호를 받아 안중근은 사형에 처해지게 된 것이다. 변호인이 형식적으로 붙어 있었어도, 실제로는 피고의 변호인 의뢰권은 박탈된 것과 다름없다고 해야 하지 않을까.

극형의 결과는 바뀌지 않았을지도 모른다. 그러나 안중근은 목숨을 걸고 국제공법의 적용을 주장하고 있었다. 이 논점에 대해 변호인의 지식이 불충분했다고 해도 법률가답게 최신의 세계정세와 국제법에 관한 정보를 연구·조사하는 노력을 하고 육전법규陸戰法規 및 포로의 지위와 처우에 대해 충분히 변론 준비를 한 것을 바탕으로 설득력 있는 변론을 펼쳤어야 하지 않았을까. 그렇게 세계의 여론에 호소하는 피고인의 목숨을 건 희망을 이루려고 하는 것이 변호인의 직책이었다고 말할 수 있을 것이다. 법정에서의 변호사 경험을 가진 필자로서는 매우 유감스러운 변호활동이었다고 말할 수밖에 없다.

(3) 재판소의 판결52)

판결은 앞에서 서술한 바와 같이 검찰관의 주장대로 재판관할권을 억지로 긍정하였고, 그 점에서 이미 잘못 판단하였다. 재판소는 안중근의 주장을 완전히 무시했으며, 판결에는 포로로서의 지위에 대한 판단이 누락되었다. 재판소는 뒤에 설명할 1899년 및 1907년 육전법규관례규칙에 나타난 당시의 관습국제공법에 대해 전혀 심리도 판단도 하고 있지 않았다. 그 점을 언급할 경우, 안중근의 주장을 배척할 논리가 없었기 때문이 아닐까하고 추측해 본다.

(4) 당시의 국제법

안중근은 본인이 의군중장이라고 주장하였지만, 그는 정규군이 아니었다. 애당초 안중근이 주장하는 바와 같이 정규군이 아닌 의용군이어도 전시국제법이 적용되어 포로로서 취급될 자격이 있는 것일까.

당시의 전시국제공법은 주로 관습국제법이었는데, 19세기 말경부터 이를 성문화하려는 국제적 흐름이 활발해졌다. 1899년 헤이그에서

---

52) 《공판속기록》, 178~189쪽.

열린 제1회 만국평화회의에서 채택된 '육전법규관례에 관한 규칙'[53)
은 당시의 전시관습국제법을 성문화하려고 한 것이라 생각할 수 있다.

그런데 1899년의 육전규칙[54)은 아래와 같이 의용군을 교전자로
서 인정하고 있다. 바로 제1장에 '교전자의 자격'이 정해져 있다.

제1조에서는 '전쟁의 법규 및 권리의무는 단지 그를 군에 적용할
뿐만 아니라, 다음의 조건[55)을 구비한 민병 및 의용병단에도 또한
그를 적용한다'고 하고 있다. 즉 1899년 당시의 국제사회에서는 '의

---

53) 1907년 제2회 만국평화회의에서 개정되어, 일본은 이를 1911년 11월 6일 비준, 1912
년 1월 13일에 육전의 법규관례에 관한 조약(《陸戰ノ法規慣例ニ関スル條約》)으로 공포
하였다. 이 조약의 부속문서에 육전규칙이 있다.

54) 영문으로는 Yale Law School Lillan Goldman Law Library(웹 사이트 주소)를 참조할 것
(http://avalon.law.yale.edu/19th_century/hague02.asp#art1).

Annex to the Convention

REGULATIONS RESPECTING THE LAWS AND CUSTOMS OF WAR ON LAND

SECTION I. ON BELLIGERENTS

CHAPTER I. On the Qualifications of Belligerents

Article 1

The laws, rights, and duties of war apply not only to armies, but also to militia and
volunteer corps, fulfilling the following conditions:

To be commanded by a person responsible for his subordinates;

To have a fixed distinctive emblem recognizable at a distance;

To carry arms openly; and

To conduct their operations in accordance with the laws and customs of war.

In countries where militia or volunteer corps constitute the army, or form part of it,
they are included under the denomination "army."

1907년 규칙 1조도 같은 취지이다. 広部杉原 編, 《解説条約集2006》, 三省堂 참조.

55) ① 부하를 위해 책임을 지는 자가 그 우두머리에 있을 것, ② 먼 곳에서 식별할 수
있는 고유의 특수 휘장을 가질 것, ③ 공연히 병기를 휴대할 것, ④ 그 동작에 대해
전쟁의 법규관례를 준수할 것 등의 4가지 조건이었다. 안중근 의군중장에게 이 조건
이 충족되었는지는 재판에서 심리했어야 했다. 이토 사살의 장면에서는 모든 것을 충
족하였다고는 말할 수 없지만, 옥중에서 안중근이 집필한 《안응칠역사》를 읽어 보면
그 이전의 상당기간 의군으로서의 군사행동을 취하고 있었던 점이 명백하다. 일본 군
인을 국제공법에 따라 포로로서 취급하고, 심문한 뒤 석방한다고 하는, 육전의 법규
관례를 존중한 인도적인 처우를 하고 있었다.

용병단'에도 '교전자'로서의 자격과 '전쟁의 법 및 권리의무'를 인정하고 있었던 것이다. 따라서 안중근은 의군중장으로서 교전자 자격을 인정받았어야 했고, 포로로서 처우를 받아야 했던 것이다. 적어도 그 자격이 있는지 어떤지의 검토가 필요했는데, 검찰관의 주장에서도 변호인의 주장에서도 이 논점은 전혀 나타나 있지 않다. 재판소 또한 판결에서 이를 일고一顧조차 하지 않았다.

그러면 안중근의 행위는 전시국제법이 적용되는 전쟁행위였을까.

일본은 조선에도 대한제국에도 선전포고를 한 적이 없었다. 그러나 강화도를 공격한 이후, 조선과 대한제국에 대한 군사행동을 취하지 않았던 적이 없을 정도로 끊임없이 무력행사를 계속하고 있었다. 청일전쟁, 러일전쟁이라고 하지만, 그것들 전후를 통틀어 조선반도를 무력으로 정복하는 과정에서 일으킨 조선·한국에 대한 전쟁도 계속하고 있었다고 말할 수 있을 것이다.

그 과정에서 안중근이 재판 동안에 든, 이토 히로부미의 15개 죄 대부분이 저질러졌다. 일본은 선전포고 없이 대한제국의 궁정을 몇 번이나 무력으로 점령하였고, 명성황후를 포함한 다수의 한국인을 살해하였기에 이들 행위를 왜 살인죄로 묻지 않았는지가 의문이 된다. 군인이라면 사람을 살해해도 좋다고 하는 법은 없다. 전시국제법에서 정당화될 수 있는 전쟁과정에서의 정당한 교전권의 행사과정에서 저지른 살인은 전시국제법에 위반하는 전쟁범죄에 해당하지 않는 경우에 처벌을 면하게 되고, 이는 국내법적으로 말하면 정당한 직무행위에 해당하는 경우라고 동일시할 수 있다고 생각한다. 그런 뜻에서, 가노 다쿠미狩野琢見 변호사가 그의 글56)에서 안중근의 이토 살해를

---

56) 狩野琢見〈安重根無罪論〉, 《安義士の生涯と思想-殉国第81週忌対念国際学術シンポジウム報告集》, 安重根義士紀念館, 1991, 83~108쪽.

국내법적으로 정당행위[57]에 해당한다고 주장한 것은 경청할 만하다.

필자는 안중근의 행위가 한국을 식민지로 하려는 일본의 침략적인 군사행동에 대해 한국의 독립을 지키려고 하는 자위행위인 의군으로서의 군사행동이었다고 본다. 그렇다면 안중근에게는 앞에 쓴 육전규칙 제1조의 '의용병단'의 '교전자'로서 자격이 있으며, '전쟁의 법규 및 권리의무'가 인정되었다고 해도 좋다고 생각한다.

일본의 조선에 대한 군사(전쟁)행위 자체를 적법하다고 할 것인가 위법하다고 할 것인가는 의론이 있을 것이다. 그러나 적법하든 아니든, 주권국가에 대한 무력공격(전쟁)에 대해 자국의 독립을 지키려고 하는 군사행동(전쟁)의 과정에서 일으킨 인명(이 경우는 이토 히로부미)의 살해는, 그 자체로 국내법·형사법적으로 위법이라 말할 수 없을 것이다. 군사행동(전쟁) 당시에 전시국제법에 비추어 전쟁범죄라고 할 수 있는 위법행위가 있었는지 아닌지가 문제가 되는 것이다.

때문에 안중근의 행위를 한국형사법으로 처벌할 수 없다고 해도, 곧 무죄이며 처벌할 수 없다고 하는 것은 불가능하다. 안중근이 '국제공법 만국공법에 따라 처분될 것을 희망'한 것은 정당한 주장이었다.

그러면 안중근은 포로로서의 지위를 부여받아야 했을까. 같은 규칙 제2장 '부로俘虜(포로)'는, 제4조에서 '부로는 적의 정부 권내에 속하며, 그를 체포한 개인 또는 부대에 속하지 않는다. 부로는 인도人道로써 취급해야 한다'고 하였다. 따라서 적군(일본)의 사법관헌에 체포된 한국 측의 교전자는 일본제국 정부의 권내에 속하며, '인도로써

---

57) 狩野琢見, 같은 글. 가노는 안중근이 이토를 사살한 근거로서 든 이토의 죄상을 상세하게 연구하고, 안중근의 행위는 '형법상 긴급하여 할 수 없이 행한 '정당한 행위'라고 하였다. 안중근이 그 행위로 보호하려고 한 법익과 침해된 법익을 대비한 것을 바탕으로, 안중근의 행위가 가진 형식적 위법성의 추정을 깨는 '초법규적 위법조각사유超法規的違法阻却事由가 존재한다'고 결론짓고 있다.

취급'하지 않으면 안 된다. 전투원은 전투의 과정에서 당연히 적을 살해하는 등의 행위를 한다. 그럼에도 불구하고 잡히기 전의 전투행위 때문에 포로를 바로 살해하는 것은 용납되지 않는다. 그 살해행위가 전쟁의 법규관례에 위반하는 전쟁범죄인 경우에는 재판에 따라 처벌하게 된다.

여기에서 교전자인 안중근 의군중장이 이토 히로부미를 살해한 행위가 전쟁의 법규관례를 위반하였는가를 심리할 필요가 있었던 것이다. 적용법령은 일본제국 형법전이 아닌 전시국제공법인 육전규칙이어야 한다.[58] 그에 대한 심리를 전혀 하지 않은 채 일본제국 형법전의 살인죄를 적용하여 사형판결을 언도했다는 점에서, 이 재판은 치명적인 불법성이 인정된다고 말할 수밖에 없다.

3) 재판관은 독립성을 보장받고 있었는가?

(1) 사법권 및 재판관의 독립

근대 입헌주의의 헌법원칙에 따르면, 사법·입법·행정 삼권이 분립되어야 하므로, 사법부를 담당하는 재판소는 행정부로부터 간섭을 받지 않고 독립하여 재판을 할 수 있어야 한다. 대일본제국헌법[59]하

---

58) 안중근 의군참모중장은 이토 히로부미 사살시에 제복을 착용하고 있지 않았다는 점을 위법행위(육전규칙 1조 2호)로 보고 포로의 대우를 부여할 수 없다는 주장이 가능할까. 이 점에서는 육전규칙 24조에서 필요가 있는 경우 '기계奇計'를 허용하고 있었던 점에 유의할 필요가 있다.

59) 대일본제국헌법 제57조 제1항에서 '사법권은 천황의 이름으로 법률에 따라 재판소가 그를 행한다(司法權ハ天皇ノ名ニ於テ法律ニ依リ裁判所之ヲ行フ)'고 하여, 사법권의 행사는 재판소가 행하는 것으로 되어 있다. 제55조 제1항에서는 '국무 각 대신은 천황을 보필하고 그 임무를 맡는다(國務各大臣ハ天皇ヲ輔弼シ其ノ責ニ任ス)'고 하여, 행정권에 속하는 외교사무를 담당하는 외무대신의 직책은 그 권한 범위에서 천황을 보필하는

의 일본에서도 사법권은 독립되어 있어서, 행정부가 재판에 개입하려고 한 '오츠 사건大津事件'[60]은 일본을 뒤흔들기도 했다. 이 경우는 재판소 전체가 가진 사법권의 독립은 지키려고 했지만, 고지마 이켄児島惟謙 대심원장이 재판체裁判體인 재판관에 강한 영향력을 행사했기에 사법권 독립의 근간인 개개인 '재판관의 독립'의 보장에 대해서는 문제가 남은 것이 아닐까 하고 생각한다.

(2) 이 사건의 사실관계

가노 변호사가 지적한 대로[61] 안중근 재판에 관해서는 일본의 행정부가 재판에 개입한 혐의가 농후하다. 가노 변호사는 '이 사건 발생 이후, 일본국 외무대신 고무라 쥬타로小村寿太郎는 바로 외무성 정무국장 구라치 데쓰키치倉知鉄吉를 만주로 파견하고, 이 재판에 대해 모종의 획책을 시킨 의혹이 있다'고 하였다. 이 주장을 지지하는 증거[62]도 확인할 수 있었다. 따라서 가노가 주장한대로, 이 재판은 삼권분립의 원칙을 위반하였다는 불법성이 있다고 말할 수 있다.

것에 있다. 때문에 외무대신에게는 천황의 이름으로 사법권을 행사하는 재판소를 지휘할 권한은 없다.

60) 1891년(메이지 24) 러시아 황태자 니콜라이 알렉산드로비치는 일본에 체제 중이던 5월 11일 시가현滋賀県 오츠大津에서 경호하던 순사 츠다 산조津田三蔵의 칼부림으로 부상당하였다. 사건으로 말미암은 러시아의 보복을 두려워한 수상 마쓰카타 마사요시松方正義는 사법부에 대해 범인 츠다에게 극형의 판결을 내리도록 제의했다. 그러나 형법으로는 살인미수죄에 사형을 적용할 수 없었으며, 대심원장 고지마 이켄児島惟謙을 비롯하여 법조계에서도 정부의 태도에 강하게 반발하여, 오츠지방재판소에서 이루어진 대심원에 의한 일심이며 종심인 재판에서는 정부의 간섭을 배제하고 법규대로 5월 27일 무기징역이 피고에게 선고되었다. Yahoo백과사전(집필자: 田中時彦), 2009년 3월 9일 열람(http://100.yahoo.co.jp/detail/大津事件/).
61) 狩野琢見, 앞의 글, 앞의 책, 106~108쪽.
62) 《大韓國人安重根》, 安重根記念館, 2001, 132쪽.

4) 안중근은 변호인 의뢰권을 박탈당했다

(1) 재판소는 안중근의 변호인 의뢰권을 박탈했다

가노 변호사가 지적하고 있는[63] 것과 같이, 재판소는 안중근 자신이 선임한 영국 변호사 더글러스 및 러시아 변호사 미하일로프 두 변호사의 변호인 선임신청을 수리했으나, 나중에 두 변호사의 변호를 불허했다. 이는 일본 헌법상의 재판을 받을 권리 및 자연법상의 권리를 불법적으로 침해한 것이라는 가노 변호사의 주장은 정당하다.

(2) 관선변호인은 피고인의 주장에 진력하지 않았다

재판소는 두 사람의 일본인 관선변호인을 직권으로 붙이고, 형식적으로 변호인 의뢰권을 다한 것처럼 외형을 포장했다. 그 결과, 안중근 자신이 두 변호인의 변론을 비판해야 하는 참혹한 결과가 벌어졌다. 앞서 나온 1, 2, 3에 관한 법적 문제점[64]을 지적하지 못했을 뿐만 아니라, 변호인은 안중근의 중요주장을 채택하려고 하지 않았다. 이미 말한 대로[65] 안중근의 주장을 채택하지 않은 이유는 안중근이 '무지'하며, '오해'하고 있다고 결론지었기 때문인데, 변호인 자신이 스스로의 '무지'와 '오해'를 안중근에게 사죄해야 하지 않을까.

이와 같은 중대한 결함을 가진 변호 밖에 받지 못한 결과를 가져

---

63) 狩野琢見, 위의 글, 앞의 책, 105~106쪽.
64) 정부의 재판간섭 사실(이 글의 '3. 재판관은 독립성을 보장받고 있었는가?' 참조)에 대해서는 변호인이 알 수 없었을지도 모른다. 그러나 1 및 2는 안중근의 중요한 주장이었기 때문에 숙지하고 있었다고 생각된다.
65) 제1부의 '2. 무시된 '의군참모중장'으로서 안중근의 주장' 참조.

온 것은 안중근이 선임한 변호사의 변호를 받을 권리를 재판소가 인정하지 않았기 때문이다. 만약 재판소가 이를 인정했다면, 앞서 제기된 문제에 대한 충분히 논의가 이루어졌을 것이다. 때문에 스스로 선임한 변호인이 했었을 동등·동질의 변호를 받을 수가 없었던 것은, 재판소 스스로가 저지른 직접적인 권리침해의 결과이기도 하다.

(3) 결 론

사형사건임에도 안중근은 당연히 가졌어야 할 변호인 의뢰권을 박탈당했다. 오늘날 국제인권법 아래에서는 사형 사건에서 변호인 의뢰권의 박탈·침해는 피고인의 석방, 사형판결의 집행취소라는 결과를 가져올 정도로 중대한 불법성을 가지게 되는 경우도 있을 정도로 중대한 권리침해이다. 당시에도 변호인 의뢰권은 재판받을 권리에 당연히 포함되는 고유한 권리였기에 중대한 권리침해라 할 수 있으며, 재판을 불법적인 것으로 만드는 근거의 하나라 할 수 있을 것이다.

2. 안중근 재판의 불법성에 대한 대응

1) 재심재판에 대한 의문

재심재판에 의한 명예회복은 가능한가?

오늘날 일본 재판소가 이 사건의 재심청구를 인정한다는 것은 도저히 생각할 수가 없다.[66] 공정한 재판을 기대할 수 있으려면 일

---

66) 이는 식민지 지배의 핵심을 겨냥한 재판이 된다. 이를 위해선 일본 역사에 대한 사고

본 사회에 큰 질적 변화가 일어날 필요가 있을 것이다. 이를 위해서
는 앞으로 100년을 필요로 할지도 모른다.

일반론이지만 일변련日弁連(일본변호사연합회-역자 주)이 계속 비판해
왔듯이 일본의 재판관은 지금도 독립성을 충분히 보장받고 있지 않다.
변호사 경험이 있는 필자의 관점에서 보면, 일변련의 의견은 지당하
다고 생각된다. 일본인끼리의 문제에 관한 일반통상사건에 대해 말하
는 것이 아니다. 헌법소송, 기타 정치적인 영향이 큰 사건, 특히 다수
의 외국인 피해자에 관계된 경우로, 일본의 전쟁범죄, 식민지 지배에
관한 사건에 대해 일본 재판관이 헌법과 법률과 양심에 따라 재판할
수 있을 만큼 독립성을 보장받고 있다고는 단언할 자신이 없다.

현실의 재판은 어떻게 되고 있는가를 보자. 예를 들어 지금까지
'위안부' 피해자의 전후보상재판에서는 원고 승소의 예가 없다. 단
하나의 지방재판 판결이 예외인데, 결국 상급심인 고등법원, 최고법
원 재판에서 패소를 거듭하고 있다. 또 다른 사례는 2007년 4월 27
일 2개의 소법정이 같은 날 언도한 중국인 피해자에 관계된 전후보
상재판에 대한 2개의 별개 독립 사건에서 내려진 별개의 판결이 좋
은 예이다. 관계 변호사의 조사에 따르면, 독립된 다른 두 재판체의
판결서의 60퍼센트가 같은 문장이었다고 한다. 상호 독립되어 있는

방식을 대전환해야 하는데, 이제까지 일본의 교육을 받아 온 사람들은 진상조차 충분
히 알고 있지 못하다. 재판관도 이 사회에서 자유로운 사상이 불가능한 일본인의 한
사람이다. 일본 내셔널리즘의 집약이 원인이 되고, 특히 식민지 지배나 전쟁 책임 등
의 문제에 대해선 학문, 연구, 표현, 집회, 교육의 권리가 완전하게는 보장되지 않고
있는 것도 그 이유이다. 이것은 전전戰前의 사회가 가지고 있던 분위기가 여전히 잔
존하고 있어 민주주의와 자유가 아직 실현되고 있지 않은 것을 배경으로 한다. 더구
나 일본의 사법은 전쟁 책임을 묻고 있지 않기에, 전전의 체제와 연속성을 가지고 있
다. 재판관의 양성제도도 전전과 닮아 있으며 연속성이 있어서, 최고재판소에 의한
재판관의 통제가 침투하고 있다. 이를 극복하고자 법조일원제法曹一元制가 제안된 지
오래인데, 사법개혁에도 불구하고 아직 실현되고 있지 않다.

두 재판체의 독립재판관이, 같은 날에 우연히 대부분이 같은 문장인 판결을 썼다고 할 확률은 숫자적으로 0에 가깝다. 두 재판체인 재판관 대신에 누군가가 판결원안을 썼다고밖에 생각할 수 없다.

필자는 이것을 재판이 아닌 정치라고 생각한다.[67] 최고재판소가 설명책임을 다하고 있지 않아서 이런 초보적인 문제의 진상조차 명백하지 않다. 이 점을 문제로 삼는 법조인도 학자도 그리 찾아볼 수 없다. 이 두 재판에 영향력을 행사한 것이 누구인가는 불분명하다. 그러나 한 가지 확실한 것은 이 재판의 결과가 현 정권을 담당하는 여당 정부에게는 좋은 결과였다고 하는 점에 충분히 유의할 만하다.

2) 일본의 풀뿌리 시민사회에서 무엇이 가능한가

필자는 류코쿠 대학에 근무하고 있어서 우연히 이것의 존재를 알게 되었는데, 현재 류코쿠 대학 도서관의 금고에 엄중히 보관되어 온 귀중도서자료 가운데 안중근의 유묵遺墨 3점 등의 자료가 있다. 그것의 일반 공개와 한국으로의 대출을 실현하려고 노력해 왔다. 그것이 심포지엄 기획과정에서 실현할 수 있게 된 것은 매우 기쁜 일이다.

이 유묵공개운동은 상상 이상으로 어려웠다. 이 경험에서도 알 수 있는 점이 있었다. 안중근에게 일본인으로서 처음 사죄한 것은 치바 도시치千葉十七 전 헌병이다. 이 치바 도시치의 전후戰後 인생은 매우 엄혹한 것이었다. 안중근에 대해 이야기하는 것조차 꺼려지던 일본 사회에서, 치바는 단지 안중근의 명복을 계속 비는 것조차 할 수 없었다. 이런 일본의 현상을 조금이라도 바꾸고자 안중근에 대해

---

67) 戸塚悦郎, 〈国際人権レポート〉, 《週刊 法律新聞》, 2008년 1월 25일(1749호)에서 4월 18일(1760호)까지.

연구·출판하고, 일본 사회와 일본인들에게 안중근과 치바 도시치에
대해 진실을 전하려는 노력을 계속해 온 일본인이 소수이지만 존재
한다는 사실에 위안을 받는다. 이 사람들이 한국의 안중근승모회와
도 교류를 계속하여 온 것은 매우 귀중한 일본의 자산이라고 말할
수 있겠다. 필자가 안중근기념관을 방문한 것은 겨우 2008년 말의
일이었다. 노력이 모자랐음을 반성할 뿐이다.

이렇게 먼저 움직여 온 사람들의 노력과 성과를 바탕으로 우리
'한국병합' 100년 시민네트워크에 참가하고 있는 시민들도, 이런 축
적에서 배울 수 있었다. 이를 보다 광범한 것으로 만들고자 몰두하
는 일이 일본의 풀뿌리 시민사회에 변화를 만들어 내는 것으로 이어
지리라고 생각한다.

(1) 진상연구를 위한 제언

여기에서 아래의 두 가지 사항을 제언하고 싶다.

제안 1. 연구

앞으로 시민네트워크의 활동의 일환으로 다음과 같은 행동을 하
자고 제언하고 싶다.

① 안중근에 관한 연구에 몰두함

연구의 이념으로서는, 시민네트워크의 선언을 따른다.

② 연구의 요점

②-1. '안중근은 왜 이토를 쏘았는가'에 대한 연구

②-2. 안중근의 전기 연구

②-3. 안중근 재판의 연구

②-4. 안중근의 《동양평화론》 연구

②-5. 안중근의 꿈의 실현 가능성에 관한 연구

②-6. 안중근의 동양평화론 실현을 목표로 하는 자치체의 연구
③ 구체적인 연구성과를 기대하는 조목
　③-1. 2010년 3월 초기적 연구보고
　③-2. 2015년 3월 중간적 연구보고
　③-3. 2020년 3월 최종적 연구보고
④ 구체적인 행동 및 운동은 연구의 진행과 병행하여 진행한다.

제안 2. 일본에서의 입법운동

시민네트워크는 민간의 자유도를 활용하면서 스스로도 '진상규명'의 노력을 해야 하는데, 민간의 힘으로는 한계가 있다. 그러므로 '일본 정부 및 자치체에 대해 식민지 지배의 철저한 실태조사를 요구해 가'는 일을 운동의 목표로 하고 있다.

그러면 구체적으로 어떤 방법이 있을까. 현재의 보수정권은 신헌법하에서도 정치적·사상적으로 전전의 정부와 연속성을 가지고 있어서, 식민지 지배 진상규명을 위한 적극적 노력을 하지 않았다. 그러나 국회에서는 시민과 의원이 협력하여 의원입법의 방법으로 국가에 의한 진상규명을 실현하기 위한 노력이 축적되어 왔다. 예를 들면 다음과 같은 구체적 사례가 있다.

① 일본군 '위안부' 문제에 대해, 피해자에 사죄하고자 야당은 〈전시 성적 강제 피해자 문제해결 촉진에 관한 법률안戰時性的強制被害者問題解決促進に関する法律案〉을 참의원에 지속적으로 공동제안하고 있다.[68] 이 법안이 성립되면 이 문제에 관한 정부의 사죄를 진행하게 되는데, 이는 보상 및 기타 조치를 실현하는 것으로써 이루어지게

---

68) 법안에 관한 정보는《国際人権法政策研究》통산 4호, 国際人権法政策研究所를 참조. 〈'위안부' 결의에 응하여 지금이야말로 진실된 해결을('慰安婦'決議に応え今こそ真の解決を)〉 (http://www.jca.apc.org/ianfu_ketsugi/).

된다. 정부는 기본 방침을 정할 책무를 지는데, 이 가운데는 '아직 판명되지 않은 전시의 성적 강제 및 그에 따른 피해의 실태조사에 관한 사항'(같은 법안 제4조 제2항 3)이 포함되어 있기에, 식민지 지배 하 조선반도에서의 가해 실태에 대한 진상규명이 이루어지게 된다. 따라서 이 법안의 실현운동은 매우 중요하다.

② 민주당을 비롯한 야당은 〈국립국회도서관법의 일부를 개정하는 법률안国立国会図書館の一部を改正する法律案(통칭 '항구평화조사국설치법안')〉을 중의원에 공동 제출하기 위한 노력을 계속해 왔다.69) 이 법안이 성립 되면 국회도서관에 항구평화조사국을 설치하여 이번 전쟁의 원인, 전 전과 전중戰中의 중대한 인권침해 등을 포함한 전쟁의 실태조사 등 국 가차원의 진상규명이 실시되게 된다. 획기적인 법안으로, 이 입법운동 을 추진할 필요가 있다.

문제는 안중근이 일본에 대해 항의한 문제, 곧 1910년 '한국병합' 이전의 식민지 지배문제가 조사대상인지가 명료하지 않은 점이다. 따 라서 '한국병합' 100년 시민네트워크는 이 입법운동을 지원하는 것과 동시에 이 점을 명확하게 하는 데 노력할 필요가 있을 것이다.70)

---

69) 민주당 웹사이트(http://www.dpj.or.jp/news/?num=129) 참조. 2009년 3월 9일 열람.
70) 예를 들어, '1945년 9월 2일 항복문서조인에 이르는 경위'를 포함하도록 조사대상을 정의하는 것을 구하는 운동도 필요하지 않을까 생각한다. 항복문서는 카이로선언을 인용한 포츠담선언을 수락하고 있다는 점에 유의해야 한다. 미중영美中英 수뇌가 1943년 11월 27일 합의한 카이로선언에는 동맹국의 전쟁목적이 '일본국에서, 1914년 제1차 세계전쟁의 개시 이후에 일본국이 탈취하고 또는 점령한 태평양의 일체 섬을 박탈할 것 및 만주, 대만 및 팽호도와 같은 일본국이 청국인에게서 도취盜取한 일체 의 지역을 중화민국에 반환할 것에 있다. 일본국은 또 폭력 및 탐욕으로 일본국이 약 취한 다른 일체의 지역에서 구축되어야 한다. 전기한 세 대국은 조선 인민의 노예 상 태에 유의하고, 조선을 자유롭고 독립된 것으로 할 결의를 가진다'고 되어 있다. 따라 서 동맹국이 '조선 인민의 노예 상태에 유의하고, 조선을 자유롭고 독립된 것으로 하 는 결의'를 들어 일본에 대해 무조건 항복을 요구하였고, 일본이 이를 수락한 것은 명백하다. 그렇다면 '항복문서의 조인에 이르는 경위'의 조사가 법안의 조사목적에

이를 통하여 일본과 일본인이, 안중근의 일본에 대한 정책전환 요구에 응하여 조선의 식민지화에 대한 진상을 규명하고, 이 성과 위에 진지한 반성·사죄를 하고, 역사교육을 고쳐 역사의 진상을 기억하며, 앞으로 가해의 재발방지를 위해 노력할 수 있게 될 것이다.

(2) 《동양평화론》 연구가 중요하다

안중근은 옥중에서 《안응칠역사》를 완성하고, 이어서 《동양평화론》을 집필하고 있었는데, 미완성인 채로 사형을 당했다.

이것이 완성되었으면 동아시아 연합이라고 할 만한 국제기구의 창설로 이어지는 구상이 되었을 가능성이 있다. 이는 오늘날 EU와도 유사한 것으로, 당시 일본으로서는 충격적인 내용이었을 것이다. 일본 정부는 이 집필상황을 알고 있었지만 이를 용납하는 일 없이 사형일을 정하였다. 동아시아의 진실된 평화를 구축하기 위한 매우 참신하고 독특한 제안을 완성시키지 못하도록 하는 것도 사형의 목적이지 않았을까 생각된다.

한편, 이토 히로부미는 1908년(메이지 41) 6월 19일 관저에서 연설하면서, '…… 그 폭도들과 같은 저들의 진의 심정은 원래 내가 다대한 동정을 표하는 바라고 할지라도, 저들은 오직 나라의 멸망을 분개하는 데 그치고 아직 한국을 구원할 소이所以의 길을 알지 못한다 …… 현재 나의 정책에 대해 오늘날 이런저런 비난하는 자들이 있지만 훗날 또는 번연히 그 잘못을 깨닫는 때가 있을 것이다'고 진술하였다.[71] 안중근의 100주기를 맞이한 2009년 3월 26일에는, 이토의

포함되는 것이 명확해지면, 안중근이 문제제기한 조선의 식민지화에 이르는 경위의 전부를 조사대상으로 하게 될 것이다.
71) 《공판속기록》, 111쪽.

이 연설과 안중근의 미완의《동양평화론》가운데 어느 것이 설득력
을 가지고 있을까.

'한국병합' 100년 시민네트워크에 참가한 필자는 후자에서 배우
고 싶다고 생각한다. 그것이야말로 일본을 파멸에서 구하고, 밝은 동
아시아의 일부로서 일본이 인류사회에 공헌할 수 있는 길이라고 확
신하기 때문이다. 필자는 무수한 피해자를 낳은 식민지 지배를 마음
에 새기고, 생의 폭력일 뿐이었던 안중근에 대한 일본의 불법적인
재판, 이 돌이킬 수 없는 불법적 행위를 깊이 반성하여 100년 전 안
중근의 호소에 응하고 싶다.

(3) 정리하며

마지막으로 필자는 '한국병합' 100년 시민네트워크에 참가한 사
람들이 미완의《동양평화론》완성에 노력해야 하며, 〈반성과 화해
를 위한 시민선언〉[72]을 상기하고, 일본과 한반도의 21세기를 신뢰
와 희망의 세기로 창조하고자, 세계인권선언 및 일본국 헌법의 이념
에 따라 각자 '동포의 정신'을 가지고 행동해 주기를 희망한다.[73]

---

72) '한국병합' 100년 시민네트워크 리플릿(아래 웹사이트 주소) 참조.
    http://www.nikkan100.net/sengen.html, 2009년 3월 9일 열람.
73) 번역: 김은주(서울대학교 국사학과 석사수료)

안중근 가문의 백세유방과 망각지대

도 진 순

머리말: 기억의 양면, 빛과 어둠

안중근의 의거와 순국에 대해 위안스카이袁世凱, 쑨원孫文, 장제스蔣介石 등 중국의 근대 지도자들은 "이름은 만국에 떨치며" "죽어 천년 살리라"며 추모했다.[1] 또한 효창공원 안중근 가묘 아래 석축에는 김구의 글씨로 '유방백세遺芳百歲(꽃다운 이름이 후세에 길이 전함)'라 새겨져 있다. 안중근이 순국한 지 101년째 되는 올해, 우리는 모두 그의 의거와 순국을 유방백세의 빛으로 기억한다.

안중근의 의거와 순국은 그의 가문 후예들도 앞서거니 뒤서거니 독립·통일·평화운동에 매진케 하는 동력이 되었으며, 동시에 가문에 인내하기 힘든 일제의 감시와 탄압, 회유와 협박의 시련을 주었다. 그리하여 그의 가문은 많은 독립유공자를 탄생시켰지만, 아울러 파란만장한 삶으로 말미암아 한반도의 남북은 물론, 중국과 러시아, 미국과 파나마로 흩어졌다. 안중근이 그 이름을 만국에 떨친 만큼이나

---

1) 김우종·최서면 편, 《安重根》, 遼寧民族出版社, 1994, 5쪽.

그의 가문은 세계로 이산離散되었던 것이다. 그의 일족이 유민遺民처럼 떠돈 공간의 크기는 안중근의 빛이 지닌 위력의 크기와 대체로 비례한다고 생각된다.

안중근 일족의 흔적 가운데 독립운동의 경력은 상당 부분 발굴되었지만, 통일운동이나 평화운동 부분은 여전히 미진한 수준이다. 또한 독립운동 분야에서도 건국훈장 서훈자가 유달리 많은 '명문 집안'으로 선양되었지만, 그 이면에서 힘겨운 삶을 감내해야 했던 유족들의 굴욕과 트라우마는 잘 드러나 있지 않다. 이리하여 안중근의 빛이 100년이나 이어지는 동안, 유족의 상당수는 여전히 망각지대의 어둠 속에 남아 있다. 어쩌면 이러한 상태로 안중근과 그의 가문을 기념하면 할수록, 그의 가문이 감당해 온 독립·통일·평화운동의 폭과 깊이, 그 반대급부로서 받은 굴욕과 트라우마는 더 깊은 망각지대로 사라질 수도 있을 것이다. 이러한 망각지대를 공공의 기억으로 불러내는 것이 이 글의 목표이다.[2]

1. 독립운동: 이산의 삶과 죽음

1) 안중근 가문과 어머니 조마리아

안중근의 의거와 순국이 그의 친족들에게 끼친 영향을 검토하려면 우선 가문에서 안중근의 위상을 간단하게나마 검토할 필요가 있다. 해주로 이사하고 난 뒤, 안중근의 선조들은 향반鄕班 또는 무반武

---

2) 안중근 가문이라 하면 통상적으로 조부 안인수安仁壽 휘하를 뜻하는 경우가 많으나, 여기서는 분량문제로 아버지 안태훈安泰勳 휘하의 안중근과 그의 형제자매, 그리고 직계유족들을 중심으로 검토하겠다.

班이었으나 안중근의 조부 안인수가 미곡상을 경영하면서 황해도에
서 손꼽히는 부자가 되었다. 안인수는 이러한 경제력을 바탕으로, 본
인은 진해현감을 명예직으로 제수받고, 둘째 아들 안태현을 초시初試
에, 셋째 아들 안태훈을 진사進士에 입격시켰다.3) 조부의 영향을 받
아서인지 안중근에게도 전통적인 양반의 모습보다는 경제를 중시하
는 실용주의의 면모가 나타난다.

안인수는 태진泰鎭, 태현泰鉉, 태훈泰勳, 태건泰健, 태민泰敏, 태순泰
純 등 여섯 아들을 두었다. 1894년 안태훈에게 몸을 의탁한 바 있는
김구에 따르면, 여섯 형제 모두 "학식이 풍부하고 인격이 높았"으며,
"거의 다 술과 독서를 좋아하여 짐승을 사냥해 오면 형제가 반드시
한 데 모였고" "모두 문사文士의 풍모가 있었으나 유약해 보이는 점
이 하나도 없었"다고 전했다. 곧 안인수의 아들 여섯 형제들은 우의
가 돈독했고, 대체로 문무를 겸했다는 것을 보여주고 있다.4) 이것은
안중근과 그의 형제들도 마찬가지였다. 안중근은 독립전선에서 무장
의 면모와 아울러 동양평화를 주창하는 사상가의 면모를 보인다. 그
의 동생 정근定根과 공근恭根도 모두 문무를 겸하고 있었지만, 안중근
에 견주어 정근은 문文 쪽으로, 공근은 무武 쪽으로 약간 기운 듯 한
느낌이다.

안인수의 자식 가운데 가문을 대표하는 실질적인 리더는 안중근
의 아버지인 셋째 안태훈(1862~1905)이었다. 그는 여섯 형제 가운데
가장 영민하여 진사에 입격했으며, 박영효·김종한 등 중앙 정계와
연결되어 있었고, 가문의 신천 청계동淸溪洞 이사와 동학군과의 전쟁,
천주교 입문 등 중요한 결정을 주도했다. 또한 청계동에 있는 그의

3) 오영섭, 〈안중근 가문의 독립운동〉, 《한국민족운동사연구》 30, 한국민족운동사학회,
   2002, 22, 24~25쪽.
4) 도진순 편, 《(주해)백범일지》, 돌베개, 1997, 56~58쪽.

집에는 아들들은 물론 조카들을 위한 가문의 서재를 운영했다. 김구
도 안태훈에 대해 "눈빛이 찌를 듯 빛나 사람을 압도하는 기운이
있"고, 여섯 형제 가운데 가장 "탁월했다"고 전했다.5)

안태훈은 중근, 정근, 공근 세 아들을 두었다. 장남 안중근
(1879~1910)은 아버지 안태훈과 열일곱 살 차이밖에 나지 않는다. 이
와 달리 안중근과 그의 동생 정근(1885~1949)은 여섯 살 차이, 공근
(1889~1940)은 열 살 차가 난다. 곧 안중근은 장남인데다가, 부친 안
태훈과는 나이 차가 적어 가문일과 나랏일을 같이 도모하는 동지 같
은 면모를 보였으며, 동생들과는 상대적으로 나이 차가 많은 편이라
마치 작은아버지와 같은 권위를 가질 수 있었던 것으로 보인다.6)
1894년 안중근은 16세의 나이로7) 아버지와 같이 동학군과 전쟁을
치렀으며, 1897년 아버지를 따라 천주교에 귀의하고 전도에 노력했
고, 1905년 러일전쟁 이후 아버지와 상의하여 항일 망명을 위해 중
국 산둥山東과 상하이上海를 다녀왔다. 이 첫 번째 출국에서 돌아오
자, 아버지 안태훈이 병사했다.

안중근은 청계동으로 돌아와 상례를 마치고 가족들과 함께 그 해
겨울을 보냈으며, 이때 독립하는 날까지 술을 끊기로 맹세했다. 이러한
면모는 안중근이 아버지 안태훈의 단순한 아들이 아니라, 동지적 후계
자를 자처했기 때문에 나타난 것으로 보인다. 김구는 청계동 시절 형
제들 사이에서 안중근의 독보적 위치에 대해 다음과 같이 전했다.

당시 빨간 두루마기를 입고 머리를 땋아 늘어뜨린 8, 9세의 정근·공근

5) 위의 책, 57~58쪽.
6) 안중근기념관의 〈안의사 가계도〉에 따르면 삼촌 안태민安泰敏은 1889년생으로 안중근
　보다 열 살이나 아래이며, 막내 동생 안공근과 동갑이었다.
7) 이 글에 등장하는 사람들의 나이는 만滿나이가 아닌, 한국식 나이로 표기했다.

에게는 "글을 읽어라" "써라" 독려하면서도, 맏아들 중근에게는 공부 않는
다고 질책하는 것을 보지 못하였다.[8]

　이처럼 안중근은 조부 안인수의 아들들 가운데 가문의 실질적인
리더인 안태훈의 장남으로, 안인수 가문의 핵심적인 위치에 있는 총
아寵兒였다. 조부 안인수는 손자만 20여 명을 넘게 두었는데, 그 가
운데서도 안중근에 대한 관심과 애정이 각별했던 것으로 보인다. 안
중근이 배와 가슴에 7개의 흑점을 갖고 태어나자, 북두칠성의 기운
을 받고 태어났다는 뜻에서 응칠應七이라는 아명을 지어준 것도 조
부였다. 1892년 조부 안인수가 사망하자, 14세의 안중근이 애통해
하며 반년이나 치병治病한 것은 그가 안인수에게 받은 촉망과 사랑
을 반증하는 것이다.
　의거 이후 안중근 가문을 말할 때 빼놓을 수 없는 사람이 "그 어
머니에 그 아들[是母是子]"[9], 즉 안중근의 어머니 조마리아이다. 그녀
는 의거 뒤 뤼순감옥에 있는 아들에게 "구차하게 목숨을 구걸하지
말라"고 했으며, 안중근은 어머니가 보낸 한복을 입고 순국했다. 해
방 직후 안중근의 조카딸 안미생安美生은, "(안중근이) 어디서 그처럼
끓어오르는 애국심과 놀라운 희생의 정신을 받으셨을까요?"라는 질
문에 다음과 같이 대답했다.

　우리 할머니가 조마리아신데 여중군자女中君子라는 평을 들었던 분으로
서 그 사상이 퍽 훌륭하셨답니다. 그 교육의 영향이 크리라고 믿습니다.[10]

8) 도진순 편, 앞의 책, 57~58쪽.
9) 《대한매일신보》, 1910년 1월 29일자.
10) 〈안미생 여사와 일문일답〉, 《경향잡지》 1946년 4월, 경향잡지사.

조마리아에 대한 이러한 평가는 독립운동진영에 두루 알려진 것
이었다. 무정부주의자였던 정화암은 다음과 같이 회고했다.

> 만주에서 이사를 가는데, 마차에다 이삿짐을 잔뜩 싣고 가는데 마적들
> 이 나타났어요. 총을 마구 쏘면서. 그러니까 같이 가던 청년들 수십 명이
> 전부 땅에 엎드려서 꼼짝 못해요. 이때 그(안중근-필자 주)의 어머님이 척
> 내려오더니 "이놈들아, 독립운동한다는 놈들이 이렇게 엎드리기만 하기
> 야? 이렇게 엎드려 있다간 다 죽어"라고 대성일갈했다는 겁니다. 그러고는
> 벌벌 떠는 마부를 제치고 스스로 말고삐를 쥐더니 "죽는 한이 있어도 가고
> 보자"고 소리를 질렀다죠. "에야" 소리 지르며 마차를 몰아 결국 무사했다
> 는 것 아닙니까? 보통 여자가 아니었습니다.11)

조선 상황에 정통한 일본의 고위경찰관리도 그를 '상당한 여걸'로
평가했다.12) 안중근 순국 이후 독립운동가들이 북만주·연해주·상하
이를 전전할 때, 조마리아는 독립운동진영의 상징적 어머니였으며,
안중근 가문이 독립운동의 전선에 계속 나서게 하는 정신적 지주였
다. 1927년 7월 조마리아가 상하이에서 세상을 떠나자, 국내 신문들
도 그 소식을 전하며 애도했다.13) 그는 상하이 징안쓰靜安寺 공동묘지
에 묻혔으나, 그 뒤 유실되어 아직까지 유해를 찾지 못하고 있다.14)

---

11) 이정식·김학준·김용호, 정화암 편, 《혁명가들의 항일 회상》, 민음사, 2005.
12) 일제 고위경찰을 역임했던 아이바 기요시相場清는 조마리아 여사를 '상당한 여걸'로
회고했다. 相場清, 〈未公開資料 朝鮮總督府關係者錄音記錄(2): 安重根·間島問題〉(1959. 4.
22.), 學習院大學 東洋文化研究所, 《東洋文化研究》 第3号(2001年), 235쪽.
13) 《조선일보》, 《중외일보》, 1927년 7월 19일자.
14) 징안쓰靜安寺 공동묘지는 그 뒤 많이 변질·파괴되었으며, 남아 있던 일부는 만국공묘
萬國公墓(현재 송경령능원宋慶齡陵園)로 이장되었지만, 여기에 조마리아 여사의 묘는
없다. 그런데 최근 중국의 어떤 이가 조마리아 여사의 묘지명과 유골을 보관하고 있
다는 소문도 들리고 있다(연합통신 이충원 기자, 2010년 2월 2일 통화).

2) 안정근과 안미생, 상하이와 미국

(1) 상하이에 남은 안정근

1909년 안중근의 하얼빈 의거 당시, 동생 정근(치릴로, 1885~1949)
은 서울 양정의숙養正義塾에 유학중이었다. 그는 형의 거사로 양정의
숙을 중퇴하고, 26세의 젊은 나이로 졸지에 어머니와 형의 가족을
포함한 대가족을 이끄는 가장 노릇을 해야 했다. 1910년 형이 순국
한 지 한 달여 지나 정근·공근 형제는 가족을 이끌고 각기 북간도와
원산을 거쳐 블라디보스토크에 도착하여, 이미 망명해 있던 형 안중
근의 직계가족과 합류했다.

합류한 안중근 일가는 크라스키노에 잠시 머문 다음, 이듬해
(1911) 4월 안창호의 주선과 이갑의 지원으로 중국 무링穆陵 현에 정
착했다. 이곳에 있을 때 정근·공근 형제는 일족의 안전을 위해 러시
아 국적을 취득했으며, 잡화상을 운영하며 생활비를 벌었다.15) 그런
데 1911년 무링에서 안중근의 장남 분도가 죽고 일제의 감시와 수색
이 점점 심해지자, 1914년 일가는 러시아령 니코리스크(지금의 우수리
스크)로 이주했다.16) 정근은 잡화상을 경영하면서 동생 공근과 함께
일제 밀정을 처단하기도 했으며, 제정러시아 장교로 제1차 세계대전
에 종군하기도 했다.17) 1919년 3월 지린吉林에서 〈대한독립선언서〉

---

15) 안정근의 독립운동에 대해서는 송우혜, 〈독립운동가 안정근의 생애〉, 《한민족독립운
동사논총》, 탐구당, 1992; 오영섭, 〈일제시기 안정근의 항일독립운동〉, 《남북문화예술
연구》 2호, 남북문화예술학회, 2008 등 참조.
16) 오영섭, 위의 글, 41쪽.
17) 안정근이 제정러시아 장교복을 입고 찍은 사진을 유족들이 보관하고 있다. 송우혜,
위의 글, 754쪽; 조성관, 〈안중근 동생 안정근, 청산리전투서 맹활약〉, 《주간조선》,
2004년 8월 26일.

가 반포될 때 안정근은 35세로 젊었지만 형 안중근을 대리하는 독립운동의 상징으로 서명자 명단에 이름을 올리기도 했다.[18]

1919년 3·1운동 이후 상하이에 임시정부가 수립되고 나서 10월 무렵에 안정근은 가족들과 함께 상하이로 이주했다. 이들의 이주에는 러시아혁명 이후 연해주 지역의 정세 변화와 민족운동의 중심이 상하이로 옮겨간 것, 더욱이 형님이라 부르던 안창호가 상하이 임시정부를 주도하고 있던 것이 크게 작용했다. 그는 상하이에서도 여러 가지 방식으로 독립운동에 적극 참여했으며, 11월 15일 대한적십자사 부회장에 피선되어 정력적으로 활동했다.[19]

1920년 안정근은 임시정부의 북간도 특파원이 되어 독립운동단체의 통일에 노력하고 청산리전투에 참여했다. 1921년 상하이로 돌아온 그는 이듬해 손정도가 회장에 취임할 때까지 대한적십자사의 회장 직무대리로서 활동했고, 안창호의 노선에 따라 임시정부의 개조를 위한 국민대표회의 소집운동에도 참여했다. 그가 1924년 상하이를 떠나 베이징으로 이주한 것도 안창호가 열성적으로 추진하던 이상촌을 개척하고자 함이었다.

그러나 1925년 갑자기 안정근은 뇌병이 발병해, 가족과 함께 산둥성의 웨이하이威海로 가서 10년 가까이 요양했다. 1935년경 그는 건강을 회복한 듯 아들 안원생과 함께 흥사단활동에 이름을 보였으며, 그 뒤 홍콩으로 가서 한국광복운동단체연합회에 가담해 활동했다. 1945년 8월 15일 해방 당시 안정근은 "중대사명을 띠고 조선에 잠입하려고 베이징으로 갔다"가 그곳에서 해방 소식을 접하게 되었다.[20] 그런데 막상 해방이 되자, 그는 조선이 아니라 상하이로 돌아

---

18) 《동아일보》, 1996년 8월 15일자; 송우혜, 위의 글, 756쪽.
19) 대한적십자사 회장 이희철이 북미에 장기체류했기 때문에, 부회장 안정근이 실제 회장이나 다름없었다고 한다. 송우혜, 위의 글, 758쪽; 오영섭, 위의 글, 46쪽.

〈사진 1〉 안정근의 묘 앞에서 오열하는 부인 이정서와 딸 안미생 ©안기수

가 한국구제총회 회장으로 활동했다.[21]

그가 해방 이후 조국으로 귀국하지 않고 상하이로 간 것은 안중근 가문의 가장으로서 책임과 사명을 느꼈기 때문이라 짐작된다. 하얼빈에서 형이 순국하고, 충칭重慶에서 동생이 행방불명되어, 3형제 가운데 그만 홀로 남았다. 당시까지 그는 형의 잘린 손가락을 보물처럼 보관하고 있었다고 한다.[22] 그에게는 "독립이 되면 유해를 본국으로 송환하라"는 형의 유언을 지켜야 할 의무가 있었으며,[23] 충칭에서 실종된 동생 공근의 생사 여부와 유해도 확인해야 했을 것이다. 또한 상하이에서 차마 귀국하지 못하고 있던 형수와 조카들도 챙겨야 할 형편이었다. 당시 그가 맡은 한국구제총회의 회장직은 이러한 가문의 임무와도 부합하는 것이었다.

그러나 결국 그는 형과 아우의 유해를 가져오지 못한 채, 자신의 유해마저 중국에 묻어야 했다. 1949년 3월 17일, 그는 뇌병이 재발하여 65세의 나이로 망명 39년, 이사 50번의 고단한 삶을 상하이에서 마쳤다.[24] 그의 유해는 상하이 만국공묘(지금의 송경령능원宋慶齡陵園)에

20) 〈안미생 여사와 일문일답〉, 《경향잡지》 1946년 4월, 경향잡지사.
21) 송우혜, 앞의 글, 776쪽; 오영섭, 앞의 글, 47쪽.
22) 〈안미생 여사와 일문일답〉, 《경향잡지》 1946년 4월, 경향잡지사.
23) 안정근은 형의 유해문제로 장제스와도 접촉했으나, 국민당정부는 국공내전으로 경황이 없어 도움을 주지 못했다. 조성관, 《주간조선》, 2004년 8월 26일.
24) 유족들이 보관하는 중국 신문에 "韓國革命元老 安定根 昨逝世"라는 기사가 실려 있다. 송우혜, 위의 글, 777쪽.

묻혔으며, 장례식 직후 부인 이정서와 딸 미생이 묘소에서 찍은 사진
이 유족들에게 남아 있다(《사진 1》). 그러나 그가 죽은 지 얼마 되지
않은 5월 27일 상하이는 중공군에게 함락되었고, 그 이후로 60여 년
이 지난 오늘날까지 그의 묘는 확인되지 않고 있다.

(2) 미국으로 간 안미생

안정근이 김구보다 안창호와 더 가까워서 그랬는지 《백범일지》
에는 안정근에 대한 언급이 거의 없다. 그러나 그는 차녀 안미생(수
산나)으로 말미암아 김구와 특별한 인연을 맺게 된다. 안미생은 중국
서남연합대학西南聯合大學 영문과를 졸업한 뒤 김구의 비서로 활동했
고, 김구의 맏아들 김인金仁과 결혼했다.25) 두 사람의 혼담이 오가자
김구는 "훌륭한 집안의 자제이니 물어볼 것도 없다"며 흔쾌히 며느
리로 맞아들였다고 한다. 그러나 그의 남편 인은 해방 5개월 전 충
칭에서 폐병으로 사망했다.

해방 이후 안미생은 임시정부요인 제1진 15명에 포함된 유일한
여성 인사로 1945년 11월 23일 시아버지 김구와 함께 귀국했다. 그
녀는 임정 요인 가운데, 또 안중근 가문에서 제일 먼저 귀국하여 딸
효자孝子와 함께 경교장에 거주했다. 김구는 아들 인이 약 한 첩 제
대로 못 써보고 목숨을 잃은 데 대해 가슴 아파하며, 남편 없는 며
느리 안미생과 손녀 효자를 특별히 아꼈다고 한다.

그러나 안미생은 1947년 9월 초, 돌연 부산으로 가서 홍콩을 경유
하여 미국으로 갔다. 그녀가 6세의 어린 딸 효자(1942년생)를 두고 망

---

25) 안미생의 출생연도가 기록으로 확인된 바 없지만, 남편 김인(1918년생)보다 2~3세
많은 것으로 알려져 있다.

명하다시피 미국으로 간 이유에
대해서는 앞으로 더 조사가 필요
하다. 그녀가 홍콩을 경유할 당
시 아버지 안정근은 상하이에 있
었는데, 서로 만났는지는 확인할
수 없다.

〈사진 2〉 경교장 앞뜰에서. 김구, 아들 신, 손녀 효자 ©백범기념관

그녀가 미국으로 간 지 얼마
되지 않은 1949년 3월 17일에
아버지가 상하이에서 사망하고,
이어서 6월 26일에는 시아버지
마저 서울에서 암살당했다. 그
녀가 아버지 장례에 참여한 것
은 사진으로 남아 있으며(〈사진
1〉), 연이은 시아버지 장례에는 참석하지 못하고 조전을 보낸 사실
이 확인되었다.26)

김구는 일찍 아비를 잃은 손녀 효자를 매우 아꼈으며, 이름도 손
수 지어준 것으로 알려졌다. 1947년 김구가 경교장 앞뜰에서 효자를
안고 환히 웃으며 찍은 사진은 아마도 그의 사진 가운데 가장 밝은
표정일 것이다(〈사진 2〉). 효자는 어머니가 미국으로 간 뒤에도 홀로
경교장에 남아 9세 때 할아버지 김구의 암살과 장례를 지켜보았다.
이후 그녀는 서울대 조소과를 졸업한 뒤, 결국 어머니가 있는 미국
으로 갔다.

1990년 안미생의 남편 김인은 건국훈장 애국장(4등급)을 추서받
았고, 그의 묘소는 대전현충원으로 이전되었다. 그러나 사망한 것으

---

26) 《서울신문》, 1949년 6월 29일자.

로 알려진 부인 안미생의 묘가 미국 어디에 있는지, 그의 딸 효자가 어디에서 살고 있는지는 분명하지 않은 상태이다. 안정근 가문과 관련하여 안정근의 유해를 찾아오는 것, 안미생의 묘를 확인하는 것, 효자의 행방을 추적하는 것 등이 남은 과제이다.

3) 안공근과 의문의 실종

안중근의 막내 동생 안공근(요한, 1889~1939?)은 한성사범학교를 마치고 진남포에서 보통학교 교사로 근무하다가 형의 하얼빈 의거 소식을 접했다. 그 뒤 그는 교사생활을 접고 둘째 형 정근과 함께 연해주로 이주했으며, 1912년부터 1914년까지 상트페테르부르크와 모스크바에 머물며 러시아어를 공부하기도 했다.

1919년 가족들과 함께 상하이로 온 뒤 임시정부에서 활동했고, 1921년 여운형·한형권 등과 함께 임시정부에서 모스크바에 파견하는 외교관으로 선정되기도 했다. 1924년 둘째 형 안정근이 상하이를 떠나 베이징으로 이주하고, 이듬해 뇌병으로 다시 웨이하이로 이주하여 요양생활에 들어가자, 37세의 안공근은 상하이에 남은 어머니 조마리아와 가족들을 부양해야 할 가장의 책임을 지게 되었다.

그는 1926년 여운형의 후임으로 상하이 한인교민단장을 맡았으며, 1927년 유일당운동에 참여해 김구·이동녕 등과 함께 집행위원이 되었다. 유일당운동이 실패하자, 그는 김구 등과 함께 한국독립당을 창당하여 이사직에 취임했다. 1931년 10월 김구의 주도로 한인애국단이 결성되자, 안공근은 단장이 되어 김구를 "형님"이라 부르는 최측근이 되었다. 그는 1931년 이봉창 의거, 그 이듬해 윤봉길 의거에서도 핵심적인 역할을 했다. 이봉창과 윤봉길은 안공근의 집에서 선서를 했으며, 그는 윤봉길 의거 이후 대외활동을 할 수 없었던 김구

의 대리인으로 활동했다.[27]

1932년 김구와 임시정부 요인들이 상하이를 탈출해 자싱嘉興과 난징南京을 전전할 때도 그는 잠복한 김구를 대신하여 꾸준히 활동했다. 1933년 5월 난징에서 김구가 장제스를 면담할 때, 김구가 최측근으로 대동한 이들이 안공근과 엄항섭이었다.[28] 안공근은 이 회담의 성과로 1934년 중국 뤄양洛陽에 중앙군관학교분교, 난징에 조선혁명군사정치간부학교를 설립하는 데 적극 관여했다. 또한 1935년 11월 김구가 한국국민당을 창당하는 데도 적극 참여했다. 이처럼 안공근은 형 안정근과 달리 김구의 최측근으로 활동했다.

1937년 7월 중일전쟁 이후 일제의 침략이 중국 내륙 깊숙이 미치자, 김구와 임시정부의 대식구는 난징을 떠나 창사長沙, 광저우廣州를 거쳐 충칭重慶으로 옮기게 된다. 이때 김구는 안공근을 상하이로 파견하여 자기 가족과 더불어 안중근 의사의 부인인 "큰형수를 기어이 모셔오라"고 거듭 부탁했다. 안공근은 자기 집에 기거하던 김구의 어머니 곽낙원과 자기 가족은 데리고 왔으나, 안중근의 직계가족들은 데려오지 못했다. 이것은 이후 안중근 가문에 돌이킬 수 없는 고통과 상처의 원인이 되었다.[29] 김구는 안공근에게 이 문제를 강하게 질책했다.

> 양반의 집에 화재가 나면 사당에 가서 신주부터 안고 나오거늘, 혁명가가 피난하면서 국가를 위하여 살신성인한 의사의 부인을 왜구의 점령구에 버리고 오는 것은, 안 군 가문의 도덕에는 물론이고 혁명가의 도덕으로도 용인할 수 없는 일이다.[30]

27) 도진순 편, 앞의 책, 326, 338쪽.
28) 위의 책, 350, 355, 359쪽 참고.
29) 《한국독립운동사》 2, 597~596쪽; 송우혜, 위의 글, 775쪽.

안공근은 1939년 행방불명되기 직전까지 임시정부 의정원의원 등으로 활동했지만, 위의 문제가 불거지기 이전부터 이미 김구와의 사이는 어긋나기 시작하고 있었다.[31] 그러던 것이 충칭에 와서 둘의 관계는 돌이킬 수 없을 정도로 악화되었던 것이다. 정화암의 증언에 따르면, 안공근이 자금문제로 위기에 몰려 란의샤藍衣社와 연계하여 김구를 축출하려고 했으며, 이에 김구가 먼저 안공근을 축출했다고 한다.[32] 이러한 와중에 안공근이 갑자기 행방불명된 것이다.

1995년 안공근에게 대한민국 건국훈장 독립장이 수여되었지만, 그의 죽음은 여전히 미스터리로 남아 있다. 위에서 언급한 정황 때문에 김구 측에서 암살한 것이라는 주장도 있었다. 그런데 충칭의 언론가 뤄젠베이羅劍北가 일본 스파이와 홍콩에서 접촉하는 것을 안공근이 보았고, 이것 때문에 뤄젠베이 측에서 안공근을 살해하고 폐광의 갱도에 사체를 유기했다는 주장이 최근 제시되었다.[33]

4) 100년의 망각, 안성녀의 삶과 죽음

2005년 《국제신문》 취재진은 부산 남구 용호동 천주교 교회묘지에 있는 한 묘지를 발굴, 특종 보도했다. "안누시아성여지묘"란 이름 말고는 출생과 사망연도도 기록되지 않은, 마치 백비白碑 같은 비석은 금방이라도 시멘트 부스러기가 떨어져나갈 듯 훼손된 상태였고, 봉분도 오랫동안 사람의 손길을 받지 못한 듯 곳곳이 파인 채 흙이

30) 도진순 편, 앞의 책, 362쪽.
31) 오영섭, 〈안공근의 항일독립운동〉, 《안중근과 그 시대》, 경인문화사, 2009, 149쪽.
32) 정화암, 《이 조국 어디로 갈 것인가》, 자유문고, 1982, 180~181쪽; 오영섭, 위의 글, 152~153쪽.
33) 권선숙, 〈안공근 실종 사건의 전모〉 상·하, 《상해경제》, 2008년 8월 25일, 9월 1일.

〈사진 3〉 부산 용호동 천주교 묘지에 있는 안누시아성여지묘 ⓒ도진순

흘러내리고 있었다.[34] 2009년 10월 17일 필자가 찾아갔을 때는 묘지가 어느 정도 정비되어 있었지만, 2평이나 될까 싶은 좁은 묘지에는 참배할 공간마저 없었다(〈사진 3〉).

이 비석의 주인공은 안중근 의사의 유일한 여동생 안성녀 安姓女(누시아)이다. 그녀의 묘가 국내에 있는 것은 시댁 권權씨 후손 가운데서도 극소수만 알고 있을 뿐, 국가보훈처나 학계에서도 전혀 알지 못했다. 《국제신문》이 발굴한 안성녀의 외아들 권헌(1980년 사망)의 제적등본과 안성녀 후손들의 편지와 증언 등을 바탕으로 그녀의 일생을 대강이나마 추적할 수 있다.

안성녀에 대해서 가장 많은 증언을 남긴 사람은 여성 항일애국지사로 동지들과 함께 하얼빈 주재 일본영사관을 습격한 바 있는 안성녀의 며느리 오항선吳恒善(1910~2006)이다.[35] 오항선의 증언에 따르면, 안성녀는 1954년 4월 8일 향년 74세로 사망했다고 한다. 이것

---

34) 사회1부 광역이슈팀, 〈안중근 의사 여동생 묘 부산 있다〉, 〈안성녀 여사의 행적〉, 〈안성녀 여사 독립운동 연구 과제〉, 〈안중근 의사 일가와 독립운동〉, 이상 《국제신문》, 2005년 8월 1일자; 한국기자협회, 〈안중근 의사 여동생 안성녀 여사 행적 발굴 국제신문〉, 《기자협회보》, 2005년 9월 13일자.

35) 오항선은 김좌진의 북로군정서 소속 독립군 유창덕兪昌德과 결혼했으나, 1931년 남편 유창덕은 일본군에게 사살되었다. 1935년 안성녀의 아들 권헌權憲과 재혼했다. 오항선은 1990년 건국훈장 애국장을 받았으며, 2006년 사망했다.

을 역산하면 안성녀의 출생연도는 1881년이 되는데, 이것은 "안 의
사보다 두 살 어리다"는 평소 그녀의 발언과도 일치한다. 곧 안성녀
는 일부에서 주장하는 바와 같이 막내가 아니라 정근과 공근의 누님
인 것이다.

안성녀는 부친 안태훈이 사망한 1905년 이전 청계동 시절에 결
혼했다. 그녀에 따르면 "같은 고을(황해도 신천)에서 진사 집안끼리
자연스럽게 혼담이 오고가" 권승복權承福과 결혼했다고 한다. 1910년
오빠 안중근이 순국하고 난 뒤, 안성녀의 집안은 어머니 조마리아와
동생 정근·공근 등 친정 일가와 같은 시기에 망명한 것으로 보인다.
망명 이후 10년 정도 남편과 같이 살았으나, 1920년 남편 권승복이
사망하자 아들 권헌이 인쇄소와 정미소를 운영하면서 어렵게 살았다
고 한다. 오항선의 증언에 따르면, 일본 군인과 경찰들이 안성녀의
집안을 잠시도 편히 놔두질 않아 이사를 밥 먹듯이 했으며, 안성녀
는 몰래 독립운동을 지원하다 일제에 발각되어 9일 동안 감금돼 있
다가 구사일생으로 탈출했다고 한다. 안춘생 전 독립기념관장도 "안
성녀 여사가 재봉틀 10여 대를 갖춰놓고 독립군복을 제작했다"는 증
언을 남긴 바 있다.36)

일제 시기 중국의 동북 3성을 전전하던 안성녀 일가는 1945년
해방 당시 허베이河北省의 성도省都 스자좡石家莊에 있었다. 안성녀는
여기서 며느리 오항선 등 가족들과 같이 귀국했으며, 해방 직후 이
승만·김구 등의 도움으로 서울 을지로 6가의 적산가옥에 살다가 청
파동, 쌍림동 등을 전전했다. 한국전쟁이 일어나자 부산으로 피난하
여 부산 시장이 마련해 준 영도 봉래동의 두 칸짜리 가옥에서 생활
하다, 다시 영도 신선동 2가 2번지 산비탈로 거처를 옮겼고, 1954년

36) 《국제신문》, 2005년 8월 1일자, 9월 2일자.

〈사진 4〉 안준생 장례식. 1952년 11월, 부산 중앙성당. ⓒ권혁우

이곳에서 사망했다.

안성녀의 후손들은 중국에서 여러 번 이사하는 와중에 독립운동 및 집안 관련자료와 사진을 대부분 유실했으며, 부산 시절 불이 나 남은 서류마저 소실되었다. 그나마 안성녀 집안에는 1952년 11월 16일 사망한 안중근의 아들 안준생安俊生의 장례식 사진이 남아 있다. 〈사진 4〉의 가운데 있는 영정이 안중근의 아들 안준생이며, 이를 중심으로 왼쪽에 검은 상복차림을 한 부인 정옥녀, 안중근의 누이동생 안성녀, 안정근의 부인 이정서, 한국 최초의 여성조종사 권기옥權基玉 등 여인들이 서 있다. 영정 오른쪽으로는 남자들이 도열하였는데, 안준생의 아들 안웅호, 안준생의 6촌 동생 안춘생, 초대 해군참모총장 손원일 제독, 한 사람 건너가 안성녀의 외아들 권헌이다.

1954년 사망 당시 안성녀의 묘는 당초 부산 영도구 청학동에 있었지만, 1974년 묘지 자리에 부산체육고등학교가 들어서는 바람에 현재의 천주교 교회묘지로 이장되었다. 이장 당시 유족들은 부산지

방보훈청에 관리를 요구했지만 "독립유공자 서훈을 받지 못했다"는 이유로 거절당했다. 2005년 안성녀의 묘가 세상에 알려지고 난 이후 국가보훈처와 부산시에서 일시적으로 관심을 표하기도 했지만, 5년 여가 지난 지금까지도 아무런 변화가 없다. 안중근의 동생 안정근은 상하이에서 사망했지만 아직 묘를 확인하지 못했고, 막내 동생 안공근은 1939년 충칭에서 실종되어 유해도 없다. 안중근의 형제자매 가운데 유일하게 소재가 확인된 안성녀의 묘도 이렇게 방치되어 있다.

2. 직계유족의 비극: 육체적·정신적 사망

1) 장남 분도의 사망

안인수 가문에서 실질적인 중심이던 아버지 안태훈이 작고한 이후, 안중근은 가문의 핵심으로서 많은 고민을 했을 것이다. 그러나 거사에 나선 그가 가장으로서 할 수 있는 일은 의거 직전 자신의 직계가족들을 해외로 망명시키는 것과 의거 이후 친족들에게 유언과 유서를 남기는 것이 전부였다. 안중근의 부인과 자식들은 하얼빈 의거 직전 조선을 떠났고, 안중근 의거 다음날 하얼빈에 도착했다. 그러나 그의 아내와 두 아들은 아버지를 다시는 만나지 못했다.

안중근이 처음으로 해외, 즉 중국 상하이와 산둥반도에 갔다가 돌아온 1905년, 그의 장남 분도[祐生]가 출생했다. 안중근은 순국 당시 어머니와 아내에게 겨우 여섯 살이었던 장남 분도를 신부로 키워줄 것을 간곡하게 당부하는 유서를 남겼다. 그러나 장남 분도는 1911년 안중근 일가가 헤이룽장성黑龍江省 무링현에 있을 때 불과 일곱 살 나이로 사망했다.[37]

2) 차남 준생과 '박문사 화해극'

장남 분도의 죽음으로 안중근의 아들은 둘째 준생(마태오)만 남았다. 안준생은 1907년 봄 아버지 안중근이 해외망명을 위해 집을 나갈 때 태중胎中 6개월로 태어나지도 않았으며, 아버지가 32세로 순국할 때 생후 32개월이 채 되지 않았다. 그는 평생 한 번도 아버지를 만난 적이 없다. 안중근 가문이 연해주와 북만주로 망명한 이후, 그는 치타소학교(1910~11), 무링현 한인소학교(1911~12), 니코리스크 공립소학교(1912~), 한인대동소학교(1914~) 등을 전전했다.[38]

13세가 된 안준생이 본격적으로 성장한 곳은 1919년 집안이 이주한 상하이의 프랑스 조계지였다. 그는 상하이의 후장대학滬江大學에 다니면서 안정근의 아들 안원생安原生 등과 함께 항일운동을 후원한 적도 있다.[39] 그러나 1927년 집안의 정신적 지주인 할머니 조마리아가 세상을 떠나고, 1932년 윤봉길 의거 이후 김구와 임시정부가 상하이를 떠났지만, 안준생과 어머니 김아려는 상하이를 벗어나지 못했다. 이리하여 안중근의 직계는 안정근·안공근 등 삼촌들을 비롯한 독립운동진영과 이산되었다.

안준생의 결정적인 비극은 1937년 중일전쟁의 발발로 시작되었다. 그 해 11월 국민당 군대가 철수한 상하이는 일본군에 완전히 포위된 '외로운 섬[孤島]'이 되었다. 1938년 일본 천지가 되어가는 상하이에서 안준생은 한국어·중국어·영어에 능통하며 전화교환수를 하던 정옥녀

---

37) 안분도의 사망 원인에 대해서는 일제 밀정의 독살 또는 병사病死 등의 설이 있다.
38) 오영섭, 앞의 글, 77~78쪽.
39) 야다 시치타로矢田七太郎(상하이 총영사)가 시데하라 기주로幣原喜重郎(외무대신)에게 보내는 보고, 〈上海事件에 대한 不逞鮮人의 後援狀況의 件〉(1925. 6. 23). 안준생은 상하이 치장대학之江大學에 다닌 것으로 확인되기도 한다.

〈사진 5〉 안중근의 직계유족. 오른쪽부터 부인 김아려, 손자 웅호, 아들 준생, 손녀 연호와 선호, 며느리 정옥녀.

鄭玉女와 결혼했다. 결혼을 전후해 안준생은 식당에서 바이올린을 연주 하고 악기상을 경영하면서 어렵게 생활했다.[40] 어려운 생활 때문인지 그가 헤로인 밀매로 돈을 벌고 있다는 소문도 나돌았다.[41]

결혼 이듬해인 1939년 안준생은 이른바 '박문사博文寺 화해극'으 로 일본과 조선의 언론에 대대적으로 선전되었다. 만주사변을 전후 하여 일제의 대륙 침략이 본격화하면서, 조선총독부는 '만주 경영의 선구자' 이토 히로부미伊藤博文를 추모하는 보리사菩提寺 건립을 추진 하여, 1932년 10월 26일 이토의 기일에 맞추어 남산 동쪽 기슭의 장 춘단 자리에 박문사를 낙성했다.[42] 안준생에게 일생 최대의 비극인 이른바 '박문사 화해극'의 무대가 마련된 것이었다.[43]

---

40) 相場淸, 앞의 글, 236쪽.

41) 〈上海情報〉(1937. 10. 29.), 《治安狀況(昭和 12年): 第26報~第43報》.

42) 미즈노 나오키水野直樹, 〈식민지 조선에서의 이토 히로부미의 기억: 서울의 박문사를 중심으로〉, 이성환, 이토 유키오 편저, 《한국과 이토 히로부미》, 선인, 2009.

1939년 9월 26일 안준생이 포함된 '재상해실업가유지만선시찰단
在上海実業家有志満鮮視察団' 14명이 상하이를 출발했다. 시찰단의 단장
은 상하이거류조선인회 회장 이갑령李甲寧이었으며, 안준생의 누나
안현생의 남편인 황일청黃一淸(회사원), 안준생과 같이 아편매매 혐의
를 받고 있던 한규영韓奎永(무역상), 안준생과 같은 일을 하던 정영환
鄭栄煥(악기상) 등이 포함되었다.[44] 상하이를 출발한 시찰단은 칭다오
青島, 신쿄新京(당시 만주국의 수도, 지금의 창춘)를 거쳐 간도를 통해 함
경북도로 들어와 금강산 등을 시찰 관광한 뒤, 10월 7일 경성에 도
착했다. 이들은 9일 총독부를 방문하여 미나미 지로南次郎 총독과 면
담하고 11일 평양에서 해산했다. 그 뒤 시찰단원들은 대구를 경유하
여 18일 부산에서 상하이로 돌아갔지만, 안준생은 13일 경성으로 다
시 돌아왔다.[45]

10월 15일 오전 안준생은 조선총독부의 촉탁 아이바 기요시相場
淸, 외사부장 마쓰자와 다쓰오松澤龍雄와 같이 박문사를 방문했고, 여
기에는 하얼빈 재판에서 안중근의 통역을 맡았던 소노키 스에요시園
木末喜가 기다리고 있었다.[46] 안준생은 박문사에 안치된 이토 히로부

---

43) '박문사 화해극'에 대해서는 미즈노 교수의 다음 글에 자세하게 분석되어 있다. 水野直
樹,〈博文寺の和解劇と後日談: 伊藤博文·安重根の息子たちの和解劇·覚え書き〉,《人文學報》제
101호, 京都大學 人文科學研究所, 2010 참고. 그 밖의 자료로 ① 朝鮮総督府 嘱託 相場淸
手記,〈在上海朝鮮人満鮮視察団鮮内視察情況: 報告ノ一部(要旨)−視察団員安俊生ノ博文寺参拝
及伊藤文吉トノ邂逅〉(1939. 10. 17.),《外務省警察史》(不二出版 復刻版 第14卷, 1997年), ②
伊藤文吉,〈朝鮮ニ旅行シタ기憶ウテ〉(1939. 10. 28), タイプ印刷, ③ 相場淸,〈未公開資料 朝
鮮総督府関係者録音記錄(2): 安重根·間島問題〉(1959. 4. 22.), 学習院大学 東洋文化研究所,
《東洋文化研究》第3号, 2001 등을 참고. 아직 출간되지 않은 논문 초고(水野直樹, 2010)와
자료 ①과 ②를 보내주신 미즈노 교수님, 자료 ③을 전해주신 최서면 선생님께 특별히
감사드린다.

44) 朝鮮総督府 嘱託 相場淸 手記(1939. 10. 17.)

45) 위 일정과 이하 3일 동안의 '박문사 화해극'에 대해서는 미즈노 나오키(2010) 참고.

46) 소노키園木末喜, 아이바相場淸, 마츠자와松澤龍雄의 경력에 대해서는 미즈노 나오키

미와 안중근의 위패에 합장공양하고, 아버지의 위패를 받았다. 공양
을 마친 안준생은 "이토의 명복을 빈다"고 했고, 소노키는 안중근이
처형 직전 자신의 행위가 "오해로 말미암은 폭거暴擧"로 인정했다고
기자들에게 발표했다.

이튿날 16일 오후 안준생은 조선호텔로 가서 '우연히' 경성에 들
른 이토 히로부미의 아들 이토 분키치伊藤文吉를 만났다. 여기에는 소
노키, 아이바, 마쓰자와 등도 동석했다. 안준생이 "영어로 해도 되겠
는가"라고 묻자, 이토는 "조선어도 좋다"고 해서, 회견은 아이바와 소
노키의 통역을 통해서 이루어졌고, 이것은 신문에도 보도되었다. 안
준생은 마츠자와 외사부장의 알선으로 "사죄하러 왔다"고 했고, 분키
치는 "불가사의한 인연"을 강조하면서 "같이 지성으로 황도皇道를 보
필할 것이기에 개인적 사죄는 필요없다"고 답했다. 10월 17일 안준생
과 이토 분키치는 다시 공동으로 박문사에 참배하며 합동공양을 올
렸다. 이토는 당일 열차로 도쿄로 떠났고, 안준생은 소노키·아이바
등과 함께 여관으로 돌아갔다. 이로써 3일 동안의 화해극이 끝났다.

이러한 연출극은 식민지 조선과 일본 언론에 대서특필되었다. 경
성의 신문들은 "실로 조선 통치의 위대한 전환사[變轉史]", "부처의
은혜로 맺은 내선일체", "유아遺兒 눈물의 진심/이제 이토 공의 영령
도 미소 지을 것이다", "역사는 구른다!/30년 전 하얼빈 역두의 악몽
을 초월하여" 등으로 상찬하였다.47) 일본 현지 신문들도 "원수를 넘
어 따뜻한 악수/하얼빈 역에서의 비극, 지금은 먼 꿈/30년 후 이토
공과 안安의 유아遺兒 대면" 등으로 보도했다.48)

(2010) 참고. 소노키와 아이바 둘 다 구마모토熊本현의 조선 파견 유학생 출신이다.
소노키가 3년 선배이며, '박문사 화해극' 사건 당시 경성부청京城府庁 금고주임金庫主
任이었다.
47) 《京城日報》, 1939년 10월 16일자, 19일자; 《조선일보》, 1939년 10월 17일자.

안준생은 '박문사 화해극'에서 짜여진 각
본에 따라 움직이는 배우처럼 행동할 수밖에
없었지만, 아버지 안중근의 유품과 만나는
감격을 경험했다. 삼촌 안정근과 안공근은
아버지의 잘린 손가락이나 휘호, 사진 등을
가지고 독립운동자금도 모으곤 했지만, 막상
아들 안준생은 아버지의 휘호 한 점도 가진
것이 없어 삼촌들에게 섭섭하게 생각하고 있
었다 한다. 그는 경성에서 아이바가 보여준
휘호에 찍힌 아버지의 장인掌印(〈사진 6〉)에

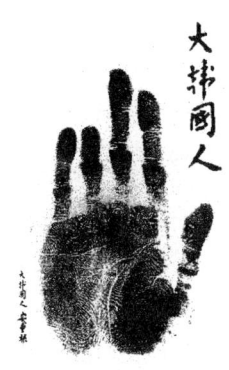

〈사진 6〉 안중근의 장인

자신의 손바닥을 맞추면서 눈물을 흘렸다. 아이바는 자신이 모은 안
중근의 휘호를 안준생에게 선물했으며, 안준생은 휘호와 아버지의
위패를 가지고 상하이로 떠났다.[49]

'박문사 화해극'은 이토 분키치와 안준생이 각각 일본과 중국에
서 "우연히" 같은 시기에 경성을 방문하여 만난 것처럼 가장했지만,
총독부 외무과 촉탁 아이바가 시찰단의 전체 일정에 동행하고, 총독
부 외사부장 마츠자와가 중재한 것으로 미루어, 총독부에 의해 준비
되고 연출된 것이라 할 수 있다.[50] 더욱이 여기에선 촉탁 아이바에
주목할 필요가 있다. 그는 '박문사 화해극'이 끝나는 그날 바로 이에

---

48) 《大阪朝日新聞》, 1939년 10월 17일자.

49) 相場淸, 〈未公開資料 朝鮮總督府關係者錄音記錄(2): 安重根·間島問題〉(1959. 4. 22), 242~244
쪽. 이때 아이바가 안준생에게 준 휘호가 무엇인지 알 수 없지만, 뒷날 안준생의 부인
정옥녀는 안중근의 휘호 〈釼山刀水 慘雲難息(검산과 칼물에 구름조차 참담하여 쉬기 어
렵다)〉와 〈歲寒然後 知松栢之不彫(세밀 추위를 지난 뒤에야 소나무와 잣나무가 시들지
않음을 안다)〉를 남산 안중근기념관에 기증하였다.

50) 미즈노 나오키, 〈식민지 조선에서의 이토 히로부미의 기억: 서울의 박문사를 중심으
로〉, 앞의 책, 399쪽.

대한 보고서를 총독부에 제출했으며, 1959년 화해극과 안중근의 유족에 대한 증언을 남겼다.[51]

아이바는 구마모토현의 조선 파견 유학생 출신으로 조선어와 조선문화에 정통하였고 3·1독립선언서의 기초자가 최남선이란 것을 밝혀낸 바 있으며, 일본의 식민지로 편입된 조선과 만주의 경찰계에서 많은 활동을 했다. 박문사 사건 이후에는 당시 전쟁 중인 중국으로 가서 다양한 후방활동도 펼친 바 있다. 아마도 충칭을 탈출하여 난징에서 친일괴뢰정권을 수립한 왕자오밍汪兆銘(또는 汪精衛)에게서 시사를 받은 듯, 상하이 등 일본점령지구에 남아 있는 독립운동가 유족들의 서신 등을 이용해 충칭의 조선독립투사들을 빼내오는 공작도 진행한 바 있다.[52] 아이바는 1939년 상하이 시찰단 방문 때 안준생을 처음 만났지만, 그 이후 안준생과 안현생 부부를 특별 관리했다. 그는 안준생에게 200만 원 정도를 주어서 영국인 세관장이 살던 좋은 집도 구입해 주었으며, 특히 안준생의 아내 정옥녀는 부부 사이 문제도 도쿄까지 아이바를 찾아와 의논할 정도로 친밀한, "딸과 같은" 존재였다. 안준생의 딸은 아이바의 딸에게 피아노를 배우기도 했다.[53]

해방 직후 1945년 10월 29일, 김구는 충칭에서 장제스와 회담할 때, 일본에 항복한 안준생 문제에 대해 다음과 같이 거론했다.

한국의 혁명선열 안중근의 자식이 변절하여 일본에 항복하여 상하이에

51) 相場清, 〈視察団員安俊生ノ博文寺参拝及伊藤文吉トノ邂逅〉(1939. 10. 17.); 相場清, 〈未公開資料 朝鮮総督府関係者録音記録(2): 安重根·間島問題〉(1959. 4. 22.) 참고. 아이바는 1970년 사망했다. 사망 이전에 최서면이 아이바를 만나 여러 가지 증언을 청취하고 자료를 얻은 바 있다(최서면, 〈일본인이 본 안중근〉, 《韓》, 1980년 5월).
52) 최서면 인터뷰(2010년 1월 18일, 외교통상부 1층 카페테리아).
53) 相場清, 未公開資料 朝鮮総督府関係者録音記録(2): 安重根·間島問題(1959. 4. 22.), 235~243쪽.

서 여러 가지 불법행위를 하며 아편을 매매하므로 실로 유감입니다. ……
韓国臨時政府에 도움되지 않으므로 엄중하게 처리해야 할 것입니다. 위원
장〔蔣介石〕께서 직접 상하이 경비사령부에 명령을 내려 안준생 등을 구금
해주기 바랍니다.54)

이에 대해 장제스는 "상세한 상황을 서면으로 작성해서 알려 달
라"고 대답하였지만, 특별한 조치는 취하지 않았다. 1945년 11월 5
일, 귀국길에 상하이에 들른 김구는 다시 "민족반역자로 변절한 안
준생을 체포하여 교수형에 처하라"고 중국 관헌에게 부탁했다. 그
이유는 물론 '박문사 사건' 때문이었다.

安俊生은 倭놈을 따라 本国에 도라와 倭敵 伊藤博邦에게 父親 義士의 罪를
謝하고 南総督을 애비라 称하엿다.55)

안준생의 행위는 분명 잘못된 것이지만, 누구도 안준생을 사사로
이 처형할 수는 없을 것이며, 실제 실행되지도 않았다. 그러나 이때
문에 안준생은 아버지가 그렇게 바라던 독립이 되었어도 귀국할 수
없었으며, 그의 어머니 김아려도 같이 상하이에 남을 수밖에 없었다.
1946년 2월 27일 안중근의 부인 김아려는 결국 조국 땅을 밟지 못하
고 상하이에서 69세로 사망했다. 그녀의 묘도 시어머니와 같이 징안
쓰 묘역에 있었으나, 유실되어 현재까지 찾지 못하고 있다.
상하이에 남아 있던 안준생이 1949년 3월 삼촌 안정근의 장례식

---

54) 〈総裁接見韓国臨時政府主席金九談話〉(1945. 10. 29), 백범김구선생전집편찬위원회 편,
《白凡金九先生全集》5, 대한매일신보사, 1999, 710쪽.
55) 도진순 편, 앞의 책, 408쪽. 김구의 언급에서 伊藤博邦은 伊籐文吉의 오류다. "南総督을
애비라 称하엿다"에 대한 설명은 미즈노 나오키(2010) 참고.

에 참여했는지는 알 수 없지만, 5월 상하이가 공산화되기 직전 홍콩으로 피난했다. 그의 묘지명에 따르면 안준생은 1950년 6월에 귀국하여, 한국전쟁 중인 1951년 1월 부산으로 피란하였다고 한다. 당시 그는 폐결핵이 발병하여 부산항에 정박 중인 덴마크 병원정크선 안에서 치료를 받았으며, 그곳에서 1952년 11월 18일 46세로 사망했다.

병든 안준생을 병원 정크선으로 인도해 준 사람은 한국 해군의 창설자 손원일 제독이었다. 〈사진 4〉에서 볼 수 있듯이, 안준생의 장례식에 유족 외에 참석한 사람은 손원일과 권기옥뿐이다. 손원일의 부친은 민족운동가 손정도이며, 손정도는 상하이에서 대한적십자사 회장을 맡았으므로 그 전에 회장 직무대리였던 안정근을 잘 알고 있었다. 또한 상하이 손정도의 집에는 민족운동가들의 자녀들이 자주 모였는데, 장남 손원일은 안준생보다 두 살 아래로 동년배이다. 권기옥도 손원일과 자주 어울렸으며, 안중근의 사촌 동생 안명근에게 신세를 진 적이 있다.

안준생의 유해는 부산시 초량4동 뒷산에 안장되었다가, 1971년 경기도 포천군 이동 교리의 혜화동 천주교 공원묘지로 이장되었다(묘번호 1549호). 안준생 사망 이후 그의 부인과 아들은 미국으로 갔다. 1987년 부인 정옥녀는 한국으로 돌아와 1991년에 사망, 남편 안준생의 묘에 합장되었다. 그의 아들 안웅호는 미국에서 투병 중이다.56)

3) 장녀 안현생의 박문사 참배

안현생(테레사)은 1902년 3월 1일 신천 청계동에서 안중근의 맏

---

56) 2009년 안웅호 대신 그의 아들 토니 안(한국명 안보영, 세례명 요셉, 46)이 한국에 와서 할아버지 안중근의 기념식에 참석했다.

딸로 태어났다. 아버지 안중근의 하얼빈 의거 당시 어머니 김아려는
두 아들 분도와 준생만 데리고 망명했고, 당시 8세의 그녀는 프랑스
신부의 보호 아래 경성 명동明洞천주교회 수녀원으로 숨겨졌다. 안현
생은 명동수녀원에서 5년 동안 자랐으며, 이때까지 그녀의 존재는
전혀 외부에 알려지지 않았다.57) 어머니 김아려는 해외에서 자리를
잡은 이후 딸을 데려가려 한 듯하며, 아버지 안중근도 재판 동안에
딸에 대해서 전혀 언급하지 않았다.

1914년 안현생은 13세가 되어서야 러시아 블라디보스토크에 있
는 가족과 합류했고, 1919년 19세 때 가족과 함께 상하이의 프랑스
조계지로 이주했다. 상하이에서 그녀는 천주교 숭덕여학원崇德女學院
고등과를 졸업하고, 동 대학부 불문학부 및 미술과 재학중이던 25세
때, 일곱 살 위의 황일청黃一淸과 결혼했다.58) 1958년 안현생 본인의
회고에 따르면, 황일청은 음악을 좋아하는 안현생의 환심을 사고자
부지런히 바이올린을 배우고 같은 집으로 하숙을 옮기는 등 적극적
이었다고 한다. 그녀는 20년 동안의 결혼생활에 아무런 불만이 없다
고 말했을 정도로 남편 황일청을 호의적으로 평가했다.59)

그러나 안현생에게도 박문사의 비극은 피해가지 않았다. 1939년
남편 황일청은 그녀의 동생 안준생과 같이 상하이 시찰단에 포함되
어 조선을 다녀왔다. 황일청이 이때 안준생과 같이 박문사에 참배하
지 않고 돌아온 것은 뒷날 아내 안현생과 동행하기 위한 것으로 보
인다. 동생이 조선에 다녀온 지 1년 반이 지난 1941년 3월 26일, 아

---

57) 相場淸, 未公開資料 朝鮮總督府關係者錄音記錄(2): 安重根·間島問題〉(1959. 4. 22.), 235쪽.
58) 서울시 강북구 수유동에 있는 안현생 묘의 비문 참고. 안현생이 1924년 프랑스 조계
지 보석로浦石路에 있는 동방예술학교東方藝術學校에 다닌 사실도 확인된다. 상하이
총영사 야다 시치타로가 마츠이 케이시로松井慶四郎 외무대신에게 보낸 보고, 〈上海在
住 鮮人留學生 狀況에 관한 件〉(1924. 2. 19)의 첨부자료 〈學生人名簿〉 참고.
59) 주미周美, 1958, 〈安重根 義士의 딸 安賢生女史의 최근 생활〉, 《主婦生活》, 12월호.

버지 안중근의 기일에 맞추어 안현생은 남편 황일청과 같이 박문사에 참배하고 "아버지의 죄를 사죄했다."[60]

안현생 부부의 박문사 참배에 동행한 사람 또한 아이바였다. 그는 당시 중국에서 안준생 부부는 물론 안현생 부부도 특별히 관리했다. 그는 자신이 쉬저우徐州 민단장民團長으로 갈 때 황일청을 후생부장으로 데리고 가는 등 부부를 여러 가지로 도왔다.[61] 이러한 연유로 황일청은 해방 직후 귀국하지 못하고 중국에서 사망한 것으로 알려져 있다.[62]

안현생은 1946년 11월 서울로 돌아왔으며, 한국전쟁 당시 대구로 피란, 효성여자대학의 학생과장 겸 프랑스어 교수를 했다. 전쟁 후엔 서울로 돌아와 북아현동 적산가옥에 살면서 이화여대 학생 등에게 프랑스어 개인교수를 하다 1959년 4월 고혈압으로 자택에서 사망했다.[63] 그의 묘가 강북구 수유리에 있다는 것이 2009년에야 알려졌다.[64]

안현생, 안준생의 박문사 참배는 김구가 사형을 주장할 정도로 비극적인 일이었지만, 다른 한편으로 안중근 유족에 대한 일제의 집요함을 보여준다. 해외의 《신한민보》는 안현생의 박문사 참배에 대한 《매일신보》의 기사 전문을 번역하여 전하면서, 아래와 같이 비판했다.

> 3월 26일은 고 안중근 공이 사생취의捨生取義한 기념일임으로 왜놈이 꼭

---

60) 미즈노 나오키, 2010; 《京城日報》, 1941년 3월 26일자; 《每日新報》, 1941년 3월 27일자.

61) 相場淸, 위의 글. 235쪽.

62) 최서면 선생이 타계하신 선우진 선생께 들은 이야기라 한다(2010년 1월 18일, 외교통상부 1층 카페테리아).

63) 주미, 위의 글; 《동아일보》, 1959년 4월 5일자. 사망 당시 안현생의 자택 주소는 서울 서대문구 북아현동 산 1-138번지이다. 안현생에게는 황은주黃恩珠, 황은실黃恩實 딸 2명이 있다.

64) 이범진, 〈깡마른 봉분·잡초 무성 … 안중근 의사 장녀의 무덤〉, 《주간조선》, 2063호 (2009년 7월 13일)

이날 공의 영애令愛 부처夫妻를 잡아다가 강제 자복을 받았고, 그 전에 공의
장자 안준생 씨氏를 잡아다가 또한 이와 같이 하였다. …… 이제 왜적의 함
락을 입은 상해에서 아모 보호 없는 그 유족을 잡아다 암만 강제 자복을
받기어든 엇지 죽은 이등伊藤의 죄를 가리우랴. 만일 이등의 귀신이 있고
또 무엇을 안다면 이와 갓흔 적은 즛(못난 짓)을 도로혀 북그러워할 것이
다. 65)(한문과 현대문 교열은 필자)

3. 국제반전연대와 남북평화통일

1) 엘핀Elpin과 베르다 마요Verda Majo의 반전평화연대

안중근의 막내 동생 공근은 영어·프랑스어·러시아어 등 6개 국
어에 통달했으며, 김구와 장제스가 회담할 때도 통역을 겸해 자리를
함께했다. 그의 장남 안우생安偶生도 러시아어·중국어·영어·프랑스
어·에스페란토를 구사한 어학의 기재奇才였으며, 문학에도 남다른 관
심과 재능이 있었다.

안우생은 안중근의 둘째 아들 안준생과 같은 해(1907)에 태어났
다. 안중근의 의거 이후 그는 안중근의 아들 분도·준생 등과 같이
연해주와 북만주의 여러 초등학교를 전전하다, 1919년(13세) 상하이
로 와서 임시정부에서 운영하던 한국인 학교인 인성학교를 다녔다.
대학도 1927년(20세) 3~12월 광저우 중산대학中山大學 영문과, 1929
년 9월 상하이 지지대학持志大學 영문과, 1933년 9월 베이징 보인대학
輔仁大學, 1936년 10월 다시 광저우 중산대학 영문과 3학년 입학 등

---

65) 《신한민보》, 1941년 5월 1일자.

여러 곳을 전전했다.

그는 1927년 광저우 중산대학 영문과 재학시절부터 에스페란토를 배우기 시작하여, 베이징 시절부터 이를 바탕으로 본격적으로 활동하기 시작했다. 식민주의가 횡행하던 시기, 중국과 한국의 지식인은 전통적으로 사용해 오던 한문이 소통되지 않는 국제사회 속에서 언어문제로 많은 어려움을 겪었다. 안중근도 국제정세와 언어의 중요성을 여러 번 언급한 바 있으며, 동양평화의 실천방안으로 "2개 이상의 어학을 배워 우방 또는 형제의 관념을 갖도록 하자"는 방안을 제시하기도 했다.

당시 에스페란토는 중국과 한국의 지식인들에게 평등한 국제연대를 위한 소통의 한 줄기 희망이었다. 일찍이 고종이 "근래 에스페란토를 연구 중"이라 한 바 있고,66) 한국의 벽초碧初 홍명희,67) 중국의 루쉰魯迅, 궈모뤄郭沫若 등 당시 동아시아 선지자들이 에스페란토에 몰두한 것도 그러한 연유였으며, 안우생 또한 마찬가지였다.68) 그는 김동인의 단편소설 《걸인》, 유치진의 장편 희곡 《소》, 나아가 루쉰의 《광인일기》, 《고향》, 《백광》 등을 에스페란토로 번역했다.69)

안우생은 독립운동의 전선에서도 열심히 활동했다. 1936년 그는 아버지 안공근이 적극적으로 주도한 한국청년전위단의 핵심단원이 되어 김구의 장남 김인 등과 더불어 민족운동의 최전선에서 활동했

---

66) 안종수, 《에스페란토, 아나키즘 그리고 평화》, 선인, 2006, 81쪽 참고.
67) 홍명희의 아호 벽초碧初는 'Verdulo Unua'로 '첫 번째 초록'이라는 뜻이며, 초록은 에스페란토의 상징색이다. 곧 자신이 조선의 첫 번째 에스페란티스토임을 자부한 것이라 할 수 있다. 안종수, 위의 책, 81쪽.
68) 최대석, 〈에스페란토로 항일을 노래하다〉, 《한겨레21》(2004년 4월 7일); 이영구, 《안우생의 에스페란토 문학세계》, 한국에스페란토협회, 2007; 서경석, 《사라지지 않는 사람들》, 돌베개, 2007 등 참고.
69) 이영구, 위의 책, 25~28쪽 참고. 루쉰의 《광인일기》, 《고향》은 1949년 김구가 자신의 중국 시절 애독서로 소개한 바 있다. 도진순 편, 《백범어록》, 2007, 354~356쪽.

다.70) 1939년 아버지 안공근이 실종된 이후, 안우생은 임시정부가 있는 충칭으로 와서 임시정부 주석 판공실 비서, 선전부 선전과장, 문화부 편집위원으로 활동했다.

또한 안우생은 '엘핀Elpin'이라는 필명으로 에스페란티스트 반전운동을 벌였다. 2007년 현재 안우생의 에스페란토 작품은 번역물을 포함하여 총 50편이 발견되었는데, 주된 내용은 중일전쟁 시기 일제의 만행을 고발하고 전쟁의 참혹성을 알리며, 평화를 열망하고 침략에 맞서 전장으로 나간 병사들을 기리는 것들이다.71) 그의 창작시 가운데 특기할 것은 일제에게 '교성매국노嬌聲賣國奴'로 지탄받던 하세가와 데루코長谷川照子(통칭 데루)에게 바친 〈평화의 비둘기Paca kolombo〉라는 시다.

데루는 일본의 대표적인 에스페란티스토 반전평화운동가로, 가족의 반대를 무릅쓰고 중국의 에스페란티스토 반전운동가 류런劉仁과 결혼하고, 1937년 조국 일본을 떠나 진보적 에스페란토운동의 중심지인 국제도시 상하이로 가면서 다음과 같은 말을 남겼다.

> 우리 에스페란티스트들에게 민족은 절대적인 것이 아니다. 민족이란 단지 언어, 습관, 문화, 피부색 따위의 차이를 뜻할 따름이다. 우리는 서로 '인류'라는 하나의 대가족에 속한 형제라고 생각한다. …… 우리 역시 자신의 조국을 깊이 사랑한다. 하지만 그 조국애는 타민족에 대한 사랑과 존경과 양립할 수 없는 성질의 것이 아니다. …… 지금 내 앞에는 자유의 바다가 가로놓여 있다. 바다는 나를 조국으로부터, 친구들로부터 갈라놓는다. 그러나 동시에 나를 새로운 생활로, 새로운 친구들에게로 이끌어줄 것이다. 안녕, 나의 조국이여, 나의 친구여.72)(《투쟁하는 중국에서》)

---

70) 朝鮮總督府警務局 編, 《最近に於ける朝鮮治安狀況》, 283쪽; 金正明 編, 《朝鮮獨立運動》 3卷, 562~563쪽.
71) 이영구, 위의 책, 197~200쪽.

데루는 국제반전운동에 몸을 던지고자 바다를 건너, '조국 일본'에서 '적국 중국'으로, '일본 신민'에서 '보편적 인류'로 도약했다. 중국에서 그녀는 일제의 전선戰線을 따라 다니며 유창한 표준 일본어로 동포 일본군에게 맹렬한 반전항일방송을 했다. 그리하여 그녀는 조국으로부터 '교성매국노'라 손가락질을 받으며 안우생이 활동하고 있던 충칭으로 왔다. 데루의 에스페란토 이름은 '베르다 마요Verda Majo'로 '초록의 5월', 즉 신록新綠73)을 뜻한다. 안우생은 이 여전사에게 〈평화의 비둘기〉라는 시를 헌사했다.

> 전쟁으로 미쳐버린 이 동양에서
> 평화를 사랑하는 너, 이리와 뱀 앞에 놓인 어린 양.
> 모든 것을 깊이 생각하고 용감히 뛰어들고
> ………
> 조국, 부모, 모든 이들을 떠나
> 먼 곳으로 날아가네.
> 그들에게
> 전 인류가 영원히 필요로 하는 평화를 가져올 것으로 굳게 믿네.
>
> 지금 마이크 앞에서 방송하여
> 너의 동포(일본군)에게 진실을 알린다 — 너는 미래를 예언한다.
> ………
> 아, 바다 저편에서 온 평화의 비둘기여
> 그렇다, 그대는 새장 속을 도망쳐 나왔을 뿐이 아니다

---

72) 서경석, 위의 책, 190쪽.
73) 하세가와 데루코에 대한 간단한 소개는 이영구, 위의 책, 44~49쪽; 서경석, 위의 책, 189~193쪽 참고.

....

벚꽃 나라(일본)에서 무기력하게 살아갈 수 없었던 것이다

아, 푸르른 5월(데루)이여, 두려운 잿빛, 태양도 없는 이 들판에

가을을 담을 수 있도록 푸른빛으로 타오르기를[74]

안우생의 어학은 아버지 안공근의 자질을, 시작詩作은 할아버지 안태훈의 자질을 이어받은 것인지도 모른다. 그러나 시의 내용은 큰아버지 안중근의 사상, 즉 '동양평화론'을 담아내고 있다. 안중근은 1910년 3월 뤼순 옥중에서 동양평화에 관한 시를(〈사진 7〉) 남겼다.

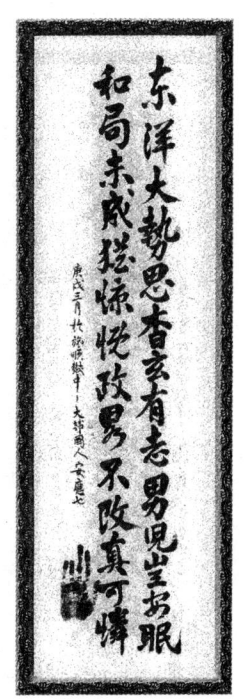

동양대세를 생각하니 아득하고 어둡거니

東洋大勢思杳玄

뜻있는 사나이 편한 잠 어이자리

有志男兒豈安眠

평화시국 못 이룸이 이렇게 슬픈지고

和局未成猶慷慨

정략을 고치지 않으니 참으로 가련하다

政略不改眞可憐

〈사진 7〉 안중근의 휘호

안우생은 큰아버지 안중근의 '동양평화론'을 일본의 정략에 반대하는 에스페란티스토들의 국제연대로 실현하려 한 것일지도 모른다.

---

74) 시의 번역은 최대석, 위의 글; 이영구, 위의 책, 142~143쪽; 서경석, 위의 책, 192쪽을 참조하여 필자가 약간 수정했다.

그 속에서 동양평화로 가는 녹색의 희망을 보았는지도 모를 일이다.

2) 분단을 넘어

안우생은 김구의 대외담당비서로서 일제하에는 좌우합작, 해방 이후에는 남북합작의 한가운데서 활약했다. 김구가 해방 이후 남북 연석회의를 제의한 구체적인 단서는 1948년 2월 16일 김일성·김두 봉에게 보낸 서신에 나타나 있다. 이 〈2월 서신〉에는 1944년 충칭에 있던 김구가 연안에 있던 김두봉에게 좌우합작을 제안한 역사적 경 험이 간곡하게 언급되어 있다. 그런데 안우생에 따르면 김구는 김두 봉과는 별개로 김일성과도 합작을 모색한 바 있으며, 안우생 본인이 이에 깊이 관여했다고 한다.

> 1944년 말이었다. 일제의 패망이 완연해지던 때라 백범 선생의 가슴 속 에서는 조바심이 부쩍 일었다. 광복의 최후 결전에 참가하여 당당하게 환 국해야 하는데. …… 백범 선생은 이러한 실정에서 몇몇 측근들과 숙고한 끝에 김일성 장군께 사람을 파견하기로 했던 것이다. …… 당시의 밀사 파 견은 주변 분위기를 고려하여 백범·조완구·나(안우생-필자 주) 이렇게 몇 사람만 아는 비밀이었다. 백범 선생의 신임장을 휴대하고 출발한 리충모는 山西城 太原까지 이르러 동북에로의 통로를 탐색하느라고 지체하여 중도에 서 8·15를 맞게 된 것이었다.[75]

김구가 1944년 김일성과 합작을 시도한 경험은 해방 직후 좌우·

---

75) 김종항·안우생, 〈민족대화합의 위대한 경륜: 남북련석회의와 백범 김구 선생을 회고 하며〉, 《인민들 속에서》 39, 평양: 조선로동당출판사, 1986, 10~11쪽.

남북의 대결 정국에서는 고려 대상이 안 되었지만, 민족분단이 엄습
하는 긴박한 정국에서는 서로 만나 합작할 수 있는 역사적 자산이
되었다. 1944년 김일성과의 합작에 관여한 바 있는 안우생은 1948년
남북합작에도 결정적인 역할을 했다.

> 당시 南朝鮮에 있던 나(安偶生-필자 주)는 重慶時節부터 교우관계를 갖고
> 있던 구면 親知인 成始伯 先生을 再會하였다. 그는 나의 아우를 대동하고 찾
> 아와 남창동에 있던 우리 집에 보름가량 묵으면서 어지럽게 변천되는 시
> 국관을 나누기도 했다. 우리들 사이에 意氣 相通할 수 있었던 것은 아마 공
> 통된 우국지심 때문이었을 것이다.[76]

안우생은 북측 밀사 성시백과[77] 만나 남북연석회의를 적극 도모
했고, 그 결과 1948년 2월 16일 김구는 김규식과 더불어 김일성·김
두봉에게 남북합작을 제의하는 〈2월 서신〉을 보냈다. 이에 대한 북
한의 답신은 만족스러운 것이 아니어서, 남측 통일독립운동자협의회
에서는 안중근의 사촌동생이자 안우생의 오촌아저씨 안경근을 특사
로 파견했다.[78]

안우생은 남북연석회의에 김구를 수행했으며, 김구 암살 이후 홍콩
으로 가서 소식 없이 자취를 감추었다. 이후 별다른 활동이 없었으나,

---

76) 김종항·안우생, 위의 책, 7쪽.
77) 성시백은 중국 공산당원 출신으로 상하이와 충칭에서 활동했기 때문에 임시정부의
   인사들과도 서로 잘 아는 사이였다. 그는 남북 사이를 오가며 활동하다 체포되어
   1950년 간첩혐의로 사형되었다. 그의 아들인 성자립이 김일성대학 총장을 지냈다.
78) 안경근은 윈난雲南군관학교를 졸업하였으며, 황푸黃浦군관학교의 구대장으로 활약한
   바 있다. 북의 최용건은 윈난군관학교의 한 회 후배이며 황푸군관학교에서도 함께 교
   관생활을 한 바 있다. 안경근은 뒷날 자신이 김두봉과 최용건을 알고 있어 선발된 것
   같다고 회고했다.(《남북의 대화》, 302~304쪽)

〈사진 8〉 평양 애국열사릉의 안우생 묘

1986년 4월 19일 북의 《로동신문》에 〈민족대화합의 위대한 경륜: 남북련석회의와 백범 김구 선생을 회고하며〉라는 제목의 글이 안우생의 이름으로 발표되었다. 1991년 2월 북측은 안우생이 사망했으며, 평양의 애국열사릉에 그의 묘가 있다고 밝혔다79)(〈사진 8〉).

안우생이 북으로 가서 생애를 마쳤다면, 남에서 통일운동을 한 안씨 가문의 대표적인 인물은 안경근과 안민생이다. 안경근은 앞서 언급한 바와 같이 남북연석회의 시절 김구 측의 특사로 북을 다녀온 바 있으며, 1950년대 말 조카 안민생 등과 '민주구국동지회'를 결성하여 이승만 정권 말기 민주주의의 활로를 찾고자 노력했다. 4·19와 이승만 하야 이후 안경근과 안민생은 대구에서 '시국대책위원회', '경상북도 민족통일연맹' 등을 조직하면서 민주주의와 평화통일운동에 힘을 쏟았다.

1961년 군사정권이 성립되자 안경근과 안민생은 투옥되어 징역 7년과 10년을 선고받았다. 이들이 감옥으로 가고 난 이후 1963년 '안중근의사숭모회'가 설립되었고, 안경근은 감옥생활 직후 지병을 얻어 사망했다. 한편 안우생이 북에서 생을 마감하던 1991년, 안민생은 대구

79) 안우생의 자녀로는 장녀 기애와 기철, 기호, 기영 세 아들이 북에 있다.

에서 힘들게 투병하고 있었다. 그는 일제시기 항일운동을 하다가 만주군에 잡혀 한쪽 다리를 잃었는데, 감옥에서 석방된 이후에는 교통사고로 다른 한쪽 다리마저 절단해야 했다.[80]

맺음말: 새로운 출발을 위하여

2009~2010년은 안중근 의거와 순국 100주년이 되는 해다. 국내외적으로 많은 학술대회와 행사가 즐비한 것을 보면 과연 안중근은 동방에서 '유방백세의 빛'이라 드높일 만하다. 그러나 과연 우리가 안중근을 제대로 기억·기념하는가 자문한다면, 부끄러운 일이 한둘이 아니다. 이 연구를 정리하면서 뇌리에서 떠나지 않는 것이 독립운동사, 아니 역사란 과연 무엇이며, 역사가의 역할과 임무는 과연 무엇인가 하는 것이었다.

안중근의 이미지는 아직도 대체로 항일민족영웅이란 좁은 틀 안에 가둬져 있는 경우가 많고, 10여 명의 독립유공자가 나온 명문가란 찬사의 반복 속에 파란만장한 유족들의 삶은 더 깊은 망각의 늪으로 빠져들고 있는 것이 아닌가 우려하지 않을 수 없다. 예컨대 1987년 안정근은 건국훈장 독립장을 추서받았으나 그의 아들 진생珍生은 전두환 정권이 들어서던 1980년 강제해직되었고, 그 충격에 뇌경색으로 고생하다 아버지 안정근이 훈장을 받은 이듬해 사망했다.

이 연구의 목적은 이러한 유족의 망각지대를 다시 공공기억의 마당으로 불러내는 것이다. 우선 안중근과 그의 가문을 독립운동의

---

80) 박태균, 〈한국근현대사 속의 안중근 일가〉, 안중근·하얼빈학회, 동북아역사재단 주최, 《동북아평화와 안중근 의거 재조명》, 2008, 53~54쪽.

훈장으로 선양하는 일 못지않게, 평균적 삶을 살지 못하고 세계만방
으로 파란만장하게 흩어진 그의 가문에 깊은 관심을 두어야 한다.
안중근 아들의 후손은 미국에, 딸의 후손은 남한에, 동생 정근의 후
손은 남한과 미국에, 공근의 후손은 북한과 파나마에 흩어져 있다.
이들에게 100년 만의 만남을 주선하는 것, 이것은 훈장이나 안중근
의 유해 발굴 못지않게 중요한 일이다.

유해도 안중근에게만 온통 관심이 집중되어 있고, 상하이에 있는
어머니 조마리아의 묘와 부인 김아려의 묘, 동생 정근의 묘, 그리고
충칭에서 유실된 공근의 유해는 아직 공식 조사된 바 없다. 여동생
성녀의 묘는 부산에 있는 것으로 확인되었지만 여전히 유족들의 손
에만 방치되어 있는 상태다. 또한 미국에 있는 안중근의 조카딸 안
미생의 묘도 찾아내 남편의 묘가 있는 국내로 모셔 와야 할 것이다.

안중근 가문을 정리하다 만나는 또 하나의 망각지대가 여성이다.
조마리아는 어머니라서 상대적으로 덜 하지만, 안중근의 아내 김아
려, 누이동생 안성녀, 질녀 안미생, 딸 안현생 등은 남자 '항일영웅'
의 뒤안길에서 삶과 죽음의 흔적이 망각되고 있다. 최소한 새로 짓
고 있는 '안중근기념관'에는 산산이 흩어진, 그리고 망각되어가는 유
족의 삶과 죽음을 수습해 주는 공간이 필요할 것으로 생각된다.

안중근이 목숨을 던지면서까지 지키고자 한 것은 동양평화이다.
그의 '동양평화론'이 오늘날 적용되려면 한반도의 평화통일이라는
과제를 떠안지 않을 수 없고, 이것은 또한 세계평화와 연결되어 있
다. 안중근 가문은 대표적인 평화통일운동 집안이요, 남북 및 세계로
이산된 대표적인 집안이다. 그 집안의 삶과 죽음을 수습하는 것은
다름 아닌 남북, 동아시아, 세계의 평화로 나아가는 길이기도 하다.

물론 우리는 안중근의 가문만 특별히 대접해서도 안 되며, 더욱
이 역사의 주체는 가문이 아니라 개개인이라는 사실은 당연한 것이

다. 여기서 주장하는 것은 그의 가문에 대해서도 보편적 기준으로
평가하되, 안중근이 지닌 빛의 의의만큼이나 짙은 어둠이 그의 가문
에 강요되었음을 직시하자는 것이다. 이것은 양해의 문제가 아니라
삶과 역사를 올바로 보는 진실의 문제라 생각된다. 안중근의 이름이
'만방'에 떨쳐지는 것과 아울러 '세계'로 흩어진 가문의 역사가 수습
되어야 하며, 그의 빛이 '천 년'을 기약하려면 '백 년'의 망각이 역사
기억의 마당으로 불러내야 할 것이다.

중국인이 쓴 안중근에 대한 저작물과 그에 대한 세 가지 이미지

왕위엔쩌우

사람들은 역사를 연구할 때 흔히 역사 발전의 규칙에 부합하는 무엇인가를 발견하기를 바란다. 그러나 우연성이 짙은 사건과 맞닥뜨리게 되면 우리들은 그 역사적 의의를 파악하는 과정에서 곧잘 난관에 부딪히곤 한다. 우연히 발생한 사건은 역사 발전의 방향 자체를 바꿀 수도 있다. 설사 우발적 사건 하나가 그렇게까지 큰 영향을 끼치지는 못하게 된다 하더라도, 그러한 사건은 평범한 역사의 흐름 속에서 유독 두드러져 보이는 몇 개의 지점들을 장식할 수 있을 것이다.

이렇게 우연히 일어나는 사건 가운데서 우리들이 자주 접하게 되는 것의 하나가 바로 암살 사건이다. 중국의 정사正史를 기록한 가장 이른 시기의 저작물인 《사기史記》에서는 특별히 〈자객열전刺客列傳〉을 엮어 조말曹沫, 전제專諸, 예양豫讓, 섭정聶政, 형가荊軻 등과 같은 자객들을 기록하였다. 사마천은 자객들에게 심심한 경의를 표하며 '나는 자객들의 뜻을 조소의 대상으로 여기지 않는다. 그들의 이름은 후세에 길이 남을 것이다'[1]라고 하였다. 세계 근대사로 넘어 오게 되면, 세르비아 청년 프린치프가 일으킨 유명한 암살 사건이 회자되

곤 한다. 프린치프는 사라예보에서 오스트리아-헝가리 제국의 페르
디난트 황태자 부부를 암살하여 제1차 세계대전의 도화선을 당겼다.

한편 동아시아의 근대사에서는 안중근이 하얼빈에서 이토 히로
부미를 저격한 사건이 가장 빈번하게 회자된다. 그런데 당시의 상황
을 살펴보면, 한반도를 동아시아의 발칸반도라 일컬어도 전혀 무리
가 없을 정도였던 데다가, 앞서 서술한 두 암살 사건의 발생 연도에
거의 차이가 없었음에도 이 두 사건은 서로 매우 다른 결과를 낳았
다. 안중근 의사의 의거 뒤에는 단 한 차례의 요란한 전쟁도 일어나
지 않았을 뿐만 아니라, 한국은 소리 소문 없이 일본에 합병되고 말
았던 것이다.

이러한 이유에서인지 많은 중국인들은 안중근에 대한 마음을 담
아 그의 의거를 추모하는 작품을 남겼다. 중국에서는 원래부터 영탄
시詠歎詩를 짓는 작풍이 성했던 데다가, 근대의 유명한 문인들 또한
모두 영탄시를 지어 남겼는데, 이때 바로 안중근을 주인공으로 한
소설과 희곡, 영화 등이 만들어졌던 것이다.

이 글에서는 주로 문학, 예술자료에 더하여 부분적으로 학술논문
을 참고자료로 삼아 근대 중국인들이 규정한 안중근의 의거의 성격
과 그들이 가졌던 이미지에 대하여 밝혀보고자 한다.

1. 중국에서 나온 안중근에 대한 저작물

안중근이 이토 히로부미를 저격한 사건은 전 세계를 경악의 도.
가니에 밀어 넣었다. 안중근의 의거가 일어나자 많은 기사와 논평에

---

1) 《史記》, 卷八十六 刺客列傳, 太史公曰: "不欺其志 名垂後世"

서 그에게 드높은 찬사를 보냈다. 상하이의 《민우일보民吁日報》, 《상해일보上海日報》, 《신보申報》와 톈진의 《대공보大公報》, 홍콩의 《화문일보華文日報》 등에서 이를 찾아볼 수 있다. 이 가운데 《민우일보》는 의거에 대하여 긍정적인 논조로 보도하였다는 이유로 상하이 주재 일본총영사인 마쓰오카松岡의 항의에 부딪히게 되었고, 결국 창간한 지 40여 일만에 강제 정간당했다.

근대 중국 문인들은 예전부터 한국에 대한 관심이 뜨거웠다. 이들의 한국에 대한 관심도는 갑오전쟁이 발발한 뒤 매우 높아졌다가,[2] 안중근의 의거와 뒤이은 한일병합의 소식으로 말미암아 또다시 최고조에 이르게 되었다. 이러한 관심을 반영한 최초의 행보는 당시 문인들이 지은 안중근 전기와 많은 시인들이 지은 의거를 주제로 한 영탄시, 그리고 그를 추도하며 지은 작품들에서 찾을 수 있다. 이 몇 편의 작품 가운데 비교적 이른 시기의 것은 박은식朴殷植[3]이 중국에서 지은 《안중근전》이다. 이 전기는 1912년 상해대동편집국上海大同編輯局에서 초판으로 간행되었다가 1914년 중국과 서양 유명 인사들의 작품을 추가 수록하여 재간행되었다.[4] 이 재간행본에는 박은식의 《안중근전》 이외에도 루어난샨羅南山, 쩌우하오周浩, 한옌韓炎,

---

2) 이 시기에 관한 작품은 阿英主 編, 《甲午中日戰爭文學集》, 中华书局, 1958을 참고할 만 하다.

3) 현존하는 상해대동편집국 1914년 판본의 《안중근전》에는 '창해노방실고滄海老紡室稿'라고 상세히 주석이 달려있다. 1920년 6월 10일자의 《독립신문》에 따르면, 일반적으로 '창해노방실滄海老紡室'은 박은식의 호라고 소개되어 있기 때문에 여기에서도 《안중근전》을 박은식의 작품으로 보기로 한다. 그런데 쩌우하오周浩와 한옌韓炎은 이 책의 서문에서 '창해노방자滄海老紡子'라고 쓰고 있다. 아마도 '창해노방자'가 호이고, '창해노방실'은 서재의 이름인 것으로 보인다.

4) 이 책의 저작권을 명시한 쪽에는 제목이 《안중근전》이라고 표기되어 있기는 하지만 표지에는 제목이 《안중근》으로 되어 있다. 이 때문에 학계에서는 《안중근》으로 칭하는 것이 이미 관습화되어 있으므로 여기에서도 서명을 《안중근》으로 하기로 한다.

까오꽌우高冠吾, 판시앙레이潘湘果, 쩡용曾鏞 등과 같은 인물들이 쓴 서
문이 실려 있다. 또한 한국인 신규식申圭植, 요유了遺, 김택영金澤英 등
과 중국인 량치차오梁啓超, 황찌캉黃季康, 쩌우쩡진周曾錦, 린슈셩林樹聲,
이쩌우一舟(또는 예쩌우葉舟),5) 뤄찌아링羅伽陵(또는 뤄치아린羅治霖),6) 청
샨쯔程善之,7) 왕양汪洋,8) 짱쩐칭張震靑, 천위엔춘陳鴛春9), 차스뚜안査士
端(또는 차스뤼査士瑞)10), 왕타오王燾 등의 인물도 시를 써 넣었다.11)
　1918년경에 청위程淸 또한 《안중근전》을 펴냈다. 그는 저명한
문인들이 쓴 서문과 시를 수록하고 안중근과 관련된 자료를 편집하
여 책으로 만들었는데, 그 표지에는 쩡위엔鄭沅이 쓴 《안중근》12)이

5) 예통펑葉桐封. 호는 이쩌우一舟라고 한다. 저장성浙江省 닝하이시엔寧海懸의 관료이
　　다. 청나라 선통宣統 을유년(1908) 발공拔貢 과거에 합격하여 즈리直隸 주州의 통판通
　　判을 역임하였다. 《一舟詩草》란 책을 남겼다.
6) 뤄찌아링羅伽陵(1864~1932). 원래 성이 뤄스詩였으나 뒤에 간략하게 뤄羅라고 하
　　였다. 본명은 리쒜이儷穗 또는 리뤼이儷蘂라고도 한다. 호는 찌아링伽陵이다. 1886년
　　상하이의 영국 국적의 유태인인 부상富商 하둔Silas Aaron Hardoon과 결혼하여 옛 상
　　하이의 유명한 하둔화원(아이리위엔愛儷園)에서 살았다. 뤄찌아링은 문맹이었지만 대
　　필자를 고용하여 글을 발표하였다.
7) 청샨쯔程善之(1880~1942). 이름은 칭위慶余, 호는 시아오짜이小齋, 필명은 이쑤一粟,
　　재명齋名은 어우허스漚和室이다. 조상 대대로 안훼이安徽 서시엔歙懸에서 살았지만 그는
　　찌앙쑤江蘇 양쩌우揚州에서 타향살이를 하였다. 난셔南社 회원이다. 일찍이 《骈技余话》,
　　《倦云忆语》,《女革命吴淑卿》,《清代割地谈)와 같은 소설을 지었다. 《沤和室文存》,《沤和室
　　诗存》,《印度宗教史论略》,《四十年闻见录》등과 같은 작품을 저술하기도 하였다.
8) 왕양汪洋(1878~1921). 자는 쯔스子實이고, 필명으로는 잉루影盧, 잉셩影生, 포위엔破
　　園, 스포石破, 팅꺼런聽歌人이 있다. 안훼이安徽 찡더旌德 사람이지만 어렸을 때부터 양
　　쩌우에서 기숙하였다. 일찍이 초등학교 교사로 재직하였다가 뒷날 언론계와 정치계에
　　투신하였다. 시문에 능통하여 난셔 회원이 되었다. 《息影枝谈》,《影生雜記》,《臺灣》등
　　의 저서가 있다.
9) 천위엔춘陳鴛春은 동맹회同盟會의 회원이다.
10) 차스뚜안査士端(1877~1961)은 차종리査忠禮이다. 저장 하이닝寧海 위엔화전袁花鎭 사
　　람이다. 1926년에 신문과 인연을 맺기 시작하여 상하이에서 《소일보小日報》를 편집하
　　였다.
11) 이들 이외에도 皇城啞夫와 云人, 두 명의 시가 있으나 이 두 사람의 정황은 불분명하다.
12) 이 책의 출판사와 출판연도는 알 수 없다. 아마도 청위가 개인적으로 인쇄한 것으로

라는 제목이 붙어있었다. 이 책은 청위가 직접 저술한 《안중근전》
과 〈후서後序〉이외에도 타오이陶毅가 지은 〈서안중근전후書安重根傳
記後〉가 실려 있었다. 이 책에는 많은 문인들이 쓴 시들도 수록되어
있는데, 그 가운데 차스뚜안, 왕양, 왕타오, 천위엔춘, 예쩌우, 청샨
쯔, 뤼찌아링과 량치차오와 같은 여덟 사람의 시는 대동편집국이
출판한 《안중근전》에 이미 수록되어 있었던 것들이다. 이 작품들을
제외한 나머지 것들은 새로 추가된 작품들로, 대부분은 특별히 청
위의 《안중근전》을 기념하며 쓰여진 작품이다. 이 가운데 왕슈난王
樹枏,13) 우추안치吳傳綺,14) 이슌딩易順鼎,15) 짜오링썽昭陵僧, 찌아언푸

보인다. 청위의 《안중근전》은 대략 1918년 지어졌으며, 여기에 수록된 많은 인사들의
시는 약 1918년에서 1919년 사이에 지어졌고, 1920년에 책으로 묶어 나왔다.
13) 왕슈난王樹枏(1851~1936). 자는 찐칭晉卿이고, 호는 타오루라오런陶廬老人이다. 허베
이河北 신청新城 사람이다. 광서 병술년에 과거에 합격하여 진사가 되었다. 신찌앙新
疆 지역의 부정사布政使의 관직에 있었다. 신해혁명이 일어나자 베이징에 은거하다가
청나라 사관의 총책임자로 임용되었다. 《文莫室詩集》, 《陶廬文集》, 《陶廬文內集》, 《陶廬
詩續集》등 수십 종에 달하는 책을 저술하기도 하였다.
14) 우추안치吳傳綺(1858~1934). 자는 리바이李白이다. 안훼이安徽 화이닝懷寧에서 태어
나 안칭安慶으로 옮겨가 살았다. 청나라 광서 15년(1889)에 향시에 급제하여 후난湖
南 쉐이닝푸水寧府에서 지부知府직을 맡았으나 병으로 사직하였다. 그 뒤에는 계속 안
칭安慶에 살면서 안칭여자사범학당을 만들어 도서관을 세우고 《안휘상보安徽商報》를
창간하는 데 참여하였다. 나중에 안훼이安徽 성립省立 도서관 관장을 역임하였으며
통속교육관을 세웠다. 《說文偶義》수십 권을 저술하였다.
15) 이슌딩易順鼎(1858~1920). 자는 스푸實甫, 호는 쿠안哭庵 또는 삐후치우멍츠런碧湖秋
夢詞人이라고도 한다. 많은 사람들이 그를 일러 이우易五라고 하였다. 후난湖南 롱양
청龍陽城(漢壽縣)에서 하위 행정 단위인 쩐鎮을 관리하는 직분을 맡았다. 광서 원년인
을해(1875)년에 치러진 은과恩科에 급제하였다. 갑오전쟁 때는 주적으로 지명되어 루
산廬山에 은거하였다. 뒷날 쌍쯔똥張之洞의 막부에 들어가 리앙후兩湖 서원에서 학생
들을 가르치기도 하였다. 그 뒤 광시廣西, 광둥廣東 등지에서 도대道臺의 관직을 역임
하였다. 신해혁명 이후에는 베이징에서 한가로이 지내면서 군주제에 대한 상소문을
올렸다. 군주제가 시행되자 도장주조국의 국장을 맡았다. 군주제가 실패한 이후에는
수도 주위를 떠돌아다니면서 노래하고 춤추는 무대에 드나들며 마음껏 가무와 여색
에 빠져들었다. 시집 《丁戊之間行卷》, 《四魂集》등이 있으며 대부분 《琴志類叢書》에 수
록되어 있다.

賈恩黻, 타오용陶鏞,16) 탕꾀이唐桂, 차이위엔페이蔡元培, 디위狄郁,17) 왕짜오王照,18) 민얼창閔尔昌,19) 찌앙캉후江亢虎,20) 야오리잉姚李英, 천시치陳錫麒, 청메이쯔程美之와 페이슈웨이費樹蔚21) 등의 열여섯 명은 시

16) 타오용陶鏞(1895~1985). 이름은 산용善鏞이고, 자는 용샤오咏韶이다. 호는 용鏞, 또는 홍짜이宏齋이다. 필명은 렁위에冷月로 도연명陶淵源의 후손이다. 찌앙쑤江蘇 쑤쩌우蘇州 사람이다. 할아버지 타오치쑨陶芑孙와 작은 할아버지 타오이쑨陶诒孙이 모두 오吳 지역의 유명한 화가이다. 어렸을 때부터 뤄슈민罗树敏으로부터 그림을 배웠으며 동서양의 화법을 고루 갖추어 훗날 옌원리앙顏文梁과 함께 그림에 대하여 토론하고 연구하였다. 특히 눈과 달을 잘 그렸다. 1918년 이후에는 창샤長沙, 난징南京, 카이펑開封에서 대학교수직을 역임하였다. 차이위엔페이蔡元培 그를 두고 신중국화의 창시자라고 불렀다. 중화인민공화국이 건국된 뒤 중국미술협회 상하이지부 회원이자 상하이 문사관文史館 관원으로 지냈다.
17) 디위狄郁. 허난河南 출신으로 재주가 출중한 사람이었다. 민국 초기에 유교를 제창하는 데 힘써《孔教評議》를 펴냈다.
18) 왕짜오王照(1859~1933). 자는 샤오항小航이고 호는 루종치옹스蘆中窮士, 또는 쉐이동水東이다. 허베이河北 닝허寧河(현재의 톈진 지역) 사람이다. 광서 20년(1894)에 진사에 합격하여 무술변법운동에 참여하기도 하였으나 일이 실패로 돌아가자 일본으로 망명하였다가 나중에 청나라 조정에 자수하였다. 이후에는 그가 관화官話 병음 표기 방안[合声字母]를 제창한 것으로 알려졌다. 1913년 위안스카이袁世凱가 그를 독음통일회의 부의장으로 임명하였다. 독음통일회는 그가《官話合声字母》에서 주장한 병음 표기 방안을 1917년 북양정부에게 비준받아 실행하였다.
19) 민얼창閔尔昌(1872~1948). 자는 빠오즈葆之이다. 청나라 말에 위안스카이 휘하에서 일하였으며, 민국 초기에는 북양정부 총통부의 비서로 일하였다. 1927년 이후에는 푸런대학輔仁大學의 교단에 섰다. 10년 동안의 노력을 쏟아 부은 끝에《碑传集补》 60권을 완성하였다.
20) 찌앙캉후江亢虎(1883~1954). 이름은 샤오슈안紹栓이다. 필명으로는 우원無文, 캉푸抗斧, 캉후康瓠를 썼다. 재명齋名은 우워루無我廬, 쑤시엔탕素憲堂이다. 찌앙시江西 꺼양弋陽 사람으로 난셔 회원이었다. 중국 최초의 사회주의자 가운데 한 사람으로서 1910년 삼무주의(무종교, 무국가, 무가정)를 제창하였다. 1911년 상하이에서 사회주의연구회를 조직하여《사회성社會星》이라는 잡지를 펴냈다. 1911년 11월 중국사회당을 설립하였다. 1913년 중국사회당이 해산 당하자 미국으로 갔다가 1921년에 소련에 갔다. 1922년 9월 찌앙캉후江亢虎는 상하이에서 난팡대학南方大學을 세웠다. 1924년 다시 중국사회당을 조직하여 1925년 중국신사회민주당으로 이름을 바꿨다. 1939년 왕웨이汪僞 정권에 참여하였으며 1946년 매국노로 죄목이 붙어 무기징역에 처해졌다. 저서로는《無我廬文存》,《無我廬詩存》,《江亢虎文存初編》 등이 있다.
21) 페이슈웨이費樹蔚(1883~1935). 자는 쫑션仲深이다. 호는 웨이짜이韦斋, 또는 위엔리

를 지어 넣었다. 이 시들은 모두 이미 1914년 대동편집국大同編輯局
에서 출판한《안중근전》에 수록되기도 하였다. 이러한 시 작품 가
운데 가장 유명한 것은 량치차오의〈가을바람이 부니 이토 히로부
미를 단죄하네〔秋風斷藤曲〕〉이다. 당시 일본에 있던 량치차오는 안중
근이 이토 히로부미를 암살했다는 소식을 듣고 바로 이 시를 썼다
고 한다. 그러나 이 작품은 이미 상해성上海醒출판사의《조선멸망사
朝鮮滅亡史》에 수록되어 있었는데, 이 책에서는 작품이 지어진 시기
를 1910년으로 표기하고 있다.22)

이 두 가지 종류의《안중근전》은 이미 모든 이들에게 잘 알려진
책이지만, 책이 쓰인 동기는 다소 다르다는 점에 주의를 기울일 필
요가 있다. 박은식은 그가 중국에 온 이후 '모든 관료와 지역 유지,
학생들과 농부, 상인과 공업 기술자들 가운데 안중근의 일을 묻지
않는 자가 없었'기 때문에, 더 자세한 소개를 해야겠다는 책임감을
느꼈다23)고 하였다. 쩌우하오는 박은식에게서 그가 알고 지내던 한
국인들이 한국과 안중근의 근황을 묻고 있었다는 말을 쩌우하오 자
신에게 이미 한 적이 있었다고 하며, 박은식의 말을 증명하였다.24)
또한 청위는 안중근을 칭찬하는 것을 빌미로 삼아 중국인들이 매국

愿梨, 주어리左梨, 주어피左癖, 위쑤어迂瑣라고 하였다. 찌앙쑤江蘇 우찌앙퉁리쩐吳江同
里鎭 사람이며 리우야쯔柳亞子의 외당숙이다. 19살에 수재秀才에 합격하였다. 1915년
7월 베이징정부의 숙정사肅政史를 역임하였다. 위안스카이가 황제를 참칭하자 페이슈
웨이는 직언을 올려 이를 만류하였으나 받아들여지지 않았다. 11월에 쑤쩌우蘇州로
돌아가 은거하였다. 쟝타이옌章太炎, 찐쑹천金松岑, 쨩쭝런张仲仁과 시문을 견주었으
며, 쨩쭝런과 함께 '쑤쩌우의 두 쫑蘇州二仲'이라고 일컬어진다. 신푸信孚은행의 이시
장과 우찌앙吳江 적십자회 회장을 지내기도 하였다. 저서로는 1951년 리우야쯔柳亞子
가 발기하여 편집하고 인쇄한《費韦斋集》이 있다.

22) 梁啓超,〈秋風斷藤曲〉,《朝鮮灭亡史》, 上海: 醒社, 出版年不詳, 3~5쪽.
23) 滄海老紡室稿,〈安重根传〉, 朴殷植,《安重根》, 大同編輯局, 1914, 1쪽.
24) 周浩,〈安重根传序〉, 朴殷植,《安重根》, 大同编辑局, 1914, 3쪽.

노를 처단해야 한다는 주장을 펼치기도 하였다. 이 두 책에 나온 인물들은 그 출신 성분면에선 다양하지만 많은 이들이 구식 문인으로서 이른바 '망한 청나라의 남은 노인들'이었다. 또한 혁명파에 속하는 문인들도 적지 않았으며, 이들 가운데 많은 이들이 난셔南社[25)의 구성원들이었다.

《안중근》이라는 제목을 달고 나온 이 두 책 이외에도 몇몇 소설이 안중근의 전기를 싣고 있다. 양난춘楊南邨은 《망국통사亡國痛史》(上海進益學社, 1928)를 인도, 이집트, 미얀마, 폴란드, 베트남과 한국에서 활약한 지사志士들의 전기를 모아 만들었다. 여기에 안중근의 이야기가 당연히 빠질 수 없었다. 관슈에짜이管雪齋는 그의 글에서 짱타이옌章太炎이 《안중근전》을 편집하여 갖고 있다고 하였다. 그런데 여기서 말하는 것이 짱타이옌이 직접 《안중근전》을 편찬하였다는 뜻인지, 아니면 황칸黃侃이 필사한 〈안중근비문安重根碑文〉[26)을 갖고 있다는 것을 말하는지 분명치 않다.

전기와 시를 제외하고도 안중근의 사건을 주제로 한 소설, 극본과 같은 문학 작품들과 안중근의 의거를 소재로 한 영화도 있었다. 1909년에 이미 하얼빈 원동영화사에서는 〈안중근의 이토 히로부미 저격 사건〉[27)이라는 다큐멘터리 영화를 찍기도 하였다. 이 영화는 러시아인이 찍은 것으로 추정되는데 당시 하얼빈에 있는 큰 영화관에서 며칠 동안 상영되기도 하였다. 많은 관객들이 이 영화를 보러

---

25) 난셔는 중국 신해혁명을 전후로 한 시기에 상하이를 중심으로 활동한 문학단체이다. 주로 부르주아 계층이 주가 된 1,180여 명의 회원들이 있었으며, 약 30년 동안 유지되었다. 이들은 반청운동, 반군벌운동을 펼치다가 해체되어 여러 단체로 나뉘어졌다 (역자 주).

26) 管雪齋, 《韩国义士小传·安重根》, 独立出版社, 1939, 26쪽.

27) 《哈尔滨的舞台艺术》, 哈尔滨市地方志编纂委员会编, 《哈尔滨市志·文化志》, 黑龙江人民出版社, 1997.

왔으며, 영화는 많은 나라에서 큰 반향을 불러 일으켰다. 이후 영화는 일본 도쿄인쇄국에 높은 가격으로 팔리게 되었다.[28] 티엔찬성天懺生(꽁샤오친貢少芹)은 1910년 겨울부터 신문에 《망국한전기亡國恨傳記》를 연재하면서 도중에 안중근의 의거를 전후한 시기 한국의 정황을 서술하기도 하였다.

한편 찌린렁슈에성鷄林冷血生이 지은 《영웅루英雄淚》를 두고 어떤 이는 박은식의 작품[29]이라고도 하지만 또 어떤 이는 중국인의 작품[30]이라고 하기도 한다. 그러나 책에서 청나라 조정에 대해 이야기할 때마다 꼭 '나의 큰 청나라(我大淸)'라고 한다는 점과 중국 동북 지역의 방언과 속어를 많이 쓰이고 있다는 점을 고려한다면, 이 책이 중국인의 작품이라는 견해가 더욱 설득력이 있어 보인다. 이 책은 1910년 가을부터 1911년 초 사이의 시기에 저술되었으며, 안중근의 활동을 실마리로 삼아 한국 멸망의 과정에 대한 묘사를 주로 하고 있다. 또한 신해혁명 전에는 런티엔쯔任天知가 단장으로 있던 상하이진화단上海進化團이 이미 상하이, 난찡南京, 우한武漢 등 십여 개의 도시에서 연극 〈안중근이 이토를 암살하다(安重根刺伊藤 또는 '동아풍운東亞風雲')〉를 무대에 올려 혁명을 선동하기도 하였다.[31]

1919년 여름, 리다자오李大釗는 '허베이러팅 그림자인형극河北樂亭皮影'을 공연하는 쑨짜오시앙孫兆祥를 위하여 그림자인형극 극본인 〈안중근이 이토 히로부미를 암살하다(安重根刺伊藤博文)〉를 썼다. 쑨짜오시앙의 극단은 이를 현縣 정부 소재지에서 공연하여 선풍적인 인

28) 〈东方杂志〉第10期, 于佰春, 〈安重根刺杀伊藤博文的历史镜头〉, 《文史春秋》第8期, 2004에서 재인용.
29) 윤병석, 〈박은식의 민족운동과 한국사 저술〉, 《한국사학사학보》제6집, 2002. 9.
30) 김시준, 〈중국문학작품에 묘사된 한국독립군의 항일투쟁〉, 이병근 외, 《한반도와 만주의 역사문화》, 서울대학교출판부, 2003, 234~236쪽.
31) 刘志斌, 〈武汉话剧的起源和发展〉, 《武汉文史资料》第2期, 2007.

기를 불러일으켰다.[32] 이 시기의 연극은 신식문명연극으로, 대학 사회에서 유행하고 있었다. 청년 학생들이 하나 둘 극단을 조직하여 무대에 올린 작품 가운데는 〈안중근安重根(또는 '망국한亡國恨')〉도 있었다. 1919년 8월 톈진天津여성계의 애국동지회에서는 평민여학교를 열기 위한 경비를 모금하고자 두 차례의 학예회를 개최했는데, 여기에서 공연한 프로그램 가운데 하나가 바로 〈안중근〉이었다. 당시 톈진 즈리直隷제1여자사범학교에서 수학하던 덩잉차오鄧潁超가 여기에서 안중근의 역할을 맡았다. 덩잉차오는 연극 리허설 동안 저우언라이周恩來의 지도를 받기도 하였는데, 이것이 인연이 되어 두 사람은 부부의 연을 맺게 되었다.[33] 1924년 허우야오侯曜가 동남대학東南大學 학생자치회의 동남극사東南劇社를 위하여 쓴 극본인 〈산하루山河淚〉(商務印書館, 1925)에도 안중근과 비슷한 영웅적인 인물인 '안난치엔安南潛'이 등장한다.

1917년 하이어우海漚가 발표한 〈애국원앙기愛國鴛鴦記(또는 '기자경箕子鏡')〉에서도 안중근의 정신에 감화를 받아 나라를 위하여 목숨을 희생한 한국인 이경지李瓊枝와 곽경일郭敬一이라는 부부가 나온다. 작가는 '운명을 같이 하는 원앙과 같은 미인과 호걸'이라는 말로 이들 부부를 묘사한다. 황샤오페이黃小配가 지은 《조선혈朝鮮血》은 《이토전伊藤傳》이라고도 불리는데, 이 작품 또한 안중근의 의거를 제재로 삼은 것이다.[34] 쩌지앙浙江 쩐하이鎮海 사람인 니이츠倪軼池와 쭈앙삥하이庄病骸가 함께 지은 《망국영亡國影》(上海國華書局出版, 1915)은 '조선통사朝鮮痛史'라고도 불리는데 이 상, 하권 또한 안중근

---

32) 王占连·魏革新·董宝瑞, 〈开现代皮影戏之先河〉, 《李大钊与故乡》, 中央文献出版社, 1994.

33) 〈五四巾帼英雄—鄧潁超〉, 《中学历史报》, 2001. 4. 25.

34) 《朝鮮血》收入《黄世仲研究丛书》第七册, 纪念黄世仲基金会出版, 《重印黄世仲小说六种》下, 三联书店(香港)有限公司, 2003.

과 관련이 있다.

이 밖에도 조선망국사를 다룬 많은 문학 작품들은 자연스레 안중근의 사건을 다루지 않을 수는 없었다. 광문서국廣文書局 번역소에서 편집한 《조선망국연의朝鮮亡國演義》는 《이완용매국비밀사李完用賣國秘密史》라고도 하는데, 세계서국世界書局에서 1915년 출판하고 1921년 재간행하였다. 시엔시엔쥔閑閑君(루티엔무盧天牧)가 저술한 《삼한망국사연의三韓亡國史演義》35)는 기본적인 내용이 《조선망국연의朝鮮亡國演義》와 같다. 마허티엔馬鶴天 또한 《조선망국참사朝鮮亡國慘史》를 지어 《국민외교國民外交》라는 잡지에 연재하였다. 천쌍홍沈桑紅과 란찌엔칭藍劍靑이 쓴 《조선유한朝鮮遺恨》(滬報館) 제17회에서는 안중근이 이토 히로부미를 암살한 사건을 묘사하는 장면을 찾을 수 있다. 중국 항일전쟁 기간에는 〈안중근이 이토를 암살하다〉라는 연극이 자주 공연되었다. 티엔한田漢이 지휘하던 난셔 극단도 우한과 창샤 등의 지역에서 이 연극을 무대에 올리기도 하였다.

1949년 이후에도 안중근의 의거를 제재로 삼는 문학작품들이 계속 쓰였다. 1950년대 초의 중국 초등학교 교과서에는 모두 안중근의 행적을 담은 단원이 실려 있었다. 2000년에는 작가 아청阿成이 그의 대표적 단편소설 〈안중근이 이토 히로부미를 사살하다[安重根擊斃伊藤博文]〉를 《딱따구리[啄木鳥]》(2000년 제11기)에 발표하였다. 작가 왕홍삔王洪彬은 오페라 《안중근》를 창작하여 하얼빈오페라원의 연출을 거쳐 한국에서도 순회공연을 열어 환영 갈채를 받은 적이 있었다. 북한의 대외연락위원회는 왕홍삔을 '정의의 펜을 높이 휘두를 줄 아는 사람'이라면서 특별히 표창장을 수여하였다.36)

---

35) 《新聞报》(1915年 刊登于), 副刊 《快活林》. 이후 严独鹤, 陈天随의 각색을 거치고 曾鏬이 자금을 대어 상해기우사上海杞忧社에서 1919년 증본을 더 찍어냈다.

36) 唐小清, 〈走出国门的作家王洪彬〉, 《黑龙江日报》, 2002. 6. 12.

안중근에 대한 논문 연구는 1949년 이전에는 거의 이루어지지 않았다. 1949년 이후에는 안중근에 대한 전기를 다룬 저작물들이 몇 가지 있다. 양짜오추엔楊昭全과 안칭퀘이安淸奎가 비교적 이른 시기에 안중근을 소개하는《조선애국지사안중근朝鮮愛國志士安重根》(商務印書館, 1983)을 출판하였다. 한중수교 이후에는 중국에 한국학 바람이 불어 안중근에 대한 연구도 많아지게 되었는데, 그 가운데 비교적 중요한 성과를 올린 것들은 다음과 같다. 김우종金宇鍾과 최서면崔書勉이 편집한《안중근: 논문, 전기, 자료安重根: 論文, 傳記, 資料》(遼寧人民出版社, 2007), 유병호劉秉虎가 편집한《동아시아의 평화와 안중근[東亞和平與安重根]》(萬卷出版社, 2006), 화원꿰이가 편집한《안중근연구安重根硏究》(遼寧人民出版社, 2007), 서명훈徐明勛이 지은《안중근이 하얼빈에서 보낸 11일[安重根在哈尔濱的11天]》(朝漢文對照, 黑龍江美術出版社, 2005), 김우종이 편집한 《안중근과 하얼빈[安重根和哈尔濱]》(黑龍江朝鮮民族出版社, 2005), 송정환宋禎煥이 저술한 《안중근》(한국어, 遼寧民族出版社, 1985) 등과 《한국독립운동과 중국의 관계논집[韓國獨立運動與中國關係論集]》 상편 제8장에 실린 스위엔화石源華가 지은 안중근에 대한 전기《안중근의 이름 중화에 날리다[安重根名揚中華]》 등이 그것이다. 일본인 나카노 야스오中野泰雄가 저술한《안중근은 왜 이토 히로부미를 암살하였는가[安重根爲何刺殺伊藤博文]》(安重哲 譯, 黑龍江人民出版社, 1999)는 중국에서 번역되어 출판되기도 하였다.

안중근의 의거가 일어난 뒤 중국 신문에는 그에 관한 수많은 기사가 보도되었다. 시간이 조금 더 흐른 뒤에는 안중근의 의거를 주제로 한 희극과 소설 등과 같은 문예작품이 지어졌다. 바로 이러한 작품들이 널리 퍼지게 되어 안중근의 이미지는 중국인들의 뇌리 속 깊이 각인되었다. 1913년 찌앙쑤江蘇 제1사범학교의 입학시험에서는 학생들에게 자신이 존경하는 인물에 대하여 써보라는 문제가 출제되었다. 이때 300여 명의 학생 가운데 한 명이 자신이 가장 존경하는 인물로 안중근을 꼽았다. 한 명이라는 수치가 적어 보일 수도 있지만 소크라테스, 아리스토텔레스, 마틴 루터, 베이컨, 루소, 량치차오, 우쉰武訓, 양쓰셩楊斯盛, 차이푸청蔡普成과 같은 위인들을 각각 한 명의 학생이 언급했다는 점을 고려해보자면, 한 명이라는 숫자는 결코 적지 않다는 것을 알 수 있다.[37]

2. 저항의 상징, 안중근

중국인들은 안중근에 대해 말하기만 하면 가장 먼저 그의 빛나는 정신에 탄복해 마지않는다. 안중근은 정의를 위하여 자신의 목숨을 돌보지 않았을 뿐만 아니라, 외세의 침략에 맞서 희생을 두려워하지 않았던 정신을 지니고 있었다는 것이다. 안중근이 이토 히로부미를 저격하자 대부분의 중국 여론들은 안중근을 애국지사라 칭하며 그를 칭찬하기에 바빴다. 여론은 온 세상을 충격에 휩싸이게 한 안중근의 의거에서 '한국인의 기개는 죽지 않았'다는 점을 확인할 수 있었다면서 '중국인들 또한 대단히 감동하였다'는 의견으로 도배되다시피 하였다.[38] 그때 바로 하얼빈에 있었던 쩌우하오周浩 또한 안중근의 담대함에 감탄을 금치 못했다.[39]

당시의 소설 속에서도 안중근에 대한 높은 평가를 찾아볼 수 있다. 육사악陸土諤은 그의 장회소설[40] 《청조비사淸朝秘史》에서 한 회回

---

37) 《时报》 1913. 7. 1.
38) 罗南山, 〈安重根传序〉, 朴殷植, 《安重根》, 大同编辑局, 1914, 1쪽.
39) 周浩, 〈安重根传序〉, 朴殷植, 《安重根》, 大同编辑局, 1914, 3쪽.
40) 장회소설은 중국 전통 장편소설의 대표적인 형식이다. 장회소설은 한 사건이 일어나

의 제목을 '안중근은 이토 히로부미를 암살하고, 이완용은 손수 합방
조약을 맺다'로 명명하였다. 그는 이 회에서 안중근에 대한 찬사를
아끼지 않으며 다음과 같은 구절을 남겼다. '이 안중근만이 한국이
처한 위급존망의 시기를 걱정하였다. 그는 스스로의 목숨을 희생하
는 것을 아까워하지 않았고, 그로써 위급한 사태에 빠진 국가를 구
하려 하였다. 그는 진실로 절세영웅이라 할 수 있다.'

중국인에게 한국과 중국은 한 마디로 운명공동체로서, 서로에게
순망치한脣亡齒寒과도 같은 관계에 있었다고 할 수 있다. 당시의 소
문에 따르면, 이토 히로부미는 러시아와 협상하여 만주를 분할하려
하였다. 그는 만주를 분할한 뒤, 세계 각국의 밀사들과 상의하여
중국의 재정문제를 감독하고, 나아가 중국 통감41)까지 되려는 야
심을 갖고 있었다고 한다. 그랬기 때문에 중국인들은 이토 히로부
미를 중국과 한국 공동의 적으로 여겼다. 당시 《민우일보》는 사설
에서 '한국의 원수가 우리의 원수이다'라고 천명하기도 하였다. 이
러한 상황 속에서 안중근은 자연스레 중·한 공동의 영웅으로 추앙
받게 되었고, 중국인들은 그가 일으킨 의거에 무한한 감동을 내비
치게 되었다.

쩡용曾鏞은 다음과 같이 말하였다.

이번 만주행은 이토 히로부미가 한국을 음해한 방법과 동일한 술수를
중국까지 내뻗치려고 하는 데 그 목적이 있었다. 그는 각국의 밀사들을 하

는 이야기 토막 하나가 한 회回로 구성되고, 그 회가 여러 개 모여 한 편의 소설을
이룬다. 각 회는 그 회의 이야기를 한 문장 정도로 미리 요약해놓은 제목을 갖고 있
다. 과거에는 이야기꾼이 주로 역사적인 이야기를 외워 대중에게 들려주었는데, 바로
이 이야기의 대본에서 발전되어 정착한 장르가 장회소설이다. 중국의 사대기서四大奇
書가 여기에 속한다(역자 주).

41) 罗南山, 〈安重根传序〉, 朴殷植, 《安重根》, 大同编辑局, 1914, 1쪽.

얼빈에 모이도록 하였는데, 만약 이 모임이 제대로 막을 내렸더라면 동아시아의 문제 또한 결단이 나버리게 되고 말았을 것이다. 중국이 망하는 것은 그저 시간문제였다. 오직 일본인들만이 패권을 쥐고 영웅의 자리를 차지하고서는 우리 황제의 자손들을 영원히 소와 말 같은 노예로 전락시키고 말았으리라. 마침 안 선생이 이토 히로부미를 저격함으로써 일본인들이 검은 야심을 품은 정책에 실로 따끔한 일침을 놓았다. 어찌 그가 중화민국에 쌓은 공헌이 적다고 할 수 있겠는가![42]

한편 1963년 6월 저우언라이는 북한학자와 가진 회동에서 '일본제국주의에 반대하는 양국 국민들의 공동 투쟁은 안중근이 이토 히로부미를 저격하였을 때부터 그 시작점을 같이 하였다'[43]고 말하였다. 이 발언은 앞서 말한 내용과 동일한 맥락에 있는 이야기라고 할 수 있다.

안중근의 의거가 일어났을 때, 중국에서는 혁명의 분위기가 무르익어 가고 있었다. 그랬기 때문에 이 사건이 중국 혁명파를 고무시켰으리란 점에는 의심의 여지가 없다. 혁명파가 주축이 되어 간행한 《민우일보》는 안중근 의거에 대한 더할 나위 없이 적극적인 홍보대사를 자처하고 나섰다. 이 신문은 폭력혁명을 부르짖는 내용을 골자로 한 사설에서 '오늘 한국인이 한 발의 총탄과 함께 날아올랐다'며 그의 의거를 '울며 고하는 만 명의 하소연, 간언이 담긴 천 편의 서한과 맞먹는다'[44]고 평하였다.

안중근의 의거가 일어나기 전 이미 중국에서도 암살기도 사건이 있었다. 혁명당원 오월吳樾이 세계 각국을 시찰하는 다섯 대신들의 암

---

42) 曾鏞, 〈安重根传序〉, 朴殷植, 《安重根》, 大同編輯局, 1914, 8쪽.
43) 《周恩来关于中朝历史关系的谈话》, 1963. 6.
44) 李宁, 《安重根刺杀伊藤博文》, 《纵横》 第3期, 2009에서 재인용.

살을 기도한 일이 그것이다. 안중근의 의거가 일어난 뒤에는 중국 광주봉기와 황하에서 72명의 열사가 정의를 위해 용감히 목숨을 바친 사건, 그리고 무창봉기가 일어났다. 이로 미루어 보면 '안중근의 의거가 다른 이들의 정신세계에 끼치는 감화력이 대단했다고 말할 수 있을 것이다.'[45] 뤄찌아링은 그의 시에서 '누가 선생의 뜻을 이어받아 흉악한 적의 피를 거꾸로 솟구치게 할까'라고 읊기도 하였다.

중국의 혁명파 인사들뿐만 아니라 베트남의 지사志士들 또한 안중근을 본받고자 하였다. 1912년 중국에서 활동했던 베트남의 지사 반패주潘佩珠는 중국에서 진화흥아회振華興亞會를 조직하였다. 그는 베트남에서도 안중근의 의거와 같이 온 세상을 충격에 몰아넣을 소식이 들려오기를 바랐다. 그는 폭탄을 소지한 회원들을 모국으로 파견하고 암살을 시도하여 국민들의 감동을 불러일으키려 하였으나 그의 계획은 결국 수포로 돌아가고 말았다.

중국의 근대 민족주의는 1919년 5·4운동을 전후로 한 시기에 형성되었다. 또한 이때 중국혁명이 공화혁명에서 국민혁명으로 그 노선을 전환하면서 당시 중국혁명의 대상에도 변화가 일어나 반제국주의와 반군벌反軍閥이 혁명의 주요 임무로 새롭게 떠오르게 되었다. 반제국주의가 수면 위로 떠오르게 된 것은 일본이 파리회의에서 그동안 독일이 산둥山東 지역에서 갖고 있던 권리를 계승하려던 야욕을 드러내 보인 일과 관련이 있다. 이러한 사건이 도화선이 되어 중국에서는 5·4운동이 일어나게 되었고, 이로부터 중국의 반일감정은 고조되어 갔다.

이러한 분위기 속에서 안중근은 일본이 진행한 침략 노선의 지휘자 이토 히로부미를 암살한 영웅으로서 중국인들의 추앙을 받게

---

45) 罗南山, 〈安重根传序〉, 朴殷植, 《安重根》, 大同编辑局, 1914, 1쪽.

되었다. 1919년 5월 4일, 청년 학생 감지독은 천안문 광장에서 안중근을 모방하여 오른손 둘째손가락을 잘라 그의 결연한 애국심을 알렸다. 톈진의 청년 학생들은 〈안중근〉이란 제목의 연극을 무대에 올린 데서 그치지 않고 나아가 안중근을 모방한 암살단을 조직하기까지 하였다.[46]

'나라 밖의 강권에 저항하자'와 짝을 이루는 '나라 안의 매국노를 몰아내자'는 이 말은 5·4운동을 전후로 한 시기의 주요한 구호이자 임무였다. 앞에서 말한 것과 같이 청위는 바로 이러한 뜻에서 출발하여 〈안중근전〉을 짓고 《안중근》이라는 작은 책자를 펴냈다. 그는 매국노와 나라를 망치는 이들을 암살하는 것이 외적을 암살하는 것보다 더 중요하다는 점을 중국인들에게 알리고자 하였다. 그는 《안중근》의 첫머리에 독자들의 주의를 환기시키기 위한 글을 한 단락 써넣었다.

이 책에서 나는 조선의 안중근이 그의 조국이 망하지 않았을 때 이완용, 이용구와 같은 매국노들을 암살하였다면 조선은 멸망에 이르지 않았을 것이란 점을 말하고자 한다(나라 안을 어지럽히는 자들은 나라를 망치는 이들이며 그들의 죄과는 매국노와 같다). 나라가 망한 후에야 이토 히로부미를 암살하다니, 이미 손쓸 겨를은 놓쳐버린 채 조선의 멸망만 재촉한 형국이 되었다. 맹자가 말하지 않았던가. 한 국가가 스스로 망해 버린 연후에야 다른 사람들이 그 나라를 정벌할 수 있게 되기 마련이다. 이미 나라 자체가 멸망의 기로에 올랐는데, 이토 히로부미가 무슨 관계가 있겠는가? 애국청년이여, 더 일찍 조심하지 않으면 안 된다![47]

---

46) 《刘清杨传》第五章 《五四烽火(中部分)》
   (http://jianghao.66.blog.163.com/blog/static/11465134422009416452799/)
47) 程淯, 《安重根》, 出版项不详, 注意.

혁명전쟁 시기, 중국의 덕이 높고 지조가 곧은 이들에게 안중근은 나라를 위하여 몸을 바치도록 고무시키던 하나의 상징이었다. 오늘날과 같이 평화로운 시기에도 안중근은 여전히 중국인들에게 반일의 상징으로 남아있다. 요즈음 인터넷에 올라온 일부 글에서도 이러한 경향을 쉽게 찾아볼 수 있다. 많은 사람들이 중국에는 안중근과 같은 이가 없었다는 것에 대하여 수치심을 느끼고 있었던 것이다. 짱홍지에張宏杰는 안중근과 독도를 수호한 홍순칠의 행적을 서술한 뒤, 항일전쟁 시기의 중국에는 이러한 인물이 없었다는 데 분개하였다.[48] 스시아오위施曉宇는 〈멀리서 안중근을 추모하며〉라는 글에서 '나는 안중근 의사의 영웅다운 행적에 대해 배우고 나서 한국인들의 애국심이 얼마나 대단한지를 깨닫게 되었다. 그들은 희생을 두려워하지 않고, 자신의 생명도 돌보지 않은 채 외국-특히 일본-의 침략에 맞서 용감하게 저항한 민족이었다. 상대적으로 비교해보자면, 나는 중국인으로서 부끄러움을 느낀다.'[49] 어느 여대생 또한 안중근에 탄복하여, 매우 깊이 자책하며 감탄하는 글을 남겼다.

중국인은 스스로 그 어떤 것도 해내지 못했다. 다른 나라의 영웅이 와서 목숨을 바쳐 정의를 실현하게 하다니. 우리는 너무나도 무능력하지 않은가. 이러면서 애국에 대해 도대체 무슨 말을 할 수 있겠는가![50]

2008년 6월 안중근의 서예 작품 〈적을 마주하면 먼저 나아가고,

---

48) 张宏杰, 《中国人的性格历程(第一部分)》
   (http://book.hqdoor.com/html/14338/21756.htm)
49) 施曉宇, 〈遥祭安重根〉, 《厦门文学》第九期, 2008.
50) 猴三小妖, 《9·18感想》, 2007. 9. 18.
   (http://blog.tianya.cn/blogger/post_show.asp?BlogID=1008136&PostID=11059605)

장수가 되어 의로움에 힘쓴다(臨敵先進 爲將義務)〉의 경매소식이 중국
뉴스에 방영되었는데, 당시 언론매체들은 이 일을 보도하면서 다음
과 같이 말하였다.

> 안중근의 의거는 안위만을 좇으며 그럭저럭 살아가던 같은 시대의 중국
> 인들에게 열등감을 느끼게 했을 뿐만 아니라, 오늘날의 중국인들에게도 큰
> 감동을 주어 분발하도록 만들었다.
>
> 우리들은 마치 성지를 순례하는 마음가짐으로 다른 이(안중근)를 우러
> 러보면서 여기에서 정신적인 힘을 얻어야 한다.'[51]

이처럼 지금의 중국인들은 안중근을 높이 사면서 중국인들 가운
데 그와 같이 영웅적인 인물이 출현하지 않았던 것에 대한 부끄러움
을 토로하고 있었다. 이것은 그들이 현재 중국 정부의 나약한 대일對
日태도와 외교정책에 불만을 품고 있기 때문이다. 위의 스시아오위
가 부끄러움을 느꼈던 까닭이 바로 '한국이 일본에 대해 강경한 입
장을 보이고 있는 것에 견주면 중국은 실로 너무나도 나약한 노선을
취하고 있기' 때문인 것이다. 2006년 한국의 청년들은 일본 고이즈
미 총리의 야스쿠니 신사 참배에 대하여 마치 안중근이 예전에 그랬
던 것처럼 손가락을 잘라 그들의 항의의사를 표명하였다. 이로 말미
암아 중국인들은 또 부끄러움으로 얼굴을 붉힐 수밖에 없었다. 그래
서 일본 정치인들이 야스쿠니 신사에 참배하려 한다거나, 우익 역사
교과서를 채택한다거나 하는 문제로 도발할 때마다 중국인들은 곧바
로 안중근을 떠올리고는 한다. 안중근은 그저 한국에만 속한 인물이

51)《刺殺伊藤博文的韓国义士安重根絶笔书法惊现国内》, 中广网.
　　(http://www.cnr.cn/2004news/whyl/200806/t20080618_504833072.html)

아니라, 중국 반일정신의 상징이기도 한 것이다.

중국인은 안중근을 줄곧 애국지사의 모범적인 예이자 외세의 침략에 맞선 영웅으로 형상화해 왔다. 하지만 이러한 흐름의 밑바탕에는 무엇인가 남의 손을 빌어 대신 자신의 문제를 해결한 것 같은 느낌이 있는 것도 사실이다. 그리하여 중국인들은 시대의 변화에 따라 달라진 현실 속에서 각각 다른 맥락으로 안중근의 의거에 찬사를 보내고 있다고 할 수 있다.

3. 협객의 상징, 안중근

짱타이옌章太炎은 안중근을 '아시아에서 제일가는 의로운 협객'이라고 치켜세웠다. 여기에서 중국인들이 일반적으로 가지고 있는 안중근에 대한 인상 가운데 또 하나를 발견할 수 있다.

사마천은 《사기》에 자객전刺客傳과 유협전遊俠傳을 엮어 넣었다. 이처럼 중국에서는 예로부터 협객의 의로움을 논하는 유서 깊은 문화가 존재하고 있었다. 근대에 이르러서는 의협심이 나라를 구하는 데 빠질 수 없는 필수조건으로 장려되기도 하였다. 짱타이옌은 자기 수양을 위한 책 가운데 특히 《예기禮記》의 〈유행儒行〉편을 중요하게 여겼다. 그는 지식인이라면 마땅히 유행에서 제창하고 있는 의협심을 길러 '유가의 도를 기본으로 하여 협객의 면모까지 갖추어야〔以儒兼俠〕' 나라를 구할 수 있을 것이라고 여겼다.[52] 짱타이옌의 제자 황칸은 특별히 〈석협釋俠〉이라는 글을 쓴 적이 있다. 그는 여기에서

---

[52] 章太炎, 《答张季鸾问证书》(1935. 6. 6.), 《制言》第24期, 1936. 9., 2쪽. 朱维铮, 姜义华이 편집한 《章太炎选集(注释本)》(上海人民出版社, 1981) 637쪽에 수록되어 있다.

'협의 뜻은 많은 타인들을 마치 자신의 옆구리에 낀 것처럼 여겨 그들을 도와주는 것을 인생의 뜻으로 세운 것을 말한다'라면서 '유가를 따르는 사람들은 인과 의를 이야기한다. 이 인의의 위대함은 협이라는 가치를 차치하고서는 행할 수 없게 된다'라고 적고 있다. 황칸 본인 또한 스스로를 협객이라고 자처하고 나섰다.

이와 같은 사상을 가진 지식인들은 이 밖에도 적지 않았다. 난셔의 회원들만 놓고 보아도 스스로의 호를 분남어협汾南漁俠이라고 지은 저우즈치周芷畦(?~1933), 강좌유협江左儒俠이라고 호를 지은 황모시黃摩西(1866~1913), 감호여협鑒湖女俠이라는 호의 치우진秋瑾이 있었다. 《대공보》 신문사를 주관했던 장찌루안張季鸞 또한 호방하고 의협심이 강한 인물이었다. 그는 어질고 자비로운 의협심이 기자정신의 근간을 이루고 있다고 생각했기 때문에, 자신이 주관한 신문사의 기자들에게도 협객과 같은 정신을 가질 것을 주문했다.53) 왕판시王凡西는 5·4운동을 전후한 시기에 일어났던 사상적 변화의 흐름을 회고하면서 당시 자신의 사상은 의협심과 신사상의 결합물이었다고 말한다. 다만 그는 점점 시간이 흐르게 되면서 신사상이 차지하는 부분이 의협심의 자리까지 차지하게 되었다고 서술하고 있다. 리다자오의 〈얼음과 눈이 뒤덮인 곳의 두 소년[氷天雪地兩少年]〉이라는 글 또한 작가의 의협심을 완연히 드러내고 있다. 안중근에 대한 전기를 지은 청위도 '의협심을 좋아하'54)였고, 박은식이 지은 《안중근전》에 시를 써넣은 저우쩡진周曾錦55)도 '항상 자객 이야기를 읽으며 의협심을 실

53) 王松年, 《大公报在天津》, 《文史资料存稿选编·文化卷》, 中国文史出版社, 2005, 9쪽.
54) 王树楠, 〈题白葭居士韩义士安重根传后四十韵〉, 程淯, 《安重根》 上篇, 5쪽.
55) 저우쩡진周曾锦. 자는 찐치晋琦이다. 지양쑤江蘇 통저우通州 사람이다. 광서 병오년에 과거에 합격하여 저장浙江 현승縣丞을 지냈다. 저서로는 《藏天室诗》, 《卧庐词话》이 있다. 저우쩡진은 진저롱金澤榮과 왕래가 있었다.

행에 옮기기를 매우 좋아한다'[56]고 하였다.

강한 의협심을 지닌 중국인들의 눈에 안중근은 역시나 은혜와 원수를 갚을 줄 아는 정의로운 협객의 모습으로 비춰졌다. 안중근이 '팔을 치켜들고 나라의 원수를 죽이니 그의 일격에 사람들은 혼비백산하였다.'[57] 협객은 사람들로 하여금 존경심이 우러나오도록 하는 존재이다. 그들은 의로움을 중시하였을 뿐만 아니라, 절박한 상황에 빠진 백성들이 취할 수 있는 최후의 저항이자 그들이 기댈 수 있는 최후의 보루로서 상징적인 뜻을 갖는다. 협객은 이 세상에 존재하는 정의의 화신이다. 그렇기 때문에 협이라는 가치는 인仁과도 통한다. '협객 가운데 훌륭한 경지에 오른 이는 나라와 백성을 위할 줄 안다'는 말도 이러한 뜻에서 나온 것이다. 황칸은 '훌륭한 협객이 아니라면 그 누가 자신이 위험에 빠지더라도 끝까지 자신이 품은 뜻에 믿음을 갖고 백성들의 고통을 잊지 않을 수 있겠는가? 과거의 성현들은 세상이 타락한 것을 비통해하고 백성들이 직분을 다하지 못하는 것을 슬퍼하였다. 그들은 궁핍해지거나 재난을 만난다고 하여도 천하를 구하려는 마음은 변하지 않았다. 이것이 협객의 지조이다'라고 하였다.

일반적으로 중국인들은 안중근의 의협심을 강조한다. 타오이는 청위의 《안중근전》에 다음과 같은 에필로그를 남겼다. '거사를 한 번 일으키니 온 국민이 쾌재를 불렀다. 크게 웃으며 죽음도 두려워하지 않는 안중근과 같은 이를 의로움과 절개를 갖춘 대장부라 부르지 않을 수 있겠는가!'[58] 왕슈난王樹柟도 안중근이 원수를 암살한 것을 일러 '하늘을 우러러 크게 한 번 웃고 나서 달갑게 사로잡혀 꼼

56) 周曾锦, 〈读安重根传〉, 朴殷植, 《安重根》, 大同编辑局, 1914, 19쪽.
57) 위의 글, 위의 책, 21쪽.
58) 陶毅, 〈书安重根传序〉, 程淯, 《安重根》上篇, 3쪽.

짝달싹할 수 없게 되었구나. 협객의 풍모가 넓은 하늘을 뒤덮으니 큰 기러기 울음소리가 바다를 에워싸고 울려 퍼진다'[59]고 표현하였다. 우추안치吳傳綺는 그의 시 〈의협심이 강한 열사[俠烈行]〉[60]에서 '안중근의 이름은 만 대를 걸쳐 전해지리라. 조선에서 이 의협심이 강한 열사가 나왔으니 조선은 비록 망했어도 영광스러운 일이 있구나'[61]라고 읊으며 안중근을 칭찬하였다. 양난춘楊南邨은 《망국통사亡國痛史》에 수록한 〈한국의사소전韓國義士小傳〉에 딸린 평론에서 '한국이 멸망하자 의사義士들이 구름처럼 피어올랐다. 민영환의 충정이 장렬하게 불타올랐던 것으로부터 시작하여 안중근의 의협심에까지 다다르게 되었으니 ……'[62]라고 평하였다. 그에게는 민영환과 안중근이 품었던 정신이 서로 다르게 다가온 것으로 보인다.

중국인들의 뇌리에 안중근은 협객의 이미지로 아로새겨져 있었다. 이 때문에 중국인들은 안중근을 형가荊軻와 같은 중국의 역사적인 협객들과 비교하기를 즐겼다. 이러한 경향은 현재까지 줄곧 이어지고 있다. 1914년 대동편집국에서 출판한 《안중근전》에 수록된 작품만 보아도 많은 작가들이 안중근을 형가나 장량과 같은 이들과 연관시켜 평가하였다. 천위엔춘陳鴛春은 〈안중근 선생을 조문하며[弔安重根先生]〉이라는 시에서 안중근을 장량張良에 빗대어 다음과 같이 노래하였다. '어찌 모든 이들이 언제나 장량처럼 박랑사博浪沙에서 진시황을 암살하려 할 수 있겠는가. 이웃나라들은 감히 한국이 망했다고 말하지 못한다.'[63]

59) 王树楠, 〈题白葭居士韩义士安重根传后四十韵〉, 程淯, 《安重根》 上篇, 5쪽.
60) 행行은 시의 한 형식이다(역자 주).
61) 吴传奇, 〈侠烈行, 白葭居士属作〉, 程淯, 《安重根》 上篇, 6쪽.
62) 杨南邨, 《亡国痛史》, 上海进益学社, 1928, 76쪽.
63) 陳鴛春, 〈弔安重根先生〉, 朴殷植, 《安重根》, 大同编辑局, 1914, 22쪽.

황찌캉黃季康은 형가에서 출발하여 안중근에 다다르는 연상법에 근거한 시를 지었다.[64] 또 저우쩡진은 '항상 자객 이야기를 읽으며 의협심을 실행에 옮기기를 매우 좋아한다'라는 말로 시의 시작 부분을 열면서, 중국 고대의 자객에서부터 안중근으로 시상의 흐름을 이동시켰다. 시인 장위엔치張元奇는 〈신문에서 안중근 최후의 날에 대한 기록을 읽고〔讀報紙安重根末日記書後〕〉라는 시에서 '박랑사에는 진시황이 탄 수레가 있었고, 진나라의 궁궐을 겨눈 비수가 있었다. 많은 자객들은 무수히 기회를 놓쳤지만 안중근만은 불후의 명성을 얻었다'[65]라고 적었다. 여기에서도 마찬가지로 장량과 형가를 언급하고 있다.

청위가 지은 《안중근》에 새로 수록된 시에서도 이러한 경향을 찾아볼 수 있다. 이슌딩은 중국 고대의 협객들인 형가, 장량, 전제專諸, 섭정聶政과 안중근을 비교하면서 오직 안중근만이 나라의 원수를 갚는 데 주체적으로 나섰기 때문에 그만이 진정한 협객[66]이라고 말하였다. 현대인 스시아오위 또한 '2천여 년 전 진나라 왕을 암살하려 했던 중국 협객 형가가 어떻게 생겼는지, 어떤 표정을 하고 있었는지는 아무도 모르지만, 자신은 사진 속 안중근의 표정을 보고나서는 곧바로 형가를 떠올릴 수 있었다'[67]고 하였다.

어떤 때는 안중근의 명성이 형가와 장량를 뛰어넘기도 하였다. 청위는 《안중근》의 서문에서 '안중근은 형가와 장량보다 뛰어나다'[68]라고 언급하였다. 차스뚜안査士端은 시에서 '원수의 옷을 피로 물들이고자 하는 일에 어찌 이 한 몸 상하는 것을 아까워할까. 옷으

---

64) 黃季康, 〈感安重根事〉, 朴殷植, 《安重根》, 大同編輯局, 1914, 17~18쪽.
65) 张元奇, 〈读报纸安重根末日记书后〉, 《知稼轩诗·辽宁集》.
66) 易顺鼎, 〈题安重根传后〉, 程淯, 《安重根》 上篇, 6~7쪽.
67) 施曉宇, 《遥祭安重根》(上), 2008. 1. 11~15.
   (http://blog.sina.com.cn/s/blog_4a52ac6601008nh0.html)
68) 〈序〉, 程淯, 《安重根》 上篇, 1쪽.

면서 진시황이 탄 수레를 겨누었으나 실패하니 장량은 아녀자일 뿐이다'[69]라고 읊기도 하였다.

비록 암살과 같은 행동의 시시비비에 대해서는 사람에 따라 그 의견을 달리 할 수도 있다. 하지만 암살은 특수한 시기에 특수한 수단을 취하여 일어난 일이라는 점과 충성과 의로움을 바탕으로 한 자객이 죽음을 두려워하지 않는 기개를 펼쳐보였다는 점에서 사람들에게 큰 감동을 주는 것이다. 형가가 진시황을 암살하러 가면서 부른 '바람이 솔솔 불어오니 역수易水가 차가워지는구나. 장사는 한 번 가면 다시는 돌아오지 않는구나'라는 노래에 드러난 비장함와 처량함은 당시 현장에 있던 장병들로 하여금 눈물과 콧물범벅이 되도록 울게 만들었다. 오늘날의 우리들도 이 시를 읽게 되면 마찬가지로 무한히 가슴이 뜨거워지는 것을 느끼게 된다.

중국인들은 형가를 바라볼 때와 동일한 시선으로 안중근을 바라본다. 중국인들은 단순히 안중근이 행한 암살이라는 행위에만 주목하는 것이 아니라 형가와 비슷한 처지에 처했던 그의 어려운 환경에 더욱 주목한다. 실제로 안중근은 암살을 행동에 옮기기 전, 뜻을 같이 하는 이들과 함께 깊은 밤 희미한 등불만이 밝혀진 하얼빈의 여관에 모여 마음속에 가득한 슬픔과 분노를 격앙된 어조로 노래하였다. '대장부는 세상에 태어나면 그 뜻을 크게 하여야 한다. 시대가 영웅을 만들고, 영웅이 시대를 만든다. 영웅이 천하를 보니 대업이 이루어지길 기대할 수 있겠다. 삭풍은 차갑게 불어오지만 내 피는 뜨겁게 끓어오른다. 기개를 갖고 한 번 떠나가면, 목적에 모두 도달할 수 있으리니.'[70] 여기에서 느낄 수 있는 비장함과 처량함은 형가

69) 査士端, 〈安重根传感赋〉, 朴殷植, 《安重根》, 大同编辑局, 1914, 22쪽.
70) 滄海老紡室稿, 〈安重根传〉, 朴殷植, 《安重根》, 大同编辑局, 1914, 17쪽.

에 견주어도 조금도 퇴색함이 없다.

리쯔푸李芝圃도 《조선망국사》에서 안중근의 이토 히로부미 암살 사건을 서술하며 감탄을 금치 못했다.

> 예전부터 협객들이 들고 일어나는 일은 나라의 행보가 난국에 빠졌을 때 많이 일어났다. 여섯 나라가 진나라로 합병되지 않게 하고자 형가가 어떻게 자신의 생명을 바쳤던가? 지백智伯이 진晉나라를 멸망에 빠뜨리지 않게 하려고 예양豫讓이 어떻게 고생길을 선택했던가? 어질고 의로운 사람들은 시대의 흐름에 압박을 받아 생명을 희생할 수밖에 없었다. 그들은 이로써 세상에 큰 흔적을 남겼다.[71]

한옌은 안중근이 암살이라는 수단을 선택한 것은 어쩔 도리가 없었던 일이었다는 점을 강조하면서 이렇게 말한다. '십만에 이르는 강토와 삼도三島의 유민들을 모아 한수漢水에서 결전을 가리게 할 수도 없다. 게다가 그 미칠 것 같은 마음을 표출하지도 못한다. 이는 마치 머리를 삭발하고 철로 만든 고리를 목에 채운 형벌 속에서 죽을 때까지 평생을 보내는 것과 같다. 그 억울하게 맺힌 마음을 말도 못한 채 풀 데가 없으니, 결국 자신을 사리지 않고 몸과 머리를 부수어 망국의 치욕을 푼다.'[72] 그렇기 때문에 안중근의 의거는 당시 절망적인 상황에 빠져있었던 한국이 취할 수 있었던 최후의 반항이자 의협심에서 우러나온 행동으로서, 사건의 본질이 세상 사람들을 감동시키기에 충분한 것이었다고 본 것이다. 물론 그 시시비비와 득실은 후세 사람들이 평가할 영역에 속한다고 할 수 있겠다. 그리하

---

71) 李芝圃, 《朝鮮亡国史》第四編, 直隶教育图书局印书处, 1911, 75~76쪽.

72) 韓炎, 〈安重根序〉, 朴殷植, 《安重根》, 大同編輯局, 1914, 4쪽.

여 리쯔푸도 안중근이 시대의 압박을 이기지 못하고 '결국 배수진을 치고 천하를 놀라게 한 의거를 일으켰구나. 자신을 알고 자신의 죄를 아는 일은 천하 후세인들의 생각을 두루 들어야 할 뿐이다'[73]라고 하였다.

안중근은 스스로 자신에게 죄가 없다는 점을 강조하였다. 만약 그에게 죄가 있다면, 그 죄는 자신이 약소국인 한국 국민이라는 데 있다고 하였다. 우리는 여기에서 안중근이 스스로 처한 상황에 대해 어떻게 인식했는지 알 수 있다. 실제로 이러한 그의 인식이 사실이었기 때문에 그가 갚은 것은 개인적인 원한이 아닌 나라와 국민의 원한이었다. 이른바 '망국의 한을 가슴 아파하여 죽음을 맹세코 원한을 갚을 것을 다짐한다'[74]는 말이 여기에 해당될 것이다.

쑨원孫文은 기념글에서 '그의 공로가 삼한을 덮고 그의 명성은 만국에 휘날렸다. 살아서는 백 년을 가지 못했지만, 죽어서는 그 이름은 천추에 남을 것이다. 약한 나라는 죄인이고 강한 나라는 재상과 같으니 설사 장소를 바꾼다고 하여도 이토 히로부미는 재상의 자리에 있을 것이다'라고 적었다. 바로 안중근과 이토 히로부미가 처한 서로 다른 환경에 주목함으로써 안중근의 정신을 드러내고자 한 것이다.

당시 혁명파가 주축이 되어 운영하던 《민우일보》 또한 암살이라는 수단은 근대 이후 민족들 사이의 경쟁에서 나타난 특수한 수단이라면서 고대의 정황과는 이미 큰 차이가 있다는 점을 분명하게 주장하였다. 이 신문은 서로 다른 민족 사이에 일어난 암살을 일러 '종족암살'이라고 불렀다. 여기에서 종족암살은 열강이 약소국을 병합하려는 것과 연관이 있다. 따라서 '세계 곳곳에서 일어나는 종족 사이

---

73) 李芝圃, 《朝鮮亡国史》第四编, 直隶教育图书局印书处, 1911, 76쪽.
74) 罗治霖(罗伽陵), 〈谨题安重根先生传〉, 朴殷植, 《安重根》, 大同编辑局, 1914, 21쪽.

의 암살은 모두 정치적 색채를 띠고 있기 때문에 종족암살이라고 칭하는 편보다는 정치암살이라고 일컫는 편이 더 낫다'[75]고 하였다. 민족 사이의 경쟁이라는 화두에 초점을 놓고 본다면, 이토 히로부미는 한국에서 '한국인의 종자를 말리고 한국을 망하게' 하려는 정책을 폈기 때문에, 인과응보의 법칙에 따라 당연히 한국인에게 피살당하는 최후를 맞을 수밖에 없었다고 할 수 있다.

형가는 진시황제를 암살하려 했으나 실패하고 말아 결국 연나라는 멸망하게 되었다. 그러나 안중근은 이토 히로부미를 암살하는 데 성공했는데도 한국은 오히려 더 빨리 망국의 길에 접어들게 되었다. 이로 미루어보아 암살이 좋은 구국책은 될 수 없다는 점은 분명해 보인다. 당시 일본 고베神戶에 있던 량치차오는 안중근의 이토 히로부미 암살 소식을 들은 후, 암살은 쓸모없는 일이라 여기고 '안중근의 용기는 귀엽지만 그의 우둔함은 가엾다'[76]라고 하였다. 안중근은 의거를 행하기 전 홍석구(조셉 빌렘) 신부에게 '이천오백만 동포들에게 전합니다. 평화롭고 정당한 수단으로써 조국의 실질적인 독립을 지키십시오'[77]라고 말했다는 자료도 보인다. 그는 한국인들이 평화로운 수단으로서 외래의 침략에 맞서기를 바랐지, 모두가 자신을 모방하기를 원하지는 않았다.

1991년 출판된 리쯔푸의 《조선망국사》는 안중근의 의거 이후 단기간의 시간에 대한 본인의 관점을 실었다. 리쯔푸 또한 암살은 효과적인 구국책이 아니라는 데 의견을 같이 하고 다음과 같이 말하였다.

독한 약은 겉에 드러나는 것을 다스릴 수 있지만 근본적인 것을 기르는

---

75) 社论, 〈论伊藤监国暗杀案(二)〉, 《民吁日报》, 《安重根》, 大同编辑局, 1914年, 9쪽에서 재인용.
76) http://www.xinhui.gov.cn/export/xhsz/lqcsh/Lqc20.htm
77) 程淯, 〈安重根传〉, 程淯, 《安重根》 上篇, 3쪽.

데 도움을 줄 수는 없다. 벼락과 같이 빠른 수단으로는 땅을 부수는 일을 논할 수 있겠지만 그것을 보존하는 일에 대해서는 논할 여지가 없다. 이토 히로부미를 암살하기 이전에 한국은 조국을 위하여 그래도 짧은 시간이나마 끌 수 있었다. 그러나 이토 히로부미를 암살한 뒤로는 일촌一寸의 시간이라도 벌어보고자 하여도 그럴 수 없게 되었다. 안중근은 멸망의 일로에 빠진 조국을 구하고자 하였지만, 오히려 그 멸망에 가속도를 붙여주고 말았다. 참으로 슬프구나!78)

리쯔푸가 지닌 안중근의 의거에 대한 시각은 량치차오와 같다고 할 수 있다. 그는 비록 안중근의 의거가 눈물겨울 만큼 감동적이지만, 그 실상은 매우 가여운 것이라고 여겼다.

5·4운동이 일어나기 전, 청위의 《안중근》에서는 외적을 암살하는 일에 이점이 없다고 하였다. 이 책에서는 만약 형가가 진시황제의 암살에 성공하였다면 아마도 연나라를 멸망의 구렁텅이에서 구해낼 수도 있었을지도 모른다고 말한다. 하지만 근대국가는 고대국가와는 근본적으로 다르기 때문에 안중근이 암살에 성공했었다 한들 구국에 보탬이 될 수는 없었을 것이라고 예측하였다. 책에서는 그 이유를 다음과 같이 밝힌다. 근대국가의 시스템에서는 '일단 이토 히로부미가 사망한다고 하여도 일본의 오천만 국민 모두가 제2의 이토 히로부미가 될 수 있다. 입헌국가의 국가주의에 바탕을 둔 교육은 이러한 일을 가능케 한다. 이럼에도 진시황을 암살한 일과 안중근의 의거를 어떻게 견줄 수 있겠는가!'79)

또한 청위는 이토 히로부미와 같은 외적을 암살하는 것보다는

---

78) 李芝圃, 《朝鮮亡国史》第四编, 直隶教育图书局印书处, 1911, 76쪽.
79) 程淯, 〈序〉, 《安重根》上篇, 1쪽.

오히려 이완용과 같은 매국노를 암살하는 것이 낫다고 주장하였다. 그러나 그의 주장에서 안중근의 의거는 사실상 일종의 핑계이다. 그는 안중근을 빌미 삼아 중국 국내 사정을 이야기하려고 하였던 것이다. 그러나 당시 타오용은 매국노를 암살하는 것 또한 쉬운 일이 아님[80]을 이미 지적한 적이 있다. 페이슈웨이는 외적들의 꼬임이 있기만 하면 어디에서든 매국노들은 나타날 것이라고 말했다. 따라서 적과 싸울 때는 그 우두머리를 잡아야 하므로 우선 외적을 죽이는 일이 급선무라는 점을 분명히 하였다.[81]

한국에서는 이명재가 이완용을 암살하려고 시도하였지만 이완용이 부상을 당하는 선에서 그치고 만 사건이 있었다. 그러나 당시의 한국이 처한 제반 환경을 고려해 보았을 때, 외적이든 매국노든 그 누구를 암살한다 할지라도 이미 멸망의 수렁에 빠진 나라를 구할 수는 없었으리라고 보인다. 그 뒤 3·1운동이 일어나자 중국의 많은 지식인들은 한국인의 평화로운 항거를 찬양하고 나섰다. 추안쓰니엔傳斯年은 한국인들의 비무장혁명이 '혁명계에 새로운 기원을 세웠다'면서 3·1운동의 가치는 무장독립운동에 견주어 훨씬 높다'라고 추켜세웠다. 그는 무장독립운동사는 깨끗하지 못하거나 예상하지 못한 나쁜 일들을 불러오기 때문에 완전한 정의의 결정체라고는 할 수 없다[82]고 하였다. 당시 차이위엔페이蔡元培와 같이 암살을 강하게 주장하던 사람조차도 조선은 마땅히 평화로운 수단을 통하여 독립을 쟁취하여야 한다고 말했다.

1921년 8월 차이위엔페이 등의 인사들이 미국 하와이 호놀룰루에서 태평양협회가 주최한 태평양교육회의에 참가하였다. 차이위엔

---

80) 程濟, 위의 책, 8쪽.

81) 같은 책, 13쪽.

82) 孟真, 〈朝鮮独立运动中之新教训〉,《新潮》第一卷 第四号, 687쪽.

페이는 한국 대표단이 각국 대표들을 영접하는 연회에서 한국의 독립은 신문화를 창조해나가는 길을 통하여 이루어지기를 바란다[83]는 내용을 골자로 연설하였다. 황옌페이黃炎培 또한 교육을 발달시키고 전문가를 양성하여 인류에 공헌하면 열강들이 한민족을 감히 얕볼 수 없을 것이라고 주장하였다. 그는 '이것이 생존의 길을 구하는 약자가 잊어서는 안 되는 밝고 정당한 길이다'[84]라고 밝혔다.

안중근이 암살을 실행에 옮긴 이유는 의병운동이 실패로 돌아가고 새로운 독립운동이 일어나기 전 택할 수밖에 없었던 임시방책이었기 때문이다. 우리들 또한 의병운동에서 독립운동으로 옮겨가는 과도기라는 배경을 염두에 두고 이에 접근해야 비로소 안중근의 의거가 한국근대사에서 갖는 의의를 보다 잘 이해할 수 있게 된다. 어떤 의미에서 보면 이러한 암살이 갖는 상징적인 의미는 그 사건의 실제적 의미보다 더 크다고 할 수 있다. 타오이가 이미 말한 것처럼, 안중근도 정치적인 개혁을 통하여 한국을 부강하게 만들고 싶었을 테지만, 당시의 시대적 상황이 갖는 한계 때문에 이를 실행할 방법이 없었다. 그래서 그는 어쩔 수 없이 암살을 실행하게 되었던 것이다. 암살은 비록 좋은 방법은 아니었지만, 그렇다고 여기에서 아무런 의미도 찾을 수 없는 것은 아니다. '오늘날 멸망한 조선의 유민들이 저녁 기운을 도리어 아침 기운으로 바꾼 것처럼, 꺾이지 않는 의지를 갖고 앞서 나간 이가 쓰러지더라도 뒤쪽에서 다른 사람들이 계속 나아가게 된다. 이는 모두 조선의 유풍이 이어져 내려온 것이다. 아아, 안중근과 같은 이를 의롭고 강직한 대장부라 일컫지 않을 수 있겠는가!'[85]

83) 蔡元培, 〈在高麗代表招待太平洋教育会议各国代表时的演说词〉, 中国蔡元培研究会 編, 《蔡元培全集》第4卷, 浙江教育出版社, 1997, 389쪽.
84) 黃炎培, 《朝鮮》, 商务印书馆, 1929, 14쪽.

청나라 말기는 시대적으로 암살을 숭상하던 분위기가 팽배해 있
었다. 혁명당원들은 많은 암살단을 조직하였고, 수차례에 걸쳐 암살
을 실행에 옮기기도 하였다. 차이위엔페이는 심지어 암살과 폭력이
혁명을 성공으로 이끄는 양대 산맥이라고 보고 스스로 암살단에 참
여하였다. 뿐만 아니라 그는 애국여학교에서 여학생들을 훈련시켜
암살을 시행에 옮기게 하였다.[86] 안중근이 의거를 일으켰을 당시
《민우일보》는 사설에서 '암살자와 혁명가들은 방법을 보충하고 기
능을 바꿔야한다'[87]고 말했다.

그러나 많은 사람들은 송찌아오런宋敎仁 암살 사건[88]이 발생한
뒤 암살에 대해 생각을 바꾸게 되었다. 량치차오는 〈암살의 죄악暗殺
之罪惡〉이라는 글에서 모든 종류의 암살을 공개적으로 비판하였다.[89]
그러나 5·4운동이 일어난 즈음 또 암살을 제창하고 나선 인물들이
있었는데, 전술한 청위의 《안중근전》이 바로 안중근의 암살 사건을
빌어 매국노를 암살하자는 주장을 펴던 책이다. 또한 젊은 학생들은
안중근을 모방하여 암살단을 조직하고 열강의 우두머리와 국내의 친
일파를 암살하고자 사전 준비 작업에 착수하기도 하였다. 앞서 말한
바와 같이 당시 톈진의 젊은 학생들은 〈안중근〉이란 연극을 무대에

---

85) 陶毅, 〈书安重根传后〉, 程淯, 《安重根》 上篇, 4쪽.
86) 周天度, 《蔡元培传》, 人民出版社, 1984, 30~34쪽; 蔡元培, 〈我在教育界的经验〉, 《蔡元培全
集》 第8卷, 浙江教育出版社, 1997, 507쪽.
87) 社论, 〈论伊藤监国暗杀案(二)〉, 《民吁日报》, 《安重根》, 大同编辑局, 1914, 9쪽에서 재인용.
88) 1913년 치러진 국회 선거에서 국민당은 압승을 거두었다. 이에 따라 다수당인 국민당
이 주체가 되어 책임내각을 구성하고 대리 이사장인 송찌아오런이 내각 총리에 나설
예정이었다. 당시 군벌의 우두머리인 위안스카이는 그가 민주헌법 제정을 요구하는
자신의 최대 정적이라 여기고 송찌아오런을 회유하려 하였으나 실패로 돌아갔다.
1913년 3월 20일, 송찌아오런은 기차역에서 위안스카이가 보낸 자객의 공격을 받아
그 다음날 사망하였다(역자 주).
89) 梁启超, 〈暗杀之罪恶〉, 《饮冰室合集》 文集之三十, 7쪽.

올리기도 하였을 뿐만 아니라, 각오사覺悟社라는 진보단체를 조직하여 안중근을 모방한 암살단을 만들었다. 여기에서는 마쥔馬駿과 리우칭양劉淸揚을 자객으로 뽑아 마리앙馬良과 같은 친일관료와 군벌을 암살대상으로 삼았으나 그들은 암살에 대해 아는 바가 없어 실제로 착수하지는 못했다. 그들은 결국 암살은 수준이 떨어지는 책략에 불과하다고 여겨 포기하고 말았다.[90]

1921년 이바이이샤易白沙는 실제로 베이징에 가서 북양군벌의 우두머리를 암살하려고 시도하였으나 실패하였다. 그 뒤 중국 국내에서는 국민당의 혁명운동이 일어나 뜻이 있는 자들은 혁명의 흐름 속에 참여하였다. 이때 물론 암살 사건이 아주 없었던 것은 아니었지만, 암살이 구국을 위한 근본적인 해결책으로 제창되는 일은 사라지게 되었다.

정리하자면, 후세의 사람들이 안중근의 의거에 대해서 가장 분개한 점은 유감스럽게도 다음과 같은 것이었다. '하늘은 진나라와 같은 강국을 보우하니 이완용, 이용구, 박제순과 같은 이들은 달갑게 나라를 팔아먹고 일본의 앞잡이 노릇을 한다. 군자들은 모두 이토 히로부미를 죽이기만 하면 인仁을 이루었다는 허영심을 갖게 된다.'[91] 이러한 상황이 주는 비장함과 처량함은 사람들에게 강한 감화력을 지닌다. 1919년 후난湖南 창사長沙에서 한 여인이 자신의 혼사를 부모가 독단적으로 처리한 것에 반항하여 자살할 때, 어떤 이는 그녀의 절개를 안중근에 빗대어 말하였다.

제군들이여, 우리들은 그녀가 스스로 희생할 줄 알았던 사람이었음을 인정해야 한다. 이렇게 인정하는 일이 굳이 그녀를 위한 것이라고 생각할

---

90) 《刘清杨传》第五章 《五四烽火（中部分）》
(http://jianghao.66.blog.163.com/blog/static/11465134420094l6452799/)

91) 杨南邨, 《亡国痛史》, 第77页.

필요는 없다. 그러나 다만 두려울 뿐이다. 안중근 의사와 같은 이가 희생되었지만 조선이 여전히 다른 이의 식탁에 오르게 된 생선살과 같은 신세로 변하고 말았다는 것이. 이러한 상황이야말로 세상을 떠난 조씨 여인으로 하여금 저승에서 소리 죽여 울게 할 것이리라.[92]

4. 평화사절의 상징, 안중근

오랫동안 중국인들은 안중근이 쓴 《동양평화론》에 관심을 두지 않았다. 중국에서 출판된 안중근 관련저작물 가운데 박은식의 《안중근전》만이 비교적 일찍 그의 《동양평화론》에 주목하기 시작하였다. 중국 각지를 떠돌던 박은식은 안중근이 이토 이로부미를 암살한 것은 단순히 한국의 복수를 위한 것만이 아니라 동양의 평화를 위한 것이었다는 점을 역설한다. 그는 '안중근이 세계를 바라보는 넓은 시각에서 출발하여 평화사절의 역할을 자처하였다'[93]라고 말하였다. 이는 안중근의 의거가 중국과 갖는 관련성을 강조하여 중국인으로 하여금 한국 독립운동에 공감대를 형성하게 하고, 나아가 지지의사를 표명하도록 하려는 의도가 깔린 것으로 보인다. 이 책의 서문을 썼던 저우하오도 박은식의 관점에 동의하면서 일반 중국 대중들이 안중근의 큰 뜻을 이해하지 못한다며 비판하기까지 하였다.[94] 저우하오의 논지는 안중근이 한국의 공신功臣일 뿐만 아니라 중국의 공신이며, 나아가 세계의 공신이라는 점을 강조하고자 하는 데 있었다. 박은식이든 저우하오든, 이 두 인물들은 모두 실상 동양과 평화의 본질에 관

---

92) 〈赵女士自杀案的(舆论)·新曼君投稿〉, 《大公报》, 1919. 11. 20.
93) 滄海老紡室稿, 〈安重根传·绪言〉, 《安重根传》, 大同编辑局, 1914, 1쪽.
94) 周浩, 〈安重根传序〉, 《安重根》, 大同编辑局, 1914, 3쪽.

심을 쏟지는 않았다. 물론 현재 우리들은 그들이 동양과 평화에 대해 구체적으로 어느 정도의 수준까지 알고 있었는지 알 길이 없다.

청위의 《안중근전》은 분명히 1918년 이후에 쓰였을 것이다. 이 책에서 안중근이 옥중에서 초고를 잡은 《동양평화론》에 대해 언급하면서 그 간단한 내용을 소개하고 있기 때문이다. '안중근은 옥중에서 동양평화론에 대한 초고를 썼다. 여기에서 그는 청나라와 일본, 한국의 연합회를 만들어 공립은행을 세우고 통용화폐를 발행하자고 주장하였다. 그의 책 전문에 이러한 주장이 잘 실려 있다.'95) 다만 청위는 안중근의 《동양평화론》에 대하여 어떠한 평론도 덧붙이지 않았다.

중국인의 입장에서 보자면, 사실 안중근의 《동양평화론》은 그다지 중국인의 찬성표를 얻을만한 이론은 아니다. 그는 동양평화를 지키려는 기대를 일본에 걸고 있었을 뿐만 아니라 일본을 동양의 맹주 자리에 위치시켰기 때문이다. 그는 갑오년에 발생한 중일전쟁에서 중국이 패한 것을 놓고 그 원인을 다음과 같이 지적하였다. '중국인들은 중화사상에 물든 대국의 풍모에만 신경을 쓴다. 그들의 오만함은 도를 지나쳤다. 뿐만 아니라 권신세족들이 권력을 독점하고 있으며, 위아래 세력 사이의 원만한 사회통합을 이뤄내지도 못하였다. 그랬기 때문에 중국인들은 이와 같은 치욕(중일전쟁에서의 패배)을 당하게 되었다.'96)

안중근은 동양평화를 일본만이 실현할 수 있다고 생각하였다. 그렇기 때문에 그는 1909년 중일전쟁과 러일전쟁이 일어났을 때까지도 여전히 일본이 동양평화와 한국 독립을 지켜줄 것이라고 진심으로 믿었다. 그는 일본이 한국을 보호국으로 전락시키고자 일으킨 침략행

---

95) 程淯, 〈安重根传〉, 程淯, 《安重根》 上篇, 3쪽.
96) 尹炳奭 译编, 《安重根传记资料全集 · 东洋和平论》, 韩国国家报损处, 1999, 187쪽.

위는 이토 히로부미의 개인적인 행동이라고 여겼다. 이토 히로부미가 일본 천황의 뜻을 어기고 사회 상하계층 모두를 속인 뒤 한국이 불평등조약을 맺도록 강제하였다고 생각한 것이다. 이러한 생각은 그가 재판정에서 유리한 고지를 점하고자 허울 좋은 답변을 계산하는 책략으로서 나온 것이 아니다. 《안응칠역사安應七歷史》에서 보면 그가 이범원李范元과 대화를 나눌 때 이렇게 이야기한 것이라고 한다.

안중근은 일본이 러일전쟁 이후 한국을 보호국으로 삼은 것은 다음과 같은 이유라고 말한다.

> 지금 이토 히로부미가 자신의 공을 믿고 교만하게 굴면서 주제넘게 잘난 체 하고 있다. 그는 안하무인으로 자만심이 하늘을 찔러 위로는 군주를 기만하고 아래로는 백성들을 살육하고 있다. 이토 히로부미는 이웃나라 사이의 의를 끊고 세계의 신의를 저버리고 있다.[97]

안중근은 전시 체제로 돌입하여 러시아 극동 지역 한인들의 의병활동에 참여하고 있을 때, 한일병합 이후 일본의 잔혹한 통치에 대해서도 분명하게 입장을 밝혔다.

> 이것은 모두 일본의 거물 정치가인 늙은 도적 이토 히로부미의 잔혹한 행위이다. …… 이토 히로부미는 위로는 천황을 기만하고 밖으로는 열강을 속여 그 귀와 눈을 모두 가린 채 마음대로 간사한 짓을 하면서 거리낄 것이 없다. 내 어찌 분노하지 않을 수 있겠는가! 우리 한민족이 만약 이 도적놈을 벌하지 않는다면 한국은 반드시 멸망하고 말 것이며 동양의 미래도 사라질 것이다.[98]

---

97) 尹炳奭 译编, 위의 책, 101쪽.

이렇게 안중근은 이토 히로부미를 시종일관 동양평화를 위협한 죄인이라고 일컬었다. 그의 암살은 이토 히로부미만을 겨냥한 것으로, 일본이라는 국가에 대한 저항에는 전혀 무게를 싣지 않았다. 이것이 바로 안중근 사상의 가장 큰 한계이다.

당시의 중국인들 가운데서도 안중근의 이토 히로부미 암살 사건을 묘사하면서 이 두 인물 사이의 대립관계를 서술하고자 하는 사람들도 있었다. 소설 《영웅루》가 바로 안중근과 이토 히로부미의 대립관계를 실마리로 삼아 내용을 전개한 작품이다.

물론 안중근도 자신의 이러한 인식을 쉽사리 정리하기는 어려웠을 것이다. 그는 자신이 일반적인 자객과는 다르다는 점을 강조하면서, 이 일은 한국 의군참모중장으로서 적국과 전투를 벌이던 동안에 발생한 일이라는 점을 분명히 하였다. 그런데 이런 논리를 바탕으로 주장을 하다보면 어느새 안중근은 일본의 침략을 국가 단위에서 진행시킨 행위로 본 것이 되며, 그의 암살 또한 일본 제국주의에 대한 항거가 된다.

이론적으로 살펴보자면, 안중근의 《동양평화론》은 인종주의의 입장에서 황인종과 백인종 사이의 갈등관계를 기본 틀로 삼아 동북아시아의 국제정황을 파악하려고 하였다. 그러나 당시 한국에 주요한 위협이 된 세력은 일본이었지 러시아가 아니었다. 때문에 주요 적대세력끼리 연합 형성하여 그 다음 가는 적대세력에 대항하자는 그의 주장에는 현실성이 거의 없어 보인다. 갑오년에 중일전쟁이 발발한 뒤, 사람들은 한국이 러시아가 아닌 일본에 의해 멸망할 것이라는 예측을 내놓았다. 러일전쟁이 발생하자 거의 모든 사람들이 한국이 일본에 의해 망하게 될 것이며, 이제 그 시기가 다가왔다는 것

98) 같은 책, 103쪽.

을 깨달았다. 또한 러시아는 더 이상 한국과 중국의 주요 위협세력
이 아니게 되었음을 확인하였다. 그런데도 안중근은 《동양평화론》
에서 여전히 포츠머스 조약에 있는 '일본이 한반도에 대해 우선권을
가진다'는 항목을 이해하지 못하는 모습을 보인다. 그는 오히려 일본
이 한반도를 점령하고자 한다 하더라도 그 근거로 일본이 백인종과
맺은 조약에 기입된 것을 참고하는 것은 적당하지 않다고 여겼다.[99]

게다가 이 《동양평화론》은 일본이 주장했던 동아시아 삼국연대
론이나 아시아주의와도 상통한다. 안중근은 동아시아주의라는 이 범
주 밖으로는 본질적인 사고를 전개시키지 못했다. 당시 신채호는 일
부 한국인들이 이른바 동양주의에 현혹된 믿음을 갖고 있다는 점을
비판한 적이 있었다. 이 동양주의는 동아시아의 모든 국가들이 서로
단결하여 서양세력이 동양을 점령하는 흐름을 막아보자는 것이었다.
그런데 신채호는 한국에서 동양주의를 제창하고 나서는 사람들은 나
라를 그르치려는 자가 아니면 외세에 빌붙는 자이거나 무지몽매한
이들로서, 국가를 우선순위로 놓은 채 실상 동양에는 거의 관심이
없는 자들이라고 비판하였다. 그들은 동양을 가장 중요한 위치에 놓
고 국가를 그 다음에 위치시키지는 못했으며, 따라서 그들의 동양주
의는 구국책이 될 수 없을 뿐만 아니라 도리어 나라를 찬탈하려는
도둑을 뒷받침하는 이론으로 변질될 수밖에 없다[100]고 하였다.

그러나 세월이 흘러 시대가 변하자 안중근의 《동양평화론》에 대
한 사람들의 인식에도 변화가 생겼다. 어떤 이들은 안중근의 《동양
평화론》에 이론적 바탕을 두고 동아시아 지역의 정치·경제공동체의

---

99) 같은 책, 91쪽.
100) 신채호, 〈동양주의에 대한 비평〉, 《대한매일신보》 1168~1169호, 1908년 8월 8~10
    일자, 단재신채호선생기념사업회 편, 《단재신채호전집》 하, 형설출판사, 1977(개정
    판), 88~91쪽.

이론을 펴나가기도 한다. 이들은 유럽연합의 예를 들면서 유럽연합의 논의가 오고 가기 36년 전에 이미 안중근의 선견지명에 힘입은 지역공동체의 논의가 있었다는 점을 강조한다. 심지어는 뤼순에 동양평화회의의 상설기구를 설치해야 한다는 안중근의 주장이 뤼순과 다롄을 동북아시아의 지리적 요지로 봄과 동시에 미래의 발전 가능성이 큰 곳으로 보았다는 것을 증명한다고 여겼다.[101]

우리들은 모든 역사를 현대의 시각으로 재해석할 수밖에 없다. 안중근의 《동양평화론》을 따르는 이들이 강조하고자 했던 것은 안중근이 당시 한국이 처했던 모든 현실 문제를 해결하고자 이와 같은 이론을 제창하였다는 것이다. 그런데 그 당시 현실의 목적은 한국의 독립을 유지하는 것이었으므로, 현재 우리의 목적과는 근본적인 차이가 있다. 어찌되었든 안중근의 《동양평화론》은 점점 더 주목을 받기 시작하였으며, 이에 따라 평화사절로서 안중근의 이미지도 더욱 부각되기 시작하였다.

5. 결 론

안중근의 의거가 일어나자 한국인과 중국인들 모두 이제껏 위기 상황 속에서 헤매다 약해진 민족을 다시 일으켜 세울 정신적 자양분을 얻게 되었다. 그의 의거는 위기를 극복하고 실패의 어두움에서

---

101) 朴龙根, 《安重根义士与〈东洋和平论〉》, 2007. 3. 26. 다롄에서 안중근연구회가 개최한 '안중근 순국97주년 기념대회'에서 발표된 논문으로, 다섯 개로 나뉘어 피아오룽건 朴龙根의 블로그에 업로드 되었다. 이 글에서 인용한 것은 네 번째 부분에 해당한다 (http://blog.sina.com.cn/s/blog_5994cbdc0100bj7b.html~type=v5_one&label=rela_prev article).

걸어 나와 다시 자신감을 얻고 투지를 불태울 수 있도록 고무시켜 주었다. 또한 그의 의거는 민족멸망사의 전환점 구실을 하였다. 안중 근은 암살이라는 극단적인 수단을 채택함으로써 실패를 거듭했던 이 전의 구국책을 넘어서 새로운 방법을 모색하는 작업이 필요해졌다는 점을 알렸다. 중국인들은 그의 의거를 평가할 때마다 언제나 그가 처했던 환경을 언급하면서, 그가 암살이라는 수단을 어쩔 수 없이 택할 수밖에 없었다는 애로점을 강조하고는 한다. 중국인들이 주목 하는 것은 암살이라는 행위 자체가 아니라, 안중근이 그로써 표현하 고자 한 애국심과 의협심이다.

크게 보자면, 안중근은 오랫동안 중국인들의 뇌리 속에 외세의 침략에 맞선 애국자로서, 그리고 목숨을 버리고 의로움을 택한 협객 으로서 형상화되어 왔다. 물론 한중 양국이 모두 일본의 침략을 받 고 있었으며, 이토 히로부미가 양국 공통의 적이었다는 점은 중국인 들에게도 중요한 것이었다. 그러나 안중근에 대한 찬사는 단순히 그 가 양국 공통의 적을 암살하여 감동을 불러일으켰다는 차원에서 비 롯된 것이 아니다. 중국인들은 안중근의 의거를 빌미 삼아 중국인들 자신의 애국심과 나라를 위한 희생정신을 고양시키고자 그를 찬양하 고 나선 것이다. 그렇기 때문에 중국인들은 암살이라는 행위에 대하 여 어떠한 의견을 갖고 있든지 간에 모두 안중근이 처해 있던 환경 에 동정심을 가지면서 그의 정신을 높이 사는 것이다. 어떤 의미에 서 안중근은 중국인들에게 애국심을 가지지 않으면 안 된다고 자극 하는 죽비의 역할을 하기도 한 것이다. 중국인들은 자신들도 모르게 안중근과 일반 중국인들을 비교하면서 그들이 나라를 위하여 자신을 희생하는 정신이 부족하다는 점을 지적하고는 하였다. 이러한 경향 은 현재까지 계속 이어지고 있다. 중국에도 나라를 위하여 희생을 마다하지 않았던 영웅들이 없는 것은 아니지만, 그들이 안중근의 상징적인 의의를 대체하기는 어려워 보인다.

물론 중국인들이 지닌 안중근에 대한 인식은 시대가 변화함에 따라 바뀌어 왔다. 안중근의 의거가 일어났을 당시에는 마침 중국 혁명당원들이 암살을 숭상하던 시기였기 때문에 종족암살과 정치암살의 정당성이 강조될 수밖에 없었다. 5·4운동을 전후로 한 시기는 사람들이 친일파 관료와 군벌에 대한 극도의 적개심을 품고 있던 때였다. 때문에 청위와 같은 보수지식인들은 안중근이 이토 히로부미를 암살하였는데도 한국의 멸망을 막을 수 없었다는 일을 일례로 들어 많은 이들이 매국노를 암살하는 데 힘을 쏟자고 호소하였다. 5·4운동 이후 국민혁명이 일어나자 안중근을 자객의 모범으로 들어 그를 모방하고자 하는 일들은 거의 일어나지 않게 되었다.

그리고 안중근에 대한 인식의 영역 또한 시대의 변화에 따라 넓어지게 되었다. 요즈음 많은 이들이 비교적 동아시아공동체의 문제에 대하여 관심을 보이고 있는데 이에 따라 중국에서도 안중근을 일러 동아시아공동체를 가장 먼저 제창한 사람이라 부르면서 그의 《동양평화론》에 대해 논하는 이들이 생기기 시작하였다. 물론 《동양평화론》을 중시하는 것은 안중근의 사상을 중시하는 조류의 출발점이라고 할 수는 있겠다. 그러나 아직 이러한 논의는 단순한 억지 비교에 머무르고 있는 수준임이 분명해 보인다. 그렇기 때문에 중국에서 안중근을 사상가로 인정하고, 그의 사상에 대하여 심도 있는 연구를 진행하려는 관점은 거의 찾아볼 수 없다.[102]

---

102) 번역: 한서영(서울대학교 중어중문학과 석사과정)

안중근 의거의 중국에 대한 영향과 그 평가

최 봉 룡

머리말

1909년 10월 26일 오전 9시 30분, 동방의 모스크바로 불리던 하얼빈 역두에서 울린 총성은 세계를 진동시켰다. 일제의 침략에 저항하여 의병투쟁에 몸담고 국권회복에 노력을 기울이던 안중근 의사는, 한국 독립과 동양평화를 수호하고자 하얼빈 역두에서 일본 추밀원樞密院 의장이자 제1대 조선통감으로서 일본 침략정책의 원흉인 이토 히로부미를 격살했던 것이다. 당시 '하얼빈 암살 사건'으로 불리던 안중근의 의거는 한국·일본·중국·러시아·영국·미국 등을 포함한 아시아의 여러 나라들과 서방 국가들에 긴급 타전되어 크게 보도되면서 국제정치적인 논쟁거리로 떠올랐다.

한 세기 전에 있었던 역사적 사건, 안중근의 하얼빈 의거는 일제의 식민지정책에 큰 타격을 주었으며, 한민족을 비롯한 동아시아 약소민족들에게 거대한 정신적 고무를 안겨주었다. 당시 각국의 국제정치에 대한 인식과 자국의 이익에 따라, 또는 서로 다른 정치적 입장과 노선에 따라 안중근의 하얼빈 의거는 찬반논란을 빚기도 했다.

하지만 시간이 지남에 따라 안중근은 한국독립운동사에서 가장 대표적인 '민족영웅'으로 각인되었다. 안중근의 하얼빈 의거는 일제의 식민지시대에 전개된 한민족 독립운동의 과정에서 정치적 이념을 초월하여 줄곧 전형적인 애국애족 민족영웅의 화신으로 칭송되었고, 또한 정의와 진리 및 절의를 위해 목숨을 바치는 신화와 같은 상징적 인물의 표상이 되면서 지대한 영향을 끼쳤다. 그의 이름은 곧 한민족 독립투사의 사표師表로, 또는 한민족의 혼과 얼의 기호記號로서 자리매김했다. 때문에 일찍부터 다각적인 측면에서 그의 생애와 활동 및 사상에 대한 많은 연구 성과1)가 나온 것은 매우 주목된다.

---

1) 안중근에 관한 대표적인 연구논문들로는 다음과 같은 것들이 있다.
　　申鏞廈, 〈安重根의 思想과 義兵運動〉, 《韓國史學》 2, 한국정신문화연구원, 1980; 尹慶老, 〈安重根 思想 硏究-義兵論과 東洋平和論을 중심으로〉, 《民族文化》 3, 한성대 민족문화연구소, 1986; 崔利權, 〈안중근 의사의 생애와 사상-정의감과 평화사상을 중심으로〉, 《안중근 의사의 생애와 사상》, 안중근기념관, 1991; 趙珖, 〈安重根의 愛國啓蒙運動과 獨立戰爭〉, 《敎會史硏究》 9, 한국교회사연구소, 1994; 尹炳奭, 〈安重根義士 傳記의 종합적 검토〉, 《安重根의 義烈과 東洋平和論》, 안중근의사숭모회, 1998; 尹炳奭, 〈安重根의 沿海州 義兵運動과 同義斷指會〉, 《한국독립운동사연구》 제14집, 독립기념관 한국독립운동사연구, 2000; 朴成壽, 〈安重根義士의 義擧와 公判鬪爭〉, 《安重根의 義烈과 東洋平和論》, 안중근의사숭모회, 1998; 崔起榮, 〈安重根의 '東洋平和論'〉, 《민족사와 교회사》, 한국교회사연구소, 2000; 장석흥, 〈안중근의 생애와 구국운동〉, 《안중근의 생애와 구국운동》, 독립기념관 한국독립운동사연구소, 1992; 장석흥, 〈安重根의 대일본 인식과 하얼빈 의거〉, 《敎會史硏究》 16, 한국교회사연구소, 2001; 박환, 〈러시아 沿海洲에서의 안중근〉, 《한국민족운동사연구》 30, 한국민족운동사학회, 2002; 한상권, 〈안중근의 국권회복운동과 정치사상〉, 《한국독립운동사연구》 제21집, 독립기념관 한국독립운동사연구소, 2003; 오영섭, 〈여순감옥에서의 안중근의 문필활동〉, 《大連·旅順地區與韓人民族運動家國際學術會議論文集》, 2007 등이다. 또한 안중근 의거에 대한 중국의 반응과 인식에 관한 연구논문들로는 다음과 같은 것들이 있다. 이상일, 〈안중근 의거에 대한 각국의 동향과 신문논조〉, 《21세기와 동양평화론》, 국가보훈처, 1996; 馬維頤, 〈중국인 시각으로 보는 안중근〉, 《21세기와 동양평화론》, 국가보훈처, 1996; 石源華, 〈安重根名揚中華〉, 《韓國反日獨立運動史論》, 中國社會科學出版社, 1998; 徐勇, 〈論安重根抗日活動的意義及其在中國的影響〉, 《中韓抗日愛國運動硏究論文集》 1, 安重根義擧九十周年紀念論文集, 北京大學歷史系東北亞硏究所, 1999; 한시준, 〈中國人이 본 安重根-朴殷植과 鄭沅의 《安重根》을 중심으로〉, 《충북사학》 제11·12합집(鶴山金鎭鳳敎授停年紀念特輯號), 충북대학교 사학

안중근에 대한 기존 연구는 시대적 상황에 따라 다소 다른 모습을 보인다. 식민지시대에는 박은식·신채호·계봉우 등 민족사학자들이 그의 '혈분血憤'과 '의열烈俠'정신을 높이 찬양하면서 식민지시대 한민족의 독립정신을 함양하는 데 거대한 원동력으로 활용되었다.[2] 또 1970년대에 일본에서 그의 자서전《안응칠역사》와《동양평화론》 및 옥중유묵들이 잇따라 발견되면서 학문적인 연구가 보다 활성화되기 시작했다. 그러나 한국과 일본 학자들의 관심은 좀 다르게 표출되었다. 곧 한국 학자들이 단순하게 민족주의적 시각에 초점을 두고 있는 것과 달리, 일본 학자들은 안중근의 의거에 따라 나타난 한일관계의 변화 양상을 집중적으로 조명하고자 했다. 1980년대 이후 안중근 의사에 대한 연구동향은 대체로 그의 사상과 활동을 중심으로 하여, 개화사상을 수용하며 펼친 교육·식산 등 실력양성운동, 의병운동에서 무력투쟁의 실체 파악, 그리고 공판투쟁 논리와 동양평화사상 및 종교·신앙 등에 관해 종합적으로 파악하려는 경향성을 띠고 있다.

그 가운데서도 안중근의 '독립전쟁론'과 '동양평화론'은 서로 다른 두 차원의 논리적 귀결을 뜻한다. 곧 이분법적 구도로 볼 때 이율배반적인 딜레마에 빠질 우려가 있다. 그렇다면 안중근 의사는 과

회, 2000; 김춘선, 〈安重根 義擧에 대한 中國의 認識〉, 《한국근현대사연구》 33, 한국근현대사학회, 2005; 서용, 〈중국에서의 安重根 의거에 대한 반응과 그 인식〉, 안중근의사기념사업회 편, 경인문화사, 2009; 이범, 〈안중근 의거가 보여준 민족정신과 중국에 대한 영향〉, 《안중근 연구의 기초》, 안중근의사기념사업회 편, 경인문화사, 2009; 신운용, 〈안중근 의거에 대한 국외의 인식과 반응-재외한인을 중심으로〉, 안중근의사기념사업회 편, 경인문화사, 2009; 손영홍, 〈안중근 의거와 중국의 반제민족운동〉, 《안중근 의거의 국제적 영향》(광복 64주년 및 개관 22주년 기념 학술심포지엄논문집), 독립기념관 한국독립운동사연구소, 2009.

2) 박은식朴殷植은 1914년 상하이에서 《안중근전安重根傳》(상하이: 대동편집국)을 출간했고, 계봉우桂奉瑀는 '단선檀仙'이란 필명으로 1914년에 연해주의 권업회 기관지 《권업신문勸業新聞》에 〈만고의사 안중근전〉을 연재했다.

연 무엇 때문에 '독립전쟁론'을 펴게 되었으며, 또한 그것이 어떻게 '동양평화론'으로 승화되었는가 하는 문제의 탐구는 그의 사상 변화의 궤적을 논구하는 데 매우 중요한 과제로 나타난다.

안중근의 독립운동 전개과정과 그 사상적 변화는 크게 3단계로 구분할 수 있다. 먼저 교육·식산을 통한 '실력양성론(=애국계몽운동)'에서 급진적인 무력투쟁에 의한 '독립전쟁론(=의병운동)'으로 발전했고, 또한 '독립전쟁론'은 더 나아가 점차 민족과 국가를 초월하는 '동양평화론(=동양평화사상)'으로 승화되었다.

여기서 주목되는 것은 그의 이러한 사상적 변화가 대체로 제1차 산둥·상하이 망명과 제2차 간도·연해주 망명 및 하얼빈 결행을 그 전환점으로 삼고 있다는 점이다. 이런 의미에서 본다면 안중근의 사상적 변화는 그의 몇 차례 해외 망명과 직접 연관되어 있다고 할 수 있다. 이 글은 안중근의 독립운동 행적에 따른 이러한 사상적 변화 양상에 초점을 맞추어 첫째, 안중근의 몇 차례 해외 망명의 계획과 동기 및 경위를 중국에서의 활동을 통해 주요하게 살펴볼 것이고, 둘째, 당시 중국 신문·언론 보도에 나타난 안중근과 그의 의거에 대한 중국인들의 다양한 태도와 인식 및 그 영향을 검토해볼 것이며, 셋째, 현재 중국에 있는 안중근 기념시설들을 통해 그에 대한 역사적 평가와 함께 그 현대적 의미를 제시하고자 한다.

1. 안중근의 중국활동과 사상적 변화

1) 제1차 상하이망명과 '애국계몽론'

널리 알려져 있다시피, 한 인간의 성장에서 가정환경과 교육 및

사회적 배경은 매우 큰 영향을 끼친다. 때문에 대개 개개인의 사상
은 언제나 그 시대를 반영하지 않을 수 없다. 영웅과 시대의 변증관
계는 안중근이 하얼빈 역두의 출전을 앞두고 홀로 여관방에서 지었
다는 〈장부가丈夫歌〉의 한 구절처럼 "때가 영웅을 만듦이여, 영웅이
때를 만듦이도다"[3]라고 표현할 수 있다. 안중근의 이러한 '영웅사관'
은 바로 그가 처했던 시대적 상황과 역사적 맥락에서 이해되어야 할
것이다.

　1879년 9월 2일(음력 7월 16일)에 황해도 해주부海州府 창석동廠石洞
의 한 명문가에서 태어난 안중근은 뤼순감옥에서 저술한 자서전
《안응칠역사》에서, 그가 어릴 때 가내서당에서 "조부모의 사랑을 받
으며 한문학교에 들어가 8~9년 동안에 겨우 보통학문을 익혔다"[4]
고 썼다. 또한 일본 검찰관의 심문을 받을 때는 "나는 해주에 있을
때와 신천으로 이사하고부터는 집에 사립학교를 설치하고 한문의 천
자문과 조선 역사와 《맹자》, 《통감》 등을 공부하였다"[5]면서 "그 외
에는 만국 역사 또는 조선 역사를 읽었다"[6]고 공술하기도 했다. 이
로 미루어 볼 때 그는 《천자문》, 《동몽선습》, 《통감절요》 및 《맹
자》를 비롯한 사서四書를 읽으면서 유교경전을 다소 공부하였음을
확인할 수 있으며, 또한 유교적인 훈도를 많이 받았던 것으로 유추
해 볼 수 있다. 이 때문에 그의 사고와 행동방식에는 유교적인 성향
이 짙게 깔려있었다. 더욱이 그의 충의사상은 유교적인 교육과 직결
된다고 할 수 있다.

　그러나 안중근은 소년시절부터 그 천품이 호걸 기질을 띠고 있

---

3) 《안중근의사자서전》, 안중근의사숭모회, 1979, 169쪽.
4) 위의 책, 22쪽.
5) 〈공판시말서〉, 《韓國獨立運動史資料》 6, 국사편찬위원회, 1976, 310쪽.
6) 〈안응칠 심문조서①〉, 위의 책, 55쪽.

었기 때문에 학문에 뜻을 두지 않았다. 이러한 실상은 자서전의 "어려서부터 특성이 사냥을 즐겨 하여 언제나 사냥꾼을 따라 다니며 산과 들에서 사냥하러 다녔다. 차츰 장성해서는 총을 메고 산에 올라 새나 짐승들을 사냥하느라고 학문에 힘쓰지 않으므로 부모와 교사들이 크게 꾸짖고 했으나 끝내 복종하지 않았다"라는 자술에서도 짐작할 수 있다. 이런 와중에 그의 사상에 큰 변화를 가져다 준 사건은 1894년 부친의 영향으로 프랑스 빌렘 신부7)로부터 세례를 받고 천주교에 입교한 것이다. 그는 이후 독실한 신자로서 평등주의에 바탕을 둔 민권사상에 눈을 뜨게 되었다.

그는 빌렘 신부와 함께 상경하여 뮈텔 주교를 찾아가 "현재 한국 신도들이 문화적으로 몽매상태에 처해서 선교에 아주 불리하므로 장래 국가대사에 있어서 더욱 상상해도 알 수 있다"면서 천주교대학을 설립할 것을 요구했다. 그러나 뮈텔 주교는 "한인들이 만약 학문이 있게 되면 그들로 하여금 신교하는데 이롭지 않다"8)는 이유로 거부했다. 안중근은 뮈텔 주교의 처사에 분개하여 "천주교의 진리는 믿을지언정 외국인의 심성은 믿을 것이 못 된다"9)고 개탄하기도 했다. 이와 같은 외국 신부들의 권위주의적 태도와 정교분리정책 및 순수한 복음주의는 안중근에게 "국가 앞에는 종교도 없다"10)는 인식을

---

7) 빌렘Marie Wilhelm(1860~1938) 신부의 한국명은 홍석구洪錫九이고, 파리 외방전교회 선교사로서 1896년 황해도 지역을 전담하면서 안중근의 영향으로 한국의 독립운동에 큰 관심을 가지게 되었다. 그는 사형선고를 받은 안중근에게 고해성사와 성체성사를 해 주었기 때문에, 허락 없이 정치적 문제에 관여했다는 이유로 뮈텔Gustave Charles Marie Mutel(한국명은 민덕효閔德孝) 주교로부터 2개월 동안의 성무聖務정지처분을 받았다. 안중근 사건으로 뮈텔 주교와 불화가 계속되어 결국 1914년에 고향으로 돌아갔다(http://100.naver.com/).

8) 안중근, 《安應七歷史》, 華文貴 主編, 《安重根研究》, 遼寧人民出版社, 2007, 85쪽.

9) 《안중근의사자서전》, 국가보훈처, 1979, 55~57쪽.

10) 《한국독립운동사자료》7, 국사편찬위원회, 1977, 543쪽.

점차 싹트게 만들었으나, 그의 종교 신앙에는 시종 변함이 없었다.

특히 안중근의 사상적 변화에 큰 파문을 일으킨 사건은 러일전쟁이었다. 일본 천황은 선전조칙宣戰詔勅에서 "동양평화를 유지하고 한국의 독립을 공고하게 한다"라고 했으나, 일본은 신의를 버리고 한국 침략을 다그치고 있음을 더욱 명확히 깨닫게 만들었다. 그리하여 그는 러일 양국 사이에 강화조약이 맺어질 즈음 "그때 나는 날마다 신문과 잡지와 각국 역사를 상고하며 읽고 있었고 이미 지나간 과거나 현재나 미래의 일들을 추측하기도 하였다"11)라고 했다. 당시 일본은 러일전쟁에서의 승전을 마치 동양평화를 담보하는 구세주인 듯 미화했다.12) 그러나 한국에 대한 일본의 침략 야욕이 점차 노골적이 되어감에 따라 안중근은 일본에 대한 기대감에서 벗어나 "일제가 역천逆天했다"13)는 결론을 내리고 국권회복의 길을 모색하고자 부친과 해외 망명을 논의했다.

이때 그는 부친 안태훈에게 "이토가 한국 독립과 동양평화를 위해 러시아와 개전한다는 천황의 러일전쟁조칙을 어기고 조약을 강제하고 한국의 유지당을 없앤 뒤 한국을 삼키려 하고 있다"면서 "듣건대 현재 청국의 산동, 상해 등지에 많은 한국인이 거주하므로 우리

---

11) 《안중근의사자서전》, 국가보훈처, 1979, 96쪽.
12) 일본 외무대신 고무라 쥬타로小村壽太郎는 전권대신으로 포츠머스 조약을 체결한 이후 그 해 11월 16일 베이징에 이르러 청나라 전권대신 혁광奕劻과 동북 지역에서 러시아의 모든 권리를 일본에 이양하는 사항을 교섭할 때, 러일전쟁에서 승리한 일본을 동아시아 안녕을 보존한 구세주처럼 '공로'를 자랑하면서 "일본이 강린强隣과 전단戰端을 개계開啓한 것은 일본의 자위自衛를 위한 것일 뿐만 아니라, 실제로 또한 동아東亞 전국全局의 안녕安寧을 유지維持하는 것을 도모하려는 데 있었으며, 일본은 생명 및 재산에서 막대한 희생을 지불하면서 국가의 존망을 불구하고 독력獨力으로 강린에 대항함으로써 동아대국東亞大局을 끝내 보전保全하게 되었다"라 하고 "이러한 사실은 부득불 중국으로 하여금 인식하도록 요구하지 않을 수 없다"고 말했다(沈子, 《日本大陸政策史(1868~1945)》, 社會科學文獻出版社, 2005, 134쪽).
13) 안중근, 《안응칠역사》, 윤병석 역편, 《안중근의사전기전집》, 1999, 158쪽.

온 가족이 그곳에 이거移居한 뒤 다시 선후지책善後之策을 도모"[14]하
자고 약정했다. 안중근은 뤼순감옥에서 심문을 받을 때, 제1차 상하
이망명을 단순히 '유람'이라고 공술했지만, 그의 목적인 '선후지책'이
란 곧 '거병擧兵'을 뜻했다. 일제의 기록에 따르면, 그의 부친 안태훈
이 "메이지 38년(1905) 신조약 체결에 즈음하여 장남 안응칠을 상하
이에 보내어 상하이에 있는 민영익閔泳翊을 일으켜 창의倡義하여 협약
의 파기破棄를 꾀하였으나 이루지 못했다"[15]는 것을 보아 해외 망명
지는 상하이로 결정했다고 추정된다.

안중근은 산둥을 '유람'하고 1905년 6월 중순경 상하이에 도착했
다. 상하이에 도착한 그는 당지의 현지상황을 알아보고 구국대책을
논의하고자 당대의 유명한 망명객으로 소문이 높던 민영익의 집을
3, 4차례나 방문했으나 문전박대만 받고 크게 실망했다. 그는 국록을
먹는 신하로서 국가의 흥망에 대해 수수방관하는 민영익에 대해 "오
늘날 나라가 위급해진 것은 그 죄가 공들과 같은 대관들한테 있는
것이오, 민족의 허물에 달린 것이 아니기 때문에 얼굴이 부끄러워서
만나지 않는 것인가"[16]라고 책망했다. 또한 상인 서상근徐相根을 찾
아가 구국의 '양책良策'을 논의하면서 "국가정치와 백성이 무슨 상관
이 있느냐?"는 반문에 "만약 우리 한국의 민의가 모두 이러하다면
국가의 전도는 말하지 않아도 알 수 있다"[17]고 깨우쳐주기도 했다.

---

14) 안중근이 제1차 해외망명계획을 세우게 된 요인의 분석에선 "해서교안으로 인한 가
   문의 영향력 약화, 하야시와 부일세력처단계획의 실패에 따른 국내 국권회복운동세
   력에 대한 실망, 러일전쟁이라는 국제정세로 인한 위기의식이 복합적으로 작용한 결
   과"(신운용, 〈안중근의 민권·민족의식과 계몽운동〉, 안중근기념사업회 편, 《안중근과
   그 시대》, 경인문화사, 2009, 16쪽)라는 견해도 있지만, 안중근의 자서전에 따르면 그
   가 말한 '선후지책'은 곧 '거병'을 뜻하고 있다.
15) 《韓國獨立運動史資料》 7, 국사편찬위원회, 1977, 242~243쪽.
16) 안중근, 《安應七歷史》, 華文貴 主編, 《安重根研究》, 遼寧人民出版社, 2007, 80쪽.
17) 위와 같음.

그러던 1906년 6월 중순, 안중근은 상하이의 한 교당에서 뜻밖에 자신과 절친한 르각 신부Le Gac(곽원량郭元良, 1876~1914)를 만나 상하이에 온 목적이 "외국에 있는 동포들과 연락하여 여러 나라로 돌아다니며 억울한 정상을 설명해서 동정을 얻은 뒤에 기회가 오기를 기다려서 한 번 의거를 일으키는 것"[18]이라고 밝혔다. 그러나 르각 신부는 안중근 일가의 해외이주계획을 반대했다. 그 이유로서 하나는 프랑스와 독일의 예를 들어가며 한국인 모두가 해외로 이주한다면 국가는 텅 빌 것이니 이는 원수가 바라는 바이고, 다음은 열강들이 한국을 위해 일본과 대결하지 않을 것이나 만약 일본과 대결할 결정적인 시기가 있을지도 모르는데, 그때 해외에 있는 것은 오히려 도움이 안 된다는 것이었다. 르각 신부는 현재 한국의 독립을 위한 방법은 "교육의 발전, 결사의 확대, 민심의 단결, 실력의 배양"[19]이라고 제시해 주었다. 안중근은 이 조언에 큰 감명을 받았다. 이것은 그가 해외이주계획을 포기하고 국권회복을 위해 교육·식산을 통한 '실력양성론'을 지향하게 된 결정적인 계기가 되었던 것이다.

그는 그해 12월에 즉시 귀국하여 진남포로 돌아왔다. 이때 부친 안태훈은 이미 운명을 달리하였다. 부친의 죽음은 그에게 큰 영향을 끼쳤다. 그는 아버지의 사망으로 대외인식과 현실인식의 측면에서 결정적인 사상적 전환의 계기를 맞았다. 부친의 죽음은 "그때 나는 술을 끊기로 맹세했고 즉 대한 독립하는 날까지로 기한을 정했다"[20]는 자술을 통해서도 볼 수 있듯이, 그로 하여금 일생을 독립운동에 바치려는 의지를 더욱 확고하게 다지는 한 계기가 되었던 것이다.

그는 그 이듬해 봄 진남포 용정동의 자기 자택에 삼흥학교三興學

18) 위의 책, 81쪽.
19) 위와 같음.
20) 위의 책, 82쪽.

校를 설립하여 문무교육을 실시했고, 또한 프랑스인 포리에Faurie(방소동方蘇東, 1875~1910) 신부가 운영하던 돈의학교敦義學校를 인수하여 교장직을 맡았다.[21] 그리고 서우학회에 가입하여 활동하면서 개화사상을 수용하고 애국계몽을 통한 국권회복운동에 적극 뛰어들었다. 또한 안창호安昌浩·김달하金達夏를 비롯한 신민회의 민족운동가들과 인연을 맺어 그들로부터 많은 영향을 받았다. 개화사상의 수용과 교육·식산을 통한 애국계몽운동은 안중근의 첫 번째 사상적 변화를 뜻한다. 뒷날 그는 뤼순감옥에서 "그대는 한국의 과거·현재·장래에 관하여 정치상의 사상을 갖고 있는 것 같은데, 그것은 타인으로부터 들은 것인가 또는 신문에 의하여 안 것인가"라는 일본 검찰관의 심문에 "타인으로부터 들은 것은 아니다. 한국에서 발행하는 《대한매일신보》·《황성신문》·《제국신문》, 미국에서 발행하는 《공립신보》, 또 블라디보스토크에서 발행하는 《대동공보》 등의 논설을 읽고 위와 같은 생각이 들었다"[22]라고 공술했다.

2) 제2차 간도망명과 '독립전쟁론'

그렇다면 안중근의 교육·식산을 통한 실력양성론은 어떻게 무력에 의한 의병항쟁으로써 국권을 회복하려는 독립전쟁론으로 전환될 수 있었는가? 우선 한국에 대한 일본의 침략정책이 점차 노골화되고, 망국의 위기가 크게 심화되었기 때문이었다. 곧 1905년 11월 '을사보호조약乙巳保護條約'으로 사실상 한국의 독립과 자주권이 박탈되었고, 뒤이어 1906년 1월 31일 일제의 통감통치 시작, 1907년 6월

---

21) 《경향신문》, 1907월 10월 16일자.
22) 국사편찬위원회, 〈안응칠 심문조서①〉, 《韓國獨立運動史資料》 6, 5~6쪽.

헤이그 밀사 사건으로 비롯된 고종황제의 강제퇴위, 7월 24일 '정미 칠조약丁未七條約'을 통한 차관次官정치, 그리고 7월 30일 군대해산을 계기로 전국적으로 일어난 '정미의병운동丁未義兵運動'23) 등의 사건이 잇달아 일어났다. 급변하는 시국은 그로 하여금 새로운 구국방략을 강구하도록 재촉했다.

그보다 직접적인 계기는 1907년 봄에 도인道人의 풍모를 지닌 부친의 지우知友 김 진사進士24)의 권유였다. 그때 그는 집에 찾아 온 김 진사의 "현재 백두산 뒤의 서북간도西北間島와 아령俄領(러시아령) 해삼위海蔘葳(블라디보스토크) 등에 이주 한인韓人이 백만에 달하고 또한 물산이 풍부하여 군사를 써서 싸움할 만한 곳이니, 만약 자네와 같은 재지才智로서 그곳에 간다면 이후에 꼭 대업을 이룰 수 있을 것이다"25)라는 조언에서 깊은 감명을 받았다. 이것은 그가 간도망명을 결행하게 된 결정적 요인으로 작용했다고 보인다.

마지막으로 합법적인 구국운동을 통해서는 국난을 만회할 수 없다는 한계성을 절감하고, 오직 무력항쟁으로 국권을 회복할 수 있음을 깨달았기 때문이었다. 곧 그는 간도로 망명하기 직전 자기 동생들에게 "…… 내가 전에 학교를 설립하여 교육구국의 길을 모색했었다. 하지만 소위 합법적이고 정당한 구국운동을 통해 망국의 운명을

---

23) 근대 한국의 의병운동은 1896년의 '을미의병운동乙未義兵運動(초기 의병운동)'을 효시로 1905년부터 1907년까지의 '을사의병운동乙巳義兵運動(중기 의병운동)', 그리고 1907년 8월 군대해산에 따른 '정미의병운동丁未義兵運動(말기 의병운동)' 등 세 단계로 나뉜다(金鎬成, 《韓末義兵運動史研究》, 고려원, 1987, 15쪽).

24) 華文貴 主編, 《安重根研究》, 遼寧人民出版社, 2007, 82쪽. 오영섭은 '김 진사'가 서북학회 부회장이던 김달하로 보고 있다(오영섭, 〈일제시기 안공근의 항일독립운동〉, 《한국근현대사를 수놓은 인물들》(Ⅰ), 경인문화사, 2007, 273쪽).

25) 위의 책. 일제의 조사기록에는 안중근의 간도망명의 원인이 1907년 7월 평양에 설립한 무연탄 판매회사인 '삼합의三合義'의 실패가 간도·러시아령행의 직접적인 동기라고 파악하고 있었다(《한국독립운동사자료》 7, 국사편찬위원회, 1977, 338쪽).

만회할 수 없다"[26]라고 한 말에서도 확인된다. 그는 빌렘 신부의 "국사에 진력할 생각이면 교육에 종사하고 선량한 교도와 착실한 국민이 되라"[27]는 만류에도 "국가 앞에는 종교도 없다"면서 곧 제2차 해외망명계획(간도망명)을 준비했다. 이는 그의 간도망명이 민족의식 내지 국가의식에서 추동되었음을 엿볼 수 있는 대목이다.

1907년 3월경에 안중근이 빌렘 신부에게서 원산의 브레 신부 Bret(백유사白類斯, 1858~1905) 앞으로 보내는 소개장을 받기도 했다는 기록을 보면, 그가 천주교를 통해 간도상황을 미리 알고 그 인맥을 찾으려 했던 것으로 유추된다. 왜냐하면 당시 브레 신부는 원산교구에 속했던 간도 지역의 사목을 관할하고 있었기 때문이다. 더욱이 브레 신부는 1897년에 '관북십이종도關北十二從徒'라고 불리던 간도 한인들에게 세례를 해 주었을 뿐만 아니라, 몇 차례 간도 지역을 순회하기도 했었다. 당시 간도에는 약 20만에 달하는 한인들이 거주했었고, 또한 이상설 등이 설립한 서전서숙을 효시로 해외독립운동의 기틀이 마련되고 있었으며, 천주교인들은 삼애학교를 비롯하여 덕흥학교·해성학교 등 근대 학교를 운영하고 있었다.[28] 더욱이 이때 국내 의병항쟁은 일제의 탄압으로 위축되어 관북 지역의 의병들이 북상, 망명추세를 보이면서 간도와 연해주에 운집하고 있었다. 이러한 여건들은 안중근이 간도를 제2차 해외 망명지로 선택하게 만들었던 요인으로 작용했을 것이다.

그리하여 간도망명을 결정한 안중근은 서울에서 1907년 8월 1일 대한제국 군대와 일본군이 충돌하는 광경을 목도하면서 김달하의 아

---

26) 崔洪斌, 〈抗日獨立鬪爭義士安重根〉, 《朝鮮獨立軍在中國東北活動史略》, 通化市政協文史委員會, 遼寧人民出版社, 1993, 74쪽.
27) 《한국독립운동사자료》 7, 국사편찬위원회, 1977, 534쪽.
28) 玄圭煥, 《韓國流移民史》 上卷, 語文閣, 1967, 555쪽.

들 김동억과 함께 부산으로 출발했다. 그는 부산 초량가 객주에서
1~2박한 뒤 배를 타고 원산으로 향했다. 원산에서 5~6일 체류하는
동안 그는 브레 신부를 방문하여 간도행을 고하였다. 그러나 브레
신부는 안중근을 '위험한 인물'로 간주하여 그의 행동상황을 빌렘 신
부에게 알리기까지 했다.29) 그가 원산을 떠나 청진淸津을 거쳐 간도
에 도착한 것은 1907년 9월 10일경이었다. 간도에서 그는 주로 천주
교 교우촌인 불동佛洞에 있던 남南 회장30) 집에서 기숙하면서 불동
과 용정촌 등에 거주하는 한인들의 상황을 시찰하였다.31)

그러나 이때는 이미 1907년 8월 23일에 일제가 이른바 '간도문
제'를 빌미로 용정촌에 통감부 간도파출소를 설치하면서 간도 지역
한인에 대한 감시와 통제를 강화해 갈 때였고, 또한 청나라 지방관
리들은 외교적 마찰을 피하고자 한인들의 민족운동을 단속하기에 이
르렀다. 그리하여 간도 지역 한인들의 반일정서는 크게 침체되었다.
더욱이 그때 한인사회는 친중·친일로 분화되는 모습을 드러내면서
혼란을 겪고 있었으며, 특히 대부분의 천주교인들은 '정교분리원칙'
에 따라 민족운동에 대해 극히 보수적인 태도를 취하고 있었다. 간
도 지역 한인사회의 이러한 상황은 그가 구국방책의 일환으로 구상
하던 '거병擧兵'의 한계를 통감케 했다.

물론 안중근이 뒤에 뤼순감옥에서 간도에서의 행적에 대해 "나는

29) 《한국독립운동사자료》 7, 국사편찬위원회, 337쪽. 브레 신부는 1907년 10월 말에 간
도 교우들의 요청에 부응하여 간도에 가서 용정촌에 정착하면서 용정, 조양하朝陽河
(팔도구八道溝) 등지에서 약 반 년 동안 활동하다가 질병으로 원산으로 돌아와서 곧
선종하였다(한국교회사연구소 역편, 《함경도선교사서한집》 II, 1995, 13쪽 참조).
30) 여기서 '남 회장'은 프랑스인 귀를리에Gurlier(남일량南一良, 1863~1935) 신부로 추정
된다. 귀를리에 신부는 일찍 브레 신부에 의해 간도에서 첫 공소가 설립되었던 불동
등을 순회하기도 했고 1909년에는 간도에 파견되기도 했다.
31) 위의 책, 국사편찬위원회, 395쪽.

간도의 동포를 시찰하는 한편 민지개발民智開發을 꾀할 생각이며 의
병을 일으킬 생각은 모두毛頭만큼도 없었던 것이다. 그런데 동지同地
에서 내지의 형세를 보니 날로 동포는 불행에 빠질 뿐이므로 부득이
의병을 일으켜 천하를 향해 이토가 한민을 압제하는 것을 공표"[32]
하기로 결심한 듯이 공술했다. 그러나 실제로는 그가 간도 망명을
결단할 때부터 이미 '거병'의 목적을 갖고 있었지만, 간도의 상황이
급변했기 때문에 그 계획을 행동에 옮기지 못했던 것으로 보인다.
그는 간도에서 3~4개월 머물면서 한층 더 계몽운동의 한계를 절감
하고 의병항쟁의 결의를 굳게 다지게 되었다. 곧 간도망명을 전후하
여 안중근의 구국방략은 실력양성론에서 점차 의병항쟁으로 전환되
었는데, 이것은 그의 두 번째 사상적 변화를 뜻한다.

이처럼 간도에 더 이상 머물 수 없다고 판단한 안중근은 11월 25
일(음력 10월 24일)에 간도를 떠나 연추煙秋(현재 크라스키노)로 향했다.
그는 종성을 거쳐 경원에서 5~6일 머문 뒤 한·중·러 삼국의 국경지
역인 훈춘을 경유하여 러시아의 연추에 이르렀고, 다시 포시에트 항
에서 배를 타고 블라디보스토크로 들어갔다. 안중근의 의병항쟁은
러시아의 연해주에서 본격적인 실천으로 옮겨졌다. 당시 연해주의
연추는 국외의병운동의 중심 무대로서 유인석柳麟錫·이범윤李範允·이
상설李相卨·최재형崔在亨·홍범도洪範圖 등을 포함한 의병운동계열과 계
몽운동계열의 거물들이 운집하여 해외의병운동의 본영이라 할 수 있
는 '창의소倡義所'[33]를 두고 의병항전을 펼치고 있었다. 안중근이 러

---

32) 위의 책, 394쪽.
33) '창의소'는 처음에 '창의회倡義會'라고 불렀고 뒤에는 '동의회'로 개편·확대되었는데,
회장에 최재형, 부회장에 이위종, 총대장에 이범윤이 선임되었다(윤병석, 〈安重根의
沿海州 義兵運動과 同議斷指會〉, 《한국독립운동사연구》 제14집, 독립기념관 한국독립운
동사연구소, 2000, 116쪽).

시아 연해주에서 했던 의병운동은 크게 1908년 '동의회同義會'의 참
여, 1908년 여름 국내진공작전, 1909년 '동의단지회同義斷指會'의 결성
및 1910년 10월 하얼빈 의거로 그 운동사적 맥락을 개관할 수 있다.
안중근의 러시아 연해주에서 활동에 관한 선행연구34)들이 있기 때
문에 이 글에서는 이 부분을 줄이기로 한다.

2. 안중근의 하얼빈 의거와 옥중투쟁 및《동양평화론》

1) 하얼빈 의거와 옥중투쟁

1909년 9월 안중근이 연추를 떠나 목구항穆口港(자르비노항)에서
배를 타고 블라디보스토크에 도착했을 때, 그곳에는 이토 히로부미
가 온다는 소문이 파다했다. 그는 확실한 정보를 파악하고자 각종
신문들을 구독했다. 마침내 10월 2일《원동보遠東報》·《대동공보》 등
신문을 통해 한국 침략의 원흉 이토 일행이 10월 16일 일본을 떠나
다롄·뤼순·펑톈奉天을 거쳐 26일 하얼빈에 이르러 러시아 재무대신
코코체프와 회담한다는 것을 알게 되었다. 그는 이에 대해 자서전에
서 "블라디보스토크에 이르니 이토가 장차 이곳에 올 것이라는 소문
이 자자했다. 그래서 자세한 내막을 알고 싶어 여러 신문을 사 보았
더니, 근일 사이에 하얼빈에 도착할 것이 의심할 바 없었다. 나는 스
스로 남몰래 기뻐하되, '여러 해 소원하던 목적을 이제야 이루게 되

---

34) 박환, 〈러시아 沿海洲에서의 안중근〉,《한국민족운동사연구》 30, 한국민족운동사학회,
    2002; 반병률, 〈러시아에서의 안중근의 항일독립운동에 대한 재해석〉,《안중근 의거
    의 국제적 영향》(광복64주년 및 개관22주년 기념 학술심포지엄논문집), 독립기념관
    한국독립운동사연구소, 2009.

다니! 노적老賊이 내 손에서 죽는구나!"[35]라고 그때의 흥분된 심정
을 표현했다.

안중근은 이토를 사살하기로 결심하고 동지 우덕순禹德淳과 함께
《대동공보》의 주필인 이강李岡의 후원을 받아 곧 행동에 나섰다. 그
들이 열차를 타고 수분하綏芬河에 이르러 통역인 유동하劉東河와 합류
하여 하얼빈에 도착한 것은 10월 22일이었다. 그들은 그곳 국민회
회장 김성백金成伯의 집에 머물면서 거사를 모의했다. 이튿날 그들 3
인은 사진관을 찾아 의거결의 기념사진을 찍었고, 또한 그때 하얼빈
에 거주하던 조도선曹道先을 찾아 합류하였다. 그날 밤에 안중근은
의거결의를 다지는 〈장부가丈夫歌〉를 읊었고, 우덕순은 〈의거가義擧
歌〉를 지어 화답했다. 24일 아침 안중근은 우덕순·차도선과 함께 이
토 일행의 정확한 행차시간과 거사장소를 확인하고자 열차를 타고
채가구蔡家溝에 이르러 역 구내 여관에 숙박했다. 25일 안중근은 거
사의 성공을 위해 채가구와 하얼빈 두 역에서의 거사계획을 세웠다.
그리고 안중근은 다시 하얼빈으로 되돌아와서 거사를 준비했다.

1909년 10월 26일 오전 9시 무렵, 안중근은 일본인으로 가장하고
하얼빈 역두에 잠입하여 역 앞에서 러시아군의 군례를 받고 있던 이
토를 포살하고 '우라 코리아(대한만세)'를 세 번 외쳤다. 한민족의 독
립의지를 만천하에 알린 역사적 순간이었다. 현장에서 러시아 헌병대
에 체포된 안중근은 헌병분파소로 압송되었고, 러시아 국경 제8구 시
심재판소始審裁判所의 검찰관으로부터 심문을 받은 다음 하얼빈 일본
영사관으로 인도되었다. 당시 하얼빈은 러시아의 조차지였기 때문에
안중근에 대한 일본의 재판권은 무시될 수 있었다. 그러나 열강들과
의 야합으로 일본은 이른바 '재외한인에 대한 치외법권'을 획득했는

---

35) 안중근, 《安應七歷史》, 華文貴 主編, 《安重根硏究》, 遼寧人民出版社, 2007, 96쪽.

데, 이를 이유로 안중근에 대한 사법권을 빼앗았다. 이것은 약 1개월 전에 체결되었던 '간도협약'과도 무관하지 않았을 것으로 추정된다.

10월 30일에 '안중근 사건'을 관동도독부 지방법원에서 처리하라는 일본 정부의 방침에 따라 파견된 미조부치 다카오溝淵孝雄 검찰관으로부터 심문을 받을 때, 안중근은 그 유명한 〈이토 히로부미의 죄상 15개조〉을 진술했다. 11월 1일, 그는 뤼순헌병대의 호송 아래 장춘을 거쳐 3일 오후 뤼순감옥에 수감되었고, 14일부터 관동도독부 감옥서監獄署에서 본격적인 심문을 받았다.36) 그는 이때부터 이듬해 2월 14일 재판에서 사형선고를 받고 3월 26일 사형이 집행될 때까지 일본 검찰관·법관·경시들의 심문을 받으면서도 지혜롭게 공판투쟁을 벌였다.

안중근의 공판기록은 그의 사상적 이념과 동양평화사상의 실체를 이해하는 데 매우 중요한 자료이다. 당시 안중근에 대한 심문조사는 재판을 담당한 관동도독부 법원 검찰관 미조부치, 일본 외무성에서 파견한 구라치 데쓰키치倉知鐵吉 정무국장과 조선통감부에서 파견한 사카이境喜明 경시에 의해 이루어졌고, 그 횟수만도 3개월 사이에 검찰조사 11차례, 경찰조사 14차례, 도합 25차례에 이르렀다.37) 안중근의 공판투쟁은 일본 관헌들의 협박과 회유에 맞서 치열한 정치적인 이념논쟁으로 전개되었다. 그것은 한국에 대한 일본 통감통치의 '보호독립론'과 '문명개화론'에 대한 비판, 하얼빈 의거에 대한 '국구론國仇論'과 '의전론義戰論'의 논리적 대응으로 대별된다.

안중근은 뤼순감옥에서 일본 관헌들과 이념적·논리적인 설전舌戰을 벌임과 동시에 자신의 생애와 사상을 남기고자 집필 작업에 몰입

---

36) 사이토 다이켄 저, 임영순 옮김, 《내 마음의 안중근》, 인지당, 1997, 165~181쪽.
37) 한상권, 〈안중근의 공판투쟁〉, 《大連·旅順地域與韓人民族運動家國際學術會議論文集》, 2007, 19쪽.

하였다. 그는 1909년 12월 13일부터 32년 동안의 자기 일생을 담은 자서전《안응칠역사》를 집필하기 시작하여 1910년 3월 15일에 탈고했다. 또한 1910년 2월 10일 검찰관의 사형구형과 2월 14일 재판관의 사형언도 직후에 착수한 것으로 보이는 미완성의 유고《동양평화론》과 60여 점의 유묵遺墨을 남겼다. 그러면 이제 안중근의 세 번째 사상적 변화인 동양평화사상을 살펴보기 위해 그가 《동양평화론》을 저술하게 된 동기와 목적 및 그 사상적 맥락에 대해 검토해 보기로 한다.

안중근의 동양평화사상은 대체로 다음과 같은 세 자료에서 나타난다. 첫째는 검찰관의 심문조사 및 법원 공판투쟁의 기록이고, 둘째는 그의 자서전《안응칠역사》와 동양정세 및 정략에 관한 미완성 유고인《동양평화론》이며, 셋째는 그가 감옥에서 남겼던 유묵 등이다. 여기서 주목할 것은 안중근의 동양평화사상이 어떻게 형성되었으며, 그 원류를 어떻게 볼 것인가 하는 문제이다. 안중근의 동양평화사상은 하루아침에 무르익은 결실도 아니고, 또한 단순하게 144일 동안의 뤼순감옥 수감생활에서 고안해 낸 것도 아니다. 그것은 그가 소년시절부터 받았던 유교적인 '수신제가치국평천하修身齊家治國平天下'의 사상적 바탕, 천주교의 '천국사상天國思想' 및 시대적 현실 인식 등 요소들이 그 원천적인 기저를 이루고 있음을 가늠할 수 있다.

더욱이 러일전쟁에서 "일본이 러시아에 개전開戰할 때 선전서宣傳書에서 동양평화를 유지하고 한국 독립을 공고하게 한다"라고 표방했지만, 일본은 그것을 배신하고 한국을 침략함으로써 안중근은 크게 실망했다. 이 때문에 그는 연해주에 들어가서 의병항쟁을 호소할 때 노적老賊 이토의 무도無道로 한국은 망국의 위기에 직면하고 있으므로 "우리 대한민족大韓民族은 만약 악적惡賊을 죽이지 않는다면 한국은 기필코 소멸될 것이고 이른바 동양평화도 망하게 될 것이다"[38]라고 절규하기도 했다. 당시 한국인들의 보편적인 인식처럼 안중근도 러일전쟁은 일본이 동양평화를 유지하고 한국의 독립을 기도하는 것으로 믿었던 것이다. 때문에 그는 "실제로 한국 인민은 러일전쟁 이전까지는 좋은 친구로 일본국을 좋아했고 한국의 행복으로 믿고 있었다. 결코 배일사상 같은 것은 가지고 있지 않았으며, 러일전쟁까지는 2천여만의 동포가 일본의 종민從民임을 기뻐하고 있었다"[39]라고 했다.

물론 당시 연해주의병계열에서도 유인석을 대표로 하는 '동양공조론' 내지 '동양연대론'이 대두되고 있었다. 일찍이 최익현崔益鉉은 1906년에 〈기일본정부寄日本政府〉에서 "서양의 영향이 심해져서 독력獨力으로 막을 수 없은즉 한·일·청 삼국이 서로 긴밀한 의존관계를 갖게 되어야 동양의 대국大局을 보전할 수 있다는 것은 지자智者가 아니라도 알 만한 일이요, 본인도 그것을 깊이 소망한다"[40]라고 했다. 이러한 동양공조론 또는 동양연대론은 모두 러일전쟁 이후에 나타난 새로운 시대적 사조였다. 연해주에서 의병항쟁에 투신했던 안중근은 유인석 등과 교류하면서 그 영향을 받았던 것으로 추정된다. 그러나 동양 삼국의 자주독립과 평등공존의 원칙에 바탕을 둔 안중근의 동양평화론은 유인석의 중화중심적인 동양연대론과 구별된다.

하얼빈 의거 이후 1909년 10월 30일 하얼빈 러시아 헌병대에서 미조부치 검찰관으로부터 심문을 받을 때, 그는 〈이토 히로부미의 죄상 15개조〉를 당당하게 열거했는데, 그 가운데 제14조에서 '동양평화를 파괴한 죄'를 들었다. 그리고 뤼순감옥으로 이송된 뒤에도 검찰관의 심사와 법정공판에서 이토를 포살한 것은 '정치적인 오해'나 또는 '개인적인 원망[私怨]'에서 나온 것이 아니라, 그것은 '대한국의

---

38) 안중근, 《安應七歷史》, 華文貴 主編, 《安重根研究》, 遼寧人民出版社, 2007, 85쪽.
39) 《韓國獨立運動史資料》 6, 국사편찬위원회, 1968, 244쪽.
40) 崔益鉉, 〈寄日本政府〉, 柳光烈 編, 《抗日宣言·倡義文集》, 瑞文堂, 1975, 66쪽.

병 참모중장'겸 '독립특파대장'의 소임을 띠고 한 일이라 주장했다. 이는 "동양평화를 위한 의전義戰을 하얼빈에서 개전開展한 것"41)이며, 따라서 자신은 전쟁포로로서 "만국공법과 국제공법으로써 판결하는 것이 옳다"42)고 주장했다.

그렇다면 안중근이 《동양평화론》을 저술하게 된 심층적인 동기와 그 목적은 무엇일까? 그는 1910년 2월 10일 검찰관의 사형 구형과 2월 14일 재판관의 사형 언도 직후, 즉 일제의 이른바 '공판'에 대한 허위성을 간파하고 최후까지 시간이 얼마 남지 않았음을 깨달은 뒤부터 《동양평화론》을 집필하기 시작했다. 그는 2월 17일 뤼순감옥의 전옥장典獄長 구리하라 사다키치栗原貞吉의 소개로 히라이시 우지히토平石氏人 관동도독부 지방법원장과 가진 3시간에 걸친 '특별면담'에서 대략적으로 사형판결에 불복하는 이유, 그리고 "동양국세東洋局勢와 평화정략平和政略에 대한 의견"과 함께 "만약 허용된다면 나는 《동양평화론》1권을 저술할 생각이니 사형 기일을 한 달 정도 미루어줄 것"43)을 요청했다. 또한 히라이시에게 보낸 편지에서도 "나는 지금 옥중에서 동양정책과 전기를 쓰고 있는데 이것을 완성하고 싶다"고 했다. 그리고 3월 18일 서문을 쓴 다음 그 완성을 위해 사형을 15일 정도 연기해 줄 것을 요구했으나, 그 요청은 지켜지지 않았다.

여기서 볼 수 있듯이 그가 《동양평화론》을 저술하게 된 동기는 바로 '동양국세와 평화정략에 대한 의견'을 펴려는 것이었다. 그는 수감생활을 할 때 철학적 사상과 독특한 경세관經世觀·시국관時局觀을 갖고 있는 의로운 인물로서 일본인 검찰관이나 간수의 찬탄과 흠모를 자아냈다. 예컨대 미조부치는 그를 '동양의 의사義士', '충군애국忠

41) 윤병석 역편, 《안중근전기전집》, 국가보훈처, 1999, 194쪽.
42) 위와 같음, 179~180쪽.
43) 안중근, 《安應七歷史》, 華文貴 主編, 《安重根研究》, 遼寧人民出版社, 2007, 106쪽.

君愛國의 사士'44)라고 호칭하기까지 했다. 이 때문에 뤼순감옥에 이감된 이후에도 그는 극진한 대우를 받을 수 있었다.45) 안중근의 동양 국세와 평화정략에 관한 '의견'은 궁극적으로 일본이 이토에 의해 시행되던 기존의 침략정책을 포기하고 한국의 독립을 보장해야만 동양평화를 이룰 수 있음을 촉구하려는 것이었다. 이와 달리 일본 관헌들의 입장에서 보면 철학적인 사상을 갖고 있는 그의 동양평화정략에 관한 '의견'을 통해 그의 정치사상과 이념을 파악할 가치가 있다고 판단했던 것으로 보인다. 여하튼 안중근의 동양평화사상은 그의 세 번째 사상적 변화를 뜻한다고 하겠다.

2) 《동양평화론》의 내용과 의미

안중근이 저술한 《동양평화론》에 그의 동양평화사상이 어떻게 구현되었으며, 또한 어떤 의미를 담고 있는가에 대해 구체적으로 살펴보기로 하자. 그의 《동양평화론》은 미완성된 유고로서 '서序'과 '전감前鑑' 두 부분만 등사본으로 전해지고 있다. 원래 그는 《동양평화론》을 '서', '전감', '현상現狀', '복선伏線' 및 '문답問答' 등 몇 개의 장절로 구상했지만, 1910년 3월 26일 오전 10시쯤에 사형이 집행되었기 때문에 이는 미완성의 유고로 남게 되었다. 심지어 '전감' 부분도 문맥으로 볼 때 완성되지 못했으니, 천고의 유감이라 하지 않을

---

44) 〈안응칠 심문조서①〉, 《韓國獨立運動史資料》 6, 국가보훈처, 1968, 5쪽.
45) 일본 검찰관들의 이러한 태도는 12월 중순경부터 돌변하여 안중근에게 압제를 가하거나 또는 억설도 하고 또 능욕하고 모멸도 하였는데, 이것은 12월 2일에 일본 외상 고무라가 관동도독부 지방법원에 '안중근을 극형에 처하도록 하라'는 훈령訓令을 하달하였기 때문이라고 판단된다. 1910년 2월 14일 관동도독부 지방법원장 히라이시는 안중근과의 담화에서 "나는 너에 대해 심히 동정하지만 이는 정부 주권기관의 결정이므로 개변하기 어렵다"고 수긍하기도 했다.

수 없다. 그러나 앞에서 이미 언급했듯이 그의 동양평화사상은 《안
응칠역사》·《동양평화론》 및 옥중에서의 심문·공판기록 그리고 유
묵에서 그 실상을 엿볼 수 있다.

첫째, 안중근은 '동양'이란 개념에 대하여 '아시아 여러 나라'라는
뚜렷한 인식을 갖고 있었다. 그는 미조부치 검찰관의 심문에서 "동
양평화란 중국·일본·한국·샴·미얀마(현 버마) 등 아시아주 각 나라
가 모두 자주독립하면서 평화롭게 공존하는 것"46)이라고 대답했다.
곧 어느 한 나라라도 자주독립이 되지 않으면 동양평화라고 말할 수
없다고 주장한 것이다. 이러한 논리는 당연히 한국의 독립에 대한
당위성을 주장하고 있을 뿐만 아니라, 더 나아가 그의 동양평화사상
에서 '서양=백인족'에 대한 '동양=황인족'의 대립구도에서 출발하는
아시아주의론을 엿볼 수 있다. 이런 뜻에서 본다면 동양이란 지리적
개념일 뿐만 아니라, 아시아의 역사와 전통을 포함하는 문화 개념으
로 해석될 수 있다.

둘째, 안중근의 《동양평화론》의 핵심적 내용은 평등주의 대한
동양적인 표상인 '화합'으로 나타났다. 《동양평화론》의 서문은 "대
저 모이면 이루어지고 흩어지면 무너지는 것이 만고에 항상 정해진
도리이다〔夫合成散敗萬古常定之理〕"로 시작된다. 이것은 안중근 동양평화
론의 이론적인 정수로서 동양적인 윤리도덕관을 보여주고 있다. 이
른바 '합성산패合成散敗'는 동양의 전통적인 '화합和合' 내지 '협화協和'
사상을 뜻한다.47) '화和'는 곧 동양 삼국을 비롯한 아시아 여러 나라
(황인족)들이 힘을 모아 서구열강을 막는 것이며, '산散'은 곧 일본

46) 《韓國獨立運動史資料》 6, 국가보훈처, 1968, 174쪽.
47) 《상서요전尙書堯典》에는 요 임금의 '광택천하光宅天下'의 업적을 칭송하면서 "百姓昭明
協和萬邦"고 했고, 또한 《사기史記》 〈오제본기五帝本紀〉에서는 "百姓昭明和合萬國"이라
고 기록되고 있다. 이런 의미에서 '협화'는 곧 '화합'을 뜻한다.

이 침략정책으로 아시아의 다른 나라를 유린한다면 아시아는 혼란에 빠져 동양평화는 깨진다는 논리를 담고 있다. 때문에 그는 "현재 서세동점西勢東漸의 화환禍患은 동양인종東洋人種이 일치단결一致團結하여 극력極力 방어防禦하는 것이 제일상책第一上策이리라"[48]고 주장했다.

셋째, 청일전쟁과 러일전쟁의 역사적 교훈을 '전감'으로 삼고 일본이 동양에 대한 침략정략을 개변할 것을 촉구했다. 안중근은 경쟁의 논리로 청일전쟁과 러일전쟁을 해석했다. 그는 "현재 세계가 동서로 나뉘었고 또한 인종이 각기 달라서 서로 경쟁을 다반茶飯 먹듯이 한다"[49]면서 서구열강이 이기利器를 농상農商보다 중히 여기며 경쟁의 마음을 키워 자기 나라를 고수하는 동양의 민족을 침탈하는 것에 대해 질책했다. 더욱이 러시아의 폭행은 '신인공노神人共怒'하는데, 러일전쟁에서 동해의 작은 섬나라 일본이 강대한 러시아를 만주대륙에서 격파한 것은 백인종의 선봉에 대한 황인종의 승리이므로 "가히 천고에 드문 사업이고 만방이 기념할 표적表績이라 할 만하다"[50]라고 긍정했다. 곧 이것은 '백인종=야만'에 대한 '황인종=문명'의 경쟁과 대립이라는 논리에서 비롯된 인식이었다.

이에 대해 중국(청나라)과 한국 인사들이 과거 원한을 버리고 자기가 승리한 것처럼 기뻐해마지 않았으나 일본은 자도自度를 모르고 "천천만만 뜻밖으로 승첩개선한 후에 가장 가깝고 가장 사이좋고 동문동종同文同種인 한국을 늑압勒壓하고 만주의 장춘 이남을 거점으로 조차할 것을 정약定約"함으로써 "일본의 위대한 성명聲名과 정대正大한 공훈은 일조一朝에 만행蠻行의 노국露國보다 우심尤甚하게 변했다"고 규탄했다. 또한 중국(청나라)과 한국은 "…… 비록 천신天神의 능

---

48) 안중근, 《安應七歷史》, 華文貴 主編, 《安重根研究》, 遼寧人民出版社, 2007, 138쪽.
49) 위와 같음.
50) 위와 같음.

력으로 무리로 소멸할 수 없는데, 하물며 한두 사람의 지모智謀로 어찌 말살할 수 있겠는가"51) 하면서 "만약 정략을 개변하지 않는다면 핍박逼迫이 일심日甚하면 부득이 이족異族에게 망할지라도 동종同種의 능욕을 참지 못한다"52)고 강력히 경고했다. 곧 동양에서의 전쟁은 약육강식의 경쟁논리를 따르는 일본의 침략정책에 의해 기인한 것으로써, 그 '정략'을 포기할 것을 극력 촉구했던 것이다.

그리하여 안중근은 "동양대세 생각하매 아득하고 어두우니 뜻있는 사나이가 어이 편한 잠을 이루고[東洋大勢思杳玄 有志男兒豈安眠]/평화시국 못 이룸이 이리도 원통하고 분개하니 정략을 고치지 않으니 참으로 가엾도다[和局未成猶慷慨 政略不改眞可憐]", "동양을 보존하려면 일본이 먼저 정략을 고쳐야 하거늘 때가 지나 기회를 놓치면 후회해도 미칠 수 없다[欲保東洋先改政略 時過失機追悔何及]"라는 유묵을 남기기도 했다. 또한 그는 동양평화론의 구체적인 실천방안과 방법에 대하여 미래 지향적인 안목에서 뤼순항을 중국에 반환한 다음 개방하여 동아시아의 무역과 정치의 중심으로 만들어 동양 삼국의 '평화회의'를 설립함으로써 삼국의 정계요인들이 함께 동양평화의 영구한 방책을 공모할 것을 구상하기도 했다.53) 100년 전에 그가 구상했던 꿈이

51) 위와 같음.
52) 위와 같음.
53) 1910년 2월 27일 안중근은 공소여부를 결정하기에 앞서 관동도독부 고등법원장 히라이시와 3시간에 걸친 '특별담화'에서 동양평화론의 구체적인 내용과 실천방안을 제시했다. ① 뤼순항을 중국에 반환하고 개방하여 일본, 한국, 청 삼국이 공동으로 관리하는 군항으로 함과 동시에 삼국 대표를 파견하여 동양평화회의를 조직하는 것, ② 동양평화회의체를 조직하고 삼국의 회원들을 모집하여 회원 일당 회비로 1엔씩을 모금하여 공동은행을 설립하고 공용화폐를 발행하여 재정·금융문제를 확보하는 것, ③ 향후 동양평화를 견지하기 위한 항구적인 방법의 하나로 뤼순 또는 각국에 삼국 청년들로 구성된 공동군단을 편성하는 것, ④ 로마 교황으로부터 일본, 한국, 청 삼국의 독립을 보장받는 것 등으로 요약된다. 여기서 주목되는 것은 그가 그때 동양평화론은 "어제 오늘에 생각한 것이 아니라 여러 해 동안 숙고한 끝에 나온 것이며 내가 이제

오늘날 점차 현실로 다가오고 있는 이때, 다시 한 번 위인의 탁월하고 비범한 선견지명에 탄복하지 않을 수 없다.

3. 안중근에 대한 중국인의 평가와 기념시설

1) 안중근에 대한 중국인의 평가

안중근은 하얼빈 의거로써 한국과 중국 동북에 대한 일제 침략의 원흉 이토를 격살하여 중국 여론의 큰 관심을 자아냈다. 물론 당시 한국의 친일 언론을 포함하여 중국에서도 '하얼빈 사건'의 주인공인 안중근을 '흉한', '흉범', '흉수'로 표현하면서 그의 의거를 '폭도', '테러', '살인'으로 비하하는 논조도 있었다. 그러나 당시 중국 관내의 《민우일보民吁日報》·《대공보大公報》·《신주일보神州日報》·《상해시보上海時報》·《신보申報》·《시보時報》, 그리고 중국 동북 지역의 《동삼성일보東三省日報》·《성경신보盛京時報》·《요동보遼東報》·《길장일보吉長日報》 등의 신문은 '하얼빈 사건'을 크게 보도하면서 그의 숭고한 애국정신을 높이 찬양했다. 더욱이 일본의 흥중회 기관보 《민보民報》, 홍콩의 《화자일보華字日報》, 미국 화교들의 《세계일보世界日報》·《중서일보中西日報》·《자유신보自由新報》 등 해외 화교의 신문들은 안중근

말하는 정책을 만일 일본이 실행만 한다면 일본은 태산같이 안정되고 세계 각국으로부터 큰 명예를 얻게 될 것"이며 "동양에서의 일본의 위치를 인체에 비유한다면 머리에 해당한다"면서 "일본은 일등국으로 세계열강과 어깨를 나란히 하고 있지만 일본의 성질이 급해서 빨리 망할 수 있는 결함이 있다"는 충고를 남기기도 했다. 또한 "일본은 전쟁을 하지 않고도 동양의 주인공이 될 수 있다"는 말에서 그가 구상한 동양평화론에서 일본 중심의 뜻을 엿볼 수 있다(《亞洲第一義俠 安重根》 日本篇③, 국가보훈처, 1995, 621~633쪽; 《21세기와 동양평화론》, 국가보훈처·광복회, 1996, 55~57쪽).

의 애국정신을 긍정적으로 평가했다.

중국인들이 안중근에 대해 관심을 갖게 된 이유는 다음과 같다. 첫째, 하얼빈 의거와 그의 옥중투쟁 및 최후 순국 등은 모두 중국 땅에서 발생했다는 점에서 중국인들이 특수한 반응을 보여주기에 충분한 조건이었다. 둘째, 중국인들은 일제의 침략적 야망이 점차 대륙을 위협하고 있었기 때문에 '제2의 조선'이 되는 것을 우려했다. 셋째, 당시 중국인들은 반청反淸 민족·민주혁명이 바야흐로 고양되면서 안중근과 같은 '모범적 영웅'이 배출되기를 갈구하고 있었다. 넷째, 공판기사를 통해 안중근의 하얼빈 의거가 단순히 한민족과 한국을 위한 것이 아니라, 평등과 자유와 정의를 위해 동양평화의 '공적公敵=公賊'을 응징하고 한 몸을 의롭게 바쳤다는 사실이 알려졌기 때문에 그의 의협심과 정의감 및 충성심과 복수심에 중국인들은 크게 감복했던 것이다. 그리하여 중국 언론들은 대부분 안중근에 대한 찬양과 일제의 침략성에 대한 폭로, 그리고 중국인들에 대한 각성을 촉구하는 기사를 보도했다. 물론 안중근과 그의 의거에 대해 중국 신문들은 그 정치적 성향에 따라, 즉 혁명파와 입헌파의 시각에 따라 조금씩 차이점을 드러내고 있었다.

그 가운데 위유런于右任이 주편하는 《민우일보》는 이 사건에 대해 사론을 포함한 보도를 93편을 발표했고, 톈진의 《대공보》는 1909년 10월 28일부터 12월 20일까지 모두 14편의 보도문장을 발표했다. 우선 중국의 신문들은 이른바 '하얼빈 사건'의 정치적 성격과 그 원인에 주목했다. 하얼빈 의거 이튿날, 즉 10월 27일 《상해신보》는 일본 《도쿄신문東京新聞》에 실린 이토 피살 관련소식을 전하면서 "일본에서는 '이토의 피살은 정치적 목적이 없다'고 보도하고 있지만, 중국인들은 이토가 한인에 의해 피살된 것은 어찌되었든 정치적 관계로 말미암은 것이라고 믿고 있다"54)고 지적했다. 또한 10월 28

일 〈이등공피자지영향(伊藤公被刺之影響)〉이란 논설에서는 "일본의 대조선 정책이 바로 이등이 한인에게 피살된 원인"[55]이라고 밝혔다.

한편, 안중근의 '암살 수단'에 대한 중국인들의 반응과 인식은 다양했다. 대체로 혁명파와 입헌파의 입장과 태도를 대변하는 신문들의 정치적 성향에 따라 '암살 수단'에 대한 평가는 대립되는 양상으로 표출되었다. 혁명파의 입장을 대변하던 《민우일보》는 1910년 10월 28일 〈논이등감국암살안(論伊藤監國暗殺案 1〉이란 논설에서 이번 사건은 일본이 한국에서 "합병주의를 추진한 결과"라고 분석하고, 한국인들이 "스티븐스나 이토 히로부미를 쏘아 죽인 것은 그 사람 자체를 죽이고 한 것이 아니라 나라의 원수를 갚으려 하였을 뿐"[56]이라면서 안중근의 의거는 국가와 민족을 위한 정당한 행위라는 의미를 부여했다. 또한 10월 29일 제2차 논설에서 '하얼빈 사건'은 '정치적 암살'이라고 규정하고 "혁명군을 일으킨다는 것은 쉬운 일이 아니었고 성공하기 어려우므로 암살 사건이 발생하였다"면서 "암살은 혁명군의 보조적 수단이며 그의 형식을 바꾼 기능"이고 "그 종지를 요약한다면 자유를 희망하고 평등을 사랑하며 선천적 인권을 회복하고 인도주의를 유지하려 한다는 점에서는 모두 일치하는 것"이며 "세계의 종족 문제에 기인한 암살은 모두 정치적 성격을 띠고 있으므로 그것을 종족적 암살이라고 하는 것보다는 정치적 암살이라고 하는 것이 더 합당할 것"[57]이라고 평가했다.

그러나 이와 반대로 입헌파의 입장을 보여주던 《대공보》는 10월 28일 〈문이등피자유감(聞伊藤被刺有感)〉이란 기사에서 "이 암살을 주도

---

54) 《上海申報》 1910년 9월 14일(양력 10월 27일).
55) 《上海申報》 1910년 9월 15일(양력 10월 28일).
56) 《民吁日報》 1910년 10월 28일자.
57) 《民吁日報》 1910년 10월 29일자.

한 자는 국사에 열심하고 담력이 있는 사람이라고 할 수 있다"고 하면서도 "이토의 생사는 한국의 흥망과 원래 상관없는데, 이 암살주의를 가진 자의 목적이 도대체 어디에 있는지 알 수 없다"라고 부정적인 태도를 나타냈다. 이것은 안중근의 개인의 인격은 긍정하면서도 당시 혁명파들이 선호하던 수단인 암살을 비판하는 데 목적을 두었던 것으로 보인다. 또한 〈조선미래지경고朝鮮未來之敬告〉란 기사에서는 "이번 사건 후 동아의 음흉한 암살주의는 반드시 격려激勵를 받을 것이며 열강들의 강경외교정책은 반드시 자격을 받을 것이라"고 역설했다. 이것은 이 사건으로 일본의 대외침략정책이 더욱 확대되는 것을 우려하면서 큰 위기감을 느끼고 있던 중국인들의 심정을 반영한 것이라고 하겠다.

또한 중국 신문들은 안중근의 동양평화사상에 주목하면서 이를 높게 평가했다. 《상해시보》는 〈기신행자이등안記訊行刺伊藤案〉·〈기속신행자이등안記續訊行刺伊藤案〉·〈관동지방법원한자객안지판결전문關東地方法院韓刺客案之判決全文〉 등을 통해 안중근에 대한 공판과정을 상세하게 소개했다. 더욱이 1910년 1월 22일 〈자살이등안刺殺伊藤案〉이란 기사를 실어 사형 선고를 받은 안중근은 "뤼순에서 일·청·한 삼국 공동으로 지폐를 발행하는 것이 제일 중요한 일"임을 강조하였다고 보도했고, 이어서 2월 24일 〈기안중근행형시정形記安重根行刑時情形〉에서도 "안중근은 형장에서도 떳떳한 모습으로 일본 장관들에게 반드시 동방의 평화를 도모하는 마음을 가지기 바란다는 유언을 남겼다"고 보도했다. 이로써 안중근이 국가와 민족이란 이념을 초월하여 동양평화를 위해 거사한 위인임을 시사했던 것이다.

상하이의 《동방잡지東方雜誌》는 공판을 받던 안중근의 거사의 모습에 대해 "이 고려인은 총을 쏘고 곧 체포된 후 여러 번 한국 만세를 외쳤다. 이윽고 러시아 관헌에 연행되기 전에 조금도 두려움 없이 의젓하게 한인韓人이라고 말해주었다"58)고 보도했다. 미국의 중국인들이 경영하던 신문들도 안중근 의거에 깊은 관심을 보였다. 그 대표적인 예로 당시 하와이에서 활동하던 동맹회 회원이자 《자유신문自由新聞》의 주필인 루쉰盧信59)은 1909년 10월 27일에 〈고려불망의高麗不忘矣〉란 기사에서 "오호라, 한국은 스스로 망하지 아니하였으니 한국은 진실로 망하지 않을 것이오. 중국은 스스로 망하였으니 중국은 반드시 망하리로다. 장하다 한국이여, 거룩하다 한국의 협사여"60)라 했다. 그는 안중근의 위대한 '협사俠士'의 애국심을 격찬하면서 한국인의 민족정신이 살아있음을 재확인하고, 더 나아가서 이것을 '중국의 공분'까지 씻어준 것으로서 중국인은 부끄러운 줄 알고 분발해야 한다고 촉구했다. 이런 뜻에서 안중근의 의거는 중국인들에게 한국과 한국인에 대한 재인식의 계기가 되었음과 더불어 한국 독립운동에 대한 동정과 성원을 불러일으킬 수 있는 계기를 만들었다고 볼 수 있다.

　당시 중국은 일제의 침략정책으로 말미암아 한국과 동병상련의 운명에 직면하고 있었다. 때문에 안중근이 순국한 뒤에도 중국의 우국지사들은 그의 하얼빈 의거와 애국정신을 더욱 높이 평가했다. 여기서 한 가지 언급해야 할 점은 안중근에 대한 중국인들의 인식은 신해혁명 이후 김택영·박은식 등 한국인들과 중국인 정원鄭沅의 《안

---

58)《東方雜誌》1909年 第11期.

59) 어떠한 글에서는 이 루쉰盧信(1872~1933)을 중국 현대의 유명한 문호인 루쉰魯迅(1881~1936, 본명 周樹人)으로 잘못 표기하고 있는데, 루쉰盧信의 자字는 신공信公이며 광동성廣東省 순덕順德 사람이다. 그는 일찍이 일본과 미국에 유학하여 법학을 배웠고 홍콩에서 쑨원이 창립한 동맹회에 가입하였다.《중국일보中國日報》기자 및 동맹회 광동지부장과 호놀룰루에서 《민생일보民生日報》,《신자유보新自由報》,《대성보大聲報》에 취직하여 반청사상을 고취했다. 중화민국이 세워지고 난 뒤에 농상총장農商總長, 사법총장司法總長 등의 직을 맡았다(http://www.lsqn.cn/mingren/).

60)《新韓民報》, 1909년 11월 17일자.

중근전安重根傳》 등을 통해 더욱 확산되었음을 간과할 수 없다는 것이다. 중국 민주혁명의 선구자 쑨원孫文은 "공로는 삼한三韓을 덮고 이름은 만국에 떨치나니 백세의 삶이 아니나 죽어서 천추에 드리우리[功盖三韓名萬國 生無百世死千秋]/약한 나라는 죄인이고 강한 나라는 재상이니 드디어 곳을 바꾸어도 역시 이토를 과녁으로 삼으리라[弱國罪人強國相 縱然易地亦藤侯]"란 글을 지었고, 장타이옌章太炎은 '아주제일의협亞洲第一義俠'이란 휘호를 남겼다. 저명한 사상가 량치차오梁啓超는 일본에서 안중근의 순국 소식을 접한 뒤 칠언율시 〈추풍단등곡秋風斷藤曲〉과 〈추도문追悼文〉을 지어 안중근 의사에 대한 경모敬慕의 정을 담았다. 그는 〈추풍단등곡〉에서 "황사가 땅을 휘감으며 바람이 노호하고 흑룡강 밖의 눈은 칼과 같네[黃沙卷地風怒號 黑龍江外雪如刀]/피를 흘려 다섯 걸음에 큰 일 끝내고 크게 한 번 소리 내서 웃으니 산월이 높네[流血五步大事畢 狂笑一聲山月高]"61)라고 읊었다.

중국 신문화운동의 선봉장인 천두슈陳獨秀는 1915년 9월 중국 청년들의 애국사상을 계몽하고자 발간한 《청년잡지青年雜誌》 창간호에서 〈경고청년警告青年〉이란 글을 발표하였다. 그는 이 글에서 "나는 청년들이 톨스토이와 타고르가 되기보다 콜럼버스와 안중근이 되기를 원한다"62)고 하면서 안중근을 반제애국정신의 모범으로 삼을 것을 호소하기도 했다. 그리고 위안스카이袁世凱는 안중근의 영전에 바치는 "평생 경영하던 일은 다만 금일에 마치어도 죽음에 이르러 삶을 도모함은 장부가 아니리라[平生營事只今畢 死地圖生非丈夫]/몸은 삼국에 있으나 이름은 나라를 세움이거니 생사는 백세지만 죽음은 천추에 남으리라[身在三國名乃國 生死百世私千秋]"63)란 시를 지었고, 장제스蔣

61) 華文貴 主編, 《安重根研究》, 遼寧人民出版社, 2007, 57쪽.
62) 《青年雜誌》 1권 1호, 1915년 9월 1일자.
63) 崔洪斌, 앞의 글, 83쪽.

介石는 "장렬한 죽음 천추에 빛나리〔忠烈千秋〕"란 휘호를 남겼다. 그리고 중화인민공화국의 저우언라이周恩來 총리는 "중일갑오전쟁 후에 중조中朝 인민의 일본 제국주의 침략을 반대하는 투쟁은 20세기 초 안중근이 하얼빈에서 이토 히로부미를 격살하는 데서부터 시작되었다"[64]라고 평가했다. 이런 뜻에서 본다면 안중근의 하얼빈 의거는 국권회복을 위한 의병항쟁이 국가독립을 위한 독립항쟁으로 전환하는 기점이라고 할 수 있다.

2) 하얼빈·뤼순구의 안중근 기념시설

안중근의 하얼빈 의거와 옥중투쟁 및 최후의 순국은 모두 중국에서 발생했다. 때문에 그에 대한 기념시설물들은 모두 하얼빈과 뤼순에 남아있다. 1910년대 중국 화극話劇의 선구자인 임천화任天和는 〈안중근이 이토를 격살〉이란 화극을 공연했고, 1950년대 중국 소학교의 교과목에는 안중근의 사적을 소개하는 과목이 있었다.[65] 그리고 1979년 조선민주주의 인민공화국에서 안중근 의사 탄생 100주년을 기념하여 촬영한 〈안중근이 이등박문을 쏘다〉라는 영화는 중국에서 상영되어 매우 큰 반향을 불러일으켰다. 더욱이 1992년 중한 양국의 수교 이래 한국의 경제적 지원으로 하얼빈 조선민족예술관에 안중근 기념전람관과 뤼순일아감옥旅順日俄監獄 옛 터에 안중근기념전시관이 설립되었다. 또한 2005년에는 안중근이 공판을 받았던 뤼순의 관동도독부지방법원關東都督府地方法院 옛 터가 복원되었다. 2001년에 설립된 다롄시 안중근연구회는 매년 안중근 '의거의 날'과 '순국의 날'에

---

64) 《縱橫》, 2009년 제3기.
65) http://chn.chosun.com/site/deta/heml-dir/

기념모임과 학술활동을 지속적으로 유지해 오고 있다.

안중근은 순국할 때 자기 두 동생에게 자신의 유해를 하얼빈공원(현재 리자오린공원李兆麟公園)에 안장했다가 조국이 자주독립하면 고국으로 옮겨 달라는 유언을 남겼다. 하늘나라의 고혼孤魂이 되어도 망국노亡國奴가 되지 않겠다는 그의 고매한 넋을 읽을 수 있다. 1992년 3월 하얼빈시에서 헤이룽장성 안중근연구회의 설립을 계기로 안중근 기념활동은 하얼빈시정부의 차원에서 주최하는 공식적인 행사로 확대되어 '하얼빈한국주韓國周'를 결성하기에 이르렀다. 2006년 4월 3일부터 7일까지 제2차 하얼빈한국주 때 한국 서울 구로구 정부와 하얼빈시 향방구香坊區는 자매결연을 맺었다. 그리고 하얼빈시 도리구道里區 안승가安升街 85호에 위치한 조선민족예술관(고려회관)에 안중근기념관을 설치했고, 하얼빈 역 앞 안중근 의사의 의거 현장에 사격지점과 이토가 격살당한 위치를 각각 삼각형과 정방형의 진홍색 대리석으로 표시했다. 또한 하얼빈 역 앞 2층에 있는 철도발전역사 전람관에 단독으로 안중근 의사의 전람실이 만들어졌으며, 하얼빈공원에는 안중근 의사의 유묵비를 세웠다. 현재 흑룡강혁명박물관과 동북열사기념관에도 안중근사적전시관이 설치되어 대중들의 호평을 받고 있다.

2001년 한국 안중근기념사업회의 재정적인 지원을 받아 하얼빈 조선민족예술관에 안중근기념전시관이 만들어져 그의 생애와 더불어 애국정신과 동양평화사상을 소개하기 시작했다. 2008년에 한국 독립기념관은 국가보훈처의 재정적 지원을 받아 하얼빈 조선민족예술관의 안중근의사전실(안중근의사기념관)을 1층에서 2층으로 옮겨서 재개관하면서 90여 장의 사진과 8개 유묵을 포함한 110여 점의 역사자료를 전시했다. 여기에서는 안중근 의사의 출생과 성장, 국내구국운동과 해외의병운동, 하얼빈 의거와 심판 및 유묵, 그리고 안중근이 하얼빈에 체류하던 11일 동안의 상황을 소개하고 있다. 다롄·뤼순에 있는 뤼순일아감옥 옛 터는 안중근을 비롯하여 신채호·이회영·최흥식 등 한국의 유명한 독립운동가들이 순국한 곳이기 때문에 한국인들의 각광을 받고 있다. 때문에 2009년 6월 한국 광복회의 재정지원으로 안중근기념전시관을 중심으로 한 신채호·이회영·최근식 등을 포함한 '국제전사재여순國際戰士在旅順'이란 전시관으로 확대되었다.

현재 하얼빈공업대학, 북경대학 역사학부에는 한국에서 지원하는 '안중근장학금'이 설치되어 중국의 인재 양성과 함께 안중근 의사의 애국정신을 널리 홍보하고 있다. 또한 2008년 3월부터 5월까지 한국 국가보훈처에서는 국가적 차원에서 안중근의 유해를 찾는 작업을 진행했으나 아쉽게도 결실을 보지 못했다.[66] 오늘날 안중근에 대한 중국의 이러한 기념시설물들은 중·한 내지 중·조 사이의 우호적 관계를 더욱 깊이 하고 안중근의 평화사상을 널리 선전함으로써 동북아 평화를 유지하는 데 큰 영향을 주고 있다.

맺음말

이 글에서는 안중근의 중국활동을 통해 그의 사상적 변화와 그 발전 과정의 궤적을 살펴보았다. 곧 제1차 상하이망명과 제2차 간도망명 및 하얼빈 의거란 3단계로 나누어 그 매 단계마다 그의 사상적 전환을 가져오게 된 원인을 고찰했다. 제1차 상하이망명 단계에는 천주교 신자에서 실력양성론(=계몽운동)으로 전환하고, 제2차 간도망명 단계를 전후하여 실력양성론에서 의병항쟁론(=독립전쟁)으로 사

---

66) 《조선일보》 2008일 5월 30일자.

상이 변화하였다. 세 번째 단계인 하얼빈 의거를 통해서 독립전쟁론은 점차 동양평화론(=동양평화사상)으로 승화하였음을 알 수 있었다.

또한 안중근의 하얼빈 의거와 옥중투쟁 및 그의 미완성 유고인 《동양평화론》을 통해 그의 독립전쟁론과 동양평화론은 서로 다른 두 차원의 논리적 귀결을 뜻한다고 지적했다. 그러나 그의 독립전쟁론과 동양평화론은 서로 모순되는 것이 아니었다. 이것은 하얼빈 의거의 당위성과 정당성을 증명하는 논리로서, 결코 독립전쟁의 포기를 뜻하지 않는다. 그는 한국의 독립이 곧 동양평화의 토대가 되기 때문에, 침략과 야만에 대한 저항과 항쟁은 어디까지나 정당하고 합리적이라고 인식했다. 이런 의미에서 본다면 그의 동양평화론은 독립전쟁론의 연장선에서 이해되어야 하며, 더욱이 안중근이 구상한 동양평화론은 국가와 민족 사이의 자주독립·평등원칙을 전제로 삼고 있기 때문에 유인석의 '중화중심 동양평화론'이나 서일徐一의 '일본맹주 동양평화론'과 구별되는 점을 볼 수 있다. 때문에 그의 동양평화사상은 한국독립운동사상사에서 매우 독특한 위치를 점하고 있을 뿐만 아니라, 중요한 역사적 계시와 현실적 의의를 지니고 있다.

역사는 기억과 해석으로 이루어진다. 이 글에서는 안중근 의거가 중국에 끼친 영향을 주요하게 그 당시 신문보도를 통해 살펴보았다. 안중근의 의거와 옥중투쟁 및 순국 등이 모두 중국 땅에서 발생했다는 점에서 중국인들은 하얼빈 의거에 특수한 관심을 보였다. 또한 일제의 침략 야망이 중국대륙을 위협했기 때문에 '제2의 조선'이 되는 것을 우려하는 위기감이 고조되는 사회 분위기와 더불어 반청反淸 민족·민주혁명이 바야흐로 고양되면서 당시 중국인들은 안중근과 같은 '시대적 영웅'이 배출되기를 갈구하고 있었다. 이러한 복합적인 요인으로 말미암아, 더욱이 안중근이 단순히 자기 민족과 국가만이 아니라, 평등과 자유, 그리고 정의를 위해 동양평화의 '공적公敵=公

賊'을 포살하고 그 한 몸을 의롭게 바쳤기 때문에 중국인들은 그의 의협심과 정의감 및 충성심과 복수심에 감복해 마지않았다. 그러나 혁명파와 개혁파의 입장을 대변하는 신문들은 안중근 의거의 원인과 그 수단에 대해 서로 다른 반응과 인식을 보였는데, 특히 '암살수단'에 대한 논조는 찬반으로 엇갈렸다.

세상의 모든 사물은 절대적인 완전무결함을 갖출 수 없다. 인간이란 존재도 마찬가지이다. 안중근의 사상에서도 그 시대적인 한계성이 드러나고 있다. 예컨대 위정척사론적 충군주의의 흔적, 동학혁명에 대한 부정적인 시각, 그리고 지역협력의 이념으로서 인종론의 설정 및 동아시아와 다른 지역, 특히 러시아를 필두로 한 서양과의 적대적 관계설정 등은 안중근이 넘지 못한 시대적 한계로 보인다. 그는 '일본문명'에 대한 선의에 찬 기대에서 출발하여 일본이 침략정책을 개변할 것을 촉구했지만, 결국은 그가 순국하고 반년도 못가서 일본은 '동양평화의 확보'라는 구실로 한국을 병탄하였고, 한민족은 36년 동안 망국의 비운을 겪어야 했다.

오늘날 안중근은 중국인들에게, 또 20세기 한국사에서 가장 대표적인 위인의 한 사람으로 각인되고 있으며, 더욱이 중국에 살고 있는 조선족들은 그를 단순한 '외국의 위인'이 아닌 민족의 자랑과 긍지를 느끼게 하는 인물로 여기고 있다. 중국의 하얼빈·뤼순 등 곳곳에 있는 안중근의 기념시설물들은 중·한 내지 중·조 사이의 우호적 관계를 밀접히 하고, 더 나아가 동북아 지역과 세계 평화를 사랑하는 모든 인간들에게 국가 사이의 이념과 체제를 초월하여 서로 협력하며 화목을 도모하고 서로 우호적인 선린관계를 유지하면서 미래의 동북아 평화시대를 지향해야 함을 현시해 주고 있다.

'조선병합'과 일본의 여론

히라다 겐이치

1. 머리말

이 글은 일본 제국주의에 의한 '조선병합'이 일본의 여론에 어떻게 받아들여졌는지에 대해, 헤이그 밀사 사건(이하 '밀사 사건'이라 함)부터 안중근의 이토 히로부미 살해 사건(이하 '하얼빈 사건'이라 함)을 거쳐 병합조약 조인에 이르기까지 1907년부터 1910년까지의 시기를 역사적으로 고찰하는 것을 목적으로 하였다.

이 글에서 고찰하고자 한 문제에 대한 기존 연구들은 요시오카 요시노리吉岡吉典의 여러 논문들을 시작으로, 사회주의자나 기독교인의 대응 등에 대한 각각의 연구들이 있다.[1] 그렇지만 러일전쟁 이후

---

1) 여론 일반을 다룬 것으로는 吉岡吉典, 〈"朝鮮併合"と日本の世論〉, 《朝鮮研究》 65·72호; 吉岡吉典, 〈日本國內諸階級の思想状況〉 제3장 제4절, 渡部学 편, 《朝鮮近代史》, 1968; 宇井啓子, 〈"併合"をめぐる日本と外国の新聞論調〉, 井上秀雄 편저, 《セミナ-日朝関係史》 I, 1969를 참조. 사회주의자의 대응을 다룬 것으로는 吉岡吉典, 〈明治社会主義者と朝鮮〉, 《歴史評論》, 1965년 6월호; 吉岡吉典, 〈日朝中三国人民連帯の伝統〉, 아시아·아프리카강좌 3,《日本と朝鮮》, 1965; 吉田和起, 〈日韓併合と日本の社会主義者〉, 《新しい歴史学のために》 96호 등이 있다. 기독교인의 대응을 다룬 것으로는 松尾尊兌, 〈日本組合基督教会の朝鮮

일본 제국주의의 조선 식민지화가 급속하게 진행되었던 이 시기에 일본 여론이 병합을 어떻게 받아들였는지에 대해서는 계통적으로 밝혀져 있지 않다. 이 글은 그러한 작업의 첫 걸음으로, 위 시기에 한정되기는 하지만 신문·잡지의 사설을 중심으로 하여 병합을 둘러싼 여론 동향의 일단만이라도 조사해 보고자 한다.

이 글에서는 신문·잡지기사의 경우에 다음과 같이 줄여서 기재했다. 단, 사회주의 신문은 이에 해당되지 않는다.

① 신문명: 《오사카매일신문大阪每日新聞》→《大每》, 《오사카조일신문大阪朝日新聞》→《大朝》, 《시사신보時事新報》→《時事》, 《도쿄일일신문東京日日新聞》→《東日》, 《교토일출신문京都日出新聞》→《日出》, 《도쿄매일신문東京每日新聞》→《東每》, 《국민신문國民新聞》→《國民》

② 날짜: 연도는 특별한 언급이 없는 한, 제1절은 메이지 40년(1907), 제2절은 메이지 42년(1909), 제3절은 메이지 43년(1910)이며, 월일은 7월 1일→(7.1)로 줄였다. 또, 연호年號도 포함하여 보일 경우는 메이지 40년 7월 1일→(明40.7.1)로 줄였다.

③ 신문, 잡지를 소개할 경우 필자나 논문명을 쓰지 않고, 신문이나 잡지명만 써 놓았을 때는 해당 언론의 '사설'을 뜻한다.

伝道〉, 《思想》, 1968년 7월호; 吳允台, 《日韓キリスト敎交流史》, 1968; 吉岡增雄, 〈倂合とキリスト者〉, 井上秀雄 편저, 앞의 책 등이 있다. 그 밖에 일본인의 조선관을 알 수 있는 실마리로는 문학작품을 중심으로 고찰한 朴春日, 《近代日本文学における朝鮮像》(1969), 근대 일본인의 조선관을 개관한 旗田巍, 〈日本人の朝鮮觀〉, 아시아·아프리카강좌 3, 《日本と朝鮮》(이후 旗田巍 저, 《日本人の朝鮮觀》, 1969에 수록) 등이 있다.

2. 밀사 사건과 일본의 여론

1907년 6월, 조선 국왕 고종이 네덜란드 헤이그에서 개최된 '제2회 만국평화회의'에 세계 각국 대표가 모인 것을 이용해, 전前 평리원검사 이준 등 3인의 사절을 파견하여 일본의 조선 지배에 대한 부당성, 특히 1905년 11월 조선에서 외교권을 박탈했던 '을사보호조약'의 부당함을 호소한 사건이 일어났다. 이것이 이른바 헤이그 밀사 사건이다. 하지만 이 회의 자체가 제국주의 국가 사이의 '평화적' 식민지 분할을 위한 것이었을 뿐, 피억압민족의 문제를 수용해 주려던 것이 아니었다. 게다가 미국과 영국, 러시아는 이미 일본의 조선 지배를 용인하고 있었다. 때문에 사절단은 회의 참가를 거부당했고, 사절의 일원인 이위종이 네덜란드의 저널리스트 윌리엄 토머스 스테드가 주재한 국제협회에서 연설한 뒤 동정을 얻어 그 내용이 각국 신문에 보도된 것에 그쳤다.

통감 이토 히로부미는 이 사건을 '보호'권 확대의 절호의 기회로 삼아 고종을 배제하고 내정 전반을 지배할 방침을 정부에 제의했다. 이 방침을 바탕으로 일본 정부는 7월 10일 내정 전반을 통감의 지도 아래에 두는 방침을 결정하였고, '협약에 국왕이 동의를 하지 않을 때는 병합'[2]을 단행할 것도 결의했다.

(일본)정계와 언론계는 조선에 대한 배외열排外熱로 끓어올랐다. 더욱이 '다수의 의향은 한국을 병탄'[3]하는 데 있었다. 야당인 헌정본당憲政本黨에서는 '한국 처분에 속히 용단이 있을 것을 갈망한다'(〈本党対韓問題〉,《大毎》 7.24)는 내용의 전보를 통감 앞으로 발송하였고, 급진파인

---

2) 金正明 편, 《日韓外交資料集成》 6, 1964, 601쪽.
3) 외무성 문서, 《韓国ニ於テ第二回万国平和会議ヘ密使派遣並ニ同国皇帝ノ譲位及日韓協約締結一件》(외무성 외교사료관 소장, 이하 《密使事件一件》이라 함), 541쪽, 關直彥談.

유흥회猶興會도 '한국을 근본적으로 확청廓清할 것'[4]에 대해 요청하는 전보를 통감에게 보내는 등 강경한 자세를 취했다. 또한 가쓰라 다로桂太郎의 어용당이었던 대동구락부大同俱樂部도 단호한 처분을 요구했다.[5]

또한 오가와 헤이키치小川平吉·구니토모 시게아키国友重章 등도 조선 문제의 근본적 해결을 도모해야 한다고 하면서 사이온지 긴모치西園寺公望 수상에게 각서를 제출하여 병합 단행을 주장했다.[6]

동지기자구락부同志記者俱樂部에서도 7월 13일 유흥회와 같은 결의를 하고, 실행위원으로 엔죠지 키요시円城寺清(《만조보万朝報》 소속)·시게노 타마키繁野珠城(《제국통신帝国通信》 소속)·오타니 모리오大谷誠夫(《도신문都新聞》 소속) 등 3명을 선출했다(〈同志記者의 決議〉,《만조보》 7.14).[7]

7월 18일, 이완용 내각으로부터 책임을 지고 물러날 것을 독촉당하고 있던 고종은 강제로 퇴위당했고, 7월 24일에는 일본 정부의 강경방침대로 제3차 한일협약이 조인되어 행정·사법 등 내정에 관한 모든 실권이 통감에 집중되었다. 동시에 근위병 일부를 제외한 조선

---

4) 《日本外交文書》 40권 제1분책, 1960, 462~463쪽.

5) 春畝公追悼會,《伊藤博文傳》 하권, 1940, 758쪽.

6) 앞의 글,《密使事件一件》163~164쪽. 黑龍會 편,《東亜先覚志士記伝》 중, 1966, 44~46쪽. 이 각서에는 이 밖에도 도야마 미쓰루頭山滿, 고노 히로나카河野廣中, 오오타케 간이치大竹貫一, 이오기 료조五百木良三의 서명이 있다. 각서의 내용은, 제1안 한국 황제에게 주권을 일본에 양위시켜 한일 양국을 병합할 것, 제2안 한국 황제의 지위를 황태자에게 양위시킴과 동시에 그 통치권을 일본제국에 위임하게 할 것의 두 가지로, 제1안이 실행 불가능할 경우도 제2안은 반드시 실행할 것을 요구했다. 또, '일한동지회日韓同志會'의 나카무라 야로쿠中村彌六, 나카무라 다하치로中村太八郎, 이시카와 야스지로石川安次郎 등이 밀사 사건 뒤 조선에 간 동향이 신문에도 보도되었지만, 그 목적은 명확히 나오지 않는다. 그들이 박영효 내각 수립에 한 역할을 맡았고, 박영효가 양위 이후 궁중 쿠데타에 실패했기 때문에 계획이 좌절되었다는 이야기도 있다(앞의 글,《密使事件一件》, 653~654쪽).

7) 이 결의에는 오타니, 엔죠지, 시게노 외에도 무라마쓰村松恒一郎(《大朝》 소속), 하시모토橋本善勝(《東日》 소속), 에모리江森泰吉, 요시노吉野某, 이와타岩田某, 가와무라川村某 등이 참여했다(《日本外交文書》 40권 제1분책, 463쪽).

군대의 해산도 비밀리에 결정되었다.

밀사 사건은 7월 1일자 로이터 통신 등에 의해 7월 3일 각 신문 지상에서 보도되기 시작했지만, 처음에는 단순히 '우스운 일' 정도로 받아들여졌다. 예를 들면, 《만조보》(7.3)는 '한국이 보호국인 자신의 지위를 돌아보지 않고 평화회의에 항의를 제출하여 배척당한 것은 당연한 일이다. 이는 우스운 일에 지나지 않는다'고 서술했다. 또한 《大朝》(7.5)의 〈천성인어天聲人語〉에서도 '낮잠 자다 꾼 꿈 이야기 정도도 안 되는 것이다'라며 경시했고, 《日出》(7.7)은 〈조선골계론朝鮮滑稽論〉이라는 사설을 실었다.

하지만 7월 10일 정부가 강경방침을 결정하면서부터, 신문들은 사설에서 대대적으로 밀사 사건을 문제 삼으며 고종을 강력하게 비난하는 논조를 취했다. 또한 이토 통감의 종래의 통치방침을 미온적이라고 비판한 뒤, 이 사건을 조선문제 해결의 좋은 기회로 간주하면서 탐욕적인 조선 침략을 고취하는 것으로 변하고 있었다.[8]

《일본급일본인日本及日本人》(8.1)의 〈동서남북〉란에서는 밀사 사건을 '명백히 한일협약('을사보호조약'-필자 주)을 유린하고 더 나아가 제국의 위엄을 손상시켜 면목을 더럽힌 비행非行'이라고 비난했고, 《時事》(7.12)도 '언어도단의 사태로, 흔히 부처도 3번은 용서해 준다고 하지만, 이번 일은 통감이 아무리 관용을 베푼다고 해도 불문에 붙일 수는 없을 것이다'라고 하는 등, 조선 국왕을 맹렬히 비난했다. 동시에 밀사 사건은 '실로 일본의 대한對韓문제를 근본적으로 해결할 좋은 기회'(《중앙공론中央公論》 8월호)로 여겨졌고, '상하 여론이 분분

---

8) 오가와 헤이키치는 당시의 여론상황을 '처음에 일본에서 일반 국민의 여론은 일반적으로 밀사 사건을 중대하게 보지 않는 경향이 있었다. …… 그리고 잠깐 사이에 국민도 또한 깨닫기 시작하였고, 전국의 여론도 대부분 비등하게 이 기회를 타고 한국문제를 근본적으로 처분해야 한다고 하게 되었다'(〈日韓新協約に就て〉, 《太陽》 9월호)라고 하였다.

하여 끓어오르는 솥과 같았고, 신문, 연설에서도 병탄을 논하고 합방을 이야기하는 것이 성행'9)하였다.

그 가운데서도 이미 7월 9일의 사설을 통해 통감은 조선 국왕에게 '금후 영구히 한국과 한국 황제의 존재를 인정하지 않을 것'을 상주하라고 주장한 바 있던 《大每》가, 양위에 동의하지 않을 경우에는 병합을 요구한다고 하는 등 극히 구체적이고 노골적으로 대조선 정책방침을 주장했던 것이 주목된다(7.17).

양위에 대한 논조들도 일부에서는 《時事》(7.20)와 같이 '우리 일본에 대한 사죄의 뜻으로 퇴위를 수용하고, 40여 년 동안의 제위帝位를 초연히 내던짐에 대해 깊은 동정을 표한다'는 견해도 있었지만, 대부분은 '양위 이외에도 장래의 보장이 될 만한 별도의 근본적인 선후책을 세우지 않을 수 없고, 공연히 그들이 득의할 음모에 속아 일시의 사사로운 정에 따라 대국大局의 웅단을 그르침이 있으면, 예상 못할 근심과 해악의 영원한 근절을 기약할 수 없을지 모른다'(《만조보》 8.25)고 하여, 양위보다 더 강경한 조선 정책의 수행을 요구하였다. 《大每》(7.23), 《大朝》(7.21), 《교토신문京都新聞》(〈論說〉 7.26)은 병합 단행을 주장했다.

제3차 한일협약은 보통 환영받는 분위기였다. 《大每》(7.27)조차 협약의 해석에 차이가 있는 것으로는 비난하지 않고, 대체로 '우리들은 명분 여하를 불문하고 그 실질을 보고 그에 만족한다'(《時事》7.26)고 평했다.

8월 1일 이후의 조선 군대 해산에 대해 신문들은 거의 최고의 찬사를 보냈고, 정부의 '공적功績'이 크다고 하였다.10) 곧 '정치개혁의

---

9) 조선총독부, 《朝鮮ノ保護及倂合》, 100쪽(金正明 편, 《日韓外交資料集成》 8, 1964).
10) 이것은 종래부터 조선 군대에 대한 무용론·유해론을 주장했던 필연적 귀결이기도 했다. 《時事》(7.13)는 6월 말 조선 정부가 발포한 모병령에 대해 '현재의 한국군도 무용

요지를 얻는 것의 하나로, 그 결단을 크게 칭찬해야 한다'(《만조보》
8.3), 또는 '마땅히 괄목해야 할 것이다. 이것이 원래 당연한 처분임
에도, 협약을 운용하여 정세를 발전시키는 진행 과정의 커다란 부분
이다'(《日出》 8.3) 등으로 이야기하였다. 이와 같이 조선의 군대 해산
만큼 정부의 시책이 여론의 동의를 얻었던 일은 드물었다. 당시의
여론이 얼마나 탐욕스럽게 조선 침략을 고취하고 있었는지를 보여주
고도 남는 것이다.

조선 인민은 이러한 조국의 위기에 일제히 궐기했다. 서울에서는
대한자강회·동우회·기독교청년회 등이 중심이 되어 일본의 양위 강
요에 대한 반대 집회와 시위를 벌였다. 또한 이완용의 집을 방화하
고, 일진회의 국민신문사와 일본경찰서를 습격했다.

8월 1일 이후, 조선주차군朝鮮駐箚軍의 계엄령 아래에서 강행된 조
선 군대 해산은 오히려 조선 인민의 항일운동을 한층 더 확대시켰
다. 군대 병사의 태반이 해산 조치에 반발하여 궐기하는 동시에, 그
것이 진압되자 속속 항일의병의 대열에 참가했다. 이 때문에 의병운
동은 전투력이 강화되었고, 지속적·전국적인 운동으로 발전했다.

일본 신문에서는 이러한 의병운동에 대해서는 '문제 삼지 않았
고, 《大朝》, 《大每》와 같은 주요 신문에서도 일주일에 한 번 정도
폭도 가운데 큰 건만을 …… 2, 3줄로 처리하여'[11] 묵살하는 한편,
'실종 또는 실직된 군인을 중심으로 한 절제가 없는 오합지졸일 뿐'

지물인데, 하물며 그것을 확장하는 것은 생각도 못할 소식이라고 이야기하지 않을 수
없다'라며 '무용지물'로 간주하였다. 더욱이 국왕 양위 당시에 군대반란이 일어나자,
'이와 같이 한국의 육군이 종래 무용한 역사 위에 더욱 유해한 새로운 사례를 보인다
면, 반도국 보호지도의 임무를 가진 우리 당국자는 지금 구래의 육군을 전폐하고 오
직 궁중의 의장병만을 존치시키는 처분을 취하지 않을 수 없다'(7.24)라고 하면서 군
대 해산을 주장했다.

11) 今村鞆, 《歷史民俗·朝鮮漫談》(2판), 1930, 409쪽.

(《동서남북》, 《일본급일본인》 9.1)이라며 경시했다.[12]

이처럼 조선 인민의 항일운동에 대해 경시했던 것이 일반적인 일본의 여론이었다. 그렇지만 여기서 특별히 지적해 두고 싶은 것은, 국내 문제에 대해서는 진보적이었던 신문, 잡지들도 조선 인민의 항일운동에는 주관적인 동정을 표명하면서도 철저한 강압을 요청했던 경향이 있었으며, 특히 무력투쟁에 대한 반감이 강했다는 것이다.

예를 들어, 《만조보》는 조선 인민의 항일운동을 '정으로 조금은 참작해 주지 못할 것은 아니다'라고 하면서도 '이미 총칼을 들고 일어났고, 맹렬히 도당을 규합하여 내외인에게 위해를 끼친 흔적이 분명한'(7.22) 이상, '일거에 완전히 진압하여 도적의 우두머리를 모조리 체포해 중형에 처해, 불온분자를 근본부터 제거하는 것이 필요하다'(7.29)며 철저한 탄압을 요청했다.[13]

그러나 이러한 세론들 가운데서도 영향력은 미미했지만 조선 인민의 항일운동에 진심으로 동정을 보이고, 일본 정부의 대조선정책은 침략정책임을 폭로했던 사회주의자의 언론활동을 잊어서는 안 된다. 다음에서 이 시기 사회주의 신문을 통해 조선 문제에 대한 사회주의자의 언론활동을 살펴보도록 하겠다. 이 문제에 관해서는 머리말의 주 1)에서 보았던 요시오카 요시노리, 요시다 가즈키 2인의 연구가 있다. 여기에서는 중복을 피하고자 2인 모두가 인용하지 않은

---

12) 조선에서 의병을 접했던 한 일본인 신문기자는 의병운동을 경시한 일본인에게 경종을 울려 '세인이 금일의 폭도를 종래의 의병 좀도둑떼와 동일하게 보고 그것을 일소에 부치는 것은 매우 유감이다. 그들은 신협약에 의해 일껏 한국 내지로 발전하여 간 일본인의 경영을 저해할 만큼 그 세력이 자못 커지고 있다. 이에 따라 군대에서 과감한 대토벌로 근본적으로 폭도의 횡행을 일소시킬 것을 절실히 희망한다'(《경부연도시찰기京釜沿道視察記》 3, 《大每》 9.27)라고 서술했다.

13) 같은 예로, 《동양경제신보東洋經濟新報》(7.25)는 '한국의 현재 운명이 한국인의 애국심에서는 얼마나 비통한 타격이 될지 우리는 동정을 금할 수 없는 바'라고 하는 한편, '일본이 취해야 할 태도는 오직 피의 탄압뿐'이라면서 정부에 탄압을 요청했다.

《구마모토평론熊本評論》을 중심으로 논하도록 하겠다.

　사회주의자들은 밀사 사건에 대해 '한국의 애국자에게는 이것도 일종의 궁여지책이고, 그 심정을 살핀다면 누가 눈물 흘리지 않을 수 있나'(《사회신문社會新聞》 7.14, 이하 사회주의 신문은 메이지문헌자료간행회 편, 《메이지사회주의사료집明治社會主義史料集》의 복각판에 근거함)라고 하여 깊은 동정을 보였다. 제3차 한일협약의 조인에 대해서도 '지난날의 "영토보전"은 오늘날의 합동合同이고, 지난날의 "독립불식"은 오늘날의 "병합"이다. 보라, 갑옷을 싸서 집어넣었던 기요모리淸盛도 스스로 그 승복을 벗어 던졌다. 모르는가. 공명정대함이란 이와 같은 것임을'(《구마모토평론》 8.5)이라고 정부의 조선 침략을 통렬하게 비난했다.

　7월 21일에는 잘 알려진 바와 같이 고토쿠 슈스이幸德秋水·사카이 도시히코堺利彦·니시카와 고지로西川光次郎·다가와 다이키치로田川大吉郎 등이 '사회주의유지자社會主義有志者'의 이름으로 조선 침략에 반대하는 다음과 같은 결의를 발표하였다.

　　우리는 조선 인민의 자유 독립, 자치의 권리를 존중하며, 제국주의적 정책으로 그것을 침해하는 것은 만국평민계급 공통의 이익에 반하는 것이라고 판단한다. 따라서 일본 정부는 스스로 이야기했던 조선에 대한 독립 보장의 책임에 전적으로 충실할 것을 희망하며, 이를 결의한다.

　이 결의가 조선 인민에게도 알려진 바가 있는지는 확실하지 않지만, 《사회신문》·《오사카평민신문大阪平民新聞》·《구마모토평론》 등에서는 전적인 동의를 받으면서 실렸다.[14] '동시에 외국어로 번역되

---

14) 당시 발행되고 있었던 사회주의 신문은 이 밖에도 후쿠다 히데코福田英子가 주재한 《세계부인世界婦人》이 있지만, 여기에 사회주의유지자의 결의는 실리지 않았다. 밀사 사건에 대해서는 후쿠다 히데코가 15호의 〈編輯室より〉에서 오사카 사건을 회고하면

어 구미의 신문잡지'(《오사카평민신문》, 8.1)에 보내져서, '구미 사회당 및 무정부당의 기관지로부터도 많은 찬성과 동정을 얻었다.'(《도쿄평론東京評論》, 위의 신문 10.5) 이 결의는 도쿄의 '여러 신문에도 투서'15) 되었지만, 받아들여지지는 않았던 것 같다.16)

이 결의의 성립 경과에 대해서 니시카와 고지로가 중심이 되었다는 추정 외에는 분명한 것이 없다. 하지만 경찰자료에서 말하는 것과 같이, '반대운동을 할 실력은 없더라도 하나의 결의문을 발표하여 사회주의자가 반대하는 이유를 언명하지 않을 수 없다는 의미에서, 형식상 그것을 결의한 것과 같고, …… 특별히 집회를 위하여 결의한 것이 아닌'17) 정도의 것에 지나지 않았다고 해도, 조선 국왕의 강제양위 이후 일본 국내에서 탐욕스러운 조선 침략이 고취되고 있었던 그 시점에서 이 정도 내용의 결의라도 있었다는 것은 높이 평가해도 될 것이다.

사회주의유지자의 이 결의를 시작으로 사회주의자의 조선 문제에 대한 근본정신은, 예를 들면, '우리가 감히 일본을 위해 생각하건대, 침략, 탈취는 단지 국고의 지출수입을 증대시키는 것일 뿐 자유와 독립의 적이 아닐 수 없다. 조선인의 불행은 물론이고 우리나라 평민의 곤핍도 또한 심할 것'(《구마모토평론》 8.5)이라는 주장에서 밝힌 것과 같이, 조선 인민과 일본 인민이 제국주의에 대항하여 공동

서 밀사 사건 이후의 일본 정부의 조선정책을 언급하며, '금일과 같은 팽창책에는 감복할 수가 없다. 제국주의는 죄악으로 굳게 연결되어 있는 것이기 때문이다'라고 비판했다.

15) 앞의 글, 《密使事件—件》 362쪽. 《日本外交文書》 40권 제1분책, 464쪽.

16) 필자가 아는 한 이 결의는 일본의 신문지상에서 다루어지지 않았다. 그들과 가장 깊은 관계였다고 생각되는 《만조보》(8.9)에서 잘못된 조선론의 하나로서 '한국 정권을 우리가 장악한 것을 잔혹한 행위로 생각하고 한국민에게 완전한 독립 자유를 주어야 한다고 말한 사회주의자의 설'이라고 하면서 비판의 대상으로 언급하고 있던 정도이다.

17) 앞의 글, 《密使事件—件》, 513~514쪽. 《日本外交文書》 40권 제1분책, 465쪽.

으로 싸우는 처지라고 인식하고 있었음을 알 수 있다. 여기서는 그 근본정신이 당시 불법으로 이입되고 있던 중국인과 조선인에 대한 실로 국제적인 대응으로 나타났던 것을 소개해 두고 싶다.

중국인 노동자 등 외국인 노동자에 대해서는 알려진 바와 같이 1899년 7월의 칙령 352호 '조약 또는 관행에 의하여 거주의 자유를 갖지 못한 외국인의 거주 및 영업 등에 관한 건'에 따라 그 이입이 원칙적으로 금지되고 있었다. 그런데도 자본가는 중국, 조선으로부터 노동자 이입을 책동하여 실제로는 철도인부·광부 등으로 소수 고용하고 있었다.[18]

일반 신문들은 저임금 노동자가 일본에 유리하기 때문에 이입을 자유롭게 해야 한다(《도쿄경제신보》 8.25)고 하거나, '중국인의 악습인 도박, 불결 등의 생활 역병 전파와 같이, 풍속을 어지럽히고 위생을 해하는 풍기상의 단속에 다소 유의가 필요하다'(《日本》 8.27)고 노골적으로 멸시하기도 했다.

그러나 사회주의자는 노동자의 이입 자체를 '유괴'(《오사카평민신문》 8.20 영문란)로 간주하였다. 더욱이 '자본가가 뒷날 이민문제를 내세워, 그들 때문에 일어난 국제전쟁의 한 이유로 속여서 말하고, 노동자를 선동할 우려가 있기'(다케우치 요시사쿠竹內善朔, 〈청국 노동자 입국문제에 대하여〉, 《日本平民新聞》 11.20) 때문에, 일본의 노동자는 '이 같은 상황에 있는 타향의 노동자에 대해 진실한 경애의 마음으로 그들을 환영하여'(《구마모토평론》 8.20), '적의를 그들 노동자에게 품지 말고, 감히 일치 향상의 길을 열 것을 희망한다. 명심하라. 노동자 제군들이여. 제군의 적은 노동자가 아니라 당연히 정부와 자본가인 것을'(《구마모토평

---

18) 병합 이전의 일본에 조선인·중국인 노동자가 이입되었던 것에 대해서는, 신도 토요오新藤東洋男의 소개(《歷史評論》 1966년 3월호) 이외에는 거의 볼 수 없지만, 필자가 아는 사실도 몇 가지 있다. 여기에서는 이 글과 관계없기 때문에 생략했다.

론》7.20)이라고 호소했다. 정부의 민족배외주의 선동에 우왕좌왕하지 말고 같은 노동자로서 단결하자고 호소한 것이다.

그러나 사회주의자의 견해들 가운데서도 조선인 멸시의 단계를 벗어나지 못한 것이 있었음은 여러 차례 지적되었던 대로이다. 예를 들면 조선인 노동자의 이입이 일본인 노동자의 임금 저하를 초래한다고 걱정한 것 등에서 그 근원이 깊음을 알 수 있다(小倉·橫田生,〈동지여, 노력하자〉,《구마모토평론》7.20). 또, 이시모다 다다시石母田正의 지적19)과 같이, 그들은 피억압민족의 민족독립투쟁이라는 과제를 전적으로는 이해할 수 없었다. 그래서 국권회복을 주장한 조선 인민에 대하여 '조선인이여! 팔도의 지사志士, 어진이들[仁人]이여! 당신들의 시대는 지났고, 이미 때는 늦었다. 언제까지 국가에 연연하고, 정부에 저항하는가. 여러분의 입장은 지금 명백하게 무정부당이라야 하고, 사회주의자라야 하고'(《구마모토평론》8.5) 등으로 호소하기도 했다. 같은 시기, 제2차 인터내셔널 7회 대회에 일본 사회당을 대표하여 출석했던 가토 도키지로加藤時次郞는 식민지 문제에 대해 레닌 등과 같이 식민지주의 반대 입장에 섰지만, 조선문제에 대한 발언은 없었다고 한다.20)

이와 같은 약점을 가지면서도, 일본의 사회주의자는 제국주의에 반대한 여러 민족혁명가들의 국제연대를 강화하고자 1907년 여름 장계張繼·유광한劉光漢 등 재일 중국인 혁명가, 인도·필리핀·베트남의 혁명가, 독립운동가와 함께 '아주화친회亞州和親會'를 결성하기에 이르렀다. 일본의 사회주의자 가운데서도 가타야마 센片山潛 등 '의회정책파'는 거기에 참가하지 않았다. 조선인도 '일본인이 출석하게 된다면

---

19) 石母田正,〈幸德秋水と中國〉,《續·歷史と民族の發見》, 1953.

20) 山邊健太郞,《日本の韓國倂合》, 1966, 322~323쪽. 덧붙여, 같은 저자가 '헤이그 밀사 사건 때 일간日刊《평민신문平民新聞》이 나오고 있었다'고 한 것은 사실과 합치되지 않는다. 일간《평민신문》은 1907년 4월에 정간되었다.

우리(조선인)들은 출석하지 않는다는 방침'[21]) 때문에 불참했던 것 같다. 그러나 아주화친회를 결성한 사실은 앞서 말한 중국인·조선인 노동자에 대한 국제적인 대응과 함께, 일본 사회주의자가 국제인민 연대의 정신을 현실화한 도정道程을 걸었음을 보여주는 것이 아닐까.

3. 하얼빈 의거·일진회의 합방상주와 일본의 여론

제3차 한일협약으로 조선 내정의 실권을 강탈한 일본 제국주의 는 이후 헌병경찰제도의 확대, 사법·감옥사무 실권의 장악, 조선 농 민으로부터 폭력적인 토지수탈 등 군사적·정치적·경제적으로 조선 의 식민지화를 급속하게 진행시켰다.

조선 인민은 의병운동을 시작하고 각지에서 항일운동으로 궐기하 여 일본 제국주의의 조선 침략에 대항했다. 그렇지만 조선주차군의 무 력탄압 앞에 의병운동은 1909년 들어 점차 분산화·소규모화 되었다.

바로 이때였던 1909년 4월, 이토 통감, 가쓰라 수상, 고무라 외상 은 '조선병합'을 위한 비밀회의를 열고, 같은 해 7월 6일 정부는 각 의閣議에서 '적당한 시기'[22])에 '조선병합'을 단행할 것을 결정했다. 9 월에는 전라도에서 의병운동 '대토벌'이 개시되었고, 의병운동은 퇴 조기를 맞게 되었다. 또 다른 한편에서는 애국청년들의 항일테러가 활발해졌다.

---

21) 竹內善作,〈明治末期における中日革命運動の交渉〉,《中國研究》5호. 덧붙여, 메이지의 사회 주의자와 조선인의 교류가 전혀 없었던 것은 아니다. 神崎淸,《革命傳說》Ⅰ(1968)은 조선인 혁명가가 고토쿠·사카이 등의 '금요강연金曜講演'에 참가했던 것이나, 앞 글의 이야기 틀에서 벗어나지는 못했지만, 일본, 조선, 중국 삼국의 혁명가 사이에서 '삼각 동맹三角同盟'이라는 조직이 있었던 것을 소개하고 있다.
22) 金正明 편,《日韓外交資料集成》6(하), 1965, 1,255쪽.

1909년 10월 26일, 통감을 사임하고 만주를 시찰 중이던 이토 히로부미가 하얼빈 역 안에서 조선인 애국청년 안중근에게 사살되었다. 안중근의 행위는 민중과 유리된 개인 테러였지만, 조선인은 이를 '장거壯擧'라고 하면서 안중근을 '열사'로 칭했다.23) 이토가 사살되었다는 보도가 전해지자, 신문·잡지들은 이구동성으로 사설을 통해 '애도'의 뜻을 표하고 그 '업적'을 기리면서 이토를 사상 최대의 영웅으로까지 치켜세웠다. 바로 '어제까지 공의 풍류운사에 조소의 글을 써댔던 자들조차 갑자기 최대한의 눈물 자국을 그 붓 끝에서 내뿜는'24) 상황이었다.

《중앙공론中央公論》11월호는 권두를 검은 테로 두르고, '이토 공의 죽음을 애도한다'는 제호 아래 다음과 같이 그 죽음을 애도했다.

> 몇 번이나 이야기를 했는데도 몰랐던 우리 국민은 비참하거나 한심스러운 것 같다. 공이 중흥하는 천황의 국가를 통치하려는 계책을 보좌하여, 일본을 마침내 금일에 이르게 한 위훈과 공적은 만대에 광휘를 드리울 것이다. 더욱이 그 말로의 비참함으로, 국민의 동정은 한이 없어서, 성명은 더욱 끝이 없을 것이다.

한편, 안중근에 대해서는 '작년 스티븐스 씨를 샌프란시스코에서 암살한 것과 같은 흉악한 자로, 미워하고도 남음이 있다고 말할 수 있다'(《時事》10.27)라든지, '한국인으로서 한국의 대은인인 이토 공을 암살한 것은 은혜를 원수로 갚은 것이다'(《만조보》10.28)라는 등 적개심을 불태웠다.

---

23) 金正明 편, 《日韓外交資料集成》8, 266쪽.
24) 久津見蕨村, 〈伊藤公の兇変とフエ레ルの死刑〉(《日本及日本人》11.15).

이와 같은 신문 논조에 영향을 받아서인지 국민들 사이에서도 돌연 이토의 죽음에 대한 애도와 조선인에 대한 쇼비니즘이 대유행을 이루었다. 가나가와 현 가마쿠라에 사는 심상소학교 3학년 코이케 키누라는 8살 소녀가 이토 부인에게 다음과 같은 엽서를 보내어 이토의 죽음을 슬퍼했던 것은 그 한 면을 보여준다.

> 이토 공작님이 이번에 하얼빈에서 <u>적 때문에</u> 돌아가시게 되어서 무어라 말할 수 없이 슬프게 생각합니다. 저는 <u>신문에서 보고</u> 가슴이 터질 듯 했고 눈물이 볼에서 떨어졌습니다. 공작 각하의 명복을 빕니다(《時事》 10.31, 밑줄은 필자).

또 당시 오카야마현의 제육第六고등학교에 재학 중이던 이데 타카시出隆는 학생들의 살기어린 분위기를 다음과 같이 서술하고 있다.

> 10월 27일, 지난 밤, 〈이토 공, 하얼빈에서 한국인에게 저격당하다〉라는 보도가 있었다. 같은 교실의 친구들을 시작으로 모든 학생들이 깊이 슬퍼했고, 안색이 변하여 저마다 "일본제국의 장래는 어떻게 될 것인가", "폐하의 걱정은 어떠할지"라고 말했다. 또한 "공을 암살한 한국인의 고기를 준다면 칼로 잘게 썰고 썰어 천참만륙千斬萬戮을 하겠다"라든가, 또는 "육고(제6고등학교)에 다니는 한국인을 때릴 수도 있다"고 비분강개, 당황하여 어쩔 줄을 몰랐고, 또 "이토 공의 훙거薨去에 눈물 흘리지 않으면 일본인이 아니다"고 까지 말했다.[25]

25) 出隆, 《哲学青年の手記》, 1947, 221쪽, 《出隆著作集》 6권, 1963, 180쪽. 이 사실은 당시 제6고등학교에 재학 중이던 조선인 유학생 김우영金雨英의 다음과 같은 회상에서도 뒷받침된다. '이 시기는 안중근 의사가 하얼빈에서 이토 히로부미를 암살한 때인 만큼 우리 유학생에 대한 일본인의 감정이 좋을 리 없었고, 우리도 자연히 일본인에 대

이와 같이, 이토에 대한 이상하리만치의 '애도'·'찬사'와 조선인에 대한 배외주의排外主義가 선동된 가운데서도 이색적인 소수 의견이 있었다. 예를 들어 《동양경제신문》(11.5)과 같이 하얼빈 사건은 헌정의 변형인 겐로元老정치를 종결시키고 헌정의 정도를 부활시킬 절호의 기회이라고 했던 것이나, 《만인보》와 같이 영웅은 시대가 만들어 내는 것이고(11.6), 영웅이란 단지 보통 사람이 가장화假裝化된 것에 지나지 않는다(11.7)는 관점에서 '세상 사람들이 공을 위대하게 보는 것이 너무 지나치며, 적어도 공에 대해 일반 신문은 상당히 정도가 지나치다'(11.5)며 그 도가 넘었음을 지적한 것이 그것이다.

신문에서는 이토에 대한 '애도'·'찬사'를 보내는 한편으로 대조선 정책의 논의가 비등해졌다. 그 견해를 '조선병합'과의 관계에 따라 대략적으로 나누어보면, ① 하얼빈 사건을 계기로 병합 단행을 주장한 것, ② 아직 진상이 밝혀지지는 않았으나, 안중근의 행동이 조선 국왕 및 정부와 관계가 있는 것이 확실하다면 병합하자고 주장한 것, ③ 하얼빈 사건 여하에 관계없이 종래대로 '보호'정책을 한 걸음씩 진행시키자고 주장한 것 등의 3가지이다.

첫째 견해인 즉각병합론은 《大每》(10.27)만이 주장했는데, '지금 우리는 제국의 일대 용단을 해야 할 시기가 왔다. …… 적절히 한국을 병합하여 우리 영역으로 하며, 한국 황제를 폐하고 화족和族으로 편입하여 일한통일의 결실을 거두고, 그로써 극동평화의 기초를 안

한 감정이 고조되고 있었기 때문에, 말하자면, 적국에서 공부하는 것과 같았다. 마음은 자연히 불쾌했고, 이어서 일본이 우리 한국의 병합을 단행했기 때문에, 입학 이래 한 학년은 공부도 할 수 없었고 자연히 번민하며 지냈다.'(青邱 金雨英, 《民族共同生活과 道義》, 1957, 210쪽) 도쿄의 메이지학원에서도 이 사건을 이유로 일본인 학생이 조선인 학생을 폭행한 사건이 일어났고(白南薰, 《나의 一生》(증보재판), 1973, 98쪽), 하얼빈 사건에 대한 일본인의 반감 때문에 조선인 엿 가게의 장사길이 막혔다는 기사도 있다(〈朝鮮飴屋の恐慌〉, 《大每》 10.29).

전하게 하고, 내외에서 한국인의 단속을 엄중하게 하고, 제반 정무의
개량을 일본의 뜻대로 행해야 한다'고 했다.26)

두 번째 주장은 《중앙공론中央公論》 12월호에서 볼 수 있는데, 여
기에서는 하얼빈 사건을 밀사 사건의 재현으로 의심하고, '혹시 그 자
객이 한국의 궁정과 정부에서 사명使命을 받은 증거가 있다면, 그래서
그 군신君臣이 이 암살로 기뻐한 흔적이 분명하다면, 우리나라는 한국
에 대한 방침을 일변해야 한다'고 사건의 경과에 따라서는 병합을 해
야 한다고 암시했다. 하지만 다른 한편으로, '그렇지만 이것(하얼빈 사
건─필자 주) 때문에 우리나라의 한국에 대한 정책을 일변해야 한다고
하는 것은 무슨 까닭인가. 우리는 그것에 경솔하게 동의할 수 없을
뿐'이라고 하면서, 하얼빈 사건을 계기로 한 병합 단행에는 부정적이
었다. 이와 같은 주장의 근본은 '이토 공의 조난을 한국병합의 명분으
로 하는 것은 넓은 마음의 대국민이 조금이라도 입에 올릴 것이 아니
다'(《大朝》 11.2)라는 대국주의 의식이 강하게 작용한 것이었다.

세 번째 견해는 이른바 명분을 버리고 실리를 취하자고 주장한
'보호'정책확대론이다. 《時事》(11.6)는 '우리는 한국에 대한 경영방침
을 이미 확립하였고, 이 뒤로도 흉변 때문에 조금도 흔들리는 일 없
이 시일의 경과대로 착착 그 방침에 따라서 진행할 뿐'이라고 하였
고, 《東日》(11.13)도 '제국의 대한정책은 이토 공의 훙거에 따라 동
요될 만큼 박약한 것이 아니다. 이토 공이 수립한 정책의 근본은 확
고하여 움직일 수 없고, 오직 때에 따라 그것의 확충을 기해야 할

---

26) 우치다 료헤이內田良平는 '이 기회(하얼빈 사건─필자 주)에 합방을 단행해야 한다고
주장한 것은 《오사카매일신문》만으로, 그 밖에는 공의 조난을 매우 슬퍼하며 자객 안
중근의 흉악을 분개함에 지나지 않았다'(日本思想史体系九巻竹內好 編, 《アジア主義》,
1963, 222쪽)고 서술하고 있다. 《東亜先覚志士記伝》 中, 67쪽. 黑龍会 편, 《日韓合邦秘
史》 하, 1966, 182쪽도 같은 취지이다.

뿐'이라고 주장했다. 이렇듯 즉각병합론의 주장은 줄었지만, 병합이
'단지 시기상의 문제'(《만조보》 12.5)라는 의식은 언론계에 농후했다.

　일본 정부는 하얼빈 사건이 병합 찬성의 여론을 환기할 절호의
기회라 간주하고, 우치다 료헤이內田良平 등을 통해 이미 준비해 놓은
음모를 공공연히 개시했다. 12월 4일, '2천만 신민臣民을 대표'한다고
사칭한 일진회一進會는 조선 국왕에게 '일한합방'='조선병합'을 재촉
했다. 이른바 '합방상주合邦上奏'였다. 일진회 합방상주 경과의 상세
내용에 대해서는 《일한합방비사日韓合邦秘史》(하권, 흑룡회 편, 152페이지
이하), 《동아선각지사기전東亞先覺志士記傳》(중권, 64페이지 이하) 등으로
미루지만, 이 합방상주는 가쓰라 수상의 동의 아래 우치다·스기야마
시게마루杉山茂丸·송병준 등이 획책한 것이었다.

　그 목적은 우치다 자신의 기록과 같이,[27] 병합 제의가 조선인 측
에서 나왔다고 생각되도록 하여 '조선병합'을 원활하게 진척시키는
것이었다. 그러나 일진회의 합방상주는 조선 국내에서 '반대의 목소
리가 자못 높아서 일진회는 거의 고립상태'였고,[28] 일진회 내부에서
도 이를 계기로 탈퇴자가 속출한 상태여서,[29] 합방상주는 결코 조선
인의 소리를 대표하는 것일 수 없었다.

　일본에서도 일진회와 서로 호응하여 후쿠다 와고로福田和五郎·하
세가와 요시노스케長谷川芳之助 등 이른바 '국민주의적 대외강경파' 일
파가 '합방 찬성의 국민 여론을 환기하고자' 11월 13일 조선문제동
지회朝鮮問題同志會를 결성했다.[30] 그들은 일진회·시국문제연구회[31]와

27) 日本思想史体系九卷竹內好 編, 《アジア主義》 222쪽.
28) 앞의 글, 《日韓外交資料集成》 8, 313쪽.
29) 姜在彦, 《朝鮮近代史研究》, 1970, 358쪽.
30) 宮地正人, 〈国民主義的対外硬派論〉(一), 《史学雑誌》, 80편 11호.
31) 이 모임은 서울의 일본인 신문기자, 거류민단 의원, 상업회의소 의원들, 거류민 유지
　　에 의해 1, 2월 하순 결성된 것이지만 상세한 내용은 알 수 없다. 조선문제동·지회를

연락을 취하여 연설회를 하거나, 합방상주를 수리하지 않았던 소네 아라스케曾禰荒助 통감에게 경고문을 보내는 등 즉각 병합을 선동했다. 그러나 일진회와 조선문제동지회의 책동은 일본의 여론에서 애초부터 지극히 이단시되었다.[32]

《時事》(12.8)는 일진회가 조선인들에게서 고립되었으며 합방은 시기상조라는 것이 조선인의 의향이기 때문에, 이번의 행동은 '매우 경솔한 거동'이라고 비난했다. 《만조보》(12.6)도 '만약 그것 때문에 (합방상주-필자 주) 민심이 동요하고, 민심의 동요를 타고 폭동을 선동하는 일이 생긴다면 그 책임을 누구에게 돌리겠는가'라고 비판하면서, 일진회의 합방상주가 도리어 조선 인민의 항일궐기를 촉진시키지 않을지 염려했다. 이 논조의 밑바닥에도 앞서 말한 하얼빈 사건을 계기로 한 병합론에 부정적인 견해와 마찬가지로 '하찮은 조선의 한 정파의 말을 듣고 우리의 대책大策을 변경하는 것은 결코 있을 수 없다'(《東日》 12.6)라든가, '취하는 것도 취하지 않는 것도 본국의 의사대로 한다'(《大朝》 12.5)는 대국주의가 있었다.

그러나 동시에, 일진회가 조선인의 의향을 대표하는 것으로 간주했던 논조도 나왔다. 《時事》(12.8)는 앞서 말한 바와 같이 일진회의

대표하여 조선으로 건너갔던 오타니 모리오大谷誠夫, 이오키 료조五百木良三가 이 모임과 의견 교환을 하고, 서로 호응하여 운동할 것을 약속했다(《時事》 明43.1.17, 21).

32) 아사다 에무라浅田江村가 집필한 시사평론 〈韓半島の処分〉(《太陽》, 明43.1)은 그 상황을 '일본의 다수 신문지에서는 이 새로운 운동에 대한 논조가 매우 냉담하고 …… 전혀 중요시하지 않음은 무슨 이유인가 …… 중요시하지 않을 뿐만 아니라 더욱 심한 냉소와 혹평으로 치달아서 일진회를 한낱 도둑떼들의 모임인 것처럼 낮추어 보고 있다. 최근 일본의 모든 언론계에서 이 정도의 불가사의한 현상은 없는 것으로 생각한다'라고 서술했다. 《小村外交史》 하권(외무성, 1953), 386~387쪽과 마쓰미야 슌이치로松宮春一郎의 〈日韓合邦説の提唱及其影響〉(《外交時報》 146호)에서도 합방상주가 여론에서 냉담하게 다루어졌다고 서술하고 있다. 필자가 아는 한, 일진회운동을 당초부터 '정당'하다고 평가했던 것은 《大毎》(12.8), 《도쿄경제잡지東京經濟雜誌》(12.11) 정도이다.

행동이 경솔하다고 하면서도, '한국인 사이에 한일합방을 희망하는 듯한 미증유의 사실이 생겨난 것은 크게 주목해야 할 점으로, 일진회원의 숫자가 한국인 일부에 지나지 않는다고 해도, 그 주장에 따라 한국에서 시운이 변화할 방향을 예상하기 어렵지 않다'고 하면서 그 합방상주의 의의를 인정했다. 《태양》(明43.1월호)에 아사다 에무라淺田江村가 쓴 시사평론 〈한반도의 처분〉에서는 무리하게 '일진회의 의지가 경우에 따라서는 한국인 대다수의 의지라고 볼 수 있다. 한국인 대다수의 의지가 아니더라도 일진회의 강렬한 운동으로 한국인 대다수를 움직여서 그 의지를 좌우하면 되는 것이다'라고 하여, 완전한 궤변을 늘어놓기에 이르렀다. 이와 같이 일진회의 합방상주를 조선인의 의지를 대표한 것으로 간주한 것은 당연히 병합 단행을 주장하려는 포석이었다.

《태양》의 〈시사평론〉에서는 위와 같은 궤변에 이어 지금까지의 '보호'정치를 '무효한 최면술'이라 비판하고, '과도시대는 마땅히 이 기회에 중단되어야 할' 것이며, '사실상 한국의 것이 아니고 명분상 일본제국의 것이 아닌 한반도를 명실 공히 일본제국으로 만들 것'을 요구하고 '오히려 이미 늦은 감은 있어도, 시기상조라고는 생각되지 않는다'고 주장했다. 또한, 《時事》도 급속히 병합론으로 기울어, '우리가 지금 정의에 따라 합병의 결실을 맺어, 한국인을 문명 치하의 울타리에서 편안하게 해 주는 것은 시의에 적합한 처분이라고 인정하지 않을 수 없다. 그 결행에서 다소의 노력과 비용은 피할 수 없더라도 동양평화의 유지를 위한 국가의 영원한 이익을 생각하면 눈앞에 다소의 노력과 비용을 각오하고 속히 결행해야 할 뿐이다. 지금은 주저할 때가 아니다'(12.27)라고 즉각 병합을 주장하기 시작했다. 그 밖에 즉각 병합에 대한 주장은 많지 않은 것 같지만,[33] 병합 단행의 주장은 점차 확장되고 있었다.

지금까지 조선문제를 다룬 적이 거의 없었던 《신공론新公論》(당시 《태양》에 버금가는 종합잡지)도 메이지 43년 1월호의 권두 논문에서 당시 강경하게 병합을 주장하던 하야시 다다스林董의 〈일한합병론〉을 실었다. 이어서 같은 잡지에 '배일사상이 없는 한국인은 한 명도 없는 실정이 알려지자'(2월호), 〈합방론과 한국인〉(5월호)으로 전에 없이 조선문제에 대한 논설을 싣고 병합에 찬성하는 동시에 조선문제에 대한 국민의 관심을 환기시키려 했다. 《태양》도 2월호에서 오자키 유키오尾崎行雄·쓰루하라 사다키치鶴原定吉 등의 〈조선합방찬성론〉을 실었고, 《오사카경제잡지大阪經濟雜誌》(明43.4.25)는 병합은 '양국의 영원한 이익'이라고 하면서 병합 단행을 주장했다. 그 뒤로 8월에 병합조약이 조인될 때까지 정부가 병합 관련기사를 엄격히 단속했기 때문에 조선문제가 특별히 크게 다루어지지 않았지만, 여론 일반에서 병합은 이미 정부의 결단만 남아 있는 시간문제로 받아들여졌다.

한편, 초지일관 일본 제국주의의 조선 침략에 반대해온 일본의 사회주의자는 하얼빈 사건 이후의 사태에 어떻게 대응했는지 살펴보자. 사이온지 내각에 이은 가쓰라 내각은 철저한 사회주의 탄압정책, 사회주의자의 내부분열정책을 행했고, 이에 밀사 사건 당시 발행된 사회주의 신문은 잇따른 탄압으로 자금난을 겪으면서 대부분 폐간되었다. 그래서 하얼빈 사건 당시 명맥을 보존하고 있었던 신문은 《사회신문》뿐이었다. 이 신문은 다음과 같이 하얼빈 사건을 보도했다.

---

33) 앞의 글, 《東亞先覺志士記傳》(中)에 따르면, 당시 병합 찬성을 표명한 것은 적어도 '도쿄에서는 《시사신보》가 합방을 후쿠자와 생전의 정신이었다고 하여 찬성 의견을 전후 3회에 걸쳐 실었던 것과 《도신문都新聞》, 《일본신문》이 찬성 의견을 발표했던 것이 이색적이었고, 지방에서는 《오사카매일신문》이 다소 이해심 있는 강경론을 실었다고 볼 수 있을 정도의 것으로, 다른 것은 완전히 일그러져 《경성통신》에 어긋나 버린 것은 애석할 것이었다'(86쪽)고 하였다.

지난달 26일 하얼빈에서 (이토 히로부미가) 한국인 자객에 암살되었다. 그리고 공을 위한 애도의 말과 공의 공적을 찬양함은 일찍이 이런 적이 없다. 공은 실로 조화를 꽃피운 자이다. 공의 공적, 사적인 생애는 이미 밝혀졌다. 더 이상 무슨 할 말이 있겠는가. <u>공의 죽음으로써 공의 생애의 다른 한쪽 면을 인멸한다면,</u> 우리는 또한 할 말이 없다.(〈이토 공이 죽다!〉, 11.15, 밑줄은 필자).

'공의 생애의 다른 한쪽 면'이란 무엇을 뜻하는 것일까. 그것은 그들도 여러 번 지적했던 이토의 사생활의 난맥에 대한 것일까? 이 문장만으로는 알기 힘들다. 그렇지만 하얼빈 사건에 대한 판단은 같은 호의 영문란에 실린 다음의 기사에서 명확해진다.

우리들은 일본의 조선정책이 이 최대의 경고에 따라, 더 인간적인 것이 되기를 마음으로 희망한다.

이 문장은 안중근의 행동을 일본의 조선정책에 대한 최대의 비판으로 인식하고, 일본 정부에게 조선정책을 더 인간적으로 하기를 요구한 것으로 판단할 수 있다. 물론 구체적으로 어떤 내용이 '인간적인 것'인가는 여기에서 명확하게 나오지 않지만, 이 주장은 제3절에서 서술할 병합 당시의 논조와는 차이가 있는 것으로, 이때까지는 일본 제국주의의 조선 침략에 대한 원칙적인 비판을 표명하고 있었다.

4. '조선병합'과 일본의 여론

일본 제국주의는 1910년 5월 '조선병합'을 위한 최종적인 책동을 개시했다. 먼저, 여론에서 사직을 권고당하면서(《東每》 明42.12.29;《時事》 5.7 등) '평상시라면 이미 하루도 그 직위에 있게 할 수 없다. 즉시 해고해야 한다'(시사평론 〈과도기의 조선문제〉,《太陽》 5월호)는 불평까지 들었던 소네 통감이 물러나고, 5월 30일 데라우치 마사타케寺內正毅 육상陸相이 통감을 겸임했다. 일본군이 속속 서울로 보내겼고, 6월 24일에는 조선경찰사무를 일본에 위탁하는 각서를 조인, 일체의 경찰권을 일본이 장악하여 사실상 병합을 완성하였다.

7월, 데라우치 통감은 계엄령이 내려진 경성으로 들어가서, '이미 죽음을 각오했으며, 역적이 되는 것을 피하지 않겠다'(〈李首相時局談〉,《國民》 8.31)라는 각오까지 밝혔던 이완용 수상과 8월 22일 '한국병합에 관한 한일조약(한일병합조약)'을 체결했다.

병합조약 조인 이후, 신문은 둑이 터진 듯이 연일 사설로 조선문제를 논하고 '조선병합기념호'를 발행하는 등 최고의 찬사를 보내면서 이를 축하했다. '건국 이래 창시創始의 일'(《時事》 8.24), '국민의 이상과 정치가의 계획 모두가 완전하게 실현된, 대서특필할 일대 사건'(《만조보》 8.24)이라 칭하는 등, 병합은 일반에서 일본 역사상 최대의 '경사'로 다루어졌다.[34]

이와 같은 신문의 논조는 한편으로 병합을 합리화하려는 캠페인이기도 했지만, 동시에 다음과 같은 일본인의 병합에 대한 견해의 일단을 보여주고 있다.

첫 번째로 병합은 '정복의 의미가 아니다. 쌍방의 합의로 이루어

---

34) 그러나 그 가운데는 '한일합병은 이미 2, 3년 전에 이루어진 것이며, 금일 그 명칭도 사실에 따른 것으로 특별히 떠들썩하게 거론할 만한 일은 아니다'(《일본》, 8.29)라든가, '금후 제국정부 및 국민의 정치상·재정상·경제상 제반 중요한 책임을 더할 현안의 해결을 축하함은 스스로 전승을 축하함과는 같을 수 없다'(《東日》, 8.25)고 하여, 축하할 정도의 것도 아니라는 논조도 있었다.

진 적법한 결과로, 그 군민君民 일반이 만족하며 우리 천황폐하의 통치'(《時事》 8.25) 아래 들어갔다는 것으로, 병합이 조선에 강요된 것이 아니라 양국 합의하에 성립되었음을 강조하였다. 그것이 병합조약의 취지에 부합한 것임은 말할 것도 없다. 그래서 조선인이 병합에 반대하는 것을 이해하지 못하고, '청컨대, 눈앞의 집착을 멈추고 우주의 대법칙을 보라, 아무리 그 대법칙을 거역하려고 시도하여도 진화의 앞에서는 용서가 없다'(《만조보》, 8.26)고 하면서, 병합을 세계 진보의 당연한 귀결로 합리화했다.

두 번째로, 병합은 조선인이 '대일본제국'이라는 세계 '일등국'의 국민이 되는 것이기 때문에, 조선인이야말로 병합을 기뻐할 것이라는 주장이 눈에 띈다. 병합을 기뻐하는 것은 '한국인으로서'(《大朝》 8.26) '빈약하여 망국에 가까운 국민이 단번에 일등국민인 일본인 속으로 들어온 것을 기뻐하여, 지금부터 꼬박꼬박 공부하여 일본인의 면목을 지켜주기 바란다'(《日出》 9.2)고까지 말했다.

세 번째 특징은 일본 국민에 대해, 병합에 따른 국민의 긍지를 경계하고, 책임이 무거워진 것을 자각하자고 강조한 것이었다. 예를 들면, 《중앙공론》 9월호에서는 '우리 국민은 한국병합에 따른 국비의 증가를 감당하는 것 외에도, 더욱 그 책임이 무거워졌음을 자각하고 발분할 것을 …… 공연히 영토와 인구가 커진 것을 자랑함은 죄악이다'라고 경계했다.

그 밖에도, 병합에 즈음하여 정부가 구미열강과의 관계를 고려해 조선에서 관세율을 10년 동안 거치据置한 것에 대해 외교의 실패라고 하면서 병합이 경제상에 악영향을 미칠 것이라고 했던 주장도 상당히 많았던 것을 주목하고 싶다. 일본과 조선 사이의 관세 철폐에 대해서는 꽤 오래 전부터 경제 관련잡지들에서 주장, 논의되었다.[35] 일본 정부는 각의에서 병합 단행을 결정했을 당시에 이미 관세거치를 결정해

두고,36) 병합 직전 영국과의 교섭에서 10년으로 결정하였다.37)

필자가 아는 한, 《東日》·《도쿄경제잡지》·《大每》·《大朝》·《만조보》에서 관세거치를 비난했고, 《東每》(〈評論〉 9.14)·《일본》(8.30)도 10년 동안의 거치는 너무 길다고 했다. 《중앙공론》·《태양》에도 이에 대해 비판한 글이 실렸다.38)

더욱이 《東日》·《大每》·《도쿄경제잡지》는 수차례에 걸쳐 사설로 그 문제를 거론하면서, 관세거치는 '조선의 부력富力을 증식할 좋은 기회를 놓친 것'(《東每》 9.1)이며, '한국병합상의 일대 흠결'(《東日》 8.31)이라고 비난하고 '데라우치 통감의 반성'(《도쿄경제잡지》 9.10)을 요구했다. 또한 어용신문 《國民》이 관세거치를 옹호했던 것도(9.18) 통렬한 비판을 가했다(《東日》 9.21; 〈大觀小觀〉, 《도쿄경제잡지》 9.24).

그들은 병합에 따른 재정지출 증가문제에도 초점을 맞추었다. 경제계는 '병합으로 말미암아 좋은 영향보다도 오히려 악영향을 받는 면이 클 것이다'(《만조보》, 8.29)라고 예측하고, '그(조선총독부─필자 주) 재정 또한 당연 독립을 기하지 않으면 안 된다. 혹시 재정독립이 곤란하더라도, 우리 국고에서 보충금의 증가를 요청하는 것은 삼가야 한다'(《도쿄경제잡지》 10.8)는 등, 조선 지배를 위한 재정부담 증가는

35) 이 문제는 '일청전쟁 뒤부터 여러 차례 논제가 되었다'(《도쿄경제잡지》 明42.12.11). 1905년 가을, 조선 수입미 관세면제운동과 함께 빈번하게 주장되었다(《大每》, 明40.8.15). 또 1907년경에는 《도쿄경제잡지》·《일본경제잡지》·《일한오사카상보(日韓大阪商報)》를 시작으로, 《만조보》·《도쿄조일신문》 등에서도 주장되었다. 《일한오사카상보》(오사카의 조선무역상조합 기관지)는 제3차 한일협약에서 이 문제가 둔한시되었던 것을 '실로 무역업자의 한스러운 일'(〈関税同盟の決行如何〉, 明40.8.20)이라고 하였다. 그 뒤에도 조선미의 자유이입 주장과 함께 여러 차례 주장되었다.

36) 앞의 글, 《日韓外交資料集成》 8, 324쪽.

37) 위의 글, 344~354쪽. 小松緑, 《朝鮮併合之裏面》, 1920, 220~224쪽.

38) 本多精一, 〈朝鮮の関税〉, 《太陽》10월호. 竹越与三郎, 〈朝鮮併有の方法を許す〉, 《中央公論》10월호.

'불가'라는 논조가 많았다.

이와 같이 관세거치 반대가 많았던 것은 한편으로 '국가가 국민의 복리를 억압하고자 필요 없는 조심을 여러 외국에 대해서 하는 것인가'(《大每》, 9.1)와 같은 대외강경파적인 발상에 따른 것이었다. 그렇지만 동시에 뒤에서 서술할 재계의 병합에 대한 대응도 함께 고려해 보면, 자본축적이 취약한 상태로 오랫동안 대외침략정책을 강행해 온 일본 제국주의의 모순이 여론에 나타났던 것이라고 할 수 있다.

또한 논단에도 소수지만 '보호'정책·식민정책론의 관점에서 병합 연기나 병합 반대를 주장했던 사람들도 있다. 《태양》지의 주간이었던 우키다 가즈다미浮田和民는 병합 자체에 대해서는 '조선문제가 우선 국제문제로서는 공공연히 해결되었다'고 할 수 있어도, 개인적인 이상으로는 '오늘날 한국을 병합시키지 않고, 장래에도 보호관계를 계속하여, 장래 한국 인민의 여론을 발휘하면, 마치 잉글랜드가 스코틀랜드와 임의적 합동을 한 때처럼, 그 결과 영구한 한일관계가 원만한 상태에 이를 것'(〈한국병합의 효과 여하〉, 《태양》 10월호)이라고 하며, 종래대로 '보호'정책의 계속을 주장했다.

또, 식민정책론으로 '남진북수론南進北守論'을 지론으로 하면서 해군 확장을 주장했던 논객 다케코시 요사부로竹越與三郎는, 병합은 '오직 재정의 곤란을 증가시킬 뿐'(〈조선보다도 드레드노트dreadnought형 초대형함이 필요하다〉, 《중앙공론》 5월호)이며, 병합을 결행한다면 '반란이 일어나는 것은 필연'(〈합방 후의 조선을 어떻게 할 것인가〉, 《태양》 7월호)이고, '아직은 시기가 아니다'(〈조선 병유竝有의 방법을 평한다〉, 《중앙공론》 10월호)라며 병합에 반대했다.

신문지상에는 조선과 관계가 깊은 정치가, 학자들의 병합에 대한 담화가 연일 실렸다. 동일인물의 발언이 여러 신문에 실린 일도 많았으며, 대개 병합을 이야기하거나 그것이 지연됨을 비난하는 의견이었다. 그 가운데서도 역사학자, 특히 '일선동조론'을 주장한 일본 사학자들이 가장 노골적으로 병합을 합리화했다.

병합 직후에 '일선동조론'을 주장하며 《한국의 병합과 국사》를 출간했던 기타 사다키치喜田貞吉는 병합을 '사정이 있어 오래 가정을 나와 타국에서 유랑하며 산 형제가, 돌아와야 할 때가 와서, 다시 원래의 즐겁고 따뜻한 가정에 복귀한 것'(〈병합 후의 교육관〉, 《일본급일본인》 9.15)이라 말했고, 《일한양국어동계론日韓兩國語同系論》을 쓴 언어학자 가나자와 쇼사부로金澤庄三郎도 완전히 같은 논리로 병합을 논했다(〈조선은 동생, 일본은 형〉, 《國民》 8.25).

'일선동조론'에는 비판적이었던 동양사의 석학 시라토리 구라키치白鳥庫吉도 병합은 '특히 나와 같은 동양사 연구자가 일본 역사상 특필할 대사건일 뿐 아니라, 크게는 동양 역사상에 전할 일대 사건으로, 진실로 기뻐할 일이라고 생각한다'(〈동양사상의 이원적 대세력(1)〉, 《國民》 9.8)라고 하여, 노골적으로 병합을 논했던 것은 완벽하게 같았다. 더욱이 당시 제일선에 있던 역사학자가 총동원되어 《역사지리임시증간조선호歷史地理臨時增刊朝鮮號》가 출판되었고, 여기서도 병합을 대대적으로 예찬, 합리화했다.

일본 정부는 병합에 즈음하여 역사교과서의 개정을 서두르고, '한일병합'에 대한 기술을 첨가하여 병합을 합리화하는 생각을 국민에게 침투시키고자 했다.[39] 그렇다면 일반 민중에게 병합은 어떻게 받아들여졌을까. 병합 반대의 의견이 없었던 것은 아니지만,[40] 대다

---

39) 병합 직후에, 1911년 4월부터 사용한 《역사독본歷史讀本》 제2권 끝항에 다음의 사항을 첨가할 것을 결정했다(《時事》·《大每》, 9.21). '우리 천황폐하는 한국이 항상 난리의 연원임을 근심하시고, 일한 상호의 행복을 증진하여 동양의 평화를 영원히 확보하기 위해 한국병합의 필요성을 인지하고, 마침내 올해 8월 한국 황제로부터 일체의 통치권을 영구히 양여 받을 것을 승낙하셨고, 이에 한국을 개혁하여 조선총독부를 두고 제반의 정무를 통치하심에 이르렀다.'

수는 병합을 열광적으로 환영했다. 관제官製가 많았다고 할 수 있는데, 병합조약 발표 이후에는 연일 전국 각지에서는 병합축하회, 시정행렬을 열고 축하했다.[41]

'한일합방이라든지 한일병합이라고 쓰는 사람이 있다. 이것은 일본과 한국이 동등한 처지에서 합병한 것처럼 들리기 때문에 안 된다. 어디까지나 한국병합이어야 한다'(엽서투고,《國民》9.2)라는 신문 투서로도 '제국팽창'을 지지하는 의식이 국민 사이에 깊이 침투했었음을 짐작할 수 있다.

이처럼 신문이나 국민들 사이에서는 병합이 열광적으로 환영받았지만, 다른 한편으로 정재계 지도자들은 병합을 어떻게 받아들였을까.

병합 당사자들은 한편으로는 득의만면이었지만, 내심은 조선인의 항일운동에 대한 극단적인 공포를 느끼고 있었다. 데라우치 통감이 병합조약을 조인한 날 밤의 축하연에서, '고바야카와小早川, 가토加藤, 고니시小西가 세상에 있다면 오늘밤의 달을 어떻게 볼까'라고 읊자, 서기관 고마쓰 미도리小松綠가 '태합太閤(도요토미 히데요시)을 지하에서 불러내서 보여주고 싶다. 조선의 산에 높이 솟은 일장기를'이라고 답하는 등 득의만면이었다.[42] 그러나 데라우치는 '병합조약 발표 당시는 국기를 걸지 않도록 하라'[43]고 명령했고, 일본의 대신들도 '병

<hr/>

40) 《大每》에서는 '한국의 독립을 주장하여 그것을 위해 2회의 대전마저 피하지 않았던 일본이 지금 다시 그것을 병탄한 것은 이상하지 않다. 생각건대 승리의 여신은 그것을 마지막으로 영구히 일본을 버렸다'(〈硯滴〉, 8.27)라는 취지의 투서가 있었다고 한다.
41) 아이들의 경우도 마찬가지였다. 《大每》(〈児童と韓国併合〉, 9.2)의 보고기사에 따르면 병합에 대해 '기쁘다'라고 한 것이 많았고, 다음과 같은 감상이었다. '많은 돈과 사람을 잃었지만, 이번의 합병으로 만회한 것입니다', '저는 기쁘지만, 한국 사람은 비참할 것이라고 생각합니다', '우리나라가 시종 돌봐주고 위로해줬던 한국이 쇠약해지는 것을 번성시키려고 하는 친절한 마음이기 때문에 크게 축복해야 하겠습니다' 등이다.
42) 小松綠, 《明治外交秘話》, 1966, 96쪽.
43) 釈尾東邦, 《朝鮮併合史》, 1926, 615쪽. 琴湖生,〈併合条約発表〉下,《만조보》9.4.

합조약 발표 이후 …… 경호 순사를 2명씩 더 증원'(〈책상의 먼지〉,《만조보》, 9.2)하는 등 공포를 느끼고 있었다.

정재계 일반의 병합에 대한 감상은, 가쓰라 일파가 공명을 서둘렀다고 했던 것이나,[44] 이미 병합의 실체는 준비되어 있던 것이었기 때문에 별 것 아닌 일이라는 등의 냉정한 평가도 있었지만,[45] 일반적으로는 환영받았다.

여기서 특징적인 것은 이구동성으로 조선인을 위압, 경멸한 것이 아니라, 새로운 동포로서 친절히 대해야 한다고 하는 것이다. 그러나 그것이 병합을 정당화하려는 교언영색에 지나지 않는다는 것은 구체적인 통치정책에 대한 언급까지 들여다보면 명백해진다. 예를 들면, 조선인에게 참정권을 즉각 인정해야 한다는 의견은 없었고, 이누카이 쓰요시犬養毅와 같은 인물은 참정권 부여에 대해 '마치 의회에 바이러스를 뿌리는 것 같아, 결코 그것을 허할 수 없다'(〈한국병합에 관하여〉,《時事》8.25)며 극도로 반대했다.

병합에 따른 재정문제를 언급한 의견도 많았다. 조선에 일찍부터 침투해 들어갔던 오쿠라 기하치로大倉喜八郎는 '통치비의 부담은 조금도 개의할 필요가 없다'(〈병합과 경제계〉,《時事》8.26)고 서술했지만, 일반적으로는 병합에 따른 재정문제에 부담을 많이 느끼고 있었다.

그렇기 때문에 재계의 병합에 대한 감상도 일반적으로는 축하를 표했지만, 경제면에 한정한다면 관세거치에는 특별히 반대는 하지 않는다고 해도,[46] 병합이 당장 경제상 별반 영향은 없다고 하였

---

44) 原圭一郎 편,《原敬日記》3, 福村出版, 1965, 40쪽.
45) 예를 들면, 이누카이 쓰요시犬養毅는 '새삼스레 떠들썩하게 거론할 정도의 것이 아니다'(《일본급일본인》9.15), '논평의 가치가 없다'(〈韓国併合に就て〉,《時事》8.25)고 하고 있다.
46) 반대 의견은 다카하시 고레키요高橋是淸가 '십 년은 너무나 오랜 시간이다. 가급적 빨리 전폐의 방법을 찾던지 다른 방법을 강구하여야 한다'(〈併合後の財界〉,《東日》,

다.47) 그러면서 '각설하고, 한국병합이 우리 재계에 좋은 영향을 줄 시기가 온다고 해도 그것은 십수 년 뒤가 될 것이다. 그때까지는 매년 우리 부담을 증가시킬 뿐이다'(小山健三談, 〈한일병합과 재계〉, 《大朝》 8.23)라는 의견도 나왔다. 따라서 재정면에서 볼 때는 병합에 적극적이었다고 생각할 수 없다.

기독교인의 병합에 대한 대응에 대해서는 종래의 연구에 맡기고,48) 여기에서는 기독교계 가운데서도 가장 자유주의적이었다고 평가되던 《육합잡지六合雜誌》의 조선문제에 대한 견해를 언급하는 것에 그치겠다.

러일전쟁 이후의 《육합잡지》에서 조선문제의 논설은 극히 적었고, 사론社論으로는 '한국에서 기독교 전도'(三並良, 明42.5.1) 정도였다. 그 내용도 일본조합기독교회의 주류파와 마찬가지로 노골적인 조선멸시관을 보이고 있었고, 조선 지배를 위한 전도를 제창했다.

'한국이란 곳은 옛날부터 우리나라에 여러 가지의 폐를 끼쳤던 성가신 나라이다. 옛날에 정한론이 비등하여 그 때문에 자국에 피의 비를 흘렸던 것도, 청일전쟁, 러일전쟁도 모두 한국이 있었기 때문에 생긴 큰 부담이었다'라고 하면서, 일본 제국주의가 조선 지배 합리화를 위해 왜곡한 인식 그대로의 노골적인 조선멸시관을 보였다. 뒤이어 조선에서 외국인 선교사의 활동에 대해서도 '한국인의 뜻에 영합하여 한 명이라도 더 신자를 만들려 하는 것에 지나지 않는 계략'으로 '실로 선동과 다르지 않다'고 단정하고, 이와 같은 외국인 선교사를 일소

8.31)라고 서술했던 것이나, 마스다 다카시益田孝가 관세의 철폐로 양국이 얻을 이익은 예측하기 어렵다고 하면서 간접적으로 관세 철폐를 바랐던 정도였다.
47) 渋沢栄一·市原盛宏(〈併合と経済界〉, 《時事》, 8.25), 松尾臣善(《時事》, 8.27), 園田孝吉(〈併合と経済界〉, 《東日》, 8.26) 등의 의견이다.
48) 주 1)의 마쓰오松尾의 글, 오윤태吳允台의 저서.

하기 위해서는 '한국의 전도를 크게 번성시켜야 한다'고 제창했다. 전도는 '교회의 진흥책으로서도' 확장해야 하지만, 문제는 '국가적'인 것이기 때문에, '유력한 인물'의 파견이 필요하다고 역설했다.

이렇게 노골적으로 일본의 조선 지배를 합리화할 목적에 부응하는 전도를 제창한 것은, 필자가 아는 한 조선총독부의 자금 원조를 받아 조선 전도를 행했던 일본조합기독교회를 제외하고는 기독교계 가운데도 달리 없다.

《육합잡지》는 병합 당시에도 서울 주재 목사의 논설을 싣고, 병합은 '사리와 형세가 그렇게 만든 바, 인仁에서 나와서 의義로 돌아가는 마키아벨리즘의 발현이 아니고, 실로 인륜적 제국주의의 발동에 벗어나지 않는다'(山田侯, 〈조선의 병합과 종교문제〉, 10.1)라고 병합을 논했다.

마지막으로 사회주의자들은 병합에 대해 어떠한 대응을 했는지 살펴보겠다.

당시 '대역 사건'의 날조 등 관헌에 의한 사회주의자 대탄압이 거듭되고 있던 상태였기 때문에 병합을 반대하는 행동을 할 수는 없었지만,49) 가타야마 센片山潛 등이 유일하게 발행을 유지했던《사회신문》의 병합에 대한 소감은 병합 반대라는 종래의 입장을 완전히 버리고 조선인에 대한 강력한 동화를 주장하는 놀라운 것이었다.

'한일병합은 사실이 되었다. 그것의 가부를 운운할 때가 아니다. 오늘날의 급무는 우리가 새로운 조선을 통치함을 맞아, 고묘高妙한 수단 방법을 이용하는 것이다'라고 하면서, '고묘한' 통치를 주장했

---

49) 사회주의자와 조선의 '배일당排日黨'이 연락하여 병합 반대의 행동을 계획했던 것으로, 8월 22일 오사카에서 십 수 명, 8월 29일 고베에서 5명의 사회주의자가 검거되었지만, 탄압의 구실이었다는 혐의가 짙다(渡部學 편, 앞의 책, 149쪽, 1974년 1월 28일, 6월 20일 補筆).

다. 그리고 그것을 위해 조선인에게 '일본제국 신민으로서의 독립심'
을 반드시 부여해야 하고, '위정자는 말할 것도 없이 전 일본 국민은
개인으로서, 사회단체로서, 그들을 유도, 교육하여 신동포로서 손색
이 없도록 할 필요가 있다'면서, 동화를 강력하게 주장했다(《일한병합
과 우리의 책임》, 9.15).

전술했던 사회주의자의 조선침략반대결의에 참가했던 다가와 다
이키치로田川大吉郎(당시 도쿄시조역東京市助役)도 병합에는 반대했지만,
그 입장은 침략 반대가 아니라 영국이 대륙국가를 병합하지 않았던
것에서 배워야 한다는 식민정책의 관점에서 반대했던 것에 지나지
않았다(《말해도 소용없는 일이지만, 계속해서 합병의 불이익을 느낀다》, 《신
공론》 10월호).

사회주의자가 병합 반대의 입장에서 이처럼 전락한 것은, 아마
사회주의자도 피할 수 없었던 억압민족으로서의 대국주의와 지도자
의식이 '대역 사건'이라는 대탄압 속에서 증폭되었기 때문에 그와 같
이 강하게 조선인의 동화를 주장하게 되었던 것이지 않은가 한다.

이렇게 하여, '조선병합'에 대한 반제국주의·반침략의 입장의 비
판은 일체 소멸되었고, 조선 인민과의 연대도 이로써 완전히 중단되
어 버렸다.50)

50) 번역: 한보람(서울대학교 국사학과 박사수료)

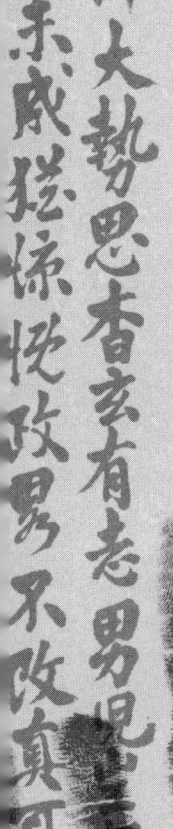

제2부

안중근의
동양평화론과
현대적 의의

한국 근대 동양평화론의 기원 및 계보와 안중근

서 영 희

머리말

안중근은 문명개화론의 세례를 받은 개화지식인으로서 실력양성
운동에 참여했을 뿐 아니라 직접 의병부대를 이끌고 무장투쟁을 감
행한 실천가로서 우리 독립운동사에서 독특한 위치를 차지한다. 그
의 《동양평화론》 또한 당시 지식계층의 일반적 사상이었던 동양주
의를 고수하면서도, 한국의 보호국화를 전제로 일본이 동아시아의
맹주가 되는 동양평화론이 아닌, 한·중·일 삼국이 대등하게 참여하
는 동북아평화회의체를 구상했다는 점에서 독보적인 발상을 보여준
다.[1] 이러한 안중근의 동양평화론은 당시 한국 지식인들의 일반적
인 국제정세인식이었던 동양평화론과 어떠한 공통점과 차별성을 지
니는가? 이 글에선 한국 근대 동양평화론의 사상적 기원과 계보를
따져봄으로써 민족운동사에서 안중근의 위치를 가늠해 보고자 한다.

---

1) 서영희, 〈안중근의 국제정세 인식과 동양평화론〉, 《안중근 의거 99주년 기념 국제학술
   회의 발표논문집》(안중근·하얼빈학회 및 동북아역사재단 공동주최), 2008.

러일전쟁을 전후하여 병합 당시까지도 한국 지식계층의 일반적인 담론이던 동양평화론에는 사회진화론의 영향을 받은 문명개화론자의 인종주의적 동양담론, 유교문화의 보편성에 중점을 둔 유교지식인의 동양담론, 그리고 극단적 친일근대화론자로서 일진회 등 합방론자들의 동양담론 등이 혼재되어 있었다. 이들은 모두 입을 열면 으레 동양평화론을 주장했지만, 각기 다른 사상적 기원과 실천전략을 가지고 있었다. 동양 삼국이 연대하여 서구 제국주의, 특히 러시아의 동아시아 침략에 대항하자는 실천전략에서도 구체적으로 들어가면, 일본맹주론을 인정하는 정도에 차별성이 있었고, 그것이 곧 병합에 대한 상이한 대응을 가져왔다고 생각된다.

안중근의 동양평화론은 크게 보면 문명개화론자의 동양 삼국 연대론 계보를 잇고 있지만, 이상설을 통해 들은 헤이그 평화회의의 발상을 동북아 평화회의체 구상에 수용함으로써 고종황제 및 대한제국 집권세력이 추진하던 외교전략의 일단을 수용한 것이 일반적인 동양평화론과 다른 점이다. 대한제국 집권세력의 정세인식과 외교전략은 재야지식계층의 그것과는 달리, 동양주의라기보다는 만국공법 체제 편입과 열강 중재에 의한 중립국화를 목표로 하였다. 그리고 그것이 불가능할 때 러시아에 군사동맹을 요청하거나 영·미 등 강대국 열강에 공동보호를 요청함으로써 일본의 보호국화에 대항코자 하였다.[2]

또한 안중근의 동양평화론은 일본의 침략주의적 아시아연대론과도 차별성을 지닌다. 러일전쟁을 전후하여 '동양을 지키고자 러시아와 전쟁을 치른다'는 동양평화론을 유포한 일본은, 병합을 앞둔 통감부 시기에는 동양평화를 위해 분란의 소지가 있는 한국을 보호국화

---

2) 서영희, 〈고종황제의 외교전략과 제2차 만국평화회의 특사 파견〉, 이태진 외, 《백 년 후 만나는 헤이그 특사》, 태학사, 2008.

또는 합병해야만 한다는 동양화근론東洋禍根論으로 논리를 발전시켰다. 정한론征韓論이 좌절된 이래, 메이지 일본의 '조선문제' 해결전략은 종종 '한일제휴론'으로 표현되었지만, 제휴 내용은 대등한 연대가아닌 한국 보호국화를 전제로 한 예속적 군사동맹안이었고, 이는1904년 2월 한일의정서의 체결로 일단락된 바 있다.

　마지막으로 안중근의 동양평화론이 가지는 현재적 함의는 무엇인가? 1990년대 이후 탈근대, 탈서구중심주의를 배경으로 한국의 지식인 사회 일각에서 대두된 동아시아 담론은 현실적으로 중국의 급부상과 함께 시작된 동북아의 새로운 경제질서, 군사질서 형성과정에서3) 중·일 양국 사이에 낀 한국의 진로, 한반도 분단 체제 해결을위한 동북아 주변국과의 관계설정 등의 문제를 해결하려는 논의이기도 하다.4) 이러한 21세기 동아시아 담론의 역사적 기원으로서 안중근의 동양평화론이 던지는 메시지는 무엇인지, 당시와 현재의 동아시아의 관점에서 조명해 볼 필요가 있다고 생각된다.5)

1. 사상적 기원으로서 동양주의

1) 범주로서 '동양' 개념의 수용

주지하듯이 지역 또는 문명 범주로서 '동양'이라는 개념은 메이

---

3) 이수훈, 〈동북아시대 신구상〉, 김석철, 김왕배 등 저, 《21세기의 한반도 구상》, 창비, 2004.
4) 최원식, 〈탈냉전시대와 동아시아적 시각의 모색〉, 정문길 외 3인 엮음, 《동아시아, 문제와 시각》, 문학과지성사, 1995.
5) 강동국, 〈동아시아의 관점에서 본 안중근의 동양평화론〉, 안중근의사기념사업회 편, 《안중근과 그 시대》, 경인문화사, 2009.

지 일본의 발명품이다. 서양 제국주의 침략의 위기 속에 동아시아에서 가장 먼저 문명개화에 성공한 일본이 기존의 중화 중심 국제질서를 전복시키고 새로이 일본을 맹주로 한 동아시아 세계를 창출하려는 목적에서 서양과 대립하는 범주로 고안해 낸 상상의 공동체라고 볼 수 있다.6) 근대 이전 화이華夷사상을 전제로 한 조공–책봉 체제 아래에서는 중화가 곧 세계요, 천하의 중심이었으므로 따로 '동아시아'라는 지역 개념이 있을 수 없었다. 그리고 조선과 일본은 그 질서에 계서적으로 부속된 주변부에 불과하였다. 명청明淸 교체 이후 조선에서 소중화小中華의식이 등장하긴 하지만, 청에 대해 여전히 실용주의적 사대를 지속한 조선과 달리, 전근대 중화 체제에서 가장 주변부에 속했던 일본은 1885년 후쿠자와 유키치福澤諭吉의 〈탈아론脫亞論〉을 계기로 기존의 동아시아 질서와 전격적으로 결별을 선언하였다. 조선의 개화파와 밀접한 관계를 유지했던 후쿠자와는 원래 서양의 아시아 침략을 막기 위해 한·청·일 삼국이 협심동력하되, 일본이 삼국의 맹주가 되는 방식을 구상하였다. 하지만 갑신정변 실패 이후에는 급속히 연대론을 포기하고 조선에 대한 극단적 멸시론, 탈아입구론으로 전환하였다.7)

이후 중국은 시라토리白鳥庫吉의 '동양사' 속에서 '지나'支那로 격하되었고,8) 이제 세계의 중심이 아니라 극복해야 할 '후진'의 상징이 되었다. 일본은 지리적으로 아시아에 속하지만, 문명적으로는 동양을 벗어나 서구문명을 추수追隨하면서, 동시에 서양에 맞서는 동양의 맹

---

6) 동양 개념의 유래와 형성과정에 대해서는 스테판 다나카, 〈근대 일본과 '동양'의 창안〉, 《동아시아, 문제와 시각》, 문학과지성사, 1995 및 김기봉, 《역사를 통한 동아시아 공동체 만들기》, 푸른역사, 2006 참조.

7) 조재곤, 〈한말 조선 지식인의 동아시아 삼국제휴인식과 논리〉, 《역사와 현실》 37, 2000.

8) 스테판 다나카(박영재·함동주 공역), 《일본 동양학의 구조》, 문학과지성사, 2004.

주로서 스스로 아시아의 중심이 되고자 '동양' 개념을 창출하였다. 그런 면에서 볼 때, 범주로서 '동양' 개념은 밖으로 서구 유럽에 대립하는 저항체이면서 동시에 일본에 의한 기존 동아시아 내부 질서의 전복과 재편을 위해 만들어진 일대 기획이었다. 이후 일본은 동아시아에서 유일하게 문명개화에 성공한 나라로서 정체된 동양을 근대화시키는 것이 국민적 사명이라는 기치를 내세우게 되었다.9) 러일전쟁에서 승리한 이후에는, 일본이 마침내 세계 무대에 올라섰다는 자신감과 함께 서양문명을 동양에 소개하고 설명하는 지위이자 서양에 대해 동양문명을 대표하는 입장이 되었다고 확신하였다. 일본이 동·서양 양쪽에 대해 매개체적 입장이라는 특수한 문화적 사명을 띤다는, 오쿠마 시게노부大隈重信의 '동서문명융합론'도 등장하였다.10)

이러한 근대 일본의 '동양' 개념의 창출과정에서 아시아연대론도 등장하지만, 실제로 청일전쟁 이후 일본이 주도하는 동양 범주의 형성과정에서 청, 조선 등 아시아국과 제휴하여 서양에 맞선 사례는 없었다. 일본은 아시아연대론을 주장하면서도 서양 제국주의 열강의 중국 분할에서 중립을 지키거나 또는 의화단의 난 진압에 동참하는 등, 오히려 서양 열강과 동맹하여 아시아를 침략하는 데 앞장섰다.11)

한국병합의 이데올로기를 제공했다고 평가받는 다루이 도키치樽井藤吉의 《대동합방론大東合邦論》(1885년 작성, 1893년 간행)도 한일 양국이 대등한 대동大東이라는 나라를 세우고 청국과 연합하여 백인종의 침략에 공동으로 대응하는 공존·공영의 이상을 추구한 것처럼 보이

9) 권용혁, 〈동아시아공동체의 가능성 모색〉, 철학과 현실연구회, 《동아시아 사상과 민주주의》, 이학사, 2003.
10) 野村浩一, 《近代日本の中國認識》, 研文出版, 1981.
11) 박영재, 〈근대 일본의 한국 인식〉, 《일본의 침략정책사 연구》, 일조각, 1984 및 〈근대 일본의 아시아 인식-탈아시아주의와 아시아주의〉, 《러일전쟁 전후 일본의 한국 침략》, 일조각, 1986 참조.

지만, 실상은 무력 사용 없이 조선을 병합하려는 논리에 불과했다. 실제로 다루이는 1910년 병합 직전에 조선에 아무런 권한을 줄 수 없다고 주장함으로써 그의 주장이 일본의 차별성·선진성을 전제로 한, 대등한 연대가 아닌 병합론이었음을 분명히 하였다. 러일전쟁을 앞두고 러시아에 대항하여 동아시아 인민들을 동원할 필요가 생겼을 때 동양주의를 더욱 강조하던 일본은, 만주를 통해 본격적인 대륙침략에 나서면서 영·미 등 서양의 제국주의 열강과 이해가 대립될 때 다시 중·일 연대, 황인 결속의 대아시아주의를 제창하였다. 또 1930년대에는 대동아공영권 개념으로 동남아 일대까지 동아東亞의 범위를 확대했음은 주지하는 사실이다.12)

그러면 이러한 일본발發 동양 개념의 형성과정에 대해 동아시아 지식인들의 반응은 어떠했는가? 우선 중국의 지식인들은, 오랫동안 아시아의 패자覇者, 동양문명의 대표자로서 자기 정체성을 인식해온 것으로 말미암아 중화 이외의 동아시아 지역에 대한 연대의식은 대체로 희박했다.13) 다만 아주亞洲, 동방東方, 원동遠東 등의 단어로 아시아를 황인종의 포괄적 인종 구성체로 인식하였다. 량치차오梁啓超의 황인종우월론은 문명으로서 동아시아를 강조하지만 당연히 그 주도권은 중국에 있다고 보았다. 러시아의 만주 침략 이후에는 일본을 상대로 중일 연대를 제안하는 모습을 보이기도 했는데, 쑨원孫文은 일본의 현실적 지위를 인정하면서 서양에 대항하기 위한 황인종의 연대로 '대아시아주의'를 제창하였다. 하지만 가장 오래된 문화 발상지요, 유교문화권인 중국과 일본이 왕도王道의 범주에서 협력해야 하고, 일본은 패도覇道가 아닌 왕도王道를 따르는 각성이 있어야 한다는 쑨원

---

12) 강창일, 《근대 일본의 조선 침략과 대아시아주의》, 역사비평사, 2002.
13) 중국 지식인의 아시아 인식에 대해서는 백영서, 〈중국에 아시아가 있는가〉, 《동아시아의 귀환: 중국의 근대성을 묻는다》, 2000 참조.

의 주장은, 한국이 빠진 중·일의 황인종연대론이었다. 이와 달리 리다자오李大釗는 중국을 피압박 아시아인과 동문同文·동족同族에 위치시킴으로써 서양의 지배에 대한 포괄적 저항지역체로 아시아를 인식하고, 일본의 대동아공영론을 비판하는 신아시아주의를 주장하였다. 그는 일본의 대아시아주의가 약소민족의 병탄을 위한 제국주의라는 점을 비판하면서, 중국이나 조선인만이 아니라 모든 아시아인, 개명된 일본인까지 일본의 패권에 반대하여 연대할 것을 제안하였다.14)

한편 조선의 경우, 청일전쟁 이후 중국 중심의 중화질서가 급격히 붕괴되면서 대한제국大韓帝國을 선포하였고, 이 과정에서 칭제稱帝에 반대한 유생들과는 달리 고종황제 및 근왕세력들은 중화중심 사고를 극복해 가고 있었다. 1899년 한청수호통상조약 체결로 청과 근대적인 대등한 외교관계를 수립한 대한제국은, 1902년에는 청의 반대에도 불구하고 베이징에 상주공관을 설치하였다.15) 이후 유럽에 상주 외교관을 파견하는 등 서양 열강과의 외교에 치중했던 점을 본다면 대한제국 집권세력에게는 동양주의적 사고보다는 만국공법 체제로의 편입이 더 중시되었던 것으로 생각된다. 사실 1880년대 청의 조선 속방화屬邦化정책에 저항하여 두 차례나 조러밀약을 추진하다가 청에 의해 고종이 폐위 협박에 시달렸던 경험이나 정한론 이래 일본의 보호국화에 대한 위기의식 등을 볼 때, 대한제국의 집권세력에게 청·일은 극복의 대상이지 연대의 대상이 될 수 없었고, 러시아는 오

14) 리다자오의 신아시아주의, 쑨원의 대아시아주의에 대해서는 최원식·백영서 편, 《동아시아인의 '동양'인식: 19~20세기》, 문학과지성사, 1997; 金慶一, 〈근대 동북아지역평화론에 대한 多者主義 관점에서의 고찰-安重根·孫文·石橋湛山을 중심으로〉, 《大丘史學》 제90집, 2008; 조성환·김용직, 〈문명과 연대로서의 동아시아: 근대 중국과 한국 지식인의 동아시아 인식〉, 《대한정치학회보》 제9집 2호, 2001 등 참조.
15) 서영희, 〈한청통상조약 이후 韓中 외교의 실제와 상호인식〉, 《동북아역사논총》 13, 동북아역사재단, 2006.

히려 청·일을 견제하기 위해 끌어들여야 할 대상이었다.16)

그런데 이러한 집권세력의 동아시아 인식과는 달리 한국의 재야 지식인들은 애초에 문명개화론자들을 중심으로 일본이 창출해 낸 지리적·인종적 범주의 동양 개념을 수용한 데 이어, 위정척사적 지식인뿐 아니라 개신유학자들에게도 보편적 유교문화를 중심으로 한 동양주의적 사고가 강고하게 지속되고 있었던 것으로 보인다.

2) 지리적·인종적 범주로서 동양 인식

한국의 문명개화론계열 지식인에게 보이는 동양주의적 사고는 1890년대 《독립신문》에서 체계적으로 나타나기 시작하였으며, 러일전쟁기에 절정을 이루고 계몽운동기까지 지속되었다.17) 이들의 동양주의는 유교지식인의 경우와는 달리 주로 지리적·인종적 개념의 동양주의로서, 근대 일본의 인종 연구가 개화지식인들에게 어느 정도 영향을 미쳤음을 볼 수 있다.18)

《독립신문》에 나타나는 동양 개념은 동주同洲, 동종同種, 동문자同文字의 동양 삼국이 유럽의 침략을 막아내자는 주장으로 연결되는데, '아세아라는 같은 대륙에, 신체 모발이 같은 종자, 글이 서로 통용되며 풍속이 같은 삼국'이 서로 보호하고 도와주자는 주장에서 지리적·

---

16) 대한제국기 외교정책에 대해서는 서영희, 《대한제국 정치사연구》, 서울대학교출판부, 2003 참조.

17) 백동현, 〈대한제국기 언론에 나타난 동양주의 논리와 그 극복〉, 《韓國思想史學》 17, 2001.

18) 근대 일본의 인종 연구에 대해서는 정상우, 〈1910년대 일제의 지배논리와 지식인층의 인식〉, 《한국사론》 46, 2001, 188~191쪽 참조. 근대 한국의 지식인들에게 인종론적 인식이 수용되는 과정과 그 결과로서 삼국제휴론이 제기되는 논리구조 등에 대해서는 향후 좀 더 세밀한 논의가 필요하다고 생각된다.

인종적 동양 개념을 읽을 수 있다. 그런데 동문자同文字라고는 하지만 이들에게 기존의 유교문명이 보호해야 할 가치는 아니었다. 왜냐하면 '삼국이 어서 속히 구라파 학문과 교육을 본받아 능히 구라파의 침범을 동심으로 막아야 동양이 구라파의 속지가 아니 될 것'이라고19)한 것으로 보아, 동양 삼국이 동일문명임은 인정하되, 동양문명을 수호하자는 것이 아니라 서구문명을 수용하여 서구문명에 맞서자는 주장이었기 때문이다. 이처럼《독립신문》의 동양주의는 일본이 제시해 온 문명개화의 논리와 그대로 일치하는 사고구조를 보이고 있다.

이러한 관점에서 독립협회세력들은 이미 문명개화에 성공한 황인종 대표로서 일본맹주론을 인정하고, '동포되는 황인종의 모든 나라들은 일본 형제의 분발된 기개와 떨쳐 일어난 정략을 본받아야' 하며, 일본도 '황인종 형제의 모든 나라를 인도하되 작은 이익을 탐하지 말고 황인종을 보호할 큰 계책을 세워 동양평화를 유지하는 것을 하나님이 정해준 직분으로 생각하라'고 권고하고 있다.20) 또한 청일전쟁으로 후진적인 청에 대한 예속에서 조선을 독립시켜준 일본에게 감사하고, 일본의 지도 아래 동양의 동포 형제가 힘을 합쳐 서양 백인종의 침략에 대응하자고 주장하였다. 사회진화론적 관점에서 보자면, 동양에서도 일본은 이미 개화된 지역이고 청·조선은 미개한 지역으로 발전의 격차가 있는 만큼, 문명적 차원에서는 한·중·일이 동등한 하나의 공동체로 묶일 수 없는 것과 달리, 인종적 개념에서는 황인종이라는 공통 범주로 구분될 수 있었다. 따라서 이들에게 동양은 문명이 아닌 인종의 개념이었고, 황인종 공동체로서 동양을 방어하자는 주장이었다.

---

19)《독립신문》1898년 4월 7일 논설; 백동현, 앞의 글, 520쪽.
20)《독립신문》1899년 11월 9일 논설; 김신재,〈독립신문에 나타난 삼국공영론의 성격〉,
《경주사학》9, 1990, 134쪽.

문명개화론의 계보에 서 있는 안중근 또한《동양평화론》에서 인
종주의적 관점으로 서구 백인종을 극렬히 비판하였다. 그는 동양의
위기가 서양의 제국주의 열강의 동아시아 침략으로 촉발된 것이며,
제국주의 시대는 약육강식의 생존경쟁이 난무하는 폭력의 시기라는
인식을 보여주었고, 서양 열강 가운데서도 제정 러시아가 가장 심하
다고 비판하였다.21) 천주교도이면서도 백인종에 대해 극심한 반감을
가지게 된 배경은 개인적으로 뮈텔 주교 등 천주교 상층 지도부의
보수적인 태도에 대한 실망과 불신에서 비롯된 것일 수도 있고, 당
시 계몽주의계열의 지식인들에게서 일반적으로 나타나는 인종주의
적 관점의 반러의식의 표출일 수도 있다.22)

안중근은 심지어 삼국간섭에 대해서도 동양에 대한 심술이라고
평가절하하면서 조선이 보호국화의 위기에서 벗어난 사실은 무시하
고 있다. 러일강화 담판이 (백)인종의 편견을 지닌 미국의 주선으로
이루어져 전승국 일본이 부당한 대우를 받았다고 애석해 할 때는 포
츠머스 조약의 결과 한국에 대한 일본의 보호권이 승인된 점을 인식
하지 못하는 것처럼 느껴질 정도로 거의 맹목적으로 인종주의적 관
점에서 구미열강을 비난하고 있다. 또한 백인종의 침략성을 너무 강
조하다 보니, '동양 민족은 다만 자기 나라만 지켰을 뿐 남을 침략한
적이 없다'고 함으로써 일본이 청일전쟁에서 같은 동양인 중국을 침
략한 사실, 또 먼저 러일전쟁을 도발한 사실은 무시한 채 러시아의
중국 진출, 철도확장 같은 침략행위만을 비난하고 있다.23)

이러한 안중근의 인식에는 동양문명의 근원으로서 청을 존중하는

21) 안중근,《동양평화론》, 序.
22) 김도형, 〈대한제국기 계몽주의계열 지식층의 삼국제휴론-인종적 제휴론을 중심으
로〉,《한국근현대사연구》19, 2000.
23) 안중근,《동양평화론》前鑑.

태도보다는 일본을 동양의 맹주로 인정하는 문명개화론적 입장이 분명히 드러나고 있다. 일본이 동양을 지키기 위해 백인종 러시아에 맞서 싸웠기 때문에 한·청 양국민이 일본을 지원했다는 표현에서도 알수 있다. 하지만 일본이 러일전쟁을 지원한 은혜를 저버리고 도리어 동양을 침략한다면, '차라리 다른 인종에게 망할지언정 차마 같은 인종에게 욕을 당하지 않겠다는 주장이 용솟음치고 있다'는 대목에서는 일본이 침략야욕을 버리고 한·청·일 삼국이 대등한 황인종 공동체를 형성하는 것만이 동양의 살 길이라는 경고가 들어있다고 생각된다.

그런데 문명개화론자로서 안중근의 반러의식은, 동·서양문명 사이의 대결이라기보다는 황·백인종 사이의 대결 차원에서 제기된 것이므로, 안중근이 서양문명 자체에 반대하는 입장은 아니었다. 그 자신도 천주교도로서 러시아를 제외한 서양 세계에 대해서는 어느 정도 기대가 있었기에, 자신이 제안한 동북아 평화회의체에 대한 국제사회의 승인의 의미로 한·청·일 삼국 황제가 로마교황의 대관을 받는 방안, 세계 종교 인구의 3분의 2를 차지한다는 천주교도의 승인을 받는 방안을 제시하기도 하였다. 이 점이 유교지식인계열에서 보이는 유교문화의 보편성을 강조한 동양주의 사고와의 차별성이라고 생각된다.[24]

---

24) 안중근은 개화학문 이전에 사서오경四書五經과 통감通鑑 등 유교경전과 만국역사萬國歷史와 조선역사朝鮮歷史 등을 공부하였지만(《한국독립운동사자료》 6, 제2회 被告人訊問調書, 1909년 11월 14일), 《대한매일신보》, 《황성신문》을 열독했다는 답변(《한국독립운동사자료》 6, 제1회 피고인 신문조서, 1909년 10월 30일 피고인 신문조서)으로 보아 유교보다는 문명개화론의 영향을 더 받은 것으로 판단된다. 하지만 안중근이 의병장으로 활동하고, 국가 사이의 신뢰를 강조한 점이나 이상주의적으로 동양평화회의를 구상한 점을 들어 최익현 등 유학자들의 사고와 유사성을 지적하는 연구도 있다(김현철, 〈20세기 초 한국인의 대외관과 안중근의 동양평화론〉, 안중근의사기념사업회 편, 《안중근과 그 시대》, 경인문화사, 2009).

3) 문명적 범주로서 동양문화(유교)의 보편성 인식

문명개화론자들과 달리 유교적 배경을 가진 개신유학자와 위정
척사지식인의 경우 인종주의적 관점의 황인종연대론 뿐만 아니라 유
교문명적 범주로서 동양을 인식하는 경향으로 말미암아 더욱 강고하
게 동양주의를 유지했다고 생각된다. 《황성신문》에 나타나는 동양
주의 논리는 개신유학적 전통의 변법적 서구문명 수용론자의 입장이
라고 평가되는 바, 문화적으로 유교라는 보편성 속에서 정체성을 찾
는 문명론적 범주의 동양주의가 1909년경까지도 지속되고 있었다고
할 수 있다.[25]

따라서 이러한 계보의 지식인들이 가지고 있는 청에 대한 인식
은, 문명개화론에 견주면 훨씬 긍정적이어서 '청국은 동양에 처한 일
대一大 웅국雄國'이라고 인식하거나, 또는 지금까지 '지나인支那人과 교
제에 주의하지 못한 것을 유감'으로 생각하며, 중일中日이 순치脣齒의
관계라는 것을 새삼스레 강조하는 주장도 나타난다. 그동안 일본을
중심으로 황인종끼리 연대하여 서양 침략에 저항하자는 아시아연대
론에 호응하다가 러일전쟁 이후 을사조약, 보호국화로 이어지는 일
본의 침략성을 확인하는 순간, '황인종을 침략하려는 일본은 백인종
의 심성을 지닌 자'라고 비판하면서 다시 청과의 연대를 강화하자는
제안으로 돌아선 것이다. 이는 이들의 동양주의가 가진 논리적 기반
이 유교라는 보편문화와 전근대적 중화질서 관념에 토대하고 있었기
때문이라고 생각된다.[26]

또한 이들은 유교적 도덕주의에 입각하여 공법公法과 조약條約을

---

25) 백동현, 〈대한제국기 언론에 나타난 동양주의 논리와 그 극복〉, 《韓國思想史學》 17,
   2001, 543쪽
26) 백동현, 위의 글, 545~546쪽.

위반한 일본의 침략행위를 규탄하기도 한다. 1905년 7월부터 1909년 1월까지 도합 4차례나 도일渡日하여 '동양평화와 한국의 독립을 확보하기 위하여 일·청·한 삼국이 정립鼎立, 협동하자'는 순치보거론脣齒輔車論에 입각한 동양평화론을 주창한 나인영이나, 오기호, 이기 등 개신유학자들은 만국평등의 국제법인 공법公法과 그에 따라 체결된 약장約章이 강대국의 침략을 막아줄 것이라는 순진한 기대를 가지고 있었다. 근대 이후 수용된 '만국공법萬國公法', '공법회통公法會通' 등 서양의 국제법을 중국 춘추시대 약소국을 보호하기 위한 회맹, 맹약 등과 같다고 유교식으로 이해했기 때문이었다.27) 을사조약 이후 만국공법에 의거하여 조약파기론을 주장하는 상소문 등에 나타난 유교 지식인의 국제법 인식도 '만국萬國의 공론公論'이나 '공의公議' 같은 유교적 관념 틀로 인식되는 '대동大同[均平]공법'으로서, 국제사회가 공의公議에 따라 침략국을 응징할 것이라는 춘추대의적 사고방식을 벗어나지 못한 것이었다.28)

심지어 의병항쟁에 나선 위정척사 지식인 유인석의 《우주문답宇宙問答》에 나타나는 동양평화론은 여전히 화이사상에 입각한 주자학적 관점에서 동양문화의 보존을 주장하면서, 현재 동양의 위기는 모두 일본이 강자로서 신의를 저버리고 동양의 재앙이 되었기 때문이라고 비판하였다. 또한 침략정책을 일삼는 일본이 장차 백인종과 다시 전쟁을 벌일 가능성을 예상하면서 황인종의 나라인 중국·조선·일본 등 동양 삼국은 마땅히 서로 하나가 되어 서양을 막음으로써, 동양 삼국의 평화뿐 아니라 몽고, 티베트, 베트남, 버마 같은 나라들도 중국을 종주로 삼는 동양의 신질서가 수립될 것이라는 중국 중심

27) 오영섭, 〈대종교 창시 이전 나인영의 민족운동〉, 《한국민족운동사연구》 39, 2004.
28) 《승정원일기》 1905년 11월 23일, 전前 비서원승 윤두병 상소 등; 서영희, 〈을사조약 이후 대한제국 집권세력의 정세인식과 대응방안〉, 《역사와 현실》 66, 2007, 68~69쪽.

의 동양평화론을 펴고 있었다.29)

이처럼 유교 지식인에게 강고하게 남아 있던 문명론적 동양주의
는 전근대 중화주의적 국제질서 인식이 근대 민족국가 단위 국제질
서로 가는 과도기의 인식으로 볼 수 있다. 단군·기자의 계승을 표방
하던《황성신문》논자들도 러일전쟁 이후 일본의 침략성을 목도하
고부터는 종족 보존의 보종론保種論, 인종 경쟁이 아닌 민족 경쟁, 유
교라는 보편문화로부터 단군 중심의 종족적 정체성을 확보하는 방법
으로 동양주의를 극복해 간다.30)《대한매일신보》에서도 1908년 무
렵부터 민족의식이 종족적으로뿐만 아니라 문화적으로도 단군민족
으로 일원화되며, 1909년 8월에는 신채호의 유명한 논설-동양에 있
는 나라면 적국도 아국我國으로 보고 동양에 있는 족族은 원수도 아
족我族으로 본다-라는 통렬한 동양주의 비판이 실리기도 하였다.31)

2. 실천방략으로서 연대론·제휴론의 계보

1) 연대론과 중립화론의 갈등

동아시아 지역에서 방어적 운명공동체론으로서 연대론이 구체적
으로 제시된 것은 1880년《조선책략朝鮮策略》의 방아론防俄論이 최초
라고 할 수 있다.32) 친청親淸, 결일結日, 연미聯美, 방아防俄로 표현된

---

29) 오영섭, 〈의암 유인석의 동양문화 보존책〉, 《江原文化史硏究》 9, 2004; 《고종황제와 한
    말의병》 선인, 2007.
30) 백동현, 〈러일전쟁 전후 민족용어의 등장과 민족인식〉, 《한국사학보》 10, 2001.
31) 신채호와 동양담론에 대해서는 최원식, 〈서양과 일본, 이중의 충격 사이에서-단재 신
    채호가 걸어간 길〉, 《민족문학사연구》 16, 2000 및 한기형, 〈동아시아 담론과 민족주
    의-신채호의 논의와 관련하여〉, 《민족문학사연구》 17, 2000 참조.

조선의 '책략'은 청의 전통적인 이이제이以夷制夷적 발상이긴 하지만, 러시아에 맞서 한·중·일 삼국이 연대해야 한다는 전략적 개념으로 는 동아시아 최초로 등장한 것이고, 이후 조선 지식인의 동아시아 정세인식에 큰 영향을 미치게 된다. 곧 이때부터 조선의 지식인에게 과도하게 불어넣어진 공러의식恐露意識, 방아의식은 러시아의 만주진 출과 의화단 사건 이후 실제로 러시아를 한반도에 밀어닥치는 위기 로 느껴지게 만들었고, 그것이 러일전쟁을 황·백인종 사이의 대결로 만 보는 왜곡된 인식의 주요 배경이 되었다고 생각된다.

《조선책략》과 비슷한 시기 일본의 자유민권운동 좌파들이 1880 년 3월 10일 결성한 아시아연대론 단체 흥아회興亞會에는 이러한 분 위기를 타고 주일 청국공사 하여장何如璋이 참석하였고, 조선의 개화 파들도 '아주인亞洲人으로서 청일급아삼국淸日及我三國은 동심동력同心 同力'해야 한다는 대의명분에 공감하였다. 당시 일본의 아시아연대론 은 정한론征韓論이 조선 등 아시아 정복을 통한 구미열강에 대한 대 응을 생각한 것과는 달리, 아시아의 피압박민족으로 조선, 중국, 인 도 등과 연대를 호소했다는 점에서 차별성이 있었다. 하지만 연대의 방법이 명확치 않고 조선 침략을 긍정하는 등의 측면에서는 국권론 과 크게 다를 바 없었다. 그럼에도 1880년 8월 수신사 김홍집 일행 가운데 강위, 이동인 등이 흥아회에 참석한 데 이어, 1881년 조사시 찰단원 홍영식, 어윤중도 참석하여 '동양 삼국은 형제'라는 우의를 다짐하였고, 1882년 6월 도일한 김옥균, 서광범, 유길준 등도 이 모 임에 호응하였다.[33] 아시아연대론이 일본의 아시아 침략을 이데올로

32) 정낙근, 〈개화 지식인의 대외관의 이론적 기초〉, 《한국정치학회보》 27집 1호, 1993, 351~380쪽.
33) 이광린, 〈개화기 한국인의 아시아연대론〉, 《개화파와 개화사상연구》, 일조각, 1989, 138~154쪽.

기적으로 분식하기 위한 논리였음에도 조선의 지식인들은 연대의 대
의명분에 문자 그대로 동의하는 경향이 있었다.

그런데 연대나 제휴는 기본적으로 약소국의 생존전략으로서 소국
주의적 발상에 해당하며, 강소국强小國을 지향하는 경우 자강自强, 즉
자위력의 담보를 전제로 한 중립화를 추진하게 된다. 그런데 1880년
대 조선의 개화파에게는 소국주의와 대국주의가 동시에 혼재하고 있
었다고 생각된다.[34] 또한 동아시아 정세상으로도 아직은 청이 주도
하는 중화질서가 잔존하고 임오군란 이후 오히려 청의 속방화정책이
강화되는 와중에, 일본이 주도하는 새로운 아시아와 연대할 것인가를
두고 조선의 개화파는 갈등할 수밖에 없었다고 생각된다.

이러한 혼란을 보여주는 예로, 일본이 동양의 영국이 된다면 조
선은 아시아의 프랑스가 되겠다는 대국주의적 발상을 가지고 있던
김옥균도 아시아연대론에 큰 감명을 받은 듯, '흥아지의견興亞之意見'
을 작성하고 한·중·일 삼국이 공존화맹共存和盟하여 서양 침략에 대
응하자는 삼화주의三和主義를 표방한 바 있다. 그는 이름도 이와다 슈
사쿠岩田周作에서 이와다 미와岩田三和로 개명할 정도였지만,[35] 정작
1886년 7월 이홍장에게 보낸 편지에서는 청을 맹주로 한 조선 중립
화를 제안하고 있기도 하다.[36] 그러면 1894년 3월 청의 이홍장을 만
나고자 상하이로 향했던 김옥균의 목표는 한·중·일 삼국 연대를 주
장하는 삼화주의였는가, 아니면 청의 승인 아래 한반도 중립국화를
이루는 것이었는가? 현재로선 정확히 알 수 없지만, 평소 청에 대해

34) 趙景達, 〈朝鮮における大國主義と小國主義の相克－初期開化派の思想－〉, 《朝鮮史研究會論文
    集》 22, 1985 및 박명규, 〈소국주의와 대국주의를 넘어서〉, 김석철, 김왕배 등 저, 《21
    세기의 한반도 구상》, 창작과비평사, 2004 참조.
35) 조재곤, 〈한말 조선 지식인의 동아시아 삼국제휴인식과 논리〉, 《역사와 현실》 37,
    2000, 161쪽.
36) 〈與李鴻章書〉, 《金玉均全集》, 아세아문화사.

서도 독립을 표방하면서 청, 일 모두 신용하기 어려우니 구미와 교제해야 한다고 주장했던 점으로 미루어 볼 때,[37] 연대론보다는 중립국화에 더 무게중심이 가 있지 않았을까 생각해 본다.

그럼에도 일제 시기 김옥균 위인화 및 추숭사업은 그의 중립화론은 사장한 채 삼화주의만을 내세워, '동양의 선각자 김옥균'을 대동아공영권의 이데올로기 선전에 이용하였다.[38] 태평양전쟁이 한창이던 1941년에는 경성방송국에서 조선어로 〈김옥균전金玉均傳〉이라는 시대극까지 방송되어 평범한 식민지 조선인들의 심금을 울렸다고 한다.[39] 김옥균 외에도 갑오개혁기에 친일개화정권에 참여했던 유길준의 경우 1885년에는 청을 통한 중립론을 주장할 정도로[40] 1880년대 조선의 지식인들은 아시아연대론과 중립화론 사이에서 갈등하였다.

이와 달리, 고종과 명성황후의 인아거청일책引俄拒淸日策은 전격적으로 조선책략적 사고를 거부하고 러시아를 끌어들여 청의 속방화와 일본의 보호국화에 저항하려 했다는 점에서 주목할 만하다. 이미 미국 등 구미열강과 맺은 수교로 국제열강 사이의 세력균형을 이용하는 균세외교론적 사고를 가지고 있던 고종은, 명성황후의 주장대로 수원정책綏遠政策을 통해 전통적인 '원교근공遠交近攻'의 원리를 실행함으로써[41] 외교의 대상을 아시아 안에 한정시키지 않았다. 동시에 서구 문물을 수용하는 개화정책을 추진함으로써 궁극적으로 자강自强을 전제로 한 중립국화를 추구하였다. 고종이 한일제휴론에 관심을 가졌

37）〈池運永事件糾彈上疏文〉(1886년 6월),《金玉均全集》.
38）김태웅,〈日帝 强占期 金玉均 推仰과 偉人敎育〉,《歷史敎育》74, 2000.
39）板垣龍太,〈戰時體制下ソウルの職工日記(1941年)について〉,《朝鮮半島のことばと社会－油谷幸利先生還曆論文集》, 明石書店, 2009.
40）許東賢 譯,《兪吉濬論疏選》, 일조각, 1987, 16~19쪽.
41）서영희,〈명성왕후연구〉,《역사비평》57, 2001 및 〈명성왕후 재평가〉,《역사비평》60, 2002.

다면, 단지 재일망명 개화세력에 대한 문제해결을 위해 일본이 요구하는 한일제휴, 곧 한일군사동맹론 교섭에 응하는 척했을 뿐,[42] 외교전략으로서 청, 일 등 아시아국과 제휴하겠다는 아시아연대론적 구상은 결코 없었다고 생각된다.[43] 러일전쟁이 발발하고 전시중립선언마저 외면당한 뒤에는 러시아에 군사적 보호를 요청하거나,[44] 러시아의 주선에 의한 국제열강의 한국문제 개입을 추구하였기에, 1907년 헤이그 만국평화회의에 특사를 파견하게 된다.[45] 대한제국의 집권세력들은 마지막까지 러시아에 의존하여 일본의 보호국화를 저지하려 했다는 점에서 동양 삼국이 연대하여 러시아의 침략을 막아야 한다는 아시아연대론적 구상과는 판이한 노선을 걸었다고 생각된다.

2) 동양 삼국 연대론의 계보과 안중근의 평화회의체 구상

고종황제 및 집권세력의 외교전략과는 달리 대한제국의 일반적인 지식인들은 동양 삼국 연대론에 경도되는 경향이 있었다. 기존의 중화질서가 해체되고 난 뒤 이를 대신한 이데올로기로서 동양 삼국 연대론은, 러시아의 만주침략에 대항한다는 방아론적 사고에 1900년

---

42) 서영희, 《대한제국 정치사연구》, 162~178쪽.

43) 대한제국의 대외정책의 한 축으로 삼국제휴 구상을 설정한 연구로는 현광호, 〈대한제국의 삼국제휴 방안과 그 성격〉, 《한국근현대사연구》 14, 2000; 《대한제국의 대외정책》 제3장, 신서원, 2002 참조.

44) 러일전쟁 동안 고종은 러시아 황제 니콜라이 2세에게 친서를 보내(1905년 1월 10일) 모든 내응內應 준비가 되어 있다면서 한러간 군사동맹을 제안한 적도 있다(서영희, 《대한제국정치사연구》, 227쪽). 실제로 한반도 북동부와 간도 등지에서는 이범윤 부대처럼 친러항일군이 편성되어 고종황제의 비공식적 지지 속에 러시아군과 연합작전을 펼치기도 하였다. 심헌용, 〈조러연합군과 러일전쟁 전후 군사협력-기원, 구상, 시도〉, 정성화 외, 《러일전쟁과 동북아의 변화》, 선인, 2005, 124~128쪽.

45) 서영희, 〈고종황제의 외교전략과 제2차 만국평화회의 특사파견〉, 이태진 외, 《백 년 후 만나는 헤이그 특사》, 태학사, 2008.

의화단의 난 이후 조성된 동양의 위기의식이 부가되면서 더욱 고착되어 갔다. 사실 이 시기 한반도에 더 절박했던 위협은 일본의 보호국화 기도였음에도 불구하고 러시아 경계론이 고조된 것은, 1880년대부터 청에 의해 불어넣어진 공러의식에, 일본의 영향을 받은 문명개화론자들의 인종주의적 동양주의와 봉건적 차르 체제인 러시아에 대한 멸시론이 결합되고, 여기에 청일전쟁 이후 중화문명 해체에 대한 유교지식인의 위기의식이 복합되면서 나타난 결과물이 아닌가 생각된다.

먼저 《독립신문》에 나타난 동양 삼국 공영론은 중국의 위기가 곧 인접한 한국과 일본의 위험이기도 하다는 공동운명체론을 전제로, 위기에 대처하려면 '일본과 합력하여 청을 억지로라도 개명시켜야' 한다는[46] 문명개화론적 발상을 가지고 있었다. 곧 청을 아직 개화하지 못한 나라로 보고, 동양 위기의 근본 원인을 조선, 청 등의 미개화에 있다고 보는 문명화에 대한 강박관념은, 일본의 중국 침략은 외면하고 가장 경계해야 할 나라로 러시아를 꼽는 인종주의적 편견을 낳게 하였다.

그러나 이러한 사회진화론, 인종주의를 바탕으로 한 동양 삼국 공존·공영론은 개명된 일본의 지도를 인정하고 있기는 하지만, 삼국 제휴의 조건으로 자강과 변혁을 전제로 한 삼국의 동등한 경제력, 군사력 등을 주장함으로써 기본적으로 삼국이 독립된 상태의 대등한 연대를 구상하고 있다는 점에서 일본의 침략적 아시아 연대론과는 차이가 있었다.[47]

---

46) 논설,《독립신문》1898년 4월 7일; 김신재,〈독립신문에 나타난 삼국공영론의 성격〉,《경주사학》9, 1990.
47) 김도형,〈대한제국기 계몽주의계열 지식층의 삼국제휴론-인종적 제휴론을 중심으로〉,《한국근현대사연구》19, 2000.

한편 삼국제휴론을 가장 빈번하게 제기한 《황성신문》에서 러시아 견제를 위해 황인종이 공동 대응할 것을 주장할 때, 아직은 민족 국가 단위가 아닌 동양이라는 지역 단위의 대응이었다는 점이 주목된다. 러일전쟁 이후 동양평화를 주장하던 일본이 한국을 침략하는 행위를 비난하면서도 여전히 러시아 등 백인종에 대항하여 한·중·일 동양 삼국 정족론鼎足論을 펼친 배경에는 한·중·일 삼국의 문화적·인종적 동질성과 지정학적 상호 의존성이라는 관념이 자리하고 있었다는 것도 특기할 만하다.48)

이러한 당시의 분위기를 반영하듯 안중근의 《동양평화론》에 나타난 동아시아 전략도 기본적으로 삼국제휴론의 맥락에 서 있는데,49) 특이한 점은 막연히 한·중·일 삼국이 연대, 제휴해야 한다는데 머물지 않고 다자간 협의기구 성격을 띤 평화회의 건설을 제안하였으며,50) 이를 실질적으로 운영하기 위한 구체적 방안들을 제시한점이다.51) 평화회의라는 아이디어는 《독립신문》이나 《황성신문》 등 언론에 자주 보도된 만국평화회의 관련기사에서52) 영감을 얻었을 수도 있고, 더 직접적으로는 1909년 여름 블라디보스토크에서 만난 이상설에게 전해들은 헤이그 평화회의 소식으로부터 영향을 받은

---

48) 김현철, 〈개화기 한국인의 대외 인식과 '동양평화' 구상〉, 《평화연구》 제11권 1호, 2003.
49) 현광호, 〈안중근의 동양평화론과 그 성격〉, 《아세아연구》 46권 3호, 2003.
50) 김현철, 위의 글, 29쪽.
51) 1910년 2월 17일 관동도독부 지방법원의 판결에 대한 항소를 결정하기 전에 고등법원장 면담을 신청한 안중근은, 의병참모중장으로서 전쟁행위를 하다가 포로로 잡힌 자신을 국제공법이 아닌 보통 살인범으로 취급하며 뤼순지방법원에서 심리하는 일본의 처사에 대해 항의하면서, 동양평화를 위한 자신의 정책을 진술하였다(보훈처, 〈청취서-안중근 의사 관동도독부 고등법원장 면담 내용-〉, 《21세기와 동양평화론》, 1996, 51~57쪽).
52) 현광호, 위의 글, 178쪽.

결과라고 볼 수도 있다.53) 그러나 기존의 만국평화회의가 강대국 사이의 국제분쟁을 거중조정하는 데 주력하고 상설중재재판소를 설치한 데 불과하다면, 안중근이 구상한 동양평화회의는 금융기관과 무장력까지 갖춘 집행부의 성격을 가지는 점에서 차이가 있다. 안중근은 구체적으로 일본이 뤼순을 청에 돌려준 뒤, 영세중립지로 개방하고 일·청·한 삼국이 대표를 파견, 상설위원회를 설치하여 관리하는 동양평화회의체를 구성하자고 주장하였다. 그리고 뤼순에 공동으로 은행을 설립하여 공용화폐를 발행하고, 또 열강의 침략으로부터 동양을 지키기 위해 삼국에서 파견한 청년으로 평화군을 편성하자고 제안하였다.

이러한 안중근의 제안은 실질적인 집행력을 갖는 지역공동체 구상으로서 21세기에나 가능한 유럽연합과 같은 꿈을 동북아 지역에 최초로 제시했다는 점에서 특별한 의의가 있다고 생각된다. 뿐만 아니라 이렇게 동북아 삼국이 평화회의체를 구성하게 되면 일본은 수출 증대로 재정안정 효과를 볼 것이고, 한국과 청국도 일본의 지도에 따라 상공업이 발전할 것이라는 경제공동체적 구상도 가지고 있었다. 또한 이렇게 되면 동남아 각국도 가맹을 서두르게 될 것이라고 전망함으로써, 동양의 범주에 동북아의 한·중·일 삼국 외에 타이, 버마 등 동남아시아까지 포함시킨 데 이어54) 베트남, 인도까지

---

53) 안중근은 관동도독부 감옥서監獄署에서 열린 검찰관 미조부치 다카오의 심문에 대한 답변에서 이상설李相卨, 이준李儁, 헐버트, 이위종李瑋鍾 등이 헤이그 평화회의에 출석하여 한국의 독립을 호소한 사실을 잘 알고 있다고 하였고, 그 결과에 대해서도 각국 사절로부터 호의적인 반응을 얻은 것이지 각하된 것이 아니라는 인식을 가지고 있었다(제7회 피고인 심문조서, 《한국독립운동사자료》 6, 1909년 11월 26일).

54) 안중근은 1909년 11월 24일 검찰관 미조부치의 질문, '동양이란 어디를 말하는가'에 대해, '아세아주亞細亞洲를 말한다'고 답변하고 아시아주에는 '중국, 일본, 한국, 샴, 미얀마'가 있으며, 동양평화란 '모두가 자주 독립하여 갈 수 있는 평화다'라고 답변하였다(제6회 피고인 심문조서, 《한국독립운동사자료》 6). 안중근이 설정하는 동양의

경제공동체에 포함시켜 아시아 대륙 전체를 포괄하는 지역공동체 구상을 펴고 있음은 인상적이다. 따라서 안중근의 동양평화론은 단순히 동북아 삼국만의 연대론이 아니라, 아시아 대륙 전체를 포괄하는, 현재의 ASEAN+3 체제와 비슷한 광역의 지역공동체를 전망하고 있었다고 생각된다.

3) 동맹론 및 합방론과의 차이점

한편 동양 삼국의 수평적 연대론이 아니라 군사동맹적 성격을 띤 동양 삼국 동맹론의 비조鼻祖는 을미사변 이후 일본으로 망명한 개화정객 안경수安絅壽의 〈일청한동맹론日淸韓同盟論〉이었다.55) 1880년대 후반부터 개화 실무에 종사한 신진개화파로서 갑오개혁에 참여한 안경수는 독립협회 활동을 하다가 1898년 고종 양위음모 혐의를 받고 일본으로 망명하였다. 그는 1900년 2월 하야시 곤스케林權助 일본공사의 알선으로 귀국했다가 전격 처형당하였다.56) 그에 따르면, 러시아의 남하와 열강의 중국 분할 등 위기상황에서 중국, 한국은 대처 능력이 없고 일본만이 대항 가능하므로, 일본과 동맹을 맺어 동양평화를 이룩하자는 것이었다. 이는 사실상 일본 보호하의 군사동맹론으로서 동양 삼국의 대등한 공존공영론과는 차이가 있다. 삼

범주가 일반적인 한, 중, 일 동북아 삼국을 넘어 샴, 미얀마 등 동남아 지역까지 확대되어 있는 것은 다루이의《대동합방론》에서 베트남, 샴, 미얀마, 말레이시아, 인도 등을 언급하고 있는 데서 받은 영향일 수도 있고, 또는 본격적인 중국 침략을 앞두고 일본에서 유포하기 시작한 대아시아주의담론의 영향을 받은 결과일 수도 있다고 생각된다.

55) 안경수의 일청한동맹론은 일본의 국수주의 잡지《일본인》 116~123호(1900년 6월 5일~9월 30일)에 8회 연재되었다. 이광린, 조재곤의 앞의 글 참조.

56) 송경원, 〈한말 안경수의 정치활동과 대외인식〉,《한국사상사학》 8, 1997.

국간 상업동맹에서도 일본이 중심역할을 하고, 한국과 청은 일본의 원조를 받아 근대화해야만 한다는 생각으로 경의·경원철도 부설권을 일본에 양여할 것을 주장하는 등 일본의 지도 아래 동아시아 군사·경제 공동체를 형성하자는 제안이었다.

한국의 독립 능력을 무시하고 일본의 군사적 보호와 지도 아래에서만 문명개화가 가능하다는 발상은, 일본이 1894년 갑오개혁 이래 추진해 온 한국보호국화정책의 기본 전제이며, 삼국간섭과 을미사변으로 한반도에서 일시 후퇴한 이후에도 대한제국기 동안 끊임없이 한일제휴론, 즉 한일군사동맹안으로 제시했던 구상이었다. 고종황제와 근왕세력의 중립국화 전략에도 불구하고 재일 망명정객 소환 문제을 미끼로 한 일본의 한일군사동맹안은 결국 한일의정서 체결로 실현되었다. 일본은 일단 러시아와 개전시 속전속결을 전략으로 삼아 부산이나 마산포 또는 인천에 곧바로 상륙하여 한반도 북부로 진주해야 하는 군사작전의 특성상 청일전쟁 때의 '조일맹약'과 같은 공수동맹 성격의 군사조약을 체결하는 것이 필수였다. 따라서 전시중립, 또는 러시아에 보호를 요청하는 대한제국의 전략을 봉쇄하고자 친일관료세력 안에 한일동맹 지지세력을 만들어냈고, 1904년 2월 23일 체결된 한일의정서의 내용에는 일본이 군사전략상 필요한 지점을 임의로 수용收用할 수 있다는 조항이 포함됐다. 뿐만 아니라 '동양평화'의 확립을 위하여 대한제국은 일본이 지도하는 '시정개선'에 관한 충고를 수용한다는 조항도 포함되었다. 곧 동양평화를 지키기 위해 대한제국은 일본이 러시아와 치르는 전쟁을 군사적으로 지원해야 하고, 나아가 대한제국이 문명개화에 도달해야만 동양평화가 확립된다는 논리 틀이 만들어진 것이다.[57]

---

57) 일본의 한일군사동맹안 추진과 한일의정서 체결과정에 대해서는 서영희, 《대한제국

1904년 3월 특파대사로 한국에 온 이토 히로부미도 고종에게 러시아에 대항하기 위한 한일동맹만이 동양평화와 한국의 국권보전을 기약한다고 주장하면서 동양평화론을 개진하였다. 그리고 한국의 문명을 증진시켜 구미 각국과 어깨를 나란히 해야만 한다는 시정개선에 대한 요구를 늘어놓았다. 따라서 러일전쟁 승리로 군사적 강점 요인이 사라진 이후에도 일본은 한국이 문명개화를 달성할 때까지 동양평화는 완성되지 않았다는 논리로 보호조약을 강요하였다. 이에 한국 측에서는 "한국이 부강을 이루고 독립을 유지할 실력을 쌓은 경우에는 조약을 철회한다"는 조항을 삽입해 줄 것을 강력히 요구하였으나, 조약 원문에는 "한국의 부강지실富强之實을 인認할 시時에 지至하기까지"라는 애매한 문구로 반영하는 데 그쳤다. 결국 한국이 문명개화에 이르지 못하여 다른 나라에 예속될 경우 일본의 안전과 동양평화에 화근이 된다는 이른바 '동양화근론'이 보호국화의 명분이 되었고, 이는 러일전쟁 이후 개정된 동양평화론의 재판에 다름 아니었다. 한국 통감으로서 이토 히로부미가 실시했다는 '문화정책' 또는 '자치육성정책'도[58] 실상은 그 성과가 보이지 않아서 병합을 단행할 수밖에 없었다는 명분쌓기용에 불과하였던 것이다.

그런데 일진회 등 합방론자들은 이러한 일본 측 주장에 동조하여 동양화근론의 논리를 그대로 답습하고 있었다. 일진회 기관지 《국민신보》에 나타난 동양평화론을 보면, 청일전쟁, 러일전쟁 두 차례 전쟁이 모두 동양의 화근을 없애기 위한 전쟁이었고, 대한제국의 위치가 동양평화에 위해가 되므로 차라리 일한합방으로 동양의 오래

정치사연구》, 서울대출판부, 2003, 162~200쪽 참조.

58) 이토 히로부미의 통치정책을 '문화정책', '자치육성정책'이라는 이름으로 명명한 연구로는 森山茂德 저, 김세민 역, 《近代韓日關係史硏究-조선 식민지화와 국제관계》, 현음사, 1994, 205~240쪽 참조.

된 화근을 없애는 게 영구히 동양의 평화를 달성하는 방안이라는 주
장이었다. 또한 보호국 체제 아래에서도 정치는 몽매하고 지식과 공
예工藝의 발달이 미비하여 자주 독립할 실력이 없으니 차라리 합방
을 단행해야 한다고 주장하였다. 이들의 주장에 일본 측 병합론과
차이가 있다면, 단지 합방 이후 정체政體에 대해 자신들이 지방자치
에라도 참여할 수 있는, '정합방政合邦'이라고 표현된 연방제에 대한
요구뿐이었다.[59]

이와 달리 안중근은 통감부 통치가 한국의 독립에 도움이 되지 않
고, 오히려 동양에서 분란을 초래하고 있다는 논리로 일본 측 동양화
근론을 반박하였다. 미조부치 검찰관이 한국은 일본의 안전과 동양의
평화에 화근이 되기 때문에 일본이 생명과 재산을 걸고 한국을 지켜
왔고, 장차 낙후된 한국을 자주 독립의 문명국으로 만들어 주려고 통
감제도까지 신설하여 보호하고 있다고 주장한 데 대하여, 안중근은
러일전쟁 이후 을사조약, 고종황제 폐위, 정미조약 등으로 이어지는
일본의 침략행위가 바로 동양평화를 깨트리는 화근이 되고 있다고 반
박하였다. 그리고 이토의 정책에 반대하여 한국에 의병이 일어나고
있고, 중국, 미국, 러시아 등 열강이 장차 일본과 전쟁을 준비하는 등,
이토의 정책이 동양평화를 교란하는 주원인이기 때문에 이토를 처단
할 수밖에 없었다고 주장하였다.[60] 잘 알려져 있듯이 1909년 10월 30
일 하얼빈 일본 총영사관에서 있었던 검찰관 미조부치의 최초 신문에
서 안중근이 〈이토 히로부미의 죄상 15개조〉를 제시한 것 가운데 제
12조가 바로 '동양의 평화를 교란攪亂'한 죄였다.[61]

---

59) 서영희, 〈국민신보를 통해 본 일진회의 합방론과 합방정국의 동향〉, 《역사와 현실》
　　69, 2008.
60) 〈公判始末書〉, 《한국독립운동사자료 6》(안중근 편1).
61) 〈제1회 피고인 심문조서〉, 《한국독립운동사자료 6》(안중근 편1).

맺음말 – 21세기 동아시아 담론과 동양평화론

100년 전 동북아 평화 체제를 구상한 안중근의 동양평화론은, 21세기에 동아시아담론으로 부활하였다. 한·중·일 동양 삼국이 대등한 위치에서 평화공동체를 결성하자는 동양주의를 몸으로 실천한 안중근이 제국주의 시대에는 실패한 이상주의자로 취급받았을지라도, 탈근대·탈서구중심주의가 도래한 21세기의 동아시아에서는 시대를 앞서간 선각자로 주목받고 있다.

일본에 의한 근대 동양 개념의 창출과정에서 동아시아론은 침략주의적 아시아연대론, 대동아공영론 등 패권주의의 희생물이 되었음에도 불구하고, 다시 한 번 동아시아담론으로 부활한 이유는 무엇인가. 전쟁과 갈등의 과거사를 안고 있는 동북아에 민족국가 단위를 넘어선 초국가적 지역공동체 결성이 가능한가? 이러한 질문들에 대해 한·중·일 삼국 모두 원론적으로는 동아시아공동체가 필요하다는 데 동의하는 것 같지만, 구체적으로 어떠한 형태의 공동체가 될 수 있고, 되어야 하는가에 대해서는 각기 입장을 달리하고 있다고 생각된다.

태평양전쟁의 패배로 서양에 의해 대동아공영권의 꿈이 좌절당한 일본은, 전후戰後에도 여전히 탈아론을 견지하면서 아시아의 일원이기보다는 서구, 그 가운데서도 미국과의 관계에 치중해 왔다. 하토야마 유키오鳩山由紀雄 전 일본 총리의 동아시아공동체 선언은 그런 점에서 특별한 의의를 지닌다고 볼 수 있다.

근대 이전 오랜 동아시아의 패자로 군림해온 중국은 다른 아시아국과 연대하려는 의지보다는 서양과 바로 맞서려는 태도, 특히 개혁·개방 이후로는 급속한 경제성장의 파고를 타고 독자적으로 세계의 중심국가를 꿈꾸는 듯한 모습을 보여주고 있다.

그러면 100년 전 안중근의 시대와 마찬가지로 여전히 중·일 양국 사이에 낀 한국의 선택은 무엇인가. 예나 지금이나 동북아에 수평적 평화공동체 결성을 꿈꾸는 데 가장 적극적인 건 역시 한국의 비판적 지식인들이다. 냉전질서 해체 이후 일본과 중국이 다시 한 번 동아시아에서 헤게모니 투쟁을 벌이는 가운데 한반도로서는 동아시아공동체의 결성이 분단 체제의 평화적인 극복을 위한 전제조건이 될 수 있다고 생각된다.

그러나 여전히 문제는 동아시아 삼국간 국력의 격차와 불균등성, 그리고 근대화과정의 지배와 피지배, 침략과 저항의 집단적 기억이 견고한 민족주의적 정치의식으로 각인되어 있는 세 나라 사람들이 과연 국경을 넘어 수평적 결합을 통해 지역주의의 연대와 통합을 이룰 수 있는가에 있다.

세계대전의 상처를 안고 있는 유럽이 유럽공동체의 꿈을 실현하고 있는 것은 하나의 희망이지만, 동아시아담론도 단순히 한·중·일 자유무역협정FTA, 동북아 개발은행, 교통 및 통신망 네트워크 형성과 같은 경제공동체의 논리에 한정되지 않고 민족국가 단위를 넘어선 문명의 차원에서 동아시아공동체를 논하려면, 100년 전 동아시아인들에게 안중근의 동양평화론이 던진 메시지를 역사적 기원으로서 다시 한 번 음미해 볼 필요가 있다고 생각된다.

안중근의 동양평화론 재조명

이 태 진

서론 – 자료 간행과 연구 현황

안중근의 하얼빈 의거는 한국 근대 항일독립운동사에서 가장 큰 의미를 가지는 대사건이다. 그런데 한국 역사학계가 과연 그동안 이에 걸맞은 연구 성과를 냈는지에 대해서는 적이 의심이 간다. 의거 100주년을 맞이하면서 이에.대한 반성적 성찰이 절실하게 요망된다.

안중근에 대한 국가적 추장推奬은 1959년 3월에 남산에 동상을 건립한 것이 처음이었던 듯 하며 이는 광복 후 10여 년이 지난 시점이었다. 이어 1962년 3·1절에 대한민국 건국공로훈장이 수여되고, 1970년에 안중근의사숭모회가 발족하여 안중근의사기념관을 세웠다.[1] 그러나 이때까지도 학계에서는 자료 부재로 거의 연구에 착수하지 못하는 실정이었다. 옥중저술인 《안응칠역사》, 그리고 동아시아 삼국이 나아갈 방향을 제시한 《동양평화론》 등이 세상에 모습을 드러낸 것은 이 무렵이었다. 1970년에 최서면崔書勉이 일본 도쿄 간

---

[1] 사단법인 안중근의사숭모회, 《민족의 얼, 안중근 의사 사진첩》, 1979.

다神田의 고서점에서 《안응칠역사》의 일본어 번역본을 찾아내고, 1979년에 김정명金正明이 일본 국회도서관 헌정자료실 소장의 시치죠 七條淸美 문서에서 한문본 《안응칠역사》와 《동양평화론》의 사본 합책을 발견하였다.[2) 안중근에 대한 연구는 이로써 겨우 단서를 얻게 되었던 것이다.

1976년 국사편찬위원회가 통감부 소관 아래 이루어진 취조 및 공판 관련기록들을 모아 《한국독립운동사자료韓國獨立運動史資料》 제6권, 제7권을 출간하였다. 이를 계기로 비로소 깊이 있는 실증적 연구가 이루어질 수 있게 되었다. 이 위원회가 1988~1994년 사이에 《주한일본공사관기록駐韓日本公使館記錄》을 영인본으로 간행한 것도 연구에 큰 보탬이 되었다. 그리고 1995년에 국가보훈처가 일본 외교사료관이 소장한 관련자료들(〈이토 공작 만주시찰 일건〉, 〈이토 공작 조난遭難에 관해 각국各國으로부터 조사신출弔詞申出의 건건〉)을 입수하여 《아주亞洲제일의협第一義俠 안중근》(1995)이란 제목의 자료집을 출간하면서 연구에 박차가 가해질 수 있었다.

'안중근 사건'에 대한 일본 측의 수사는 네 갈래로 이루어졌다. ① 뤼순지방법원의 검찰관(미조부치 다카오溝淵孝雄)이 십여 차례 심문한 것, ② 외무성이 관련지역의 영사관망을 이용하여 정보를 수집한 것, ③ 통감부가 경시청의 경시(사카이 요시아키境喜明)를 뤼순에 파견하여 관련자들을 취조한 것, ④ 육군참모부의 지휘 아래 한국주차군韓國駐箚軍 헌병사령부가 헌병 2명을 승려로 가장해서 블라디보스토크 등 관련지역에 투입하여 현지상황을 탐문한 것 등이다. 이 가운데 ①은 법원이 사건에 대한 공판을 목적으로 사건의 실체적 파악에 역점을 둔 취조였고, 나머지 ②, ③, ④는 배후 규명에 목적을 둔 것

2) 金煉甲, 〈의사 안중근 '옥중수기'와 '동양평화론'의 행방〉, 《광장》 128, 1984.

이었다.3) 통감부는 ①을 등사본으로 소장하였고, 국사편찬위원회가
낸 《한국독립운동사자료》에 이것이 포함되었다. 다시 말하면 취조
와 공판에 관한 기록은 이 간행자료로 대체로 확보되는 셈이다.

당시 일본 정부는 러시아 정부와의 교섭으로써 '범인' 안중근의
신병을 하얼빈에서 바로 인도받는 데 성공하여 사건의 처리를 관동
도독부關東都督府에서 이루어지도록 하고, 외무성 대신(고무라 쥬타로小
村壽太郎)을 사건 처리의 총책임자로 정하였다. 외무성만이 관동도독
부를 통할할 수 있는 위치이기도 하지만, 여기에는 사법성司法省이
공판에 대해 독립권을 주장할 여지를 없애려는 목적이 따로 있었다.
이 사건은 정치적·군사적인 성격이 강하여 사법성이 개입할 경우 국
제법을 적용하게 되어 '범인'을 극형으로 몰아갈 수 없는 상황이 생
길 수도 있었다. 그 때문에 일본 정부는 이 사건을 외무성 관할 아
래 두어 정치적으로 처리한다는 방침을 세우고 관동도독부를 통할하
는 외무성 주관으로 하여 10월 28일에 외무성 정무국장(구라치 데쓰
키치倉知鐵吉)을 뤼순 현지에 보내 진두지휘하게 하였다.4)

'안중근 사건'에 대한 일본 측의 기록은 이렇게 법원의 취조와 공
판, 외무성의 영사관 정보망을 통한 정보 수집, 경시청의 취조, 육군
측의 별도 정보 수집과 의견 교환 등에 관한 문서들로 크게 나누어
진다. 주관 부처인 외무성 소장의 관련기록들, 즉 외교사료관 소장의
〈이토 공작 만주시찰 일건〉, 〈이토 공작 조난에 관해 각국으로부터
조사신출의 건〉을 담은 《아주 제일의협 안중근》은 연구 자료로서 중
요성이 매우 크다. 위와 같은 자료 간행에 힘입어 2000년에 접어들면
서 안중근 관련연구는 양적으로 크게 늘어나는 추세를 보였다.

---

3) 金玄榮, 〈안중근 공판기록 관련자료〉, 《시대와 인물, 그리고 사회의식》, 문화로 보는
   한국사 3, 태학사, 2009.
4) 외무성 구라치 정무장관은 12월 중순에 임무를 도독부 민정장관에게 넘기고 귀국하였다.

이와 같이 그간 관련기관에서 자료 간행을 꾸준히 해온 것은 사실이다. 그러나 현재까지의 결과를 놓고 만족할 만한 상태라고 말하기 어려운 점도 있다. 무엇보다도 일본 육군참모부나 한국주차군사령부가 생산한 자료는 따로 확보되지 않은 실정이다. 그리고 《아주제일의협 안중근》의 경우, 외교사료관의 수장 상태와 일치하지 않는 편집상의 착오 및 교란이 적지 않게 발견되어 이에 대한 시정작업이 요망된다. 그리고 연구의 활성화를 위해서는 각 자료들 사이의 관계에 대한 설명과 이용지침 같은 것이 작성될 필요가 있다.5) 또한 연구에 필수적인 내용 색인 작업이 전혀 이루어지지 않은 점도 보완되어야 할 것이다. 이 사건은 일본 정부가 안중근을 단독 살인범으로 몰아 극형에 처함과 동시에 치밀한 배후조사를 통해 드러난 항일독립운동조직에 대해 별도로 강력한 보복 및 탄압(105인 사건, 안명근 사건 등)을 가하였던 만큼, 배후조사문건들은 중요하다. 다시 말하면 이 사건에 대한 일본 측 조사 자료는 1910년대의 항일독립운동전선에 대한 연구와 이해에 필수적인 것이므로 이에 대한 획기적인 정리작업이 요청된다.6)

자료의 발굴 및 간행에 힘입어 1980년 이래 개척적인 연구가 많이 나온 것은 경하할 일이지만, 한편 그동안 쏟아진 사료史料더미 앞에서 손쉽게 처리할 수 있는 것에 매달리는 경향이 없지 않았던 점은 반성할 필요가 있다. 냉정히 돌아보면 지금까지의 연구는 아직 사건사事件史, 인물사人物史 차원에서도 미흡함이 많다. 바꾸어 말하면,

---

5) 일본 외교사료관의 안중근 관련자료에 대해서는 최서면 편, 《日本外務省外交史料館所藏 韓國關係史料目錄-1875~1945-》(2003, 국사편찬위원회)를 이용하면 내용 색인이 되어 있어 크게 도움이 된다.

6) 위 최서면 편의 목록을 살펴보면, 일본 정부가 '안중근 사건'의 수사 탐문에서 드러난 조직, 인물에 대한 사찰을 계속하여 추적한 사실을 제4문의 3류 1~2항에서 확인할 수 있다.

하얼빈 의거와 안중근의 동양평화론이 한국근현대사의 도도한 흐름
에서 차지하는 위치와 위상은 아직 제대로 구명되었다고 할 수 없다.
이러한 한계를 타개하려면 무엇보다도 앞에서 지적한 대로 관련 자
료에 대한 통합적 재정리 작업이 요구된다. 이 글에서는 그의 동양평
화론 하나를 중심으로 연구에 대한 반성의 기회를 가져보고자 한다.

1. 《동양평화론》에 대한 문헌적 검토

안중근은 1909년 10월 26일에 거사한 뒤 러시아 헌병대에 체포
되었다가 곧 일본 측의 교섭으로 신병이 하얼빈 일본영사관으로 인
도되었다. 그리고 뤼순지방법원의 미조부치 검찰관이 하얼빈 현지로
가서 초동신문을 마친 뒤 11월 1일에 하얼빈을 출발하여 창춘長春에
서 1박한 다음 3일에 뤼순감옥으로 옮겨졌다. 여기서 검찰관의 신문
이 계속된 뒤, 통감부 경시청에서 파견된 사카이 경시의 취조가 11
월 26일부터 12월 27일까지 12회에 걸쳐 이루어졌다.[7] 일본 측은
해를 넘겨 1910년 1월에는 표면적으로 참고인 심문과 변호인 선정
문제만 다루고 주로 관련지역 한국인들의 동향에 대한 첩보를 강화
하였으며, 이 사건의 공판과 형량을 어떻게 할 것인지에 대한 정부
수뇌부의 협의가 이어졌다. 그리하여 안중근을 러시아 법정으로 되
돌려 구출하려는 한국 측의 움직임을 차단하고자 뤼순법원에 대해
외국인은 변호사로 선정하지 않는다는 방침을 발표하게 한 가운데,
2월 7일 공판을 시작하여 4차의 개정으로 14일에 사형을 선고하였

---

7) 11월 27일(제2회), 11월 29일(제3회), 12월 1일(제4회), 12월 3일(제6회), 12월 4일(제
7회), 12월 5일(제8회), 12월 9일(제10회), 12월 11일(제11회), 12월 27일(제12회). 市
村正明, 《安重根と日韓關係史》, 1984, 原書房.

다. 그리고 거사일로부터 5개월만인 3월 26일에 사형을 집행하였다.

안중근은 잘 알려진 대로 뤼순감옥생활 5개월에 가까운 기간에 3가지의 글을 써서 남겼다. 곧 11월 6일에 제출한 〈이토 히로부미의 죄상 15개조〉를 비롯해 자서전으로 《안응칠역사》, 마지막으로 미완고 《동양평화론》을 썼다. 〈이토 히로부미의 죄상 15개조〉는 검찰의 취조에 대비한 것으로 일찍 작성되었지만, 그 뒤 12월 말까지 심문, 취조가 계속되어 집필시간을 거의 가지지 못했다. 한문 3만 자에 달하는 《안응칠역사》는 신문이 끝난 1910년 1월 초 언젠가부터 집필하기 시작하여 3월 18일 경에 탈고 상태가 되었다. 바로 뒤이어 《동양평화론》 집필에 들어갔지만 10일 남짓하여 사형집행일(26일)이 다가와 미완고로 남고 말았다. 그가 옥중에서 남긴 유묵들도 대부분 쓴 시기가 '경술庚戌(1910)' 2월, 3월로 되어있다.

《안응칠역사》에도 동양평화 또는 동양평화론이 언급된 부분이 있다. 공판 제4일(2월 14일)에 마나베 쥬조眞鍋十藏 재판관이 사형을 선고한 뒤, 방으로 돌아와 혼자 있으면서 가지게 된 생각을 다음과 같이 적었다.

> (형량이) 내가 생각한 것에서 벗어나지 않았다. 예부터 허다한 충의로운 지사들이 죽음으로써 恨하고 충간하고 정략을 세운 것이 뒷날의 역사에 맞지 않은 것이 없다. 이제 내가 **동양의 대세**를 걱정하여 정성을 다하고 몸을 바쳐 방책을 세우다가 끝내 허사로 돌아가니 통탄한들 어찌하랴. 그러나 일본국 4천만 민족이 '안중근의 날'을 크게 외칠 날이 멀지 않을 것이다. **동양의 평화**가 이렇게 깨어지니 백 년 풍운이 어느 때에 그치리. 이제 일본 당국자가 조금이라도 지식이 있다면 반드시 이 같은 정책을 쓰지 않을 것이다. 더구나 만일 염치와 공정한 마음이 있었던들 어찌 능히 이 같은 행동을 할 수 있을 것인가.(강조는 필자)

그리고 이어서 전옥典獄 구리하라栗原의 특별 소개로 고등법원장 히라이시 우지히토平石氏人를 면담하면서 자신이 사형판결에 대하여 불복하는 이유를 대강 설명한 뒤에 동양대세의 관계와 평화정략의 의견을 말하였다고 한다. 그리고 "만일 허가될 수 있다면《동양평화론》 1책을 저술하고 싶으니 사형집행 날짜를 한 달 남짓 늦추어 줄 수 있겠는가"라고 물었더니 고등법원장이 "어찌 한 달 뿐이겠는가, 설사 몇 달이 걸리더라도 특별히 허가하겠으니 걱정하지 말라"고 하였다고 적었다. 그래서《동양평화론》을 저술하기 시작했다고 적고 있다.

《안응칠역사》의 이 대목은《동양평화론》의 존재를 알려주는 중요한 기록이었다. 그러나 이것으로《동양평화론》의 내용을 구체적으로 알 수 있는 것은 아니다. 안중근은《안응칠역사》의 중반에서 러일전쟁 당시 일본 천황이 내린 선전조칙宣戰詔勅에서 "동양평화를 유지하고 한국 독립을 굳건히 한다"고 한 것의 허위를 지탄하였다. 《안응칠역사》만으로는 안중근의 동양평화론이 곧 일본의 동양평화론과 다른 것이라는 점 외에는 알기 어렵다. 1970년에 일본어 번역본《안응칠역사》가 발견된 뒤에도 안중근의 동양평화론의 내용은 제대로 알 수 없는 형편이었다.

안중근의 동양평화론은 1979년에 일본 국회도서관 시치죠七條淸美 문서에서 한문본《안응칠역사》와《동양평화론》의 사본합책이 나옴으로써 비로소 그 진면목을 알 수 있게 되었다. 그러나 이《동양평화론》은 '서序'와 '전감前鑑'에 그친 미완고였으므로 이의 출현으로도 동양평화론의 실체는 드러나지 않았다. 서, 전감은 청일전쟁·러일전쟁의 실황을 중심으로 동아시아의 평화는 동아시아 삼국이 협력하여 지켜야 하는 문제라는 것을 설파하는 내용이다. 곧 백인국가인 러시아가 하얼빈을 거점으로 삼아 철도 보호를 명목으로 11만 군을 만주 경계상에 주둔하고 있는 실정은 곧 일본의 청국 침략이 빌미가 되어

일어났다는 점, 러일전쟁에서 미국이 서둘러 강화를 중재하여 일본
을 승전국으로 만들었지만 배상금을 못 받는 처지가 된 이유는 결국
같은 백인종으로서 두둔함이 있을 것이란 점, 그리고 그 싸움을 정
리하는 자리에서 한국에 대한 우월권 확보를 넣은 것은 근거도 없고
합당함을 잃은 처사라는 것 등을 지적했다. 일본의 침략으로 빚어진
동양의 불행한 사태는 곧 일본이 생각을 고쳐먹는 데서 풀 수 있다
는 도론導論의 글이다. 계획대로 집필이 계속되었다면 뒤에 쓸 〈청취
서, 살인범 피고인 안중근〉을 통해 알려진 한·중·일 삼국의 연합군
단軍團 편성에 관한 내용으로 이어졌을 것이다. 결론적으로 1979년에
미완고 《동양평화론》이 발견된 뒤에도 그의 동양평화론을 언급하는
논고들은 아직 그의 의거가 동양평화를 지향하는 것이란 점을 지적
하는 데 그칠 수밖에 없었다.

안중근은 《안응칠역사》에서 고등법원장 히라이시를 만나 자신이
공판의 판결에 대하여 불복하는 이유를 대강 설명한 뒤에 동양대세
의 관계와 평화정략의 의견을 말하였다고 하였다. 그 면담이 이루어
진 날은 2월 17일이었다. 2월 14일에 사형선고를 받은 지 3일 뒤였
다. 이 면담에서 안중근이 법원장에게 한 얘기는 〈청취서, 살인범 피
고인 안중근〉(이하 '〈청취서〉'라 함)이란 제목 아래 관동도독부용 청색
괘지 26면에 걸쳐 기록되었고, 말미에는 "메이지 43년 2월 17일, 관
동도독부 고등법원 서기 다케우치竹內靜衛"란 기문이 적혀 있다. 이
문서는 일본 외교사료관의 〈이토 공작 만주시찰 일건〉의 제2류 제5
항에 철해져 있었고, 국내에서는 《아주 제일의협 안중근》을 통해 이
용할 수 있게 되었다.

〈청취서〉는 안중근이 뤼순지방법원의 판결을 받아들일 수 없는
사유를 밝히는 것으로 시작한다. 안중근이 말한 불복 사유는 다음의
9가지로 정리되어 있다.

자신은 국가를 위해 동양 평화를 해치는 '악인惡人' 이토를 제거한 것인데, 지방법원이 일반 보통의 살인범으로 다룬 것을 받아들일 수 없다. 일본이 병력을 동원해 위협하는 가운데 이루어진 일한日韓 5개조(을사조약) 및 7개조 협약(정미조약)에 반대하여 의병을 일으켜 협약 체결의 주도자인 이토를 살해하기에 이르렀는데, 이 재판을 받아들이면 이 협약들에 대해 동의를 표하는 것이 되므로 결코 승복할 수 없다. 자신은 포로이므로 포로에 관한 만국공법, 국제공법을 적용해야 마땅하며, 일본이 이를 적용하지 않고 이렇게 일반 보통의 살인범으로 취급하면 서양 각국은 일본을 야만국으로 조소할 것이다. 검찰관은 통감에서 물러난 이토를 살해한 것에 대해 곧 사원私怨의 행위로밖에 볼 수 없다고 하였지만, 퇴임 이후의 이토는 병합문제를 주도하고 있었던 만큼 이런 논변의 판결에 승복할 수 없다. 그리고 그가 한국 국권 탈취과정에서 저지른 여러 가지 죄악을 열거하면서 자신은 결코 사인私人으로서 이토를 저격한 것이 아니라는 점을 거듭 밝혔다. 그리고 끝으로 일본이 이토의 정책적 잘못으로 동양평화를 교란한 책임을 져야 하는데, 자신이 일본의 책임 있는 지위에 있다면 취할 만한 정책에 대한 의견이 있다고 마무리하였다. 이에 대해 히라이시 법원장은 "피고가 회포懷抱하고 있는 정책이란 것이 어떤 것인지"를 말해보라고 하였다. 안중근의 동양평화론은 이에 대한 답변에서 비로소 구체적으로 드러났다. 그 주요한 내용은 아래와 같다.

一. 뤼순항을 개방하여 일·청·한 삼국의 군항軍港으로 한다.

一. 이곳에 삼국의 대표들이 평화회平和會란 조직을 만들어 회합하게 한다.

一. 이 사실을 세계에 공표하면서 일본이 다른 야심이 없는 것을 보이려면 뤼순을 청국에 일단 환부還付하여 평화의 근거지로 한다는 것을 보여주는 것이 가장 좋은 방법이다.

一. 뤼순의 환부는 당장에는 일본에게 고통스런 일일지 모르지만 세계 각국이 모두 일본을 경탄敬歎하여 결과적으로는 이익이 될 것이며 삼국은 모두 오랜(영원한) 평화와 행복을 얻게 될 것이다.

一. 뤼순에 두는 동양평화회는 회원을 모집하여 회원 1명으로부터 1엔을 회비로 징수한다. 삼국의 인민 수억이 이에 가입하면 그 돈으로 태환권兌換券을 발행한다. 그리고 (각국의) 중요한 곳에 평화회의의 지회와 은행지점을 세운다. 이렇게 시작하면 현재 어려움을 겪고 있는 일본의 금융과 재정이 원만하고 완전하게 될 것이다.

一. 뤼순의 경비警備는 일본이 군함 5~6척을 뤼순항에 정박시켜 담당하게 한다. 이렇게 하면 뤼순을 환부한다고 해도 실제로는 일본의 영유와 조금도 다름이 없을 것이다.

一. 삼국으로부터 강장强壯한 청년을 모아 군단을 편성하는데 그 청년들은 각기 다른 두 나라의 말을 배우게 하여 어학 진보와 함께 형제의 나라라는 관념을 공고하게 한다.

一. 인도, 섬라(태국) 등 아세아의 각국까지 이에 가맹하게 되면 일본은 어려움 없이 동양을 손 안에 넣게 될 것이다.

一. 한·중·일 삼국의 황제가 로마교황을 방문하여 협력을 맹세하고 왕관을 받는다면 세계 민중의 신용을 얻을 수 있을 것이다.

一. 한국은 일본의 장중掌中에 있게 되고 일본의 방침에 따라 어떻게 되겠지만 일본이 위에 말한 대로 정책을 집행하면 한국도 그 여경餘慶을 누리게 될 것이다.

요컨대 뤼순을 돌려주고, 이곳에 군단과 동양평화회의체를 두어 그 산하에 삼국 공용의 태환지폐를 발행하는 은행을 두고 경제력을 향상시켜 삼국이 함께 평화와 행복을 누리게 한다는 것이다. 더욱이 군단 편성에 참가하는 삼국의 청년들로 하여금 다른 두 나라의 말을 익혀 '형제의 나라'라는 공동체 의식을 가질 수 있도록 하자고 하였다. 이렇게 하면 일본이 기득권을 잃는 것 같지만 궁극적으로는 일본은 평화의 나라로서 세계의 칭찬을 받고 실리 면에서도 별로 잃는 것이 없게 된다고 하였다. 안중근은 법원장과의 면담에서 이에 관한 글을 집필할 시간을 허용해 줄 것을 요청하여 법원장으로부터 긍정적인 답을 듣고 돌아왔다. 그리하여 3월 18일 전후에 《안응칠역사》를 끝낸 뒤 곧 이의 집필에 들어갔지만, 일본 정부의 수뇌부가 3월 26일에 처형할 것을 지시함으로써 《동양평화론》은 미완고로 남게 되었다. 시치죠 문서에서 나온 사본 《동양평화론》에 명시되어 있는 목차는 서, 전감에 이어 '현상現狀', '복선伏線', '문답問答' 등으로 잡혀 있었다.

안중근이 스스로 밝힌 동양평화의 방책을 담은 〈청취서〉가 수록된 《아주 제일의협 안중근》이 간행된 뒤 안중근의 동양평화론은 연구자들로부터 더 많은 관심을 불러 일으켰다. 이로써 안중근은 사상가로도 주목을 받게 되었다.

2. '동양평화론' 연구의 새로운 두 가지 시각

안중근의 동양평화론은 〈청취서〉를 통해 그 내용이 구체적으로 드러남으로써 기존의 유사한 동아시아 질서론과는 격단의 차이가 있는, 매우 독창적인 사상체계로 주목받았다. 그러나 이 창의적 구상이 어떻게 해서 나올 수 있었던 것인지에 대해서는 아직도 많은 의문이 남아 있다. 앞으로의 연구의 진전을 위해 최근의 두 가지 연구 성과를 검토해보고자 한다.

첫째로 주목되는 것은 현광호의 논고이다.[8] 그는 1880년대의 아시아연대론과 1890년대 중반의 동양평화론 두 가지를 먼저 살폈다.

전자는 후쿠자와 유키치福澤裕吉가 창도한 것으로, 처음부터 일본이
연대의 맹주가 되는 것을 전제로 하고 한국의 독립을 부정하는 내용
이다. 그런데도 김옥균, 박영효 등의 이른바 개화파 인사들이 이를
모르고 추종하였던 점을 지적했다. 그리고 후자는 일본이 청일전쟁
을 일으키면서 한반도로부터 청국의 영향을 축출하면서 이 전쟁은
동양평화와 한국의 독립을 위한 것이라고 거짓 선전한 것이며, 내용
적으로 여전히 일본맹주론을 중핵으로 하는 것을 밝혔다. 그런데 삼
국간섭(1895. 4.)이 있은 뒤에 일본은 그 주동인 러시아와 벌일 대결
을 각오하면서 청일전쟁에서 적대관계가 된 청국을 협조자로 이끌어
내고자 일본 맹주를 전제로 하면서 백인종에 대한 황인종의 단결이
란 인종주의를 담게 되었고, 여기서 전자와 차이가 생긴 것을 밝혔
다. 이 단계에서는 후쿠자와 유키치 뿐만 아니라 이토 히로부미가
1898년 8월에 한국을 직접 방문하여 한국 황제와 대신들을 상대로
양국 제휴를 목표로 이를 광적으로 선전한 사실도 언급했다.

한편, 한국에서는 일본의 동양평화론을 의심하면서 삼국제휴론三
國提携論을 제기한 것을 들 수 있다. 제휴론은 일본 측의 연대론, 평
화론과는 달리 한·중·일 삼국이 각기 확고한 독립국가로서 정족鼎足
과 같은 균형을 유지한 상태에서 협력하여 러시아를 견제, 방어해야
한다는 취지였다. 한국 측의 인사들(이기李沂, 장지연張志淵 등)은 러시
아가 뤼순·다롄을 점령하는 것을 보고 한·중·일 삼국의 제휴의 필
요성을 절감하면서 한국의 주권 유지라는 조건 아래 일본의 맹주론
에 대해 어느 정도 긍정하는 견지를 폈다. 그러나 일본이 1904년 러
시아와 전쟁을 일으키면서 천황의 선전조서宣戰詔書에서 동양평화와

---

8) 현광호, 〈유길준과 안중근의 동아시아 인식 비교-중국과 일본에 대한 상이한 시선〉,
《아세아연구》 113, 2003.

한국의 독립을 보장한다고 굳이 언급한 것은 한국의 이러한 제휴론을 의식하여 넣은 거짓 문구였다. 전쟁에서 승리한 뒤 보호조약의 강제에 이르자 대표적 제휴론 창도기관이었던 《황성신문》의 장지연이 논설 〈시일야방성대곡是日也放聲大哭〉에서 일본에게 속은 것에 대해 울분을 터뜨린 것이라고 분석하였다.

현광호는 안중근의 동양평화론이 기본적으로 삼국제휴론을 계승하는 것으로 파악하였다. 안중근이 여러 곳에서 러일전쟁 때 한국인과 중국인들이 일본 천황의 선전조서를 그대로 믿고 지지하거나 도와주었다고 말한 것, 그리고 일본이 한국의 주권을 침탈함으로써 기만하였다고 한 것 등을 제휴론에 입각한 반응으로 분석하였다. 그리고 러일전쟁을 백인종과 황인종 사이의 인종전쟁으로 인식한 대목이 있는 것이나, 한국의 부국강병을 위해 일본의 지도가 일시적으로 필요하다고 한 점 등도 제휴론의 견지라고 파악했다. 그러나 안중근은 러일전쟁 이후 일본이 한국의 국권을 유린하자 일본에 대한 인식을 크게 바꾸어 일본의 동양평화론의 허구성을 직시하였고, 이에 따라 〈청취서〉에서 밝힌 새로운 구상을 내놓게 되었다고 하였다.

현광호는 〈청취서〉에 피력된 안중근의 새로운 견해를 삼국동맹론으로 보고, 이 변화의 특징과 배경을 다음과 같이 정리했다.

첫째, 일본의 한국 국권 반환, 중국 뤼순 반환을 전제로 하여 동양평화회의체를 구상하는 데 만국평화회의에서 결의된 "국제분쟁의 평화처리조약" 및 제3의 국가의 거중조정을 담당하는 상설중재재판소 제도로부터 착상을 얻었고, 삼국연합군(공동군단)도 국제연합군에서 발상을 얻었다고 하였다.

둘째, 공동화폐 발행을 위한 은행 설립의 자금 마련에서 회원제를 제시했듯이, 민중을 능동적 존재로 인식한 점이 개화파계열과 전혀 다른 착상을 하게 한 신사고의 원천이 되었을 것으로 보았다. 안중근은 '세계 민중의 신용'을 중시하여 민중을 계몽대상이 아니라 스스로 책임지는 능동적 존재로 인식하여 민중과 평화는 불가분의 관계라는 인식에 이르렀으며, 이로써 이전의 인종주의까지 극복할 수 있게 된 것으로 파악하였다.

셋째, 한국을 자주적 개혁의 능력을 가지고 있는 나라라고 인식한 점이 일본맹주론을 비판하는 원동력이 된 것으로 파악하였다. 안중근은 한국은 자주적 개혁능력을 가진 나라로서 신속한 개혁을 위해 잠시 일본의 힘을 빌릴 수도 있지만, 일본에 전적으로 의지해야하는 것은 아니라고 인식하였다. 그래서 그는 통감부가 한국을 보호하여 수행한 일들은 한국의 발전이 아니라 일본의 침략을 위한 것일 뿐이었으며, 이것이 곧 이토 히로부미의 죄악이라고 하였다. 한국의 자주적 개혁능력에 대한 인식은 곧 민중의 능력에 대한 확신이며, 이러한 민중인식은 민중이 주도적으로 참여하는 의병전쟁을 일으키는 원동력이 된 것이기도 하다고 하였다.

넷째, 안중근이 국제법, 국제기구, 국제회의 등을 신뢰하여 서구 열강을 협력이 가능한 상대로 생각했기 때문에 새로운 인식을 낳을 수 있었던 것이라고 하였다. 곧 그에게는 이러한 신뢰가 있었기 때문에, 동·서양이 모두 참여하는 국제법, 국제기구, 국제회의 등을 기반으로 세계평화가 이루어 질 수 있다는 기대도 표시한 것이라고 보았다. 안중근에게 동양평화는 동아시아에 머무는 것이 아니라 세계평화를 지향하는 것이었으며, 이러한 새로운 세계를 실현하고자 이토를 제거한 것이란 토로가 당당하게 나올 수 있었던 것이라 했다.

현광호의 연구는 안중근 동양평화론이 기존의 아시아질서론과 격단의 차이가 있는 점을 충분하게 입증하는 성과를 거두었다. 일본의 아시아연대론, 동양평화론 뿐만 아니라 1890년대 중반 이후 한국측에서 나온 삼국제휴론의 존재를 드러낸 것은 안중근 평화론 연구의 지평을 열어주는 것이라고 해도 지나치지 않다. 그러나 제휴론에서 볼 수 없던 새로운 많은 제안들이 단순히 두 차례의 만국평화회의에서 이루어진 국제법과 국제기구에 대한 인지의 결과로 보기에는 설득력이 약하다. 더욱이 다른 개화파 인사들이 민중을 계몽의 대상으로만 인식한 것과 달리 역사의 주체로 설정할 수 있었던 변화가 어디서 온 것인지에 대한 설명은 그 중요성이나 논지상의 비중으로 볼 때 더 천착해야 할 문제로 남는다.

다음으로는 마키노 에이지牧野英二 교수(일본 호세이法政대학 철학과)의 제안이 주목된다. 마키노 교수는 2008년 일본 미야자키宮崎 현 구리하라栗原 시의 다이린지大林寺에서 열린 안중근의사추모제에서 가진 강연회에서 안중근의 동양평화론과 칸트Immanuel Kant의 영구평화론의 관계를 언급한 글을 발표하였다.9) 일본 칸트협회 회장이기도 한 마키노 교수는 안중근과 칸트가 말하는 평화사상의 두 가지 공통점을 지적하였다. 첫째로 서양 열강이 아시아를 식민지로 지배하고 있는 것에 대한 비판이며, 그것이 동양평화나 (세계)영구평화의 실현을 방해하고 있다고 꿰뚫어 본 것이고, 둘째로 평화의 실현을 위해서는 국가가 뛰어난 인간, 특히 도덕적인 인간을 육성해야 한다는 교육철학사상의 중요성에 대해서도 두 사람이 인식을 같이 하고 있다고 지적하였다.

마키노 교수는 칸트의 영구평화론이 국제연맹과 국제연합의 사상적 연원이 된 점을 지적하면서 두 사람의 평화에 대한 인식의 공통점을 다시 다음과 같이 지적하였다. 칸트는 "영구평화는 공허한 이념이 아니고, 우리(인간)에게 부과된 사명"이라고 말하였는데, 안중근 또한 "동양평화, 한국 독립의 단어에 이르러서는 이미 천하만

---

9) 牧野英二, 〈日韓歷史의 새로운 발걸음을 위하여-安重根 義士와 歷史의 記憶-〉.

国天下萬國의 사람들의 이목에 드러나 금석처럼 믿게 되었다", "이와 같은 문자 사상은 비록 천신天神의 능력으로서도 소멸시키기 어려운 것"이라고 한 것들을 공통된 사상에서 나온 것이라고 평가하였다. 그리고 안중근이 천주교 신자가 되어 세례를 받은 프랑스인 신부인 빌렘Joseph Wilhelm에게서 칸트의 평화사상을 전해 들었을 가능성을 예상했다. 적어도 안중근이 러시아의 사상가로서 저명한 작가이기도 한 톨스토이의 소설 《전쟁과 평화》에 대한 사상은 알고 있었을 가능성을 제시하면서, 톨스토이가 칸트의 주요 저작을 프랑스어 판으로 읽고 있었던 사실을 언급하였다.

마키노 교수의 예상처럼 만약 안중근이 빌렘 신부를 통해 칸트의 《영구평화론》을 접했다면, 안중근의 동양평화론에 관한 연구는 세계사적인 과제로 바뀌게 된다. 칸트의 영구평화론이 1920년에 이루어진 국제연맹의 사상적 기초가 된 것으로 알려져 있으므로, 그보다 10년 앞서 제기된 안중근의 동양평화론을 새롭게 주목하지 않을 수 없게 된다. 안중근은 《안응칠역사》의 말미에서 "천주교 전교사 홍 신부(빌렘 신부의 한국 이름, 홍석구洪錫九)는 본시 프랑스 사람으로서 프랑스 수도 파리에서 동양전교회東洋傳敎會 신품학교神品學校를 졸업한 뒤에 동정童貞을 지키고 신품성사神品聖事를 받아 신부로 승격했었다. 그는 재주가 출중해서 많은 학문을 널리 알아, 영어·불어·독일어·로마 고대어까지 모르는 것이 없는 이였다"라고 소개하였다. 안중근이 빌렘 신부의 지식세계를 잘 알고 있었다는 중요한 증거이다. 그리고 안중근 자신이 프랑스어를 공부한 사실도 주목할 필요가 있다. 《안응칠역사》에서 빌렘 신부로부터 프랑스어를 "몇 달 동안" 배운 사실을 밝힌 것이다.

그리고 일본 측에서 생산한 신문공술이나 탐문보고에서도 안중근의 학식은 사서오경四書五經과 통감通鑑을 읽고, 영어와 불어를 공

부하고 일본어, 러시아어를 간단히 말할 수 있는 수준인 것으로 밝
히고 있다. 그는 한·중·일 공동 군단에 편입될 청년들이 모두 다른
두 나라의 외국어를 익히는 교육과정을 상정할 정도로 외국어에 대
한 관심이 많았다.

3. 칸트 《영구평화론》 영향설의 검증

마키노 에이지 교수의 시사적 제안은 간단하지만 많은 함의를
포함하는 것으로, 연구사적으로 대단히 중요한 의미를 가지게 될 것
이다. 다만 철학적 견지에서 더 구체적이고 심층적인 분석을 조속히
제시해 주기를 기대해 마지않는다. 필자도 철학자 칸트에 대해서는
문외한이지만, 그의 지적을 좇아 한국어 번역본 《하나의 철학적 기
회, 영구평화론》(이하 '《영구평화론》'이라 함)10)을 통해 안중근의 동양
평화론이 칸트의 사상에 얼마나 접근해 있는지에 대한 예비적 고찰
을 가져 보았다.

칸트의 《영구평화론》은 1795~1796년에 씌어졌다. 칸트로서는 만
년의 저작이며, 안중근의 《동양평화론》이 나온 시점(1910)에서
115~116년 전에 나온 저술이다. 한국어 번역본으로는 77쪽, 독일어

---

10) 임마누엘 칸트 지음, 이한구 옮김, 개정판, 서광사, 2008. 서울신학대학교 유석성 교
수의 도움으로 다음과 같은 다른 번역본이 있는 것을 알게 되었다. 徐同益, 〈永遠한
平和를 위하여〉, 《世界의 大思想》 16, 휘문출판사; 鄭鎭, 《永遠平和를 위하여》, 정음문고
2. 유 교수는 다음과 같은 연구(국내)도 소개해 주었다. 오영달, 〈칸트의 영구평화론:
개인, 국가 그리고 국제적 분석수준〉, 《平和研究》 11-4, 고려대평화연구소, 2003; 유
석성, 〈칸트의 영구평화론〉, 《현대사회의 사회윤리》 제2장, 서울신학대학교출판부,
1997; 최상용, 〈Ⅱ. 칸트의 '영구평화론'〉, 《평화의 정치사상》, 나남신서 550, 나남출
판사, 2006; 백승균, 《세계사적 역사인식과 칸트의 영구평화론》, 계명대출판부, 2007.

원문으로는 43쪽 정도의 소품이다.[11] 그러나 철학적 차원에서 인류가 평화를 지향해야 하는 이유, 영구평화의 조건과 이를 유지하기 위한 장치의 법적 근거 등이 치밀하게 다루어지고 있다.[12]

칸트는 전 생애를 동프러시아의 쾨니히스베르크, 또는 그 근방에서 보냈다. 그는 러시아 사람들이 동프러시아를 점령했던 7년 전쟁을 겪었고, 프랑스혁명과 나폴레옹 시대의 초기를 살았다. 그의 시대에는 수많은 전쟁과 폭력이 난무했다. 그래서 영구평화에 대한 '철학적 기획'은 하나의 시대적 과제로 집필되었던 것이라고 할 수 있다. 그에 앞서 펜W. Penn, 피에르A. de St. Pierre, 루소J. J. Rousseau 등도 평화에 관한 구상을 발표하기 시작했다고 한다. 고대 이래 불가피한 것, 또는 찬미의 대상이 되었던 전쟁이 근대에 와서 비로소 억지되어야 할 대상으로서 철학자들이 담론의 대상으로 삼았던 것이다.[13]

칸트철학은 도덕문제에 대해 엄격하고도 정통적이었다. 그의 자유에 대한 사랑은 "사람의 행위가 다른 사람의 의지에 복종하지 않으면 안 된다는 것보다 더 두려운 일은 없을 것이다"라는 표현으로 대변되는데,[14] 영구평화론의 사상도 물론 인권에 대한 이러한 인식에서 나온 것이다. 그는 《영구평화론》의 〈부록Ⅱ. 공법公法의 선험적 개념에 따른 정치와 도덕 사이의 조화에 대하여〉에서 국법, 즉 국내법, 국제법, 세계시민법 등을 다룰 정도로 국제법에 대해 조예가

---

11) *Zum ewigen Frieden*, ein philosophischer Entwurf von Immanuel Kant, Kants Werk Akademie-Textausgabe Band VIII, Walter de Gruyter & Co. Berlin, 1968.

12) 참고로 목차를 제시하면 다음과 같다. 〈서언. 영구평화를 위하여〉〈제1장. 국가 간의 영구평화를 위한 예비조항〉〈제2장. 국가간의 영구평화를 위한 확정조항〉〈제1추가조항. 영구평화의 보증에 대하여〉〈제2추가조항. 영구평화를 위한 비밀조항(1876년 증보부분)〉〈부록I. 영구평화에 관한 도덕과 정치 간의 대립에 관하여〉〈부록Ⅱ. 공법의 선험적 개념에 따른 정치와 도덕 사이의 조화에 대하여〉.

13) 이한구 해제, 98면.

14) 버트런드 러셀 지음, 한철하 역, 《서양철학사》, 2000, 대한교과서, 918쪽.

깊었다. 그의 철학적 바탕을 이루는 인간의 존엄성에 대한 인식은 국제법의 아버지로 불리는 휘호 그로티우스Hugo Grotius의 자연법주의를 계승하는 느낌을 강하게 준다. 국제법의 세계를 중요시하기는 안중근도 마찬가지이다. 안중근의 국제법에 대한 관심과 조예는 그의 동양평화를 위한 제안에서 한국, 중국, 일본의 황제들이 로마교황을 방문하여 협력을 맹세하고 왕관을 받게 하여 세계 민중들의 신용을 받게 하자는 데서 읽을 수 있다. 이 제안은 매우 우활迂闊해 보이지만, 근대 국제법의 시발점인 1648년의 베스트팔렌 조약 이후로 유럽 국가들의 국제적 분쟁 타결을 위한 조약들이 신성로마제국황제의 보증 아래 진행되었던 사실을 안중근이 마치 알고 있었던 것처럼 느끼게 하여 오히려 주목하게 만든다.

그로티우스는 토머스 아퀴나스에 의해 합리화된 자연법을 더욱 진전시켜 자연법을 신神이 아니라 인간 이성에 바탕을 둠으로써 자연법의 세속화를 전개하였다. 이를 통해 국제사회에 자연법을 적용하고, 개인의 자연권에 상당하는 국가주권 사이의 자연법적 질서로 국제법의 기초를 닦았다. 그는 17세기에 30년전쟁을 비롯한 수많은 전쟁을 경험하면서 전쟁을 어떻게 하면 방지할 수 있을지에 대해 고민하던 끝에 전쟁의 국제법에 대한 이론을 구상하여 '국제법의 아버지'가 되었던 것이다. 칸트보다 한 세기 뒤에 안중근이 산 시대는 자본주의 경제의 발달 속에 서양 열강이 동양으로 진출하면서 전쟁의 파동을 일으키는 때였다. 전쟁이란 동일한 조건 속에 안중근은 해결책 모색에서 칸트의 영구평화론에 다가간 것이다.

칸트는 〈제1장. 국가간의 영구평화를 위한 예비조항〉의 두 번째에서 "어떠한 독립국가도 (크고 작고에 관계없이) 상속, 교환, 매매 혹은 증여에 의해 다른 국가의 소유로 전락할 수 없다"고 하였다. 곧 국가의 존엄은 누구도 훼손할 수 없다는 것이다. 이것은 안중근이 주장한 동양평화론의 핵심 논지인 한·중·일 삼국이 독립국가로서 연맹체의 구성원이 되어야 한다는 논지에 바로 닿는다. 구체적으로 일본이 동양평화의 이름으로 한국의 국권을 탈취하는 것에 대한 강한 비판이나, 동양평화론에서 일본이 러일전쟁의 전리품으로 차지하고 있는 뤼순과 다롄에 대해 영토의 소유자는 바뀔 수 없는 것이란 이유로 청국에 환부할 것을 제안한 것 등이 모두 이 원칙론에 닿는다. 안중근은 이토 히로부미의 죄악 가운데 을사조약, 정미조약의 강제와 한국 황후 시해, 황제의 강제 퇴위 등에 대해 강력한 비판을 가했는데, 칸트 또한 영구평화를 위한 예비조항 제5에서 "어떠한 국가도 다른 국가의 체제와 통치에 폭력으로 간섭해서는 안 된다"고 하였다.

〈제2장. 국가간의 영구평화를 위한 확정조항〉에서 칸트는 국제연맹Völkerbund과 국제국가Völkerstaat 두 가지 개념을 제시하였다. 라틴어로는 foedus pacificum(평화연맹)과 civitas gentium(국제국가)로 표현하기도 하였다. 전자는 자유로운 국가들, 곧 각자의 권리가 보장받는 국가들이 모이는 것이며, 후자는 여러 국가를 (어떤) 국제법의 체계 아래 하나로 만드는 세계 공화국과 같은 형태를 지향하는 것이다. 전자는 현행의 평화조약들이 휴전에 불과한 기능밖에 수행하지 못하는 상황을 극복하는 영구평화 실현의 대안이 될 수 있는 것이라고 하여 적극적으로 권장한다. 이와 달리 후자는 이론적 적극성이 있더라도 현실적으로는 어느 한 국가가 다른 국가의 자유를 억압하거나 박탈할 것이 불 보듯 하므로 처음부터 거부되어야 한다고 하였다. 다시 말하면 전자는 삼국제휴론이나 안중근의 동양평화론이 속하는 개념이며, 후자는 일본식 동양평화론이다. 이는 안중근이 칸트의 영구평화론을 알고 있었다는 중요한 근거가 될 수 있는 것이다. 칸트는 〈제1추가조항. 영구평화의 보증에 대하여〉에서 두 가지의 상황에 대하여 다음과 같이 비교 설명하였다.

국제법의 이념은 독립해 있는 많은 이웃 국가들의 분립을 전제로 한다. 비록 이런 상태 자체가 이미 전시戰時상태에 있음을 나타낸다고 할지라도 이 상태(국제연맹-필자)는 이성의 이념에서 보면, 다른 국가들을 압도해서 한 세계 왕국으로 나아가는 하나의 초강대국 아래로 여러 국가들이 통합되는 것(국제국가-필자)보다는 더 낫다. 왜냐하면 통치의 범위가 확대됨에 따라 법률은 점점 위력을 상실하고, 그리하여 혼을 잃은 전제정치는 선善의 싹을 근절시킨 후에 결국 붕괴해서 무정부상태로 귀착되기 때문이다. (한국어 번역본, 55쪽)

국제연맹의 구성원이 된 독립국가들의 분립상태가 전쟁의 발생 요소를 내재하는 불완전성이 있더라도, 전제군주의 군림과 같은 초강대국 중심의 국제국가는 전체의 파멸을 가져올 요인을 처음부터 가지고 있는 것이므로 거부되어야 한다는 지적이다. 이는 안중근이 히라이시 법원장을 상대로 한 열변에서 맹주론에 입각한 이토의 거짓 동양평화론이 끝내는 일본의 패망을 가져올 것이라는 경고의 논조를 연상시키는 대목이다. 칸트는 또 저술의 마지막 부분 〈부록Ⅱ〉 가운데 '3. 세계시민법에 관해서'에서 "최종적으로 사이비 정치는 철학적 죄를, 즉 세계 전체에 이른바 더욱 큰 선善을 실현하는 과정에서 작은 국가 하나쯤 병합되는 것은 사소한 일이라고 강변하는 철학적 죄peccatillum, bagatelle를 저지른다"(88쪽)고 하였다. 안중근이 이토 히로부미의 잘못 15가지를 열거하면서 이를 '이토 히로부미의 죄악'이라고 표현한 것과 칸트의 이 '철학적 죄'는 거의 같은 표현이다.

〈청취서〉에 피력된 안중근의 동양평화 방안에서 주목되는 또 다른 것은 한·중·일 삼국의 공동군단 편성이다. 뤼순항을 개방하여 일·청·한 삼국의 군항으로 하고, 일본 군함 5~6척을 뤼순항에 정박시켜 경비에 임하게 하며, 삼국으로부터 강장한 청년을 모아 군단을 편성하는 한편, 이들에게 다른 두 나라의 말을 배우게 하여 형제의 나라라는 관념을 가지게 한다는 것 등이다. 이는 개별 국가의 상비군을 폐지하는 것을 뜻한다. 칸트는 〈제1장. 국가간의 영구평화를 위한 예비조항〉의 제3항으로 "상비군miles perpetus은 조만간 완전히 폐지되어야 한다"고 규정하였다. 내용적으로 안중근의 안이 훨씬 구체성을 가지는 것이지만, 칸트의 취지에서 영향을 받았을 가능성을 추측하게 한다.

끝으로 뤼순항에 두는 동양평화회의 아래에 삼국 공용의 화폐〔兌換券〕 발행을 위한 은행의 설치 문제이다. 칸트의 영구평화론에서는 금융이나 경제문제에 관한 언급을 찾아보기 어렵다. 제1장의 제4항에서 "국가 사이의 대외적 분쟁과 관련하여 어떠한 국채도 발행되어서는 안 된다"고 한 것이 유일하다. 이것은 대외적 분쟁, 곧 전쟁을 위한 국채 발행 금지의 내용이므로 안중근의 구상과는 거리가 있다. 그런데 일본이 러일전쟁을 일으키면서 엄청난 액수의 국채를 발행하고 그 연장선 위에서 한국에 대해 일본의 제일은행권을 강제로 통용시켜 한국의 재정을 일본에 편입시키는 금융강제정책을 쓴 사실을 상기하면 이로부터의 영향을 배제할 수 없다. 안중근은 〈이토 히로부미의 죄상 15개조〉에서 이 사실을 스스로 밝혀 "이른바 제일은행권을 강제로 사용케 하고 이를 반대하는 소요를 저지하여 한국 내지까지 통용시켜 전국의 재정을 고갈케 한 것"(제6항), "국채 1300만 원을 한국에 강제로 지운 것"(제7항) 등을 지적하였다. 일본이 한국에 대해 정치적·군사적 침탈과 함께 가한 금융강제는 당시 세계적으로 드문 예이며, 이러한 분노를 자아내게 하는 경험이 곧 안중근으로 하여금 역발상의 금융공동체를 구상하게 했던 것은 아닐까? 유럽연합EU보다도 수십 년 앞서는 그의 이론 출처에 대해서는 앞으로 더 구체적인 연구가 요망된다.

안중근이 살던 시대에 칸트의 철학은 사실 청국의 량치차오梁啓超의 《음빙실문집飮氷室文集》[15)]을 통해 한국 지식계에 소개되어 있었다. 량치차오는 이 책의 학설류學說類에 "근세 제일 대철학가 칸트[康德]의 학설"을 설정하여 그의 도덕철학이 나온 배경, 개인의 양심에서 발원하는 자유, 이것에 바탕을 둔 국가주권 등의 관계, 따라서 어느 타국도 침범할 수 없는 주권의 존엄성과 국가주권이 지켜지기 위한 길로서 국제공법의 세계를 강조한 점 등을 체계적으로 소개하였다. 그리고 끝에 그의 〈영세태평론永世太平論〉, 곧 영구평화론의 핵심으로 '오대단五大端'을 다음과 같이 열거하였다.

> ① 모든 방국邦國은 대소를 막론하고 침략수단으로, 또는 교역·할양·매매 등의 이름으로 타국에 합병될 수 없다.
> ② 모든 나라는 지금의 적습積習이 되어 있듯이 상비군을 둘 수 없다.
> ③ 일국一國에 내홍이 있어도 타국이 병력으로 간예하는 것은 절대로 금한다.
> ④ 각국은 모두 민주입헌제를 채택하는데, 이 제도는 최초 민약民約의 취지에 가장 부합하며, 또 모든 나라 인민의 자유평등의 권리를 공고하게 할 수 있다.
> ⑤ 각 독립국은 서로 의지하여 일대연방一大聯邦을 조성組成하고 각국의 국민은 국제법의 범위 안에서 화목[輯和]하고, 만약 서로 맞지 않음이 있으면 스위스 연방에서 현재 행하는 예와 같이 연방의회가 이를 심판한다.

잘 알려져 있듯이 량치차오의 《음빙실문집》의 정보는 안중근 시대의 지식인들이 많이 활용하고 소개하던 것들이다. 안중근이 이 책

---

15) 新興書局, 중화민국 48년 1월 재판본.

에 접하지 않았을 까닭은 없다. 그는 이 책에 소개된 〈영세태평론〉에 지대한 관심을 가지고 아마도 빌렘 신부에게 더 자세한 것을 문의했을 것이다. 그리고 그의 동양평화론 등에 나타나고 있는 '(세계)민중에 대한 신뢰'는 국가의 주권이 나오는 원천으로서 개인의 자유, 이를 실현하는 최선의 선택으로서 민주국가의 제도에 관한 칸트 논설의 영향이란 것을 쉬이 알 수 있다. 현광호가 중요하게 여긴 안중근의 민중에 대한 적극적 인식은 곧 칸트 민주제의 평가를 받아들인 것이 된다. 안중근은 곧 칸트의 근대정치사상을 수용하여 민주국가제도와 함께 이를 영원히 보장하는 장치로서 영구평화론에 지대한 관심을 가졌던 것이다. 그 논설이 '동양평화론'의 이름을 단 것은 눈앞의 동아시아문제에 초점을 맞춘 것일 뿐, 궁극적으로는 그도 세계평화 체제를 생각하고 있었던 것이다.

결론 – 대한민국 건국이념과의 관계

안중근의 동양평화론은 하나의 이상론이라고 치부해 버릴 수 없다. 칸트는 '영구평화론이 과연 실행될 수 있는 날이 있겠는가'라는 질문에 대해 "이것은 강력으로서 이룰 수 있는 것은 아니다. 오직 민덕民德과 민지民智 두 가지가 날로 광명으로 나아가 이룰 수 있는 것이다"라고 답하였다고 하듯이,16) 멀지 않은 미래에 달성되어야 할 과제로 설정하였다는 점이 중요하다. 이들의 뜻은 실제로 1920년의 국제연맹, 1945년의 국제연합으로 현실화되었다.

안중근의 동양평화론에 피력된 사상은 국내적으로도 미래지향적

---

16) 량치차오, 위의 책, 94쪽.

성과를 거두고 있었다. 그가 세계평화의 바탕으로서 자주생존권을 보장하는 국가들의 공존관계라고 언급했던 것은 1919년 기미독립선 언서에 '공존동생권共存同生權'으로, 곧 동양평화, 세계평화, 인류행복 을 보장하는 것이라고 표현되었다. 또 기미(3·1)독립만세운동을 배경 으로 출범한 대한민국 상해임시정부의 〈정강政綱〉에 이 사상이 '민족 평등', '국가평등 및 인류평등'이란 표현으로 그대로 수용되는 한편, 국제연맹 가입을 새 정부의 주요 과업으로 설정하였다. 기미독립선 언서와 임시정부 〈정강〉 기초자들이 안중근의 《동양평화론》에 접했 을 가능성에 대해서는 현재 입증하기 어려운 형편이지만, 칸트의 인 권, 민주국가론, 영구평화론 등을 통한 공유의 영역은 충분히 상정된 다. 안중근의 동양평화론은 곧 다른 지식인들이 강제병합 이후에 절 감했던 세계를 옥중에서 미리 정리해낸 선구적 업적이었다.

대한민국 제헌헌법 또한 이 관점에서 그냥 지나쳐 볼 수 없다. 이 헌법의 전문前文은 "기미 삼일운동으로 대한민국을 건립하여 세계 에 선포한 위대한 독립정신을 계승하여 이제 민주독립국가를 재건함 에 있어서 정의, 인도와 동포애로써 민족의 단결을 공고히 하며 모 든 사회적 폐습을 타파하고 민주주의 제 제도를 수립"한다고 한 다 음, "항구적인 국제평화의 유지에 노력하여 우리들과 우리들의 자손 의 안전과 자유와 행복을 영원히 확보할 것을 결의한다"고 하였다. 기미독립선언서 및 임시정부 〈정강〉에 대한 계승의식을 느낄 수 있 는 문장이다. 안중근의 하얼빈 의거와 사상적 근거인 《동양평화론》 은 이렇게 우리의 건국이념 속에 들어와 있지만, 우리가 알고 있는 안중근은 민족의 적인 이토 히로부미를 사살한 영웅에 그치고 있다. 이는 곧 중대한 민족적 과오로서 하얼빈 의거 100주년을 맞아 크게 반성해야 할 과제이다. 일본에 '데모크라시'의 사조가 일어난 다이쇼 大正(1911~1926) 연간에 칸트주의가 유행이었던 사실을 상기하면, 안

중근 평화사상의 선험적 면모가 더 뚜렷하게 부각될 뿐 아니라 임시
정부 〈정강〉과의 연계성에 대한 이해도 가능할 것이 예견된다.

미완의 '동양평화론'
-그 사상적 흐름과 가능성에 대하여-

야마무로 신이치

머리말 - 평가의 대극성을 넘어서

현재 일본에서 안중근의 이름을 아는 일본인은 많지 않다. 그리고 일찍이 원훈元勳으로 칭해지고 지폐의 초상화가 되기도 한 이토 히로부미 본인의 사적에 대해서도 관심을 가지는 사람은 많지 않다. 한편, 안중근의 이름을 아는 일본인 대다수는 그가 이토를 암살한 테러리스트이며, 그것이 일본의 한국병합을 앞당기는 데 작용하였다고 이해하고 있는 것 같다.

그렇지만 한국병합에 대한 각의 결정 '대한정책 확정의 건'은 안중근이 이토를 사살한 1909년 10월 26일보다 4개월 정도 이른 7월 6일 '적당한 시기에 단연 병합을 실행하며 반도를 명실 공히 우리 통치 아래 두'는 것이 결정되어 있었으며, 암살 사건이 한국병합의 직접적인 계기가 된 것은 아니다. 다만 이로 말미암아 일본 국내에서 병합을 단행하자는 국론이 높아진 것은 부정할 수 없다. 또, 이러한 논조가 높아지는 가운데 12월 4일에는 일진회 회장 이용구李容九가 회원 백만 명의 이름으로 성명서를 발표하였고, 동시에 한국 황제와 이완용李完用 총리, 소네 아라스케曾禰荒助 통감에게 '합방청원서'를 보내어 한일합방을 요청하는 사태도 일어났다. 그러나 한편으로 이완용 총리가 한국인에게 습격당하는 등, 안중근의 행동이 자극이 되어서 일본 통치에 대한 저항운동도 격화되어 가는 추세였다.

이러한 움직임이 '적당한 시기'를 가늠하지 못하고 있었던 일본 정부에게 한국병합에 대한 위기감을 불러일으켰고, 결국 안중근의 처형 5개월 뒤에 병합 단행을 결단하게 하였다. 이러한 뜻에서 안중근의 행위는 한국병합이라는 일본 정부의 기정방침旣定方針을 변경시킬 만한 효과가 없었을 뿐만 아니라, 오히려 병합에 반대하는 의론의 제기를 곤란하게 하는 역작용을 가져왔다는 평가가 가능할지도 모른다.

어쨌든 한반도에서 '민족영웅', '만고불멸의 의사', '열사'로서의 평가와, 오늘날에는 사건 당시 일본에서 포학한 '대죄인'이나 '국적', '무뢰한', '흉도'·'흉한' 등의 원망을 담은 평가는 없으나, 현재 일본의 '암살자', '테러리스트'라는 대극적인 관점 사이에는 현재로서도 메우기 어려운 심연이 있는 것으로 보인다. 그것은 두 민족 사이에 놓인 서로 받아들이지 못하는 역사적 처지를 상징하는 것으로서, 이 차이가 나아가 역사인식 차이의 근간과 관계하는 사태라면, 일거에 해소하지 못할지언정 상호 위화감을 메우기 위해서도 역사적 실태에 대한 검증을 하지 않을 수 없을 것이다.

이러한 시점에서 안중근의 '동양평화론'에 접근해 가기 전에, 여기서 미리 필자의 입장을 밝혀 두자면, 개인적으로 암살이라는 수단으로써 자신의 정치적 목적을 달성하는 것은 어떠한 상황이든 찬성할 수 없다. 그러나 암살이라는 수단으로밖에 목소리를 낼 수 없는 억압된 시대가 있고, 그것으로만 민족의 희망을 말할 수밖에 없는 사회를 강제한 역사가 있었던 사실을 외면하는 것 또한 용서될 수 없다고 생각한다. 그렇지 않으면 살해된 측뿐만 아니라, 암살을 수행해 자신도 결국 목숨을 잃을 수밖에 없었던 사람의 원통함과, 살아남았더라면 실현되었을지도 모르는 가능성을 빼앗아 가는 비극의 연쇄로부터 인류는 벗어날 수 없게 되어 버리기 때문이다. 그리고 그 빼앗긴 가능성은 그 시대, 그 사회에서 도저히 실현될 수 없었더라도 그것이 시대나 사회를 넘어 사람들을 움직이는 것일 때, 국경이나 민족을 넘은 인류의 가능성인 동시에 사람들에게 희망이나 목표를 계속 주게 될 것이기 때문이다.

물론 이러한 관점이 암살이라는 수단을 정당화하는 것은 아니다. 아무리 영웅적 행위로서 칭찬받았더라도, 그 이후 암살자의 유족이 강요당한 고난과 유랑의 인생은 보상받을 수 없기 때문이다. 그러한 결과도 포함해서, 또는 그러한 위난을 생각하면서 암살자가 무엇에 대하여 저항하였으며, 어떠한 사회, 어떠한 세계의 실현을 바라고 목숨을 걸었는지, 그 사실과 논리를 밝혀 가는 것이야말로 사건의 역사적 의의를 알아보는 것임과 동시에, 오늘날 우리에게 던져진 과제의 초점이 무엇인지를 확인하는 작업이라고 생각되기 때문이다.

그러면 살해한 측이었던 안중근에게 암살이라는 행위로써 획득한 가능성이나 동아시아의 장래 전망이란 어떠한 것이었을까. 그것을 확인하려면 우선 안중근의 '암살'이라는 행위가 국내외에서 어떠한 반향을 일으켰는지 살펴보고, 더 나아가 미완의 《동양평화론》이 개척한 지평이란 무엇이었는지 생각해 보고자 한다.

1. 안중근에 대한 시선

안중근의 이토 암살 사건은 일본에서 그 '한인韓人의 몸을 썰자'고 주장한 격앙된 목소리를 비롯하여, '한인이면서 한국의 대은인된 이토 공을 암살하는 것은 보은을 하여야 하는 데 복수를 하는'1) 것으로서, 안중근을 은혜를 저버린 한국인의 상징으로 삼아, 무사려無思慮·무분별한 폭한이 또다시 생기지 않도록 엄벌로써 처벌할 것을 주장하는 등의 의견이 넘치게 만들었다. 이 사건에 대한 논평은 홍수와 같이 넘쳐나 한국에 대한 반발을 증폭시키는 동시에, 한편으로 이토의 정치 주도를 비판하던 자들에게는 이토가 순국한 공로자로서 다루어지게 되었기 때문에 공공연하게 비판을 할 수 없는 분위기를 낳았다. 이토의 칭찬과 영웅화를 부정하는 것은 국익을 해치는 행위로서 꺼려지는 상황이 되었던 것이다. 게다가 한국의 보호국화나 병합에 의문을 느끼고 있었던 사람들도 암살이라는 행위가 개재하였기 때문에 전면적으로 부정을 할 수 없게 되었다는 사실도 무시할 수 없다.

한편으로 한국 이전에 식민지가 되어 있었던 대만으로 눈을 돌려보면, 안중근의 행위는 민족독립 해방전쟁의 상징이 되기도 하였다. 1910년 신해혁명의 영향을 받아 빈번히 일어난 대만의 항일봉기 가운데 하나인 나복성羅福星〔묘률苗栗〕 사건에서는 '나는 일본의 국법을 범하기는 하더라도 나의 사업은 하늘이 명한 것이다. 대만총독부의 관리여, 나는 올해 실패했더라도 내년의 성공을 기한다. 우리 대민臺民의 독립을 승인하지 않으면 반드시 일을 일으킬 것이다. …… 너희들은 잊지 말라, 이토를 찌른 안중근이 있는 것을. 지금 내가 죽으려는 것은 단지 대민으로 하여금 호구虎口에서 구출하려는 것일 뿐'2)이라고 안중근의 행위를 따를 것이라 역설했다. 또, 제1차 세계대전 이후 일본의 침공에 노출된 중국에서도 몸을 바쳐 싸운 '반일

---

1) 《만조보萬朝報》 1909년 10월 28일자.
2) 山野辺健太郎 編, 《現代史資料21·臺灣1》, 東京: みすず書房, 1971, 42쪽.

의 투사'로서 안중근의 사적이 평가되며, 장쉐량張學良은 1927년부터 중국 동북부 각지의 소학교에서 수업 전에 안중근을 칭찬하는 노래를 합창하게 하고, 저우언라이周恩來나 그 부인 덩잉차오鄧穎超 등이 톈진天津에서 〈애국영웅 안중근〉이나 〈칠국분七國憤〉 등의 연극을 상연했다는 것도 알려져 있다.

다만 사건 발생과 동시에 상하이에서 발행되어, 그 번역문이 고무라 쥬타로小村壽太郎 외상에게 보내진 《민우일보民吁日報》 10월 31일자 사설에서는, 일본이 동아대륙을 병탄하려고 하는 대외정책을 취하며 한국에 지극히 잔혹하고 인도를 무시하는 시책을 진행시키는 가운데, 이토가 주도자와 같이 여겨지고 있으나 사실 그는 가장 온건파였기에 통감의 지위에서 쫓겨났다 하였다. 또 이토가 사망했다고 해서 일본의 동아정책이 변하지는 않을 뿐만 아니라, 오히려 급진파가 세력을 얻어 더욱 강경하게 나오는 것을 경계해야 한다는 전망이 서술되었던 데도 유의해야 할 것이다.

이러한 가운데 일본에서는 극히 한정된 것이었지만 안중근의 행위에 공감을 나타내는 반응도 있었다. 안중근이 처형당한 뒤, '메이지 천황 암살계획'이라 날조된 '대역 사건'에서 사형당한 고토쿠 슈스이幸德秋水가 쓴 '舍生取義 殺身成仁 安君一擧 天地皆振'이라는, '秋水題'라고 서명이 들어간 한시와 안중근(JUNG-KEUN AN이라 인쇄되어 있음)의 사진을 짜 맞춘 그림엽서를 샌프란시스코 평민사의 오카 시게키岡繁樹가 제작하였다. 그 그림엽서에서 안중근을 한국인 순교자Korean Martyrdom로서 칭찬하고 있었던 것도 일부 알려져 있었다. 또, 이토가 사살당한 당일자 기사에서 '한국 혁명당 청년에게 습격당하여'3)라는, 다른 기사들과는 달리 '혁명당 청년'이라고 쓴 이시카와

---

3) 〈百回通信〉, 《岩手日報》.

다쿠보쿠石川啄木는 더 나아가서 '오인은 한인을 가엾게 여길 만함을 알고 아직도 참으로 미워할 까닭을 모른다'고 세론과는 다른 감회를 감히 적었다. 이 다쿠보쿠가 대역 사건으로 말미암은 고토쿠 슈스이 등의 처형으로부터 반 년 뒤에 쓴 〈코코아 한 잔ココアのひと匙〉에 있는 '나는 안다, 테러리스트의 슬픈 마음을'에 대해서 한국의 연구자 오영진 교수는 여기서 등장하는 테러리스트가 고토쿠 등이 아닌 바로 안중근이 아닌가라는 설을 발표하였다. 그 사실 여부는 문외한인 필자가 판단할 수 없으나, 어디까지나 사견으로서 다쿠보쿠와 안중근의 관계에 대해서 언급해 보겠다.

〈9월 밤의 불평九月の夜の不平〉[4]에 '지도 위 조선국에 검디검도록 먹칠해 가면서 가을바람을 듣는다'는 잘 알려진 시가 발표되었는데, 그 다음에 쓰인 것은 '누가 나에게 피스톨이라도 쏘아줬으면 이토처럼 죽어나 보여줄 걸'이라는 시였다. 통설에는 이 시가 이토의 죽음을 영웅적이라 보고 그 훌륭한 죽음을 칭찬하고 있다고 해석되는 것 같다.

그러나 다쿠보쿠는 또한 '씩씩하게도 죽음을 두려워하지 않는 사람을 항간에서 나쁘게 이야기하는 날'이라는 시를 읊음으로써, 원훈 이토를 암살한 극악인으로 매도당하고 있는 안중근이 죽음을 각오하고 '씩씩하게도' 민족을 위하여 순사한, 우국지사로서 살아가는 태도에 공감을 나타낸 것도 사실이다. 그리고 그것과는 정반대로 죽음도 두려워하지 않고 자신이 믿는 바를 당당하게 말하는 안중근의 모습을 매도해 마지않는 일본인에 대한 혐오감을 '방인邦人의 얼굴 참을 수 없게 야비하여 눈에 보이는 날 집에 틀어박히자'라고 읊기도 한 것이다.

이 안중근에 대한 공감과 동포인 일본인에 대한 혐오감을 함께 나타냈다는 사실을 바탕으로 '지도 위 조선국 ……'과 '누가 나에게

---

4) 《創作》, 1910년 10월 短歌号.

피스톨이라도 쏘아 줬으면 ……' 두 시가 나란히 있는 것을 어떻게 해석하여야 할까. 이는 한국을 병합하고 그 이름을 '조선국'이 아니라 '조선'으로, '국'이라 칭하는 것조차 금한 일본인 가운데 한 명인 자신도 안중근이 이토를 쏜 것처럼 피스톨에 죽어야 하지 않는가라는 의식을 표명한 것으로 받아들일 수 있지 않을까. 다쿠보쿠에게 자신이 '나라'를 빼앗은 일본인 가운데 한 명인 것 자체가 '동종인방同種隣邦을 박해하는 자'의 일원으로서 이토와 같이 피스톨로(아마도 안중근과 같은 한국인의 손에) 사살당해야 하는, 만 번 죽어 마땅한 것으로 느껴졌을지도 모른다고 필자는 멋대로 상상하고 있는 것이다. 바꿔 말하면 한 민족에게서 '나라'를 빼앗은 민족의 한 사람으로서 속죄감을 읊었다고 읽을 수 있는 것이다.

덧붙여서 말하면 1910년 12월 12일 《도쿄아사히신문東京朝日新聞》의 1면 광고에는 다쿠보쿠의 〈한 줌의 모래一握の砂〉가 실렸는데, 그 지면의 한 칸 밑에는 '불과 6원 50전으로 평생 무난하게 살 수 있다니, 피스톨은 싼 것이다'라는 권총 구입을 권하는 광고가 함께 실려 있었고, 여기에 일반인이라도 호신용 권총을 구입 할 수 있었던 시대의 양상이 나타나고 있다. 여기서 곧 그 당시 피스톨이 암살용이나 호신용으로 용이하게 손에 넣을 수 있는 자본주의적 상품 또는 소비물로서 존재했음을 알 수 있다. 그것은 그 시대를 돌이켜볼 때 무엇보다 유의해야 할 사실일지도 모른다. 왜냐하면 그것이야말로 안중근이 말하는 '살인기계'가 가득 찬 문명사회의 한 면이었던 것이 틀림없기 때문이다. 그렇다면 안중근 자신도 '살인기계'인 피스톨을 사용해서 감행한 암살이라는 행위에서 출발하였으면서, 어떻게 해서 동양평화라는 사상을 만들어낸 것일까.

2. 《동양평화론》으로의 길

안중근이 언제부터 동양평화에 상도想到되기에 이르렀는지 확정할 수 없다. 그러나 그가 동양평화를 교란해 온 이토를 암살함으로써 동양에 평화가 찾아온다고 믿고 있었던 것은, 사건 직후인 1909년 10월 30일 하얼빈의 첫 심문에서 분명히 말한 것을 보아 명백하다. 여기서 안중근은 이토의 죄상 15개조를 들었는데, 그 가운데 '이토는 동양평화를 교란했다. 그 까닭을 말하면 곧 러일전쟁 당시부터 동양평화를 유지한다고 하면서 한국 황제를 폐위하니 당초의 선언과는 모조리 반대의 결과를 보기에 이르러 한국민 2천만은 모두 분개하고 있다'고 단죄하는 동시에, '한국의 장래는 어떻게 되는 줄 알고 있느냐'는 물음에 대해서도 '만일 이토가 생존하면 유독 한국뿐만 아니라 일본도 결국 멸망할 것으로 생각한다. 이토가 사망한 이상 금후 일본은 충분히 한국의 독립을 보증하며, 실로 한국에게는 대단히 행복하고 금후는 동양 기타 각국의 평화를 보전할 것으로 믿고 있다'고 단언하고 있었다.

사건 직후의 일이므로 이토 사살이라는 제1의 목적이 성취된 흥분도 있었을 것으로 생각되지만, 이 단계에서는 동양평화와 이토 암살의 관계에 대하여 극히 단락적으로 생각하고 있었음을 부정할 수 없다. 어쨌든 여기서는 동양평화의 교란자인 이토를 암살한 것에 대한 정당성이 주장되고 있을 뿐이며, 그의 의거가 어디까지나 과거에 대한 교정책이었더라도, 그것만으로는 장래 동양평화에 대한 설계구상이 되어 있다고 할 수 없었다.

아마도 안중근은, 이토 사살이라는 행위로써 일본이 자신의 외교정책을 돌이켜보면, 일본이 자신의 멸망을 미연에 방지하는 뜻에서도 한국의 독립을 보증하는 것이 필수 과제임을 깨달을 터이며, 나아가 그것이 동양평화로 이어지리라 기대하고 있었을 것이다. 그것은 일본 자신이 스스로 각성하는 이외에는 일어날 수 없는 일이었다. 적어도 안중근은 이토 사살이라는 행위로써 일어날지도 모르는 일본의 선의와 자성에 기대를 걸었던 것이다.

그러나 그것이 달콤한 환상에 불과했음은 미조부치 검찰관의 심문과정에서 곧 밝혀졌을 것이다. 미조부치는 반복해서 한국은 자력으로 독립할 수 없으므로 일본이 한국을 보호하고 인프라 정비나 교육 보급을 도모하고 있음을 강조했으며, 그 통치의 정당성을 안중근에게 납득시키려 했기 때문이다. 일본을 대표해 안중근과 대치하고 있는 검찰관은, 이토를 사살함으로써 안중근이 호소하려고 한 한국 독립의 가능성을 인정하지 않았을 뿐만 아니라, 오히려 보호 이상으로 일본이 직접 통치하는 것이 한국에게도 행복이며 그것이 동양에 평화를 가져오는 최선책임을 납득시키려고 했던 것이다. 이후 1910년 2월 14일 판결 언도에 이르기까지 일본 관권과의 교섭과정은 암살로 일시적 타격을 줄 수 있다 하더라도 그것은 새로운 대립의 격화나 돌이킬 수 없는 심리적 알력이나 원한을 남길 뿐이며, 반드시 암살로써 대망했던 '동양평화'가 달성되지 못한다는 사실을 좋든 싫든 깨달아 가는 과정이 아니었을까 추측해도 거의 틀림없을 것이다. 그것이 안중근으로 하여금 자신의 이력과 소신을 밝히는 자서전과 《동양평화론》을 집필하게 한 동기가 되었을 것으로 생각된다.

또 안중근이 걸었던 기대는, 동시에 그가 이토 사살 뒤에 도주도 하지 않고 염려되었던 옥중자살이라는 수단을 선택하지 않았던 이유이기도 하였다. 안중근은 이토 사살 이후 자살할 의지가 없었냐는 물음에 대하여 '우리의 목적은 동양평화를 도모하고 대한국의 독립을 기하는 데 있기에 이 목적을 달성하지 않는 동안에는 결코 죽을 생각이 없다. 그렇다고 해서 도주도 하려고 하지 않는다'5)고 의연히 응답하고 있었던 것이다.

이와 같은 '동양평화'와 '한국 독립'을 둘러싼 응수 속에서 밝혀진 것은 안중근이 말하는 '동양평화'와 일본이 주창하는 '동양평화'는 같은 말이면서도 전혀 다른 지향성을 지니고 있었다는 것이다. 이 차이를 밝혀두지 않으면 안중근의 《동양평화론》이 가지는 의의와 위상은 알 수 없을 것이다.

3. 두 개의 '동양평화'

안중근은 1909년 10월 30일의 첫 심문 이래 일관되게 '러일전쟁 당시부터 동양평화를 유지한다고 하면서' 사실 한국 독립을 훼손하여 온 이토의 부실불의不實不義를 날카롭게 비난해 마지않았다. 그러나 글귀 하나하나를 따져보면 '노국에 대한 선전 조칙'(1904년 2월 10일)에서는 '한국의 존망은 실로 제국 안위에 이어지는 바'라면서 '한국 독립'이 개전의 정당성 논거로 되어 있지 않았다. 이 조칙에서는 '한국의 안전'이 '제국의 안전'에 직결되어 있으며 '한국의 보전'에 따라 '동양의 치안'이 찾아오고, 그로써 '극동의 평화'가 달성된다고 하는 논리 구성을 취하고 있었다. 어디까지나 '한국의 독립'이 아니라 '한국의 보전'이 목적이었던 것이다. 안중근은 《안응칠역사》에서 러일전쟁 개전시 선전포고서에 '동양의 평화를 유지하며 한국의 독립을 공고하게 한다고 하였다'고 적고 있다. 이는 거기서는 '청국에 대한 선전조칙'(1894년 8월 1일)이 '제국은 이에 조선에 권하건대 그 비정秕政을 이혁釐革하여 안으로는 치안의 기반을 견고하게 하고, 밖

---

5) 《時事新報》 1910년 2월 17일자.

으로는 독립국의 권의를 다하게 하고자 한' 것을 청국이 방해하였기 때문에, 이를 바로잡는 것이 '동양의 평화'를 가져온다고 개전 목적을 밝혔던 것을 염두에 둔 것이었을지도 모른다.

그러나 한 걸음 더 파고 들어가 안중근의 의견에 따라 생각하면, 한국의 독립이라는 문제에 직결되어 있었던 것은 1904년 2월의 한일의정서였을 것이다. 거기서는 '한일 양 제국은 항구불역恒久不易의 친교를 보지保持하고 동양의 평화를 확립하기 위하여' 한국 정부가 일본 정부를 '확신하고 시정의 개선에 관한 충고를 받아들일 것'을 용인하게 하였다. 이를 보면 '한국 독립'과 '동양평화'가 밀접한 관계를 가지는 것으로서 한국에 제시되었다고 해석하는 것이 가능하였다. 아마도 안중근은 '동양평화'가 러일전쟁의 선전조칙에서 '동양치안'으로 바뀌어 있었음을 몰랐을 것이다. 만일 알고 있었더라면 일본을 포함한 동양평화론을 구상하지 않았을지도 모른다. 아니, 알고 있었기에 감히 희망을 후세에 맡기는 뜻에서 《동양평화론》을 쓰지 않으면 안 된다고 다시 생각한 것일지도 모른다.

돌이켜보면 러일전쟁 이래 일본은 이미 1900년 의화단 사건에서 8개국 연합군의 선봉으로 최다수의 파병을 행하고, '극동의 헌병' 노릇을 맡고 있었다. 그것은 일본에게 구미제국의 한 부분으로서 '극동의 치안'을 책임진다는 의식과 긍지를 주었다. 하지만 그것은 동아시아 여러 민족의 자치로 형성된 '동양평화'가 아니라 구미 대신 그 책무를 대체함으로써 치안을 확보한다는 것이며, '동양치안'을 유지하는 주체는 어디까지나 일본뿐이라는 자부심에 의지하고 있었다.

물론 일본은 '동양치안'을 대외적으로 내세운 것이 아니라 어디까지나 '동양평화'를 목표로 한다고 선전하였다. 그것은 '한국 독립'에 가장 관련이 깊은 '한국병합에 관한 조약'(1910년 8월)에서도 '양국 사이의 특수하고 친밀한 관계를 고려하고, 상호의 행복을 증진하여

동양의 평화를 영구히 확보하게 하는 것'이 된다고 강조되었다. 일본
에서 보면 지정학적인 문제와 더불어 때로는 러시아와, 때로는 중국
과 손을 잡는 한국의 외교야말로 일본의 위난을 초래하는 것이었으
며, '동양평화'를 위해서는 그 한국의 내정·외교를 모두 장악하는 것
이 필수로 간주되었던 것이다.

그러한 관점에서 '동양평화'를 볼 때, 안중근과는 전혀 다른 평가
가 이토의 사적에 대해서도 이루어지게 된다. 곧 이토 추도특집호로
간행된 《모험세계冒險世界》(1909년 11월 15일호)에서 가바야마 스케노
리樺山資紀 해군대장은 이토를 '청일·러일 2대 전역戰役의 결과 간신
히 통감정치를 보게 되며, 원훈의 수일로서 국가의 지주인 이토 공
이 몸소 나가서 난국에 대처하고 동양평화의 큰 근원을 확정하게 되
었다'고 평가하고 있었던 것이다.

이러한 '동양평화'관은 더 적극적으로 '한국병합에 관한 조서'에
서 '짐이 동양의 평화를 영원히 유지하여 제국의 안전을 장래에 보
장하는 필요를 생각하며'라 말하게 했으며, 한국의 병합이야말로 일
본의 안전을 장래에 보장하고, 그에 따라 '동양의 평화를 영원히 유
지'한다고 정당화하고 있었던 것이다.

물론 이 한국병합은 국제법의 승인을 거쳐 행해졌다. 미조부치
검찰관은 일본이 국제법을 준수하고 있으며 국제적으로 환시環視되
고 있는 가운데 불법적인 외교정책 따위는 취할 수 없음을 안중근에
게 계속 설명하고 있었다. 그 가운데서 '일본이 동양평화를 주창하고
한국을 망하게 한다든가 또는 병탄한다든가 하더라도 열국이 감시하
고 있으므로 그 같은 일을 할 수 없는 것을 알고 있는가'6)라고 안중
근에게 물음을 던졌는데, 이에 대하여 안중근은 '나는 일본이 한국을

---

6) 〈제6회 심문조서〉, 1909. 11. 24.

병탄하려고 하는 야심이 있음에도 불구하고 열국이 묵시하고 있는 이유도 알고 있다'고 냉정하게 반론하고 있다. 만국공법(국제법)이 강국에게 유리하게 운영되는 것이나, 국제법상의 인지라는 기준 또한 무력외교의 교활한 사술邪術에 지나지 않고, 결코 정의와 도리에 바탕을 두고 시행되는 것이 아님을 간파하고 있었던 것이다.

그러면서도 동시에 안중근에게 편의적인 것에 지나지 않다고 하더라도 국제법에 전혀 없지는 않을 정의에 걸고 싶다는 심정이 있었음도 부정할 수 없다. 그것은 결국 부정되었으나, 자신의 변호인을 일본 이외의 국가에서 선정할 수 있기를 바라고, 재판을 국제적으로 공개할 것을 요구한 데도 나타나 있다. 안중근은 미조부치 검찰관에게 〈인류사회대표중임人類社會代表重任〉이라는 휘호를 보냈는데, 이는 미조부치를 비롯한 사법관계자의 행위 자체가 인류사회의 역사 그 자체로서 영원히 남는 중책을 지고 있는 것에 대한 자각을 촉구한 것이었다. 또한 동시에 안중근을 포함해서 이 재판 자체가 인류사회에 중대한 의의를 가지는 것을 스스로 확인한 말이기도 하였을 것이다. 안중근의 《동양평화론》은 국제법에 대한 불신과, 그럼에도 거기에 원망願望을 걸지 않을 수 없는, 바늘구멍을 뚫는 것 같은 심정으로 집필된 것임을 짐작할 수 있다.

물론 일본에서도 한국의 독립·자주야말로 '동양평화'와 이어지는 것이라는 목소리가 전혀 없었던 것은 아니다. 청일전쟁을 '의전'義戰이라고 부르고 정당화한 우치무라 간조內村鑑三는 러일전쟁으로 일본이 주장하는 '동양평화'의 진의를 알게 되었다고 하였다. 곧 '청일전쟁 그 이름은 동양평화를 위한 것이었다. 그런데 이 전쟁은 또 한 번 러일전쟁을 낳았다. 러일전쟁도 동양평화를 위한 것이었다. 그러나 이것도 역시 또 한 번 더 큰 동양평화를 위한 전쟁을 낳을 것으로 생각한다. 전쟁은 만족을 모르는 야수이다'[7]라고 '동양평화'의 슬로건이야말로 한없이 전쟁을 낳는 원천임을 간파하고 있었던 것이다. 또, '한국의 독립'이라는 정부의 언명에 대해서도 1907년 7월 21일 '도쿄 사회주의 유지자 결의'는 '오인은 조선 인민의 자유, 독립, 자치의 권리를 존중하고, 이에 대한 제국주의정책은 만국 평민계급 공통의 이익에 반대하는 것으로 인정한다. 그러므로 일본 정부는 조선의 독립을 보증하는 언책에 충실하기를 바란다'며 일본 정부가 청일전쟁 때 언명했던 '조선 독립'의 달성에 대한 국제적 책임을 충실히 이행하여야 함을 요구하고 있었던 것도 간과할 수 없다.

그러나 이러한 약간의 사례를 제외하면, 일본은 한국병합이야말로 '동양평화'를 유지하는 근거임을 강조하며, 동아시아 국제질서의 '치안유지' 도모를 '동양평화'로 삼고, 그것을 '전통적 국책'으로 한다고 대외적으로 선전해 나갔다. 1933년 3월 국제연맹 탈퇴에 즈음하여 아라키 사다오荒木貞夫 육군대신은 '우리나라는 그 전통적 국책인 동양평화 확립의 도념道念에서 국제연맹과 서로 받아들일 수 없는 바가 있은 결과 여기에 국제연맹에서 탈퇴하지 않으면 안 되기에 이르렀다'고 훈사를 발표하여 일본의 '국책인 동양평화 확립'이 국제연맹이나 국제법의 이념과 서로 받아들일 수 없는 것임을 선언하고 있었다. 그리고 1937년 이후 중일전쟁에서는 '바야흐로 황군은 동양평화 확립을 위하여 중국 북부에, 중국 중부에, 또는 중국 남부에 눈부신 활약을 계속하고 있다'고 하여 같은 동양 민족 가운데서도 일본에 동조하지 않는 자들을 섬멸시키는 군사행동이야말로 '동양평화건설' 사업에 이어지게 된다고 국민에게 계속 설명하였던 것이다.

이러한 일본이 '전통적 국책'으로 삼은 '동양평화'의 모습과 안중근이 상상하고 실현을 바란 '동양평화'가 대척점에 서 있음은 두말할 나

---

7) 〈日露戦争より余が受けし利益〉, 1907. 11.

위도 없다. 그러면 미완으로 끝나고 만 안중근의 '동양평화론'은 어떠한 논리 구성으로 이루어지고, 어떠한 장래 세계상을 제시한 것일까.

4. 《동양평화론》의 이론 구성

《동양평화론》의 집필상황에 대해서는 구리하라栗原貞吉 전옥이 사카이 경시에 보낸 1910년 3월 18일자 서간에서 알 수 있다. 이 서신에 설명된 바에 따르면, 서문은 완성되어 이제 본론에 들어가는데, 본론은 3, 4절로 나누어지고 각 절마다 생각이 떠오르는 대로 쓰고 있기 때문에 '도저히 사형 날짜까지는' 완성될 가망이 없고, 또 질서 없는 '잡감'을 적은 것이기 때문에 '취지가 일관한 논문'이 될 수는 없을 것이라고 적혀 있다. 여기에서도 명백히 드러나듯이, 집필 시간이 한정되어 있는데다 숙려한 것을 바탕으로 완성을 기한 것이 아니었기 때문에 집필 당초부터 미완으로 끝나는 것이 숙명적으로 결정되어 있었다. 그러나 서문의 집필 시기를 '2월'이라고 안중근이 적고 있었던 것을 감안하면, 본론에 써넣을 예정이었던 사상이나 희망은 심문이나 공판정에서 진술되고, 같은 시기에 집필하고 있었던 《안응칠역사》의 기술과도 겹쳐 있다고 보는 것이 자연스러울 것이다.

이 구리하라의 서간이 진상을 전하는 것이라고 전제한 것을 바탕으로 《동양평화론》의 집필과정을 확인해 보면, 안중근은 《안응칠역사》와 《동양평화론》을 병행 집필하고 있었으며, 서문을 2월에 다 쓴 다음에 3월 15일에 《안응칠역사》를 탈고하였다. 그리하여 본론을 '전감', '현상', '복선', '문답'이라는 구성으로 쓸 구상을 세운 뒤 각 부분에 대하여 써야 할 사항을 뽑아 정리하는 작업을 계속하고 있었다. 그리하여 이 논설의 완성까지 처형을 15일 동안 연기하도록 요청하였으나 인정되지 않았고, 처형당하는 3월 26일의 2, 3일 전까지 집필을 계속하였으나 결국 '전감' 부분에서 끝난 것으로 되어 있다. 이 '전감'도 완성되었는지 중도에서 끝났는지 내용적으로는 확정할 수 없다.

또 그 집필 구상을 보자면 '현상' 분석은 '전감'과 겹쳐지는 부분이 많았을 것으로 생각되는데, 동양의 현상에서 더 나아가 구미문명과 그 식민지 통치의 현상분석에 걸쳤을 가능성이 있다. 또, '복선'이란 안중근이 앞으로 전망하는 동양평화의 사태를 밝힌 것을 바탕으로 거기까지 이르기 위한 과정이나 그 맹아적인 사상이 동양에 어떻게 존재하여 왔는지를 '복선'이라는 시점에서 발견하려는 것으로 생각된다. 그리고 '문답'에서는 '전감', '현상', '복선' 각 부분에 대하여 안중근과 반대의견을 가지는 입장의 의견을 제시하고 그것에 대답함으로써《동양평화론》의 취지를 명확하게 하여, 그 실현 가능성을 추궁하는 작업으로서 상정문답집을 예정한 것이었다고 생각된다. 그리고 그 대부분은 심문이나 공판정에서 검찰관이나 판사와의 논쟁에서 문제가 된 것, 그리고 그 가운데 안중근이 다 하지 못한 말이나 발언을 제지당한 주장을 명확하게 하여 두는 것이었다고 사료된다.

덧붙여서 말하면 안중근은 통역 소노키 스에요시園木末喜에게 동양 제국의 '분쟁의 요람'이었던 뤼순을 영세중립지대로 할 구상 등을 구술하고 있었다고 한다. 그 내용은 어떤 의미에서는 안중근다운 발상이지만, 필자 개인적인 의견으로는《안응칠역사》나《동양평화론》, 그리고 재판과정에서 나타난 발론을 반영한 것이라고는 보기 어렵고, 상이한 문맥에서 발상된 아이디어 내지 기대감의 표명이라는 인상을 지울 수 없다. 그 자체에 대해서는 다른 글에서 언급되어 있는 것으로 생각되므로, 이 글에서는《동양평화론》구성의 특질을 밝히는 것을 과제로 삼아〈여순영세지설치시행방책旅順永世地設置施行方策〉등에 대해서는 다루지 않기로 한다.

1) 천부인권론과 문명론

그러면 안중근의 《동양평화론》의 바탕이 되어 있는 개념이나 사상은 무엇이었을까.

우선 첫째로 주목할 점은 전제로서 천부인권론天賦人權論과 문명론文明論이 있었다는 것이다. 안중근은 옥중에서 쓴 〈소회所懷〉로서 1909년 11월 6일 오후에 이토의 죄악 15개조를 제출하였는데, 그 전문全文으로 자신의 세계관을 말하고 있다. 그 〈소회〉에서는 '하늘은 증민烝民을 낳아 사해삼내四海三內 모두 형제로 한다. 각자 자유를 지키고 생을 좋아하며 죽음을 싫어함은 모든 사람의 상정常情이다'라고 해서 자유와 평화를 희구하는 것은 아무도 빼앗을 없는 인간 본연의 성정이라고 단언하였다. 이 인간관 자체는 량치차오梁啓超 등의 사상적 영향을 받은 애국계몽운동 신민관新民觀 등의 영향이라는 사상적 흐름이 있다고 보아도 틀림없을 것이다. 그러나 천부인권론이라는 같은 지점에서 출발하면서도 안중근의 문명관은 당시 일본이나 한국뿐만 아니라 중국의 량치차오나 후스胡適 등이 주장하고 지배적이었던 사회진화론에 반드시 동조하지 않는 점에 그 특징이 있다.

곧 〈소회〉에서는 문명시대라고 불리는 상황에 대하여 '그 문명이란 동서양의 현우賢愚, 남녀, 노소를 막론하고 각자 천부의 성性을 지키며, 도덕을 숭상崇常하고 서로 다투는 것이 없는 마음으로 안토낙업安土樂業하여, 함께 태평을 누리는 것, 이를 문명이라고 할 것이다. 현재 시대는 그렇지 않다. 이른바 상등사회의 고등인물이 논하는 바는 경쟁의 설로서, 궁구하는 바는 살인기계이다. 고로 동서양의 육대주에 포연탄우砲煙彈雨가 그치는 날이 없다'[8]고 해서 생존경쟁이나 적자

---

8) 《日本外交文書》 제42권 제1책, 208쪽.

생존과 같은 사회진화론에 반대하는 입장을 취하고 있다.

여기서 중시되는 부분은 생존경쟁설을 신봉하고 있는 자들이 '이른바 상등사회의 고등인물'이며 강권자에 불과하다는 비판이다. 이 의견은 1880년대 일본에서 천부인권론을 사회진화론의 입장에서 볼 때 과학성을 결여한 신기루에 불과하다고 한 가토 히로유키加藤弘之에게 바바 다츠이馬場辰猪 등이 했던 반론을 상기시키는 것이다. 나아가서 살인기계의 발전이야말로 바로 근대문명이라는 견지는 서양문명 비판자로서 안중근의 모습을 부각시키는 것이다. 이 서양근대문명 비판은 가톨릭 신자였던 안중근의 가톨릭 실태에 대한 비판과도 이어지고 있다. 그것은 《안응칠역사》에 '현재 세계 문명국의 박학한 신사로서 천주 예수 그리스도를 신봉하지 않는 자는 없다. 그러나 현재는 위선의 가르침이 대단히 많다'고 적혀 있는 것으로도 알 수 있다.

일본에서도 예컨대 오카쿠라 덴신岡倉天心은 서양문명의 특징이 날카로운 기계문명이라면서 그것이 비서양세계를 압박하고 식민지화하기 위한 도구를 낳아 오지 않았느냐고 비판하였다. 오카쿠라는 안중근도 비판한 바 있는 러일전쟁에 대하여, '서양인은 일본이 평화롭고 평온한 학문과 예술에 잠겨 있었을 때 야만국으로 일컬었다. 그러나 일본이 만주의 전장에서 대살육을 범하기 시작한 이래 문명국이라 부르고 있다'9)고 그 서양문명이 지니는 야만성을 갈파하였는데, 안중근의 시점도 이와 같은 지향성을 지니는 것이다. 그는 더 나아가 '만일 우리나라(日本)가 문명국이 되기 위하여 소름끼치는 전쟁의 영광에 의존할 수밖에 없다면 우리는 기꺼이 야만인으로서 남아 있자'10)고 호소하였는데, 이것이야말로 안중근이 일본에

---

9) 《茶の本》, 1906.
10) 위의 책.

호소하고 싶었던 것이 아닐까.

어쨌든 이러한 군사강국이 문명국과 동일시되는 국제사회의 태도와는 다른 방향에서 비로소 동양평화가 달성되기를 안중근이 바라고 있었음은 의심할 여지가 없다. 그것은 《안응칠역사》에서 이토 사살의 장면을 회상하면서 '돌연히 분노가 치밀어 왔다. 어째서 이 세상은 이렇게 공평하지 않은가. 이웃 나라를 강탈하여도 흔희작약欣喜雀躍하여 조금도 꺼리는 바가 없는 사람(=이토)이 있는데도, 한편으로 아무 이유 없이 어질지만 약한[仁弱] 인종은 도리어 이러한 곤란에 빠지는가'라고 다시 분개하고 있는 것이 그를 증명하고 있다. 안중근의 동양평화론에서 빠질 수 없는 요인은 무력을 가진 국가나 사람들이 강권자로서 행동하는 것이 아니라, '어질지만 약한' 국가나 사람들을 존중하는 도의적 사회의 태도이고 세계질서이다. 그리고 '인약'한 쪽에 있는 생존권을 근거로 하여 '탈아입구脱亞入歐', 즉 일본의 우승열패의 논리에 바탕을 둔 '침아입구侵亞入歐'의 태도를 도의적 평화공존론의 입장에서 비판할 가능성이 열린 것이다.

안중근의 휘호 가운데 〈약육강식 풍진시대弱肉強食 風塵時代〉란, 병란이 끊이지 않는 시대를 낳고 있는 약육강식이란 사상 자체를 폐절廢絶하지 않는 한 세계에 평화가 찾아올 수 없다는 호소를 담은 것이다. 이는 단순한 문명비판에 머물지 않고 서양이 끝까지 제시하지 못했던 진정한 문명이란 무엇인가에 대한 성찰과 함께, 구미에 대항하여 동양에서 그것을 제기하는 것이 다음의 요청으로서 나올 터였다. 그리하여 그것을 제시하는 것이 서양문명에서는 달성하지 못했던 동양평화론을 낳을 터였다. 다만 안중근에게는 그것을 제기할 만한 시간적 여유가 주어지지 않았다.

이는 현재에도 여전히 과제로 남아 있는데, 일본에서는 아시오 광독 사건足尾鑛毒事件에서 서양문명이 가져온 재액과 싸운 다나카

쇼조田中正造가 '길은 두 가지 있다. 살벌로써 하는 것을 야수의 싸움이라 하여, 천리天理로써 하는 것을 사람들의 싸움이라고 한다'11)라고 하며, 무기로 싸우는 것이 아니라 논리로 싸우는 '무전주의無戰主義'를 주장한 사례를 들 수 있다. 이것은 무력으로 싸우면 인간은 짐승과 같게 되어 버리기 때문에 언론의 힘으로써 '권리를 위한 투쟁'을 하는 것이 중요하다는 뜻이었다. 다나카는 또한 '진정한 문명은 산을 황폐하게 만들지 않으며, 강을 황폐하지 만들지 않으며, 마을을 파괴하지 않으며, 사람을 죽이지 않을 것이다. …… 금일의 문명은 허위허식이며, 사욕이며, 노골적 강도이다'12)라고도 하며, 전쟁은 인간을 죽일 뿐만 아니라 생태계도 파괴한다고 갈파하였다. 그것은 '무전주의'라는 사고방식 속에 자연과 사회의 조화가 포함되어 있고, 그것은 전쟁이야말로 자연파괴, 그리고 인권억압을 저지르는 최악의 행위이며 반反문명이라는 지적이기도 하다.

2) 인종항쟁사관

그런데 천부인권론과 문명비판으로서 안중근의 《동양평화론》을 볼 때, 거기에는 또 하나 중요한 기축이 되고 있는 문제가 떠오르게 된다. 그것은 안중근의 논의 속에 반복해서 나타나는 인종항쟁사관人種抗爭史觀이다. 확실히 동 시대에는 앞에서 든 오카쿠라 덴신을 비롯해서 동서양의 대립을 인종적 관점에서 논하는 사조가 성행하였다. 그것은 아시아가 스스로 바란 것이 아닌 강요당한 억압에 대한 저항으로서 인종항쟁이었다. 거기에 '서양의 영광은 동양의 굴욕이

---

11) 田中正造, 1911년 6월 일기.
12) 田中正造, 1912년 6월 일기.

다'라는 역설도 생겨났다.

그리하여 이 인종항쟁사관은 안중근에게 러시아의 남하라는 배경과 더불어 그가 시베리아에서 겪은 체험도 크게 관계하고 있을지도 모르지만, 유난히 백인종인 러시아에 대한 위협감, 불신감이 전면에 내세워지고 있으며, 이는 러일전쟁이 인종전쟁이었다는 것을 강조하는 문맥에서 돌출하고 있다. 그것은 어딘지 괴이한 인상까지 준다.

그러나 필자가 스스로 정직하게 고백하자면, 안중근의 《동양평화론》 '전감'을 읽고 허를 찔린 것 같은 충격을 받았음을 부정할 수 없다. 러일전쟁 당시 중국이 청일전쟁의 복수로서 일본에 적대했을지도 모르고, 한국도 일본에 협력하지 않았더라면 승패는 어떻게 되었는지 모를 것이라는 지적 때문이다. 아마도 당시의 일본인은─그리고 현재의 일본인도─그러한 발상을 거의 해 본 적이 없을 것이다. 그것은 단순히 일본이 청에게 중립을 약속하게 한 것이나 대한제국이 사실상 보호국화에 들어가고 있었다는 것만으로는 설명할 수 없다. 안중근이 지적하듯이, 일본이 자국의 이익을 위해 국제법을 어떻게든 저버리고 있었던 사실에 비추어 보면, 중국이나 한국이 러시아 측으로 참전하여도 전혀 불가사의하지 않았기 때문이다.

분명히 러일전쟁은 교전국과 관계가 없는 중국이나 한국을 전장戰場으로 삼아 행해진 전쟁이었다. 그 와중에 한국의 보호국화는 단숨에 진행되었다. 또, 러일전쟁 개전과 동시에 중립선언을 하고 전쟁의 결과에 상관없이 만주는 중국의 주권 아래로 돌아와야 한다는 뜻의 성명을 발표한 중국 정부에 대하여 일본은 '전쟁의 결과 청국을 희생하고 영토 획득을 행하는 것과 같은 것은 추호도 (일본)제국 정부의 의도에 없는 것'이라고 하고, '귀국의 주권에 대하여 훼손을 가하는 것이 아니라는 것은 귀국 정부가 잘 이해하도록 희망'[13]한다고 언명하고 있었던 것이다.

그러나 중국에게 러일전쟁은 두 개의 제국주의 국가가 자국 영토에서 중국의 주권을 무시하고 거기에 사는 사람들을 전화戰火의 위험에 처하게 하며 전투를 벌인 사건이다. 현재에도 뤼순 등의 전적지는 '애국주의 교육지'로 지정되어 '제국주의열강은 중국을 침략하고 분할하였으며 이곳은 근대 중화민족이 강요당한 굴욕의 역사의 증거'라고 하여 기억되고 있다. 게다가 중국에게 중립을 강요한 그 전쟁의 결과 중국에 대한 영토 획득이나 주권 침해의 의지는 없다는 일본 정부의 성명이 파기된 것도 사실이었다.

그러한 역사를 돌이켜보면 안중근이 지적하는 것과 같은 사태가 일어나도 전혀 이상하지 않았을 것이다. 그러나 당시 일본 정부도 국민도 거의 그 가능성을 의심하지 않았다. 그것은 왜일까. 그것은 안중근이 《동양평화론》의 전제로 하고 있는 것처럼, 같은 인종으로서의 공통성을 무의식적으로 믿고 있었기 때문 아닐까. 안중근의 의견처럼 같은 인종이기 때문에 적대할 리 없고, 게다가 대등하게 다룰 필요도 없다는 선입견이 일본 국민에게 암묵적으로 전제가 되어 있었음을 깨닫게 된다. 그럼에도 다른 한편으로 일본인은 러일전쟁이 인종전쟁으로 평가됨을 극력 경계하고 있었다는 것 또한 사실이다. 무엇보다도 전쟁을 수행하고자 거의 모든 전비를 영국이나 미국 등의 외채에 의존하고 있었던 일본에게 황화론黃禍論의 재연은 극력 피하지 않으면 안 되는 것이었기 때문이다. 더구나 백화론白禍論 따위는 엄중히 억제되었다.

다만 그에 따라 생각해 보면 한·중·일에 의한 '동양평화'를 구축하여 가기 위한 기반이 되는 것은 지역적 근접성이라는 자연적 조건 이상으로 황색인종이라는 동일성에 의한 연대가 불가결하였

---

13) 《日本外交文書·日露戰爭 I 》, 1904. 2.

다. 그것은 러시아의 위협에는 황색인종연합으로서 대항하는 것밖에 수단이 없다고 생각되는 것이 전제가 되어 있다. 그러나 아마도 그 이상으로 문제가 된 것은 동색 인종인 일본이 청국과 싸우고 그를 패배시킴으로써 러시아를 비롯한 구미열강의 동양 침범을 초래하며, 나아가서 한국을 보호국화하는 등 연대하여야 할 동양 각국을 분열시키고 대립을 격화시키고 있는 것이었다. 안중근은 이에 위기감을 느끼고 가차 없는 비판을 한 것이었다.

그가 단순히 백인종과 황인종의 대립·항쟁을 부추기려는 의도에서 인종투쟁사관을 꺼낸 것이 아님은 문맥에서도 명백할 것이다. 곧 안중근이 인종대립, 인종항쟁을 강조하지 않을 수 없었던 것은 러시아 등 백인종에 대한 반감에서 나온 것이기도 하지만, 다름 아닌 황인종 사이의 항쟁이 스스로 백화를 불러왔다는 인식에서 나오는 것이다. 또 그렇기 때문에 같은 황인종의 식민지나 종속국이 되느니 차라리 백인종의 식민지가 되는 길을 택하는 것이 낫지 않을까 하는 선택을 고충 속에 제시하고 있었던 것이다.

그러한 뜻에서도 《동양평화론》의 '전감'이 '동종同種 이웃 나라를 박해하는 자는 마침내 독부獨夫의 환患에서 면하지 못할 것이다'라는 문장으로 끝나고 있는 것은 상징적 의미를 가진다. '독부'란 포학한 행동으로 말미암아 하늘과 인민에게 버려진 고립된 존재라는 뜻이며, 그것이 일본을 지탄한 것은 틀림없기 때문이다. 안중근의 인종항쟁사관에서 최대 비판 대상은 백인종이 아니라 '동종 이웃 나라를 박해하는 자', 즉 황인종인 일본인이라고 틀림없이 지적하고 있었던 것이다.

그리고 안중근이 일본에게 보낸 이 경구는 중국의 장빙린章炳麟이 '일본이 아직 번성하게 되지 않았을 때 아시아 제국에는 항상 작은 다툼이 있었지만 여전히 평화라고 할 만하였다. 그러나 이제는 그렇지 않다. …… 백인을 끌어들이고 동류를 깔본 자는 누구인가!'14)라고

발한 규문糾問과도 상통하는 것이며, 더 나아가 쑨원이 '우리는 결국
어떠한 문제를 해결하려고 있느냐면 압박을 받고 있는 우리 아시아
민족이 어떻게 하면 구주의 강성强盛민족에 대항할 수 있느냐는 것이
며, 쉽게 말하면 피압박민족을 위하여 그 불평등을 철폐하려고 있는
것이다. …… 금후 일본이 세계문화의 전도前途에 대하여 서양 패도의
응견鷹犬이 될지 또는 동양 왕도의 간성干城이 될지, 그것은 일본 국
민의 치밀한 고려와 신중한 채택에 달려 있다'15)라고 일본인 스스로
에 요구한 선택과도 같은 것이다.

3) 동양의 범위

그렇다면 안중근의 《동양평화론》이 말하는 동양이란 어떠한 공
간범위를 가리키는 것이며, 또 동양평화론이란 '동양평화'라는 것만
목적으로 하는 것이었을까.

이 물음에 대해서는 안중근 자신이 1909년 11월 24일 제6회 심
문조서에서 명확하게 답을 내리고 있다. 그것에 따르면 안중근이
말하는 동양이란 '아세아주亞細亞洲' 가운데 '지나(중국)·일본·한국·
샴(태국)·버마(미얀마)'를 가리킨다고 한다. 이것은 인도 등 남아시아
를 제외한 동아시아를 상정한 것인데, 아마도 중국과 책봉·조공관
계를 가진 지역을 동양으로 삼았을 것으로 생각된다. 이 점은 현재
의 동아시아공동체 논의에서 인도를 포함하느냐 마느냐가 분기점이
되어 있는 것을 상기시키는 것이다.

한편, 이 시기 일본에서는 '극동평화'라는 표현으로 중국·일본·

---

14) 章炳麟, 〈印度人の日本觀〉, 1908. 4.
15) 孫文, 〈大アジア主義〉, 1924. 12.

한국 3개국을 동양으로 삼는 것이 통례였다. 또, 1938년 고노에近衛 신체제 아래에서 주창된 동아협동체론에서도 로야마 마사미치蠟山政道가 '동양이 지역적 운명공동체라는 의미는 우선 정치적 의미다'라고 논하고, 미키 기요시三木淸가 동아협동체의 바탕에는 '동양문화의 전통과 같은 것이 아니면 안 된다'라고 상정하였는데, 모두 만주국을 포함하는 중국과 한국·대만을 포함하는 일본이 동아 내지 동양으로 간주하고 있었던 것이다. 물론 이 동아협동체는 일본의 패권을 전제로 하고 중국의 주체성을 무시한 것으로서, 장제스蔣介石, 궈모러郭沫若 등의 반대도 있었고, 동아 내지 동양으로서의 일체성이나 평화공동체로서의 의미를 확보하지는 못하였다.

일본이 버마에 이르는 공간범위를 포함해서 아시아를 정책 대상으로서 본격적으로 파악하게 된 것은 1940년대에 대동아공영권을 주창하게 된 뒤였다는 것을 생각하면, 안중근이 상정한 동양이 일본과는 크게 달랐다는, 그 시야의 넓음에 놀람을 금할 수 없다.

4) 자주독립의 평등성

이에 더하여 제6회 심문에서 안중근이 그 《동양평화론》에서 빠질 수 없는 주요한 사항에 대해 언급하고 있는 것을 간과할 수 없다. 그것은 도대체 안중근이 말하는 동양평화란 무엇인가라는 가장 근원적인 물음과 관련하는 것이며, 이에 대하여 '그것은 모든 나라가 자주독립할 수 있는 것이 평화이다'라고 명언하고 있는 점이다. 또, 미조부치 검찰관의 '그렇다면 그 나라들 가운데 1개국이라도 자주독립을 못하면 동양평화라고 할 수 없다고 생각하는가'라는 물음에 대하여 단호하게 '그렇다'라고 답한 것이다. 곧 이 문답에서 안중근이 '한국의 독립'이라는 이토 사살의 목적에서 출발하면서도 사건이 발생한 지 1개월 뒤에는 중국·일본·한국·태국·버마 등 모든 나라가 자주독립하고 상호 자주성과 평등성을 존중하는 것이 동양 평화를 뜻한다는 전망을 그리기에 이르렀다는 것이 나타나고 있다.

간과해선 안 될 것은, 이때 버마가 1886년 이후 영국의 식민지가 되어 있고, 한국 또한 병합의 길을 걷고 있었다는 사실이다. 곧 안중근은 한국뿐만 아니라 버마가 독립하는 것도 동양평화의 당연한 전제로 생각하고 있었던 것이다. 그것이 영국과의 대립을 전제로 함은 말할 나위도 없다. 그러한 입론에 즈음하여 안중근은 일본이 1902년에 영국과 영일동맹을 맺어, 영국이 '일본국에게는 그 청국에서 가진 권리와 더불어 한국에서 정치상, 상업상 및 공업상 각별히 이익을 가진' 것을 확인하고 그 이익 옹호의 조치를 취하게 되어 있었다는 것을 알고 있었을 것이다. 나아가서 1905년 8월의 영일동맹 개정에 따라 적용범위가 버마를 포함한 인도까지 확대되고, 일본의 한국에 대한 '보호권'이 확인되어 있었다. 곧 버마의 독립이란 그대로 중국이나 한국의 자주독립문제와도 밀접한 관계가 있었으며, 그것은 영국으로부터의 독립과 함께 일본으로부터의 자주독립도 의미하고 있었던 것이다. 영일동맹을 매개항으로서 생각할 때 《동양평화론》은 결코 한·중·일 3개국의 민중을 향한 동양연계론에 머물고 있는 것이 아니라, 동남아시아까지 시야에 넣은 각 민족의 평등을 전제로 한 자주독립국가의 연대론이었다고 해석되어야 한다.

또 자주독립의 평등성이라는 문제에서 안중근이 비판하고 있었던 것은 중국의 중화의식이었다. 그가 《동양평화론》의 '전감'에서 '예로부터 청국인은 스스로를 중화대국이라 일컫고 외방外邦을 오랑캐라 일러 교만이 극심하였다'고 책봉·조공 체제 아래의 계급구조를 가진 '평화'를 비판한 것도 '동양'이란 바로 그러한 계급질서에 따라 치안을 유지하여 왔다는 역사적 사실을 간과하지 않았기 때문이다. 그것은 '동양' 일반이라기보다 우선 청국이 한국을 '서쪽 번병藩屛'으로 삼아 그 자주독립을 방해하여 온 것에 대해 비판의 화살을 돌리는 것이기도 하며, 민족이나 국가로서의 평등성을 대전제로 하지 않으면 한·중·일 사이에서조차 평화가 그림의 떡이 되는 것을 잘 알고 있었기 때문으로 생각된다.

5) 동양평화에서 세계평화로

그러면 중국·일본·한국·태국·버마라는 공간범위 안에서 자주독립의 평등성이 확보되었을 때 '동양평화'는 달성되는 것일까. 두말할 나위도 없이 답은 '아니오'다. 왜냐하면 원래 안중근의 《동양평화론》은 서양문명이 '살인기계'를 낳아 약육강식의 끊임없는 싸움을 세계에 퍼뜨린 것에 대한 비판에서 출발하며, 거기에 인종항쟁사관이 짜 넣어지는 것에 대한 비판의 글로서 쓰였다고 이해하면, 그 '동양 외부'로부터의 압력을 제거하지 않으면 '평화'가 올 수 없음은 분명하기 때문이다. 당연히 안중근의 시선은 단지 동양평화에 머물지 않고 세계평화로 향하지 않을 수 없다. 아니, 단순히 시선의 확대가 문제인 것은 아니다. 그 시선 끝에 무엇을 응시하고 있었는지가 결정적으로 중요하다. 그리고 안중근이 그 시선으로 포착하고 있는 것은 국민이라기보다는 '시민'으로서의 인간존재였을 것으로 생각된다.

안중근이 세계평화의 담당자로서 국경을 넘은 시민이라는 존재를 의식한 지평에 서 있었던 것은 1910년 2월 9일 제2회 공판에서 '나는 일본 천황폐하의 선전조칙에 있는 것과 같이 동양평화를 유지하여 한국의 독립을 공고하게 하고, 일·한·청 3개국이 동맹하여 평화를 칭송하고, 8천만 이상의 국민이 서로 상화相和하여 점차 개화의 단계에 나아가고, 나아가서는 구주 및 세계 각국과 함께 평화에 진력하면, 시민은 안도하며 처음으로 조칙에 따를 것으로 생각합니다'라고 진술하고 있는 것에 주목하면 명백해진다. 물론 여기서 안중근이 '8천만 이상의 국민'이라고 말하고 있는 의미는 명백하지 않으며, 또 '시민'이라는 표현을 썼는지 여부도 통역문제도 있기에 불분명하기는 하다. 그러나 적어도 여기에서는 '국민'과 '시민'이 구별 통역되어 있을 뿐만 아니라, '구주 및 세계 각국과 함께 평화에 진력'하는 주체가 되어 있는 것이 다름 아닌 '시민'이라고 읽어내는 것도 가능할 것이다.

6) '시민'과 '인약'

안중근의 '시민'으로의 시선에 필자가 중요한 의미를 부여하고자 하는 것은 그것에 '어질지만 약한[仁弱]' 개인 존재에 도달한 안중근의 사색적 결정結晶이 있었을 것으로 생각되기 때문이다. 앞에서 지적했듯이 안중근은 '어질지만 약한' 존재로서 조선 민족을 자각하고 있었기에 교만한 존재에 대해 분개하였으며, 그것이 안중근을 움직이게 하였다. 이토 암살은 그 어쩔 수 없는 감정의 발로에서 나온 행동이었다. 거기에는 '장부가 세상에 처함이여 그 뜻이 크도다. 때가 영웅을 지음이여 영웅이 때를 지으리로다. 천하를 응시함이여 어느 날에 업을 이룰꼬. 동풍이 점점 차가워짐이여 장사의 의기가 뜨겁도다'라고 읊었듯이, 스스로의 강개에 잠겨 스스로를 영웅, 장사라 부르고 그 행동을 의거라 자찬하는 안중근이 있었던 것도 부정할 수 없다.

그러나 옥중에서 쓴 《안응칠역사》에 있는 한 구절에서는 그러한 스스로를 영웅, 장사라 믿어 비장하게 떨쳐 일어나는 안중근과는 대극적인 지점에 있는 또 다른 안중근의 모습이 부각된다. 거기에는 '자신에 어떠한 죄가 있고 어떠한 과오를 범하였겠느냐'고 되묻는 안중근이 있다. 그리고 천려千慮한 끝에 안중근은 '홀연히 크게 깨우쳐 손뼉을 치고 크게 웃으며 생각하였다. 나는 과연 대죄인이다. 나의 죄는 다름 아니라 어질지만 힘이 없는 한국인의 죄이다. 그렇게 생각하면 의심도 풀리고 마음이 편안하게 되었다'는 경지에 이른다.

이것을 어떻게 해석하여야 할까. 자신의 죄는 한국 인민의 죄이며, 나 혼자의 것은 아니라고 깨달았던 것일까. 아니, 아마도 그것과는 반대의 해석을 하여야 할 것이다. 한국 인민에게도 틀림없이 죄는 있다. 그러나 자신도 또한 다름 아닌 한국인 그 자체이며 의사도 장사도 아닌, 그러한 자명한 사실을 깨닫지 못한 채 자신의 행위만이 영웅이며 시대를 만든다는 교만을 가지고 살아온 것이야말로 자신이 범한 최대의 과오였다고 생각하기에 이르렀다는 것이 그 진짜 뜻이었으리라 생각한다. 그것은 당연히 대일본제국의 죄인일 리는 없다. 그러면 무엇이 과오이고, 왜 스스로를 대죄인으로 규정하여야 하는가.

여기서 문제가 되는 것은 '인약'이다. '인약'이란 사물을 무단武斷에 따라 가리지 않으므로 군사적으로는 취약할지도 모르나 타자들에게 자비를 베풀며 온화하다는 뜻에서 그 자체가 결코 죄일 수는 없는 처세의 길이다. 그러나 그 '어질지만 힘이 없음'에 따라 타자를 마찬가지로 '인약'으로 바꾸는 것이 본래적인 '평화'라 할 만한 것이며, '살인기계'를 구사함으로써 상대방을 굴복시켜 침묵시키는 것은 '평화'가 아니다. 이토나 일본이 행하려고 한 것은 바로 그 군사력으로 상대방을 굴복시키는 것이며, 그렇기에 이토를 암살하지 않으면 안 된다고 결단한 것이다.

그러나 그 암살이란 것이 '어질지만 약한' 자가 취할 방법이었을까. 아마도 안중근은 그 '인약'이라는 것이 가지는 의의를 자각하지 못한 채 '인약함'을 애써 감추고자 암살이라는 테러 행위를 하게 되어 버린 것이 죄라고 생각하는 지점에 최종적으로 이른 것이 아닐

까. 그 오득悟得의 경지에서 '나는 대죄인이다'라는 말이 나온 것이
아닐까. 물론 그 한편에서 안중근은 자신이 의병투쟁이라는 독립전
쟁에서 끝까지 싸우는 '의병참모중장'이며, 전쟁포로로서 국제법에
따라 재판을 받아야 한다는 주장을 버리지 않았다. 그것을 버리는
것은 지금도 여전히 싸우고 있는 의병투쟁 전사들의 존재의의를 없
애고, 그 행동을 부정하는 것이 되기 때문이다.

그러나 동양평화가, 그리고 세계평화가 정말로 달성된다면, 그것
은 결코 군사력으로 달성될 리 없다. 군사력에 의한 평화란 겹겹이
쌓인 시체 위에 이루어지는 '묘지의 평화' 그 자체이기 때문이다. 동
양평화가, 그리고 세계평화가 정말로 달성되려면 그 수단도, 그 길
도 평화 그 자체가 아니면 안 된다. 그러한 평화를 만들지 못하는
자신도, 그리고 한국 인민도 또한 그 자체로서 죄인이라는 것, 그것
이 안중근의 마지막 남긴 말이 아니었는가. 그 말을 생각할 때, 죄인
은 한국 인민만이 아님을 세계의 모든 사람들은 자각하지 않을 수
없을 것이다. 필자 또한 대죄인이다.

그러나 안중근이 사람들에게 요구한 것은 단지 죄인으로서의 자
각만이 아니었을 것이다. 죄인임을 자각하라는 것은 출발점으로 돌
아가라는 것에 지나지 않는다. 그 출발점으로 돌아가서 우리는 무엇
을 손에 넣고 다시 떠나는 것인가. 그것이 '인약'에 대한 자각이 아
닐까. '어질지만 힘이 없는' 개인이란 안중근이요, 나 자신이요, 그리
고 국적에 상관없이 인류의 일원으로서 사는 '시민'이라는 존재 그
자체도 역시 '인약'으로써 평화를 추구하는 주체가 될 수 있는 것이
다. 그것이 연구자 이전에 한 사람의 인간으로서 필자가 안중근의
《동양평화론》에서 받은 메시지임을 고백하여 두고 싶다. 그리고 그
것은 다름이 아니라 3·1독립선언서가 호소한 메시지에 그대로 이어
지고 있다고 생각하기 때문이다. 거기에는 이렇게 쓰여 있다.

2천만 함분축원含憤蓄怨의 민을 위력으로써 구속함은 다만 동양의 영구한 평화를 보장하는 소이가 아닐 뿐만 아니라, 차此로 인하야 동양 안위의 주축인 4억만 지나인支那人의 일본에 대한 위구와 시의猜疑를 갈수록 농후케 하야, 그 결과로 동양 전국全局이 공도동망共倒同亡의 비운을 초치할 것이 명明하니, 금일 오인의 조선 독립은 조선인으로 하여금 정당한 생영生榮을 수遂케 하는 동시에 일본으로 하여금 사로邪路로서 출出하야 동양 지지자인 중책을 전全케 하는 것이며, 지나支那로 하여금 몽매夢寐도 면하지 못하는 불안, 공포로서 탈출케 하는 것이며, 또 동양평화로 중요한 일부를 삼는 세계평화, 인류행복에 필요한 계단이 되게 하는 것이라. 이 엇지 구구한 감정상 문제이리오.

그리고 5·4운동의 선두에 선 '북경중등학교이상학생연합회'가 발표한 '일본 국민에게 고하는 서'에서 중국의 자존과 진정한 동양 평화의 관계에 대해 다음과 같이 호소한 것도 잊어서는 안 된다.

우리 중일 양국 국민의 지위는 평등하며, 이해는 일치하고 있다. 우리 국민은 동아의 진정한 평화와 중일 양국 사이의 진정한 우정을 도모하려면 우선 귀국 국민의 각성을 촉구하여, 함께 침략주의에 대한 반항에 일어서지 않으면 안 된다. …… 삼가 피와 눈물로써 일본 국민에게 충고한다. 각성하라, 그리고 우리나라 인민과 함께 손을 들고 함께 나아가, 이 인도의 해충, 평화의 장애인 침략파를 뿌리째 뽑아, 평화와 복지의 동아 신천지를 건설하자.[16]

그러한 한국이나 중국의 호소에 호응하듯이 3·1독립운동을 목격한 일본인 야나기 무네요시柳宗悅는 동포에게 물음을 던졌다. '우

---

16) 〈五四愛國運動資料〉, 《近代史資料》 제24권.

리와 그 이웃 사이에 영원한 평화를 구한다면, 우리의 마음을 사랑으로 씻어, 동정으로 데우는 외에 길이 없다. 그러나 일본은 불행하게도 칼을 가하여, 욕을 퍼부었다. …… 사람은 사랑 앞에 순종하지만, 억압에 대해서는 완강하다. 일본은 어느 쪽 길로써 이웃에 다가가려는 것일까. 평화가 그 희망이라면, 어찌 유치하고 어리석음을 거듭하여 억압의 길을 택하겠는가.'17)

맺음말 – 다 쓰지 못한 《동양평화론》의 의의

마지막으로 안중근의 《동양평화론》은 그 이후의 아시아에, 그리고 앞으로의 세계에 무엇을 남긴 것일까.

안중근이 《동양평화론》을 집필하고 있었던 것은 일본에서도 그 처형 소식과 함께 알려졌다. 예컨대 《시사신보時事新報》(1910년 3월 27일)에서는 '안중근 사형집행死刑執行'이란 기사 가운데 '그가 옥중에서 집필하던 동양평화론은 서문만 탈고하였으나 2, 3일 전부터 붓을 들지 않고 기도에만 잠겼다'고 전하였다. 또,《오사카매일신문大阪每日新聞》(1910년 3월 27일)은 더 상세하게 '구리하라 전옥이 사형집행을 고하여, 남기는 말이 없냐는 물음에 답해서 "내가 여기에 이르렀음은 원래 동양평화를 위한 것이기에 더 이상 유감은 없으나, 여기에 입회한 일본 관헌은 앞으로 한일의 친화와 동양평화를 위하여 진력하기를 간절히 바란다"고 말하고, 마지막으로 "교수대 위에서 동양평화 만세를 부르고 싶다"고 희망하여, 3분 동안 기도한 다음에 서서히 교수대에 올라갔다'고 그 자리에서 실제로 보지 않았

---

17) 柳宗悅,〈朝鮮人を想う〉, 1919. 5.

더라면 쓸 수 없을 것 같은 현장감 있는 내용을 특파원발特派員發 기사로 실었다. 이에 따르면, '한일의 친화와 동양평화'를 위하여 진력하여야 함을 입회한 일본인에게 유언으로서 맡기고 있었던 것이다. 본래 그 유지를 이어받는다면, 미완이었더라도《동양평화론》은 공표되었어야 할 것이다. 그러나 일본에 대한 기대와 더불어 자성을 촉구할 의논이 공표되는 일은 없었다. 근대 일본에 대한 비판을 초점으로 하고 있었던 이상, 그것은 필연의 숙명이었을지도 모른다.

그러한 가운데 안중근에게서 아키타秋田현 국회의원 오미야 에이지近江谷榮次 앞으로 옥중에서 편지가 전해졌다. 아들인 고마키 오미小牧近江는 서간이 온 경위는 불명하다고 하면서도 '어쨌든 안중근은 사형을 당하기 전에 사람을 시켜 아버지에게 편지를 보냈으며, 우리 가족들은 그가 사형당한 날 불전에 향을 올리고 명복을 빌었습니다'[18]라고 적고 있다. 오미야 에이지는 흑룡회黑龍會의 우치다 료헤이内田良平 등과도 줄이 닿아 있었고 한일병합운동과도 관계를 가지고 있었기 때문에 안중근이 무엇을 오미야에게 전하려고 하였는지 그 내용은 알 수 없지만, 옥중에서 일본으로 서간을 보내는 것이 가능하였다면, 어떠한 형식으로《동양평화론》의 취지가 이 이외에도 서간으로서 전해졌을 개연성은 남아 있다.

그렇지만《동양평화론》이 공개된 것은 1979년에 들어서였으며, 안중근의《동양평화론》자체의 소재조차 알려진 바 없었기 때문에, 직접적인 호응관계나 사상의 연쇄반응이 생기는 일은 없었다. 그러나 사상의 흐름이란 직접적인 계승관계가 없음에도 거기에 상통하는 사상이나 지향이 존재하는 것에 착목하는 방법적 시각을 뜻하는 것이다. 그런 의미에서 안중근의 문명비판이 '살인기계의 철폐'에 있

---

18)《ある現代史》, 法政大學出版會, 1965, 16쪽.

었던 이상, 그것은 군비철폐 요청으로 이어지는 것은 당연한 이치일 것이다. 또, 그의 문명론의 전제에는 일본의 자유민권운동을 배운 량치차오와, 그리고 그것을 이어받으면서 애국계몽운동을 펼칠 안창호安昌浩 등이 창도하는 천부인권론의 사상적 흐름을 계승한 개인의 자유·평등의 사상이 있었다면, 그것이 더 나아가서 국가의 울타리를 넘은 '시민'이라는 초국가적 시민의식으로 확대되어 가는 지향성을 알아차리는 것도 불가능하지 않았을 것이다. 이 사상의 흐름이 일본에서는 헌법 9조로서 결실을 맺었다고 필자는 생각하지만, 물론 그것이 내실을 갖춘 것이 되려면 아직도 많은 시일을 요할 것이다.

안중근의 '백조의 노래'인 《동양평화론》은 미완으로 끝났다. 그러나 그것이 미완이라는 사실은 완성 이상으로 중요한 의미를 가질 수 있다. 왜냐하면 안중근의 《동양평화론》은 '쓰지 못한 장'을 가짐으로써, 미래 세대가 자유롭게 그 여백에 이어 써 갈 수 있도록 감히 백지로 맡겨진 것으로서 우리 앞에 있다고 생각할 수도 있기 때문이다. 그리고 미완으로 끝남으로써 거기에 배태되어 있을 터인 의논에서 쓰지 못한 본론을 추측하여 가는 작업을 반복해서 시도하여 가는 것은 후대에 태어난 자의 책임이기도 하다. 그것은 일찍이 두 개의 민족의 대립이란 비극이 낳은 것이라는 숙명을 지고 있더라도, 결코 끝없는 대립이나 알력을 반복하고자 존재하는 것이 아니라, '친화와 평화'라는 두 가지를 희망으로서 지향할 가능성의 책으로서 시대와 공간을 넘어 다가올 세대에게 맡겨져 있음에 틀림없다.

그것은 안중근이 희구한 '동서양의 육대주에 포연탄우가 그치는 날'을 목표로 한다는 '인약'이기는 할지도 모르지만, 그러나 힘찬 뜻으로 뒷받침된 꼭 이루어야 할 일로서 이어 받아 가게 될 것이다.19)

---

19) 번역: 고바야시 다쿠야(서울대학교 국사학과 박사과정)

안중근 의사의 동양평화론의 현대적 의의
-새로운 '동아시아공동체' 구상의 선구자-

마키노 에이지

시작하며

본론에 들어가기 전에, 필자는 철학자의 처지에서 이 발표 주제의 의도와 고찰방법에 대해 간단히 서술해 두고자 한다. 먼저 이 글의 목적에 대해 말하자면, 우선 역사철학적 관점에서 안중근 의사의 '의거'를 추모하고, 그의 유고遺稿《동양평화론》의 현대적 의의를 밝힌다. 다음으로 문화철학적 관점에서 역사이야기론narrative theory의 방법을 취한다. 한국에서 안중근은 구국의 의사義士로서 이야기되어 왔다. 이와 달리, 오늘날 일본에서는 거의 이야기되지 않는, 동일한 인물의 탁월한 역사적 의의에 대해 말해야 하는 필요성을 분명히 한다.[1] 더욱이 필자는 본인 개인사의 관점, 동아시아 역사라는 공동체적 관점, 그리고 인류사라는 세 관점에 따라 안 의사의 '의거' 및

---

1) Martin Jay, *Force Fields: Between Intellectual History and Cultural Critique*, London/NewYork, 1993, 179쪽.

《동양평화론》의 기억memory을 세계와 공유하는 것을 시도한다. 마지막으로 이들 목적을 달성고자 정치철학·법철학의 관점에서 독일 철학자 임마누엘 칸트가 제창한 '영원평화론'을 실마리로 하여, 실현해야 할 '동양평화' 및 바람직한 '동아시아공동체' 구상의 21세기적 의의를 해명한다.

1. 개인사와 '역사 기억'의 이야기론

20세기의 가장 뛰어난 역사가 가운데 한 사람인 카E. H. Carr는 '역사란 무엇인가'라는 질문에 대해 다음과 같은 유명한 견해를 피력하였다. '역사란 역사가와 사실 사이 상호작용의 끊임없는 과정으로, 현재와 과거 사이의 끝없는 대화이다.'[2] 카의 역사철학정신이라고도 부를 수 있는 이 견해는 이 고찰을 진행하는 데 몇 가지 유익한 시사점을 준다.

첫째, 100년 전 목숨을 건 안중근의 '의거'와 유고《동양평화론》의 의의를 고찰하는 것은 100년 전의 과거 인물과 100년 뒤의 현대인 사이의 '대화'로, 그 두 정신精神 사이 '상호작용의 끊임없는 과정'이다. 둘째, 필자는 이 '대화'를 현대의 역사이야기론으로 파악하고, 우선 안 의사와 필자 개인 사이의 '대화'로서, 하나의 '역사 기억'을 상기해 본다. 그것은 안중근 의사와 필자를 묶는 세 개의 '기억의 장'에 관한 이야기이다. 셋째, 필자의 견해로는, 역사는 과거와 현재의 대화에 그치지 않고, 동시에 미래를 여는 구실을 한다. 따라서 이

---

2) E. H. Carr, *What is History?*, London: Macmillan, 1961(E. H. カ− 著, 清水幾太郎 訳, 《歷史とか何か》, 岩波書店, 40쪽).

글에서 필자는 과거, 현재, 미래라고 하는 세 개의 역사적 차원에서 과거의 일을 이야기하고, 더욱이 미래 세대를 향한 시점에서 안중근의 '의거' 및 '동양평화론'의 21세기적 의의를 밝힌다.

우선 개인사의 입장에서 첫째 '기억의 장'에 들어가 보도록 하자. 필자는 현재 근무하는 호세이法政대학과 안 의사의 특별한 관계를 지적하고 싶다. 맨 처음 얘기했듯이, 이 글의 키워드는 '기억'이라고 하는 단어다. 일반적으로 '기억memory'은 개인의 의식이라든가 마음속에서 일어나는 일이라고 이해되어 왔다. 그러나 최근의 사회심리학 연구를 바탕으로 하여 말하면, '기억'은 개인의 기억, 공동체나 민족의 기억(지역이나 지방의 일화 전승 등), 또는 국가의 기억(역사나 역사교과서의 기술 내용), 그리고 국경을 초월한 인류의 기억(세계사) 등으로 구분할 수 있다. 그리고 기념물이나 전시회, 안중근의사기념관, 다이린지大林寺, 아우슈비츠, 난징, 히로시마, 나가사키 등은 '역사 기억의 마당'으로서, 개인, 지역사람들, 민족, 국가, 인류 전체에 이르기까지 '기억을 되살리고 계승하는 마당'으로서 중요한 의미를 가진다.

필자는 우연히 자신의 기억과 대면하는 운명과 만났다. 그것은 미즈노 기치타로水野吉太郎라는 인물의 존재이다. 1909년 10월 26일, 하얼빈에서 안 의사가 이토 히로부미를 사살한 사건의 재판에서 안 의사의 관선변호사로 일했던 미즈노 기치타로는 법정대학 졸업생이었다. 그는 뤼순의 법정에서 안중근을 다음과 같이 변호하였다. 이 사건은 한국의 형법으로 재판해야 하며, 거기에 해당하는 조항이 없으므로 피고는 무죄가 타당하다. 그리고 안중근의 행위는 일본의 에도시대 막말幕末의 이이 나오스케井伊直弼 암살이나 메이지시대의 오쿠마 시게노부大隈重信 암살미수 사건, 영국공사관 방화 사건 등에 비추어 볼 때, 나라를 걱정하여 거짓 없는 진심을 가지고 행했다는 점에서 막말의 지사志士와 다르지 않은, 존경스런 행위이다. 실제 이토 히로부미도 그 자신이 번藩의 가로家老를 암살하는 사건을 일으켰다. 그래서 미즈노 변호인은 일본 형법으로 재판할 경우에도 살인죄로는 가장 가벼운 징역 3년이 타당하다고 주장하였다.[3]

필자와 안 의사를 묶는 두 번째 '역사 기억의 마당'은 안 의사가 암살한 이토 히로부미와 법정대학의 관계이다. 그리고 안 의사와 이토 히로부미를 연결하는 인물은 우메 겐지로梅謙次郞였다. 우메 겐지로 박사는 메이지시대 일본을 대표하는 가장 저명한 민법학자이다. 그는 초대 내각 총리대신 이토 히로부미에 협력하여, 초대 한국통감이었던 이토 히로부미가 일본의 한국 식민지 지배를 원만하게 진행할 수 있도록 한국의 사법제도와 민법전民法典의 제정에 힘썼던 인물이었다.[4]

우메 겐지로는 당시 동경제국대학 교수인 동시에 화불법률학교和佛法律學校 총장으로도 근무하였다. 이 화불법률학교가 훗날의 법정대학이다. 말하자면 우메 박사는 필자가 근무하는 법정대학의 선배 교수였다. 법정대학은 1880년(메이지 13)에 설립되어, 1903년(메이지 36)

---

3) 満州日日新聞社 編,《安重根事件公判速記錄》, 1910, 160쪽. 이 사건의 공판속기록은 1910년 3월 26일 처형 다음날 인쇄되어 28일에 발행되었다. 그 가운데 한 책이 이미 다음달 4월에 호세이대학도서관에 기증되었다. 필자의 연구실이 있는 같은 건물 지하에는 공판속기록이 지금도 보존되어 안 의사의 혼이 필자를 매일 부르는 것처럼 느끼지 않을 수 없다.

4) 李英美 著,《韓国司法制度と梅謙次郎》, 法政大学出版局, 2005, 2~86쪽, 103~165쪽. 이 책에서는 안 의사와 이토 히로부미의 관계는 언급되어 있지 않으나 우메 겐지로와의 인연으로 법전 편찬을 위해 편성된 습관조사팀의 전속 조사원은 전원이 법정대학 졸업자임을 분명히 하고 있다. 이 사실은 법정대학 졸업생이 우메 겐지로 영향 아래에서 한국 식민지 지배에 적극적으로 관여하였음을 보여주는 증거이다(위의 책, 111~114쪽). 메이지시대에는 척식대학拓殖大学에서 전형적으로 보이는 바와 같이, '아시아에서 일하는 인재의 육성을 목적으로 한 타이완협회전문학교台湾協会専門学校'로서 이 대학이 설립되어, 일본의 제국주의 지배의 일익을 일본의 많은 대학이 맡았다. 다쿠쇼쿠拓殖대학의 창설자는 가쓰라 다로桂太郎이다. 그는 총리대신 재직 기간에 한국병합과 대역 사건이라 부르는 민주주의자와 사회주의자 탄압을 한 인물이다.

에는 전문학교령에 따라 법정대학으로 명칭을 바꾸었고, 초대 총리
(총장)에 일본 '민법의 아버지'로 얘기되는 우메 박사가 취임하였다.
한편 법정대학의 졸업생 가운데 한 명이 안중근의 관선변호사로서
일하며 안 의사의 무죄를 주장한 미즈노였다.

요약하자면 안중근과 이토 히로부미, 이 두 사람의 운명적 만남의
배경에는 필자가 근무하는 호세이대학이 한국과 일본 양국을 묶는
'역사 기억의 장'으로서 개재하고 있다. 거기에는 이토에 협력한 우메
겐지로와 이토 암살의 주인공 안중근을 변호한 미즈노 기치타로라는
두 사람의 인물이 존재하였다. 이 두 사람의 생애는 실로 대조적이었
다. 두 사람이 관계한 호세이대학에 재직하는 필자는 동아시아 역사
속에서 살고 있는 한 사람으로서, 그리고 일본인으로서, 한국 사람들
을 향해 무엇을 얘기하고 무엇을 해야만 하는가를 자문자답하였다.

그 결과 '역사 기억의 마당'에서 연구하고, 교육하는 인간으로서
올해 3월 26일에 호세이대학도서관 소장의 《안중근사건공판속기록》
복각판復刻版을 제작하여 한국에 가지고 갔고, 이 '역사 기록'을 안중
근의사숭모회 및 기념관에 기증하였다. 이 공판속기록은 안 의사 사
형 1개월 뒤에 호세이대학에 기증되었고, 이미 99년이 경과하여 파
손이 눈에 띌 정도였다. 그래서 복각판의 제작에 나서 사진을 포함
한 복원 작업을 하였다. 이 공판속기록은 일본인, 아시아인, 그리고
인류에 오래도록 귀중한 유산으로 남겨야만 한다고 생각한다. 이 책
은 안중근이라는 한 인간이 자신을 희생하면서 제국주의 국가 일본
의 전쟁범죄를 국제사회에 호소하려고 한 '역사 기록'이자 '역사 기
억의 마당'이기도 하기 때문이다.

세 번째 '역사 기억의 마당'은 일본사에서 거의 잊힌 치바 도시
치千葉十七의 이야기를 '역사기억'으로서 많은 사람들의 마음에서 사
라지지 않게 하는 것이다. 미야기宮城현 구리하라栗原시 출신의 육군

헌병이었던 치바 도시치는 뤼순의 감옥에서 안 의사가 사형되기까지 간수 임무를 맡고 있었다. 이 두 사람의 사이에는 일종의 우정이 싹 터 치바는 안 의사를 마음 깊이 존경하게 되었다.

그런데 여기서 먼저 지적하고 싶은 것은 단지 이 사실을 상기하는 것이 아니라, 안 의사와 치바 사이의 희귀한 교우관계를 '기억 계승'하는 과제이다. 그것은 장기간에 걸쳐 한국·한(조선)반도를 식민지배하고, 한국 국민을 억압하고 학대한 일본인의 역사적 의무에 속한다. 오늘날에도 생각 없는 일본인은 한국인이나 재일한국인, 한(조선)반도에 사는 사람들에 대해 근거 없는 편견을 가지고 차별하고 있다. 치바의 뛰어난 점은 안 의사의 이토 히로부미 사살이라는 행위가 개인적인 원한이 아니라 애국·구국을 위한 저항운동이고, 사랑하는 가족과 미래 세대의 민족을 구제하려던 의거였다는 것을 자각하고 있었다는 점이다. 더욱이 치바 도시치는 한국을 점령지배한 가해자 측으로서, 그에 대한 책임으로 생애 내내 유묵遺墨을 계속 받들고 안 의사와 한국 국민에 사죄하는 죄책감을 가졌다는 점이다.5)

치바는 간수로서 안 의사를 감시하는 가운데, 자기를 희생하여 조국과 한국 국민의 해방을 실현하고자 했던 안 의사의 고매한 정신과 숭고한 인간성, 그리고 평화사상에 깊이 감동하여 한국 국민을 지배했던 인간보다도 지배받은 인간이 훨씬 뛰어나다는 것을 인식하였다.6) 이러한 뜻에서도 일본인은 억압자의 비인간성을 깊이 반성·

---

5) 안중근 의사에 대한 치바 도시치의 회개와 반성의 생각은 안 의사의 유묵 〈爲國獻身軍人本分〉을 그가 평생 경배했다는 사실에 더해, 이 유묵이 치바의 유족의 손에 의해 한국에 돌아갔다는 점에서도 계승되고 있다. 鹿野琢見 著, 〈安重根と千葉十七〉, 《法のまにまに》, 海竜社, 1982, 179~198쪽; 斎藤泰彦 著, 《わが心の安重根 千葉十七·合掌の生涯》, 五月書房, 1994 참조.

6) 安藤豊禄 著, 《韓国わが心の故里》, 原書房, 1984. 안도安藤는 이토 히로부미와 함께 저격된 만철필두満鉄筆頭 이사 다나카 세이지로田中清次郎와 대화한 기억을 다음과 같이

사죄하고 지배자와 피지배자의 화해를 기원한 치바 도시치의 유지遺
志로부터 배워, 일본인에 의한 민족차별이나 편견을 없애 지구상의
모든 인간이 자유롭고 평등한 사회, 인간의 존엄이 실현되는 세계를
건설할 책무가 있다.

다음으로 지적하고 싶은 것은 치바가 안 의사로부터 받은 유묵을
매개로 하여, 두 사람의 관계에 대한 기억과 자신의 반성이나 죄책의
기분을 다음 세대에 계승해야 한다는 깊은 자각을 가지고 있었다는
점이다. 그리고 치바는 그것이 다음 세대에 계승되는 것을 마음 깊이
기원하고 있었다고 생각한다. 치바 집안의 유족이 안 의사의 유묵을
한국에 기증한 것도 그의 유지를 이해하여 그것을 다음 세대의 사람
들에게 계승해야 한다고 생각했기 때문일 것이다. 치바 도시치의 보
시사菩提寺인 다이린지에서는 약 30년 전부터 현재까지, 매년 9월에
안 의사와 치바의 법요식이 행해진다. 필자도 빠짐없이 이 행사에 참
가하고 있다. 여기서도 '역사의 기억'을 계승해야 하는 '세대간 윤리'
의 의의와 다이린지에 모인 한일관계자가 '역사 기억을 계승하는 마
당'을 유지하고자 하는 행위의 중요성을 지적하고 싶다.[7]

기록하고 있다. '통상적으로는 가장 증오할 만한 환경에 있던 인물이다. 다나카는 '그
대가 지금까지 만났던 세상 사람들 가운데 일본인을 포함해 누가 가장 훌륭하다고 생
각하는가'라는 내 질문에 대해, 일언지하에 '안중근이다'라고 단언하였다. '유감이지만'
이라는 한 마디를 덧붙여.'(위의 책, 17쪽)
7) 최근의 기억할 만한 행사로는 2007년 9월 7일에 미야기현 구리하라시에서 개최된 다
이린지와 안중근의사숭모회 주최 〈日韓親善学術講演会〉가 있다. 여기서 김호일 안중근
의사기념관관장의 〈安重根の夢 大韓独立と東洋平和〉와 필자의 〈日韓の歴史の新たな歩み
のために−安重根義士と歴史の記憶の場−〉, 이 두 강연이 있었다.

2. 안중근 의사의 '동양평화론'과 칸트의 '영원평화론'

다음으로 안중근의 마지막 작품《동양평화론》과 18세기 독일 철학자 임마누엘 칸트Immanuel Kant의 《영원평화론永遠平和論》을 비교 고찰하고자 한다. 현 시점에서 두 사람의 평화론을 비교 고찰한 연구자는 전 세계적으로 없다. 그래서 우선 간단하게 두 평화사상가의 상이점을 확인하고, 다음으로 양자의 공통점을 밝히고자 한다.

칸트철학은 메이지시대에 일본의 근대화와 함께 번역 소개 되었다. 메이지시대의 일본에서 칸트는 석가, 공자, 소크라테스와 함께 '사성인四聖人'의 한 사람으로 간주되기도 하여, 현실사회나 정치에 관심 없는 학자라는 인상이 정착하였다.8) 그는 평생 독신이었고, 대학교수로 일한 뒤 은퇴하였다. 따라서 칸트가 쓴《영원평화론》도 세상을 알지 못하는 철학자의 이상론에 지나지 않는다는 오해가 오랜 기간 지배하였다. 칸트는 18세기 독일인으로 1795년(71세)에 《영원한 평화를 위하여Zum ewigen Frieden》를 집필하고 노환으로 1804년 81세의 나이로 사망하였다.

---

8) 2004년에는 칸트 사후 200년 기념행사가 세계에서 개최되었다. 그때, 현 한국인 사무총장이 근무하는 국제연합UN의 이념은 칸트의 《영원평화론》에 있다고 하는 논의가 활발하게 행해졌다. 최근에는 일본에서도 칸트 영원평화론의 재검토, 재평가가 진행되어 수 년 전 칸트 문학자 이케우치 오사무池内紀의 영원평화론 번역서가 간행되었다. 이 책의 띠지에 세토우치 자쿠초瀨戸內寂聴 선생이 '칸트의 생각과 석가의 가르침이 너무나 똑같아 놀랐다. 전쟁 절대 반대, 생명 예찬의 사상이야말로 영원하다'고 쓰고 있다. 안 의사의 평화론과 칸트의 영원평화론이 필자의 생각과 같이 중첩되는 것이라면 안 의사의 평화론에도 석가의 가르침과 겹치는 생각이 있다고 얘기할 수 있다. 실은 칸트 탄생 200년인 1924년(다이쇼 13년)에 불교도 가메타니 세케龜谷聖馨가《仏陀の最高哲学とカントの哲学》라는 책을 간행하였다. 저자는 화엄철학의 입장에서 칸트의 영원평화론의 의의를 다루고 있다. 필자는 불교도가 대다수를 점하고 있는 일본인에게 더욱 칸트의 평화론과 안 의사의 평화론의 숭고한 이념을 전할 필요가 있다고 강하게 느낀다.

한편, 안중근은 일본의 점령 지배에 목숨을 걸고 싸운 영웅으로, 용감한 군인이었다. 그는 1910년 3월 15일부터 처형되기 직전의 10일 동안이라는 지극히 짧은 기간에《동양평화론》의 '서序'와 '전감前鑑', 즉 서론과 제1장 부분을 집필하고 세상을 떴다. 향년 30세(만 나이)였다.

이와 같이 두 사람은 살았던 시대라던가 생활환경, 조건과 행동양식이 완전히 달랐다. 따라서 지금까지 오랜 기간 정치철학, 법철학, 국제정치학 등의 여러 영역에서 안중근과 임마누엘 칸트의 평화론 사이에는 조금의 공통점도 없다고 생각해 왔다. 분명 지금까지의 견해에서 그와 같이 생각했다고 해도 전혀 이상한 것이 아니다. 그러나 두 사람의 평화철학자 사이에는 놀랄 정도로 공통점이 있다.

안중근의《동양평화론》은 그가 처형되기 직전의 단기간에 '서'와 '전감'의 제1장 부분만을 집필했기 때문에, 그의 평화론의 전체상을 파악할 수 없다.[9] 그러나 남아있는 글을 읽는 것만으로도 기본 구상

---

9) 많은 문헌이 제1장의 논술도 완성되지 않았다고 해석하고 있으나, 안 의사는 '서'와 제1장에 해당하는 부분 '前鑑 一'을 완성하였다는 해석도 있다. 예를 들면, 한석청韓碩青이 쓴《안중근》(金容権 訳, 作品社, 1996, 第二部, 353쪽)을 참조.

분명《동양평화론》은 위의 이유에서 전체상을 파악할 수 없다. 원문이 한문인《동양평화론》은 일본 책 크기로 4쪽 정도의 '序'와 '동양평화론 목록'에 한 줄씩 '前鑑 一', '現状 二', '伏線 三', '問答 四'로 기록되어 본론은 총 4장으로 구성되었다. 그러나 실제로 서술된 것은 필자도 확인한 바와 같이 '前鑑(제1장)' 부분까지다. 그러나 남겨진 문장이나 목차에서도 기본 구상은 어느 정도 추측할 있다. 市川正明 著,《安重根と朝鮮独立運動の源流》(原書房, 2005, 172~191쪽)를 참조. 이치가와의 책에 수록된《동양평화론》'전감'은 일본어판으로 9쪽 반 분량으로 끝난다. 그런데 그의 책이 완성되기 직전인 9월 8일에《세카이世界》10월호(2009년 9월 8일 岩波書店)가 발행되었는데, 그 가운데 〈이토 히로부미 암살 100년 안중근의 '동양평화론'(伊藤博文暗殺百年 安重根 '東洋平和論')〉(訳者 伊東昭雄)을 제목으로, 〈그는 어째서 이토 히로부미를 노린 것인가? 처형 직전까지 쓰고 쓴, 일한청(중국) 민중을 위한 '동양' 연계구상. 한문에서 처음으로 번역〔彼は、なぜ伊藤博文を狙ったのか？ 処刑直前まで書き綴った、日韓清(中国)民衆に向けた'東洋'連携の構想。漢文から初めて翻訳〕〉을 편집부가 강조하고 있다. 필자로서는 이 시기에

을 어느 정도 추측할 수 있다.

안중근은 '서' 가운데서, 제국주의 시대에는 중국, 한국, 일본의 삼국이 연대하고 단결하여 유럽열강의 식민지 지배에 대항할 필요성 을 역설하였다. 다음으로 제1장에 해당하는 '전감'에서는, 당시 중국 과 일본 사이의 정치적·군사적 대립(청일전쟁), 러시아의 극동정책을 중심으로 하여 중국, 일본과의 정치역학의 상황을 분석하고, 러·일 의 군사적 긴장이 한국의 주권을 위기에 빠지게 할 위험성을 지적하 였다. 그는 그것만이 아니라 이 혼란을 틈타 서양 열강의 아시아 전 체 식민지화라고 하는 최악의 사태를 걱정하고 두려워하였다. 요약 하자면 안중근은 백인의 동아시아인 지배에 대해 강한 위기감을 가 졌던 것이다. 마지막으로 안 의사는 일본의 군국주의정책이 대륙과 한국에 대한 식민지 지배를 본격적으로 나설 위험성에 대해서도 정 확하게 지적하였다.

안중근은 그 밖에도 구체적인 평화를 위한 전략을 제기하였다. 그는 뤼순을 영세중립지로 하여, 관련국가들의 상설위원회 설치를 제안하였다. 주요 논점만을 대략적으로 들면 아래와 같다.

안 의사의《동양평화론》전문全文이 월간지에 의해 일본어로 일반 독자에게 읽히는 기 회를 가지게 된 것을 매우 기쁘게 생각한다. 이 기회에 안 의사의 평화사상이 편견 없 이 일본인에게 널리 읽힐 것을 크게 기대하고 있다.

그러나《세카이》편집부는 중대한 사실오인을 하였다. 그것은《동양평화론》이 '한문 을 처음으로 번역'되었다고 선전하는 점이다. 한문 원문의 일본어 번역은 이미 두 종류 가 존재한다. 먼저 中野泰雄,《安重根 日韓関係の原像》(増補版, 亜紀書房, 1991, 208~220 쪽)에는 서문과 본문 전부가 번역 게재되어 있다. 斎藤充功,《伊藤博文を撃った男 革命義 士安重根の原像》(時事通信社, 1994, 114~120쪽)에는 '역자불명'으로 본문의 전체 번역을 싣고 있다. 필자는《세카이》발행 당일에 편집부에 이 사실을 직접 전화로 전하고 수정 등의 대응에 대해 조언하였음을 부언해 둔다.

뤼순영세중립지 설치 시행방안[10]

① 삼국의 동양평화회의 조직

② 공동은행 설립, 공동화폐 발행

③ 조직기구의 확대

④ 영세중립지 뤼순 보호

⑤ 평화군 육성. 각국 청년 모집, 적어도 2개 국어 교육

⑥ 공동경제발전

⑦ 국제적 승인. 삼국의 리더를 로마 교황이 대관大觀

⑧ 한국·중국에 대한 일본의 침략 만행 반성 등

　안중근의 이 주장에는 당시의 국제정세, 특히 동아시아에 대한 유럽열강의 위협, 침략정책을 강화하는 러시아와 일본에 대한 강한 경계심과 함께 동아시아의 평화를 위한 이념, 전략, 그리고 전술이 보인다. 그리고 위의 평화를 위한 기본방침과 전략은 뒤에서 서술하는 바와 같이 21세기 동아시아의 현 상황과 안전보장이라는 과제에 매우 시사적이다. 더욱이 동아시아의 평화와 안정을 보장하려면, 중국·한국 및 한(조선)반도·일본, 삼국의 상호 신뢰에 기반을 둔 국가 간 제휴가 필요하다는 주장에 오늘날 이 국가들의 국민은 적극적으로 귀를 기울여야 한다. 그리고 '중립지 설치' 제안과 이중언어사용자bilingual 언어교육 실시, 평화군 육성과 공동화폐 발행 제안 등은 이미 '유럽연합EU'이 부분적으로 실행하고 있는 정책으로, 매우 현

---

10) 위의 각주 7)에서 소개한 김호일 안중근의사기념관 관장의 〈安重根の夢−大韓独立と東洋平和〉(《日·韓親善学術講演》, 2008, 3~14쪽)참조. 安重根義士崇慕会·安義士紀念館 編, 《日本語版 大韓国人 安重根》(20쪽), 그리고 満州日日新聞, 《安重根事件公判速記録》(大連, 1910, 5~8쪽, 29~32쪽, 37~39쪽, 91쪽, 103~106쪽, 172~177쪽), 斎藤充功 著, 앞의 책(113~120쪽)도 참조.

실적이고 구체적인 '평화'를 위한 제안이다. 안중근의 '동양평화론' 구상은 그가 항일운동·반식민지투쟁의 선두에 서서, 최전선에서 문자 그대로 목숨을 걸고 싸우는 가운데 감옥 속에서 단기간에 저술한 것만으로도 더없이 중요하다.

그럼 칸트의 영원평화론은 어떤 주장이었을까? 칸트 평화론의 기본 이념, 전략, 전술은 다음과 같다. 우선 칸트는 '영원평화'를 인류가 실현해야 할 '최고의 정치적 선善'이라고 분명히 말하였다.11) 그리고 칸트는 '영원평화'의 실현을 위해 다음 6개조의 '국가간 영원평화를 위한 예비조항' 및 3개조의 '확정조항'을 제안하였다. 더욱이 다음의 '예비조항'은 국가간의 진정한 평화를 실현하려면 실현되어야만 하는 6개의 필연적 조건이 정식화된 것이다. 더욱이 '확정조항'은, 국가간의 평화는 기초가 새롭게 만들어진 국제법에 따라 보장되어야 한다고 주장하는 칸트 법철학의 요청이다.

칸트에 따르면 각 예비조항의 의미는 다음과 같다.

① '장래 전쟁을 일으킬 것 같은 재료를 몰래 보유하고 체결된 평화조약은 결코 평화조약이라 간주되어서는 안 된다.' 이것은 열강에 의한 동아시아 여러 나라, 특히 청과 한반도의 분할지배를 금지하는 사항이라고 해석할 수 있다. 실제 칸트에게도 평화는 단지 전쟁이 실제로 일어나지 않는 것, 따라서 전투상태가 아님을 뜻하는 것만이 아니었고 '모든 적대행위의 종결을 의미한다.'

② '독립해 있는 어떠한 국가도 (그 크고 작음은 여기서 문제되지 않

---

11) 임마누엘 칸트 저, 《永遠平和のために》(牧野英二 他編, 《カント全集》, 岩波書店, 全22卷, 別卷1, 第14卷, 247~315쪽). 칸트의 저서 《人倫の形而上学》 제1부에서는 '영원평화의 확립과 그것을 위해 구제가 없는 전쟁 수행에 종지부를 찍기 위해서 가장 적절하다고 생각되는 체제를 목표로 하여 노력하지 않으면 안 된다'(《カント全集》, 岩波書店, 第11卷, 207~208쪽)라고 칸트는 명확히 주장하고 있다.

는다) 계승, 교환, 매수, 또는 증여로써 다른 국가의 소유가 되지 않는다.' 필자의 견해로는 이 기술은 일본에 의한 '한국병합'을 금지하는 사항이라고 해석할 수 있다.

③ '상비군은 서둘러 폐지해야 한다.' 이것은 메이지 정부의 부국강병책이 한국과 청 등 다른 나라의 지배로 귀결된 역사의 귀결을 예견하고 있다. 그뿐 아니라 이 견해는 오늘날 재군비再軍備를 금지한 일본 헌법 9조를 준수해야 한다는 견해와 일치한다.

④ '국가의 대외 분쟁과 관련하여 어떠한 국채國債도 발행돼서는 안 된다.' 칸트의 이 주장은 안중근 의사가 이토 히로부미를 사살한 이유인 15개의 죄상 가운데 하나였던 '2천 3백만 엔 국채 발행'의 죄상과 일치한다. 덧붙여 전전戰前 일본 군국주의의 중세重稅정책에 대한 비판이라고 해석할 수 있다.

⑤ '어떠한 국가도 폭력으로써 다른 나라의 체제 및 통치에 간섭해서는 안 된다.' 이 견해는 국제법에서 볼 때 국가 사이의 공존 원칙을 뜻한다. 칸트의 이 주장에 따르면 '한국병합'은 명확한 국제법 위반이다. 이 역사적 사실은 작년 일본에서 간행된 국제적 연구 성과가 실증한다.[12]

---

12) 李泰鎭·笹川紀勝 編,《国際共同研究 韓国併合と現代-歷史と国際法からの再檢討》(明石書店, 2008). 이 책에서 집필자 전원이 다음과 같은 점에서 역사인식을 공유하고 있다. 첫째, 1905년의 '한일보호조약'은 성립하지 않으며 무효이다. 둘째, '한일보호조약'을 바탕으로 체결된 1910년의 '한일합병조약'도 성립하지 않으며 무효이다. 셋째, '한국 합병'에 대해서도 21세기인 오늘날, 여전히 붙잡고 씨름해야 할 미해결의 과제이다. 필자도 이 책의 집필자들과 위의 견해를 공유한다. 또, 한국의 역사학자에 의한 안중근 의사의 구국저항운동의 의의에 대해서는 같은 책 제4장 '한국병합을 둘러싼 저항의 문제' 가운데 한 곳에서 다음과 같이 언급하고 있다. '애국열사 안중근은 하얼빈 역에서 이토를 사살하고 독립만세를 외쳐 조선 민족의 기개를 과시하였다. 안중근 의사의 이토 암살 이유에 대해 당시 역사기록은 다음과 같이 기술하고 있다. '그가 예심법정에서 이토 암살의 이유를 진술할 때, 15개 조목을 들었다. 그 가운데 중요한 것은 먼저 일본이 몇 번이고 대한제국의 독립을 약속했으나 이토는 강압적 수단을 사용해 5

⑥ '어떤 국가도 다른 나라와 전쟁을 할 때, 장래 평화의 상태에서 상호 신뢰를 불가능하게 하는 적대행위는 결코 해서는 안 된다. 예를 들면, 암살자나 독살자의 사용, 항복조약의 파기, 적국에서 폭동을 선도하는 것 등.' 칸트의 이들 견해는 식민지 지배시대에 일본군이 한국·중국 등에서 행한 대규모의 야만적 군사행동을 예견하고 있다고 해석할 수 있다.

그리고 영원평화를 위한 제1 확정조항은 '각 국가에서 시민적 체제는 공화적이어야 한다'이다. 이 견해의 중요성은 메이지 이후 일본의 초천황주의超天皇主義나 나치 독일의 히틀러 총통 독재 체제가 침략전쟁과 불가분의 관계임을 상기하면 명백하다. 제2 확정조항은 '국제법은 자유로운 여러 국가의 연맹(국제연맹)에 기초를 두어야 한다'이다. 이 원칙은 주지하는 바와 같이 '국제연합UN'의 역할과 '유럽연합EU' 설립의 중요성을 주장한 견해이다. 제3 확정조항은 '세계시민법은 보편적인 우호의 제 조건에 제한되어야 한다'이다. 이 주장은 글로벌시대에 적합한 인류 전체에 미치는 법인 '세계시민법'의 의의를 강조한 것이다. 게다가 칸트는 두 개의 '추가조항'으로서, '영원평화 보장에 대해'와 '영원평화를 위한 비밀조항'에 대한 보충설명을 추가하고 있다.

여기서 언급할 것은 칸트가 일찍이 일본 제국주의정책이 한국에 행한, 군사대국의 소국의 '병합'을 '철학적 징죄'라는 거짓말로써 자기정당화하는 것은 허용할 수 없다고 꿰뚫어보고 있었다는 사실이다. 그러나 이 글의 주제는 칸트 영원평화론의 전문적 연구발표가 아니므로, 위의 개별주제로 들어가지는 않는다. 지금까지 필자는 안

조약을 체결하여 우리들의 독립을 침탈한 것, 동양의 평화를 교란한 것, 황제폐위, 군대해산, 이권침략, 300만 엔의 국채모집 등이었다'(《韶護堂集》 卷九, 安重根伝 참조, 同書, 338쪽).

중근과 칸트의 평화철학의 기본 골자를 한 번 살펴보았다. 다음으로 두 사람의 평화사상 사이의 공통점을 7가지로 한정하여 밝힌다.[13]

첫째, 안중근은 의군중장義軍中將으로서 한국 국내에서 중국, 러시아로 이동하며 일본군과 싸웠는데, 당시 최신의 국제정세에도 주의를 기울여 정확한 정보를 얻고 있었다. 칸트도 발트 삼국과 폴란드 사이에 있는 동프로이센의 수도 쾨니히스베르크Königsberg라는 항구도시에 거주하여 최신 국제 정세에 정통하였다. 칸트는 인간이나 사회, 정치에 대해 냉정하고 엄격한 견해를 취한, 현실감각을 가진 사람이었다. 국제평화 실현을 위해, 상비군의 축소라던가 군비軍費의 재정적 상태 등 구체적인 제언을 했다는 점에서도 양자는 공통점을 가지고 있다. 이 점에서 칸트는 안 의사와 마찬가지로 사물에 대한 뛰어난 통찰력을 가지고 현실 정치상황이나 국제법의 역할도 적절하게 파악하고 있었다. 두 사람은 독립국가의 국내법, 민주국가 사이의 국제법, 그리고 인류 전체에 미치는 법적 질서에 의한 세계평화 실현과정도 염두에 두었다. 평화 실현과 국가 독립은 불가분이라는 것도 두 사람은 경험에 기반하여 깊이 자각하고 있었다. 안 의사는 유럽열강, 러시아, 중국과 일본에 억압받는 한반도의 국민으로서, 칸트는 러시아와 프로이센이라는 양 대국에 농락당하여 사라져 버린 폴란드와 발트 삼국 사이의 격리된 땅에서 생활하여, 국제정치와 전쟁에 농락당하는 여러 국민에 대해 매우 공감하였다.

---

13) クラウゼヴィッツ 著, 《戰爭論》, Vgl. Carl von Clausewitz, Vom Kriege, Berlin, 1832~37. 독일어 초판. 日本クラウゼヴィッツ学会 訳, 芙蓉書房出版, 2001), 특히 第一章 '戰爭とは何か', 22~48쪽 참조. 그에 따르면 '전쟁은 중대한 목적을 달성하기 위한 진검 수단이다'(42쪽). 또, '전쟁은 정치적 행위일 뿐만 아니라 본래 정책을 위한 수단이고, 정치적 교섭의 계속이며, 다른 수단을 가지고 하는 정치적 교섭의 수행이다'(44쪽). 클라우제비츠의 전쟁과 평화의 비교 고찰에 대해서는 牧野英二 著, 《カントを読むポストモダニズム以降の批判哲学》(岩波書店, 2003, 284~300쪽)참조.

　둘째, 두 사람은 서양의 여러 열강들이 아시아를 식민지로 지배
하고 있는 것에 대해 엄격하게 비판하고 있다. 그들은 유럽의 식민
지주의가 동양평화나 영원평화의 실현을 방해하고 있다는 통찰에서
도 공통의 인식을 가지고 있었다. 칸트철학의 중심 개념은 인간의
자유에 있고 그것은 종교론의 발언이기 때문에 당시의 권력자에 의
해 발언이나 강의, 출판 자유가 금지되고 그의 저서 《순수이성비판》
은 분서焚書 대상이 된 적도 있다. 안 의사도 가장 본질적인 의미에
서 자유의 전사戰士이며, 조국해방전쟁으로 순국한 우국지사였다. 그
러나 그의 《동양평화론》도 오랜 기간 '역사의 기억'으로부터 잊혀
있었다. 인간의 존엄과 자유, 그리고 법적 평등의 실현은 두 사람 모
두의 강한 소원이었다. 두 사람은 식민지 지배의 비인간성을 누구보
다도 깊이 인식하고 있었다.

　셋째, 두 사람은 평화사상과 교육의 깊은 관계에 대해서도 공통의
인식을 가지고 있었다. 평화를 실현하려면 국가가 우수한 인간을 육
성하고, 무엇보다 도덕적 인간을 육성해야 한다는 교육철학사상의 중
요성에 대해서도 두 사람의 인식은 일치하고 있다. 안 의사는 학교를
설립하여 교단에 섰고, 칸트는 교육학 강의를 했던 인물이다. 안 의
사는 유언으로 동생 정근에게는 공업에 종사하여 산업을 일으킬 것,
공근에게는 학자가 될 것, 그리고 아들 분도에게는 신부神父가 될 것
을 당부하였다.14) 그리고 국제적인 경제교육의 촉진이 평화의 실현
에 기여하리라고 인식한 점도 양자가 일치한다. 두 사람은 뛰어난 교
육이야말로 국가 독립의 실현과 도덕적으로 우수한 인간을 육성하고
나아가 국제관계의 안정과 평화에 공헌한다고 생각하였다. 21세기 현
대에도 국내 및 국제정치의 안정과 보장, 그리고 동양평화와 영원평

---

14) 韓碩青 著, 金容権 譯, 《安重根》 第二部(作品社, 1996, 360~361쪽).

화의 실현을 위해선 우수한 국제인의 육성이 반드시 필요하다.

넷째, 두 사람은 무력으로는 진정한 평화의 실현이 불가능하다는 것을 꿰뚫어 보았다. 평화론은 반대의 관점으로부터 표현하자면, 전쟁론을 뜻한다. 전쟁과 정치의 관계에 대해서는 기본적으로 두 개의 대립하는 견해가 있다. 하나는 전쟁이 정치의 일환 또는 정치의 연장이란 견해이다. 다른 하나는 전쟁이 국가간 정치적 교섭의 파탄 또는 한계를 뛰어넘는 것이라는 견해이다. 후자는 정치제도의 존재 양태도 위기를 낳는다는 견해가 된다. 전쟁은 가능한 한 피해야 한다. '평화론'의 이념을 가지지 않은 클라우제비츠Carl von Clausewitz의 전쟁론적 견해와는 달리 안 의사와 칸트 두 사람은 이 점에서도 공통 인식을 가지고 있었다. 프로이센군의 장군 클라우제비츠와 대한국인大韓國人 의군중장 안중근의 다른 점은 여기서도 명백하다. 그것과 동시에 전쟁을 회피할 수 없는 사태에도 전후戰後의 새로운 평화 실현을 위한 노력이 없어서는 안 된다. 이 점에 대한 인식에서도 두 사람은 공통된 이해를 가지고 있었다.

다섯째, 두 철학자의 평화론의 이론적 전제에는 기독교적 신의 존재와 섭리가 존재하고 있다고 생각한다. 안 의사는 가톨릭교도였기에 로마 교황청의 세계적 영향력에 기대하고 있었으나, 칸트는 개신교도로서 눈에 보이는 교회에는 비판적이었기에 오로지 역사 속에서 움직이는 자연과 섭리에 인간의 실현 노력의 불충분함을 보완하는 역할을 기대하였다. 두 사람은 종교의 구실이 세계평화에 중요한 역할을 하리라 확신하였다. 종교간 대립이라는 이름 아래 대규모의 국제분쟁이 빈발하는 오늘날, 두 사람의 견해에 다시 한 번 귀를 기울일 필요가 있다. 안 의사와 칸트는 인간이 노력을 다하는 동시에, 인간의 능력을 넘어서는 힘을 믿으면서, 절망을 인내한다는 것의 뜻을 가르쳐 주고 있다.

여섯째, 두 사람이 역사의 미래를 응시하는 철학적 통찰력의 탁월함을 지적하고 싶다. 많은 사람들은 동양평화나 영원평화의 가능성에 대해 회의적이다. 이러한 의문은 칸트가 살던 시대에도, 안 의사가 살던 시대에도, 국제분쟁이 끊이지 않는 지금 21세기에도 변하지 않았다. 국제연합의 이념은 칸트의 영원평화론에 있다고 이야기되고, 한국 학자는 안 의사의 동양평화론이 유럽연합 이념의 선구라고 지적한다. 이러한 지적이 잘못이라고 생각하지 않는다. 두 사상가는 현실 정치의 냉혹함과 전쟁의 위기를 충분히 자각했기 때문에, 평화의 준수와 인간의 존엄을 호소하였다. 칸트는 '영원평화는 공허한 이념이 아니라 우리들에게 부여된 과제'라고 말하였다. 그리고 안 의사는 "'동양평화', '한국 독립'라는 말에 이르러서는 이미 천하민국天下民國 사람의 이목에 드러났으니 금석과 같이 믿는 바가 된다", "이와 같은 문자사상文字思想은 천신天神의 능력으로도 없앨 수 없는 것"이라고 강하게 확신하고 있었다.

일곱째, 안중근과 칸트의 평화론 주장은 환경윤리학 영역에서 시민권을 획득한 '세대간 윤리'의 사고를 바탕으로 하고 있었다고 지적하고 싶다. 두 사람 모두 평화 실현을 위해 무엇보다도 인간이 강한 의지를 가지고 착실하게 노력을 계속하는 것이 중요하다고 호소하였다. 물론 안중근도, 칸트도 평화 실현의 어려움을 잘 자각하고 있었다. 실제 칸트는 인간이 서로 존경할 만한 사람이 되려면, 영원평화라는 인류에게 부여된 '역사적 사명'을 시간이 얼마가 걸리더라도 끊임없이 실현하도록 노력하는 것이 '인류의 의무'라고 생각하였다. 안 의사도 동양평화, 한국 및 아시아 여러 나라의 독립은 현재로선 상당히 곤란하더라도, 외부의 힘, 예를 들면 '천신의 능력'을 가지고서도 결코 없앨 수 없는 '아시아인의 의무', '인간의 사명'이고, '역사적 의무'라고 생각하였다. 이 일은 특정 개인이 자신의 인생 동안 단번에 실현할 수 있는 사업이 아니다. 동아시아의 인간이, 그리고 인류가 평화 실현을 향해 세대를 넘어 여러 국민 사이에 연대하면서 그 실현을 향해 노력을 계속하지 않으면 안 된다. 따라서 필자는 안중근이 제창한 동양평화론의 실현을 향해 세계평화, 영원평화의 실현을 포기하지 않고, 동아시아 여러 나라의 사람들이 함께 노력해야 한다고 생각한다.

3. 안중근의 《동양평화론》과 유럽연합의 이념

지금까지 일본인이 안중근의 《동양평화론》에 대해 본격적으로 논한 적은 없다고 생각한다. 그의 '동양평화론'과 '동아시아공동체'의 관계를 고찰한 일본인도 지금까지 존재하지 않았다. 제2차 세계대전 종결 이전, 일본에서는 활발하게 '대동아공영권'이란 구호가 내걸렸다. 그것이 국가정책으로서 군사력에 의해 추진된 것은 모두가 아는 사실이다. 그러나 이 구호는 군국주의·대일본제국의 아시아 침략을 자기정당화 하는 데 기능한 것이다. 따라서 여기서는 전전戰前의 이들 동아시아론은 언급하지 않고 최근의 논의에 한정하기로 한다.

안 의사의 《동양평화론》과 '동아시아공동체'의 관계를 고찰하는 것은 '역사적 의무'이며, 동아시아에서 살아가는 인간에게 그의 《동양평화론》이라는 '역사의 기억'은 중요한 과제라고 생각한다. 그러나 '동아시아공동체'는 여전히 정치적 구호의 단계에 머물러, 엄밀한 의미에서 '구상'으로밖에 보이지 않는 실정이다. 그래서 필자는 문화철학적 관점 및 정치철학적 관점에서 양자 모두 그 이념의 선구자로 보이는 '유럽연합'의 근본적인 존재양식과 비교하고자 한다.15) 먼저 철학자의 입장에서 '유럽연합'의 의의를 간략하게 정리하는 작업부터 시작한다.

알려진 바와 같이 유럽의 통합 역사와 시행착오 노력은, 1967년 발족한 '유럽공동체EC'가 1993년에 정식으로 '유럽연합EU'이란 명칭 아래 12개국으로 발족하게 하였고, 그 이후 2004년까지 가맹국이 25개 국가로 확대되어 더욱 새로운 단계로 진행되었다. 오늘날에는 터키 가맹문제라던가 EU헌법문제 등 해결되지 않은 과제를 다수 가지고 있으면서도 EU의 발걸음은 착실하게 앞으로 나아가고 있다. 여기서 제기하고 싶은 의문은 다음의 2가지로 집약할 수 있다. 첫째, 두 번의 세계대전과 여러 차례의 국가끼리 전쟁을 거친 결과, 유럽에서 EU라고 하는 국가통합운동이 실현된 것은 어떤 이유에서일까? 둘째, 동아시아에서는 일본 제국주의의 침략 지배를 제외하면 유럽과 같은 커다란 역사적 재앙을 경험하지 않았음에도 '동아시아연합'이라는, EU와 같은 국가통합의 방향성은 물론, '동아시아공동체'라는 국가간 지역적 연대조차 실현할 수 없는 이유는 무엇일까? 이 발표에서는 이러한 어려운 질문에 답을 하는 게 아니라, 그 전제에 숨어있는 철학적·사상적·문화적 문제에 한정하여 문제점을 그리고 싶다.

우선 '동아시아공동체'라는 개념과 '동아시아연합'이라는 개념을 명확히 구별해야 한다고 주장한다. 그럼 안중근의 '동양평화론'이 목표로 한 것은 어느 쪽인가? 지금까지의 논의는 이 구별이 명확하지 않은 채 진행되었다고 생각한다.

다른 한편 현존하는 '유럽연합EU'은 더 이상 '유럽공동체EC'가 아니다. EU는 최종적으로 국가통합을 목표로 하고 있다. 그것을 위

---

15) 요 몇 해 사이의 '동아시아공동체' 구상의 적극적 의의를 주장하는 견해에 대해서는 다음의 문헌이 참고가 된다. 谷口誠 著,《東アジア共同体-経済統合のゆくえと日本-》, 岩波書店, 2004.

해 최소 필요한 조건이 몇 개 있다. 첫째, EU는 초국가적 기관이자 조직이어서 기타 지역공동체와는 다른, 초국가적인 법적·제도적 기구를 확립하고 있다. 둘째, EU에는 'EU법 우월'이라는 원칙이 있어 EU법은 각국의 국내법보다도 우선하며, 여러 가맹국의 국내법은 EU법에 제약받도록 개정이나 수정이 필요하다. 관세, 금융과 통화, 안전보장, 외교, 사법 등의 다양한 방면에서 여러 가맹국은 주권국가인 동시에 EU 결정에 따를 의무를 가진다. 셋째, 그래서 사람, 물건, 서비스, 자본 등의 자유로운 이동이 보장되고, 그 결과 국경의 벽은 확실하게 사라지고 있다. 넷째, 이 방향으로 계속 추진하면 곧 EU는 일종의 '연방국가'적인 성격을 강화할 가능성이 있다. 예를 들면 지구환경 보호, 인도人道·구원활동, 평화유지, 평화창설을 포함한 위기관리로서 전투부대의 임무 등이 EU조약에서 규정되어 있다. 이것들이 적극적으로 그리고 유효하게 기능한다면 국제평화의 실현에 중요한 역할을 이룰 것이다.

그러나 이러한 이념은 여러 가맹국이나 그 내부에서 생활하는 다양한 민족의 문화나 언어·종교·사상·교육의 존재양태를 방해하고 강권적으로 통일할 위험은 없을까? 이 점에 관해 EU의 기본 정책은 다문화사회에서 살아가는 다양한 민족의 인권을 중시하여 더없이 주도면밀하게 입안되어 있다.

첫째, EU 가맹국 속에는 문화나 언어·종교·사상·교육 등의 다양성 존중이라는 이념이 존재한다. 둘째, EU라는 하나의 '유럽연합' 멤버로서 정체성 형성이라는 과제 해결을 향한 이념·전략·전술이 보인다. 셋째, 이러한 조화곤란한 과제의 해결을 위한 주요 기본정책으로 특히 다종다양한 교육정책을 수립했다는 점을 지적할 수 있다. EU의 주요 교육·문화사업에는 소크라테스Socrates 계획이라는, 종합교육교류계획에 따른 교육의 질 향상을 위한 행동프로그램이 있다.

구체적으로는 코메니우스Comenius라고 불리는 중등교육까지의 이문화異文化 교류, 에라스무스Erasmus로 불리는 고등교육기관에서 학생 및 교원의 교류, 그리고 레오나르도 다빈치Leonardo da Vinci 계획과 같은 청년노동자 직업훈련 프로그램, 또 컬처Culture/쿨투르Kultur라 불리는 종합문화프로그램 등이 그것이다. 이것은 공유문화共有文化 발전에 기여하고자 국경을 뛰어넘는 문화협력, 유럽 정체성 개발과 강화를 목표로 설정되었다. 넷째, 주의할 점은 이것들 모두 유럽의 역사상 존재했던 철학자, 사상가, 종교가, 예술가의 이름을 붙인 프로그램이라는 점이다.[16)

위와 같은 EU 기본정책에서 서로 다른 민족·언어를 비롯해 문화적 다양성을 존중하면서도 동시에 유럽인이라는 통일이념이나 그들이 공유하려고 하는 가치관을 어느 정도 이해할 수 있다. 앞서 서술한 2절에서 지적한 7개의 논점으로 분명해졌듯이, 이들 이념과 기본정책을 이미 안중근의 동양평화론과 칸트의 영원평화론에서 발견할 수 있다고 생각한다. 그러나 안 의사의 동양평화론을 동아시아인이나 '동아시아공동체' 이념과 어떻게 연결할까? 마지막으로 이 의문에 답하고자 한다.

4. 안중근의 '동양평화론'과 새로운 '동아시아공동체' 구상

100년 전에 집필된《동양평화론》과 최근에 겨우 논의되기 시작한 '동아시아공동체' 사이에는 어떤 관계가 있을까? 이 문제를 논할 경우, '유럽연합'과 '동아시아공동체' 구상의 비교고찰이 유익하다고

---

16) 大矢吉之·古賀敬太·滝田豪 編,《EUと東アジア共同体》, 萌書房, 2006, 96~102쪽.

생각한다. 그 경우 우선 주의할 것은 '동아시아공동체' 구상의 기본
적인 이해이다. 다시 말하면, '동아시아공동체'와 '동아시아연합'을
구별하게 되는 그 의미에 주의할 필요가 있다. 그렇다면 안중근 의
사의 '동양평화론'이 목표로 한 것은 어느 것이었을까?

일본의 종래 논의는 이 구별을 명확히 하지 않은 채 진행되었다.
그리고 필자의 생각으로는 안중근이 집필한 '동양평화론'의 숭고한
이념은 근년에 일본의 정치가가 제창한 '동아시아공동체'라고 하는
이익공동체 구상과는 완전히 다르다. 더욱이 결론을 미리 말하자면,
진정한 화해와 평화의 구축작업이 결여된 '동아시아공동체' 구상은
무척이나 실현이 곤란하다. 그래서 필자는 우선 기본적인 견해를 설
명하도록 한다.

지금 단계에서 '동아시아공동체' 구상을 둘러싼 주요 난제는 정
치·경제·문화 세 분야에 관련한 것들로 정리할 수 있다. 국제회의에
서 처음으로 명확하게 이 구상을 제안한 일본 정부의 고이즈미小泉
당시 수상의 목표에는 많은 문제가 있었지만, 이 글에선 그것들에
대해 논하지는 않는다. 그리고 최근 '동아시아공동체' 구상을 둘러싼
논의는 주로 지금의 '경제위기 극복'이라는 과제에 목표를 두고 그
바탕에 있는 정치적·문화적·도덕적·종교적 과제에는 시선을 돌리지
않는다는 데 큰 문제가 있다.[17] 이 경우 거의 모든 논의는 미국발

---

17) 최근 문헌에 실린 전형적인 예로서는 《別冊世界 世界経済危機と東アジア》(2009年 4月,
岩波書店)에 수록된 여러 글들을 참조. 이 문헌의 거의 모든 글의 논조는 미국발 경제
위기의 극복이라는 경제대책의 수단으로서 '동아시아공동체' 구축과 그 속에서 일본
의 지도력 발휘가 강조되고 있다. 필자는 이 생각에 대해 곧바로 찬성할 수 없다. 간
단히 얘기하면 일본이 '동아시아공동체' 구상을 한국과 중국의 사람들에게 얘기하려
면 그것을 위한 정치적·문화적·역사적 차원에서의 전제조건이 우선 충족될 필요가
있다고 생각하기 때문이다. 이와 관련하여 최근 일본에서 논의되는 '동아시아공동체'
구축에서 '아시아통화기금', '아시아투자은행' 등의 제안이 여기저기서 보이지만, 이
것들은 이미 안중근의 《동양평화론》에 포함돼 있는 제안이다.

경제위기 극복이라는 경제대책의 수단으로서 '동아시아공동체' 구축
이나 그 속에서 일본의 지도력 발휘만이 강조되고 있다. 본문에서
상세하게 얘기했듯이, 필자는 이러한 발상에 대해 신중해야 한다고
생각한다. 그래서 여기서는 주로 평화론과 문화 및 교육정책에 관련
한 문제에 한정하여 논하도록 한다.

'동아시아공동체'의 존재 양태에 대해서는 지금까지 일본에서는
대조적인 관점에서 복수의 견해가 제시되고 있다. 한편에서는 고이
즈미 전 수상의 '동아시아공동체' 구상을 기본적으로 긍정적으로 파
악하고 그 실현 가능성을 추구하는 입장이 있다.[18] 이 구상은 뒤에
서 서술할 바와 같이 많은 문제점을 가지고 있고, 오늘날 일본의 국
제적 처지에서 보면 동아시아 안정과 발전에 플러스가 되는 면보다
는 마이너스가 되는 면이 더 많다.

또한 최근 일본에는 '동아시아공동체' 구상을 '환경공동체'로 확
대·심화시키려는 새로운 시도가 있다.[19] 이 구상에서는 일본·중국·
한국이 '서로 환경파괴를 수출한다'는 점에서 이미 '환경공동체'로서
기능을 하고 있다는 엄중한 인식을 보여주고 있다. 그리고 이들 삼
국의 '환경문제에 커다란 공통점이 있었다'고 지적하는 것과 함께 미
래를 위해 분투하는 현 상황과 과제가 논의되어 '환경NGO' 역할에
커다란 기대를 하고 있다.

게다가 이 제안과 관련하여 '동아시아공동체' 구상을 '시민네트워
크'와의 관계로부터 구축하고자 하는 주장이 보인다.[20] 이 연구에서

---

18) 예를 들면 다음의 문헌을 참조. 大矢吉之·古賀敬太·滝田豪 編, 앞의 책. 이 책에는 이러
   한 입장에 근거한 글이 적지 않다.
19) 예를 들면, 《環境共同体としての日中韓》(寺西俊一 監修, 東アジア環境情報発伝所編, 集英社,
   2006).
20) 《東アジアの中の日本−環境·経済·文化の共生を求めて−》(東アジア共生研究会 編, 富山大学出
   版会, 2008).

는 '북동아시아 지역 공동가치와 환경기술 이전 메커니즘'도 고찰하여, 단지 경제통합에 한정되지 않는 넓은 관점에서 '동아시아공동체의 공생공간과 시민사회'의 적극적 관계가 미래지향적으로 얘기되고 있다. 이들 견해는 모두 평화론을 다루지는 않고 환경대책이나 지역경제, 금융대책 등을 중심으로 파악한 21세기형 '동아시아공동체' 구상이다. 이것들은 안중근 시대에는 아직 문제가 되지 않았던 지구규모의 환경문제 해결을 위한 중요한 문제를 제기한다.

무엇보다 이런 견해가 구체적으로 실현되려면 동아시아의 안정과 평화가 필수적 전제가 된다. 그리고 전쟁은 오늘도, 옛날에도 최대의 환경파괴 원인이므로 안중근의 '동양평화론' 구상이 이들 생각과 모순된다고 생각해서는 안 된다. 오히려 안중근의 '동양평화론'에는 맹아로서 이러한 문제의 해결을 위한 단서가 포함되어 있다고 해석할 수 있다. 동아시아 지역의 환경문제 해결을 위해서도 반드시 동아시아의 안정과 평화를 위한 노력이 필요하다.

그러나 이들 문헌에서는 여전히 고이즈미 전 수상의 일본 정부 주도의 '동아시아공동체' 구상 성립의 전제조건에 대한 근본적 반성 및 음미·검토 작업이 취약하다. 9월에 정권을 교대한 민주당의 하토야마 유키오鳩山由紀夫 전 수상의 '우애fraternity'에 바탕을 둔 '동아시아공동체(동남아시아 국가연합, 일본, 중국, 한국, 대만)' 창설 구상 및 통화통합 제안은 고이즈미의 제안과 비교했을 때 더 진실한 아시아 중시 구상이지만, 본질적으로는 문제가 있는 곳을 보지 못하고 있다.[21] 그 점에서 불충분하나마 다음의 문헌이 일본 정부의 구상에

---

21) Yukio HATOYAMA, A New Path for Japan, 《The New York Times》, 27 August, 2009 참조. 이와 관련해 이 글에서 하토야마 유키오 당시 민주당 대표는 시장원리주의가 지역 사람들의 생활에 끼치는 영향을 완화하려면 프랑스혁명의 '자유, 평등, 박애'의 '박애fraternity'에 대응하는 '우애'의 이념으로 돌아가야 한다고 주장하였다. 그러나

포함된 곤란한 문제를 자각하고, 그 본질에 접근해 있다고 얘기할 수 있다.[22]

다니구치 마코토谷口誠에 따르면 '동아시아에는 경제권을 성립시킬 가능성은 충분히 있지만 성립의 여부는 한·중·일, 특히 중·일 사이의 상호 신뢰관계의 수립 여부에 달려 있다.'[23] 이 견해는 '특히 한·중·일 사이의 상호 신뢰관계의 수립이 불가피하다'고 수정해야 한다. 그리고 이런 경제적 이익추구만을 목적으로 하는 상호 의존관계는 다니구치가 지적하는 바처럼, 과거 미일관계에서 발생했던 무역마찰과 같이, 아시아 여러 나라 사이의 신뢰관계를 해치고 악화시킬 가능성도 있다. 따라서 본래의 '동아시아공동체' 구축과 장래의 '동아시아연합' 이념 만들기를 향해, 단지 경제적 이익추구라든가 환경대책에 한정하지 않고 동아시아의 인간에 어울리는 포괄적 협력관계구축이 요구된다. 다시 말하면 정치·경제·금융·환경·종교·교육 등을 포함하는 포괄적 공동체 구상과 결부된 '동양평화론' 구축이 긴급 과제인 것이다.

'우애'라는 구호는 조부 하토야마 이치로鳩山一郎 전 수상(자유민주당 전 총재)이 즐겨 사용했던 것으로, 필자가 보기에 손자 하토야마 유키오 전 수상이 주창하는 '우애' 이념은 진정한 동아시아 안정과 평화, 그리고 일본의 신뢰 회복 실현에 이바지 하는 길과 실행방법을 명확히 하지 않고 있다. 따라서 하토야마 정권의 이 견해에 대한 평가는 현 단계에서는 아직 할 수 없다.

22) 谷口誠 著, 앞의 책.

23) 위의 책. 이와 관련해, 현대 세계에서 국제협력관계를 세계적 관점에서 고찰하는 경우에는 행동규범에 따라 다음의 세 가지 접근으로 정리할 수 있다. 첫째, 사실주의 realism에 기반을 둔 '주권국가주의 접근', 둘째, 자유주의liberalism에 기반을 둔 '국제협조주의 접근', 셋째, 건설주의constructivism에 기반을 둔 '지구통치주의 접근'이다. 이들에 대해서는 鈴木佑司·後藤一美 編著, 《グローバリゼーションとグローバルガバナンス》(法政大学出版局, 2009, 18쪽)를 참조. 필자의 해석으로는 안중근의 '동양평화론' 구상에는 이들 세 가지 관점이 포함되어 있다. 단, 이 과제는 이 글에서 본격적으로 다룰 수 없기 때문에 기회를 보아 논하고 싶다.

그러나 일본 정부 및 정치가나 그 브레인이 제창하는 '동아시아공동체' 구상은 필자가 주장하는 구상이나 이념과는 완전히 다르다. 그리고 그들이 주장하는 '동아시아공동체' 구상은 안중근이 주장한 '동양평화론'과도 다르다. 그것보다 그들이 주장하는 구상 자체가 실현 곤란한 것이다. 주요 이유로서 다음의 여러 가지를 지적할 수 있다.

첫째, 과거 일본의 전쟁책임을 명확하게 하거나 진정한 사죄를 하려는 노력이 불충분하다. 둘째, 그것을 위해 한국과 일본, 중국과 일본 사이에 여전히 해결되지 않은 '역사인식', 교과서문제 등의 문제가 있다. 셋째, 일본인에게는 메이지 초기 이래의 아시아 경시와 그것과 불가분의 관계인 '탈아입구脫亞入歐' 지향의식이 아직도 존재한다. 넷째, 일본 정부와 많은 일본인은 같은 동아시아의 파트너로서 한국·중국인들과 진정한 신뢰관계를 구축하려는 노력과 열의가 없다. 이것들은 모두 진정한 '동아시아공동체' 구상의 실현을 방해하는 장벽이 되고 있다.

한편, 최근 일본인은 글로벌화 영향에 따라 한국·중국문화에 대해 지금까지와는 조금 다른 관점을 취하고 있다. 분명 이른바 '한류' 붐이 보수화된 일본인 사이에서 한국문화와 한국인에 대해 호의적 관점과 우호적 환경을 만들었다는 점은 부정할 수 없다. 그러나 이 '붐'은 일본인의 특성으로 볼 때, 한국의 문화·정치·경제·역사의 공통이해 등에 대한 유효한 기회로서 기능하고 있지는 않다.[24] 아쉽게도 '한류'가 한일 상호간의 진정한 문화이해에 충분히 효과적인 역할을 하지 못하는 것이다. 이 경우 그러한 원인은 일본 측에 있다고

---

24) 徐勝·黃盛彬, 庵逧由香 編, 《'韓流'のうち外 韓国文化力と東アジアの融合反応》(御茶の水書房, 2007)를 참조. 이 책 여러 곳에서도 일본에서 '한류'와 '혐한류'의 착종하는 관계가 논의되고 있으며, 동시에 '한류'가 일회성 '붐'으로서 '소비대상'이 되어 가는 경향도 지적하고 있다.

얘기할 수밖에 없다. 덧붙여 진정한 '동아시아공동체'가 적어도 경제 공동체로서 기능하려면, 우선 관계국 사이의 자유무역협정 실현, 한국과 비교했을 때 특출한 중국의 외화준비고外貨準備高와 일본 경제와의 격차 시정 등 한국·중국·일본이 주축이 된 아세안ASEAN(동남아시아국가연합)과의 연대강화 실현이 급무이다. 이들 기본 정책도 안중근의 '동양평화론' 구상과 공통된 것이다.

위에서 이야기 한 바와 같이, 안중근 의사는 '뤼순영세중립지 설치시행방안'에 의거하여, ① 삼국에 의한 동양평화회의 조직, ② 공통은행 설립, 공동화폐 발행, ③ 조직기구 확대, ④ 영세중립지 뤼순 보호, ⑤ 평화군 육성, 각국 청년 모집, 최소 2개 국어 교육, ⑥ 공동경제발전, ⑦ 국제적 승인, 삼국 리더의 로마교황에 의한 대관大觀, ⑧ 일본이 한국·중국에 대해 행한 침략 만행을 반성할 것 등 평화실현을 향한 이념, 전략, 전술을 명확히 보여주고 있다. 그러나 안중근의 여러 제안 가운데 가장 중요한 전제인 8에 든 침략 만행에 대한 일본의 반성조차 아직 충분히 실현되고 있지 않다. 동아시아 평화 실현의 첫걸음은 여기에 있다고 얘기하지 않을 수 없다. 일본이 지금도 여전히 한국·중국과 강고한 신뢰관계를 구축할 수 없는 근본적 이유는 바로 이들 문제인 것이다.

더욱이 여기서 강조하고 싶은 것은, EU는 정치·경제·금융·군사·환경·에너지 등의 정책뿐만 아니라 위에서 서술한 다종다양한 교육 정책 실시를 통해 미래세대를 대상으로 평화를 위한 구체적 노력을 착실하게 진행하고 있는 점이다. EU의 이념, 전략, 전술은 평화실현을 향한 기반 정비이기도 하다. 그러나 일본에서 '동아시아공동체' 구상이 얘기되는 경우, 이들 이념은 물론 평화를 위한 전략과 그것을 위한 기반 정비조차 논의된 적이 거의 없다. 이러한 현실은 안중근의 '동양평화론' 구상과 비교할 때 너무나 빈곤하고 뒤쳐진 것이 아닐까.

지금까지의 고찰로부터 분명히 알 수 있듯이, 이들 '동아시아공동체' 구상을 둘러싼 문제는 100년 전에 안 의사가 남긴 '동양평화론' 기본구상 속에서 이미 지적된 과제이다. 21세기를 맞이하여 동아시아인은 아직도 '동양평화론'을 향한 명확한 길을 만들지 못하고 있는 실정이다. 따라서 일본의 정치가도 EU와 같은 '동아시아연합'의 이념조차 제기하지 못한다. 이는 안 의사의 '유언'을 여전히 실현하지 못하고 있음을 뜻한다. '유럽연합'을 착실하게 펼쳐나가는 유럽지역뿐만 아니라, 아메리카 대륙에서도 '북미자유무역협정NAFTA'에 따른 지역통합이 급속도로 확대되고 있다. 이런 뜻에서도 안중근의 '동양평화론' 구상은 오늘도 여전히 유효하고 중요한 문제제기이며, 21세기를 살아가는 동아시아인에 부과된 긴급과제이다.

결 론

안중근과 임마누엘 칸트라는 동서양 평화사상가의 이념, 무엇보다 안 의사의 유언이라고도 할 수 있는 《동양평화론》의 숭고한 이념은 일본의 정치가가 최근 들어 제창한 '동아시아공동체'라고 하는, 단지 이익공동체일 뿐인 구상과는 완전히 다른 것이다.[25] '동아시아공동체'라는 구상을 제창한 고이즈미 전 수상의 제안과 같이, 마음으로부터의 반성에 바탕을 둔 교과서문제, 야스쿠니문제, 영토문제 해

---

25) 고이즈미 전 수상과 그 뒤 일본 정부의 '동아시아공동체' 구상, ASEAN+3을 둘러싼 여러 문제에 대해서는 하토야마 전 수상 제안을 포함해 이 글에서 다루지 못하였다. 이들에 대한 필자의 기본적 견해는 본문에서 서술한 대로이다. 그리고 종래 일본 정부의 '동아시아공동체' 구상, ASEAN+3을 둘러싼 여러 문제에 대해서는 다키타 겐지(滝田賢治) 編,《東アジア共同体への道》(中央大学出版部, 2006) 참조.

결에 힘쓰지 않고, 진실한 화해와 평화 구축작업이 결여된 구상은 단지 그림의 떡으로 끝날 수밖에 없다. 하토야마 수상의 새로운 제안에 대해서도 같은 걱정을 하지 않을 수 없다. 진정한 의미의 '동아시아공동체'를 실현하려면 유럽연합과 같이, 정치·경제·군사만이 아니라 문화·교육·종교 등의 교류와 상호 신뢰관계 구축이 가장 중요한 전제조건이라고 생각한다. 100년 전에 안중근 의사가 목숨을 바쳐 행한 '의거'와 그의 유고《동양평화론》은 칸트가 제창한《영원평화론》에 영향을 받은 것으로, 21세기 글로벌화 시대에 살아가는 우리 동아시아인을 묶는 새로운 고리가 될 것이다.

칸트의 모국 독일에서는 제2차 세계대전 동안 나치 독일이 저지른 전쟁범죄에 대해, 독일 패전 40년이 되던 해 국회에서 당시 대통령 리하르트 폰 바이체커가 가해자 입장을 깊이 자각, 반성하는 연설을 했다.

> 죄가 있고 없고, 나이가 많고 적고에 상관없이, 우리들 전원이 과거를 받아들이지 않으면 안 됩니다. 전원이 과거의 결과에 관련되어 있고, 과거에 대해 책임을 지고 있습니다. …… 문제는 과거를 극복하는 것이 아닙니다. 그와 같은 것은 할 수 없습니다. 나중에 과거를 바꾸거나, 있지 않았던 일로 하거나 할 수 없습니다. 그러나 과거에 눈을 감는 자는 결국 현재에도 장님이 됩니다. 비인간적인 행위를 마음 깊이 새기려 하지 않는 자도 그러한 위험에 빠지기 쉽습니다.[26]

지금이야말로 '우리들 일본인 전원이 과거를 받아들여' '과거에 대해 책임을 지고 있다'는 것을 국내외를 향해 분명히 말하고, '비인

---

26) 永井清彦 編訳,《ヴァイツゼッカー大統領演説集》, 岩波書店, 1995, 10~11쪽.

간적인 행위를 마음에 새기려 한다'고 반성하는 한편, 역사교과서 기술을 고치는 것과 같은 '나중에 과거를 바꾸거나, 없었던 일로 하는 일'이 없도록 노력해야만 한다. 이것들은 이 글에서 '세대 간 윤리'라는 단어로 표현한 것이다. 지금까지 일본의 국가와 국민에게 이러한 노력은 지극히 불충분하였다.

따라서 첫째, 일본인으로서 '세대 간 윤리'의 원리에 기반을 두고 선조들이 한국 국민에게 범했던 역사상의 많은 죄과를 마음으로부터 사죄해야 한다고 생각한다. 둘째, 전후戰後 일본인이 화해를 위한 노력과 그 조건 만들기를 충분히 하지 않았기 때문에 한국과 일본이 '가깝고도 먼 나라'로 불리게 된 현 상황에 대해, '근접윤리近接倫理'의 원리에 바탕하여 깊이 반성해야만 한다고 생각한다. 셋째, 일본의 식민지 지배와 비인도적 억압에 대해 영웅적 저항활동을 한 안중근 의사를 비롯해 한국 국민에게 삼가 애도의 뜻을 표하고 마음으로부터 존경의 뜻을 표한다. 넷째, 앞으로 안중근 의사의 의거와 그의 《동양평화론》의 현대적 의의를 밝힐 의무가 있다고 생각한다.

요약하자면, 이들 '역사의 기억'을 되살려, 그것들을 이야기하고, 그러한 기억을 동아시아 사람들이 공유하는 것이 한층 더 중요하다고 확신한다. 이러한 공동의 작업으로 한 사람 한 사람이 인간으로서, 시민으로서, 안중근 의사가 죽기 직전까지 《동양평화론》을 집필하여 짜려고 한 동아시아의 평화라는 눈에 보이지 않는 실을 엮어, 평화의 포布를 넓히는 공동 작업에 힘써야 한다.

그러려면 안중근 의사 '의거'의 의의를 제대로 이해할 필요가 있고, 그것이 장래 한국과 일본 그리고 중국 등의 동아시아 여러 국민이 진정한 신뢰관계를 구축하는 데 불가피한 과제라고 생각한다.[27]

27) 진정으로 영웅적인 인간의 행위와 도덕성 및 숭고함과의 관계에 대해서는 牧野英二

더욱이 세계평화의 실현이라는 글로벌한 오늘날의 과제를 해결하는
데 이러한 사고방식은 대단히 중요하다고 생각한다.[28][29]

著,《崇高の哲学》(法政大学出版局, 2007, 13~59쪽)을 참조.
28) 필자에게 발표의 기회를 주신 안중근하얼빈학회 관계자 여러분께 더없이 깊은 감사
를 드린다. 그리고 이 글은 필자가 10월 23일에 안중근숭모회 주최 국제학술회의에
서 발표했던 〈안중근의 동양평화론과 칸트의 영원평화론-글로벌화시대에 있어 안중
근 의사의 '의거'의 의의-〉의 내용과 일부 중복된다는 점에 대해 양해를 구한다.
29) 번역: 김경래(서울대학교 국사학과 강사)

안중근의 재판
-안중근과 칸트의 사상 비교연구-

사사가와 노리가쓰

머리말

1) 연구동향

필자는 일본어로 된 재판관계 자료 분석에 노력하고 있다.[1] 또한 개별 선행연구로부터도 배우고자 한다.[2] 그리하여 안중근에 관해서

---

1) 이 글이 주로 인용하는 문헌을 아래에 적는다. 그를 위한 많은 연구를 다 인용하지는 않는다.

　① 안중근의 재판에 관한 자료로는 편의상 〈安重根 公判記錄〉(《安重根と日韓關係史》, 市川正明 編, 原書房, 1979, 209쪽)을 쓴다.

　② 자서전의 경우, 지금까지 편의상 주로 인용한 것은 〈安重根の獄中記(自傳)の新訳〉(市川 編, 501쪽)이다. 미완의 《동양평화론》은 《世界》 2009년 10월호(伊藤昭雄 訳, 98쪽)를 이용하였다.

2) 많은 선행연구가 일본에 나와 있다. 여기에는 中野泰雄, 《安重根》(亞紀書房, 1984)와 그가 쓰고 번역한 《安重根》 1·2(作品社, 1997, 韓著 《安重根》)을 적는 데 그친다. 또한 최근의 논문으로는 이태진, 〈안중근의 동양평화론 재조명-칸트 철학의 평화사상과의 만남-〉(사단법인안중근승모회/안중근의사기념관: 국제심포지엄 안중근 의거 백주년 기념 국제회의, 〈대한국인 안중근의 삶과 꿈-대한독립과 동양평화〉, 2009. 10. 23, 이

는 중국, 러시아, 한국, 일본에서 다양한 연구가 계속 나오고 있다.

필자는 일본어로 된 선행연구에 의존하지 않으면 안 되었다. 그렇기 때문에 입수 가능한 재판에 관계된 법적 자료에 집중적으로 의존해서 안중근을 내재적으로 이해하는 방법을 통해 일본의 연구를 더욱 깊이 있게 하고자 했다.

일본에서는 한국병합 100년을 되새기기 위한 여러 계획들이 있고, 또 그 사실이 세상에 잘 알려질 것인지 아닌지에 대해서는 차치하더라도, 이들 관계의 극적 상황이 인기를 넓혀나가고 있다. 그러나 그 가운데는 일본의 한국병합 및 식민지 지배를 재검토하기보다도 한국에서 다수파를 차지하는 민족주의적 경향을 비판하는 연구의 출현에 더 민감하게 주목하고 있는 것처럼 느껴지기도 한다. 만일 그렇다고 한다면, 일한 양국이 관계개선을 할 수 있는 계기가 자연스럽게 나타나는 것이 아니라, 여전히 상대방의 태도 변화가 생기기만을 요구하는 것이라 할 수 있다. 그 때문에 일본 내부의 다수파에 따른 발상이나 연구를 안에서부터 재검토하는 작업이 필요하다고 본다.

그런 점에서 안중근에 대한 연구는 일본인의 가치관 점검을 할 수 있는 아주 좋은 연구임에 틀림없다. 안중근이 왜 이토 히로부미를 살해했는가 하는 이유는 안중근을 이해하는 것 이외에는 알 수 있는 방법이 없을 지도 모르기 때문이다. 이 글은 바로 이러한 점을

책 제2부에 수록)과 마키노 에이지牧野英二의 〈安重根の東洋平和論とカントの永遠平和論－グローバル化時代にとける安重根義士の"義擧"の意義－〉가 있다. 이 심포지엄에서는 러시아 연구자의 논문 2편, 중국 연구자의 논문 2편, 한국에서는 논문 기타 4편이 발표되었으며, 일어 논문 2편도 있었다. 2009년 11월 5일 한국 단국대학교 〈법과 역사〉심포지엄에서는 笹川紀勝, 〈安重根の良心と平和論〉(79쪽) 외에 중국 연구자의 논문 2편, 한국 연구자의 논문 1편이 발표되었다. 이 심포지엄에서 발표를 위해 고쳐 쓴 것이 사사가와 노리가쓰, 〈安重根の抵抗の精神と平和論〉(《世界》, 2010. 2. 225쪽)이다.

시도해 보고자 한다. 평화는 상대의 의견을 이해하는 것으로부터 시
작된다고 생각하기 때문이다.

2) 법학적 관점에서

이 글은 한국 단국대학교 심포지엄에서 발표한 것과 이와나미岩
波에서 출간하는 《세카이世界》라는 잡지에 실린 글을 보충한 것이
다. 더욱이 일한 양국에서 안중근과 칸트를 비교하는 것에 대한 관
심이 나타나고 있기 때문에, 그러한 연구 선상에서 이 글을 쓰게 되
었다. 여기서는 이태진李泰鎭의 역사적 연구와 마키노 에이지牧野英二
의 철학적 연구를 통해 배운 것을 토대로 법학적 관점에서 전개하
고자 한다.

이번에 안중근과 칸트의 사상을 비교하고자 칸트의 《영원한 평
화를 위하여》(이하 《영원평화론》)3)에서 언급된 '공화제 Republikanisch',
'평화 Friede', 'Tyrann, 폭군暴君/참주僭主' 등 세 가지를 기축機軸으로
분석했다.

이 세 가지 가운데 Tyrann은 다른 두 개와 약간 그 의미가 다르

---

3) Immanuel Kant, *Zum ewigen Frieden*, Ein philosophischer Entwurf, 1795, in: Werke in
zehn Bänden, hrsg, von Wilhelm Weischedel, Bd. 9, Wissenschaftliche Buchgesellschaft,
Darmstadt, 1970(이하 'Werke'). 필요에 따라서는 다른 독일어판을 사용한다. 그리고
많은 일본어 번역이 있어서, 여러 가지로 참조할 만한 가치가 있다. カント, 《永遠の平
和のために》, 船山信一 訳, 十一租出版部, 1946, 若草書房, 1948年 再版(이하 '船山 訳');
カント, 《永遠平和の爲に》, 高坂正顕 訳, 岩波文庫, 1972/1949年(이하 '高坂 訳'); カント,
《永遠の平和のために》, 土岐邦夫 訳, 河出書房新社(《世界の大思想》 16, 1974年所收, 이하
'土岐 訳'); カント, 《永遠平和のために》, 宇都宮芳明 訳, 岩波文庫, 2006/1985年(이하 '宇
都宮 訳'); カント, 《永遠平和のために》, 遠山義孝 訳(《カント全集》 第14卷, 岩波文庫,
2000, 247쪽 이하 참조, 이하 '遠山 訳'); カント, 《永遠平和のために/啓蒙とは何か 他3
編》, 中山元 訳, 光文社, 2006(이하 '中山 訳'); カント, 《永遠平和のために》, 池内紀 訳,
綜合社, 2007(이하 '池內 訳').

다. 이렇게 말하는 것은 '공화제'와 '평화'가 칸트의 《영원평화론》에 대해서는 구성적인 개념에 속하는데, 'Tyrann'은 그러한 것이 아니라 〈부록〉에서 논해질 정도에 지나지 않기 때문이다. 더구나 칸트의 《영원평화론》에서 Tyrann을 다른 두 개의 개념과 동등하게 다룬 예가 없는 듯하기 때문이다. 이런 이유로 칸트를 잘 알고 있는 사람은 필자가 논하는 방법이 독특하다고 생각할지도 모른다.

따라서 안중근과 비교를 목적으로 했을 때, '공화제'와 '평화'에 대한 칸트와 안중근의 개념을 비교한 다음, Tyrann에 들어있는 칸트의 특징을 파악하는 것이 결국은 안중근의 특징을 부각시킬 수 있는 가장 효과적인 방법일 것이다. 그 때문에 이 글을 3부로 구성했다.

그리고 독일어인 Tyrann은 번역어 자체가 문제가 되기 때문에 그 내용을 명확히 하고 난 뒤에 번역어도 생각해 볼 의향인데, 당장 번역어를 사용할 필요가 있을 경우에는 일본에서 일반적으로 사용되고 있는 '폭군/참주'라는 뜻으로 사용했다. 또한 이 단어는 영어에서는 Tyrant, 프랑스어로는 Tyran, 라틴어로는 Tyrannus이다.

또한 전제정치專制政治라는 뜻에서 정치 체제에 상당하는 경우, 독일어로는 Tyrannei와 Tyranni, 영어로는 Tyranny, 프랑스어로는 Tyrannie, 라틴어로는 Tyrannis가 사용되고 있다. 또한 일본어로는 '전제專制' 또는 '전정專政'과 같은데, 이들은 모두 중국에서 유래한 것이다. '독재정치', '독재'(이것들은 중국에서 유래한 것이 아니다)는 전제정치, 전제의 뜻으로써 사용되었으나, 양자는 원래 다른 것이다. 또한 그리스와 로마의 정치 체제와 관련해서 때로는 '제制'와 '정政'의 차이(전자는 제도, 후자는 실제)를 구분하기도 했지만, 구미 지역에서는 같은 말로 표현되고 있다.

1. '공화제'와 관련해서

1) 칸트의 '국가론'과 '공화제'의 의미: 자유로운 개인의 위치 짓기

(1) 국가와 독립

칸트는 《영원평화론》에서 6개의 전제사항(예비조항)을 말했다. 여기서 '국가'와 '평화'란 무엇인가가 논해졌다. 칸트는 '평화'에 대해 '모든 적에 대해서 종지부를 찍을 것'(船山 訳, 4쪽), '모든 적의敵意를 없앨 것'(中山 訳, 149쪽)이라 했다[4]. 그것은 '국가의 위력을 언제나 증대시키는 것'이 국가운영에 필요하다는 '개명적인' 사고방식으로 대체되었다(中山 訳, 150쪽). 여기서 말하는 '국가'는 '인간이 모여서 결성한 것'(中山 訳, 151쪽)이며 '인간의 사회'(船山 訳, 5쪽; 高坂 訳, 14쪽; 土岐 訳, 410쪽; 遠山 訳, 253쪽)이다. 위의 사항들을 포함하여 다음과 같이 말할 수 있다.

첫째로 '하나의 인간 사회'(池內 訳, 55쪽)는 일정한 단체로서 형태를 가지고 있다. 그 때문에 칸트는 이 국가를 나무로 예를 들어 '스스로 뿌리를 내린 기둥줄기와 같은 것'이라 했고, 이것을 잘라내어 다른 나무에 접목할 수 없다고 했다(中山 訳, 151쪽). 이것이 '민족/국민Volk'이다. 이 민족은 '국가로서 종합되어져 있'(宇都宮 訳, 38쪽; 池內 訳, 67쪽)는 것만이 아니라, '개인처럼 간주하는 것이 가능'하며(船山 訳, 19쪽), '각각 개인과 같'거나(高坂 訳, 31쪽), 또는 '복수의 사람들 속에서 한 개인처럼'(中山 訳, 175쪽) 취급될 수 있다고 했다.

---

4) Werke, 203쪽.

둘째로, 민족은 하나의 독립된 존재이다. 곧 '인간은 자기 자신
이외의 어떤 사람에게도 명령받거나 처리되지 않'으며(船山 訳, 5쪽),
'국가 그 자체를 제외하고는 누구도 국가에 명령을 하거나 그것을
멋대로 지배하는 것이 불가능'(中山 訳, 151쪽)하다. 그리고 현실국가
는 '국가주권Staats Majestät'5)(中山 訳, 177쪽)을 가지고 있는데, 그 유무
의 판단기준은 '완전히 외적인 법에 따라 강제로 굴복하지 않는
것'6)이다.7)

이 정의에서는 의미상 '국가의 독립'이 나타나 있다.8) 그 때문인
지 이 정의는 '어떠한 국가도, 타국의 통치조직이나 통치에 폭력적으
로 간섭해서는 안 되는 것'9)이라는 명제(예비조항 제5)로 끝맺는다.
그리고 구체적인 사례가 지적된다. 즉 '국가 내부의 전쟁이 아직 끝

<hr/>

5) Majestät를 '존엄성'(船山 訳, 20쪽)이라든가 '존엄'(土岐 訳, 418쪽), 그리고 '위엄'(高坂
    訳, 32쪽; 宇都宮 訳, 39쪽; 遠山 訳, 269쪽; 池内 訳, 68쪽)이라고 번역한 것도 유력하다.
6) '법적 강제'(高坂 訳, 32쪽; 土岐 訳, 418쪽; 宇都宮 訳, 39쪽)와 '법에 의한 강제'는 어
    떻게 다른가. 나는 원문이 gesetslich를 형용사로서 사용하고 있기 때문에 '법적 강제'라
    는 것이 원문에 가깝다고 보며, '법에 의한'이라고 해석할 경우에는 강제의 수단이 '법
    에 의한' 것이라는, 수단에 착목한 해석을 취하고자 한다. 이케우치池内(68쪽)는 원문
    에 있는 '법'을 해석하지 않았다.
7) Werke, 209쪽.
8) 칸트의 저작에 '독립'이란 용어가 없기 때문만은 아니다. 확실히 '독립'이라고 번역되
    는 Unabhängigkeit라는 단어는 있다. 그러나 문맥상 이 단어는 자연 상태와 대비되는
    '외적으로 법에 구속되지 않은 상태Unabhängigkeit von äußern Gesetzen'(in; Werke, 209
    쪽)라는, '독립'과는 다른 뜻으로 사용된다. 그리고 또 한 군데에선 명사가 아닌 형용
    사로서 사용하고 있다. 문맥상 국제법은 '서로 독립되어 이웃한 여러 국가의 분리
    Absonderung vieler von einander unabhängiger benachbarter Staaten'(in; ibid., 225쪽)를
    전제하는 것과 같이, 국제법 수준에서 국가의 '독립'된 성질을 해설하고자 사용된다.
    가까운 표현도 있다. 즉 '우리들은 여기에서 여러 민족의 법을 상호 대립적으로gegen
    einander 고려하지 않으면 안 된다'(ibid., 209쪽)라든가 '모든 민족 상호에 대한 권리'
    (船山 訳, 19쪽)라는 번역은 참고가 된다. 이는 '여러 민족 상호의 법'(遠山 訳, 268쪽)
    과는 약간 뉘앙스가 다른 것이다.
9) ibid., 199쪽.

나지 않고 있는 가운데 외국 군대의 간섭은 그 국가 내부의 질환과 싸우는 것만으로 타국에 종속되지 않은 민족의 권리를 침해하고 있는 것이고, 그 때문에 타국에 상처를 주는10) 만행이며, 모든 국가의 자율성을 위험하게 하는 것이다.'11)

셋째로, 민족 곧 국가에는 일정한 목적이 있다. 그것은 '원시적 계약의 이념'에 바탕을 둔 '민족에 관한 권리'의 보장이다.12)

(2) 공화제의 내용

중심적인 내용은 다음과 같다.

'시원적始源的 계약의 이념'으로부터 생겨나는 것이 '시민적 통치조직'이고, '공화제적 통치조직'이다.13) '시민Bürger'이라는 것의 본체는 사회구성원으로서 각인各人의 '자유Freiheit(=인간으로서, 그리고 전원이 공통적인 법적 구속을 받는 것=臣民)'이며, 그래서 전원이 '법 아래서의 평등(=국민Statbürger)'14)해지는 것이다. 그리고 '자유'는 '내가 동의한 것 이외에는 외적인 법에 복종하지 않음'을 말한다.15)

이 공화제에서는 전쟁을 할 것인가, 하지 않을 것인가에 대해 '국민의 동의'16)를 얻을 필요가 있다. 국민은 전쟁을 시작한 경우 전쟁의 경비를 포함해서 스스로에게 미치는 모든 일에 대해서 결정하

---

10) 中山 訳, 255~256쪽에서는 '주어진 만행'이라 해설하고, '타국을 해치는 만행'이라 번역하고 있다.
11) ibid.
12) ibid., 197쪽.
13) ibid., 205쪽.
14) ibid., 204쪽 이하.
15) ibid., 204쪽
16) ibid., 205쪽

지 않으면 안 되기 때문에, 전쟁을 시작하는 결정에 신중하게 된다.

그리고 최고의 권력이 어디에 있는지를 묻는 지배형식(군주제, 귀족제, 민주제)에서도 '인간들의 모임에서 하나의 국민을 만들어 내는 일반 의지'가 작용하는 구조는 바로 '헌법'이고, 그 결정하는 방법에 따라 공화제적repulikansch인지, 전제적despotisch인지 하는 차이가 나타나는 것이다. '공화제적'은 국가 자신이 정한 법률을 스스로의 힘으로 집행하는 것이다. 따라서 전제정치는 통치자 스스로의 '사적 의사'를 '공적 의사'로 집행하는 것이 된다.17)

민주제와 공화제는 혼동되는 일이 많지만 민주정체는 전원일치라고 하는 명목 아래 모든 사람이 어떤 한 사람에게 그 의사를 강제하기 때문에 본래가 '전제정체專制政體'이다. 그 때문에 입법자와 집행자를 분리하는 '대표제repräsentativ'의 통치형식이 있을 수밖에 없다. 따라서 '지배자의 수(='국가권력의 인격')'가 적으면 적을수록, 반대로 국민권력에 의한 대표가 크면 클수록 국가통치조직은 공화제에 가까워진다.

(3) 코멘트

① 국가는 인간집단으로 전제된다. 그리고 그것은 일정한 시원적 계약으로 밑받침되어 통일적인 법을 갖게 된다고 생각된다. 이러한 계약은 사회계약이 아니다. 따라서 국가는 인간들이 모여 만들어졌다는 개념에 기초하는 것이다. 그 때문에 왕권신수설이나 프랑스 혁명의 국민주권 인민주권론에 바탕을 두지 않으면 안 되는 것이다.18)

---

17) ibid., 206쪽 이하.
18) 中山 訳, 344쪽 참조.

이런 점에서 19세기 독일의 국법國法과 국제법國際法 학자인 블룬출리J. C. Bluntschli의 국가론이 떠오르게 된다.

② 국가의 구성원은 누구인가? 사회구성원인 시민은 흩어져 있는 군중이 아니라 일정한 기능적 분류를 갖는다. 첫째는 자유로운 인간이다. 둘째는 법에 복종하는 존재이다. 셋째는 전원이 같은 법 아래에서 평등하게 복종하는 존재이다. 이러한 분류에서는 국가가 인류사회임을 전제로 하는 '시민'을 당연히 포함하지만, 군주의 포함 여부는 확실하지 않다. 시민과 군주는 법 아래 평등한 관계가 아니기 때문이다.

③ 칸트의 분류는 루소의 세 가지 분류를 생각나게 한다.[19] 곧 집단적으로는 '인민peuple', 개별적으로는 주권에 참가하는 '시민citoyen', 국가의 법률에 복종하는 '신민sujets'이다. 이에 따르면 칸트는 군주제를 이상으로 하고 민주제를 배제하는 것이 되기 때문에, 루소가 말하는 인민주권을 담보로 하는 '시민'의 개념을 받아들이고 있다고는 할 수 없다. 그렇다고 하면 칸트의 '시민'과 루소의 '시민'은 같지 않은 것이다.

A. 칸트는 '국민'='시민'이 전쟁을 할 것인지 안 할 것인지와 같은 의미를 부여하는 존재라고 했다. 그렇다고 한다면 '국민'='시민'은 주권자가 아니지만 국가의 방향을 결정할 수 있다. 그것과 마찬가지로 '외부로부터의 공격에 대해서 스스로 조국을 방어하고자 국민이 자발적인 의지에 따라 정기적으로 군사훈련을 한다'고 할 수 있다.[20] 한마디로 말해서 이 국민 개념과 국가의 독립은 사회를 성립하고 있으며, '자유'로운 삶을 살고 있는 '개인'에 바탕을 두게 되는 것이다.

B. 칸트는 '법 개념에 부합하는 통치형식'이 대표제뿐이라고 했

---

19) Rousseau, Jean-jacques, *Du contrat social*, 1762, 1966, Garnier-Flammarion, 52쪽. 다수의 일본어 번역이 있다.
20) Werke, 198쪽.

다.[21] 그렇다면 누가 법을 제정할 수 있다는 것인가? 공화제에서 군주는 입법권을 갖지 않는다. 가지고 있다면 전제적인 것이 된다. 그렇다면 '내가 동의한 것 외에는 외적인 법에 복종하지 않는다'[22]고 한 문언文言에 착안하는 것이 좋다. 이 문언에 따르면 입법은 '나', 즉 '국민'이 하는 것이다. 만일 이렇게 말하게 되면 군주와 대표는 함께 국가권력을 나타내게 된다. 바꿔 말하면 칸트는 프리드리히 2세가 '짐은 국가의 최고 종족에 지나지 않는다'고 말한 것에서 '대표제의 정신'[23]을 본다고 했기 때문에 최고 권력의 일원적인 귀속은 아니다. 그런 것이 아니라면, 군주와 입법 대표자 각각에게 최고 권력이 이원적으로 귀속된다. 그런 것도 아니라면, 공화제에서 입법권과 집행권의 분리가 없어진다. 따라서 칸트에게서 군주제와 국민대표제의 타협형태인 국가론이 보이는 게 아닌가 하고 생각된다. 여기서 칸트 법이론의 실천적 의의를 인정하고 싶다.

이렇게 본다면 칸트는 군주제와의 대항관계 속에서 공화제를 전개하고 있기 때문에, 칸트의 생각이 '우리들이 이해하는 민주주의의 개념에 가깝다'(遠山 訳, 421쪽)고 하는 의견에 대해 찬성할 수 없다. 그러나 칸트에게 '주권자가 되는 것이 국민 전원이라는 것은 의문의 여지가 없다'고 하는 의견(中山 訳, 344쪽)에는 찬성하고 싶다. 이렇게 말하는 것은 아리스토텔레스 이래 국민 전원이 참여하는 지배 체제는 민주제뿐이고, 칸트와 같이 전제정체로서 위험하게 여겨 배제되어 왔기 때문이다.

그렇다면 국민은 통치권력과 긴장관계에 있는 것인가 하는 문제에 대해서는 뒤에 서술할 Tyrann의 장에서 논하고자 한다.

---

21) ibid., 207쪽 이하.
22) ibid., 204쪽.
23) ibid., 207쪽

2) 안중근의 국가론

(1) 안중근은 국가를 어떻게 생각하고 있었는가?[24]

안중근은 1879년에 태어나 조부모의 사랑을 받으며 서당에서 8, 9년 동안 보통교육을 받았다. 사냥을 좋아했고 양친의 뜻을 거스르는 공부는 하지 않았으며 사람들과의 교류도 빈번했다. 그러다가 1894년 16세가 되었을 때 한 사건이 일어났는데, 안중근의 부친이 동학당의 폭력을 참지 못하고 동지들과 함께 의병을 일으켜 그에 저항했던 것이다. 그러나 동학당을 격퇴한 공적이 있음에도 안중근의 부친은 세력가들의 압박을 받았기에 프랑스인의 교회로 피해 들어갔다. 그러는 동안 교회에서 설교를 듣고 성서를 읽었으며, 안중근은 부친과 함께 신앙을 갖게 되었고, 선교사인 홍석구 신부(빌렘 신부)로부터 세례를 받았다(1896). 이후 포교에 힘써서 신자는 나날이 증가했다. 기독교의 교리를 몸에 익히며 그는 이러한 생활을 수 년 동안 계속했다. 그는 포교를 위해 학문을 가르치는 대학이 필요하다고 생각하여 홍 신부와 함께 상경해서 민 주교(뮈텔 신부)와 회견했으나 이는 받아들여지지 않았다. 낙담한 그는 기독교의 진리는 믿어야 하지만 외국인의 심정은 믿을 수 없다는 생각을 갖게 되어 프랑스어 학습을 그만두었다. 그 밖에도 교회를 둘러싼 공격에 총대표로 선발되어 교섭에 임했고, 또한 복권회사의 사장에 선발되어 불만이 있는 사람들의 이야기를 들어주었다. 또 백성을 학대하는 관리들의 횡포에 항의하며 나라의 앞날을 한탄했다.

---

24) 이하 전부 市川 訳, 《安重根自傳新訳》에 따른다.

언제쯤 돼야 극악한 정부를 일거에 타파하고 이것을 개혁하여 난립해
있는 역적들을 일소하고 훌륭한 문명독립국을 만들어 내어 속히 자유 민
권을 얻는 것이 가능할 것인가 등등의 생각을 하면서 눈물을 용솟음치듯
흘렸다.[25]

당시 각 지방의 관리는 끊임없이 학정을 행하였고, 주민의 고혈
을 짜내어 관리와 주민 사이의 관계는 원수와 같은 사이가 되었고,
이러한 상황은 적에 대응한다는 것과 같은 것이었다. 다만 천주교의
사람들만은 사악한 명령에는 저항하고 그들이 명하는 토벌하고 색출
하는 일은 받아들이지 않았다. 따라서 관리는 교회를 증오하는 것이
외적을 대하듯 했다.[26]

(2) 코멘트

자서전에서는 여기까지가 하나의 시기로 구분된다고 생각한다.
이 사이의 특징을 말하자면, 부친과 함께 동학의 포악성에 반대해
들고 일어났고, 백성을 핍박하는 관리들에게 저항했으며, 20대 초반
의 젊은 나이였지만 사람들의 대표로서 어려운 문제를 풀어나갔다.
그는 전통적인 유교정신을 부친과 학교를 통해 계속해서 받아들인
것으로 보이는데, 기독교에 입문한 뒤로는 현저하게 기독교적인 의
논이 나타난다. 그 때문에 그는 기독교 교리에 따라 유교정신을 재
해석하기 시작했다고 보인다. 그러나 이들 두 정신이 모순된다고는
보이지 않는다. 다만 군주 위에는 천지를 지배하는 천주天主(=神)가

---

25) 市川 訳, 《安重根自傳新訳》, 522~523쪽.
26) 위의 책, 524쪽.

있다고 생각하는 점에서 변화가 있었다고 할 것이다.

그렇다면 안중근의 '국가'에서는 칸트의 '국가'와 마찬가지로 군주의 역할이 중시되고 있다. 곧 '한 나라의 군주의 시정施政이 지극히 공명정대하여 신민의 생업을 보호하고 신민과 태평을 함께하려고 노력'하는데도, 신민이 '그 명령에 복종하지 않고 충성심이 없다면 그 죄는 무겁다'고 하는 식으로 군주와 신민의 관계가 서술되고 있다. 안중근이 군주에 대한 충성을 부정하지 않는다는 사실은 심문조서의 여러 곳에서 나타나는데, 아래에 소개하고자 한다.[27]

> 문: 한국 황실 이씨李氏와 같은 서북 출신으로서, 그 유훈遺訓에는 서북 출신인 자는 정치에 연계해서는 안 된다고 했고, 결과적으로 그대로 되었기에 한국인은 자국 황실을 원망할 것이라고 생각되는데 그대의 생각은 어떠한가?
>
> 답: 그러한 일 때문에 서북인은 불평하지만, 황실에 대해 인민으로서 그러한 일을 말하는 자는 없다.
>
> 문: 그렇다면 일본이 황실의 선언에 바탕을 두고 보호정책을 실시하고 있는 것이므로, 이를 비판한다면 이른바 인민이 황실에 대한 불평을 호소하는 것이 되는 것이므로 이러한 일은 말도 되지 않는 것이 아닌가.
>
> 답: 황실에 대해서 말하는 일은 있을 수 없는 일이고, 자신의 의견을 말하는 것은 지장이 없는 것이라고 믿고 있다. 또한 정부에 대해서 의견을 말하는 것은 권리이다.
>
> 이에 검찰관은 더 이상 추궁하지 않았다.

'나라', 곧 '국가'는 군주가 신민의 생업을 보호하고 태평을 도모

---

27) 같은 책, 334~335쪽.

해주는 것이다. 그러나 현실적으로는 군주로부터 구별된 정부와 관리가 학정을 행하여 주민의 고혈을 짜내고 있다. 그 때문에 안중근은 군주(황실)와 정부를 명확히 구별하고 있다. 그에게 현실 국가는 개혁을 시키지 않으면 안 되는 대상이었다. 이러한 상황에서 천주교(가톨릭) 신자들은 개혁을 실천하고자 '부정한 명령에는 저항했다.' 이처럼 기독교도인 안중근은 백성의 편에 서 있었던 것이다. 그리고 백성의 편에 선 안중근과 '국가를 위해 진력을 다한다는 결심을 나타내고자 …… 손가락을 잘랐다'[28]고 말하는 안중근 둘 사이에는 질적인 차이가 없었다고 해도 지나치지 않다.

칸트와 비교해서 말한다면, 안중근은 칸트와 마찬가지로 자유와 평등을 추구하는 개인적 삶의 방식을 적극적으로 펼쳤다. 그 때문에 군주와 국민 사이에서 최고 권력을 이원적으로 분리하여 소유하는 칸트의 국가론은, 한편으로는 군주제를 수립하면서도 다른 한편으로는 국민의 권리 자유를 보장하고자 한 것이며, 이는 안중근 시대의 개혁에 적합했다고 할 수 있을 것이다. 곧 칸트의 국가론으로 안중근의 사상이 상당히 해명될 수 있는 것이다.

그러나 안중근에게는 칸트가 말하는 입법권과 집행권의 분리라고 하는 명확한 공화제의 구상은 없었다. 그 때문에 국가론에 관해서 안중근과 칸트는 권력의 분리라고 하는 자유주의적인 측면에서 서로 다른 점이 있다. 그러나 국민의 자유·평등 또는 권리·자유를 보장하고자 하는 이른바 국가의사형성에 대한 국민의 능동적 참여라고 하는 측면에서는 상당히 가까운 사상구조를 가지고 있다고 할 수 있다. 다만 칸트가 뒤에서 이야기 할 Tyrann 부문에서 혁명(=저항)을 부정하고, 거기까지 이르지 않는 개혁을 지향하고 있기 때문에,

---

28) 같은 책, 255쪽.

이론상 안중근의 개혁의 사정射程범위도 어디까지인지는 앞으로의 연구 과제가 된다고 할 것이다.

2. '평화'와 관련해서

1) 평화 구상의 검토를 위한 정리

(1) 칸트는 평화를 개인 간이 아니라 국가 간에 실현하고자 했다. 칸트는 개인 간이 아닌 국가 간에 평화를 실현하려면 6개의 예비조항을 포함한 3개의 확정조항이 필요하다고 했다. 여기서 국가라는 것이 무엇이고, 그 국가는 어떤 것이어야 하는가가 설명되고 있다. 이것은 제1부에서 공화제(제1 확정조항)에 관련해 이미 논의한 바 있다. 이 논의에서 이러한 국가 간에 있어야 할 것들이 논해졌다. 그것은 제1, 제3 확정조항에서 찾아볼 수 있다.

한편 안중근의 관계문헌은 크게 4건이 있다.

① 제1회, 제6회, 제8회, 제10회의 심문조서에서 보이는 일본과 한국의 관계에 관한 것

② 안중근 자서전 후반(1904년 러일전쟁 이후)의 서술

③ 뤼순고등법원장에게 한 진술

④ 안중근의 《동양평화론》

제1부에서는 칸트의 주장을 개관했기에 그에 대응하는 안중근의 논리 검토가 중요할 것이다. 그런데 칸트사상을 전제로 할 때 안중근의 사상과 크게 다른 점이 있다는 점을 무시할 수가 없다. 이는 안중

근의 경우 실천적으로 일본의 침략을 문제로 삼아 생각하였고, 칸트
는 《영원평화론》이라는 저술의 부제로 '철학적 초안'이라는 말을 부
가하고 있듯이 철학적으로 생각하고 있기 때문이다. 이러한 양자를
비교하는 것이기 때문에, 안중근의 평화론에 관계되는 것을 생각하고
논점을 확산시키지 않도록 하며 그 중점요소만을 논하고자 한다.

(2) 일본의 침략에 대한 안중근의 태도 변화는 다음과 같다.
① 안중근은 자서전에서 1904년이 인생의 가장 큰 전환점이었다
고 다음과 같이 말했다.

> "러일전쟁이 인천 항만에서 벌어지자 홍 신부는 '러시아가 승리하면 러
> 시아가 한국의 주인이 될 것이고, 거꾸로 일본이 승리하면 일본은 한국을
> 관할하게 될 것이다'라고 말하며 한국은 정말로 위험하다고 했다. 여기서
> 자신은 신문, 잡지 및 각국의 역사 등을 읽고 과거, 현재, 미래에 대한 전망
> 을 예측해 보았다."
>
> "러일전쟁의 강화를 체결한 뒤에 이토 히로부미가 한국에 와서 정부를
> 위협하여 5개조의 조약(1905년의 한국보호조약)을 체결하자, 한국의 전토,
> 2천만에 이르는 한국민의 마음도 소연해져서 마치 바늘방석 위에 앉아 있
> 는 것과 같은 상태가 되었다."
>
> "러일전쟁 때 일본의 선전포고서에 동양의 평화를 유지하고 한국의 독
> 립을 공고하게 한다고 했음에도 지금 일본은 그 대의大義를 지키지 않고
> 야심으로 침략을 하고자 하고 있다. 이것은 모두 일본의 대정치가인 이토
> 의 책략이었다."
>
> "만일 신속하게 손을 쓰지 않으면 그 화는 점점 더 크게 될 것이다. 속수
> 무책으로 오로지 앉아서 죽음을 기다리는 것이 어찌 가능하겠는가?"[29]

그런데 이렇게 국가존립이 의문시되고 있는 사태에 고관들은 아무 것도 하지 않고 있었다. 이에 안중근은 "국가는 소수 고관들의 국가가 아니라 당당히 2천만 민족의 국가"라면서 "국민이 국민으로서 의무를 행하지 않는다면 어떻게 해서 자유민권의 권리를 얻을 수 있겠다는 것인가?"라고 자문하였다. 그리고 "하나는 교육의 발전, 둘은 사회의 확장, 셋은 민중의지의 단합, 넷은 실력의 양성"으로써 2천만 동포의 결의를 반석 위에 놓아야만 할 것이라고 하는 곽 신부(르각 신부)의 충고를 따른다.[30] 그리고 점점 더 그렇게 되는 전기轉機가 다가왔던 것이다.

> "1907년 이토가 와서 7개조의 조약(제3차 한일협약)을 약정하고, 광무황제(고종황제)를 폐위하였으며, 군대를 해산했기 때문에, 2천만인의 분노가 한꺼번에 분출해서 의병들이 사방에서 봉기했고, 포화가 각지로 넓혀져 나갔다. 여기서 자신은 일찌감치 행장을 꾸려 가족들을 떠나 북간도를 향해 출발했으며 그곳에 도착했다."[31]

그는 의병에 참가했던 것이다. 그 이후는 생략하지만, 의병참모중장이 되어 일본군과 전투를 하면서 2천만인의 '민족국가'를 지키고자 했고, 1909년, 즉 이토를 살해하는 길로 바로 나서게 된다. 안중근의 이토 살해 동기는 이상에서 명확히 이해했을 것이다.

② 안중근의 동기는 검찰관 미조부치 다카오溝淵孝雄가 심문함에 따라 더욱 가다듬어진다. 평화론과 관계가 있으므로 다음의 두 가지 사항을 들고자 한다.

---

29) 같은 책, 526~527쪽.
30) 같은 책, 528, 529쪽.
31) 같은 책, 531쪽.

A. 이토를 '적시敵視'한 이유

검찰관이 이토를 적으로 본 이유를 물었을 때 안중근은 〈이토 히로부미의 죄상 15개조〉를 들었는데, 그 가운데 제12항에서 '러일 전쟁의 선전포고에서 동양평화의 유지와 한국의 독립보장을 말했으나 실제로는 그렇게 하지 않았다'고 하였다. 이러한 뜻은 심문조서에서 여러 번 발견된다.

> 이토는 동양의 평화를 교란했다. 그 이유를 말하자면 곧 러일전쟁 당시부터 동양평화 유지를 말했지만, 한국의 황제를 폐위하여 당초의 선언과는 전혀 반대의 결과를 보이기에 이르자 한국민 2천만 모두가 분개하고 있다.[32]

그리고 검찰관이 이토를 살해한 뒤 한국의 장래는 어찌될 것인지 마음에 두고 있는 것이 있느냐고 질문하자 안중근은 일본도 한국도 그리고 동양 각국 모두가 평화롭게 되는 것이라고 대답했다.[33]

B. 동양평화와 자주독립론

동양평화가 안중근의 핵심동기였다는 것은 명확하다. 그렇다면 그의 동양평화라는 것은 무엇인지에 대해 검찰관이 물었다.

> 문: 그대는 동양평화라고 말하는데, 동양이란 어디를 말하는가?
> 답: 아시아주를 말한다.
> 문: 아시아주에는 몇 개의 나라가 있는가?
> 답: 지나支那(중국), 일본, 한국, 샴(태국), 미얀마 등이 있다.

---

32) 같은 책, 213쪽. 제15항목(제1회 심문조서)에서 볼 수 있다. 또한 일청전쟁과 일한협약에서도 동양평화와 한국 독립의 보장을 언급하고 있는 것에 대해 안중근은 '알고 있지만 그것은 믿을 수 없다'고 답했다(같은 책, 333쪽).
33) 같은 책, 214쪽.

문: 그대가 말하는 동양평화라고 하는 것은 어떤 뜻인가?

답: 모두가 자주독립을 누리는 것이 가능하게 되는 것을 평화라고 본다.

문: 그렇다면 그 가운데 한 나라라도 자주독립이 되지 않는다면 동양평화가 이루어졌다고 할 수 없다고 생각하는가?

답: 그렇다.[34]

여기에서 동양평화란 아시아 각국이 모두 자주독립하는 것이라고 안중근은 말하고 있다. 그렇다면 각국이 대등하지 않으면 자주독립은 보장되지 않는 것이고, 거꾸로 자주독립이 아니라면 대등하게 되는 것을 유지할 수 없다. 그런데 검찰관은 "한국이 '독립자력'이 없는 거의 어린아이 수준의 나라이기 때문에 일본이 부모처럼 한국을 문명으로 인도해서 훌륭한 독립국, 즉 한 사람의 인간이 되는 것을 그대는 알지 못하는 것은 아닌가"[35]라고 반복해서 말하고 있다.[36]

만일 독립할 스스로의 힘이 없는 나라는 동양평화를 말할 수 있는 조건을 결여하고 있는 것이라면, 약소국은 강국의 보호를 받아야만 하는지에 대한 의문이 생기게 된다. 이 의문에 대해서는, 안중근이 한국에 관해서 말한 것이 참고가 된다. 아마도 이는 대체로 다음과 같은 세 가지로 정리할 수 있다. 즉, a. 그 나라가 독립할 수 없다고는 말할 수 없다. b. 당사국이 독립을 결정할 일이다. 바꿔서 말하면, c. 강대국은 강제로 보호하거나 간섭해서는 안 된다는 것이다.[37]

그렇기 때문에 동양평화의 핵심 부분은 자주독립이다. 여기서 눈길을 끄는 것은 다음과 같은 법원장에 대한 진술인데, 여기서 자주

---

34) 제6회 심문조서, 같은 책, 335쪽.
35) 같은 책, 353쪽.
36) 같은 책, 333~334쪽
37) 같은 책, 334, 336, 338쪽.

독립에 대한 의지가 명확하게 나타나 있다.

③ 뤼순고등법원장에게 한 진술이 있다.《이토 공작 만주시찰 일건 별책伊藤公爵滿洲視察一件別冊》제3호에〈청취서 살인범 피고인 안중근〉이란 문서(필사, 관동도독부법원 종괘지 26쪽)[38]가 있다(이하〈청취서〉).

이 문서는 안중근이 1910년 2월 17일에 뤼순지방법원의 판결에 대해서 불복 상소할 것인가 말 것인가를 결정하기 전에, 뤼순지방법원장에게 '상신上申'하고 싶은 것이 있다는 뜻을 말하고, 통역을 통해 한 진술을 기록한 것이다.[39] 그 가운데 안중근은 법원장의 요구에 응해서 평화론을 펼쳤다. 이것은 매우 독창적이고 일·청·한 삼국의 우호를 가꾸어 갈 구체적인 정책을 드러내고 있다. 중요한 것은 일본이 지금까지의 정책을 수정해서 그것을 세상에 발표해야 한다는 것이다. 아래에 약간의 부분만을 소개하고자 한다.[40]

> 첫째, 뤼순을 개방하여 일·청·한의 군항으로 한다. 삼국의 대표가 이곳에서 회합하여 평화회의를 조직한다.
>
> 둘째, 일본은 뤼순을 일단 청국에 환부하여 평화의 근거지로 삼는다. 각국은 일본의 영단에 경탄해서 일본을 신뢰하고 일·청·한 삼국은 영구히 평화와 행복을 얻게 될 것이다.
>
> 셋째, 뤼순에 조직한 동양평화회의 회원을 모집한다. 회원 한 명으로부터 1엔을 회비로 징수한다. 일·청·한의 인민 수억 명이 여기에 가입하는 것은 의심할 것도 없다. 공동화폐를 주조한다.

---

38) 일본외무성 외교자료관, 분류번호 4-2-5/245-3.
39) 中野泰雄,《安重根》, 203쪽. 여기에선 히라이시 고등법원장이 안중근에 '면회를 청했다'고 하였다. 그러나〈청취서〉에는 법원장에 대해 안중근이 상신하고 싶다고 하여 법원장이 통역을 끼워 인견했다고 한다(1쪽).
40) 선행연구로는 이태진의 논문이 있다. 이 글은 안중근의 평화구상이 일·중·한 삼국이 독립하면서 서로 균형을 취하는 삼국제휴론으로 연결된다고 말한다.

넷째, 뤼순을 경비하기 위해 일본에서 군함 5, 6척을 계류시킨다.

다섯째, 열강국들에 대응하고자 일·청·한 삼국에서 강건한 청년을 모집하여 군단軍團을 구성한다. 그 청년들에게는 각각 두 나라의 말을 배우게 한다. 어학의 진보에 따라 형제국이라고 하는 관념이 공고해 진다.41)

안중근의 이러한 평화정책 구상은 자주독립의 내용으로 되어 있다. 이렇게 해서 동양평화의 기초가 만들어지는 것이었다. 그것은 군사력으로 구성국을 억압하고자 하는 것이 아니었다.

④《동양평화론》은 미완이기는 하지만 그 '서序'는 매우 중요하다고 생각한다.

확실히 안중근은 '서양세력이 동양으로 침투한 화禍'에 대해서 "동양인종이 일치단결해서 극력으로 이를 방어"하는 것이 중요하다고 말했듯이, 그의《동양평화론》에는 아시아인종의식이 반영되고 있다. 그리하여 '백인들의 앞잡이'가 되려고 하는 일본에 대해서, 동양의 수억 명의 황색인종 가운데 뜻있는 자나 비분강개하는 남아라면 동양 전체가 멸망하는 것을 좌시해서는 안 된다고 말하고, 때문에 자신은 '동양평화를 위한 의로운 전쟁을 하얼빈에서 시작했다'고 했다.42) 그렇기 때문에 그는 아시아에 대한 서구의 침략과 일본의 침략과의 양면 전쟁의 국면을 보고 있었다. 그렇다면 그는 19세기에서 20세기에 걸친 제국주의와의 싸움에 대응해야 하는 커다란 논리를 구축하고자 했다고 말할 수 있을 것이다.

심문조서는 검찰관이 이끄는 대로 답해야 하는 것에 견주어 본다면,《동양평화론》은 그러한 제약을 받지 않은 안중근의 솔직한 논

41) 〈청취서〉, 17~24쪽.
42)《世界》, 伊藤 訳, 104쪽.

술이다. 그렇기 때문에《동양평화론》은 심문조서에 나타난 자주독
립론과 새로운 평화정책을 말한〈청취서〉의 실천론을 능가할 정도
의 격정을 느끼게 한다. 그러나 그럼에도 불구하고 심문조서의 자주
독립론은 검찰관의 심문을 뛰어넘는 강인한 법 논리를 펼치고 있기
때문에 장래 동양평화를 실천해야 하는 골격을 제기하고 있다고 할
수 있다. 그리하여〈청취서〉의 평화정책은 그 실천편實踐編을 나타내
는 것이라고 할 수 있다. 따라서 평화를 실현하고자 하는《동양평화
론》의 궁극적인 의의를 문언文言으로 나타낸 것이므로, 제국주의와
싸워야 한다는 격정 때문에 지나쳐버려서는 안 된다.

이렇게 보면 자주독립론, 평화정책, 제국주의와의 싸움, 이들 전
체가 그의 평화론을 구성하고 있는 것이라고 생각된다. 여기서 다음
으로 칸트를 보고자 한다.

(3) 칸트는 그 제2 확정조항에서 '국제법은 자유로운 모든 국가
의 연합에 기초를 두어야 한다'[43]고 했다. 그 요점은 다음과 같다.

> 전쟁을 하지 않는 평화 상태는 여러 국가 간의 조약에 따라 창설되어
> 보장된다. 이것은 '평화연맹'이라고 불린다. 이 평화연맹은 국가권력과 비
> 슷한 것을 만드는 것이 아니라, 자국과 그 밖의 지역이 연맹한 국가를 위해
> 서 '국가의 자유를 유지하고 보장한다.' 하나의 세계정부라고 하는 적극적
> 인 이념은 갖고 있지 않다. 그러나 전쟁을 방지하고 지속적으로, 더구나 점
> 점 더 많은 찬동자들이 증가하는 연맹은 세계정부는 아니지만, 그렇기 때
> 문에 법에 속박되게 되는 것을 싫어하는 적대적인 기질로 가득 찬 사태를
> 억제할 수가 있다.

43) Werke, 208쪽.

이러한 칸트의 평화연맹 구상과 심문조서에 있는 안중근의 자주독립론은 매우 비슷하다. 확실히 역사적으로 국제연맹(1920)의 설립에 기여한 공적이 있다. 그러나 안중근의 구상에는 평화연맹과 비슷한 구상을 포함하면서도 칸트의 구상을 능가하고 있다는 사실을 보아야 할 것이다. 아래에 그 요점을 서술하고자 한다.

첫째, 안중근의 자주독립은 명확하게 칸트처럼 전쟁방지를 목표로 한 것은 아니다. 그러나 안중근은 모든 국가의 자주독립을 전제로 해서 강국의 약소국 억압을 부정하고 있기 때문에, 그 동양평화에 대한 호소는 전쟁방지의 작용을 하고 있다고 해야 할 것이다. 그런데 안중근의 〈청취서〉에 나오는 평화정책은 서양의 아시아 침략에 대한 대항의식을 격하게 나타내는 동양평화와는 다르다. 그보다 일본의 정책 전환을 전제로 해서 군사적 우위를 도모하고자 하는 것보다는, 서로의 신뢰에 바탕을 두고 군사적인 균형을 취하려는 것으로 볼 수 있다. 전쟁은 삼국 사이에서 일어나는 것이 아니라 서양과의 사이에서 상정되었던 것이다.

둘째, 심문조서에서 보이는 안중근의 자주독립론은 아시아에 국가권력과 비슷한 권력 창출을 목표로 하고 있지 않으며, 상호간 자주독립의 실현을 목표로 하고 있기 때문에, 명확하게 세계정부를 추구하고 있지 않은 칸트의 평화연맹 구상에 가깝다.

그렇지만 〈청취서〉의 평화정책은 평화회를 조직하여 그것에 어느 정도의 군사적·재정적 권력을 주고, 나아가 뤼순을 평화회의 거점으로 하고 있기 때문에, 칸트의 평화연맹보다도 오늘날의 EU(유럽연합)의 구상에 가깝다고 할 수 있다. 그를 위한 안중근의 생각에는, 평화연맹보다는 오늘의 EU에 가깝다. 또 안중근의 생각에는 평화연맹으로부터 유럽연합까지의 폭이 보인다. 말할 것도 없이 제네바에 두었던 국제연맹보다 10년 앞선 발상이라고 하겠다. 그리고 더욱 독

특한 것은 삼국에서 파견한 군인청년에 대한 2개 국어 어학교육 구
상인데, 상호 신뢰를 양성하려면 불가결한 것이라고 안중근은 알고
있었던 듯하다. 안중근은 민 주교에게 거부당한 천주교대학의 설
립,[44] 곽 신부가 지적한 국민교육 등을 평화론에 포함시키는 독자성
을 발휘했다. 오늘날에도 풍부하게 시사하는 바가 있다.

　(4) 제3의 확정조항은 모든 외국에서 '보편적인 우호die allgemeine
Hospitalität'를 받을 수 있는 권리[45]를 말한다. 이 '보편적인 우호'는
박애나 접대를 말하는 것이 아니라 '외국인이 다른 나라에 들어갔
다고 하는 이유로 타국에 적대적으로 취급받지 않는 권리'이고, '방
문의 권리'이다.[46] 따라서 제3 확정조항은 외국인의 권리 보장을
말하고 있는 것이다. 그런데 칸트는 이 조항의 의미를 확대해서 적
대적 행위의 금지를 논했다고 할 수 있다. 이 권리는 '지상의 모든
국민 간에 실질적으로 널리 전해져 교류함'에 따라 '지상 한 곳에서
의 권리 침해가 모든 장소에서 느껴질 정도로 되었다'고 했다.[47] 실
로 칸트가 느꼈던 이러한 모든 국민의 교제가 200년 뒤인 오늘날에
격세적인 발전을 맞이하고 있는지에 대해서는 의문이지만, 그렇다
고 해도 칸트가 그 시대에 모든 국민의 교류를 강하게 느끼고 있었
다고 하는 점을 경시해서는 안 될 것이다. 실로 지구상의 한 곳과
모든 곳에서 겉으로는 다르지만 내면적으로는 어떤 사항·사상 등이

---

44) 市川 編, 516쪽의 자전기사自伝記事; 같은 책, 375쪽 '천주교대학을 세우는 것에 대한
　　계획' 참조.
45) Hospitalität의 번역으로는 여러 가지가 있다. '후우厚遇'(船山 訳, 26쪽), '우호友好'(高
　　坂 訳, 38쪽; 宇都宮 訳, 47쪽; 遠山 訳, 274쪽; 池内 訳, 73쪽), '호우好遇'(土岐 訳, 421
　　쪽), '환대歡待'(中山 訳, 184쪽).
46) Werke, 213쪽 이하.
47) ibid., 216쪽.

공통성을 갖고 있어야 한다는 감각으로 '세계시민권'은 기초하고 있어야 한다.

그렇지만 칸트에 따르면, 유럽의 문명개화로 상업활동이 성황하고 있는 여러 나라의 '비우호적인 태도'는 아메리카, 흑인제국黑人諸國, 향료제도香料諸島, 희망봉을 누구의 것도 아닌 토지(=무주지)로 만들었고, 또 동인도와 상업을 구실로 해서 군대를 투입하여 그곳에 사는 사람들을 무시하고 기아, 반란, 배반, 그리고 그 밖의 모든 나쁜 상황을 발생시켰으며,48) 사탕제도砂糖諸島를 노예제의 본거지가 되게 했다. 칸트는 '이러한 아주 나쁜 일들을 가능하게 한 자들은 신을 경배한다는 핑계로 많은 일을 했던 사람들이다. 그리고 부정한 짓을 물 먹듯이 하면서도 자신은 정통적인 신앙을 가지고 있는, 신으로부터 선택된 자라고 생각하고 있는 사람들이다'49)라고 했다. 이 문언들을 보면 확실히 칸트는 통렬한 '식민주의 비판'50)을 펼치고 있고, 그 잔학한 사태를 '보편적인 우호'에 반하는 것이라 규탄하고 있다고 할 수 있다.51)

그렇다면 그는 침략에 대한 저항을 정당화하거나 시인하는 법적 논의를 전개하고 있는가? 그는 이 문제에 대해서는 특별한 언급이 없었다. 안중근도 칸트와 마찬가지로 아시아에 대한 서구의 침략과 일본의 침략을 사실로 인식하고 있다는 점에서는 차이가 없지만, 안중근은 침략에 대한 저항을 실행했기 때문에 둘 사이에는 근본적인 차이가 생긴다. 그렇기 때문에 동양평화의 실현은 침략에 대한 저항으로서 이토를 살해한 것이 되고, 이 일은 안중근에게 불가피했음을

---

48) ibid., 214쪽 이하.
49) ibid., 216쪽.
50) 佐藤全弘, 《カント歷史哲學の硏究》, 晃洋書房, 1990, 202쪽.
51) 深瀨忠一, 《戰爭放棄と平和的生存權》, 岩波書店, 1987, 37쪽.

다시 한 번 상기할 수밖에 없다.

3. Tyrann(폭군/참주)과 관련해서

1) 칸트의 Tyrann과 라틴어 번역의 문제

(1) 칸트는 《영원평화론》에서 많은 사람이 대답하기 어려운 문제를 소개하고 있다.[52] 그 해당 부분의 일본어 번역은 쉽지가 않다. 문제가 되는 독일어와 라틴어는 그대로 남겨져 있기에, 여기서는 조금이라도 이해를 쉽게 하고자 필자가 그 번역문에 대해 말해보고자 한다.

> 혁명(반란)은 이른바 Tyrann(non titulo sed exercitio takis)의 억압적인 권력을 타도하기 위한 국민의 정당한 수단이라고 할 수 있는가?

칸트는 이 물음에 대해서 다음과 같이 부정적으로 답하고 있다. 곧 '국민의 권리가 침해되고 있다면 폭군을 퇴위시킬 수 있을지라도 폭군에게 부정을 해서는 안 된다. 이것은 의심의 여지가 없는 것이다. 그러나 신민이 이러한 방법으로 스스로의 권리를 주장하는 것은 극히 올바르지 못한 일이다.'[53] 이는 확실히 그가 국민의 저항권을

---

52) "Ist Aufruhr ein rechtmäßiges Mittel für ein Volk, die drückende Gewalt eines so genannten Tyrannen(non titulo sed exercitio talis) aufyuwerfen?", in: Werke, 245쪽. 확실히 제2판(Werke, 1796)의 원문에는 non titulo와 sed 사이에 '콤마(,)'가 없다. 하지만 그 이외의 독일어판에는 '콤마'가 있다. 일본어의 여러 번역에도 모두 '콤마'가 있다.
53) 中山 訳, 242쪽.

인정하지 않는다는 사실을 보여주는 것으로, 이는 잘 알려져 있는 사실이기 때문에[54] 이러한 부정적 서술이 있더라도 그다지 희한한 일은 아니다.

(2) 그러면 위의 Tyrann과 그에 관계되는 라틴어의 뜻은 어떠한 것일까? 그것을 검토하기 전에, 풀어야 할 어려운 문제로서, 위에 소개한 문장이 어떻게 일본어로 번역되어 있는지를 살펴보고자 한다. 거의 일본어 번역문은 라틴어를 괄호로 옆에 써 두고 있기 때문에 라틴어구 자체는 생략한다.

> 폭동은 민중에 의하여 이른바 전제군주(칭호는 없지만 중요한 실행자)의 폭압적 권력을 타파하기 위한 적법한 수단일까?(船山 訳, 66~67쪽)
>
> 혁명은 민족이 이른바 폭군(명칭은 없지만 중요한 실행자)의 폭압적 권력을 타파하기 위한 정당한 수단이라고 할 수 있겠는가?(高坂 訳, 81쪽)
>
> 내란은 이른바 폭군(명칭은 없지만 실제로 그렇게 휘두르는 것)의 압정적壓政的 권력을 제거하기 위한 국민의 올바른 수단일까?(土岐 訳, 442쪽)
>
> 반란은 이른바 참주(명칭상으로는 없지만 실제상으로는 그러한 자)의 압정적인 폭력을 벗어나기 위한 국민의 올바른 수단이라고 할 수 있겠는가?(宇都宮 訳, 101쪽)
>
> 반란은 국민이 이른바 폭군(이름은 없지만 실제상 그렇게 하고 있는 자)의 중압적인 폭력으로부터 벗어나기 위한 것으로서 올바른 수단일까?(遠山 訳, 308쪽)
>
> 이른바 폭군, 명칭은 없지만 사실상 폭군의 억압적인 폭력을 뒤엎기 위해 국민이 반란을 일으키는 것은 합법적이라고 할 수 있을까?(中山 訳, 242쪽)
>
> 권력자의 압도적인 폭력에 대해서 국민이 반란을 일으키는 것은 올바른

---

54) '抵抗權': 《カント事典》, 有福孝岳他編, 弘文堂, 1997, 354~355쪽.

수단일까 아닐까?(池內 訳, 88쪽)

이들을 보면 Tyrann에 대한 번역이 일정하지가 않음을 알 수 있다. 이 단어의 번역으로 '전제군주', '폭군', '참주' 등의 용어가 사용되는데, 결과적으로 이들은 같은 뜻을 나타내고 있는 것일까?

그리하여 라틴어구(non titulo sed exercitio takis)의 번역은 상당한 차이가 있는 편이라 할 수 있다. 이를 약간 정리하면 다음과 같다.

> 그룹A
> '칭호는 없지만, 주도적으로 실행하는 자', '명칭은 없지만 실제상으로 쓰여진 대로 하는 자', '명칭은 없지만 실제로 그렇게 휘두르는 자'

이 그룹은 라틴어의 non과 sed를 'not A but B'로 파악하고 있다. 곧 'A가 아니라 B'이다.

> 그룹B
> '명칭이 아니라 사실적으로 있다', '이름만이 아니라 실제상으로는 그러한 것'

이 그룹은 라틴어의 non과 sed를 'not only A but also B'로 파악하고 있다. 곧 'A뿐만 아니라 B도'이다.

필자는 사전적 의미에서 그룹B를 취하고자 한다.

2) Tyrann을 구별하는 두 가지 개념

(1) 번역마다 조금씩 다르기 때문에, 다시 칸트의 Tyrann과 라틴

어구의 의미를 탐색해 보고자 한다. 실은 Tyrann과 관계있는 라틴어구는 아주 옛날부터 오랫동안 논의되어져 왔다. 칸트는 그러한 논의를 모두 포함해서 보고 있다고 말할 수 있다. 따라서 그 지식에 결함은 없다고 생각된다. 아래에서 이를 개관해 보고자 한다.

① 정치사상사의 세계에서 관계있는 논의를 탐색해 보면, 먼저 아리스토텔레스의 《정치학》 제4권 제10장[55])에서 Tyrannis가 언급되었다. 이 일본어 번역자는 Tyrannis를 크게 두 가지로 구분했다. 하나는 '법률에 의하는' 것이고, 다른 하나는 '자기 자신의 이익을 목적'으로 하는 것이다. 곧 '법률에 의하는' 것으로, 그것은 '스스로 나아가는 바에 따르는 의지 있는 자를 홀로 지배하는 것이기 때문에, 한편으로는 왕제적이라 할 수 있고, 또한 전제적으로 자신의 판단에 따라서 지배하는 것이기 때문에 다른 한편으로는 참주제적僭主制的'이라고 할 수 있다.

다른 하나는 '자기 자신의 이익을 목적으로' 지배하는 것으로서 이는 '가장 완전한 참주제'이고, '절대왕제'이다. 그리고 '전혀 책임을 묻지 않으며, 자신과 같은 자나 보다 뛰어난 자의 모든 것을, 지배받는 자의 이익이 아니라 자기 자신의 이익을 목적으로 지배하는 독재자'이고, '그것은 지배되는 자의 의지에 반한다.' 아리스토텔레스의 이러한 의견을 후대에 노이만[56])이 연구했으며, 이의 일어 번역서가 있다. 곧 아리스토텔레스는 '폭군에 대해 두 가지 다른 점을 정의하고 있다. '찬탈자'와 '법률'을 파괴하는 정당한 지배자가 그것이다.' 그리고 유우키結成光太郎는 아리스토텔레스가 '권원權原이 없는 폭군과 권원을 가지고는 있지만 불법을 행했던 폭군'으로 나누어 '후세에 폭

---

55) アリストテレス, 《政治學》, 山本光雄 訳, 岩波文庫, 1967/1961, 201~202쪽.

56) フランツ ノイマン, 《政治權力と人間の自由》, 內山他訳, 河出書房新社, 1971, 212~213쪽.

군론의 원형을 제공했다'고 평가했다.57)

　② 법률에 따라 전제적으로 지배하는 Tyrannis와 자기 자신의 이익을 위해 지배하는 Tyrannis의 구별은 그 뒤 중세에 토머스 아퀴나스가 계승하였다. 그리고 커다란 이론적 변화를 가져온 것이 저명한 이탈리아의 로마법학자 바르톨루스Bartolus de Saxoferrato의 글 〈De tyranno〉(1562)이다.58) 그는 Tyrannus(일본어 번역은 폭군/참주)와 Tyrannis(일본어 번역은 폭정/전제정)으로 구분하여 고찰했다. 이를 바탕으로 말하면, 바르톨루스는 Tyrannis를 '왕정의 타락형태라고는 생각하지 않고, 특정한 형태에서 독립적으로 대체로 나쁜 통치형태로 파악하고 있다.'59) 그리고 그의 영향은 현대까지 미치고 있다.

　여기에선 칸트와 안중근에 관계된 논리에 한하여 바르톨루스를 소개하고자 한다. 그는 라틴어의 Tyrannus(폭군/참주)가 그리스어의 Tyros로부터 유래했다고 했다. 영어, 독일어, 프랑스어의 공통어원으로 그 의미는 라틴어로 '강함, 협소함'이다. '강력한 왕이 Tyrant로 불렸다.' 후대가 되어 그 말은 인민을 잔혹하거나 사악하게 지배하는 왕 가운데서 가장 나쁜 왕에 적용되었다.60) 그리고 그는 Tyrant를 '법에 의거하지 않고' 지배하는 것이라고 정의했다.

　여기에는 두 종류가 있다. 즉 '집행에 의한 폭군/참주a tyrant by reason of his conduct'와 '칭호를 갖지 않은 폭군/참주a tyrant by defect of

---

57) 結城光太郎, 〈抵抗權〉, 《日本國憲法体系》 第8卷, 基本的人權Ⅱ, 宮澤俊義先生還暦記念, 有斐閣, 1966/1965, 87쪽.

58) 이 인물에 해당하는 저작은 로마법학자들에게는 잘 알려져 있으나, 문외한에게는 그렇지 않다. 영어 번역이 있어 주로 이를 참고한다. Bartolus of Sassoferrato, *Traktatus de tyrannia*, in: Emerton, Ephraim, *Humanism and Tyranny*, Studies in the Italian Trecento, Harvard University Press, 1925(이하 'Emerton'), 126쪽.

59) 佐々木有司, 〈バルトルスの政治思想(3)-普遍的帝國と《civitas sibi princeps》-〉, 国家学会雑誌第89卷 第11, 12号, 1976, 653쪽.

60) Emerton, 126쪽.

title'가 그것이다.[61] 바르톨루스가 사용한 라틴어로 말한다면[62] 전자
는 'tyrannus ex parte exercitii'이고, 후자는 'tyrannus ex defectu tituli'
이다. 사사키 유지佐々木有司는 전자에 대해 '집행의 측면에 기초한'
참주라 했고, 후자에 대해서는 '권원이 결여되어 있는 것에 기초한'
참주라 했다. 또 후자에 대해 '국가civitas에서 정당한 권원justustitulus
내지 명시적으로 지배하는 자'라고 했다.[63][64] 여기서 사사키는 '참
주'로 통일해 쓰고 있는데, 왜 그랬을까?

(2) 종교개혁 시대가 되면서 바르톨루스의 Tyrannus(폭군/참주)
에 관한 두 구별에 대한 논의가 부활했다. 먼저 보댕Jean Bodin은 바
르톨루스가 주장한 Tyrannus의 두 가지 구별을 명시하지는 않았지
만, 《국가 6편》(1583/1576) 제2편 제5장의 난외 주석註釋에서 바르톨
루스의 이름을 들면서 Tyran을 정의했다. 곧 Tyran은 '선거 없이, 계
승권 없이, 제비뽑기도 없이, 정의로운 전쟁도 없이, 신의 특별한 부

---

61) ibid., 132쪽.
62) Bartolus de Saxoferrato, Opera Omina Ⅴ, Bartoli Tractatus Ⅵ de Tyranno, §12.
63) 佐々木有司, 앞의 책, 662쪽.
64) 바르톨루스 이후, 이탈리아의 인문학자 콜루치오 살루타티Coluccio Salutati는 tyrannus
(일본어역 '참주僭主')를 '~을 찬탈했기 때문에, 지배의 정당성이 없는 자, 아니면 오
만으로 지배하거나, 부정으로 짓누르며, 법이나 공정함을 지킬 수 없는 자'라고 하였다
(コルサッチョ·サルターティ, 〈僭主論〉, 米田潔弘 訳, 池上俊一 監修, 《原典イタリア·ルネッサン
ス人文主義》, 名古屋大学出版会, 2010, 104쪽). 그리고 이 같은 예로 '도시나 속주나 왕국
의 지배권을 찬탈하는 자에 개개인이 반대할 권리를 일체 부정할 수 있을 것인가'가
있다. 시민이라면 누구라도, 정당한 칭호를 갖지 않은 Tyrannus(참주)에 대한 저항과
살해를 긍정한다. 이와 달리, 주군이 Tyrannus(참주)와 같이 행동하더라도 '반란을 일
으켜야 한다고 할 수 없다.' '주군 또는 인민의 재가를 얻어 비로소 할 수 있는 것이며,
누구도 자신의 의사 마음대로 행할 수 없다'(앞의 책, 105, 113쪽). 따라서 살루타티의
주장에서는, 바르톨루스가 들었던 두 종류의 Tyrannus의 구별과 그에 대한 대처 방법
의 차이가 확실히 드러난다. 에머튼(Emerton, 64쪽)은 해설에서 a tyrant ex defectu
tituli와 a tyrant exercitio or ex parte exercitii의 구별도 말하고 있다.

름도 없이 자기 힘에 의해서 자기를 주권적 군주로 한 자'라고 했다. 그리고 이러한 Tyran은 살해될 수밖에 없다고 했다.65)66) 그 때문에 그는 본래의 Tyran을 '칭호를 가지고 있지 않은 폭군/참주'로 보았던 것이다.

다음으로 보댕은 같은 책 제2편 제4장에서 'tyrannus ex parte exercitii', 즉 '집행에 의한 폭군/참주'라고 하는 바르톨루스의 이론적 구조를 명시하지 않은 채 'monarchie tyrannique'를 논했다.67) 즉 'monarchie tyrannique', 다시 말해 'Tyran적인 군주'는 결코 자기의 힘으로 주권적 군주가 된 자는 아님에도, '자연의 법을 무시하고 노예처럼 프랑스 신민의 자유를 밟아 뭉개고 다른 사람의 재산을 자신의 것인 양 남용한다.' 그는 타도되는 것을 두려워하여 무력으로서 자신의 지위를 공고히 하면서도 결국은 파멸한다. 처妻가 그를 죽이든지 간에 많은 것이 그의 죽음을 재촉한다. 그러나 보댕은 사람들에게 올바른 왕과 잔혹한 Tyran을 구별할 것을 요구했다. 그리고 신과 자연법의 제약이 있는 군주는 Tyran으로 간주할 수 없으며, Tyran의 신체에 공격을 가해도 좋은 것인지 아닌지를 생각보자고 호소했다.68)

---

65) Bodin, Jean, *Les six libres de la République*, 1583, p.297. 영어 번역으로는 Jean Bodin, *The six books of a commonwealth*, translated by Richard Knolles, 1606(edited with an introduction by Kenneth Douglas MacRae, 1962) 참조. 현대의 영역본으로는 Jean Bodin, "On sovereignty", four chapters from *The six books of the commonwealth*, edited and translated by Julian H. Franklin, 2003/1992, Cambridge UP 참조. 그리고 독일어역으로는 Jean Bodin, *Sechs Bücher über den staat*, Buch I-Ⅲ, Übersetzt con Bernd Wimmer, eingeleitet und herausgegeben von P. C. MazerßTasch, 1981을 참조.
66) 보댕의 이 정의는, 佐々木毅, 《主権, 抵抗権, 寛容》(岩波書店, 1973, 124쪽)에서, 바르톨루스의 '자격의 결여에 바탕을 둔 티란tyrannus ex defectu tituli'이라고 하고 있다.
67) 佐々木毅, 앞의 책.
68) Bodin, 297쪽.

그러자 쿠바르티쉬Quaritsch[69]는 'tyrannus ex defectu tituli', 즉 '칭
호를 갖지 않는 폭군/참주'의 법학적인 의의를 Tyrannenmord(폭군살
해)로만 보았으나, 법적 칭호를 갖는 주권자인 'tyrannus ex parte
exercitii', 즉 '집행에 의한 폭군/참주'를 폭정Tyrannei을 했다는 이유
로 살해해도 좋은 것인지 아닌지를 묻고, '칭호를 갖지 않은 폭군/참
주' 살해를 허락하는 경우와 달리 후자(집행에 의한 참주)를 살해할 수
없다고 했다. 그리고 그 결과 폭정 아래의 사람은 '도망'가거나 '숨
는' 편이 나으며, 그리고 그 군주가 아무리 사악하고 잔혹하더라도
그 '적법한 주권자를 죽이는 것보다 오히려 죽음을 당하도록 하지
않으면 안 된다'고 했다. 바꿔 말하면 도망가는 것도 복종을 거부하
는 저항을 하는 경우에도 '합법적인 권력 장악자는 용서해야 하고'
(칼 슈미트), 어찌되었든 이렇게 된다고 했다.[70] 이렇게 보면 보댕도
나치스 때의 사람들도 시간을 초월해서 권력의 정당성을 거역할 수
없었다는 말이 성립한다.

 (3) 캘빈주의자였던 모나르코마키monarchomachi(폭군방벌론자)들
은 보댕이 이렇게 애매하게 말한 'tyrannus ex parte exercitii', 즉 '집
행에 의한 폭군/참주'에 초점을 맞추었다. 그것은 현실에서 신앙을
억압하는 자가 Tyrannus(폭군/참주) 가운데 있는데, 그들에게 어떻게
대처할 것인가가 문제로 떠올랐기 때문이다.
 ① 브루투스Brutus는 1579년에 바르톨루스의 용어를 다양하게 바
꾸어서 말했다. a. 'tyrannides sine titulo'='tyrannus absque titulo', 즉
'칭호를 갖지 않은 폭군/참주'와 b. 'tyrannides exercitio'='tyrannus

69) Quaritsch, Helmut, *Staat und Souveränität*, 1970, 321쪽.
70) Ibid., 332~333쪽.

exercitio', 즉 '집행에 의한 폭군/참주'라고 하는 두 가지였다.[71] 브루투스는 저항이 '왕국 전체의 수준에서는 전 인민vniuersi' 및 '그들에 의해 추대된 왕국 권력자들의 다수파 또는 그 한 사람 한 사람'에게 인정되어지며, 그들에게 필요한 무기 또는 군사력의 사용도 인정했다. 그러나 한 사람 한 사람 개인이 저항하는 것은 '정규의 고관, 정무관正務官 등'의 지휘가 필요하다고 했다.[72]

② 브루투스 학파, 캘빈주의자였던 모나르코마키 등의 영향을 받은 알투지우스Johannes Althusius도 물론 tyrann에 관심을 가지고 있었다. 그러나 알투지우스는 당시 일반적으로 퍼지고 있던 tyrann을 두 개로 나누어야 한다는 바르톨루스의 생각을 받아들이면서도, 보댕과는 의견을 달리하고 있다. 곧 '집행에 의한 폭군/참주'만을 진정한 '폭군/참주'라고 할 수밖에 없다고 했다.[73] 이 의견은 기르케가 알투

---

71) 라틴어판 *Vindiciae Contra Tyrannos*(1579)의 일본어판인 ステファヌス・ユニウス・ブルトゥス, 《僭主に対するウィンディキアエ》, 城戸由紀子 訳, 東信堂, 1998, 69, 165쪽 이하 참조. 또 독일어역 Brutus, Stephanus Junius, *Strafgericht gegen die Tyrannen*, Die legitime Macht des Fürsten über das Volk und des Volkes über den Fürsten, in: Beza, Brutus, Hotmann, Calvinistische Monarchomachen, 1968, 95쪽, 165쪽 이하 참조. 독일어 번역에서는 Herrschaft ohne Titel과 Ausüng der Herrschaft라고 말하고, 대응하는 라틴어에는 손대지 않았다. 그러나 바르톨루스의 이름을 들어 두 가지를 구별하는 방법에 대해 언급하고 있다. 영어 번역은 상당히 자유롭다. Brutus, Junius, *A defence of liberty against tyrants*, a translation of the *Vindiciae contra Tyrannos*, with an historical introduction by Harold J. Laski, 1924. 또, Tyrannides는 라틴어 Tyrannis의 복수형이다. 의미는 '독재정치, 참주정치, 전제정치', '폭군의 지배, 포학'이다(田中, 《增補改訂 羅和辞典》, 研究社, 1966/1952 참조). 라틴어 Tyrannus는 제도가 아닌 인간을 가리킨다. 드물지만 브루투스의 Tyrannus의 두 개념 구별을 소개한 일본인의 논문이 있다. 野田良之, 〈基本的人権の思想史的背景－とくに抵抗権理論をめぐって－〉, 東京大学社会学研究所編, 《基本的人権》 第3卷, 歴史Ⅱ, 東京大学出版会, 1968, 54쪽.

72) 《ウィンディキアエ》, 282쪽의 역자해설 참조.

73) Frederick S. Carney, Translator's introduction, in: Johannes Althusius, *Politica*, an abridged translation of Politics methodically set forth and illustrated with sacred and profane examples, edited and translated, with an introduction by Frederick Carney,

지우스의 특징을 말한 것과 겹친다. 그는 '법을 파괴하는 의무를 태만히 한 정당한 지배자를 본래의 Tyrann으로 본다'고 했다. 그리고 'tyrannus quoad exercitium(tyrannus exercitio)', 즉 '집행에 의한 폭군/참주'에 비교해서 통설(다분히 프로테스탄트 진영)은 'tyrannus absque titulo(칭호를 갖지 않은 폭군/참주)'를 '좁은 범위에서 한정하려 했지만' 알투지우스에게 그 'tyrannus(폭군/참주)'는 '개인이 누구라도 공격할 수 있는 대상에서 제외될 수 있는 공적公敵에 지나지 않는다.' '제외'라는 것은 '죽인다'는 뜻이었다. '이 점에서는 인민주권의 신봉자와 가톨릭의 지배자 왕권을 가진 투사의 사이에서 의견이 일치했다.'[74]

알투지우스는 한편으로는 정당한 지배자를 억제하는 저항권에 근거를 부여하는 것과 함께 다른 한편으로는 인민 전체로서의 국가를, 칭호를 갖지 않은 '공적公敵'으로부터 지키고자 했고, 그를 보여 준 것이 알투지우스의 《정치학》(1614) 제38장 제36절이다.[75] 이 제68절에 의해서 알투지우스는 'Tyrannenmord(폭군살해)' 밖에 생각하지 않았던 보댕보다 폭이 넓어졌다고 생각된다. 여기에 그의 독특함

Forward by Daniel J. Elazar, 1995, 33쪽.

74) Gierke, Otto von, Johannes Althusius und die Entwicklung der naturrechtlichen Staatstheorien. Zugleich ein Beitrag zur Geschichte der Rechtssystematik, 7. unveränderte Ausgabe, 1981(Untersuchungen zur deutschen Staats-und Rechtsgeschichte, Alte Folge: Heft 7), 33쪽 이하., 146쪽, 305쪽, 307쪽.

75) Althusius, Johannes, Politica, methodice digesta atque exemplis sacris et profanes illustrate, 2. Neudruck der 3. Auflage, Herborn 1614(1981, Scientia), 913쪽. 영역본 Johannes Althusius, Politica, an abridged translation of Politics methodically set forth and illustrated with sacred and profane examples, edited and translated, with an introduction by Frederick S. Carney, 1995/1964, 196~197쪽은 제68절 부분을 번역하고 있다. 그에 견주어 독일어 번역의 Johannes Althusius, Politik, Übersetzt von Heinrich Janssen, In Auswahl herausgegeben, überarbeitet und eingeleitet von Dieter Wydeuckel, 2003, 403쪽 은 제68절을 꽤 자세히 번역하고 있다. 그리고 라틴어의 Aggressor를 그대로 Aggressor 라고 독일어로 번역하였다. 영어 번역에서는 이 라틴어가 반영되어 있지 않다.

이 표현되었다. 즉,

> 그로부터 명령 없이 오직 사적인 권위에 기초해서, 모든 개개의 조국을
> 사랑하는 귀족과 개인은 국가를 침략하는, 즉 '칭호를 갖지 않는 폭군/참
> 주'에 대해서 저항할 수 있고 그렇게 하지 않으면 안 된다.
> 　　열왕기列王記 하 제11장, 역대지歷代誌 하 제23장, 사사기士師記 제9장. 예
> 를 들면 이 자가 외국의 Tyrannus(폭군/참주)라면 이 자에게 인민은 어떠한
> 서약에 의해서라도, 또한 법에 의해서라도 의무를 지지 않으려고 한다. 폭
> 력을 가하는 개인이든, 침략자이든, 그 사람에게 정말로 국가의 시민은 누
> 구에게라도 저항한다.

　알투지우스에 이르러서 Tyrannus(폭군/참주)를 둘러싼 두 개념의 구
별은 서서히 전개되었다. 더욱이 'tyrannus absque titulo(칭호를 갖지 않은
폭군/참주)'가 외국의 침략자들을 향해 말해졌다는 점에 주목하고 싶다.

　(4) Tyrannus(폭군/참주)의 두 가지 개념적 특징을 포함한 번역어의
문제가 있다. 이러한 검토를 통해 보면, Tyrannus(폭군/참주)는 두 가지
로 구별이 가능하고 그 사이의 혼동은 없다. 간혹 구미에서는 어원이
같기 때문에, 그 두 가지는 'tyrannus quoad exercitium(tyrannus exercitio)',
즉 '집행에 의한 폭군/참주'와 'tyrannus absque titulo(칭호를 갖지 않은 폭
군/참주)'라고 한 것처럼 내용을 고려해서 해설적으로 표현했다고 생각
된다. 이처럼 Tyrann의 의미와 내용을 알게 되었다고 본다면, 이를 어
떻게 일본어로 번역할 것인가 하는 문제가 대두하게 된다.

　그리스·로마문명처럼 오랜 역사를 자랑하는 중국문명에 이러한
것이 없었다고는 생각되지 않는다. 인간은 같은 짓을 저지르기 때문
이다. 그렇기 때문에 중국에서도 그러한 일에 대해 표현하는 말이

생겨났던 것이다. 여기서 한자에 착안해 보도록 하자. 즉 'tyrannus quoad exercitium'은 정당한 군주 등이 그 권한을 위법으로 또는 잔학하게 행사하거나 집행하는 것이다. 이에 상당하는 한문 글자는 '폭군暴君'이다. 후쿠베服部 등의 《수정증보상해한화대자전修訂增補詳解漢和大字典》76)에 따르면, '폭군'은 맹자에서 유래하고 '무도한 왕'이다. 모로하시의 《대한화사전大漢和辭典》에 따르면, '폭군'은 역시 맹자에서 유래하고 '무도한 왕, 백성을 괴롭히는 군주, 포학한 자'이다.

다음으로 'tyranus absque titulo'는 자신의 힘으로 그 자리에 오른 자로 군君과 같은 칭호를 지니지 못한 자이다. 이에 상당하는 한자는 '참호僣號'이다. 후쿠베의 《수정증보상해한화대자전》에 따르면, '참주僣主'라는 항목은 없지만 '참호'라는 항목 위에 한서漢書의 출전을 명시하고 '마음대로 제왕의 명의를 자칭하다' 또는 '그 명의·참칭'을 말한다고 되어 있다. 모로하시의 《대한화사전》77)에 따르면, '참호' 역시 한서에서 유래한 용어라고 하면서 '신분을 뛰어 넘는 명호名號나 왕호王號, 또는 제호帝號를 범하여 칭한다. 참칭僣稱'이라 하였다. 《대한화사전》에는 '참주'란 항목은 있지만 그 출전出典은 밝히지 않았다. 이 부분에 대한 해설에서는 '분수에 넘치는 짓을 하는 군주. 힘을 가지고 찬탈해서 군위에 오른 자. 고대 그리스의 집정전권자執政專權者를 말함'이라고 되어 있다.

그렇다고 한다면 오늘날 일본에서 사용되는 '참주'라는 용어를 '참호', '참칭'과 같은 말이라는 식으로 취한다면, '폭군'과 '참주'와는 근본적으로 개념을 달리하는 것이라 할 수 있고, 라틴어의 Tyrannus에 대한 두 가지 구별과 그 개념에 거의 합치한다고 하겠다. 일본에

76) 服部宇之宮·小柳司気太, 《修訂增補詳解漢和大字典》, 冨山房, 1953/1915, 170쪽.
77) 諸橋轍次, 《大漢和辭典》, 第5卷, 大修館, 1976/1957, 934쪽.

서는 언제부터인가 폭군과 참주라는 한자의 차이가 무시되어 혼용되고 있다. 권위 있는 한화사전에서 그 의미가 다르다고 말하고 있기 때문에, 필자는 그 의견을 따랐다.

3) Tyrannus의 두 개념과 칸트의 이해, 그리고 안중근의 위치 부여

(1) 지금까지 검토한 바에 따르면, Tyrannus의 두 가지 개념은 등치等値시킬 수 있는 것도 아니고, 또 서로 대체되는 것도 아니었다. 때에 따라서 어느 쪽으로 기울어지는 경우는 있었을 것이다. 그렇다면 칸트는 Tyrann에 붙여진 'non titulo sed exercitio talis'를 말했을 때 명확하게 'titulo'와 'exercitio'를 선택적인 관계에 두고 있다(talis는 '이러한' 이라고 하는 뜻으로, 여기에서는 특별히 고려할 필요가 없다). 즉, 전자(titulo)를 부정적으로 파악하였고, 후자(exercitio)를 긍정적으로 선택하였다. 그 때문에 칸트의 관심은 Tyrann의 두 가지 개념을 알투지우스처럼 균등하게 전개하는 것은 아니었다. 따라서 칸트의《영원평화론》은 Tyrann을 '통치권력을 정당하게 가지고 있는 자'와의 관계에서 논하고 있는 것이다. 그렇다고 하면 칸트가 titulo와의 관계에서 Tyrann을 말하는 경우 Tyrann은 '참주'를 말하고 있는 것이다. 이에 대해서 exercitio와의 관계에서 Tyrann을 말할 때 Tyrann는 '폭군'을 가리킨다.

따라서 국가에서 통치의 담당자가 '폭군'이 된 것을 전제로 하는 경우에 국민은 어떻게 할 것인가가 과제가 되는데, 칸트의 관심은 여기에 있다. 그는 이러한 '폭군'이 된 통치력에 대한 저항을 인정하지 않는다. 그러면 칸트의 주장은 어떻게 되는 것인가?

여기서 필자는 벡L. W. Beck[78])이 말한 것에 주목하고자 한다. 그는 칸트가 '혁명'을 부정하고 있다고 주장하고, 다음과 같은 (칸트의) 발언에 주목하고 있다.

> 몇 천 몇 만 사람들의 생명을 지키기 위한 것이라고 해도 폭군a tyrant의 살해는 정당화 되지 않는다. 내가 도덕적으로 되어야 하는 최선(의 길)은 그의 권력의 남용을 부수는 것이고, 무엇인가 부도덕한 것을 나에게 명한다고 하면 그에게 불복종하는 것이고, 필요하다면 순교하는 것이다.

여기에서는 이른바 폭군살해를 긍정하지 않고 있다 해도 권력남용의 비판, 불복종, 순교가 거론되고 있다. 그렇다면 그것은 권력의 행위를 강력히 비판하고 복종의 거부를 실행하게 되는 것이다. 이는 이미 권력의 요구에 반하는 행위를 생각하고 있는 것이다. 그렇기 때문에 불복종의 처벌과 순교가 시사되는 것이다. 이것은 권력에 대한 소극적인 태도가 아니라 오히려 적극적인 도덕의 모습을 의미한다고 할 수 있다. 따라서 칸트는 반드시 질서존중의 입장과 같지는 않다. 예를 들면 '실정법을 초월하는 정의의 객관성에 대한 확신과, 실정법에 내재하는 질서의 안정성에 대한 존중 사이의 모순을, 그 비극적인 최후에 따라 여실히 보여준다.' 그러기에 소크라테스79)와 칸트를 동일선상에 놓는 것은 불가능하다. 헤겔80)에 이르면, 법도 도덕도 국가에 속하고, 그 때문에 법은 도덕과 전혀 별개의 것이 된다. 이로써 개인의 양심은 철저하게 무력화되었다.

그렇기 때문에 개인을 기초 단위로 한 칸트의 도덕적 다이너미즘dynamism에 대해 폭군살해를 부정한 언사가 있다고 해서 무시해서

78) Beck, Lewis White, *Essays on Kant and Hume*, 1978, 184쪽.
79) 尾高朝雄, 《改訂法哲学概論》, 学生社, 1962/1953, 39쪽.
80) ヘーゲル, 《近世哲学史》上, 上田泰治 訳, 世界文学社, 1948, 122쪽.

는 안 되는 것이다. 바꿔 말하면, 이미 말했듯이 칸트는 혁명=저항
에 이르지 않는 범위에서 개혁을 지향하는 영역을 긍정하고 있다.
실로 '영구적인 평화를 향해서 노력한다'는 실천이성의 요구를 믿고
있는 것이다. 후카세深瀬가 말했듯이[81] 칸트는 '영구평화'의 역사에
서 '종국목적終局目的'의 실현을 향하여 '점진적 개혁을 통해 부단히
접근해야만 하는 실천'을 논하고 있다. 이것은 어디까지나 '개혁'에
그치는 것이지, '혁명'도 '저항'도 아닌 것이다.

그러면 안중근은 어떠한가? 그는 이미 자서전의 전반부에서 보
여주었듯이 한국 정부의 부패와 타락에 대한 개혁을 추구하고 있기
때문에, 한국 내부의 과제와 관계에서는 물론 칸트와 마찬가지로 '폭
군'에 대해 논의를 할 수가 있다. 그렇지만 그는 국가에서 군주와 정
부의 구별을 명확히 하고 있다. 그렇다면 안중근에게 군주는 '폭군'
이었을까? 그에게는 정부(관리)가 '폭군'이었다. 실제로 안중근의 행
동을 보면 '폭군'으로서의 정부에 대한 비판은 매우 강력했다. 그렇
다면 안중근의 입장에서 볼 때, 혁명과 저항에 이르지 않은 범위에
서 '개혁'이 보인다. 칸트의 '개혁'과 겹치는 것이다.

그렇지만 자서전의 후반부에서는 결국 한국 정부의 부패와 타락
의 과제가 아니라, 한국이 일본에게 침략을 받고 있다는 사실이 드
러난다. 거기서 침략에 대한 안중근의 행동이 논해지게 된다. 따라서
안중근에게는 칸트가 논하지 않았던 'tyrannus absque titulo', 즉 'non
titulo', '참주'가 중대한 관심사였음을 알 수 있다. 알투지우스가 침
략자Aggressor를 논했던 것은 안중근의 행동 전체 해명에 중요한 시사
점을 준다. 그 때문에 이런 경우에 확실히 칸트는 긍정적인 비교대
상이 될 수 없다. 그렇지 않으면 칸트에게는 없었던 것이 안중근에

---

81) 深瀬, 앞의 책, 38쪽.

게는 있었다고 하는 주장이 나오게 된다.

(2) 그렇다면 칸트를 'non titulo, sed exercitio'의 구조에서 논하는 것이 그 사상을 이해하는 데 충분하다고 할 수 있는가? 이렇게 말하는 것은 칸트가 침략 전쟁에 대해 언급한 곳이 있기 때문이다. 칸트는 상비군의 폐지를 제안하고 있는데, 그 제안 가운데 그것을 말하지 않는 경우도 있다.

즉 국민이 '스스로 조국을 방위하고자 외적의 공격에 대해서 자발적으로 무기를 들고 정기적으로 훈련을 행하는 것은, 상비군과는 전혀 다른 일이다.'[82] 이 문장은 국민이 '스스로 조국을 방위하고자 외적의 공격에' 대비하는 것이며, 따라서 국민이 외적과 전쟁을 벌이는 것을 포함하고 있다.[83] 그렇다면 이미 여기서 국내의 '폭군'은 문제가 되지 않고, 타국으로부터 침략해 온 '참주'가 문제가 된다. 알투지우스가 말했듯이, 침략을 받은 경우는 '참주'에 대한 저항이 되는 것이다.

그렇기 때문에 칸트를 전체적으로 보면 다음과 같이 말할 수 있을 것이다, 확실히 칸트는 저항권을 인정하지는 않았지만, 그것은 어디까지나 폭군과의 관계에 대한 것이지 참주에 대한 것은 아니었다. 따라서 칸트도 안중근과 마찬가지로 참주에 대한 적극적인 저항을 긍정한다고 볼 여지가 있다. 실로 안중근으로부터 칸트 쪽으로 빛을

---

82) 中山 訳, 153쪽.
83) 이 점에서 빠뜨릴 수 없는 것은 칸트를 '절대평화주의자'로 규정하는 深瀨의 지적(위의 책, 38쪽)이다. 이 지적은 '종국목적'의 실현을 노린 부단한 개혁에 의해 전쟁을 없애고자 하는 실천을 제기한다. 지금까지 필자의 분석을 보면, 확실히 '종국목적'에 이르는 당장의 개혁에 필요한 실천적 중간단계의 실현을 위해 칸트는 '폭군' 개념을 고집하고 있고, 때문에 '참주'에 의해 자행되고 있는 침략전쟁을 사실문제로서 부정할 수 없는 지도 모른다. 칸트에 있어 침략전쟁의 위치 지움이 문제가 된다.

투사하는 것이 되어, 그동안 칸트에게서는 볼 수 없었던 부분이 보이게 되는 것이다.

그럼에도 불구하고 아메리카, 아프리카, 아시아 등 침략당한 여러 국가와 인민들에게 서양 제국은 '참주'이며, 따라서 그 적극적 저항의 가능성을 말할 수 있었던 것이다. 그런데 이 경우도 칸트는 겨우 중국과 일본이 쇄국鎖國을 취했던 것을 '현명'했다고만 말했고, 서양 제국의 압도적인 군사력에 의한 '정복Erobern'을 사실로서 서술하는 데 그치고 있다.[84] 그렇기 때문에 규범론으로서 침략에 대한 적극적인 저항의 의의를 논하지 않고 있다 할 수 있다. 그러나 칸트의 평화론은 많은 사람들에게 시대를 초월하여 공감되었고 지지되어 왔기 때문에, 칸트의 의의는 가치가 적은 것으로 받아들여지지는 않고 있다.

한편 안중근이 서양 여러 나라의 아시아 침략에 대한 평화론으로 논한 의의도 있다. 20세기 후반이 되어 세계가 탈식민지 내지 식민지 지배의 청산을 과제로 하기에 이르렀던 것은, 안중근과 같은 침략에 대한 저항이 규범론으로 계승되어 왔기 때문이 아닌가 하고 생각된다.

맺음말

사족이 되겠지만, 'tyrannus absque titulo', 즉 참주를 논하는 의미 내지 경향에 대해 눈여겨보자.

말할 것까지도 없지만, Tyrannus를 논하는 것은 저항권의 연구라 할 수 있다. 일반적인 경향이기는 하지만, 저항권은 통치권력과의 관

---

84) Werke, 216쪽.

계 안에서 논해진다. 구미에서나 일본에서 모두 그러하며, 그럴 필요
가 있기 때문에 그런 경향이 나타났다고 생각된다. 그 때문에 그 연
구상의 의의를 가볍게 볼 필요가 전혀 없는 것이다.

그러나 일본의 식민지 지배가 한국인의 저항을 받았다는 것을
생각하면, 일본인으로서 저항권 연구를 하는 것이 참 싫었다. 저항권
연구자가 자국의 식민지 지배에 대해 언급하는 것은 쉬운 일이 아니
다. 그런데 이제까지의 Tyrannus의 논의를 포함해서 생각하면 식민
지 지배에 대한 저항(='침략에 대한 저항')과 자국의 통치권력에 대한
자국민의 저항(='압제에 대한 저항')을 구별하는 것은 비교적 쉬운 일
이다. 그렇다고 한다면 안중근이 제기한 이토 히로부미의 살해는 실
로 '침략에 대한 저항(참주에 대한 것)'이었지, '압제에 대한 저항(폭군
에 대한 것)'은 아니었다는 결론이 나온다.

이 글의 요점은 이러한 차이를 안중근을 중심으로 전개한 것이
다. 그 결과 당연히 일본의 식민지 지배와 침략이 왜 있었는가에 대
한 물음이 나올 수밖에 없다.

안중근은 뤼순지방법원에서 통상적인 형사사건인 살인죄를 저질
렀다는 이유로 사형에 처해졌다.[85] 이것은 종래부터 지적되어 온 바
가 있지만, 일본의 침략에 대한 저항을 발생하지 않게 하려는 정치
적인 선택에 바탕을 둔 재판이었다. 그 때문에 안중근 편에서 검토
할 것인가, 일본 통치 권력의 정당성에 기초해서 검토할 것인가, 이
사이에는 근본적인 가치관의 대립이 있는 것이다. 그 때문에 오늘날
까지도 그 정당성에 대한 질문이 끊이질 않는다.

이 글은 안중근 편에서 검토를 철저히 하는 것을 목적으로 했다.
안중근이 살았던 시대에는 있을 수 없었던 일이었기 때문에, 당연히

---

85) 관동도독부 지방법원 1910년 2월 14일 판결, 市川 編, 491쪽.

오늘날 역사 연구에서 이러한 중요 사항이 재검토되지 않으면 안 되는 것이다.[86]

---

[86] 번역: 김승일(동아대학교 동북아국제전문대학원 교수)

일본의 확장주의와 안중근의 동양평화론

쉬 용

안중근은 뤼순에서 옥중생활을 하면서 《동양평화론》을 집필하였다. 이 저작은 비록 그 길이가 길지는 않지만, 이제까지 많은 연구자들의 관심선상에 올라왔다. 《동양평화론》의 주장은 안중근의 사상과 이념을 드러냈을 뿐만 아니라 그가 이토 히로부미를 암살한 동기를 보여주고 있다. 우리는 이를 통하여 당시의 변화무쌍한 동아시아 정세를 가늠해 볼 수 있다.

19세기 중엽부터 시작된 서세동점西勢東占 이후, 동아시아상황은 예측불허로 급박하게 진행되었다. 서양의 발달한 무력은 동아시아지역의 정치, 경제, 문화 등 모든 영역에 큰 변동을 일으켰다. 이후 일본에서는 군국주의가 흥성하여 대외 침략을 위한 확장주의정책이 실행되었다. 이러한 정책의 일환으로 일본은 타이완을 침공하고 류큐국流球國을 합병하였다. 그 뒤 일본은 조선을 자신들의 영향권 아래 두고 합병하려는 정책을 전면적으로 추진하였다. 이로 말미암아 동아시아의 전통적인 정치질서는 전복되었다.

이러한 상황에서 안중근이 이토 히로부미를 암살한 뒤 감옥에서 《동양평화론》을 집필하게 된 것이다. 이 저작에는 그가 조국과 가정을 지키려 했던 투쟁의 의미가 깃들어 있다. 또한 안중근은 동아시아의 변화하는 정세에 대응하고자 그 전통적인 평화원칙에 대한 자신의 깊은 생각을 풀어 놓는다. 안중근과 그가 주장한 동양평화론에 대한 연구는 일본이 군국주의에 바탕을 두고 전면적으로 대외 침략을 위한 확장주의를 펴나가 조선을 합병시킨 것과 떼려야 뗄 수 없는 관계에 있는 것이다. 이 글은 이러한 문제에 대한 연구의 첫걸음을 내딛고자 한다. 이것을 계기로 하여 이 문제에 대해 많은 분들과 활발한 의견교환이 이루어지기를 바란다.

1. 일본 군국주의 확장과 동아시아 전통질서의 붕괴

전통적인 동아시아 국가들 사이의 관계가 지닌 성격을 탐구한 학계의 연구를 살펴보면, 대다수의 학자가 '화이질서華夷秩序', 또는 '조공시스템[朝貢體系]'으로 이를 특징짓는 것이 일반적이다. 이 분야에 대한 역사적 관심은 전통적인 국가간 관계, 즉 국제평화의 가치에 대한 인식이 어떻게 구성되어 있는가에 초점을 맞추어 발현되어, 이에 관한 많은 연구 성과가 이미 누적되어 있다. 그 가운데 어떤 연구는 동아시아 국가질서를 서양의 '조약관계The Treaty system'와 비교하여 탐구하기도 하였다.[1]

허신許愼의 《설문해자說文解字》 풀이에 따르면 '화이華夷'라는 단어를 구성하는 '이夷'의 옛 뜻은 '동쪽의 활을 지니고 있는 사람'이라고

---

1) 화이질서에 대해서는 각기 다른 견해를 가진 연구들이 존재한다. 何芳川, 〈"华夷秩序"论〉, 《何芳川教授史学论文集》, 北京大学出版社, 2007; 信夫清三郎, 《日本政治史》第一卷, 上海译文出版社, 1982; 滨下武志, 《近代中国的国际契机－朝贡贸易体系与近代亚洲经济圈》, 中国社科出版社, 1999; 陈文寿, 《近世初期日本与华夷秩序研究》, 香港社会科学出版有限公司 등 참고.

한다. 이는 동쪽에 사는 민족들을 가리키는 대명사로서, 원래 어떠한 가치평가도 내포되어 있지 않은 낱말이었다. 그러나 이후 단어의 용법에 점점 변화가 생기고, '화이'라는 2음절 단어를 사용하게 됨에 따라 '이'라는 어휘 안에 점차 고대 동아시아 국가들 사이의 관계를 나타내는 의미항이 생성되었다. '이'가 예절과 의식에 관한 제도의 관계를 나타내게 된 것이다. 그 관계는 국가 사이의 문서에 쓰이는 위계질서에 관한 용어와 그 상하 위계질서에 담긴 불평등의 의미를 포함한다. 이러한 동아시아 국제관계에 대한 역사적 전통은 안중근의《동양평화론》에서 두 가지로 명쾌하게 정리되어 있다. 안중근은 먼저 전통적인 국가관계에 내재된 불평등을 서술하며 여기에 대해 비판했다.

> 청淸나라 사람들은 예부터 스스로를 중화대국中華大國이라고 일컬으면서 다른 나라를 동쪽과 북쪽의 오랑캐(夷狄)이라고 불렀다. 그들의 오만함은 하늘을 찔렀다. 더욱이 권신들과 그 세족들은 국권을 독점하여 제멋대로 한다. 게다가 신민들은 단결하지 못하고 위아래가 반목하고 있다. 그랬기 때문에 청나라는 지금과 같이 서세동점의 치욕을 당하게 되었다.

또한 안중근은 이렇게 말하기도 하였다.

> 예로부터 동아시아의 민족들은 문학에만 힘을 쓰면서 자신의 나라를 엄중히 지키는 데만 관심을 두었다. 그 가운데 어느 누구도 유럽에 가서 한 평의 땅도 침탈해본 일이 없다는 것은 온 세상이 모두 다 아는 일이다.[2]

안중근은 동아시아 국가 사이의 질서가 화이관계에 포함된 '평화

---

2) 안중근, 〈동양평화론〉, 《국민논리연구》 제8집, 서울, 1979, 143~144쪽.

로운 상생'이라는 기본성질을 수천 년 동안 갖고 있었음을 분명하게 명시하였다. 그가 《동양평화론》에서 유지하기를 주장했던 '평화'라는 개념 또한 역사적으로 내려온 전통적인 평화원칙을 포함한다.

동아시아 국가들은 수천 년에 달하는 상호 교류의 역사를 지니고 있다. 또한 한민족은 오천 년 동안 유지된 독립국가의 역사와 경험을 간직하고 있다. 이러한 점들은 충분히 총결하여 연구할 만한 가치가 있다. 안중근이 지적한 '예로부터 동아시아의 민족들은 문학에만 힘을 쓰면서 자신의 나라를 엄중히 지키는 데만 관심을 두었'다는 것은 구체적으로 동아시아의 전통적인 정치문화에 존재하는 '문치주의文治主義'를 지적한 것이다. 여기에는 '후하게 증여하고 박하게 받는〔厚往薄來〕' 원칙이 기본이 되는 경제관계와 '불치주의不治主義'에 근거한 정치관계, 그리고 '불침략주의〔不征主義〕'에 입각하여 비전쟁상태를 유지하고자 하는 요소도 포함되어 있다. 그러나 근대 국제관계에 변화가 일어남에 따라 19세기에 이르러 '문치'의 전통은 단절되어 폭력적인 전쟁이 끊이지 않고 일어나게 되었다. 이러한 역사적인 변화에 대한 인식과 연구가 안중근에 대한 연구 가운데 특히 《동양평화론》에 대한 연구의 중요한 한 분야를 구성한다.

조공과 책봉 등의 형식으로 구성된 화이질서는 선진先秦시기에 확립된 것으로 보인다. 이후 명대明代에 이르러 가장 융성한 화이질서는 천 년이 넘는 기간 동안 동아시아 지역의 평화와 발전 정국을 유지하는 데 큰 구실을 담당해왔다. 화이질서를 주도하는 나라였던 명나라의 성조成祖 주체증朱棣曾은 이렇게 말했다.

짐은 군주로서 천하를 이끌고 화이를 보듬어 다스리는데, 화와 이를 모두 똑같이 어진 시각으로 바라보고 화이 사이에 차이를 두지 않는다. ……
먼 나라와 생소한 지역 모두 각자 얻은 것이 있도록 하라. 소문을 듣고 중화문명화하려 오는 사람들이 앞을 다투는구나!3)

당시 정치에서는 '책봉冊封'의 형식을 유지하였다. 이로써 이른바 '오는 사람은 막지 않고 가는 사람은 붙잡지 않는다'[何休]는 원칙을 가지고 다른 나라가 이 형식의 자기장磁氣場 안에 드나듦을 강제하지 않았다. 게다가 명나라는 다른 나라의 내정 또한 간섭하지 않았다. 이를 일러 정치적 '불치주의'4)라고 말한다.

'화이'질서는 천 년 동안 유지되었다. 화이질서의 경제적인 의의는 두 가지로 나뉜다. 먼저 '조공'이란 시스템 속에서 그 안에 속한 국가와 민중들에게 서로 이익이 되는 교류의 진행을 보장했다는 점이다. 그리고 약소 속국들에 대한 복리적福利的 성격이 강한 교류 수입을 올려주도록 보장했다는 점에서도 그 의의를 찾아볼 수 있겠다 (후자의 의견이 일반적이다). 종주국은 사방의 이夷와의 관계에서 '후하게 증여하고 박하게 받는' 원칙을 견지하였다. 이것은 '교화敎化'의 의도를 분명히 보여주는 것이다. 중국의 황제는 '은혜를 주고자 조공으로 받은 물품의 가격에 몇 배에 해당하는 하사품을 내렸다.'5) 18세기 말엽 이후에는 조공은 이미 무역을 하기 위한 수단으로 변질되었다.6)

종주국은 주변 국가를 절대 무력으로 침공하지 않았다. '화이'질서가 융성했던 명청明淸시기에는 군사적 '불침략주의'를 확립하였다. 1369년(홍무洪武 2년), 명 태조가 제정한 《황조명훈皇祖明訓》에서는 다음과 같이 적고 있다.

---

3) 《明史·柯枝列传》.
4) 信夫清三郎, 《日本政治史》第一卷, 上海译文出版社, 1982, 7쪽.
5) 川胜守, 《日本近世与东亚世界》, 吉川弘文馆, 2000, 23쪽.
6) 信夫清三郎, 《日本外交史》上, 商务印书馆, 1992, 30쪽.

만약 다른 나라가 제 분수를 모르고 우리 쪽을 침범한다면 그 나라에는 불운이 닥치게 될 것이다. 다른 나라가 중국을 두렵게 할 만한 능력이 없다고 하여 우리나라가 병사를 일으켜 경솔하게 침범한다면 우리나라에도 불운이 닥치게 될 것이다. 나는 나의 후손들이 중국이 부강하다고 해서 일시의 전공을 세우려는 욕심에 눈이 먼 나머지, 아무런 까닭 없이 병사를 일으켜 사람의 목숨을 상하게 할까봐 걱정이 된다. 절대로 그리해서는 안 된다고 여기에 적는다.[7]

또한 구체적으로 조선, 일본 등을 열거하면서 주변 대부분의 나라들을 일러 '여러 오랑캐 나라들을 정벌하지 않는다'고 적고 있다.

청대淸代의 대외정책은 모리모토 도키치森本藤吉의 말에 따르면 다음과 같다.

(청나라) 태조가 조선을 다시 공격하여 함락시켰으나 조선을 멸망시키지 않은 것은 어찌된 까닭인가. …… 당시 조선의 신하들은 명나라를 받들고 있었기 때문에 태조는 배후의 걱정거리를 없애고자 하였다. 그러나 태조가 조선을 멸망시키지 않은 것은 조선이 약소국이기 때문에 그 나라를 취하여도 아무런 이익이 없었기 때문이다.'[8]

모리모토는 청나라의 정치·외교방침을 다소 곡해하기는 하였으나, 그가 지적한 바와 같이 청나라 조정이 동아시아 이웃나라들을 대할 때 '불침략주의'에 근거하여 비군사적 외교로서 서로 공존하려는 원칙을 실제로 실시하였다는 것은 부정할 수 없다.

---

7) 《明太祖实录》 卷六十八.

8) 森本藤吉, 《大东合邦论》, 近藤圭造印刷, 1893, 137쪽.

전술한 것을 바탕으로 일부 앞서나가는 이들은 '평화와 우호, 그리고 긍정적인 태도가 '화이질서'의 주류'라고 여긴다.9) 이러한 질서가 동아시아 역사에서 천여 년에 이르는 기간 동안의 평온한 정세를 유지할 수 있도록 해주었다는 것이다. 그러나 서양세력이 동양을 점령하고 있던 19세기에 이러한 전통적인 상황은 결국 동·서양을 비롯한 다양한 원인으로 위기에 직면하게 되었다.

전통적인 '화이질서'는 개방성을 그 특징으로 한다. 예부터 유럽 국가들을 포함한 외국과의 교류를 전혀 배척하지 않았다. 그러나 18세기 청나라 건륭제가 재위한 기간 동안 그 절반 즈음에 해당하는 시기에 청나라는 '쇄국령[海禁]'을 선포하여 당시 중국은 전례 없는 쇄국의 시기를 맞게 되었다. 쇄국령은 중국과 외국 사이의 교류를 금지시켰으며, 이 때문에 당시 중국인들이 격변하는 국제상황에 대처하는 능력을 발전시키는 데 어려움이 생기게 되었다. 19세기에 이르러 청나라는 종주국으로서 다른 나라보다 앞선 실력을 가지고 있지 못해서 스스로 전통질서를 새롭게 다질 수 없게 되었다. '서양문명'이라고 일컬어지는 공업이 발달한 서양 국가들의 도발 앞에 만청晚淸은 줄곧 극히 피동적인 위치에 처해 있을 수밖에 없었다.

영국은 산업혁명을 성공시키고 해외로 그 세력을 확장하는 소용돌이 속에서 식민지 인도에서 아편을 재배하여 중국에 판매하는 데 큰 노력을 기울였다. 영국은 '면방직 제품', '아편', 그리고 '차[茶]와 비단'이 각각 꼭지점을 이루는 비인도적 삼각무역을 진행시켰다. 그리하여 영국은 '아편이 19세기에 세계적으로 가장 귀중한 단품 무역 상품이 되는'10) 데 기여하였다. 이로써 중국의 아편 수입은 급증하

---

9) 何芳川, 〈"华夷秩序"论〉, 《何芳川教授史学论文集》, 北京大学出版社, 2007, 212쪽.
10) 费正清编, 《剑桥中国晚清史》, 中国社会科学出版社, 1985, 184쪽.

게 되었고, 이것은 중국의 사회·경제와 민중의 건강에 엄청난 폐해를 끼치게 되었다. 1838년 12월 린저쉬林則徐는 황제의 명을 받아 후광湖廣 총독의 직분으로 흠차대신欽差大臣으로서 광둥廣東해군을 지휘하여 광저우廣州에서 아편을 금지시켰다. 이에 영국은 오히려 청나라를 상대로 전쟁을 일으켰다. 청나라는 이 전쟁에서 줄곧 패배하여 1842년 8월 29일 시모노세키에서 영국과 장닝조약江寧條約(난징조약南京條約)을 맺었다. 청나라는 이 조약에서 영국에 배상금을 지불하고, 홍콩을 할양하였으며, 연해주 지역의 시장을 개방하는 데 동의하였다. 이후 영국과 프랑스는 계속 청나라를 도발하여 1860년대에 제2차 아편전쟁을 일으켰다. 전쟁 이후에는 청나라로 하여금 또다시 새로운 불평등조약을 체결하게 하였다.

아편전쟁의 패전은 청나라의 운명을 바꿔놓기도 하였지만, 동시에 동아시아의 여러 나라에 큰 충격을 안겨주기도 하였다. 일본 막부정권은 중국의 형편을 살피면서 자국정치의 변혁을 도모하였다. 이후 일본 국내 정치에서는 세력들 사이에 충돌이 일어나 '왕정을 실시하여 옛날로 돌아가[王政復古]'려는 의도를 가진 측이 승리하여 결국 막부정치 체제를 종결시켰다. 이후 일본은 메이지유신을 거쳐 천황을 위시한 군국주의 국가 체제를 갖추게 되었다. 메이지 정부는 1871년 9월 13일 청나라와 수호조례[修好條規, 총 18항] 등의 조약을 체결하였다. 수호조례의 첫머리는 '대청국大淸國은 대일본국大日本國과 원래 우의를 돈독히 다져왔던 관계이다. 나는 옛날의 교분을 다시 회복하여 양국 교류를 더욱 공고히 한다'고 밝히고 있다. 특히 제1조항에서는 쌍방이 '각각 양국에 속한 영토에 대해서는 서로 예로서 대하며 조금이라도 침략하여 경계를 넘어오는 일이 있어서는 안 된다'고 명시하고 '이로써 영구한 안전을 얻는다'[11]는 점을 강조하였다.

청나라와 일본 사이에 이러한 조약이 성립하게 된 것은 전통적인 동아시아 국제관계의 기본 원칙에 바탕을 둔 것이다. 이것은 '평화'라는 기본 이념과 기존의 동아시아 정치질서를 유지할 것에 대한 일종의 확인문서라고 할 수 있겠다. 따라서 이 조약은 단순히 청나라와 일본 쌍방이 맺은 조약에서 나아가 동아시아 전체의 질서를 확인하고 안정시킨 조약이라는 점에서 중대한 의의를 갖는다.

그러나 이 조약은 새로 일어난 일본군국주의의 무력정책으로 깨지게 되었다. 1874년 2월 6일, 일본 정부는 류큐국의 표류민 사건을 트집 잡아 무력으로 타이완을 침공하였다. 오쿠보 도시미치大久保利通 등과 같은 이들은 〈타이완번지처분요략臺灣番地處分要略〉을 적어 일본의 목표를 분명하게 나타내었다. 이 문건에서는 다음과 같이 적고 있다.

> 우리 제국으로 하여금 류큐국의 실권을 완전히 장악하도록 한다. 이로써 청나라에 사신을 보내고 조공을 바치는 것과 같이 예에서 벗어난 행태는 중지하도록 한다. 이에 대하여 청나라 정부와 쓸데없이 왈가왈부하는 것을 허락하지 않는다.[12]

1874년 4월 4일, 일본 정부는 육군대보大輔인 사이고 다카모리西鄕隆盛를 육군중장으로 임명하고 타이완번지 사무도독을 맡겼다. 같은 해 5월 17일, 사이고는 '다카사고마루高砂丸'란 깃발을 내건 군함을 타고 병사들을 이끌고 타이완으로 향했다. 같은 해 5월 22일, 그들은 셔리아오社寮 항구에 도착하여 곧바로 무딴셔牧丹社 사람들에 대한 공격을 시작하였다. 무딴셔 주민들은 그 지도자 부자父子가 모두 사살당하였음에도 여전히 항거의 뜻을 굽히지 않았다. 6월 2일, 일본

11) "同治条约" 卷20, 21~25쪽. 王铁崖, 《中外旧约章汇编》 第一册, 三联书局, 1957.
12) 《日本外交文书》 第7卷, 第1号文书. 东亚同文会 编, 《对华回忆录中译本》, 38~40쪽, 《岩仓公实记》 下卷, 127~129쪽.

군이 셋으로 나누어 진격하여 무딴셔를 공격하니 '살아남은 사람들
은 모두 집을 버리고 산골짜기로 도망가고 일본군은 전 사社에 불을
질러 없애버렸다.'13) 이 기간 동안 오쿠보는 주중駐中 영국, 프랑스
공사의 힘을 빌려 중국의 총독대신과 일본의 오쿠보 도시미치·야나
기하라 사키미츠柳原前光 사이에 타이완에 대한 조약을 맺었다. 청나
라는 아직 경험이 적고 미숙한 일본군국주의 세력에 완곡하고 부드
러운 태도로 임하며 일을 처리하려 하였다.

일본군국주의는 타이완을 침략하면서 동시에 류큐국를 합병하려
는 정책을 실시하였다. 류큐국은 유구한 역사를 가진 나라로서, 비록
중국대륙문화의 영향을 깊게 받았지만 분명히 '스스로를 완연한 하
나의 국가로 여기'14)고 있었다. 1609년 2월, 사쓰마薩摩 번의 우두머
리인 시마즈 이에히사島津家久가 류큐국을 침략하여 같은 해 7월 막
부의 승인을 얻어 류큐를 관할하게 되었다. 이로써 류큐국은 중국과
일본에 동시에 속하게 되었다. 사쓰마 번의 영향력은 무시할 수는
없었지만, 1879년 정식으로 합병되기 이전까지 류큐는 여전히 일본
에 대하여 독립국의 지위를 갖고 있었다. 도쿠가와德川 막부 후기에
군사학자 하야시 기헤이林子平가 지은 《삼국통람三國通覽》, 《해국병담
海國兵談》에서는 조선, 류큐, 에미시虾夷(현재의 홋카이도)를 '일본의 세
이웃나라'라고 칭하였으며, 일본 본토에 해당하는 세 섬과는 다른 색
을 사용하여 지도에 표기하였다. 시노부 세이사부로信夫清三郎의 결론
에 따르면, 일본과 류큐의 관계는 '일본과 조선의 관계와 마찬가지로
정식적으로 나라와 나라 사이의 교류를 했던 관계'라면서 모두 함께

---

13) 《岩仓公实记》 下卷, 154쪽.
14) 1878년 류큐국의 삼사관 모봉래毛鳳來와 마겸재馬兼材는 도쿄에서 서방의 각국 공사
에게 문서를 보냈다. 여기에서 류큐국은 스스로 한 국가를 이루고 있었다는 점을 강
조하였다.

'통신지국通信之國'에 속한다15)고 하였다.

　1872년, 일본은 한치켄藩置縣을 폐지시킴으로써 '류큐 처분'에 착수하여 류큐 정부의 반대에 부딪히게 되었다. 1875년 11월 달에는 류큐의 관원이 도쿄의 지성池城에 가서 일본 정부에 청원서를 제출하고 돌아왔다. 류큐왕 쇼타이尙泰는 국제적인 지원을 얻고자 1878년 도쿄의 류큐 삼사관三司官인 모봉래毛鳳來를 시켜 일본에 주재하고 있는 각국의 공사에 호소문을 전달하였다.

> 지금 일은 위급한 상황에 처해 있습니다. 오직 강대국만이 일본에게 류큐국에 대한 모든 것을 예전과 같이 하도록 권고할 수 있습니다.16)

　이러한 류큐 왕국의 호소는 국제적인 반응을 불러일으켰다. 미국 공사는 본국 정부에 이를 보고하고 류큐국의 호소대로 일본에 부탁하리라는 점을 표명하였다.17) 주일 초대 청국공사인 허루장何如璋 또한 대일교섭을 시작하였다. 그러나 일본 정부는 이러한 국제사회의 요청을 받아들이지 않고 무력으로 류큐를 '처분'하려는 뜻을 고집하였다. 일본은 군함을 파견하여 류큐로 진공하였다. 1878년 4월 4일, 일본 정부는 류큐를 오키나와沖繩현으로 개명한다고 선포하고 나베시마 나오요시鍋島直彬를 제1대 현령으로 임명하였다. 5월 27일, 류큐왕 쇼타이는 도쿄에 억류되었다.

　1879년 6월 류큐의 일이 이와 같이 급박하게 변화하게 되자 이홍장李鴻章은 미국의 전前 대통령 그랜트Grant를 회견하면서 다음과 같이 말하였다. 류큐왕이 중국에 '조공을 바치든 바치지 않든 그것은

---

15) 信夫清三郎, 《日本外交史》上, 商务印书馆, 1992, 22, 25쪽.
16) 《明治文化资料丛书》第4卷 外交编, 179~180쪽.
17) 据喜舍场朝贤, 《琉球见闻录》, 142쪽.

아무래도 좋은 일이다. 다만 이제까지 류큐왕은 화이질서 안에서 중국에게 자국의 위치를 인정받고 있었는데 지금 일본이 아무런 까닭도 없이 이 나라를 멸망시키는 것은 공법公法을 위배한 것이다. 이러한 일은 그 어떤 나라에서도 없던 것이다.' 그랜트 또한 이렇게 말하였다. '류큐는 독립국가의 위치를 자처하고 있는데도 일본은 류큐국을 멸망시키고 자신의 영토를 넓히려 했다. 중국이 지금 그들의 영토에 대해 이야기하고 있는데, 그것이 조공에만 국한된 것이 아니라는 점에는 매우 깊은 이치가 있다고 생각한다. 앞으로 이에 관한 또 다른 조약을 만들어야만 할 것이다.'[18]

류큐 왕실에서는 일본의 합병인정 요구를 줄곧 거절하여 일본과 국가주권에 관한 그 어떤 조약도 맺지 않았다. 근대에 이르러서도 류큐에서는 일본이 무력을 사용하여 자신들의 나라를 점령한 것에 반대하는 활동이 끊이지 않고 이어졌다. 일부 류큐 왕실의 구성원들은 푸젠福建, 베이징北京에서 도움을 구하는 활동을 계속 벌였다. 그러나 일본은 시모노세키 조약으로 타이완을 할양받아 점령하였고, 결국 류큐군도의 통치를 공고히 하였다.

청나라와 일본 쌍방은 수호조약修好條約의 체결로 동아시아 평화를 유지하겠다는 점을 분명히 하였다. 그러나 조약을 체결한 지 겨우 일 년이 지났을 때 일본은 곧바로 무력이라는 부정한 수단을 사용하여 타이완에서 군사행동을 벌였다. 연이어 일본이 '류큐 처분'을 진행함으로써, 이 조례에서 규정한 '평화로운 우의를 더욱 돈독히 한다'라는 조항과 '양국에 속한 영토'를 예로써 대한다는 원칙은 크게 손상되었다. 수천 년 동안 유지되었던 동아시아의 전통질서는 서양 열강의 견고한 군함과 총알의 공격 앞에서 힘없이 무너질 수밖에 없

18) 《李文忠公全集·译署函稿》卷八, 41~44쪽.

었다. 게다가 이후 일본의 군국주의는 후쿠자와 유키치福沢諭吉가 주장한 '탈아시아[脫亞入歐]'를 이루는 데 힘써 열강의 침략행위에 동참하였다. 이로써 동아시아의 평화적 관계는 뿌리째 흔들리게 되었다. 전통적인 동아시아의 평화는 결국 동양과 서양 양쪽에서 유래한 폭력원칙의 공격 속에서 와해되어 버리는 형국으로 치닫게 되었다.

2. 군국주의 일본의 조선 침략과 그들의 평화구호

견고한 군함과 총알을 앞세워 동양을 침략한 기존의 서양 열강들에 견주면, 일본은 후발주자로서 군국주의국가 행렬에 합세하게 되었다. 하지만 일본의 군국주의 체제가 자리를 잡은 뒤에도 일본은 평균 5~10년에 한 번씩 대규모의 대외침략전쟁을 일으켰다. 이는 전 세계적으로 봤을 때도 대외전쟁을 자주 일으킨 기록으로 꼽을 수 있다. 일본은 호전성으로는 제일가는 군국주의 국가였다. 일본은 자주 외국 용병을 대규모로 이용하였다. 더욱이 조선을 완전히 합병하는 과정에서 '동양평화'라는 거짓된 표어를 내걸고 조선인들로 하여금 자신들의 전쟁에 복무하도록 하였다. 그렇기 때문에 이 시기에 일어난 역사를 아는 것은 매우 중요한 의의를 갖고 있다고 할 수 있다.

1868년 4월 6일, 메이지 천황은 직접 쓴 편지를 대외적으로 발표하며 그의 야심을 드러냈다. 그는 편지에서 '드넓은 세계를 개척하여 국가의 위신을 사방에 세우기를 바란다'고 썼다. 메이지 정부가 추진하던 '부국강병', '산업발전', '문명개화'와 같은 유신정책 가운데 우선순위를 차지한 것은 '부국강병' 정책이었다. 1879년에서 1880년에 이르기까지 일본 군대의 참모본부에서는 가쓰라 다로桂太郎 등 십여 명의 군관들을 중국, 조선과 러시아의 극동 지역으로 파견하였다. 그들은 이 여행에서 각종 정보를 탐색하여《영방병비략領邦兵備略》이라는 책을 저술하였다. 일본 군국주의의 아버지라 불리는 야마가타 아리토모山県有朋 초대 참모총장은 이 책을 천황에게 올려 '강병'이 '부국'의 근본이라는 점을 강조하고 군사를 우선적으로 발전시켜야 한다는 방침을 확립시켰다.

일본은 군국주의 시스템을 확립시켜 대륙에 대한 침략정책을 진행하였다. 그 과정에서 청나라와 조선이 바로 그 침략의 주요 대상이 되었다. 조선반도는 특수한 지리적 위치를 차지하고 있었기 때문에 일본 침략세력의 공격을 가장 먼저 받을 수밖에 없었다. 그래서 일본의 대외확장침략의 중심에는 조선이 있었다. 이렇게 조선이 침략을 받게 된 것이 바로 근대 동아시아 정치질서가 전복된 사건의 핵심을 차지하는 문제라 할 수 있다.

1869년 1월 23일, 메이지 정부는 사신을 통하여 조선에 국서를 보냈다. 이때 그 국서에는 '우리나라의 황제가 즉위하여 기강을 다시 세우고자 한다'와 같은 문구를 사용하였다. 그런데 이것이 예전 문건의 격식에 맞지 않는다는 이유로 조선은 메이지 정부를 거절하였다. 일본 정부 안에서는 이를 구실로 삼아 기도 다카요시本戸孝允와 같은 이들이 '정한론征韓論'을 들고 일어나게 되었다. 어떤 이들은 50일의 시간과 30대대의 병력만 있으면 조선을 정복할 수 있으며 군사비용은 전리품으로 보충하면 된다고 주장하기도 하였다.19) '정한론'은 일본의 조정과 재야에서 점점 큰 화두로 떠올랐다. 그리하여 1875년, 일본은 군함을 파견하여 강화도와 부산을 침범하였다. 이어 1876년 2월 26일에는 조선으로 하여금 불평등한 조약인 이른바 강화도조약을 맺도록 강요하였다. 강화도조약은 조선과 청나라가 더 이상 속국

---

19) 信夫清三郎,《日本外交史》上, 商务印书馆, 1992, 131쪽.

과 종주국의 관계가 아니라는 점을 담고 있었고, 이를 바탕으로 일본이 서울에 대사관을 설립할 수 있도록 규정하였다. 또한 이 조약에는 부산, 원산, 인천의 항구를 개방하고 일본이 각 항구에 영사를 파견하며 그 영사가 재판권을 지니도록 한다는 내용도 포함되었다. 일본은 개항으로 자국의 권익을 신장시키고자 그 이듬해에 부산에 조계지를 설정하기도 하였다.[20]

　1879년 일본은 류큐의 처분이 순조롭게 진행되자 곧이어 1880년대에 조선반도에서의 세력확장에 박차를 가하였다. 일본은 임오군란(1882)을 핑계로 조선으로 하여금 제물포조약을 맺게 하였다. 이 조약은 일본군이 주둔할 수 있는 대사관을 설립할 수 있도록 하며, 조선으로 하여금 군란의 배상금을 물어내도록 하게 하는 것과 같은 조항을 포함하였다. 또한 일본은 이른바 개화파가 주축이 되어 일으킨 '갑신정변(1884)'을 지지하여 그 기회를 틈타 정치를 주관하던 명성황후 민비 쪽의 주요 인사들을 살해하였다. 메이지 18년(1885) 일본 육군은 조선에서 일어난 일련의 일들을 동인動因으로 삼아 10년군사대비계획을 세웠다.[21] 1888년 야마가타는 군사의견서를 제출하였다. 그는 여기에서 만약 어떤 일이 발생하면 청나라가 그 기회를 틈타 톈진조약에 따라 청군을 조선으로 출병시킬 수 있다는 점을 지적하였다. 그리고 '일본은 이를 그저 좌시할 수만은 없다'면서 '어쩔 수 없을 경우에는 청국에 전쟁을 선포하는 일'[22]이 필요하다고 적었다. 1890년 2월 야마가타 내각은 황기皇紀 2550년을 기념한 금빛솔개훈장을 수여하여 '무공이 뛰어난 군인과 그 가족'들을 격려하고 전시체제를 향한 정신무장을 독려하였다.

20) 信夫清三郎, 《日本外交史》 上, 商务印书馆, 1992, 159, 162쪽.
21) 日本防卫厅防卫研修所战史部, 《大本营陆军部》 (1), 东京 朝云新闻社, 昭和 49年, 18쪽.
22) 大山梓, 《山县有朋意见书》, 原书房, 昭和 41年, 179쪽.

이처럼 대대적으로 침략행위가 진행되자, 이에 호응하는 선동성이 짙은 많은 확장주의 이론들이 출현하였다. 후쿠자와 유키치는 1885년《탈아론脫亞論》을 발표하였다. 그는 여기에서 일본은 서양 열강이 구사한 확장주의의 수단을 채용하고, 아시아의 이웃나라를 대상으로 강경하게 확장주의를 펼쳐야 한다고 주장하였다. 같은 해 모리모토 도키치森本藤吉(다루이 도키치樽井藤吉라고도 함)은《대동합방론大同合邦論》을 써서 직접 조선을 합병할 것을 요구하기도 하였다. 이 책은 1892년 갑오전쟁이 발발하기 전날 밤 정식 출판되었다. 이 책에서 발췌한 내용의 일부는 다음과 같다.

> 일본과 한국이 합방되는 일이 설사 오늘 이루어지지 않는다고 하여도 어찌 이뤄지는 날이 영영 오지 않겠는가. 세계의 대세를 따라 살펴보면, 사실 이렇게 두 나라가 서로 독립된 상태로 있는 것은 천 년 만 년 가는 일이 아니다. 더군다나 서로가 이처럼 대치하여 맞서고 있는 상태인데 더 말해 무엇하겠는가. 어떤 이가 합방설을 이야기하는데, 그것은 바로 이러한 논지에서 나온 것이다.[23]

1889년 12월, 일본에서 야마가타 내각이 성립되었고, 이듬해 3월에 야마가타는 '외교정략론'을 내세웠다. 그는 제1조에서 국토의 주권선主權線을 지켜야 한다고 말했다. 그는 또한 제2조에서는 주권선과 밀접한 관계를 갖고 있는 지역인 이권선利權線을 보호해야 한다고 역설하였다. 그는 여기에서 '우리나라의 이권선의 초점은 진실로 조선에 있다'[24]고 하였다. 외무장관 아오키 슈조靑木周藏 또한 그 해 5월

---

23) 森本藤吉, 《大东合邦论》, 1893, 近藤圭造印刷, 4쪽.
24) 大山梓, 《山县有朋意见书》, 原书房, 昭和 41年, 196~197쪽.

《동아시아 열강국가의 권리전횡》을 써서 러시아를 시베리아 지역으로 쫓아내고 조선과 만주, 그리고 아무르강〔勒拿河〕의 동쪽 지역을 일본에 병합시켜야 할 것을 주장하였다. 그는 조선에 대해 '강경한 수단을 써서 간섭정책을 실시하여야 한다'[25]고 주장하였다. 야마가타 수상은 위와 같은 의견을 종합하여 같은 해 12월 6일 국회에서 〈실정방침연설〉을 발표하여 주권선과 이권선을 지키는 일의 중요성을 역설하였다.[26] 수상은 이익과 주권이라는 '이선설二線說'을 제창하고 그 논지의 초점이 된 조선을 일본의 의지대로 주무르려 하였다. 이를 통하여 우리는 일본 대륙침략정책의 정식 형성과정을 알 수 있다.

1891년 5월, 야마가타 내각은 모두 사직하였지만 그들의 확장정책은 이후에도 여전히 굳게 자리잡고 있었다. 1892년 8월, 제2차 이토 히로부미 내각이 성립되자 대외확장은 전면적으로 강조되었다. 1893년 2월, 일본에서 새로운 군함을 만드는 계획이 추진되자 이에 천황은 '국방이라는 일을 하루라도 미루게 되면 백 년을 잃게 된다'[27]는 말을 하달하였다.

1893년 4~7월에는 참모차장 가와카미 소로쿠川上操六가 직접 청나라와 조선에 가서 3개월 동안 정보수집을 위한 여행을 하였다. 같은 해 5월 19일, 천황이 〈전시최고사령부조례〉와 〈해군군령부조례〉를 비준하여 기본적으로 국가적 전시 체제에 대한 준비작업은 모두 완성되었다. 1904년 일본은 조선 국내정치문제를 트집 잡고 조선을 침략하였다. 같은 해 9월 15일, 메이지 천황은 최고사령부를 통솔하고 조선에서 비교적 가까운 히로시마에 주둔하여 청나라와 조선 합병에 관한 전쟁을 이끌기도 하였다. 이 과정에서 야마가타는 〈조선

---

25) 信夫清三郎, 《日本外交史》上, 商务印书馆, 1992, 237쪽.
26) 大山梓, 《山县有朋意见书》, 原书房, 昭和 41年, 203쪽.
27) 大吉林社 编, 《皇室皇族圣鉴》明治篇, 大吉林社, 1936, 51쪽.

정책상주上奏〉(1894. 11. 7.) 등을 올려, 이 전쟁에서 조선이 갖는 지위
를 더욱 강조하였다. 그는 '우리 일본이 오래도록 동양의 패권을 쥐
고 열강국가의 반열을 차지하여 영웅으로 자처할 수' 있으려면 반드
시 부산, 의주에서 동아시아 대륙, 나아가 중국을 횡단하여 인도까지
이르는 큰 길을 손 안에 넣어야 한다고 역설하였다.[28]

갑오전쟁(청일전쟁) 이후, 러시아는 프랑스, 독일과 연합하여 일본
의 세력확장에 제동을 걸고 나섰다. 이에 일본은 중재안으로 랴오닝
遼寧반도를 포기하고 청국과 시모노세키조약을 맺었다. 그러나 일본
이 이렇게 확장을 포기한 땅은 원래 주인이었던 청국에 돌아가지 못
했다. 제정 러시아는 지속적으로 약한 청나라 정부를 압박하여 1898
년 3월 27일 뤼순·다롄조계지협정〔旅大租地協定〕을 맺었다. 제정러시아
는 이로써 중국의 동북 지역에 전면적으로 자신들의 힘을 강화하려
는 움직임을 시도하게 되었다. 이로써 그들은 조선 지역 안에 더욱
깊이 세력을 뻗칠 수 있게 되었다. 제정러시아는 이를 위하여 시베리
아철도의 완공을 서둘렀다. 일본은 비록 청국을 격파하고 조선에 대
한 통제권은 얻게 되었지만, 러시아, 프랑스, 독일의 삼국간섭으로 그
확장노선에 장애가 생기게 되었다. 이 열강세력은 이후 조선에서 서
로 맞붙어 싸우는 과정에서 그 세력의 부침을 반복하였다.

1895년 10월 8일, 주조선 일본공사 미우라 고로三浦梧樓는 서울에
서 '을미사변'을 일으켰다. 그는 조선에 주둔하고 있던 일본군을 조
선의 왕궁인 경복궁으로 진격시켰다. 그들은 러시아에 지원을 요청
하려던 명성황후 민비와 측근 시녀들을 살해하고 서울, 부산, 원산
등의 전략적 요지에 대한 군사적 통제를 강화하였다. 일본은 이로써
조선의 조정에 깊숙이 침투하게 되었고, 조선에 대한 경제침탈을 본

---

28) 大山梓, 《山县有朋意见书》, 原书房, 昭和 41年, 224쪽.

격적으로 시작하게 되었다. 1896년 2월, 경성에서 곤경에 처한 채 지내고 있던 고종은 일본의 압박을 감당하지 못하여 러시아공사관에 피신한 뒤 그곳에서 1년 동안 머물게 되었다. 이를 '아관파천'이라 부른다. 다음해 2월, 고종은 러시아 공관을 떠나 궁으로 돌아왔으며, 같은 해 8월 15일 연호를 광무光武로 바꾸었다. 이어서 10월 12일 고종은 국호를 대한제국으로 바꾸고 황제로 즉위하였다. 이후 대한제국의 광무황제는 개혁을 시도하였지만 일본과 러시아라는 거대한 두 침략세력, 특히 일본군의 갈수록 잔혹해지는 압박으로 큰 좌절을 맛보게 되었다.

1895년 5월 '삼국간섭으로 랴오닝 지역을 돌려주'게 되자 일본 천황은 칙어를 발표한다. 그는 국민들에게 러시아를 미래의 적으로 놓고 '와신상담'[29]의 자세로 임할 것을 호소하였다. 12월 일본 국회는 10년 안에 러시아와 전쟁을 벌일 것을 대비한 군대확장예산을 통과시켰다.[30] 일본은 이미 결정된 대륙확장정책을 계속 추진함과 동시에 조선을 이 정책의 주요 지점에 위치시켰다. 일본 육군은 '만주를 러시아에 넘겨주고 우리나라는 한국을 취한다'라는 '만한교환' 방침을 제시하여 일본과 러시아 양국의 갈등에서 타협점을 찾고자 하였다. 일본 정부는 1903년 6월 23일 어전회의에서 다음과 같은 사항을 결정하였다. '우리 측은 이 시기를 이용하여 이제까지 몇 년 동안 풀지 못했던 한국문제를 해결하려 한다'면서, 조선의 '일부분이라 할지라도 절대 러시아에 양보할 수 없다'[31]고 하였다. 일본은 영국과 러시아 사이가 나빴던 점을 이용하여 1902년 1월 제1차 영일동맹을 맺었다. 그들은 만약 일본과 영국 가운데 한 국가에 전쟁이 나면 '다

---

29) 日本防卫厅防卫研究所战史室, 《陆军军战备》, 朝云新闻社, 1979, 33쪽.
30) 日本防卫厅防卫研究所战史室, 《陆军军战备》, 朝云新闻社, 1979, 35~36쪽.
31) 日本防卫厅防卫研修所战史部, 《大本营陆军部》(1), 东京 朝云新闻社, 昭和 49年, 35~36쪽.

른 한 쪽이 전쟁이 난 국가를 지원해줄 것을 약속'[32]하는 내용의 조약을 체결하였다. 1903년 6월 23일에 열린 일본 어전회의에서는 일본이 러시아와 직접 교섭을 진행하여 쌍방이 극동 지역에서 세력범위를 분할하는 문제를 해결해야 한다고 결정하였다. 이때 내각에서는 만약 교섭이 이루어지지 않을 때는 러시아에 대한 '전쟁도 불사한다'[33]는 의견이 오갔다.

일본은 청국과 러시아가 전쟁을 치루는 동시에 점진적으로 조선반도의 합병을 진행해 나갔다. 일본은 국제사회에 자신들의 침략의 도를 감추고자 그들의 최고기관에서는 '동양평화'라는 구호를 부르짖었다. 1904년 2월 4일, 일본 어전회의에서는 전쟁을 시작하기로 결정하였다. 다음날인 5일에는 천황이 육해군대신들에게 다음과 같은 칙어를 내렸다. 천황은 '동양평화가 짐에게 향한 충성심을 실현시킬 수 있는 방도이다'라는 점을 강조하였고, 이를 해결하기 위하여 러시아와의 관계에 대해서는 '자유행동'[34] 방침을 택한다고 하였다. 일본은 6일, 러-일 사이의 외교관계를 단절할 것을 선언하였다.[35] 곧이어 8일에는 일본의 함대가 인천항에 정박해있던 러시아 군함과 뤼순의 태평양 함대를 습격하였다. 2월 10일, 일본은 러시아에 선전포고를 하였다. 일본은 이때 동아시아의 평화를 실현하고 청나라와 한국을 보호하려는 목적에서 러시아와 전쟁을 선언한 것이란 점을 강조하였다.

일본은 대러전쟁에서 승리를 거두고 러시아와 포츠머스 조약을 체결하였다. 러일전쟁은 청국의 동북 지역 민중에게 큰 타격을 주었다.

32) 《国际条约集(1872~1916)》, 世界知识出版社, 1986, 216쪽.
33) 鹿島守之助, 《日本外交史(7)-日俄战争》, 鹿島研究所出版会, 1960, 15쪽.
34) 日本防卫厅防卫研修所战史部, 《大本营陆军部》(1), 东京 朝云新闻社, 昭和 49年, 35~36쪽.
35) 王芸生, 《六十年来中国与日本》第四卷, 三联书店, 1979, 96~97쪽.

이 참상에 대해서는 동북 지역 지방관원의 보고를 참고할 수 있다.

> 전쟁이 일어난 지역에 위치한 촌락의 대부분은 전쟁으로 말미암아 불타
> 없어져 버렸습니다. 주민들 가운데 적으로 오인 받아 잘못 사살당한 자도
> 적지 않습니다. 매일 난민들이 성으로 들어와 자신들의 어려운 상황을 호
> 소하는데, 그 참혹한 광경은 차마 눈 뜨고 볼 수 없을 지경입니다. …… 만
> 약 재해를 입어 황폐해진 땅이 천 리에 이른다면 나중에 어찌 사후처리를
> 하겠습니까. …… 중국은 또 공격의 대상이 되기에 좋고 이미 심하게 피해
> 를 받은 데다가 그 피해범위 또한 너무나도 넓기 때문에 짧은 시간에 원상
> 복귀하기란 어렵습니다.[36]

이후 중국의 국가주권과 이익이 침탈당하는 일은 더욱 심해졌다. 일본은 청나라 조정으로 하여금 러시아가 동북 지역에서 이미 갖고 있던 권익을 무상으로 (일본에)양도하도록 압박하였다. 게다가 일본은 청나라 조정과 회의동북삼성사의정약會議東北三省事宜正約과 부속조약 12개항을 맺기도 하였다. 일본은 이로써 청나라의 또 다른 항구를 개항할 권리, 도로를 깔 수 있는 권리를 보장받음으로써 식민지의 권익을 부당취득하였다.

청나라는 갑오전쟁에서의 패배하고 경자년에 약조한 배상금 지불로 말미암아 사분오열할 지경에 빠졌다. 당시 일본은 새로운 국면으로 들어선 대확장을 완성시켰다. 일본은 타이완을 점령한 뒤 고엽도庫葉島, 중국 랴오둥반도를 분할 점거하였다. 또한 조선을 자신들의 손아귀에 넣고 초보적 단계의 군사식민제국으로 만들었다. 이윽고

---

36) 《增旗致外务部, 军机处电》 光绪 30年 9月 9日; 辽宁档案官 编, 《日俄战争档案史料》, 辽宁古籍出版社, 1995, 216쪽.

일본은 조선을 완전히 집어삼킨 뒤 중국을 침략하는 걸음을 내딛고
자 다방면에서 튼튼한 기초를 닦고 있었다.

일본은 전면적으로 침략을 벌이는 과정에서 '동양평화'라는 구호
를 들고 나왔다. 이는 사기성이 짙은 외교적 선전문구이자 전쟁을
독려하는 구호였다. 일본은 이 구호를 동아시아로의 세력확장에 이
용하였다. 더욱이 이 구호는 조선을 자신들의 영향권 아래에 놓고
합병시키려는 과정에서 적극적으로 활용되었다. 러일전쟁이 진행되
고 있던 1905년 2월 23일, 한국을 압박하여 맺은 한일의정서에는 다
음과 같은 조항이 있다.

> 제1조 한일 양 제국 정부는 영원한 친교와 동아시아의 평화를 확립한
> 다. …… 제3조 대일본제국의 정부는 대한제국의 독립과 영토의 안전을 확
> 실히 보장한다.[37]

일본군은 기만으로 가득한 구호를 앞세워 3월 11일 한국주둔군
을 편성하였고, 그 해 4월 경성을 점령하였다.

일본은 러시아에 승리를 거둔 뒤인 1905년 11월 15일, 한국으로
하여금 강제로 을사보호조약을 맺게 하였다. 그들은 한국에 통감부
를 세우고 그해 12월 이토 히로부미를 제1대 통감으로 임명하였다.
1907년 7월 이토는 조선의 총리대신이었던 이완용으로 하여금 정미
7조약에 조인하도록 하였다. 이로써 일본은 조선의 군대를 해산시키
고 각지에서 들고 일어난 의병들을 진압하였다. 1909년 7월 6일, 일
본 내각회의에서는 적당한 시기를 골라 조선을 합병한다는 방안이
정식으로 통과되었다. 조선 민족의 망국의 위기는 바야흐로 눈앞에

---

37) 王芸生,《六十年来中国与日本》第四卷, 三联书店, 1979, 187쪽.

닥치게 되었다. 같은 해 10월 26일, 의병장군인 안중근이 이토 히로 부미를 암살한 사건이 발생한 것이다. 이로부터 반 년 뒤인 8월 22 일에는 일본이 조선이라는 국호를 폐기한 뒤 총독부를 세워 조선을 일본 지도에 편입시켰다. 그들은 육군대신 데라우치 마사타케寺內正義 를 제1대 조선총독으로 임명하였다.

이러한 과정을 거쳐 일본의 군국주의는 그들이 원하던 바를 얻 게 되는 단계에 다다랐다. 그들은 자신들이 강조하던 이익선의 '초 점'에 있던 조선반도의 실질적인 통치권을 손에 쥐게 된 것이다. 수 천 년 이상 독립을 유지해 왔던 조선은 멸망하여 이후 거의 40년에 이르는 식민지 시대를 보내게 되었다.

3. 안중근의 《동양평화론》과 그 역사적 의의

안중근이 이토 히로부미를 암살한 사건은 시기적으로 일본이 정 식으로 조선의 합병방침을 결정한 뒤 조선을 망하게 하려던 과정의 최후 시점에 발생하였다. 안중근은 1879년 황해도 해주 지역을 통치 하던 관리 집안에서 출생하였다. 그는 고려의 유명한 유학자인 안경 安珦의 26대 후손이었으며, 안중근의 부친 안태훈은 조선에서 진사시 험에 합격하기도 하였다. 이처럼 안중근은 어렸을 때부터 집안에 가 득했던 선비정신과 유학적 가풍에 깊은 영향을 받게 되었다. 또한 19세기의 격변하는 사회·정치적 상황도 안중근에게 많은 가르침과 동기를 제공하게 되었다.

1907년 정미조약이 체결된 뒤, 안중근은 러시아의 블라디보스토크 에서 국권회복운동에 힘썼다. 그는 현지 한국인들의 지도자인 이범윤 을 설득하여 한국 교포 국권회복단체의 최재형과 같은 사람들로부터 경제적 지원을 얻어내기도 하였다. 또한 그는 무장투쟁을 위한 의병을 조직하기도 하였다. 안중근은 1908년 6월 의병부대를 이끌고 조선본토로 진격하였다. 그러나 그의 부대는 당시 일본군보다 현저한 열세를 면치 못한 채 패배의 쓴잔을 마시고 다시 블라디보스토크로 퇴각하게 되었다. 이후 그는 '대한독립'의 뜻에 따라 '단지동맹斷指同盟'을 조직하고 기습을 위주로 하는 반은폐식 무장투쟁을 펼쳤다. 단지동맹은 안중근이 그 우두머리였으며, 단지동맹의 규칙에 따라 그 구성원들은 국가를 위하여 자신을 바칠 수 있는 자이면 모두 가입이 가능했다. 구성원들이 반드시 손가락을 잘라야 했던 것은 아니었다.[38]

이 기간 동안 안중근은 본부에서 블라디보스토크에 세운《대동공보大同公報》의 기자를 역임하며 이론적인 방면에서 항일투쟁을 벌여나갔고 그를 홍보하기도 하였다. 그의 파란만장한 전투실적으로 말미암아 그는 조선의 항일민중들로부터 상당한 신임을 얻었다. 뒤에 일본《오사카조일신문大阪朝日新聞》은 다음과 같이 이러한 현상을 소개하였다.

> (안중근은) 이범진 등과 함께 하얼빈과 오항烏港을 왕래하였는데, 현지 한국인들로부터 대단한 환영을 받았으며 많은 한국인들이 안중근을 지도자로 받들었다. 안중근은 러시아와 청나라, 그리고 한국으로 이루어진 삼국회를 설립하여 일본을 제압하고자 하였다.[39]

이러한 활동에도 불구하고 조국의 멸망이 임박하자, 당시의 의병

---

38) 이상 안중근의 활동정황은 다음을 참고. 尹庆老,《思想家安重根的生活和活动》, 载徐德根 等 主编,《安重根与中韩抗日爱国研究文集》, 北京大学学术会议论文集(非卖品), 1988, 25쪽; 金宇钟 等 主编,《安重根和哈尔滨》, 黑龙江朝鲜民族出版社, 2005. 3., 52쪽.
39)《东方杂志》第6卷 第11期, 宣统 元年 10月 25日, 391쪽.

운동을 통한 항거활동은 모두 좌절에 부딪히게 되었다. 이에 조선의 애국지사들은 어쩔 수 없이 더 다양한 투쟁수단을 강구하여 일본의 노골적인 폭력통치에 대응할 수밖에 없었다. 일본 내각에서 조선을 합병하기로 결정한 뒤 3개월 남짓한 시간이 흐른 1909년 10월 26일 (청나라 선통宣統 원년 9월 13), 안중근은 하얼빈 역에서 침착하게 이토 히로부미를 겨누어 그를 암살하는 데 성공하였다. 이 사건은 동아시아 각국을 충격의 도가니로 몰아넣었다.

하얼빈 역은 중동철로의 중추를 담당하고 있었기 때문에 안중근의 암살 사건은 국제사회의 지대한 관심을 받았다. 때문에 일본 군정은 어쩔 수 없이 겉으로는 국제법을 준수하는 자세를 견지하면서 안중근에 대한 재판을 진행하였다. 1909년 10월 30일, 하얼빈에서 개정한 제1차 재판에서 안중근은 이토 히로부미를 암살한 이유로 15가지를 들었다. 그 가운데 12번째 이유는 이것이다.

> 이토 히로부미는 동아시아의 평화를 어지럽혔다. 그는 러일전쟁 때부터 한국의 황제를 보호한다는 말을 자주 내뱉었지만 결국 황제를 폐위시켰다. 이로써 결과적으로 이토는 처음 한 말과는 정반대의 행동을 하였으니 이천만 한국 국민이 어찌 분노하지 않을 수 있겠는가.[40]

안중근은 '내가 이토 히로부미를 암살한 목적은 한국의 독립과 동아시아의 평화를 지키기 위한 것에 있지 절대 이토에 대한 사적인 원한에서 비롯된 것은 아니다'라는 점을 강조하였다. 안중근은 의병 참모중장의 신분으로 독립전쟁의 중요한 한 부분을 실행에 옮긴 것이기 때문에, 자신을 만국공약에 따라 전쟁포로로서 대우할 것을 요

---

40) 李东源 译注, 《安重根公判纪录》, 金宇钟 等主编, 《安重根》, 辽宁民族出版社, 1994, 271쪽.

구하였다.41) 그러나 일본은 안중근이 조선인이라는 사실은 고려하지
않은 채 일본법에 따라 그에 대한 편파적이고 불공정한 재판을 진행
하여 결국 속전속결로 사형처분을 내렸다.42) 1910년 3월 26일 오전
10시, 안중근은 뤼순의 일본 감옥에서 순국하였다.

안중근은 일본의 가식적인 재판의 마지막 시간을 충분히 활용하
여 법정에서 자신의 이념을 침착하게 설명하였을 뿐만 아니라, 동아
시아 역사를 통괄하여 종합적으로 논증하는 방식으로 《동양평화론》
을 저술하였다. '동양평화'란 당시 동아시아 국가들이 보편적으로 동
의하고 있던 원칙으로, 일본 군정 또한 이용하고 있던 선전구호였다.
안중근은 이 구호를 논제로 삼아 자신의 사상과 이념을 펼쳐 《동양
평화론》를 저술하였다. 이 저서는 옥중문답과 각종 저술을 종합한
그의 대표적인 저서이다.

《동양평화론》 전문에는 잘 짜인 구조와 깊은 이론을 바탕으로
한 안중근의 대담한 기개가 잘 드러나 있다. 더욱이 우리는 이 책에
서 다음과 같은 점들에 주목할 필요가 있다.

우선 안중근은 일본이 자신들이 선전한 일들을 위배하였다고 지
적하면서, 일본 정부는 자신들이 내세운 평화의 구호를 마땅히 지켜
야 한다고 말한다. 그는 '패권국 일본은 전쟁을 일으킬 때 일본 천황
이 선전포고서를 발표하여 동아시아의 평화를 수호하고 한국의 독립
을 확실히 할 것을 말하였다'고 꼬집는다. 안중근은 동아시아의 평화
는 아무렇게나 유린될 수 있는 것이 아니라 '하느님의 능력이라 할

---

41) 李东源 译注, 《安重根公判纪录》, 金宇钟 等主编, 《安重根》, 辽宁民族出版社, 1994, 449쪽, 432쪽.
42) 일본 학자 가노 다쿠미鹿野琢见는 그의 선집에서 이러한 재판이 모두 불공정한 불법
이라고 지적하였다. 그는 안중근이 마땅히 무죄판결을 받아야 한다고 주장하였다. 鹿
野琢见, 《安重根无罪论》, 金宇钟 等主编, 《安重根》, 辽宁民族出版社, 1994.

지라도 이와 같은 문자가 담고 있는 사상은 결코 없어질 수 없다'43)
고 하였다.

안중근은 동양평화의 사상과 전통적인 동아시아 정치문화의 특
징을 종합하여 이 둘을 비교하는 방식의 연구를 진행하였다. 그는
서구의 무력숭상문화를 비판하였다.

수백 년에 이르는 시간 동안 유럽의 열강을 이끈 것은 도덕을 상실한
마음이다. 그들은 매사에 무력을 사용하여 경쟁심을 생기게 한다.

또한 서구의 폭력이 불러온 결과를 이렇게 말하였다.

청년들을 훈련시켜 전쟁터로 내몬다. 이로써 귀중한 생명들이 무수히
희생되니 이들의 시체로 피바다를 이루는 날들이 끊이지 않는다. 살기를
바라고 죽기를 원치 않는 것이 인지상정임은 모두가 아는 것이다. 그런데
이 잔혹한 풍경은 무엇이란 말인가. 이러한 상황을 대면하면 뼛속까지 오
싹해지고 심장까지 얼어붙는 듯 하다.

이와 대비되는 동양정치문화의 기본 특징으로 안중근은 다음과
같은 것을 이야기한다.

예로부터 동아시아의 민족들은 문文에만 힘을 쓰면서 자신의 나라를 엄
중히 지키는 데만 관심을 두었다. 그 가운데 어느 누구도 유럽에서 단 한
평의 땅도 침탈해본 일이 없다는 것은 온 세상이 모두 다 아는 일이다.44)

---

43) 안중근, 〈동양평화론〉, 《국민논리연구》 제8집, 1979, 143쪽.
44) 안중근, 위의 책, 143쪽.

　이러한 비교를 통하여 안중근은 전통적인 평화의 원칙을 긍정하면
서 일본이 이러한 동양의 기본적인 전통을 위배한 점을 비판하였다.
　또한 안중근은 전략적인 시각에서 일본군의 침략행위가 국제관계
에 불러온 연쇄반응과 열강의 동양침략이 일본과 갖는 관계에 대하
여 분석하기도 하였다. 일본군은 러시아를 침략한다는 핑계를 대고
중국을 침략하였는데, 안중근도 정확하게 청나라의 상황을 지적하였
다. 그는 일본의 확장주의적 행동이 이러한 결과를 불러왔다고 했다.

> 　그 이유를 살펴보면, 이것은 모두 일본의 잘못이다. 다만 이른바 틈새가
> 있어야 비로소 바람이 불어온다는 말로 비유해서 설명할 수 있다. 곧 스스
> 로 망한 연후에야 다른 이에 의하여 정벌당한다는 맹자의 말로 설명될 수
> 있는 것이다. 만약 일본이 먼저 청나라를 침범하지 않았다면 패권을 가진
> 나라가 어찌 감히 그와 같이 행동할 수 있었겠는가. 이것은 도끼로 자기
> 발등을 찍은 것이라고 말할 수 있다.[45]

　안중근은 청나라와 한국 양국이 도의적인 면에서 일본의 수많은
침략행위에 대하여 따지지 않았다는 점을 이야기한다. 그는 양국이
러일전쟁 기간 동안 일본에 대한 과거의 악감정을 잊고 일본의 승리
를 위하여 지원하였다는 사실을 서술한다.

> 　일본과 러시아가 전쟁을 하는데 이것은 황인종과 백인종 사이의 경쟁이
> 라 할 수 있다. 그러므로 이전의 원한은 모두 잊고 같은 인종끼리 사랑하는
> 마음으로 한 편을 형성하는 것이 인지상정이다.

---

45) 안중근, 같은 책, 145쪽.

안중근은 반복적으로 이러한 이야기를 하면서 역사적 진상을 파헤쳤다. 그는 러일전쟁이 일어날 때 일본은 그 실력이 약소하여 러시아에게 '승리를 거둘 가능성이 전혀 없는 전쟁이라고 할 만' 하였다고 말한다. 만약 '한국의 명성황후가 무고하게 시해된 원한을 여기에서 갚을 수 있게 된다면 격문을 써서 사방에 전할' 것이라고 하였다. 그는 이렇게 된다면 청나라 또한 '갑오년의 오래된 원수(청일전쟁)를 갚지 않을 수 없게 될 것이다'라면서 '동아시아 전체의 백 년 동안 요동치는 형세는 어찌될 것인가'라고 하였다. 그러나 '이때 한국과 청나라 양국은 (위에서 서술한 대로 원한을 갚을 수 있었음에도 불구하고)약속을 준수하는 것에 그치지 않고 조금도 어긋남이 없어 일본으로 하여금 위대한 공훈을 만주 땅 위에 세우게 하였다. 이러한 것을 보면, 한국과 청나라 양국 사람들의 생각이 깨인 정도가 얼마나 대단하며 동아시아 평화를 향한 희망의 정신은 충분했었다는 것을 알 수 있다.'46)

안중근은 이러한 논지의 연장선 위에서 일본을 동양인이라는 처지로 돌려세우려고 노력하였다. 그는 다음과 같이 쓰고 있다.

서세동점의 암울한 현실에서 동양인들이 함께 단결하여 힘을 다해 방어하는 것이 제일가는 방법이라는 점은 삼척동자라도 알 수 있다. 그러나 어찌된 연유인지 일본은 이와 같이 자연스러운 흐름을 신경 쓰지 않고 같은 인종과 이웃 나라의 가죽과 살을 벗기고 베어서 그 우의가 끊기게 하여 스스로 서양으로 하여금 어부지리의 득을 보게 하고 있다. 한국과 청나라 국민들은 이러한 행위가 그치길 바란다.47)

46) 같은 책, 145~146쪽.
47) 같은 책, 143~144쪽.

그러나 일본은 완고하게 그들 국가만의 사사로운 이익만을 좇아 조선과 청나라에 대한 확장정책을 결정된 대로 밀고 나갔다. 러일전쟁 이후 일본은 즉시 조선 합병에 착수하였다. 안중근은 일본이 이미 열강의 대열에 섰다는 점을 지적하면서 '일본은 한국에 대하여 큰 욕심을 보여 왔다. 그런데도 왜 러시아에 대하여 마음대로 무력을 사용하지 않고 도리어 조선문제를 백인종과의 조약에 첨가시켜 영구한 문제로 논의하려 하는 것인가. 이 모두 몰지각한 방법이다'라고 하였다. 일본이 겉으로만 혁명의 깃발을 내걸고 남을 위협하는 것은 실로 청과 한국 양 국민의 희망을 저버리는 것이었다. 이는 명백한 침략행위로서 전쟁의 화근을 키워 동양평화의 내외정책에 해를 끼치게 되었다. 안중근은 일본이 '자연스러운 흐름을 고려하지 않고 같은 황인종 이웃나라를 해친다면 결국 고립되고 말 것이다'[48]라며 분명한 경고의 메시지를 전달하였다.

위에서 서술한 내용을 종합하면, 안중근이 옥중생활 동안 집필한 《동양평화론》은 동양과 서양의 상이한 정치·문화현상에 대한 비교분석을 토대로 서구의 폭력주의를 비판하였다는 것을 알 수 있다. 나아가 안중근은 다른 동아시아 국가들이 일본의 행위를 용서하고 지원해주었음에도 일본의 군국주의가 약육강식의 논리에 근거하여 침략정책을 폄으로써 열강의 침략행위에 동참하였다는 것을 다각적으로 폭로하고 있다. 안중근은 동아시아의 국제관계의 동향에 대한 분석을 통하여 자신의 비범한 총체적 인식과 뛰어난 통찰력을 보여주었다.

또한 주목해야 할 점으로는, 안중근이 일본의 군국주의에 심각한 비판을 가하면서도 진정어린 인내심을 가지고 계속 그를 계도하려는

48) 같은 책, 147쪽.

의도를 지녔다는 점이다. 안중근이 가졌던 평화에 대한 희망은, 이미 침략과 확장 노선을 분명히 한 일본군국주의 앞에서 현실과 동떨어진 배부른 희망으로 보였다. 그러나 그가 평화를 희망했다는 점을 결코 평가절하해서는 안 된다. 그것은 동아시아 국가관계에서 대표성을 지닌 정치이념이었던 것이다. 안중근 사후 15년, 쑨원은 1924년 말 '대아시아주의'라는 주장을 골자로 한 연설에서 안중근과 동일한 논지를 바탕으로 이야기하였다. 그는 일본이 열강침략의 주구走狗가 아닌 동아시아 평화를 지키는 방패와 성벽으로 기능하기를 바란다는 점을 분명히 밝혔다. 그러나 안중근과 쑨원의 주장과 경고는 일본 군국주의의 발걸음을 되돌릴 수는 없었다. 하지만 이들은 일본 군국주의의 완고함과 야만성을 드러내어 일본의 평화민중을 포함한 동아시아 각국의 사람들에게 더 많은 투쟁이 필요하다는 점을 인식시켜주었다.

동아시아의 국가관계는 수천 년에 달하는 기간 동안 변화를 겪어 왔다. 비록 고대와 중세에 서로 전쟁을 일으키기도 하였지만 국가들 사이의 공존이 그 주된 흐름이었다는 점은 분명하다. 그러나 근대 동아시아에서는 일본의 '백년전쟁'49)이란 개념이 출현하여 오천 년의 유구한 발전의 역사를 지닌 조선반도의 나라를 일시에 무너뜨렸다. 근대 동아시아 국가 평화문제의 관건은, 일본이 자신의 군국주의적인 정치 시스템을 바꾸어 확장주의적 성격을 지닌 국가정책을 포기할 것인지 여부에 달려있었다. 이것은 근대 동아시아 역사가 주는 깊은 교훈이라 할 수 있겠다. 안중근은 동아시아 평화를 실현시키고자 거대한 외세의 압박 속에 멸망일로로 빠져들고 있던 조국을

---

49) 일본의 '백년전쟁'이란 말은 우익작가인 하야시 후사오林房雄의 《大東亞戰爭肯定論》에서 나온다. 이것은 우익세력이 그들의 높은 자부심을 담아 표현한 말이다.

보아야 했다. 그는 이때 죽음을 각오한 암살이라는 방법과 투쟁의 이론을 설명하는 방식을 채택하여, 동아시아의 역사와 근대 세계사에서 더할 나위 없이 비장한 역사의 한 지점을 장식함으로써 사람들에게 많은 시사점을 남겼다.

안중근은 조선 민족들에게만 민족의 영웅으로서 존경을 받는 것이 아니다. 그의 사상과 행동은 동아시아의 역사에서 무시할 수 없는 광범위한 영향력을 발휘하였다. 근대 중국에서 가장 중요한 사상가이자 혁명가였던 천두슈陳獨秀는 '일반적으로 우리나라의 풍속은 늘 의기소침했다'고 이야기하였다. 그러면서 그는 '나는 청년들이 톨스토이와 타고르가 되기보다는 콜럼버스나 안중근처럼 되기를 바란다'[50]고 힘주어 말했다. 한편 역사연구라는 학술적인 면에서 우리들은 안중근이 이토 히로부미를 암살하였다는 구체적 사실이나 이 사건이 당시 국제관계에 미쳤던 영향에만 관심을 기울이는 것에 그쳐서는 안 된다. 《동양평화론》에 종합적으로 드러난 여러 방면에 걸친 뛰어난 연구와 이를 포함한 안중근의 사상을 살피는 것이 진정으로 동아시아 학술을 발전시키고 동아시와 평화와 발전을 보장하는 작업이기 때문이다.[51]

---

50) 《青年雜志》第1卷 1号, 1915. 9. 15., 《独秀文存》卷1.
51) 번역: 한서영(서울대학교 중어중문학과 석사과정)

제언

연구의 방향과
현양의 과제

안중근의 하얼빈 의거 100주년의 성찰
-안중근 연구가 나아가야 할 길-

윤 병 석

머리말

2009년 10월 26일, 이 날은 안중근 의사의 하얼빈 의거 100주년이 되는 날이었다. 그로부터 5개월 뒤인 2010년 3월 26일엔 안 의사의 뤼순 순국 100주년을 맞이했고, 또한 그 5개월 뒤인 2010년 8월 29일에는 '한일병합'이란 이름으로 명실상부하게 대한제국이 몰락하고 일제 식민지로 전락하여 가혹한 무단정치가 시작된 지 100주년을 맞았다.

격동과 시련의 한국근대사에서 이와 같이 서로 관련 깊은 역사적 의거와 시련은 1세기를 지난 오늘의 시점에서도 중요한 의미를 가지며, 지엄한 은감殷鑑으로 떠오른다. 안 의사는 젊은 인생을 바쳐 조국 독립을 회복하고 동양평화를 이룩하고자 헌신한 순국선열이다. 그는 1909년 10월 26일 하얼빈 역두에서 한국 침략의 원흉이며 동양평화의 교란자인 이토 히로부미를 포살 응징하였다. 이어 현장에서 체포된 안 의사는 곧 일제 침략기지에 소속된 뤼순법원으로 이감되어 5개월 동안 열악한 감방에서 한국의 독립회복과 동양평화를 이룩하기

위한 하얼빈 의거의 뜻을 밝히는 '옥중투쟁'을 결행하였다. 우선 미조
부치 다카오溝淵孝雄를 비롯한 검찰관과 사카이 요시아키境喜明를 비롯
한 수사관, 마나베 쥬조眞鍋十藏 등 판사의 심문조사, 그 밖에 관련 관
헌의 심문시에 소신을 의연하게 피력한 것이다. 그러나 그의 《동양
평화론》을 기조로 한 소신을 체계적이며 상세히 설명하기에는 처음
부터 '살인죄'로 몰아 극형에 처하려는 그들의 심문 목적과 차이나는
대목에서 저지되고 왜곡되기 일쑤였다. 그럼에도 안 의사는 시종일관
의연하게 일제의 침략과 그의 하수인인 이토의 죄상罪狀을 낱낱이 따
지면서 그의 주장을 되풀이하여 피력하였다. 그러나 그는 일본어를
몰랐고, 더욱이 소노키 스에요시園木吉喜라는 경찰통역을 사이에 두고
한 것이므로 제대로 소통되었는지 의문점도 없지 않다.

그런 속에서도 안 의사는 적어도 서너 차례 비교적 소상히 소신
을 피력하였다. 첫째, 주무 검찰관인 미조부치에게는 하얼빈 영사관
구금소에서부터 이토의 죄상을 낱낱이 따지면서 《동양평화론》을 설
명하기 시작하였다. 그래서 미조부치는 "이제 진술하는 말을 들으니
참으로 동양의 의사義士라 하겠다. 당신은 의사이므로 반드시 사형당
할 법은 없을 것이니 걱정하지 말라"고도 하였다.1)

둘째, 그 해 12월 3일 사카이 경시가 뤼순감옥에서 안 의사를 심
문할 때, 안 의사는 이토를 포살 응징한 이유와 동양평화를 이룩하
기 위한 경륜을 피력하였다. 사카이 경시는 그들이 필요한 사항만
기록한 심문기록에서도 "도도수만어滔滔數萬語 피눈물을 흘리며 규호
叫號하는 것은 오해이긴 하지만 일루의 지성至誠임을 인정할 수 있는
것이 있었다"라고 부기하여 놓았다.2)

---

1) 〈피고인 안응칠 심문조서〉, 국사편찬위원회 편, 《한국독립운동사자료》 6, 1976, 1~5
   쪽; 《안응칠역사》, 윤병석 편, 《안중근전기전집》, 국가보훈처, 1999, 34쪽.
2) 〈안응칠의 공술 6회〉, 국사편찬위원회 편, 《한국독립운동사자료》 7, 1997, 421~422쪽.

셋째, 사형언도 직후인 1910년 2월 17일 뤼순법원의 최고 책임자인 히라이시 우지히토平石氏人와 면담 당시, 재판에 불복하는 이유를 개략적으로 설명하고 이어 동양평화의 경륜을 3, 4시간에 걸쳐 피력하였다. 히라이시는 이를 다 듣고 나서 "내가 그대에 대해서 비록 두터이 동정同情하지만 정부주권의 기관을 고칠 수 없는 것은 어찌하겠는가. 다만 그대가 진술하는 의견을 정부에 품달하겠다"고 응답하였다. 그가 안 의사의 소신을 동정하고 더욱이 그들 정부에 전달하겠다고 하여 안 의사는 고맙게 여겼다. 그러나 히라이시는 그들이 필요한 사항만 〈청취서聽取書〉라는 표제의 기록으로만 남기고, 안 의사와의 면담을 공소포기에만 이용하였다.[3]

넷째, 사형을 언도받은 최후공판진술에서 마나베 재판장의 저지와 방청인 퇴장명령의 상황에도 불구하고, 시간이 부족하기는 하였지만 그의 소신을 의연하게 피력하였다. 이는 외국기자로 하여금 안 의사를 "마침내 영웅의 왕관을 손에 들고는 늠름하게 법정을 떠났다"고 보도하게 하였다.[4]

한편 안 의사는 하얼빈 의거의 뜻과 그의 동양평화에 대한 경륜을 기록과 저술로 남겨 사후에 전하고자 침울한 감방에서 하얼빈 의거를 포함한 그의 떳떳한 일생의 행적을 밝히는 《안응칠역사安應七歷史》를 저술하였다. 이어 의거의 뜻을 집중적으로 밝히는 《동양평화론》도 저술하기 시작하였다. 그러나 이 저술은 일제가 집행일을 늦춘다는 약속을 지키지 않아 사형이 집행되는 바람에 '서序'와 '전감 일前鑑―'만 기술되고 나머지 본론의 대부분이 될 '현상 이現狀二', '복선 삼伏線三', '문답 사問答四'는 제명만 달고 복고腹稿로만 간직한 채

3)《안응칠역사》39쪽; 국가보훈처편,《아주제일의협》3, 1995, 621~633쪽.
4) Charle Morrimer, 〈일본식의 한 유명한 재판 사건—이토 공작 살해범 재판기〉,《The Grapic April 16》, 1910.

순국하였다.5) 또한 안 의사는 이보다 앞선 의거 직후 한국의 독립
회복과 동양평화의 이념을 결집한 〈안응칠소회安應七所懷〉와 이토의
침략행적을 구체적으로 열거한 〈이토 히로부미의 죄상 15개조〉를
기술하여 심문관에게 제시하였다.6) 그리고 그는 생사에 임한 감방
에서 〈국가안위 노심초사國家安危勞心焦思〉와 〈위국헌신 군인본분爲國
獻身軍人本分〉을 비롯한 뛰어난 유묵遺墨을 현재 알려진 것만도 59여
폭을 썼다.7) 여기에는 하나같이 '대한국인 안중근'의 단지장인斷指掌
印이 찍혀 있다. 동의단지회同義斷指會의 취지가 서려 있는 것이다.

안 의사의 하얼빈 의거는 이와 같이 이토를 포살한 행적과 그에
이은 뤼순옥중투쟁을 묶어서 성찰해야 될 과제이다. 그동안 안 의사
의 연구는 하얼빈 역두 행적에 역점을 두고 이후 5개월에 걸친 옥중
투쟁은 소홀히 검토된 면도 없지 않다. 안 의사가 이토를 한국 침략
의 원흉으로 몰아 응징한 의열투쟁義烈鬪爭의 면도 중요하지만, 그것
은 한국 독립의 회복과 동양평화를 이룩하려는 한 수단이고, 그를
실천하려는 중요계기로 삼으려는 면이 더욱 부각되는 것이다. 때문
에 안 의사는 옥중투쟁으로써 그의 큰 꿈인 《동양평화론》을 주장하

---

5) 《안응칠역사》를 이어 저술된 미완성의 《동양평화론》은 일본 국회도서관 헌정도서실
'시치죠七條淸美문서' 가운데 《安重根傳記及論說》에 필사본이 합철合綴된 것이 전래되
고 있다. 윤병석, 〈안중근 의사 전기의 종합적 검토〉, 《韓國近現代史硏究》 9, 한국근현
대사연구회, 1998.; 윤병석, 〈안중근 의사의 의병활동과 그 사상〉, 《안중근 의사 연구
의 어제와 오늘》, 제3회 국제학술회의보고서, 안중근의사기념관, 1993.

6) 윤병석 편, 《大韓國人 安重根－사진과 유묵》, 125쪽.

7) 안 의사의 유묵은 뒤에 이야기 할 바와 같이 한국의 보물로 지정된 〈國家安危勞心焦
思〉와 〈爲國獻身軍人本分〉 등 26점을 포함하여 한·중·일에서 현재까지 필자가 실물 또
는 사진본으로 확인한 것이 59점이다. 그 밖에 〈天地飜覆志士慨嘆 大廈將傾一木難支〉와
같이 유묵의 내용은 알 수 있으나 유묵으로는 확인 안 된 것이 4점이다. 윤병석, 〈安重
根의사의 著述과 遺墨〉(《안중근 연구의 기초》, 안중근의사기념사업회, 2009, 경인문화
사, 89~93쪽)까지는 56폭이었으나, 그 뒤 〈謀事在人 成事在天〉과 〈登高自卑 行遠自邇〉
〈人無遠慮 必有近憂〉가 알려져 59폭을 헤아리게 되었다.

여 그를 구현하고자 살신성인殺身成仁한 평화주의의 소명자所命者임을 자임한 것이다.

그러나 안 의사의 이러한 유고는 순국 즉시 일제에게 압수되어 나라 잃은 한국민에게는 물론 유족에게조차 알려지지 않은 채 극비리에 그들의 한국 식민지 통치 자료로만 이용되었다. 아울러 국내외에서 간행된 여러 문인·학자들의 안중근 전기를 비롯한 관련논술들도 예외 없이 탄압대상이 되어 압수되고 '불온문서不穩文書'로 유포가 금지되었다. 게다가 일제 당국이 작성한 조사·심문자료와 공판기록조차 오랫동안 일반이 접근할 수 없는 비밀문서로 다루어졌다. 한편 안 의사가 망명 활동한 연해주와 하얼빈 및 뤼순 지역은 1980년대까지도 이념대립과 냉전 체제로 말미암아 왕래는 물론 자료 교류조차 어려웠다.

하지만 역사적 사실에 영원한 비밀이란 없는 법인지, 1~20년 이래 이와 같은 문헌류가 점차 발현되기 시작하였다. 더욱이 최근 십여 년 내來 일본과 중국, 러시아 등지에서 주목할 문헌이 조사 수집되었고, 불완전하지만 현지답사도 빈번해졌다. 그에 따라 그동안 안 의사 관련자료의 조사 수집과 연구 성과가 적지 않게 축적되었다. 더욱이 연구 면에서는 국내외에서 우수한 업적이 없는 것은 아니다. 그러나 아직도 연구되어야 할 과제가 적잖이 남아 있다. 그 가운데는 자료 수집의 소홀과 편향 및 사료 비판의 오류 등으로 상이한 해석과 견해를 보이는 경우도 있다.

필자도 이에 부응하고자 《안응칠역사》와 《동양평화론》을 비롯한 안 의사의 모든 저술과 관련 문인 학자가 쓴 전기를 모은 《안중근전기전집安重根傳記全集》을 편찬하였고, 안 의사의 귀중한 유묵과 시문 및 관련사진을 집대성한 《대한국인大韓國人 안중근》을 집성集成하였다.[8] 또한 〈안중근 의사의 민족운동과 의열〉, 〈안중근의 동의단지회〉등 몇 편의 논문도 발표하였다. 그러나 이런 작업은 대국적 견지에서 보면 안 의사 연구의 기초 작업에 지나지 않는다. 그러므로 안 의사가 국권을 회복하고자 독립전쟁의 의기義旗를 든 이래 헌신적 민족운동과 하얼빈 의거를 결행한 만고의열萬古義烈은 미심未尋한 대목도 많이 남았다. 더욱이 안 의사의 한국 독립과 동양평화를 위한 '탁월한 사상과 경륜 그리고 살신성인의 의열'의 역사적 의의 정립은 이제부터 심화시켜야 할 중요과제인 것이다. 그 가운데는 '한국 병탄'과 대륙침략을 주도한 이토의 위장된 '동양평화론'이 철저히 규명되고 대비되는 연구도 포함, 심화되어야 할 것이다. 그러한 작업을 통해 한일 양국 사이의 묵은 역사왜곡을 시정하는 단초도 마련하고, 오늘의 시점에서도 안 의사의 위상을 바로 세우는 작업이 될 것이다.

1. 하얼빈 의거의 역사적 배경

일제는 1894~5년의 청일전쟁에 이어 1904~5년 한국의 독립보장과 동양평화를 이룩한다는 같은 구실을 내세워 러일전쟁을 도발하면서 2개 사단이 넘는 한국 침략군을 파견, 서울을 비롯한 한국 전역을 강점하고, '주한일본군'이라 자칭하였다.

일제는 이 주한일본군의 위력을 빌어 이토 히로부미의 주동으로 러일전쟁 개전 직후인 1904년 2월 23일 '한일의정서韓日議定書'를 체

---

8) 윤병석 편저, 《安重根傳記全集》, 국가보훈처, 1999; 《大韓國人 安重根, 사진과 유묵》, 안중근의사기념관, 2001. 이 전집은 앞으로 기회가 닿는 대로 최근 발현된 중국학자 엽천예葉天倪가 안 의사를 '세계위인世界偉人'으로 논찬하면서 찬술한 《安重根傳》을 비롯하여 세 차례 고쳐 쓴 박은식朴殷植의 최초 저술본인 《삼한의군장 안중근전三韓義軍將 安重根傳》 등을 포함하여 보완 간행하는 작업이 필요하다.

결하였다. 정치적으로 한국 내정간섭의 길을 트고, 군사적으로는 영구히 쓸 군용지 수용을 가능케 한 이 '한일의정서'는 한국의 식민지화를 위한 기반을 굳힌 것이다. 일제는 이 조약을 근거로 '대한방침對韓方針'·'대한시설강령對韓施設綱領'·'대한시설세목對韓施設細目' 등 식민지화를 위한 세부 실천계획을 수립하여 시행하였다.9) 이 일련의 세부계획은 한국을 완전 '병탄倂呑'한다는 전제 아래 군사·외교·내정·재정·산업·통신 등 모든 분야의 통치권을 장악한다는 것을 골자로 하였다. 또한 그 해 8월에는 '한일 외국인고문 용빙에 관한 협정서'를 조인시켜 이른바 '고문정치 체제'를 확립함으로써 그들의 침략정책 추진을 뒷받침하였다.

한편 전쟁의 승세와 한국의 병탄을 위한 정치적 침략을 병행한 일제는 이를 확실하게 굳히고자 국제법적으로도 한국을 병탄 직전의 '보호국'으로 만든다는 계획을 세워 강제하였다. 먼저 이를 위한 준비로 한국의 외교권을 완전 탈취하는 조약의 체결을 획책했다. 한국을 '보호국'화하고자 국제적으로도 영일동맹의 개정과 가쓰라-태프트 밀약의 추진 및 포츠머스강화조약 체결로써 대외적 양해와 방조까지 얻어낸 일본 정부는 보호조약문의 원안을 사전에 작성하는 등 치밀하게 조약 체결을 위한 준비를 서둘렀다. 이는 주한 일본공사 하야시 곤스케林權助와 주둔군사령관 하세가와 요시미치長谷川好道, 그리고 이 조약 체결을 총괄 지휘하고자 일제의 특파대사란 직명을 띠고 본국에서 급파된 이토 히로부미가 현지에서 주동한 것이다.10)

이들은 광무황제를 위협하고 일제의 괴뢰정부로 전락했던 한국

---

9) 〈對韓方針竝二對韓施設綱領決定ノ件〉, 《日本外交文書》 제37권 1책, 351~356쪽; 〈1904年, 1905年 對韓施設綱領〉, 《明治 37, 38年 對韓施設目及細目》, 《日本公使館記錄》.

10) 윤병석, 〈乙巳5조약의 신고찰〉, 《근대한국민족운동의 사조》, 집문당, 1996, 163~186쪽 참조.

정부의 친일 대신들을 앞세워 국제법상 유례도 없는 '을사5조약'을 강제로 늑결하려 하였다. 그러나 최고 통치자인 광무황제는 끝내 이 조약을 인준치 않아 국제법적으로는 일제의 일방적인 '선언에 그친 조약'이 되고 말았다. 그럼에도 이 조약의 파장은 컸다. 이 조약을 빌미로 대륙침략정책을 선도하던 이토 히로부미가 한국통감이란 직명을 띠고 내한하여 한국통감부를 차리고 식민지화정책을 강행하였다. 영미를 비롯한 국제열강은 일제에게 동조하여 한국은 실질적으로 외교권을 상실하고 일제의 '보호국'이란 허수아비 국가로 간주되고 말았다. 이는 곧 일본의 식민지가 된 것이나 다름없으며, 미구未久에 명목상의 '병합'이라는 절차만 기다리고 있는 형편이 되고 만 것이다.

1907년 6, 7월 일제는 이상설과 이준, 이위종 세 특사의 헤이그 밀파密派를 구실로 광무황제를 강제 퇴위시키고 '정미7조약'을 늑결, 한국 내정에 대한 통치권 행사의 법적 명분도 세웠다. 한국통감은 일본인을 차관 이하 고급관리에 임명할 수 있으며, 모든 공문은 한국어가 아닌 일본어로 작성하게 되어 내정에서 실질상 일제 통치가 인정된 셈이다. 이 조약의 체결을 을사5조약의 인준을 끝내 거부하였던 광무황제가 동의할 리 만무하였고, '대리청정代理聽政'의 명이 왜곡 이용되어 부득이 제위에 오른 무위무능한 융희황제가 이를 저지할 수 없게 군사폭력적 위협 아래에서 강제 늑결하였던 것이다. 이토는 그 공으로 본국 정부로부터 후작侯爵에서 공작公爵으로 승봉되었다.

일제는 이 조약과 아울러 비공개를 전제한 조약의 부속 각서覺書의 형식을 빌려 '군대해산'의 동의를 얻어 그 해 8월 초에 강제로 군대해산의 근거를 만들었다. 결국 정미7조약은 외교권 상실로 일제의 보호국이 되게 만든 을사5조약에 이어 내정권을 일제 통감부에 넘겨 한국 정부를 명의만 남은 허수아비 정부로 전락시킬 명분을 제공한 셈이 되었다. 더구나 정미7조약의 부속 각서는 호국간성護國干城인 군대를 해산시킬 빌미를 주어 국망에 즈음하여 나라의 군대가 무장해제를 당하고 강제해산되는 비운을 맞게 하였다.

한편 안 의사가 북만주 헤이룽장성 하얼빈에서 의거를 결행하고 이어 랴오닝遼寧성 뤼순에서 순국한 사정을 우연이라 하기보다는, 러시아와 일본이 그곳들을 중심으로 남·북만주와 한반도를 두고 서로 각축을 벌인 역사적 배경에 주목할 필요가 있다. 제정 러시아는 용맹한 카자크군을 앞세워 수 세기 동안에 걸친 동진경략東進經略 끝에 중국 헤이룽장黑龍江 북쪽 시베리아 전역을 점유하고 1858년 아이훈愛琿조약을 맺어 영유領有를 합법화하였다. 아울러 헤이룽장을 아무르Amur 강이라 개명하면서 아무르주州 총독부를 두고 새 영토 시베리아를 통치하기 시작하였다. 2년 뒤인 1860년에는 흑룡강 하류 남쪽이며 우수리烏蘇里강 동쪽의 연해주까지 병합하는 북경조약北京條約을 맺었다.

그 뒤 러시아는 그 광막한 시베리아와 잇닿은 연해주를 개발하면서 태평양 방면으로 남진하는 남하정책을 추진하였다. 연해주 남단에 중요 항구인 블라디보스토크 군항을 건설하면서 그곳과 북쪽으로는 연해주, 그리고 시베리아를 관통하여 우랄산맥을 넘어 러시아 본국의 모스크바와 상트페테르부르크까지 연결하는 대역사의 시베리아 철도를 부설하였다. 러시아는 여기에서 머물지 않고 남·북만주와 한반도를 넘겨다보면서 블라디보스토크 다음역인 우수리스크에서 선로를 갈라 중국 흑룡강성을 관통하는 동청철도東淸鐵道를 부설, 흑룡강성의 수도인 하얼빈을 만주경략의 거점 도시로 건설하였다. 우수리스크에서 갈라 나온 동청철도는 국경도시 포그라니치나야를 지나 중국의 무링穆陵, 하이린海林 등지를 거쳐 하얼빈으로 연결되고, 다시 북쪽으로 만주리滿洲里를 지나 시베리아 치타 역에서 시베리아 철도 본선과 합선되는 전략철도이다. 러시아는 다시 동청철도의 중

심역인 하얼빈에서 남쪽으로 창춘長春·셴양瀋陽을 거쳐 랴오뚱반도遼
東半島 남단인 다롄大連과 뤼순을 연결하며 남북만주를 관통하는 동청
철도의 남지선南支線 설치를 위해 호시탐탐 기회를 노리고 있었다.

한편 메이지유신 이후 군국화軍國化를 서두르며 대륙정책을 추진
하던 일본은 1894년 청일전쟁을 도발, 한반도에서 청군을 구축驅逐하
면서 더 나아가 압록강과 발해만渤海灣 너머 뤼순과 다롄을 점령하였
으며, 북쪽으로 지금의 셴양인 펑톈奉天까지 진출하여 남만주의 요동
반도를 차지한 뒤, 청과 1895년에 맺은 하관조약下關條約에 따라 그
영유를 합법화하려 했다. 그러나 남하정책을 추진하던 러시아가 이
를 보고만 있지 않았다.

러시아는 중국 진출을 노리던 독일과 프랑스를 끌어들여 이른바
삼국간섭으로써 일본으로 하여금 요동반도를 청에게 고스란히 반납
하도록 외교압력을 가하여 일시 일본의 만주 침략을 좌절시켰다. 뿐
만 아니라 러시아는 청에서 일어난 의화단義和團의 난을 핑계 삼아 만
주 지역에 출병하면서 뤼순과 다롄을 조차租借란 명목으로 차지하였
다. 그리고 그곳에 부동不凍의 뤼순군항을 건설하여 그들 극동 해군함
대의 근거지로 삼고, 그곳에서 다롄·펑톈·창춘을 거쳐 하얼빈에 이
르는 동청철도 남지선의 설치를 서둘렀다. 일본이 청일전쟁까지 치르
면서 경영하려던 요동반도를 포함하는 남만주를 러시아는 삼국간섭
을 계기로 남만주 경략의 기선을 잡은 것이다. 그리하여 러시아는 요
동반도, 특히 다롄의 도시 건설과 뤼순군항 경영에 골몰하였다.

삼국간섭 이후 러시아의 이와 같은 남하정책 추진에 부심하던
일본은 러시아와의 전쟁준비를 서둘러 1904년 2월에 러일전쟁을 도
발하였다. 인천 앞바다의 해전에서 승리의 서전緖戰을 거둔 일본은
수만의 일본 육해군병을 희생하면서 격전의 뤼순공방전을 감행하였
다. 1905년 정초에는 드디어 난공불락의 뤼순군항을 함락시키고 이

어 러시아의 발트함대를 대한해협과 독도 사이에서 물리쳐 승세를
굳혔다. 그 해 9월에는 미국 루스벨트 대통령의 중재로 포츠머스조
약을 맺어 러일강화를 이룩하면서 요동반도와 뤼순항을 다시 일본이
차지하게 되었다. 일본은 그곳에 가장 정예군단인 관동군關東軍을 기
간으로 하는 관동도독부를 설치하여 한만경략韓滿經略에 분주하게 되
었다. 더욱이 러시아를 대신하여 뤼순군항 건설과 동청철도의 남지
선 예정지에 남만주철도를 부설하는 데 박차를 가하여 만주 침략의
교두보로 삼았던 것이다.

　안중근 의사의 하얼빈 의거의 표적물인 이토 히로부미가 그곳에
출현한 시기는 그동안 뤼순군항 건설을 마치고 남만주철도도 뤼순,
다롄에서 시작하여 셴양·창춘을 거쳐 거의 하얼빈 인근까지 넓혀져
일본의 만주 경영이 실적을 올리던 무렵이었다. 더욱이 청과 야합하
여 한-청 사이의 영유권 분쟁지이며 왕조 말 이래 한국인의 이주개
척지인 간도를 중국령으로 인정하여 주는 대가로 만주경영에 절실한
남만철도南滿鐵道 부설권을 비롯한 무순탄광 등 탄철炭鐵 개발권을 획
득하는 '만주5건에 관한 협약'을 성사시킨 직후였다. 마침 러시아의
대장성대신(재무대신) 코코체프B. H. Kokovsev가 블라디보스토크를 중
심으로 한 러시아의 극동 지방 방비와 동청철도 이남의 만주경영을
점검하고자 극동 순시차 하얼빈에 행차하는 일정에 맞추어 짜인 것
이다. 한편 이때는 국내에서도 군대해산 이래 의병의 항전지역이 전
국적으로 넓혀지고 있었고, 두만·압록강 너머의 서북간도와 연해주
의병의 국내진공작전도 펼쳐져 이른바 일본군의 '의병토벌'작전이
강행되어 무자비한 살육전이 전개되고 있던 시기였다. 안 의사는 훗
날 공판정에서 '이토가 한국통감으로 내한한 이래 의병을 비롯한 애
국인사가 10만이 학살되었다'고 주장하였다. 이와 같은 국내외의 정
황을 감안하면 이토와 코코체프의 회담내용은 그 다음해 7월 4일 성

사되는 만주와 몽골 관련조약인 '러일협약'과 8월 29일에 선포한 '한일병합조약'을 주 의제로 예정하였을 것이라는 논단이 가능하다.

2. 안중근의 하얼빈 의거

안 의사의 하얼빈 의거는 망국을 목전에 두고 연해주로 망명하여 '독립전쟁의 의기義旗'를 든 데서 시작되었다. 1907년 8월 젊은 안 의사는 구국결의를 다지며 회령會寧에서 두만강을 건너 먼저 북간도로 망명하였다. 처음 3개월 동안 용정龍井을 중심으로 북간도 일대를 순회하면서 그곳에 국권회복의 터전을 잡고자 하였으나, 이미 일제 침략의 전위조직인 통감부 간도파출소가 설치되어 여의치 못하였다. 안 의사는 그 해 10월 중순 연해주로 넘어가 연추煙秋(크라스키노)를 지나 블라디보스토크[海蔘威]로 갔다. 블라디보스토크에서 그는 먼저 계동청년회啓東靑年會의 임시사찰을 맡으면서 항일독립운동의 큰 경륜을 펴기 시작하였다.

먼저 조국독립운동을 추진하고자 연해주 각지 한인마을을 순회하며 애국계몽활동을 벌였다. 한인사회의 교육과 실업의 발달을 도모하고 항일투쟁을 위한 민심 단합을 목표로 한 계몽활동을 벌였던 것이다. 그리하여 안 의사는 한인의 집단 거주지인 연추·수청水清·추풍秋風 지역뿐만 아니라 멀리 하바로프스크 이북의 흑룡강 유역에 흩어져 있던 수많은 한인 촌락을 전전하며 갖은 위험을 무릅쓰고 유세遊說하였다.

이어 안 의사는 국외의병 대열에 참여해 조국독립전쟁을 결행하였다. 현재 크라스키노라 부르는 연추는 항일의병기지로 유명한 곳이다. 안 의사와 그의 동지들은 그곳을 근거지로 삼고 국내진공작전을 비롯한 처절한 독립전쟁을 벌였다. 안 의사는 하얼빈 의거도 이 독립전쟁의 일환으로 결행한 것이라고 하였다. 연추를 중심으로 한 국외의병에는 유인석柳麟錫, 홍범도洪範圖와 같이 국내에서 항쟁하다 가 북상해 보다 장기적이며 효과적인 항전을 다짐하는 의병도 많았 고, 박기만朴基滿의병 등과 같이 연해주 한인사회를 바탕으로 편성된 의병부대도 적지 않았다. 뿐만 아니라 안 의사와 같이 국내외에서 애국계몽운동을 벌이다가 참여한 인물들도 있었다. 이와 같은 연해 주의병의 중심인물 가운데 한 사람이 1902년 이래 간도관리사間島管 理使를 지내다가 러일전쟁 때부터 항일을 표방해 의병항쟁을 선도한 이범윤李範允이었다. 그와 더불어 연해주 한인사회에서 신망이 높고 재력도 겸비한 최재형崔才亨도 의병의 독립전쟁에 적극적으로 참여해 이를 선도한 인물이었다. 이러한 사람들의 노력과 열성으로 3~4천 명가량 추정되는 의병부대를 편성해 연추에 국외의병의 본영이라 할 '창의소倡義所'를 두고 조국독립전쟁을 개시할 수 있었던 것이다. 이 의병부대의 모체를 처음에는 창의회倡義會라 불렀고, 뒤에는 동의회同 義會라고도 하였다. 그 회장에는 최재형이, 부회장에는 헤이그 밀사 의 1인이며 러시아공사 이범진李範晉의 아들인 이위종李瑋鍾이 선임되 었으며, 총대장은 이범윤이 맡았다. 이를 전후하여 안 의사를 비롯해 전재익全在益·김영선金永善·엄인섭嚴仁燮·김기룡金起龍·우덕순禹德淳 등 의 의병장이 이범윤 휘하에서 활동하거나 또는 독립된 부대를 편성 활동하였다. 안 의사는 특히 동의회가 모체가 된 연추의병대의 편성 과 훈련 등에서 발군의 활동을 보였다. 이들 연추의병은 일제와의 항전에서 비록 괄목할 만한 전과는 올리지는 못했지만, 1개 사단이 넘는 일제의 이른바 '국경수비대'의 경계망을 뚫고 국내진공작전을 되풀이 하고 있었다.

연해주의병이 펼친 국내진공작전 가운데 대표적인 사례가 1908

년 7월 연추창의소를 출발, 두만강 하구에서 한, 중, 러 삼국 경계망을 뚫고 함경북도 육진六鎭 지역으로 들어가 일본군과 수차에 걸쳐 치열한 접전을 벌인 것이다. 이때 안 의사도 2~3백 명으로 추산되는 의병을 이끌고 최선봉에 서서 여러 차례 혈전을 벌였다. 이 의병 부대의 지휘체계는 안 의사가 뤼순공판에서 강원도 사람이라고 언급한 김두성金斗星(유인석 의병장의 별명인 듯)이 총독總督을, 이범윤이 총대장을 각각 맡았으며, 그 휘하에 성진 경무관 출신의 전제익이 도영장都營將, 엄인섭이 좌영장左令(營)將, 안 의사가 우영장右令(營)將을 각각 맡았던 것이다. 여기에 우덕순·장석회張錫會·김은수金銀洙·백규삼白奎三 등 여러 장교가 각기 한 부대를 이끌었다. 안 의사는 이러한 의병부대의 명칭을 뒷날 뤼순재판에서 '대한의군大韓義軍'이라 불렀고, 자신의 신분을 '참모중장參謀中將', '특파독립대장'이라고 밝혔다. 박은식의 《안중근전安重根傳》에 따르면 안 의사가 지휘한 의병부대는 두만강을 건너 홍의동洪儀洞에서 일본군과 첫 교전에서 승첩을 올린 뒤, 세 차례에 걸쳐 50여 명을 사살하였고 10여 명을 포로로 잡았다가 석방하였다고 한다. 그러나 회령 남쪽의 영산靈山 대회전大會戰에서 중과부적으로 일본군에게 패퇴하고 말았다.

영산전투에서 패장敗將이 된 안 의사는 우덕순·김영선·갈화천 등과 함께 12일 동안 단 두 끼의 요기만 하고 구사일생으로 두만강을 다시 넘었다. 연추로 귀환한 안 의사는 피골이 상접하여 친구들조차 그를 알아보지 못할 지경이었다. 그러나 그는 조금도 굴하지 않고 그 이듬해인 1909년 3월 5일(단기 4242년 2월 7일) 연추 하리下里 마을에서 결사동지 김기룡·강기순姜琦順·정원주鄭元柱·박봉석朴鳳錫·유치홍劉致弘·김백춘金伯春·백규삼·황병길黃丙吉·조응순趙應順·갈화천葛化千·강창두姜昌斗 등 12명과 회동해 단지동맹斷指同盟을 결행하고 '조국 독립의 회복과 동양평화의 유지'를 위해 헌신하는 '동의단지회同義斷

指會'[11])를 결성한 것이다. 이들은 태극기를 펼쳐놓고 각기 왼손 무명지 첫 관절을 한칼에 잘라 생동하는 선혈鮮血로 '대한독립大韓獨立'이라 쓰고 대한독립만세를 삼창하였다. 또한 안 의사는 그 목적을 밝히는 〈동의단지회의 취지문〉을 혈서로 작성하였다. 곧 회장 안 의사를 중심으로 한 동의단지회는 혈맹동지 12인이 다 같이 한 몸을 바쳐 조국의 독립을 회복하고 동양평화를 이룩하고자 결성한 애국결사였던 것이다.

망국을 눈앞에 둔 1909년 초 망명지인 연해주 연추에서 단지동맹을 맺고 동의단지회의 회장이 된 안 의사는 조국의 독립회복과 동양평화를 이룩하고자 '삼인동맹三(一二)人同盟 보국혈심報國血心 범만주일汎萬注一 단석수금斷石透金 결의동맹結義同盟 보국안민保國安民 환란상구患難相救 사생동거死生同居'라는 신의지교信義之交를 토대로 회무를 주도하고 있었다.[12] 그 해 10월 들어 마침 이토 히로부미가 러시아 대장성대신 코코체프와 만나 동양침략정책을 협상하려 북만주를 시찰한다는 소식을 듣게 되었다. 겉으로는 아무 정치적 의도가 없는 만주 지역 만유여행이라 하였지만, 속내는 한국은 물론 만주와 몽골 지배를 놓고 러일협상을 시도하려한 것이었다. 안 의사는 이때야말

11) 안중근은 1907년 8월 망명 이후 간도와 연해주에서 구국계몽운동과 의병항전에 헌신하여 1908년 6, 7월에는 국내 육진 지역 진공작전까지 벌이며 결사항전하였다. 그러나 회령 영산전투에서 중과부적으로 패전한 뒤 연추의병 본영으로 돌아간 안 의사는 새로운 항전을 위하여 동의단지회를 조직하여 조국의 독립회복과 동양평화를 유지하고자 살신성인하기로 단지斷指 서천동맹誓天同盟를 맺었다. 이와 같은 행적은 필자가 〈安重根의 同義斷指會의 補遺〉(《한국독립운동사연구》 제32호, 2009. 4.)에서 비견을 제시하였으므로 이 글에서는 생략한다.
12) 혈서로 취지서를 작성하고 동의단지회의 회장會長이 된 안 의사는 회무를 주도하였다. 동의단지회의 회우會友는 "사생을 같이 하기로 한 의병 부대의 간부"(李剛, 《내가 본 안중근의사》)라고도 하는 바와 같이 각지 의병의 대표를 뽑아 혈맹하였다. 단지동맹의 한 사람인 조응순趙應順도 "各地 各派로부터 揀拔하야 단지 同盟"이라 증언한 1921년 4월 2일자 《독립신문》 기사 기록도 보인다.

로 나라와 겨레의 원수를 갚고 동양평화를 유지하기 위하여 일제의
대륙침략을 결사 저지할 수 있는 절호의 기회로 판단하고[13] 분연히
국내진공전 때의 전우인 우덕순과 같이 10월 21일 블라디보스토크
를 출발, 그 다음날 하얼빈에 도착하였다. 중도에 중국과의 접경도시
인 포그라니치나야에서 안 의사의 동지인 유승렬의 아들 유동하劉東
夏를 통역으로 합류시켰다.

　하얼빈에 도착한 안 의사 일행 3인은 그곳 국민회國民會 회장 김
성백金成伯의 집에 유숙하였다. 23일 아침 3인은 사진관을 찾아 의거
결의 기념사진을 찍고, 또한 연해주에서 오랫동안 활동을 하다 그
무렵 하얼빈에 거주하던 조도선曹道先을 찾아 합류하였다. 그날 밤
안 의사 일행은 심야까지 거사계획을 의논하였으며, 안 의사는 블라
디보스토크의 《대동공보大東共報》 주필 이강李剛에게 현지에서 추진
되는 거사계획과 자금조달에 관한 편지를 쓰고 우덕순과 연서하였
다. 또한 안 의사는 의거결의를 읊은 〈장부가丈夫歌〉를 짓고, 우덕순
도 〈의거가義擧歌〉를 지어 이에 화답하였다. 24일 아침 안 의사와 우
덕순, 그리고 조도선은 의거 장소를 물색하고자 남행열차를 타고 채
가구蔡家溝에서 하차해 역 구내 여관에서 숙박하였다. 25일 안 의사
는 거사에 만전을 기하고자 채가구와 하얼빈 두 역에서의 거사계획
을 세웠다. 우덕순과 조도선이 채가구에서 거사를 맡기로 하고, 안
의사는 하얼빈으로 되돌아와 하얼빈 거사를 준비하였다.

　유동하와 김성백의 집에서 그날 밤을 보낸 안 의사는 마침내
1909년 10월 26일, 역사적인 거사일을 맞았다. 오전 7시경, 유동하와
같이 하얼빈 역에 간 안 의사는 어린 유동하를 돌려보내고 혼자 역

---

13) 안 의사는 뒷날 뤼순감옥에서 〈天與不受反受其殃耳(하늘이 주는 것을 받지 않으면 도
　리어 벌을 받게 된다)〉고 휘호하였다. 안 의사는 이토가 하얼빈에 올 것을 하늘이 준
　기회로 확신하고 그를 포살 응징한 것이라고 해석된다.

구내 찻집으로 들어가 이토가 도착하기를 기다렸다. 그동안 채가구
역에서 먼저 거사를 계획했던 우덕순과 조도선은 러시아 경비병이
수상하다고 판단하고 그들을 주시하는 바람에 이토가 탄 열차가 지
나가는 시간에 구내 여관방에 갇혀 있어 거사의 기회조차 빼앗기고
그 다음날 체포되고 말았다.

아침 9시 무렵, 미리 삼엄한 경계망을 편 하얼빈 역두에 한국 침
략의 원흉이며 동양평화의 교란자인 이토를 태운 특별열차가 멈춰
섰다. 대기하고 있던 러시아 대장성대신 코코체프가 수행원을 거느
리고 차량 안에 들어가 그를 영접하였다. 약 20분 뒤 이토가 수행원
을 거느리고 코코체프의 안내를 받으며 열차에서 내려 군악을 울리
며 도열한 의장대를 사열하고 이어 각국 사절단 앞으로 나아가 인사
를 받기 시작하였다.

이때 안 의사는 러시아 의장대 뒤에서 기회를 노리고 있었다. 안
의사는 이토가 10여 보 떨어진 지점에 이르렀을 찰나 전광석화같이
브로닝 권총을 꺼내들고 그를 향해 발사하였다. 제국주의 침략에 도
전하는 정의正義의 탄환, 의탄義彈이었다.[14] 제1탄이 이토의 가슴을
명중시키고, 제2탄도 그의 흉부를 맞췄다. 또 제3탄도 그의 복부를
관통하자 이토는 그 자리에서 고꾸라졌다. 그래도 안 의사는 만약
쓰러진 자가 이토가 아닐지도 모른다는 생각에서 뒤따르던 일본인들
을 향해 세 발을 더 쏘았다. 이토를 수행하던 하얼빈 일본총영사 가
와카미 도시히코川上俊彦와 궁내부 비서관 모리 야스지로森泰二郎, 만
철滿鐵 이사 다나카 세이타로田中淸太郎가 중경상을 입고 차례로 쓰러
졌다. 절묘하게도 이토 일행과 뒤섞여 수행하던 코코체프 일행은 한

---

14) 안 의사는 옥중에서 쓴 《동양평화론》 '서' 말미에서 이 의거를 '東洋平和義戰'이라고
　　표현하였다.

사람도 다치지 않았다. 뒷날 안 의사는 의거의 순간을 다음과 같이
술회하였다.

> 이토가 환영인 속을 인사하면서 통과하는바 나는 신문 삽화에서 보았을
> 뿐이므로 과연 이토가 틀림없느냐 아니냐고 주저하였으나, 러시아 대신 같
> 은 자와 인사하는 폼을 보고 드디어 이토가 틀림없다고 인정하고 발사하
> 려 하였으나 러시아 대신과 겹쳐 있는 까닭으로 발사할 수가 없어 잠시 신
> 체가 떨어지는 것을 기다렸더니 약 1척 가량 러시아인과의 거리가 있음을
> 인정하는 순간 그를 향해 발사하였다.[15]

안 의사는 순식간에 침략자의 응징장으로 변한 현장에서 이토가
쓰러진 것을 확인하고 '코리아 우라(대한국 만세)'를 삼창하고 태연자
약하게 러시아 헌병장교 미치올클로프에게 포박되었다. 이때를 안
의사는 9시 30분경으로 기억하고 있다.

치명상을 입은 이토는 열차로 옮겨져 응급치료를 받았으나 20여
분만에 절명하였다. 거사 직후 체포된 안 의사는 역 구내 러시아 헌
병대 분소에서 러시아 검찰관의 심문을 받았다. 안 의사는 성명을
대한국인 안응칠安應七, 연령은 31세, 국적은 한국, 신앙은 가톨릭이
라 하고 이토 살해를 결심한 것은 그가 "한국 국민에게 가한 압제에
보복하고 또한 그가 공창규, 이항기 및 기타 많은 동지를 처형한 것
에 대해 복수하기 위해서이다"라고 일단 진술하였다.[16] 안 의사는
그날 저녁 8~9시경 일본영사관으로 넘겨져 영사관 지하 감방에 구
금되었다. 이와 같이 안 의사는 일본 메이지유신의 유공자이며 일본

---

15) 〈境 경시의 제6회 신문에 대한 공술〉(1909. 12. 3.), 국사편찬위원회 편,《한국독립운
  동사자료》7, 424~425쪽.
16) 국사편찬위원회 편,《한국독립운동사자료》7, 326쪽.

의 군국화를 주도하여 청일·러일전쟁을 도발하고 이어 남북만주 및 중국대륙을 침략하는 대륙정책을 현지에서 지휘한 이토 히로부미를 포살 응징한 것이다.

3. 옥중투쟁과 〈이토 히로부미의 죄상 15개조〉

의거 당일 신속하게 안 의사의 신병을 넘겨받은 일제 측은 배후관계 파악과 연루자 체포에 혈안이 되었다. 우선 안 의사를 하얼빈 영사관 지하 감방에 구금하고 관련기관을 통하여 국내외에 걸친 광범위한 조사 심문을 시작하였다. 현지에서는 안 의사를 비롯해 우덕순·조도선·유동하 외에도 정대호鄭大鎬 등 11명을 거사 관련자로 지목, 체포 구금하고 심문하기 시작하였다. 또한 국내에서도 거사 관련용의자로 안창호安昌浩·이갑李甲·이종호李鍾浩·김명주金明濬·김구金九 등의 친지를 구속 조사하고, 한편 안 의사의 고향집을 덮쳐 정근定根·공근恭根 두 동생은 물론 안 의사의 모친 조趙씨까지도 심문조사를 벌였다. 이와 같이 국내외 관련지에서 1주일에 걸친 기본조사와 심문을 거쳐 의거 전말의 윤곽을 파악한 일본 정부는 그들 외무성 주관으로 의거 관련자의 본격적인 심문조사와 관련자 보복(처벌) 수순을 밟았다.

일본 외무성을 주관기관으로 하고 한국통감부를 비롯한 일본의 국내외 관련기관 협조 아래 만주 침략의 주무기관인 뤼순·다롄의 관동도독부 관하 법원에 안 의사와 관련자를 송치해 심문 처벌케 하였다. 그리하여 고무라 쥬타로小村壽太郎 외무대신은 외무성 정무국장 구라치 데쓰키치倉知鐵吉를 현지에 급파해 이 사안을 지휘 감독토록 하였다.[17] 이때 한국통감부에서는 주한일본군참모장 아카이시 모토지로明石元二郎를 파견해 구라치에게 협조하도록 하였다. 현지 법원에서

는 미조부치 다카오溝淵孝雄 검찰관을 하얼빈으로 파견해 안 의사 등
을 심문케 했고, 안 의사를 비롯해 연루자로 지목된 우덕순·조도선·
유동하와 기타 혐의자로 정대호鄭大鎬·김성옥金成玉·김형재金衡在·탁공
규卓公圭·김여수金麗水 등 9인의 신병을 11월 1일 철통같은 감시 아래
하얼빈에서부터 뤼순으로 이송, 같은 달 3일 뤼순감옥에 투옥하고 조
속한 공판 절차를 밟게 하였다. 이때 통감부에서는 한국어에 능숙한
수사관인 사카이 요시아키境喜明 경시와 통역 소노키 스에요시園木吉喜
를 파견해 취조 심문을 도우며 안 의사의 회유 변절을 획책하였다.

그 뒤 한 달 동안 뤼순에서 더 강도 높은 심문조사를 진행한 일
제는 안 의사에게 '극형極刑의 징악懲惡'을 결정하기에 이르렀다.[18]
그것도 일제가 곧 단행하려는 '한일합병'에 미칠 부정적 영향을 최소
화하려던 처지에서 12월 2일에는 고무라 외무대신이 구라치 정무국
장에게 '중형징벌重刑懲罰'을 전보로 명령 전달하였다. 나아가 관동도
독부 고등법원장 히라이시平石氏人를 본국으로 소환해 '사형판결'을
위한 공판개정 다짐까지 받았다. 의거 이후 36일 만의 일이었고, 공
판 개시 2개월 하고도 7일 전의 결정이었다.

안 의사의 공판은 1910년 2월 7일부터 같은 달 14일 사이에 뤼
순의 관동도독부 지방법원에서 전격적으로 진행되었다. 마나베 쥬죠
眞鍋十藏 재판장 단독심리로 미조부치 검찰관과 통역 소노키 및 서기
와타나베 료이치渡邊良一로 구성된 재판단 구성에 일본인 관선 변호
사인 가마타 마사하루鎌田正治와 미즈노 요시타로水野吉太郞만 변호가

---

17) 구라치 데쓰키치倉知鐵吉는 1910년 일제의 '한국병합' 때 그 실무를 총괄하던 외무성
정무국장이었다.
18) 국가보훈처, 《亞洲第一義俠 安重根》 2, 683쪽, 650쪽. 일본 고무라小村 외무대신이 현지
관헌에게 "일본 정부에서는 안중근의 범행이 극히 중대하므로 懲惡의 정신에 따라 極
刑에 처함이 마땅하다고 여긴다"라고 전문으로써 재차 지령하였다.

허락되었다. 국내 유지와 안 의사의 모친 등이 보낸 변호사 안병찬安
秉瓚, 통역 고병은高秉殷, 연해주 한인이 파견한 러시아 변호사 미하일
로프C. P. Mihailov와 상하이에서 온 영국인 더글러스J. E. Douglas 및 그
밖의 외국인 2명의 변호신청은 당초 약속과는 달리 모두 불허하였고
재판은 일본인 일색으로 진행되었다. 단지 대륙침략정책의 장애가
되는 안 의사에 대한 보복처단의 수순을 밟는 위장된 공판을 진행하
려는 것이었다고 밖에 볼 수 없다.

안 의사는 이런 공판에서도 시종 당당한 논리와 주장으로 의거
이유와 의의를 개진하려 하였다. 그러나 검찰관 심문 때는 물론, 공
판장에서조차 빈번히 정당하고 명확한 진술을 용납하지 않으려는 판
사와 변호사들의 제지를 받았다. 안 의사는 그런 상황에서도 조금도
굽히지 않고 하얼빈 의거가 그 자신을 위한 것이 아니라 한국의 독
립과 동양평화를 위해 결행한 것이며, 이는 곧 일본의 안전과 발전
을 위한 것이라고 밝혔다.[19]

안 의사는 또한 이토를 포살한 이유를 물었을 때 이토의 죄상을
15개 항목으로 나누어 낱낱이 열거하였다.[20] 이어 안 의사는 일본
천황이 청일전쟁과 그에 이은 러일전쟁 때 선포한대로 "동양의 평화
를 유지하고 한국의 독립을 공고히 하여" 한·중·일 세 나라가 동맹
을 맺고 평화를 외치며 국민이 서로 화합하여 개화 진보에 힘쓴다면
유럽과 다른 세계의 외국과 더불어 모든 나라 국민이 평화롭게 살
수 있게 될 것이라고 주장하였다. 그러나 이토가 살아 있어서는 한

19) 안 의사의 공판기록은 관동도독부 지방법원에 보존되어 오던 것을 1939년 조선총독
부 조선사편수회에서 출장 필사하여 《安重根等殺人被告公判記錄》(2책)이라 표제하였고,
현재는 국사편찬위원회에 보존되고 있다.
20) 안 의사가 1909년 11월 6일 검찰관에게 제출한 〈伊藤博文罪惡〉,《亞洲第一義俠 安重根》
1, 95쪽.

국의 독립이 침해되고 동양평화를 이룰 수 없다고 생각하여 이 의거를 결행했다고 밝혔다. 그리하여 안 의사는 이토를 포살한 경위를 묻는 심문에서 다음과 같이 대답하였다.

> 나는 정정당당한 진陣을 펴고 이토의 한국 점령군에게 대항하기를 3년, 각처에서 의군義軍을 일으키어 고전분투 간신히 하얼빈에서 제승制勝하여 이토를 죽인 나는 독립군의 주장主將이라 할 것이다. 만목萬目이 여도如堵한 하얼빈에서 이利를 얻은 독립군의 공명정대한 행동은 아마 각국인은 시인하는 바일 것이다.[21]

안 의사에 대한 공판은 단 6회 개정으로 끝났다. 그것도 안 의사를 비롯한 우덕순·조도선·유동하에 대한 심문심리는 제1~3회 개정 때만 있었고, 이토의 죄악 15개조의 이유를 진술하던 때는 재판장에게 제지당하기도 하였다. 제4회 때는 미조부치 검찰관의 일본법에 의한 구형논고와 그 이유 설명이 있었고, 제5회 때는 달갑지도 않은 일본인 관선변호사의 변론이 있었다. 그리고 2월 14일에 진행된 제6회 공판은 마나베 재판장의 판결로 끝맺게 되었다. 그 판결에선 이미 일본 정부가 내린 명령대로 안 의사에게 '사형'이 선고되었고 우덕순에게 징역 3년, 조도선과 유동하에게 각기 징역 1년 6개월이 선고되었다.[22] 안 의사는 사형선고에도 "일본에는 사형 이상의 형벌은 없는

---

21) 〈여순감옥에서의 사카이 경시의 13회 심문에 대한 공술〉(1910. 12. 27.), 국사편찬위원회 편, 《한국독립운동사자료》7, 452쪽.

22) 만주일일신문사, 《安重根事件公判速記錄》, 1910 참조. 안 의사의 뤼순공판이 대륙침략 정책을 추진하던 일본 정부의 위장된 공판임을 최근 들어 일본 학자도 일부 인정하기 시작하였다. 나카노 야스오中野泰雄 교수는 〈平和ノ使徒安重根ト東洋平和〉(《安重根義士 순국87주년 국제학술회의 보고서》, 안중근의사기념관, 1997)에서 그 재판을 '공판公判이 아니고 곡판曲判'이라고 표현하였다.

가"라고 반문하면서 안색에 미동도 없이 의연한 자세로 일관하였다.

안중근 의사는 1910년 3월 26일 일제 관동도독부 뤼순감옥에서 '사형'이 집행되어 순국하였다. 이보다 앞서 안 의사는 뤼순지방법원에서 사형선고를 받고도 다시 살 수 있는 길일지도 모를 고등법원에 상고를 하지 않았다. 모친의 교훈과 안 의사의 결연한 뜻 때문이었다. 단지 그가 《안응칠역사》에 이어 집필하고 있던 《동양평화론》을 완성하고자 히라이시 고등법원장을 만난 자리에서 완성까지 얼마간의 형 집행 연기를 희망해 승낙 약속까지 받았었다.[23] 그러나 일본인들은 이 약속을 어기고 안 의사가 처음 원했던 천주교 사순일인 10월 25일이 순종황제의 탄신일이 되어 한국민의 민심을 자극할까 염려하여 하루 넘긴 26일 오전 10시 전옥典獄 구리하라栗原貞吉와 미조부치 검찰관, 그리고 통역 소노키 등 사형집행 관리들의 입회 아래 감옥 내 교수대에서 교수형이 집행되었다.[24]

안 의사는 그 전날 고향에서 보내온 흰색 두루마기와 검은색 바지의 한복으로 갈아입고 조용히 무릎 꿇고 기도하였다. 전옥이 사형집행문을 낭독하고 최후의 유언을 물었으나 다른 말은 없고 "나의 이 거사는 동양평화를 위하여 결행한 것이므로 임석한 관헌들도 앞으로 한일 화합에 힘써 동양평화에 이바지하기 바란다"고 하며 "나와 함께 '동양평화 만세'를 부르자"고 제의하였으나, 그들은 이를 저지하고 교수형 집행을 감행하였다. 이때 안 의사가 '동양평화 만세'를 불렀다는 말도 전하나 자료상 확인하기 어렵다.[25] 12분 뒤인 오

---

23) 안 의사의 히라이시 고등법원장의 면담기록인 〈聽取書〉(국가보훈처, 《아주제일의협 안중근》 3, 621~633쪽); 〈安應七歷史〉, 윤병석 편, 《安重根傳記全集》, 128~129쪽.

24) 통역 소노키 스에요시園木吉喜의 〈사형집행전말보고서〉; 〈安重根의 最後〉, 《만주일일신보》 1910년 3월 27일자; 〈안중근의 사형집행〉, 《대한매일신보》, 1910년 3월28일자.

25) 안 의사의 '사형집행' 전말을 보도한 1910년 3월 27일자 《만주일일신보》 기사. '봄비가 촉촉이 내리는 가운데 7계단 위에 설치된 흉물의 교수대에서의 사형'이라는 순국

전 10시 15분경 검찰 의사가 운명을 확인하고 새로 만든 침관에 유해를 입관시켰다. 이 유해는 정근·공근 두 동생의 탄원과 절규에도 불구하고 유족에게 인도되지 않고 감옥 수인묘지囚人墓地에 그들 일본 관계인끼리 서둘러 매장하고 말았다. 일제는 안 의사의 유해가 한국인의 손에 넘어갈 경우, 그의 묘소가 어디든 그곳이 국내외 독립운동의 성지聖地로 화할 것을 두려워했던 것이다. 그 뒤 안 의사의 유해는 하얼빈 의거 100주년을 맞는 현재에도 정확하게 소재를 파악하지 못해, "내가 죽은 뒤에 나의 뼈를 하얼빈 공원 곁에 묻어두었다가 우리 국권이 회복되거든 고국으로 반장해다오. 나는 천국에 가서도 또한 마땅히 우리나라 국권을 회복하기 위해 힘쓸 것이다"26)라고 한 그의 유촉遺囑을 지키지 못하고 있는 실정이다.

안 의사는 순국 하루 전인 10월 25일 정근·공근 두 동생을 마지막으로 면회하는 자리에서 모친과 부인 등 가족들과 뮈텔 주교, 빌렘 신부 등 6인에게 이미 집필해 두었던 유서를 전하였다. 또한 이에 앞서 국내에서 찾아온 안병찬 변호사를 통해 2천만 동포에게 남기는 뼈에 사무치는 유언을 전달하였다.

4. 《안응칠역사》와 《동양평화론》

안중근 의사는 의거 이후 뤼순감옥에서 1909년 12월 13일 기고起稿하여 1910년 3월 15일 탈고한 자서전에 '안응칠역사'라고 표제하였다. 그는 1907년 8월 초 군대해산의 참상을 목도하고 북간도를 거쳐

전말을 비교적 상세히 보도하였으나 최후에 '동양평화 만세' 3창에 관한 것은 언급되지 않았다.

26) 〈최후의 유언〉, 《大韓國人 安重根》, 139쪽.

러시아 연해주로 망명, 하얼빈 의거까지 3년 동안 '중근'이란 이름을 쓰지 않고 자字인 '응칠'로 대신 행세하였던 까닭에 이와 같이 표제한 것이다.27) 이 자서전의 '필서畢書'28)를 전후하여 《동양평화론》을 기고, 3월 18일경에는 서론을 마치고 각론을 쓰기 시작하였다. 안 의사는 이 사실을 고등법원장 히라이시에게 사형언도 직후인 1910년 2월 17일 면담에서,

> 나는 지금 옥중에서 《동양정책東洋政策》(=《동양평화론》)과 《전기傳記》(= 안응칠역사)를 쓰고 있다. 이를 완성하고 싶다.29)

고 밝히고 있다. 3월 25일로 예정된 사형집행을 15일 정도 연기해 줄 것을 요청하여 언약까지 받았으나 3월 26일 사형이 집행됨으로써 《동양평화론》은 미완으로 남게 되었던 것이다. 안 의사의 이러한 저술상황은 전옥 구리하라가 1910년 3월 18일자로 통감부 경시 사카이에게 보낸 서한에서,

> 안중근의 《전기》는 이제 막 탈고하여 목하 청사중인 바 완료 즉시 우송할 예정이지만 한편 《동양평화론》은 기고하여 현재 서론은 끝났으나 본론은 3, 4절로 나누어 쓰되, 각 절은 생각날 때 집필하고 있다. 도저히 그 완성은 사기死期까지 어렵다고 생각될 뿐 아니라, 각 절을 조리 정연한 논문이라고 하기보다 잡감雜感을 서술하려고 하기 때문에 수미일관한 논문이 되지 않을 것으로 생각된다. 그러나 본인은 철저히 《동양평화론》의 완성을 원하

27) 〈公判始末, 1910년 2월 7일〉, 국사편찬위원회 편, 《한국독립운동사자료》 6, 308~310쪽.
28) 《안응칠역사》 말미에 "1910년 庚戌 음 2월 초5일 양 3월 15일 旅順獄中 大韓國人 安重根 畢書"라고 명기하였다.
29) 〈殺人犯被告人安重根聽取書〉, 국가보훈처 편, 《亞洲第一義俠 安重根》 3, 633쪽.

고 '사후에 빛을 볼 것'으로 생각하고 있기 때문에 얼마 전 논문의 서술을 이유로 사형의 집행을 15일 정도 연기될 수 있도록 탄원하였으나 허가되지 않을 것 같아 결국 《동양평화론》의 완성은 바라기 어려울 것 같다.30)

라고 보고한 내용을 통해서도 알 수 있다. 또한 안 의사의 공판 통역을 담당하였던 통감부 통역 소노키의 1910년 3월 26일 안 의사 사형집행 결과보고 전문에서,

옥중에 있으면서 기고한 유고 중 《전기》(안응칠역사)는 이미 탈고하였으나 《동양평화론》은 총론 및 각론의 일절에 그쳐 전체의 탈고를 보지 못하였다.31)

고 밝힌 내용도 안 의사의 저술상황을 명백히 입증하는 대목이다. 이러한 안 의사의 유고는 안 의사 순국 이후 극비로 다루어져 친족에게도 보이지 않고 즉시 압수, 한국 통치 자료로만 활용되었다.

그러므로 안 의사의 유고가 다시 햇빛을 보게 되기까지는 거의 60년이 걸린 것이다. 그것도 처음에는 도쿄 국제한국연구원 최서면 원장이 1969년 4월 도쿄 간다의 고서점에서 입수한 《안중근자서전安重根自敍傳》이라 표제된 일역본이었다.32) 유고 그대로의 등사본은 그 뒤 다시 10년이 지난 1979년 9월 재일교포 김정명 교수가 일본 국회도서관 헌정연구실 '시치죠七條淸美 문서'에서 《안응칠역사》와 《동양평화론》의 등사본을 합책한 《안중근전기급논설安重根傳記及論說》이라 제목 붙여진 책을 발굴함으로써 세상에 나타났다.33) 이것이 비록 안

---

30) 전옥 구리하라栗原貞吉의 서한(안중근의사기념관 소장).
31) 〈安重根 刑執行에 관한 要領〉, 국가보훈처 편, 《亞洲第一義俠安重根》 3, 777쪽.
32) 崔書勉, 〈安應七自傳〉, 《外交時報》, 東京: 外交時報社, 1970년 5월호, 53~70쪽.

의사의 친필본은 아니더라도 안 의사의 귀중한 유고 내용이 원문대로 '햇빛을 본 것'이다. 한편 우리는 안 의사의 친필 원본도 어디선가 나타날 것이라는 기대도 해 보는 것이다.

《안응칠역사》는 안 의사 순국 80주년이 되던 1990년 3월 26일 안중근의사숭모회에서 한문으로 된 원문 내용과 함께 국역본을 간행함으로써 안 의사의 행적과 사상, 그리고 의거를 이해하는 원전으로 활용되고 있다.[34] 더욱이 《안응칠역사》는 일반적 자서전이 갖는 한계를 넘어 안 의사의 "진실한 자기 심정을 표백해 놓은 글이라, 저절로 고상한 문학서가 되고 또 한말의 풍운 속에서 활약한 자기 사실을 숨김없이 적어 놓은 글이라 바로 그대로 중요한 사료가 된 것임을 봅니다"고 소개한 바와 같이, '그대로 중요한 사료'인 것이다. 그러나 안 의사는 《안응칠역사》 서술에서 생존 동지들의 신변을 보호하고자 가능한 한 관련인물들에 대한 언급을 자제하거나 아예 생략한 부분이 적지 않다. 더욱이 하얼빈 의거 동지인 우덕순에 대해서는 1908년 여름 국내 육진지역진공 의병활동 대목에서 언급을 피하였고, 1909년 2월 연추 하리에서 행한 단지동맹 부분에서는 그때 동맹으로 성립한 동의단지회에 대하여 언급을 회피하고 있다. 그럼에도 이 《안응칠역사》는 격동과 시련의 한국근대사에서 큰 자취를 남긴 안 의사의 애국적 행적과 올바른 위상을 정립하는 데 다시없는 보전寶典이 되는 저술이다.

한편 안 의사가 남긴 59여 점의 유묵 가운데 〈동양대세 생각하매 아득하고 어둡도다. 뜻있는 남아가 어찌 잠을 이루리. 평화정국 못 이루었으니 한탄스럽기 그지없다. 침략정략 고치지 않으니 참으

33) 《東亞日報》 1979년 9월 1일자 참조; 市川正明, 〈安重根ト七條清美文書〉, 《安重根ト朝鮮獨立運動ノ源流》, 東京: 原書房, 2005, 13~17쪽.
34) 〈서문〉, 안중근의사숭모회 편, 《안중근의사자서전》, 1990.

로 가련하다東洋大勢思査玄 有志男兒豈安眼 和局未成猶慷慨 政略不改眞可憐〉고
한 진귀한 글귀가 있다. 그의 큰 뜻이 한국 독립 수호에 머물지 않
고 동양평화를 이룩하려는 데 미치고 있음을 확증하고 있다.

　안 의사는 《안응칠역사》를 저술하고 이어 《동양평화론》을 기술
하다가 일본인들이 약속을 어기는 바람에 미완인 채 순국하였다. 이
저술은 그의 한국의 독립 뿐 아니라 나아가 동양평화를 위한 경륜과
사상을 밝히려는 것으로 생각된다. 《동양평화론》은 '서'와 '전감',
'현상', '복선', '문답'의 5편을 구상하였으나 기술한 것은 '서'와 '전
감' 뿐이다. 그도 '전감'은 끝을 맺지 못한 것 같다.

　이와 같은 미완성의 《동양평화론》과 그밖에 그가 남긴 언행으로
써 그의 독립사상과 동양평화론을 정리하면 그 골간이 한국과 중국
그리고 일본 삼국이 각기 서로 침략하지 말고 독립을 견지하면서 서
로 상호 부조扶助하여 근대 '문명국가'를 건설, 서세동점의 서구제국
주의를 막을 때 이룩될 수 있다는 것으로 집약된다.

　그러나 이토를 비롯한 일제 침략자들이 내세우는 동양평화론은
겉으로는 같은 것처럼 보이지만 그 내용과 논리는 판이한 것으로,
그들은 이미 탈아론脫亞論에 빠져 황화론黃禍論을 빌미로 동양의 패권
을 잡아 그들의 동양 각국에 대한 침략주의를 합리화시키려는 것이
었다. 따라서 안 의사는 그를 정면 반대하였다. 특히 이토가 이와 같
은 동양평화론 추진의 앞잡이가 되어 대륙침략정책을 계속 강행하면
서구열강에게 동양 침략의 기회와 터전만을 마련하는 것이 되어 장
차 동양 전체가 백년하청百年河淸의 전란戰亂에 휩싸여 장차 수십억
동양인민이, '까맣게 타죽는 참상〔黑死慘狀〕'을 맞이할 수밖에 없다는
것이다.35) 그러므로 안 의사는 공판정에서 이토 사살에 대해 "동양

---

35) 《동양평화론》 '전감'.

평화를 지킨다"[36])는 정의의 응징이라 답변하면서, 하얼빈 의거를 '동양평화의전東洋平和義戰'이라고 기술하였다.[37]) 그러므로 박은식朴殷植은 《안중근전》의 서론에서,

　　안중근을 그의 역사에만 근거하여 논한다면 목숨을 바쳐 나라를 구한 '지사志士'일뿐 아니라 한국의 국구國仇를 갚은 의사(烈俠)가 된다. 그러나 나는 이러한 말(지사와 의사)은 안중근을 다 설명하기에 부족한 것으로 생각한다. 안중근은 세계적인 안광眼光을 갖고 스스로 '평화의 대표'를 자임한 것이다.[38])

라고 논찬하여 마지않았다.

　　또한 미완성의 《동양평화론》의 각론 가운데 거론할 수 있는 내용은 히라이시 고등법원장과의 면담기록인 〈청취서聽取書〉[39]) 등을 중심으로 하여 종합하면 무엇보다 일본은 러일전쟁 때 점유한 뤼순항을 청에 돌려주어 그 항구를 동양평화의 근거지로 만들어야 한다는 것이다. 서쪽으로 발해渤海, 동쪽으로 황해에 면하고 남쪽으로 산둥반도를 지호지간으로 바라보는 뤼순군항은 중국 요령성의 요동반

---

36) 《안중근사건공판속기록》, 만주일일신문사, 175~183쪽.

37) 《동양평화론》 '서'.

38) 국가보훈처, 《安重根傳記全集》, 1999, 229쪽. 원문은 다음과 같다. "據安重根歷史而論之 亦日舍身仇國之志士而己 爲韓報仇之烈俠而己 余以爲未足以盡重根也 重根具世界之眼光 而自任平和之代表也."

39) 사형언도 직후인 1910년 2월 17일 안 의사의 히라이시 고등법원장 면담요지의 기록을 〈청취서〉라고 표제하여 남겼다. 안 의사는 3시간에 걸쳐 '동양평화론'을 설파하였고 하얼빈 의거의 이유를 국제정세를 예증하면서 논리적으로 설명하였다. 《亞州第一義俠安重根》(국가보훈처, 633쪽)에 수록되었다. 이밖에 안 의사의 《동양평화론》 미완성 내용의 일부는 통역 소노키 스에요시의 수기에 있다고 국제한국연구원 최서면 원장이 증언하고 있다(국가보훈처, 《21세기와 동양평화론》, 1995, 87쪽). 또한 중국인 정원鄭元의 〈三國和會之大願〉(《安重根》, 20쪽)에도 논급되고 있다.

도 최남단에 자리 잡고 있으며, 현재 행정구획상 다롄시 뤼순구에 속해 있다. 이 뤼순항은 명대明代부터 전략상 요충지로 기록되어 일찍부터 중국 수군이 군항을 건설한 동양 굴지의 부동항이다. 청대에 들어와 중국 최대의 함대인 북양함대를 두고 군항을 확장하였으며, 조선소와 수리도크 등도 건설하였다. 일본은 이 군항을 청일·러일의 두 차례 전쟁 때 수만 군병의 희생을 무릅쓰고 여러 차례 격전을 벌여 점유하고 만주 침략의 주력군단인 관동군의 근거지로 삼았다. 군항 뒤편의 안자산安字山과 동서의 계관산鷄冠山, 그리고 망태望台, 이룡산二龍山, 송수산松樹山에 철통같은 포대와 보첩을 수년에 걸쳐 쌓아 난공불락의 뤼순요새를 완성하고 만주 침략의 교두보로 삼았었다.

이와 같은 뤼순군항을 동양평화의 근거지로 만들려면 첫째, 한·청·일 삼국이 공동 관리하는 군항을 만들어 삼국 청년들로 군단을 편성하여 지키게 하고, 그들에게는 2개국 이상의 언어를 배우게 하여 우방 또는 형제의 관념이 높아지게 우의를 다져가야 한다는 것이다. 그렇게 되면 일본의 군비는 뤼순항의 유지를 위하여 군함 5, 6척 정도만 정박시켜도 족할 것이라고 하였다.

둘째, 뤼순에 한·청·일이 먼저 동양평화회의를 조직하여 동양평화의 방략을 세우고 실천한다는 것이다. 그리고 이 평화회의를 장차 인도·태국·버마 등 동양 제국諸國이 다 참여하는 회의로 발전시키면 동양평화의 중심지가 될 것이라는 것이다. 셋째, 한·중·일 삼국이 참여하는 공동금융기구를 설치 운영한다는 것이다. 그 방략의 하나는 한·중·일 인민이 다 같이 회원으로 가입하게 하고, 회원 1인당 1엔씩 회비를 모금하는 것이다. 그러면 삼국의 인민 수억이 가입할 것이고, 그 자금으로 은행을 설립하고 공용화폐도 발행하면 일본의 당면 과제인 재정을 확보할 수 있게 될 것이라 하였다. 더욱이 평화회의에 참가한 각국 중요지에 평화회의 지부와 은행의 지점을 두게 된다면 신용이 두터워져 그만큼 동양평화도 돈독해져 갈 것이라는 것이다. 그렇게 되면 일본의 당면 급선무인 재정정리도 충분히 할 수 있게 될 것이라고 판단하였다.

넷째, 서구에서 나폴레옹 이전 시대까지 중요한 평화유지책이 되었던 로마교황으로부터 왕관王冠을 받아쓰는 고례古例를 삼국이 원용한다면 동양평화 유지에 크게 유익할 것이라 하였다. 천주교인인 안 의사의 생각은 천주교가 세계 종교 가운데서도 3분의 2 이상의 세력을 가졌고, 로마교황은 그들의 상징이므로 먼저 일본 천황이 동양평화기구의 대표자로서 인준을 로마교황에게 요청한다면 세계의 문명인은 이에 따를 것이고, 일본의 위상도 높아진다는 견해이다.

그보다도 안 의사는 동양평화문제를 뤼순구旅順口에서 담판하자고 《동양평화론》 '서'에서 기술하고 있다. 안 의사의 이와 같은 《동양평화론》의 이념적 원의原義와 사상적 연원淵源은 무엇일까. 무엇보다 그가 뤼순감옥에 수감 직후 기술한 다음과 같은 《안응칠소회安應七所懷》를 주목할 필요가 있다.

> 하늘이 사람을 내어 세상이 모두 형제가 되었다. 각각 자유를 지켜 삶을 좋아하고 죽음을 싫어하는 것은 누구나 가진 떳떳한 정이라, 오늘날 세상 사람들은 의례히 문명한 시대라 일컫지마는 나는 홀로 그렇지 않은 것을 탄식한다. 무릇 문명이란 것은 동서양 잘난 이 못난 이 남녀노소를 물을 것 없이 각각 천부의 성품을 지키고 도덕을 숭상하여 서로 다투는 마음이 없이 제 땅에서 편안히 생업을 즐기면서 같이 태평을 누리는 그것이라. 그런데 오늘의 시대는 그렇지 못하여 이른바 상등사회의 고등인물들은 의논한다는 것이 경쟁하는 것이요 연구한다는 것이 사람 죽이는 기계라. 그래서 동서양 육대주에 대포 연기와 탄환 빗발이 끊길 날이 없으니 어찌 개탄할 일이 아닐 것이냐.

이제 동양 대세를 말하면 비참한 현상이 더욱 심하여 참으로 기록하기
어렵다. 이른바 이토 히로부미는 천하대세를 깊이 헤아려 알지 못하고 함
부로 잔혹한 정책을 써서 동양 전체가 장차 멸망을 면하지 못하게 되었다.
슬프다, 천하대세를 멀리 걱정하는 청년들이 어찌 팔짱만 끼고 아무런
방책도 없이 앉아서 죽기를 기다리는 것이 옳은가 보냐. 그러므로 나는 생
각다 못하여 하얼빈에서 총 한 방으로 만인이 보는 눈앞에서 늙은 도적 이
등의 죄악을 성토하여 뜻있는 동양 청년들의 정신을 일깨운 것이다.[40)]

여기서 안 의사는 '하늘이 사람을 내어 모두 형제가 되었다. 각
각 자유를 지켜 삶을 좋아하고 죽음을 싫어하는 것은 누구나 가진
떳떳한 정이라'고 하여 말하자면 세계 모든 인종과 민족을 통칭하는
인간을 형제 같이 친숙한 평등한 사람임을 전제하고, 그들이 생존에
필요한 자유를 존중하는 시대를 '문명시대'라고 규정하였다. 그리고
'문명'이란 것은 '동서양 잘난이 못난이 남녀노소를 물을 것 없이 각
각 천부의 천성을 지키고 도덕을 숭상하며 서로 다투는 마음이 없이
제 땅에서 편안히 생업을 즐기면서 같이 태평을 누리는 그것이다'라
고 기술하였다.

부연하면 안 의사는 지구 위의 동서양 육대주에 사는 모든 사람
은 다 함께 차별 없이 각기 자기가 사는 땅에서 천부의 인권을 지키
고 서로 싸우지 말며 편안하게 각자 자기의 생업을 즐기면서 태평을
누리는 것이 이 시대의 '문명'이어야 한다고 풀이한 것이다. 그러나
현실은 이와 달리 세계열강의 상등사회 고등인물들이 서로 다투어
평화를 깨트리는 경쟁을 일삼고 침략전쟁에서 이길 수 있는 살상무
기 개발에 주력하고 있다 하였다. 그리하여 동서양 육대주 어느 곳

---

40) 《亞洲第一義俠安重根》 1, 94쪽.

이든 전화戰火가 그칠 날이 없는 반문명 '약육강식 풍진시대弱肉强食 風塵時代'인 제국주의시대가 도래하고 있다는 지적이다.41) 그 가운데 서도 더욱이 동양 대세는 이제 이러한 정국이 격심하여지는 정황임에도 이토의 것과 같은 침략정책이 그대로 감행되고 있으니, 동양평화를 유지하고자 부득이 하얼빈에서 이토의 죄악罪惡을 성토, 응징을 결사 강행한 것이라는 것이다.

그러므로 안 의사는《동양평화론》'전감'에서 일본 침략정책의 잘못을 논박하는 말미에 "같은 인종인 이웃나라를 해害하는 자는 마침내 독부獨夫되는 환란을 면하지 못할 것이다"라고 경고하면서, 하얼빈 의거를 동양평화를 위한 '동양평화의전東洋平和義戰'으로 규정하고, 그 뜻과 실상을《동양평화론》에 상론하겠다는 것으로 해석될 수 있다.

5. 안중근의 시문과 유묵

안중근 의사는 뤼순감옥에서 143일 동안 투옥생활을 하던 동안에 앞에서 서술된 바와 같이 자신의 떳떳한 생애와 평화사상을 밝히는 《안응칠역사》와 미완성의《동양평화론》을 저술하였다. 또한 탁월한 유묵을 현재까지 밝혀진 것만도 59점을 남겼고, 그 밖에 하얼빈 의거 전후에 쓴 몇 가지 진귀한 필적과 탁월한 시문詩文을 남겼다. 또한 안 의사는 연해주에서 활동하던 당시《해조신문》에 기고한〈인심결합론人心結合論〉과 단지동맹 때 지은〈동의단지회취지서同義斷指會趣旨書〉를 혈서로 작성하였고, 뤼순감옥 수감 직후《안응칠소회安應七所懷》와 〈이토 히로부미의 죄상 15개조〉를 연필로 기술하였다. 또한 순국 직

41) 안 의사는 옥중에서〈弱肉强食 風塵時代〉라는 유묵을 휘호하였다.

전 〈모주전상서母主前上書〉 등 6통의 유서를 남겼다. 또한 안 의사가 망명한 뒤 연해주에서 본제本第 정근과 공근 및 친구 김문규金文奎에게 보낸 서한 3통이 일본 군헌에 압수되어 일역日譯된 것이 전한다.

이와 같은 안 의사의 저술·유묵과 관련하여 각별히 유념할 작품은 그의 탁월한 시문이다. 이것들은 대개의 경우 옥중에서 휘호한 유물에 포함되어 있고, 얼마간은 그의 《안응칠역사》 등 다른 저술과 자료 속에 수록되어 있다. 안 의사 공판 전후부터 신문지상에 보도되기도 하여 식자의 주목을 끈 이 시문은 《만고의사 안중근전》을 찬술한 계봉우가 특히 높이 평가하기 시작하였다. 일반적으로 안 의사는 소년시절 고향에서 부친을 따라 소요로 번진 동학농민군을 격퇴하여 용명勇名을 떨친 이래 망명 이후 연해주에서의 의병항전과 하얼빈에서의 의거 결행에 이르기까지 일관한 상무적尙武的 기풍과 군략적 행적으로 말미암아 그의 문예적 사유思惟와 애국적 시문은 크게 현양되지 못했다.

그의 시문 가운데서도 하얼빈 역두의 장거壯擧를 앞두고 우덕순과 화답할 때 읊은 〈장부가丈夫歌〉를 비롯하여 〈임 생각 천 리 길에/바라보는 눈이 뚫어질 듯 하오이다/이로써 작은 정성을 바치오니/행여이 정을 버리지 마소서〔思君千里 望眼欲穿 以表寸誠 辛勿負情〕〉〈천지가 뒤집어짐이여/의사가 개탄하도다/큰 집이 장차 기울어짐이여/한 가지 나무로 뻗치기 어렵도다〔天地飜覆 志士慨歎 大廈將傾 一木難支〕〉〈장부가 비록 죽을지라도 마음은 쇠와 같고/의사는 위태로움에 이를지라도 기운이 구름과 같도다〔丈夫難死心如鐵 義士臨危氣似雲〕〉〈사람의 마음은 오직 위태하고/도의 마음은 오직 미묘하다〔人心惟危 道心惟徵〕〉 등의 시문은 안 의사의 장대한 우국광세憂國匡世의 시정詩情을 결집한 것이라 할 수 있다. 때문에 계봉우는 그의 《만고의사 안중근전》에서,

그러면 공(안 의사)은 태백산 박달나무 아래에 강림하온 시신詩神이라 할지며 동해상 봉리방정에 내왕하는 시선詩仙이라 할지며 무궁한 이 세상에 첫째가는 시왕詩王이라 할지니라.

고 격찬하여 안 의사를 '시신詩神', '시선詩仙', '시왕詩王'으로까지 칭예稱譽하고 있다.[42]

한편 여러 필적 가운데서도 더욱 눈에 띄는 것은, 1909년 초 연추 하리에서 단지동맹을 할 때 12인의 혈맹동지들의 선혈을 모아 태극기에 안 의사가 '대한독립大韓獨立'이라 혈서한 것이다.[43] '대한독립기大韓獨立旗'라고도 부르는 이 혈서 태극기의 원본은 중도에 분실되었는지 전해지지 않으나, 엽서로 만든 사진이나 그 밖에 보도사진 등으로 확인된다. 무엇보다 안 의사가 조국에 바친 뜨거운 독립정신의 표상이라 할 수 있는 것이다. 다음은 위에 든 하얼빈 의거 직전에 작사 친필한 〈장부가〉이다. 공판정의 증거물로 압수 제시된 이 〈장부가〉는 한문과 국문 2종으로 안 의사의 결연한 의거 결의를 그대로 실증한 절품絶品인 것이다. 동양평화를 자임自任하는 영웅의 기풍이 충만한 시문이라 볼 수 있다.[44]

그 밖에도 안 의사 일행이 블라디보스토크에서 하얼빈에 도착한 뒤 대동공보사 주필 이강李剛에게 보낸 간찰이 있다. 안 의사가 작성하고 우덕순과 연명날인까지 한 이 간찰은 현지에서 세운 의거계획 추진상

42) 계봉우, 《만고의사 안중근전》, 《안중근전기전집》, 518쪽.
43) 윤병석, 〈안중근의 동의단지회 보유〉, 95쪽.
44) 계봉우는 《만고의사 안중근전》에서 진시황을 죽이려던 형가刑軻의 〈역수가易水歌〉와 비교하여 '〈역수가〉는 '바람이 술렁거림이여 역수易水가 차도다 장사가 한 번 감이여 다시 돌아오지 못하도다'라 함이 우리 후사람으로 하여금 깊이 동정에 눈물을 흐르게 한다마는 공의 시가詩歌(=〈장부가〉)에 비교하면 일의 성패는 고사하고 남을 위하여 원수를 갚음에 그 시기詩歌다운 가치가 없나니'라고 〈장부가〉를 보다 높이 평가하였다.

황과 자금융통 등에 관한 내용을 담고 있다. 이것도 공판정에 증거물로
제시된 것으로, '대한독립 만만세'라는 구절로 결미結尾된 작품이다.

안 의사의 또 다른 필적은 빌렘 신부에게 보낸 2통의 엽서가 실
물로 전한다. 하나는 망명 전인 1906년 1월 6일자의 것이고, 다른 하
나는 망명 후인 1908년 10월 1일자의 것이다. 받을 주소는 '진남포
돈의학교敎義學校 내 홍석구洪錫九 신부'라고 되어 있고, 문안 간찰이
다. 앞의 것은 일부에서 친필 여부에 대한 논쟁을 제기하고 있지만,
뒤의 것은 안 의사가 연해주에서 마침 1908년 7월 2~300여 명의
의병을 거느리고 두만강을 건너 국내진공작전을 전개, 회령 영산에
서 대회전까지 치룬 뒤 화급한 일로 고향에도 못 들린 채 국내의 수
원水原까지 몰래 들어왔다가 돌아가는 길에 부친 것이다. 안 의사의
행적과 관련하여 주목되는 것이다.

무엇보다 1910년 2월과 3월에 걸쳐 뤼순옥중에서 휘호한 안 의
사 특유의 고귀한 유묵은 전하는 말로는 200여 폭이 작성되었다고도
한다.[45] 그러나 현재까지 한·중·일에 산재되어 확인할 수 있는 것은
실물 또는 사진본 등을 합하여 59폭뿐이다. 이 밖에 사형언도 이후
히라이시 고등법원장을 만나 동양평화를 설파할 때 휘호하였다는
〈천지가 뒤집혀짐이여/지사가 개탄하도다/큰 집이 장차 무너짐이여
/한 나무로 지탱하기 어렵다[天地飜覆 志士慨嘆 大廈將傾 一木難支]〉와
〈천지는 부모를 지으시고/해와 달은 밝은 빛을 비추다[天地作父母 日
月爲明燭]〉〈사람의 마음은 위태하고/도의 마음은 미묘하다[人心惟危
道心惟微]〉〈나는 이토를 해치고 다시 살려하지 않고/나는 동양평화
를 근본으로 하여 살았다[害我伊藤不復活 生我東洋平和本]〉 등의 4폭은
기록상으로 휘호된 내용까지는 알 수 있으나 실물은 고사하고 사진

45) 박은식, 《한국통사》, 上海: 대동편집국, 1915, 165쪽.

으로도 아직까지 확인할 수 없는 것이다.

안 의사의 이와 같은 유물은 남산 안의사기념관과 숭실대학교 기독교박물관 등 국내 각처에 소장된〈국가안위 노심초사國家安危 勞心焦思〉를 비롯한 26폭의 유묵만이 현재까지 문화재위원회의 심의를 거쳐 국가보물로 지정되었다. 나머지〈지사인인 살신성인志士仁人 殺身成仁〉을 비롯하여 최근 알려진〈독립獨立〉등 30여 폭은 한·중·일에 산재되어 유묵, 또는 영인본으로만 알려져 국가보물로서 심의절차를 마치지 못한 상태이다.

이렇게 전래된 안 의사의 고귀한 유묵들은 먼저 다음과 같은 두가지 면이 주목된다. 하나는 모든 휘호 낙관 부분에 '경술 3월 뤼순 옥중에서 대한국인 안중근〔庚戌三月(또는 二月) 於旅順獄中 大韓國人安重根〕'이라 서명하고, 반드시 단지동맹시 약지를 자른 왼손의 장인掌印이 찍혀 있다는 점이다. 그 때문인지 안 의사의 옥중유묵은 어느 것이든 아직까지 유명인의 것에 따르기 쉬운 위조시비가 거의 없다. 다른 하나는 안 의사의 모든 유묵 가운데 문구내용이 동일한 것이 하나도 없다는 것이다. 간혹 내용상 뜻이 유사한 경우는 없지 않으나, 안 의사는 남에게 줄 때 같은 유묵을 한 폭 이상 휘호하지 않았던 사실을 확인할 수 있다.

안 의사의 유묵은 그 하나하나마다 깊은 뜻과 우여곡절을 겪은 사연을 담은 것이어서 쉽게 분류하기 어렵다. 그러나 굳이 형식상이라도 분류하면 다음과 같다.

첫째, 안 의사의 높은 기개와 도덕심, 그리고 애국적 사상이 한두 구절의 명구나 5언 내지 7언절구로 표현된 시문이 있다. 예컨대 애국심을 결집한〈국가안위 노심초사國家安危 勞心焦思〉라든가, 군인으로서 애국본분을 명시한〈위국헌신 군인본분爲國獻身 軍人本分〉등이 그러한 명구라 할 수 있다.

둘째, 〈임 생각 천리 길에/바라보는 눈이 뚫어질듯 하오이다/이로써 작은 정성을 바치니/행여 정성을 저버리지 마소서[思君千里望眼 欲穿 以表寸誠幸勿負情]〉같은 것은 정철鄭澈의 〈사미인곡思美人曲〉을 뛰어넘는 충군애국忠君愛國의 열정을 표현한 애국시인 것이다. 그리고 〈인무원려 난성대업人無遠慮 難成大業〉같은 것은 조국광복을 위한 '심모경륜深謀經綸'을 자성한 것이다.

셋째, 〈동양대세 생각하매 아득하고 어둡거니/뜻있는 사나이 편한 잠을 어이 자리/평화시국 못 이룸이 이리도 슬픈지고/정략(침략정책)을 고치지 않으니 참으로 가엾도다[東洋大勢思杳玄 有志男兒豈安眠 和局未成猶慷慨 政略不改眞可憐]〉이나 〈동양을 보호하려면/먼저 정략(침략정책)을 고쳐야 한다/때를 놓쳐 실기하면/후회한들 무엇하리[欲保東洋 先改政略 時過失機 追悔何及]〉, 〈나는 이토를 해치고 살려고 하지 않는다/나는 동양평화를 근본으로 하여 살았다[害我伊藤不復活 生我東洋平和 本]〉 등의 유묵은 안 의사의 동양평화론을 결집한 시문이라 할 수 있다.

넷째, 태극기에 혈서한 〈대한독립大韓獨立〉과 〈독립獨立〉, 〈제일강산第一江山〉 등의 휘호는 조국광복을 다짐하는 안 의사의 굳은 애국심을 담은 것이다.

다섯째, 〈강한 자가 약한 자를 잡아먹는 풍진시대[弱肉强食 風塵時代]〉와 〈말은 보살 아닌 것이 없지만/하는 짓은 모두가 사납고 간특하다[言語無非菩薩 手段擧皆虎狼]〉, 〈해가 뜨면 이슬이 사라지니/천지이치에 부합하도다/해가 차면 반드시 기우나니/그 증조를 깨닫지 못하는도다[日出露消兮 正合運理 日盈必昃 不覺其非]〉 등 일본의 제국주의 침략정책을 견책譴責한 것이다.

여섯째, 〈장부는 비록 죽을지라도 마음은 쇠와 같고/의사는 위태로움에 이를지라도 기운이 구름 같도다[丈夫雖死心如鐵 義士臨危氣似雲]〉,

〈지사와 어진 이는/자기 몸을 죽여 인을 이룬다〔志士仁人 殺身成仁〕〉 등은 안 의사의 결연한 의지와 강인한 기개를 읊은 자율시구인 것이다.

일곱째, 유교의 사서삼경四書三經이나 성현의 명구를 본받아서 구국 교육관이나 정의관을 표현한 유묵이다. 예컨대 〈의를 보거든 정의를 생각하고 위태로움을 보거든 목숨을 바쳐라〔見利思義 見危授命〕〉는 《논어論語》 헌문憲問편 문구를 본떠 안 의사의 애국적 국가관을 실천한 살신성인의 정신을 결집한 것이라 할 수 있고, 〈글 공부를 넓게 하고/예법으로 몸을 단속하라〔博學於文 約之以禮〕〉나 〈하루라도 글을 읽지 않으면/입안에 가시가 생긴다〔一日不讀書 口中生荊棘〕〉 등은 성현의 명구를 빌어 그의 구국교육사상을 표현한 것이라 볼 수 있다.

여덟째, 〈경천敬天〉이나 〈극락極樂〉, 〈천당지복 영원지락天堂之福 永遠之樂〉 등은 성경의 가르침을 바탕으로 한 안 의사의 돈독한 신앙심을 휘호한 유묵이다.

이와 같은 안 의사의 유묵은 우선 '신품神品'이라고도 평론46)되는 예술적 품격은 차치하고라도, 거의가 다 한국을 침략한 적국 일본, 그것도 자기를 무도하게 '사형'으로 몰아넣는 데 협력한 제국주의 하수인들인 법원 형리刑吏나 감옥 옥리獄吏들에게 정성을 다하여 작성하여 주었던 것들이다.47) 안 의사는 '사형'선고를 받고 《동양평화론》을 집필하기 시작할 무렵 "그때 법원과 감옥소의 일반 관리들이 내 손으로 쓴 글로써 필적을 기념하고자 비단과 종이 수백 장을 사넣고 청구하므로 나는 부득이 자기의 필적이 능하지 못하고 또 남의

46) 계봉우, 《만고의사 안중근》, 《안중근전기전집》, 517~518쪽.
47) 최근 일본에서 안중근연구회장을 지낸 가노 다쿠미鹿野琢見 변호사는 1910년 4월 뤼순법원에서 안 의사의 예심과 공판公判, 그리고 암매장까지 끝내고, 귀임하는 소노키 園木吉喜 등 파견자를 포함한 관련 33인의 형리刑吏·옥리獄吏 등의 기념사진을 한 장을 보관하고 있다. 그 안에는 고등법원장 히라이시平石氏人와 마나베眞鍋十藏 재판장, 소노키 등이 포함되었다. 안 의사의 휘호는 대개 이들에게 주었을 것이다.

웃음거리가 될 것도 생각지 않고 매일 몇 시간씩 글씨를 썼다"라고
《안응칠역사》에서 밝히고 있다.[48] 그들 유묵 속에는 하나같이 동양
평화를 기원하며 살신성인한 안 의사의 깊은 뜻이 담겨있다. 겨레의
보물로 길이 보존하고, 아울러 미발견 유묵의 조사·수집에도 힘써야
할 것이다.

맺음말 – 안 의사 현양과 연구의 방향

안중근 의사는 형 집행을 앞두고 《동양평화론》의 완성을 간절히
원하였고, 그것은 반드시 '사후에 꽃을 피울 것'이라고 확신하였
다.[49] 때문에 안 의사는 《안응칠역사》에서 '일본국 4천만이 안중근
의 날을 외칠 날이 멀지 않을 것이다'라고 하면서 '동양의 평화가 이
렇게 깨어지니 백 년 풍운이 어느 때에 그치리오. 이제 일본 당국자
가 조금이라도 지식이 있으면 반드시 이 정책을 쓰지 않을 것이다.
더구나 공정한 마음이 있었던들 어찌 이와 같은 행동을 할 수 있을
것인가'라는 말을 덧붙였다.[50]

《동양평화론》을 미완성으로 남긴 채 순국한 탓도 있지만, 100년
이 지난 현재에도 그 진실을 우리는 알 것 같기도 하고 정확하게 모
를 것 같기도 하다. 어찌 보면 안 의사가 주장하던 동양평화론은 미
심未尋한 곳이 적지 않게 남아 있다. 그동안 이 《동양평화론》은 사
형언도 직후 히라이시 고등법원장과의 면담초록인 〈청취서〉[51]와 당

---

48) 《안중근전기전집》, 129쪽.
49) 전옥 구리하라의 서한.
50) 《안중근전기전집》, 127쪽 및 180쪽.
51) 《亞州第一義俠安重根》 3, 621~633쪽.

시 언론보도 등의 기사를 근거로 한 정육鄭淯의 《안중근전》 가운데 〈삼국화지대원三國和會之大願〉52) 및 통역 소노키의 〈수기手記〉53) 등을 근거로 뤼순군항을 중국에 돌려주고 그곳을 동양평화의 근거지로 만들자는 내용의 몇 가지 제안을 범주에 넣고 논의되어 왔다. 《동양평화론》에는 그러한 내용도 포함되었겠지만, 그보다 안 의사의 한국독립 회복과 당시 제국주의 국제관계에서 동양평화를 이룩할 탁월한 정치사상 및 그를 구현할 정략이 담겨져 있었을 것으로 생각된다.

한국에선 안 의사가 1910년 3월 26일 일제의 사형집행으로 순국한 뒤 이토 히로부미가 주도하던 식민지화정책이 가쓰라 다로桂太郎, 야마가타 아리토모, 데라우치 마사타케 등 군벌인물에 답습되어 대한제국은 멸망하고 일제의 조선총독부가 설치되어 가혹한 무단정치가 시행되었다. 미증유의 민족수난시대가 본격적으로 시작된 것이다. 뿐만 아니라 일제의 남북만주와 중국으로 향하던 대륙침략정책도 그대로 강행되어 안 의사의 예언대로 동양 전체가 '까맣게 타 죽는 참상〔黑死慘狀〕'인 풍운의 전란이 연속됐다.54) 일제의 남만주 침략은 그에 이은 1931년의 만주사변, 1937년의 중일전쟁, 1941년의 태평양전쟁으로 번져 제2차 세계대전까지 연결되었다. 그러나 일제는 1945년 8월 미·중·러·영을 주축으로 하는 연합군에 패하였고, 동양의 전화는 멈췄다. 국내외에서 일제와 혈투를 벌이던 우리 민족은 그런 소용돌이 속에 해방을 맞이하고 광복된 새 나라를 세우게 되었다. 그러나 일제가 저질렀던 오랜 전란의 여독은 '황폐와 빈곤' 속에 '이념 대립'을 동반한 '남북 분단'과 그를 이은 '6·25전쟁' 등의 또

52) 《안중근전기전집》, 549~550쪽.
53) 최서면, 〈일본의 한국병합과 동양평화론〉, 국가보훈처, 《21세기의 동양평화론》, 1996, 85~86쪽.
54) 《동양평화론》 '서'; 《안중근전기전집》, 186쪽.

다른 시련으로 이어졌다. 하지만 이와 같은 배경 아래에서도 '대한민국'은 그동안 산업화와 민주화를 추진하여 오늘의 세계적 위상을 획득하였다. 이 속에는 순국한 안 의사의 하얼빈 의거와 동양평화를 자임한 그의 정신과 유덕이 깊숙이 스며 있을 것이다.

그렇다면 안 의사가 확신한 《동양평화론》은 햇빛을 보았는가? 패전 이후 평화헌법을 전제로 재기한 일본은 지난날을 대오각성하고 '안중근의 날'을 찾고 있는가.

그동안 정부와 사회 각계에서 안 의사에 대한 현양사업이 적지 않게 추진되어 민족정신과 자주적 국민의식 함양에 이바지하였다. 또한 학계에서도 안 의사의 구국 행적과 동양평화사상, 그리고 하얼빈 의거 관련자료의 수집 정리와 여러 관련과제 연구에 적지 않은 성과도 축적하였다. 그럼에도 격동과 시련의 한국근현대사에서 안 의사의 올바른 위상과 하얼빈 의거의 역사적 의의를 정립하는 데는 아직도 미진하고 소략한 사항이 여러 모로 남아 있다. 더욱이 일본이 아직도 내세우는 근대 일본의 이토 히로부미의 위상과 대비하면 적지 않은 과제를 안고 있다.

더욱이 자료 면에서 그동안 한·일·중·러와 그 밖에 각국에 산재한 관계자료의 종합적이며 체계적인 수집과 정리, 예컨대 《안중근자료전서》 출간과 같은 사업이 현재까지 예정대로 추진되지 못하고 있다. 연구 면에서는, 국내외에 우수한 업적이 없는 것은 아니나, 아직도 연구를 심화시켜야 할 과제가 적지 않게 남아 있다. 그 가운데는 자료의 수집과 해석, 그리고 사실의 평가 차이 등으로 상이한 견해를 보이는 경우도 없지 않다.

현재 이와 같은 관점에서도 시급히 추진되어야 될 현양사업과 연구 과제가 적지 않지만, 그 가운데서도 다음과 같은 사업 및 과제는 더욱 강조되어야 할 것이다.

첫째, 위에서 서술한 바와 같이, 안 의사 연구의 심화와 청소년을 위한 현양사업의 진흥을 도모하려면《안중근 자료전집》편찬 간행은 늦출 수 없는 당면 기본사업이라 할 수 있다. 그 속에는 그동안 발현發顯된 안 의사의 귀중한 저술과 시문 그리고 유묵 등은 물론, 국내외에 산재한 관련문헌 및 기타 관련자료가 소종래所從來와 함께 체계적으로 해제·편찬 집대성되어야 할 것이다. 필자는 수 년 전 이에 대한 의견을 〈안중근의 저술과 유묵—《안중근전집》편찬을 위한 기초 작업〉에서 제시하고, 그 편찬시안을 밝힌 바 있다.[55] 이 밖에도 전집 편찬과 아울러 자료수집에서 꼭 유념할 사항은 첫째, 아직 원본 소장 여부가 불확실하고 한·중·일 사이에 사진 또는 복사본으로만 알려진 유묵과 친필본에 대한 확인과, 아직 내용조차 알려지지 않은 저술 친필 등에 대한 수집 노력이 필요하다는 점이다.

둘째, 정부와 국민의 후원으로 현재 남산에 안중근의사기념관의 재건축이 추진되고 있다. 이 기념관은 건축과 전시 운영 등 모든 면에서 순국선열에 대한 모범적인 기념관으로 재건되어야 옳을 것이다. 그동안 안 의사 기념사업을 위한 국민연금國民捐金의 지원만도 이번이 세 번째이다. 이제는 그동안 수집 정리된 각종 자료와 학계의 연구 결과가 종합적으로 반영되기를 바라는 것이다. 특정 관계단체와 일부 관계업자에게 전담시키는 공정은 지양되어야 하며, 그래야만 국민, 특히 자라나는 청소년의 호국애족 정신고양을 위한 기념관이 될 것이다. 안 의사의 숭고한 정신과 애국적 행적을 청소년이 무엇보다 사실대로 배우고 감동적으로 열람하고 이용하도록 건설·전시·운영되기를 기대하는 것이다.

55) 윤병석, 〈안중근의사의 저술과 유묵, 安重根集 편찬을 위한 기초작업〉,《안중근과 이등박문, 안중근자료집 편찬을 위한 기초연구》, 안중근기념사업회, 2007, 48~55쪽.

셋째, 안 의사의 하얼빈 의거를 종래와 같이 의열투쟁의 대표적 사례로만 강조되느냐, 아니면 일제와 혈투한 독립전쟁의 일환으로도 중요한 위상을 겸한 사실로 확인시킬 과제에 대한 심층연구의 추진이다. 안 의사는《동양평화론》에서 하얼빈 의거를 '동양평화의전'이라 하였고, 가혹한 심문과 극형으로 몰아넣으려는 위장된 공판에서도 한결같이 '나는 한국의 의군참모중장으로 독립전쟁을 하는 중이고, 그 일환으로 이토 히로부미를 포살하였다. 따라서 나는 형사범이 아니고 전쟁포로이다'라고 주장하고 있다.[56] 다시 말해 조국독립전쟁에 참여하여 혈전을 벌인 것이라고 한 것이다.

적어도 안 의사는 1907년 8월 망명 이후로부터 1909년 10월 하얼빈 의거 때까지 연해주를 근거지로 하여 의병항전을 위하여 동의회에 참여, 혈전하였다. 더 나아가 각자 자기 목숨을 바쳐 조국의 독립을 회복할 수 있는 강력한 일심단체一心團體인 동의단지회를 조직 운영하면서 독립전쟁을 솔선 추진한 의병의 주장主將이었다. 게다가 하얼빈 의거 때도 편의복便衣服을 입었을 뿐이지, 국내 육진진공작전 때의 동료인 우덕순을 비롯하여 조도선, 유동하 등과의 긴밀한 합동 유격작전으로써 한국 침략의 수괴이며 동양평화의 공적公敵인 이토 히로부미를 포살 응징하였던 것이다.

그러므로 안 의사는 나라를 빼앗은 침략의 괴수이며 평화의 공적인 이토를 포살한 '의사' 또는 '의협義俠'이라고 하는 것도 당연하지만, 그보다도 나라를 도로 찾으려는 한국의군의 '의병장' 또는 한국독립군의 '주장主將'이라 함도 무리 없는 가명嘉名인 것이다. 따라서 안 의사는 한국독립운동사상 의열義烈투쟁과 독립전쟁을 겸행한 '순국선열'로 칭예되어야 할 것이다. 연구의 심화가 절실한 과제이다.

---

56)《대한국인 안중근, 사진과 유묵》, 110~112쪽.

한편 안 의사의 하얼빈 의열 투쟁은 그 전후에 있었던 이준李儁의 헤이그 순국과 장인환張仁煥·전명운田明雲의 샌프란시스코 의거 및 이 재명李在明의 이완용 자상刺傷의거, 그리고 강우규姜宇奎의 남대문의거 까지 밀접히 연관된 정황이 관계자료에서 적지 않게 발견된다. 더욱 이 안 의사는 이들 관계인과 직접 교류하고도 있었다. 그러므로 의열 투쟁의 성격과 계보를 밝혀 그 의의를 정립하는 심층연구도 절실하 다. 물론 아직도 일부 논자들과 같이 안 의사의 의열투쟁을 '암살暗殺' 또는 '테러'로 해석하는 편견은 말끔히 불식되어야 할 것이다.

민족주의 사학자 박은식은 세 번 고쳐 쓴 안중근 전기 가운데 최 초의 안 의사 전기의 제명을 '삼한의군참모중장안중근三韓義軍參謀中將 安重根傳'이라 하였고,[57] 신채호는 '조국 수천 년의 악적惡敵되는 일본 흉패凶悖(=伊藤博文)를 도전挑戰하는 이는 없었다. …… 만일 있다하면 안응칠[安重根] 하나뿐이니라'라고 논찬하였던 것이다.[58]

거듭 강조하여도 안중근은 나라를 찾고자 살신성인한 '애국지사' 이고 나라의 원수를 갚은 '만고의사萬古義士'이다.[59] 그보다도 제국주 의 침략에 유린되는 동양평화를 지키려던 '평화의 대표자를 자임한 평화주의자'이며, 세계평화를 위하여 자기 목숨을 바친 '세계위인世界 偉人'[60]으로도 칭예稱譽되는 행적과 사상을 보였다. 안 의사가 그의 평화사상에 대한 염원을 뤼순감옥에 이감된 직후《안응칠소회》에서 집약하여 기술한 대목을 재삼 음미할 필요가 있다.

하늘이 사람을 내어 세상이 모두 형제가 되었다. 각각 자유를 지켜 삶을

57) 박은식[白山遽民], 〈三韓義軍參謀中將安重根傳〉, 《民國彙報》 제1권 제1기, 上海, 1913, 3~8쪽;《白巖學報》I, 백암학회, 2006, 362~367쪽.
58) 신채호, 〈利害〉, 《개정판 단재신채호전집》下, 단재신채호기념사업회, 1995, 149쪽.
59) 계봉우, 《만고의사 안중근전》참조.
60) 葉天倪, 〈結論〉,《安重根傳》, 30~33쪽.

좋아하고 죽음을 싫어하는 것은 누구나 가진 떳떳한 정이다. 오늘날 세상 사람들은 의례히 문명한 시대라 일컫지마는 나는 홀로 그렇지 않는 것을 탄식한다. 무릇 문명이란 것은 동서양 잘난이 못난이 남녀노소를 물을 것 없이 각각 천부의 성품을 지키고 도덕을 숭상하여 서로 다투는 마음이 없이 제 땅에서 편안히 생업을 즐기면서 같이 태평을 누리는 그것이라.[61]

지구상 모든 사람의 평등과 자유, 그리고 천부天賦의 성품을 바탕으로 각기 자기 나라 자기 땅에서 인간의 도덕을 숭상하고 서로 경쟁하여 싸우지 말고 생업을 즐기면서 평화를 지켜 태평시대를 이룩하려던 '문명시대'의 건설을 염원한 이것이 바로 그의 소신이다. 그의 《동양평화론》 '서'[62]의 결구대로 '심찰審察'할 평화사상이 아닌가.

한편 이 밖에도 하얼빈 의거 연구의 심화를 위한 크고 작은 과제는 적지 않게 남아 있다. 그 가운데서도 한두 가지를 더 예시하면 다음과 같은 것도 있다. 안 의사에 대한 검찰 수사관들의 조사 심문의 강제 및 잔인성과 재판과정의 부당 편협성 문제에 대한 심층 연구가 절실하다. 이 과제는 '일본제국'의 식민지 부용민附庸民에 가한 일반적 재판제와도 관련이 깊을 것이다. '한일병합' 직후 조선총독부가 날조한 '105인 사건' 등도 안 의사 재판의 연장선 위에서 일으킨 것이라고 볼 수 있다.

안 의사 의거의 발생지인 하얼빈은 중국 영토이므로 영유권은 중국에 있고, 그곳을 러시아가 조차租借 이용하고 있었으므로 관할권은 러시아에 있었다. 게다가 의거 결행자는 일본의 보호를 받는다는 한국인 의사 안중근이고 의거로 포살 응징된 인물은 일본을 대표한

---

61) 《안응칠소회》.
62) 《동양평화론》 '서'.

다는 세계적 정치인 이토 히로부미이므로 한·러·일·중은 물론, 국제적으로 그 전말의 진실과 처리는 주목의 대상이 될 수밖에 없었다. 국제여론은 의거 발생 시부터 훼예毁譽가 엇갈리는 논평이 쏟아져 나오는 정황이었다.

그러던 가운데 피해 당사국이라는 일본은 재빨리 러시아 측으로부터 안 의사를 비롯한 관련인물을 넘겨받아 겉으로는 대내외적으로 공정하고도 합법적인 심문조사와 재판과정을 보이며 속으로는 안 의사에 대한 철저한 보복처리를 기도하고 있었던 것으로 짐작된다. 더욱이 그 시점이 '한국 병탄'을 눈앞에 두고 있던 때라, 그에 미칠 부정적 영향을 되도록 축소하려 한 것 같다. 이와 같은 배경에서 진행된 뤼순재판은 국내외에 걸친 관련인물 조사와 각종 증거자료를 수집하면서 철저한 심문을 진행하고 공정한 재판을 하고 있다는 점을 과시하려 외국인 변호사의 변호까지 허용하는 모습도 보였다.[63]

그러나 안 의사에 대한 조사와 심문이 진행됨에 따라 그 의거와 주장이 예사로운 것이 아니고, 그들이 메이지유신 이래 국시國是로 추진한 한국 침략과 그를 이은 대륙침략정책을 전면에서 공박 성토하는 것이 주류를 이루어 그대로 감당하기 난처해졌다. 결국 그들은 외형적으로 재판이란 절차만 밟았을 뿐, 실제 신문과 재판은 위장된 '보복재판'으로 끝내고 만 것이다. 예컨대 처음 허가한 외국인 변호사의 변호는 의거의 정당성만 부각시킬 것을 염려하여 일본인 관선변호인만의 변호로 축소하고 외국인 변호사의 변호를 거부하였다.[64] 안 의사의 심문대응과 주장을 그대로 두었다간 일본의 불의不義와 침략의 실상만이 국내외적으로 크게 선전될 정황이 분명했기 때문이

---

63) 〈辯護申告〉, 국사편찬위원회 편, 《한국독립운동사자료》 6, 300쪽.
64) 《안응칠역사》, 《안중근전기전집》, 307쪽.

다. 따라서 그들은 안 의사를 위협 압제하여서라도 '일본의 정책과 이토의 행적이 옳은 것을 잘못 알고 의거한 것'이라고 허위자백이라도 끌어내려고 하였다. 그 방법에는 갖가지 교활하고도 잔인한 행위가 뒤따른 것 같다. 일반적으로 안 의사에 대한 심문과 공판 당시 일제의 고문과 학대가 적었던 것처럼 선전되고 있지만, 실제 내용은 그렇지 않았다는 증거와 정황이 도처에서 발견된다. 처음 심문 시부터 쇠사슬로 결박하고 수갑과 족쇄까지 채운데다 당장 박살이라도 낼 듯이 강압심문을 하였다는 기록과 사진이 나오기도 한다.[65]

안 의사가 강압적 심문에 대해 조금도 겁을 내거나 위축되지 않고 소신대로 피력하자, 반대로 '이利와 생명生命'을 미끼로 내세워 유인하려고도 하였다. 먼저 쇠사슬과 족쇄 등을 풀어주고 고급 음식과 간사한 말로 "이제 죽게 되었으니 지난 일은 어떻든 이토의 행적과 일본의 정책을 '오해'하여 감행한 것이다"라고 진술하도록 회유하였다. 그렇게 자백하면 살려줄 뿐만 아니라 앞으로 출세까지 보장한다는 것이었다. 그러나 안 의사는 그들에게 이 의거는 자기의 명리名利와 영달을 위한 것이 아니고 오로지 한국의 독립회복과 동양평화를 이룩하기 위한 정의를 실천한 것이므로 다시는 그런 유인을 하지 말라고 타이르기도 하였다. 또한 일제 관헌은 간교한 위증과 터무니없는 모함으로 안 의사를 굴복시키려는 기도도 하였다. 의거 이후 한국과 일본은 물론 세계 모든 신문과 여론이 이토를 살해한 것은 안 의사가 진실을 오해하고 한 것이라는 논리를 펴기도 하였다. 안 의사는 이에 대해서도 자기가 포박된 뒤 신문 등을 직접 보지 못했지만, 일본에 매수된 친일파를 제외한 한국민은 결코 그렇게 생각하지

---

65) 葉天倪, 〈東洋平和攪亂事〉, 《安重根傳》, 24~25쪽; 박은식, 《안중근전》, 《안중근전기전집》, 36쪽.

않을 것이며, 그 밖에 일본과 이토를 두둔하는 여론은 아직도 남의 나라를 침략하고 동양평화를 깨뜨리는 정책의 잘못을 깨닫지 못한 것이라고 논박하였다. 또한 서구열강의 일본 두둔 여론은 일본의 팽창정책이 그대로 시행되어야 그 틈을 타 중국을 비롯한 동양에 대한 침략정책을 추진할 기회를 얻을 수 있기 때문에 나온 것이라고 생각한다고 응답하고 있다.

더욱이 그들은 광무황제가 4만 원의 거금을 하사하여 이토를 모살하게 하였다는 터무니없는 억지 주장도 펴면서, 이것은 정확한 정보이고 절대 풍설이 아니라고 추궁하였다는 것이다.[66] 안 의사는 이를 듣고 격노하여 꾸짖기를 어찌 이와 같은 거짓을 날조하여 황제를 모해할 수 있느냐며 일본이 하는 짓은 다 이런 종류로 이웃나라를 해악害惡하는데, 그것은 크게 잘못된 것이라고 질책하였다는 것이다. 그러면서 자기는 이토를 살해하면서 이미 목숨을 내놓기로 한 사람인데 죽은 뒤에 무슨 돈이 필요하겠느냐고 덧붙였다고도 하였다. 끝으로 일본 검찰관들은,

> 검찰관이 또 와서 심문하는데 그 말과 행동이 아주 딴판이어서 혹은 압제도 주고 혹은 억설도 하고 또 혹은 능욕하고 모멸도 하는 것이라.[67]

고 《안응칠역사》에 기술한 바와 같이, 압제와 억설·능욕·모멸 등의 심문을 서슴지 않았던 것이다. 의거 발생 이후 5개월에 걸친 심문과 재판의 정밀한 검증이 이제 절실한 과제이다.

또한 하얼빈 의거의 표적물인 이토의 침략적 행적과 그와 관련

---

66) 葉天倪, 〈韓皇의 受誣〉, 앞의 책, 23쪽.
67) 《안응칠역사》, 《안중근전기전집》, 36쪽.

된 국내외의 정치적 상황에 대한 심층검증이 시급하다. 일반적으로
일본은 메이지유신 이래 그들이 세계 일류국가로 비약적 발전을 이
룩하게 한 많은 공신들 가운데 "종시일관하여 가장 위대한 공업功業
을 이루고 가장 고결한 인격을 갖추고 참으로 국민의 의표儀表인 원
훈元勳은 이토 히로부미 공일 것이다"라고 칭찬하고 있다.68) 더욱이
초대 내각총리대신을 역임한 이래 4차례의 총리대신과 3차례의 추
밀원원장으로서 일본의 발전에 큰 구실을 한 것을 강조하고, 더불어
러일전쟁 이후 '한국통감' 재직 당시 한국의 발전과 한일관계의 친교
親交를 강조하면서, 그것은 동양평화를 위한 것이라고 강변하고 있
다. 그러나 안 의사는 심문 초반부터 이토 히로부미의 침략정책을
규탄하였고, 그가 한국통감을 맡기 전후에 저지른 죄악을 15가지 실
증적 사항을 제시하면서 낱낱이 논하고 있다.69) 따라서 이토는 한국
침략의 원흉으로서, 또한 동양평화를 교란한 대륙침략의 선도자로
지목, 단죄한 것이다. 그것도 간교한 방법으로 무자비하게 무수한 이
웃나라 국민을 학살하면서 추진한 '인류의 공적公敵'으로 단죄하고
있는 것이다. 안 의사는 그를 빗댐인지 옥중에서 〈약육강식 풍진시
대弱肉強食　風塵時代〉라든가, 〈언어무비보살 수단거개호랑言語無非菩薩
手段擧皆虎狼〉이란 유묵까지 남겼다. 이토의 위장된 '동양평화론'과 안
의사의 '동양평화론'의 대비연구는 잘못된 근대 한일 두 나라 사이의
역사청산에도 기여할 것이다.

---

68) 彬原勝臣 저, 《伊藤博文公小傳》, 1925, 東京: 國文社, 1쪽.
69) 〈伊藤博文罪惡〉에 포함된 죄과 가운데 메이지천황明治天皇의 아버지 효메이천황孝明天
　　皇을 시역한 사실은 반론이 제기될 수도 있겠으나, 한국의 명성황후明成皇后를 시역한
　　조목부터는 하나같이 실증實證되는 역사적 사실인 것이다. 최근 최문형 교수는 《명성
　　황후 시해의 진실을 밝힌다》(지식산업사, 2006, 6~7쪽 사진)에서 관련 범죄자들의
　　왕래 서한까지 제시하면서 이토가 관련되었음을 설명하고 있다.

안중근 의거 100년
-일본에서 안중근 연구의 현황과 과제-

강 성 은

안중근의 의거(1909년 10월 26일의 이토 히로부미 사살)로부터 100년을
맞이하여 남북한, 일본, 중국 등지에서 여러 기념행사가 있었다. 이 소
론은 우선 제2차 세계대전 후 일본에서 이루어진 안중근에 관한 연구
사를 정리하고, 다음으로 필자가 생각하는 앞으로의 연구 과제를 명
시함으로써 안중근의 의거가 지니는 역사적 의미를 생각하는 데 목적
이 있다.

1. 연구사

1) 1단계: 패전부터 1970년대까지

이토 히로부미를 사살한 안중근에 대하여 일본에서는 패전 이후
오랫동안 패전 이전과 마찬가지로 연표의 한 개 사항으로만 기술되
었을 뿐, 연구 대상은 아니었다.

일본에서 안중근에 대한 연구는 1970년대 이후 재일 조선학자들에 의하여 시작되었다. 그 시발은 박경식이었다. 그는 안중근의 경력과 사상을 개략적으로 기술하는 데 그쳤으나 관련 문헌자료를 제시함으로써 후학들에게 길을 열어 주었다.

그 뒤 최서면과 김정명(일본 이름은 市川正明)의 자료 발굴로 안중근 연구는 실증적인 검증을 할 수 있게 되었다. 최서면은 1969년 12월에 일본 도쿄 간다神田의 고서점에서 일본어 번역판의 《안중근자전》을 발견하였다. 이어 김정명은 1972년에 출판한 저서에 또 다른 일본어 번역의 옥중기록 〈안응칠소회〉(이른바 《도쿄본東京本》)를 실었다. 더욱이 1979년에 출판한 그의 저서에는 공판기록, 판결문과 함께 그가 '자필본自筆本'이라고 단언하는 《안응칠역사》(1978년 2월 일본 나가사키長崎에서 발견된 이른바 '나가사키본長崎本'. 말미는 '이하 략以下 略'으로 되어 있음)를 실어 학계뿐만 아니라 사회에도 큰 파문을 일으켰다. 그는 이어서 1979년 9월에 일본 국회도서관 헌정자료실의 시치죠七条淸美 관계문서 안에 포함된 사본합책寫本合冊의 《안중근전기급논설安重根伝記及論説》을 발견하였다. 내용은 나가사키본의 말미에 '이하 략'으로 쓰인 뒷 부분을 포함한 안중근 자서전의 완전전사본完全転写本과, 동시에 발견한 《동양평화론》(사본寫本)이다.

이와 같이 안중근 연구는 최서면과 김정명에 의하여 자료적 뒷받침을 받을 수 있게 되었다. 그러나 최서면과 니시카와 다카오西川孝雄는 《안응칠역사》가 '자필본'이 아니라 사본의 일종이라고 주장하여 김정명과 진위논쟁을 벌였다. 현재의 학계에서는 사본설이 유력하다.

2) 2단계: 1980년대부터 2000년대 초까지

1980년대에 들어와 새로운 자료에 의거하여 안중근 연구가 본격적으로 진행되었다. 김철앙, 강덕상 등의 글은 개설적인 것이지만 자료 분석에 바탕을 둔 연구라는 점에서 이전 시기 연구의 수준을 높였다.

이 시기 안중근 연구를 선도한 사람은 나카노 야스오中野泰雄였다. 그는 '오랫동안 나는 일본의 역사는 청일전쟁부터 러일전쟁까지는 어쩔 수 없는 길이고, 1910년의 한일병합과 대역 사건 이후 길은 틀렸다고 생각하고 있었다. 그러나 안 의사의 《동양평화론》과 〈이토 히로부미의 죄상 15개조〉를 읽음으로써 일본근대사는 1868년의 '메이지유신'까지 거슬러 올라가 다시 보아야 한다는 것을 깨달'아 이를 계기로 안중근 연구를 정력적으로 벌여 1982년에 첫 논문을 발표한 뒤 수많은 논문과 단행본을 써냈다.

나카노의 연구가 가지는 연구사적인 의의는 첫째, 안중근의 활동과 사상, 재판의 성격, 후세사람들에게 남긴 기억 등을 종래보다 상세하게 구명한 데 있다. 둘째, 일본근대사를 안중근의 시점, 즉 동아시아사의 시점에서 조명하여 일본근대사의 통설을 재검토할 것을 제기한 데 있다. 곧 일본근대사를 이와쿠라 도모미岩倉具視, 오쿠보 도시미치大久保利通, 이토 히로부미, 야마가타 아리토모山県有朋 등을 비롯한 죠슈長州 군벌의 아시아 침략주의론을 중심으로 한 서술에서 가쓰 가이슈勝海舟, 사이고 다카모리西郷隆盛, 나카에 죠민中江兆民 등 아시아주의자를 중시하는 서술로 전환하여야 한다고 주장하였다.

조경달은 종래 안중근의 행위(이토 암살)만을 놓고 그를 영웅적으로 평가하여 왔으나, 그의 진가는 그 사상의 높이에 있다고 하여 안중근의 조선근대사상사에서의 위치를 구명하려고 하였다. 그에 따르면 안중근은 천부인권론의 입장에서 사회진화론에 바탕을 둔 약육강식적인 세계의 현실을 부정하고 '도덕'으로 회귀할 것을 주장하였으며, 또 나아가 《동양평화론》을 서술하여 근대문명 비판을 전제로 하는 아시아연대의 길을 제창하였다. 이것은 당시 조선의 부르주아민

족운동이 사회진화론을 수용하고 자강론이나 강권론을 주장함으로
써 내셔널리즘을 고양시켰으나 제국주의를 비판하지 못했던 현실 속
에서 제국주의 비판의 논리를 획득할 수 있었다는 점에서 조선근대
사상사에서 코페르니쿠스적 전환을 가져왔다. 뿐만 아니라 근대 일
본의 아시아주의에서 근대주의적인 조류가 대세였던 것을 생각하면
그것을 상대화할 수 있는 지평을 열어놓았다고 강조하였다.

1980년대 이후는 안중근에 관한 역사소설이나 전기가 많이 간행
되어, 안중근이라는 인물이 세상에 널리 알려지게 된 것도 또 다른
특징이다. 가노 다쿠미鹿野琢見, 다니 겐지谷謙次, 사키 류죠佐木隆三, 사
이토 야스히코斉藤泰彦, 사이토 미치노리斉藤充功, 가시마 가이마鹿島海
馬, 츠루 게사토시津留今朝壽, 고대승高大勝, 히로세 나루토廣瀨為人 등은
안중근과 접한 일본인의 경험을 서술하여 일본 사회에 안중근의 인
간적·사상적인 매력을 전하였다.

가미가이토 겐이치上垣外憲一, 오노 가오루大野芳, 운노 후쿠쥬海野福
寿는 이토 히로부미 암살에서 안중근의 단독저격설을 부정하고, 일
본 정계가 암약한 복수저격설을 지적하였다. 그러나 현 시점에서는
'진범'에 대한 추측에 머물러 충분한 논거가 부족하며, 또 사건을 둘
러싼 당시의 대한제국이나 일본에서 일어난 반응은 안중근의 저격을
전제로 하고 있다.

이와 같이 1980년대 이후 안중근 연구는 본격적으로 진행되었으며,
언론매체나 역사교육으로도 안중근의 모습이 바로 알려지게 되었다.

3) 3단계: 2000년대 초기

1990년대 후반 이후 일본 사회의 우익 보수화 성향이 노골적으
로 나타나면서 '새로운 교과서를 만드는 모임'이 편찬한 역사교과서

나 《만화혐한류漫画嫌韓流》에서는 안중근을 '한국병합에 신중한 자세를 보여 병합찬성파를 억누르고 있었던 이토 히로부미를 살해한 테러리스트' '안중근은 진짜 테러리스트이다. 한국인이 테러를 찬미한다는 것은 몰상식해도 정도가 있다. 세계가 테러를 박멸하려고 할 때 테러를 찬미한다니 한국인은 인류의 적이다'라고 왜곡 묘사하여 일방적으로 적개심을 고취하고 있다.

최근 들어 주목할 만한 것은 이토 히로부미의 '통감정치'를 긍정적으로 평가하는 연구가 한일 두 나라의 연구자들 사이에서 나타나고 있는 점이다. 그 대표적인 연구는 일본 교토대학의 이토 유키오伊藤之雄와 한국 계명대학교의 이성환을 대표로 하는 '일한'의 연구 그룹이 2006년부터 2008년까지 협동으로 연구를 추진한 성과물인 《이토 히로부미와 한국 통치-초대통감 통치를 둘러싼 백 년째의 검증》1)의 간행이다.

이 책은 연구 목적에 대하여 '이토를 어떻게 평가하는가 하는 것은 한일 역사인식문제를 생각하는 데 가장 주요한 쟁점의 하나이고 그 평가의 상이는 바로 한일 역사인식의 틈새를 상징하고 있는 듯한 느낌이다. …… 이 기회에 한일 역사인식의 틈새를 조금이라도 메우고 양국의 상호이해를 깊게 한다'고 지적하였다. 이 책에는 12편의 논문이 실렸는데, 이토의 한국 통치구상과 통치사상, 그 구체적인 전개, 특히 한국 사법정책과 그에 대한 한국인의 반응을 고찰하고 있다. 논자에 따라서 이토 히로부미에 대한 평가는 차이가 있으나, 전반적인 경향은 이토를 긍정적으로 평가하고 있는 책이라고 말할 수 있다.

이 책은 사료를 치밀하게 분석하고 '통감정치' 시기의 다양한 측

---

1) 伊藤之雄 著, 李盛煥 原著, 《伊藤博文と韓国統治-初代韓国統監をめぐる百年目の検証》, ミネルヴァ書房, 2009. 한국에서는 이성환 저, 《한국과 이토 히로부미》(선인, 2009)로 출판되어 있다.

면을 밝혔다는 점에서 일정한 연구사적 의미를 가지고 있다. 그러나 뒤에서 서술할 바와 같이 거기에는 지나쳐버리지 못할 문제점이 적지 않게 있다.

이토를 긍정적으로 평가하는 대표적인 논자는 이토 유키오이다. 그는 이 책에서 '이토 히로부미의 자세는 병합을 목적으로 한 것이었다기보다는 한국인의 자발적인 협력을 얻어 보호국으로서, 일본의 도움을 통해 값싼 비용으로 한국의 근대화를 실행하고 일본, 다음으로 한국의 이익을 노린 것이었다'고 지적하였다. 또 다른 글(2009)에서도 1907년 7월 '제3차일한협약'을 체결한 뒤 '원로 이토 통감은 병합을 하지 않는 형태의 한국 통치구상을 추진하고 있었'으나, '1909년 1월부터 2월에 걸쳐 실행된 한국 황제 순종의 조선 남북순행 이후 이토는 병합을 하지 않을 수 없다고 판단하였다.' 그러나 그 뒤에도 "부왕副王(=총독)' 밑에서 한국에 '책임내각'제나 공선제를 통해 식민지(지방)의회를 설치하여 어느 정도 '자치권'을 주는 등 실제로 전개된 병합의 내용과는 다른 이상을 가지고 있었다'고 강조하였다. 그의 말대로라면, 안중근의 이토 히로부미 사살은 이토의 구상을 좌절시키고 병합을 촉진시킨 잘못된 행위가 되고 마는 것이다.

이시다 다케시石田雄는 이토 히로부미의 '동양평화'관을 안중근의 그것과 대비하여 논하였다. 그에 따르면 이토와 안중근이 '동양평화'를 서로 중시하고 있었음에도 불구하고 마지막에 대결하게 된 것은 '한국 독립'의 유지에서 차이가 생겼기 때문이라 하였다. 그러나 이토가 처음부터 '한국 독립'을 부정하는 의미에서 '동양평화'라는 말을 쓰고 있었던 것은 아니었다. 차이가 생긴 근원적인 요인에는 문명관의 차이가 있었는데, 안중근이 천부인권론의 입장에 서 있었다면, 이토는 사회진화론적인 우승열패의 서유럽적 문명관에 서 있었다. 이토는 일본의 국력이 아직 미약하던 시기(1901년)까지는 자국의 방위와

'동양평화'를 위해 타국의 영향부터 배제하고 '조선 독립'의 유지를 과제로 하였으나, 국력이 강화된 이후(1902년 이후)부터는 강자의 권리로서 팽창주의로 전환하여 '동양평화'를 위한 한국의 예속화를 '보호육성'의 이름 아래 정당화하는 데 이르게 되었다는 것이다.

2. 연구 과제

1) 사상사의 과제

(1) 일본 제국주의(사회진화론) 비판논리의 형성

안중근의 생애는 애국계몽운동 및 의병운동의 두 가지 조류를 통일하는 궤적을 더듬고 있는 것으로서, 생성기의 조선 근대 내셔널리즘적 원형을 이루고 있다고 할 수 있다. 안중근의 사상에는 국가주의의 그늘이 짙으나, 국민국가 형성기의 시대적 제약 속에서 그것은 오히려 자연스러운 현상이라고 할 수 있다.

안중근은 전통적 유교사상의 '천부지성天賦之性'을 바탕으로 하여 사회계약설(천부인권설), 기독교 사상이 복합된 사상 체계를 갖추고 있었다. 그는 의병투쟁에 즈음하여 일본의 '야만'에 대항하고자 '약자가 강자를 물리치고 인仁으로 악惡에 이기는 법'을 실현하려고 하였으며, 국제법='신의信義'에 충실한 것을 그 전략의 첫째로 하였는데, 그 밑바탕에는 천부인권론의 보편적 원리가 깔려 있었다.

안중근은 기독교 신도로서 자신의 신앙과 이토 히로부미를 죽인 행동의 관계에 대하여 다음과 같이 말하였다.

민족의 독립과 자유는 신으로부터 주어진 천부의 권리이기 때문에 그것
을 지키려면 다른 모든 것에 앞서 이 신의 뜻을 지켜야 한다.
　　성서에도 사람을 죽이는 것은 죄악이라고 되어 있다. 그러나 국가와 사
람의 목숨을 빼앗으려고 하는데 이를 방관하는 것은 죄악이므로 나는 그
죄악을 제거하였다.[2]

이토 저격 직후 그는 러시아 병사에게 붙잡혔으나 그때 성공을
신에게 빌고 가슴에 성호를 그었다고 한다.
　　안중근이 '죽이지 말라'는 성서의 가르침과 이토 히로부미 살해 사
이에 놓인 모순을 명쾌하게 극복하는 사상적·신학적 논리를 반드시
가지고 있었던 것은 아니었다. 그러나 이토가 '통감으로 한국에 와서
수만의 인명을 죽이고' 조국을 멸망시키려고 하고 있는데, 이를 저지
하지 않고 방관한다면 그것이야말로 죄악이라고 생각하였다. 안중근
이 민중의 권리 옹호를 위하여 분투하고 민족의 독립에 자기를 바친
것과, 교회에 충실하면서 조선인으로서 신앙의 주체성을 관통시킨 것
은 기독교와 종교 본연의 자세에 대한 큰 물음이라 할 것이다.
　　안중근의 《동양평화론》은 뛰어난 현대적인 의의를 가지고 있다.
안중근의 동양평화론은 조선의 개화파가 주장한 중립론, 또한 일본
의 아시아주의자가 주창한 아시아 연대주의와도 차원이 다른, 아시
아 여러 나라들의 자주독립에 바탕을 둔 평화론이다. 구체적으로는
제국주의의 동아시아 침략에 대항하여 조·중·일의 자주독립에 바탕
을 둔 삼국 연대와 그 실천방법을 구상한 것이다. 그의 동양평화론
은 반제국주의·자주독립·평화주의를 기초로 하여 우선 동양 삼국이
공동체를 구성하여 세계에 모범을 보여주려고 한 것이었다.

---

2) 제10회 신문조서.

안중근의 호소는 오늘날에도 유효하다. 지금 자주 거론되는 '동
북아시아 평화 체제'의 구축을 이미 백 년 전에 구상한 사상가였다
는 점이 높이 평가되어야 한다. 뒤에서 서술하겠지만, 안중근의 사상
에는 일본 근대를 상대화할 수 있는 관점이 있으며, 그것은 아직 펴
지 않은 가능성을 내포하고 있다고 말할 수 있다. 오늘날 안중근을
평가할 때 그 생애의 의의를 국가주의의 논리 속에서 추출하여서는
안 될 것이다.

(2) 안중근 재판의 성격과 국제법적 가능성

나는 개인모살[私嫌]의 범죄인이 아니다. 나는 대한국의 의병으로서 참
모중장의 의무를 지니고 하얼빈에 이르러 습격을 한 뒤 포로가 된 것이다.
뤼순지방재판소는 이에 관계할 수 없으며, 바로 만국공법과 국제공법에 따
라 재판하여야 할 것이다.3)

나는 3년 동안 각지에서 유세도 하고 또한 의병의 참모중장으로서 여러
곳의 싸움에도 나갔다. 이번 흉행도 한국의 독립전쟁인 의병의 참모중장으
로서 한국을 위하여 한 것이므로 보통의 자객으로 한 것이 아니다. 그러므
로 나는 지금 피고인이 아니라 적군의 포로가 된 것이라고 생각한다.4)

법정에서 안중근의 이 주장은 아무리 당시가 제국주의 시대라
할지라도 결코 근거가 없었던 주장이 아니었다. 일반적으로는 당시
의 국제법은 실정법의 입장에서 약육강식의 법이라고만 이해되고 있

---

3) 《안응칠역사》.
4) 제3회 공판시말서.

었다. 그러나 당시에도 자연주의법의 입장에서 국제법을 '정의'와 '권리'의 법적 이념을 구현한 것으로 보고 자의적인 권력에 대하여 억제력을 가진다고 이해하는 견해도 있었다.

안중근은 항일의병운동에 나서면서 일본의 '야만'에 대항하여 '약자가 강자를 물리치고 인仁으로 악에 이기는 법'을 실현하려고 하였다. 이것은 그가 당시의 국제법을 '신의'의 법으로 이해하였고, '인'= 약자의 도의적 우위성으로써 약육강식의 현실에 대항하려고 하였다는 사실을 잘 보여준다. 또한 옥중에서 저명한 의병장 최익현을 '만고에 드문 고금 제일의 인물'이라고 평하여 최대의 찬사를 아끼지 않았다. 조·중·일의 삼국 연대를 제창한 것과 더불어 국제법에서 정의를 찾자고 한 최익현의 사상5)과 안중근의 사상에는 닮은 면이 있다.

안중근은 당시의 국제법을 '신의'의 법으로 이해하였을 뿐 아니라 실제로 그것을 실천하려고 노력하였다. 의병투쟁시기에 다른 의병들의 반대에 맞서 군규軍規에 따라서 일본인 포로들을 석방한 바가 있었으니, 이것은 안중근이 당시 전쟁포로의 대우에 관한 국제법(《육전법규관례에 관한 규칙》)을 잘 알고 있었다는 것을 보여준다. 또한 재판과 감옥에서 안중근과 만난 많은 일본인들이 이토 히로부미가 행한 통감정치의 정당성에 대해 의문을 가지고 안중근의 '의전義戰'에서 '정의'를 발견하였기 때문에, 옥중에서 쓴 《안응칠역사》, 《동양평화론》, 휘호 등이 일본인들의 손으로 보존되고, 안중근의 인물과 사적에 대한 증언을 후세까지 전할 수 있었던 것이다.

조선 동포와 안중근 형제의 의뢰로 러시아인, 영국인, 조선인 변호사의 선임을 안중근이 동의한 것은 그에게 공평한 재판에 대한 기대가 있었다는 사실을 보여준다. 그러나 관동도독부 지방법원은 고무

---

5) 糟谷憲一, 〈甲午改革後の民族運動と崔益鉉〉, 《朝鮮歴史論文》 下, 龍溪書舍, 1979.

라 쥬타로小村寿太郎 외무대신의 '정부에서는 안중근의 범행이 매우 중대하기 때문에 징악의 정신에 따라 극형에 처하는 것이 마땅하다'고 한 지령에 따라 변호사 3인의 선임을 기각하고 일본인 관선변호사가 사건을 담당케 하였으며, 결국 안중근을 '살인죄'로 처형하고 말았다.

관동도독부 지방법원에서 열린 안중근 재판은 재판소의 관할권을 둘러싼 문제가 있었다. 그것은 이 사건이 청나라의 주권 아래 있는 만주에서 발생한 동시에, 러시아의 치외법권이 인정되는 동청철도 부속지에서 발생하였기 때문이다. 또한 안중근은 한국 국적을 가지고 있었고, 한국인은 1899년에 체결된 한청통상조약에 따라 청국 영토에서 치외법권이 인정되고 있었다. 그 때문에 재판은 한국 정부의 형법을 적용하여 실시되어야 했다. 그러나 복잡한 관계를 두려워한 러시아는 말썽이 생기지 않도록 하고자 일단 체포한 안중근을 조사서와 함께 일본영사관에 넘겨주었다. 일본은 〈만주에서의 영사재판에 관한 법률〉(1908년 법률 제52호)에 따라 상급심을 관동도독부 법원에 이관하고 이를 안중근 재판에 적용하였다.

이렇게 일본이 이 사건을 재판하도록 하는 것은 조선인들을 자극할 뿐만 아니라 국제적으로도 의문시될 수 있으며, 법률적으로도 문제될 수 있었다. 이에 대해서는 일본도 알고 있었기 때문에 안중근의 판결문에서는 재판의 합법성을 강조하는 것으로 일관하였다.

일본이 말하는 합법성이란 아래의 내용을 근거로 하고 있다.

메이지 38년 11월 17일에 체결된 일한협약 제1조에 따르면 일본국 정부는 도쿄의 외무성에 의하여 앞으로 외국에 대한 한국의 관계 및 사무를 관리·지휘하고자 일본국의 외교대표자 및 영사가 외국에서 한국 신민 및 그 이익을 보호한다고 되어 있다. 또한 광무 3년 9월 11일에 체결된 한청통상조약 제5관에서 한국은 청국에서 치외법권을 가진다고 명기함으로써 범죄지 및 체포지를 관할하는 하얼빈 제국영사관은 메이지 32년 법률 제70호 영사관의 직무에 관한 법률이 규정하는 데 따라 본건 피고 등의 범죄를 심판하는 권한이 있다고 말할 수 있다. 그러므로 메이지 41년 법률 제52호 제3조에는 만주에 주재하는 영사관의 관할에 속하는 형사사건에 관하여 국교상 필요할 경우 외무대신은 관동도독부 지방법원을 시켜 그 재판을 담당할 것을 규정하고 있다.[6]

그러나 안중근은 공판에서 그들에 대하여 '나는 의병의 참모중장으로서 독립전쟁에 참가하여 이토를 죽이고 참모중장으로서 계획한 것이기 때문에 이 법원의 공판정에서 취조를 받는 것은 잘못이다'[7]라고 말했으며, 최종변론에서도 '나는 한국의병이고 지금 적군의 포로가 되었기 때문에 마땅히 만국공법에 따라 처분되어야 한다고 생각한다'[8]고 주장하였다. 일본은 이 사건이 국제화되는 것을 경계하여 외국인 변호사를 허가하지 않고 일본인 관선변호사가 사건을 담당토록하여 적당히 처리하려 했다. 그러나 그 일본인 관선변호사(미즈노 요시타로水野吉太郞, 가마타 마사하루鎌田正治)마저 다음과 같이 변론했다.

일한협약에 따르면, 일본은 한국으로부터 위임에 의해 한국을 보호하기로 되었기 때문에, 외국에서 한국민은 한국의 법령에 따라 일본국의 보호를 받기로 되어 있다. 때문에 이 사건의 경우 한국의 법익法益을 보호하고자 제국 형법을 적용하지 않고 한국 법에 따라야 한다. 그렇지 않으면 위임의 범위를 초월하여 한국의 입법권을 좌우하는 것과 같은 결과를 낳게 된다. 위와 같은 이유로 이 사건에 한국 형법을 적용한다고 하면, 한국 형법

---

6) 관동도독부 지방법원 판결문.
7) 제1회 공판시말서.
8) 제5회 공판시말서.

에서는 외국에서 저지른 죄에 대해서 처벌하는 규정이 없기 때문에 각 피고에 대해 이를 처벌할 수 없다. 가령 검찰관의 논고와 같이 일본 형법을 적용한다고 하여도 …… 피고 안중근은 이미 죽음을 각오하고 실행한 것이기 때문에, 사형을 적용하여도 형법의 정신인 징계懲戒 또는 사회를 위갈威喝하는 효과가 없으므로 안중근을 사형에 처할 필요가 없다. 더욱이 피고 등은 나라를 우려한 나머지 범행을 하기에 이르게 된 것으로서, 그 마음은 참으로 가련한 점이 있기에 피고 등에 대해 작량酌量을 하고 가벼운 징역에 처하는 것이 마땅하다.9)

이에 대하여 일본은 앞에서 인용한 판결문에서 계속하여 다음과 같이 말하였다.

피고 변호인은, 일본 정부가 일한협약 제1조에 따라 외국에 있는 한국 신민을 보호하는 것은 본래 한국 정부의 위임에 따른 것이기 때문에, 영사관은 한국 신민이 범한 범죄를 처벌하면서 마땅히 이에 한국 정부가 발포한 형법을 적용하여야 하고 제국 형법을 적용하여서는 아니 된다고 논하였지만, 일한협약 제1조의 취지는 일본 정부가 그 신민에 대하여 가지고 있는 공권작용 아래 균등하게 한국 신민도 보호하는 데 있다고 해석하여야 하며, 따라서 공권작용의 일부에 속하는 형사법의 적용에서 한국 신민도 제국 신민과 동등한 지위에 두어 그 범죄에 제국 형법을 적용, 처단하는 것은 가장 협약의 본지에 맞는 것이라고 말할 수 있다.

즉 그들은 '균등하게 한국 신민도 보호'하고 '제국 신민과 동등한 지위에 두'고자 일본 '제국의 형법을 적용, 처단하'기로 하였다고 주

9) 제5회 공판시말서.

장한 것이다. 일본 측의 논리는 궤변에 지나지 않는다. 안중근 재판은 재판소의 관할권을 확립하는 법적 근거가 결여되어 있고, 또한 일본이 법률적으로 보아도 정당한 안중근의 주장을, 그의 생명과 함께 말살하고자 미리 결론을 내린 정치재판이었다.

현재 가노 다쿠미鹿野琢見 변호사는 이모부(당시 뤼순감옥의 간수로서 안중근과 접한 치바 도시치千葉十七)로부터 안중근의 매력에 대하여 자주 듣고 영향을 받아왔으며, 현재도 안중근연구회의 회장을 맡으면서 안중근의 무죄를 주장하여 재판의 재심청구 가능성에 대하여 모색하고 있다.

또한 도츠카 에츠로戸塚悦郎 변호사도 국제인권법 연구자의 입장에서 '한국병합'에 이르는 모든 조약이 불법이고, 안중근의 재판 자체가 불법이라고 의심을 가져야 할 것이며, 안중근이 오랜 기간에 걸쳐 의병군으로서 군사행동을 한 것은 명확하며 의용군으로서 포로 취급을 하여야 하는가를 재판에서 심리했어야 했다는 것, 그리고 안중근의 행위는 형법상 긴급하여 부득이한 '정당한 행위'라는 것을 논할 수 있다고 지적하였다.

2) 이토 히로부미의 재평가에 대하여

일본의 역사 연구와 역사 교육에서는 오늘날 아직도 안중근이 무시되거나, 취급되어도 사살이라는 행위만을 부각시켜 '어리석은 테러리스트'로 보려고 하는 시각이 강하다. 그와 달리 이토 히로부미의 통감통치에 대해서는 앞에서 본 이토 유키오나 이시다 다케시와 같이 한국의 근대화를 실행하려고 한 것이라고 긍정적으로 평가하는 경향이 강하다. 이토 히로부미에 대한 긍정적인 평가는 일본의 언론 매체를 통해서도 널리 보도되고 있다.《요미우리신문読売新聞》2005

년 12월 25일자에서는 러일전쟁 특집기사를 편집하고, 이토 히로부미에 관한 칼럼 〈일한의 연방화 탐구한 재상〉을 실었다. 여기에서 사사키 다카시佐々木隆(聖心女子大學 교수)는 '이토의 근본방침은 한국을 위성국 내지 보호국으로 하는 데 있고 병합은 바라지 않았다'라든가, '암살이 없었더라면 이토는 원로회의에서 (병합을)저지할 생각이었을 가능성이 있다'고 지적하였다.

여기서 중요한 문제는, 이들의 주장이 당시 일본의 주장과 다를 바 없다는 것이다. 당시 일본 신문은 이토 추도문에서 다음과 같이 썼다.

> 가까이는 한국 통치의 중요한 임무를 맡아 한인에 대하여 은위恩威를 베풀어 공이 한인을 봄에 동포를 보는 것과 같이 하여 자애위무慈愛慰撫가 이르지 않는 곳이 없었음에도 불구하고 이향만유의 도상에서 결국 한인의 손에 쓰러져 죽는 불행을 보게 된 것은 운명의 조롱도 한도에 이르렀다고 말할 수 있다.10)

또한 1909년 12월 20일의 제8회 취조신문에서 미조부치溝淵孝雄 검찰관은 안중근에게 이토가 한국을 '보호하고 각성시켜 국민에게 분려변달奮勵鞭撻할 것을 가르쳐주어 세계를 향하여 일본이 한국의 독립안녕, 황실의 번영을 보장하였던 바 이 점을 보더라도 이토 공의 행위는 일본의 국시와 일치하여 이토 공의 고결함을 알 수 있다'고 하여 일본 측의 입장을 설명하여 설득하려고 하였다. 그러나 안중근은 '이토의 행위는 틀렸다'고 대답하였다. 또한 자서전에서도 '이토의 죄상은 천지신인天地神人이 모두 안다. 내가 왜 오해하겠는가'

---

10) 《東京日日新聞》 1909년 10월 27일자.

라며 자기의 주장을 굽히지 않았다.

또한 제6회 취조신문에서 검찰관이 한국은 일본의 보호를 받게 됨으로써 농산공업이 발달하고 위생, 교통이 완비하게 되었다고 말한 데 대해 안중근은 '그것들은 모두 일본인을 위하여 한 것이고 한국을 위하여 한 것은 아니다', '한국은 상당히 발달하고 있다고 생각한다', '나는 당신들의 생각과는 전혀 다르다. 하여간 일본의 한국에 대한 정책은 틀렸다고 믿고 있다'고 확신에 차 반론하였다.

이토 유키오는 '1909년 2월까지는 원로 이토 통감이 병합을 하지 않는 형태의 한국 통치구상을 추진하였'으나, '같은 해 10월 26일에 이토가 암살된 뒤 원로 야마가타 원수와 데라우치寺內 육상의 주도로 병합의 시기가 빨라졌을 뿐 아니라 병합 이후 조선 식민지 통치의 방식도 이토의 구상과 크게 달라지고 말았다'고 지적하였다. 이것은 '일본을 지키는 국민회의'가 편찬하여 1986년 문부성 검정을 통과한 고등학교 교과서 《신편新編일본사》[11]가 한국병합을 합리화하는 방법의 하나로서 '1909년 통감 이토 히로부미가 하얼빈에서 한국 독립운동의 지도자 안중근에 의하여 살해되고 이를 계기로 합병문제가 급속히 진전하였다'고 기술한 내용과 상통한다. 이토 유키오의 주장은 반동적인 역사교과서의 기술에 이른바 '과학적인 근거'를 준 셈이다.

앞에서 본 책에서 이토 유키오가 쓴 '일본은 한국 문제를 둘러싸고 러일전쟁을 하게 되는 곤란한 처지에 빠졌다〔する羽目になった〕'느니, '이토는……한국을 일본의 분가分家처럼 보고 근대화와 발전을 돕자고 생각하고 있었던 것이다'라고 하는 말에서 그의 일본중심주의, 대국주의적인 역사관을 엿볼 수 있는바, 안중근이 이토를 살해하였기 때문에 병합이 빨라졌다고 하는 그의 주장 또한 안중근이 망국의 방

---

11) 《新編日本史》, 原書房, 1987.

아쇠를 당긴 '바보'이고 병합은 '자업자득自業自得'이라고 하는 줄거리의 멸시론인 것이다.

이들의 주장은 최근 학계에서 논쟁거리가 되고 있는 '식민지근대(성)'론과 상통한다. '식민지근대(성)'론자들은 통감부 및 총독부시기 조선에서 '근대성'의 존재를 실증하는 데 급급한 나머지 '근대성'의 앞에 형용사로 붙어있는 '식민지'가 부차적인 의미 밖에 가지고 있지 않은 것으로 다루고 있다. '식민지'란 도대체 무엇인가 하는 점이 빠져 있는 것이다. 식민지의 '근대성'을 과대평가한다면 식민지와 종주국의 역사적 차이가 보이지 않게 된다. 그 차이는 그저 '근대성'의 양적 문제가 아니다. 그것은 어디까지나 종주국의 총체적 힘에 의한 이민족 지배에 있고, 따라서 수탈·차별·억압·폭력관계가 그 밑바탕를 이루고 있다고 보아야 한다.

이토 유키오가 일본 측 대표로 되어 있는 이 책에 군사, 경찰 등의 폭압기구에 대한 항목이 없는 것도 우연은 아닐 것이다. 1905년 '보호조약'의 교섭과정을 보더라도, 또한 '통감정치'의 전개도 군사적 억압과 연계되어 진행되었다. '통감정치'의 바탕은 군사적 지배, 힘에 의한 폭압이었던 것이다.

3) 화해의 실마리를

안중근과 이토 히로부미에 대한 평가에서 한국과 일본이 정반대의 평가를 하고 있는 것은, 양 국가와 국민의 내셔널리즘의 대립 때문이라고 하여 '대립적 내셔널리즘', '적대적 공범관계'를 지나치게 강조하는 언설이 최근 나타나고 있다. 그러나 양자의 대립은 내셔널리즘 때문이고, 그 책임은 양자에 있다고 말할 수 있을까? 그렇지 않다. '적대적 공범관계'에서 말하는 대로 내셔널리즘을 비판하기만

하면 해결되는 문제가 아니다. 피억압자가 저항을 위해 내셔널리즘을 필요로 하는 상황, 그 상황을 극복하려고 하는 의지와 방향성을 빠뜨린다면, 그 언설은 '내셔널리즘'이 아니라 '저항'을 무력화하는 힘(망각을 향한 공범관계)으로서만 작용할 것이다.

안중근과 이토 히로부미에 대한 평가의 차이는 일본근대사에 대한 긍정적인 평가, 일본중심주의적인 역사관이 전제로 깔려 있다. 일본근대사를 동아시아 근대사와의 관련 속에서 보는 시점이 결여되어 있는 것이다. 나카노 야스오는 일본사를 '아시아로부터 본다'는 방법을 안중근으로부터 배웠다고 하면서 지금까지의 일본근대사 통설을 비판하였다.

안중근이 든 〈이토 히로부미의 죄상 15개조〉는 사실 그대로를 지적한 것이다. 또한 그의 《동양평화론》은 천부인권론의 보편적 원리로부터 출발한 아시아연대주의, 나아가 세계평화론으로 이어진다. 안중근은 당시에 보기 드문 사상가였다.

안중근이 쓴 휘호는 현재 확인된 것만도 60여 점 남아있다고 하는데, 그것은 안중근과 만나 감명을 받은 재판 및 감옥의 일본인 관계자에 의하여 전해졌기 때문이다. 그들은 안중근을 존경하였다. 거기에는 일본근대사에 대한 상대화의 시점이 있었다. 또한 앞에서 본 바와 같이 그동안 안중근 연구가 진전하여 그의 활동과 사상이 점차 구명되고 동양평화를 희구한 사상가로서의 그의 모습이 널리 알려지게 되었다.

이와 같이 안중근에 대한 올바른 평가는 자국중심주의 역사관을 극복하고 동아시아 공통의 역사인식을 획득함으로써 동아시아의 여러 국가와 국민이 화해로 나아가는 실마리를 찾아내는 가능성을 마련해준다고 생각한다.

부록: 안중근 연구 일본어 자료목록(2010년 1월 현재)

단행본

金正明 編著, 《伊藤博文暗殺記録 安重根・その思想と行動》, 明治百年史叢書 第169卷, 原書房, 1972.

市川正明, 《安重根と日韓関係史》, 明治百年史叢書 第282卷, 原書房, 1979. 4.(《安重根と朝鮮独立運動の源流》, 明治百年史叢書 第457卷, 原書房, 2005).

鹿野琢見, 〈安重根と千葉十七〉, 《法のままに》, 海竜社, 1982.

中野泰雄, 《安重根-日韓関係の原像》, 亜紀書房, 1984(増補版, 1990).

谷謙次, 《安重根14の場面》, 五望書房, 1989.

佐木隆三, 《伊藤博文と安重根》, 文藝春秋, 1992(文春文庫, 1996).

斉藤泰彦, 《わが心の安重根-千葉十七・合掌の生涯》, 五月書房, 1994(増補新装版, 1997).

斉藤充功, 《伊藤博文を撃った男-革命義士安重根の原像》, 時事通信社, 1994(中公文庫, 中央公論新社, 1999).

鹿島海馬, 《伊藤博文はなぜ殺されたか-暗殺者・安重根から日本人へ》, 三一新書, 1995.

津留今朝寿, 《天主教徒 安重根-私の中の安重根・日本と韓国》, 自由国民社, 1996.

中野泰雄, 《安重根と伊藤博文》, 恒文社, 1996.

上垣外憲一, 《暗殺・伊藤博文》, ちくま新書 268, 筑摩書房, 2000.

高大勝, 《伊藤博文と朝鮮》, 社会評論社, 2001.

大野芳, 《伊藤博文暗殺事件-闇に葬られた新犯人》, 新潮社, 2003.

海野福寿, 《伊藤博文と韓国併合》, 青木書店, 2004.

歴史学研究会 編, 《世界史史料 9 帝国主義と各地の抵抗 Ⅱ 東アジア・内陸アジア・東南アジア・オセアニア》, 岩波書店, 2008.

廣瀬為人・斉藤泰彦, 《遺された硯-わが心の安重根》, 創樹社美術出版, 2008.

伊藤之雄・李盛煥 編著, 《伊藤博文と韓国統治-初代韓国統治をめぐる百年目の検証》, ミネルヴァ書房, 2009.

논 문

高橋誠一郎, 〈刺客安応七 時評〉, 《三田学会雑誌》, 慶応義塾経済学会 第2卷 第4号, 1909)

谷謙次, 〈安重根 戯曲〉, 《中央公論》, 1931. 4.

山脇重雄, 〈安重根関係書類〉, 《歴史教育》, 歴史教育者研究会 第4卷 第2号, 1956. 2.

三好徹, 〈博文暗殺〉, 《オール読物》, 文芸春秋社 245号, 1969. 5.

〈安重根自伝〉, 《外交時報》, 外交時報社, 1074号, 1970. 5.

建部喜代子, 〈安応七歴史(資料紹介)〉, 《アジア・アフリカ資料通報》, 国立国会図書館 第8巻 第
5号, 1970. 8.

朴慶植, 〈安重根とその思想〉, 《未来》 51, 1970. 12.

山下恒夫・吉田武, 〈烈士安重根－日本の近代を拒絶するハルビンの銃声〉, 《中国》, 日中弘報社
89号, 1971. 4.

安宇植, 〈伊藤博文暗殺とその背景 狙撃者・安重根の行動と論理〉, 《歴史読本》, 新人物往来社
第18巻 第3号, 1973. 2.

安藤豊禄, 〈昔の日本人は韓国に何をしたか(安重根事件)〉, 《実業の世界臨時増刊 韓国特集》,
実業の世界社, 1974. 12.

安宇植, 〈安重根と長谷川海太郎〉, 《季刊三千里》 9号, 1977. 2.

伊藤真一, 〈父・博文を語る〉, 《歴史と人物》, 中央公論社 78号, 1978. 2.

峠憲治, 〈特別取材 伊藤博文暗殺者・安重根の獄中記 暗殺の決意と当時の模様をつづる〉, 《歴史
読本》, 新人物往来社 第23巻 第7号, 1978. 6.

横山春一, 〈安重根の書幅と蘆花〉, 《民友》, 1979. 9.

小宮山登, 〈韓国の刺客安重根余話〉, 《文明時評》, 日本文化連合会 40・41合併号, 1979. 12.

鈴木卓郎, 〈義士安重根は生きている〉, 《諸君》, 文芸春秋社 第11巻 第12号, 1979. 12.

〈研究院だより〉, 《韓》 第94号, 1980. 3.

山岸一章, 〈安重根と千円札〉, 《民主文学》 172号, 1980. 3.

金哲央, 〈安重根の最後の論説〈東洋平和論〉をめぐって〉, 《統一評論》 178, 1980. 9.

崔永禧, 〈歴史上からみた安重根義士〉, 《韓》 第9巻 4・5合併号(通巻95号), 1980. 5.

崔書勉, 〈日本人がみた安重根義士〉, 《韓》 第9巻 4・5合併号(通巻95号), 1980. 5.

〈寄稿(《海朝新聞》 隆熙 2. 3. 21., 第21号)安重根〉, 《韓》 第9巻 4・5合併号(通巻95号), 1980. 5.

〈安重根自叙伝 《獄中記》〉, 《韓》 第9巻 4・5合併号(通巻95号), 1980. 5.

〈東京韓国研究院蔵 《安重根関係文献目録》〉, 《韓》 第9巻 4・5合併号(通巻95号), 1980. 5.

中野泰雄, 〈歴史と審判: 安重根と伊藤博文〉, 《亜細亜大学経済学部紀要》 8-1, 1982. 9.

前田幸子, 〈伊藤博文暗殺事件をめぐって－教科書の記述と新聞報道〉, 《海峡》 11, 1982. 11.

中野泰雄, 〈《歴史と審判》補遺〉, 《亜細亜大学経済学紀要》 9-1, 1983. 9.

姜徳相, 〈安重根の思想と行動〉, 姜徳相 著, 《 朝鮮独立運動の群像－啓蒙運動から三・一運動
へ》, 青木書店, 1984. 2.

金哲央, 〈義士・安重根〉, 金哲央 著, 《人物・近代朝鮮思想史》, 雄山閣出版, 1984. 3.

市川正明, 〈〈安重根獄中記〉原本の真偽をめぐって〉, 《コリア評論》 270, 1984. 11.

井田泉, 〈安重根とキリスト教〉, 《キリスト教学》, 立教大学キリスト教学会 26, 1984. 12.

中野泰雄, 〈安重根義士と東洋平和〉, 《亜細亜大学経済学紀要》 第10巻 第3号, 1985. 12.

姜徳相, 〈朝鮮と伊藤博文〉, 《季刊三千里》 49号, 1987.

中野泰雄, 〈近代ナショナリズムと日韓関係〉, 《亜細亜大学経済学紀要》 第12巻 第2号, 1987. 8.

趙景達, 〈安重根－その思想と行動〉, 《歴史評論》 469, 1989. 5.

趙景達, 〈朝鮮における日本帝国主義批判の論理の形成－愛国啓蒙運動期における文明観の相克〉, 《史潮》 新25号, 1989. 6.

中野泰雄, 〈伊藤博文と安重根〉, 《亜細亜大学経済学紀要》 14-3, 1989. 11.

A 中野泰雄, 〈アジアから見た日本近代史〉, 《亜細亜大学経済学紀要》 15-1, 1990. 3.

B 中野泰雄, 〈日本人の観た安重根〉, 《亜細亜大学経済学紀要》 15-2, 1990. 5.

中野泰雄, 〈安重根義士と東洋平和論〉, 《亜細亜大学国際関係紀要》 創刊号, 1991. 11,

大澤博明, 〈伊藤博文と日清戦争への道〉, 《社会科学研究》, 東京大学 44-2, 1992. 3.

大江志乃夫, 〈山県系と植民地武断統治〉, 《岩波講座 近代日本と植民地 4 統合と支配の論理》, 岩波書店, 1993. 3.

A 中野泰雄, 〈生き生きて亜細亜大学31年〉, 《国際関係紀要》, 亜細亜大学国際関係学会 3-2, 1994. 3.

B 中野泰雄, 〈日本における安重根義士観の変遷〉, 《国際関係紀要》, 亜細亜大学国際関係学会 3-2, 1994. 3.

中野泰雄, 〈平和の使徒安重根と日韓関係〉, 《アジアフォーラム》, 大阪経済法科大学・アジア研究所 14, 1997. 1.

糟谷政和, 〈伊藤博文・安重根－韓国併合と日本の朝鮮支配政策〉, 《歴史地理教育》 576, 1998. 3.

徐京植, 〈安重根－伊藤博文を射殺した"東洋の義士"〉, 徐京植 著, 《過ぎ去らない人々－難民の世紀の墓碑名》, 影書房, 2001. 1.

未公開資料 朝鮮総督府関係者 録音記録(2), 東洋文化研究所 所蔵 友邦文庫, 朝鮮統治における'在満朝鮮人'問題, 安重根・間島問題(1959. 4. 22.), 《東洋文化研究》, 学習院大学東洋文化研究所 第3号, 2001. 3.

石田雄, 〈伊藤博文の'東洋平和'観－安重根のそれと対比して〉, 《翰林日本学研究》, 翰林大学翰林科学院日本学研究所 第8集, 2003. 12.

小田川興, 〈日本における安重根に対する見方の変化〉, 《聖学院大学総合研究所News letter》 Vol.1 14-3, 2004.

伊藤之雄, 〈韓国と伊藤博文〉, 《日本文化研究》, 韓国東アジア日本学会の機関誌 17輯, 2006. 1.

若林一平, 〈文化と政治の弁証法－和解のメディアとしての安重根〉, 《文教大学国際学部紀要》 第18巻 第1号, 2007. 7.

伊藤之雄, 〈伊藤博文の韓国統治と韓国併合－ハーグ密使事件以降〉, 《法学論叢》 164巻 1-6合併号, 2009. 3.

伊東昭雄 訳,〈安重根"東洋平和論"〉,《世界》, 2009. 10.

勝村誠, 〈安重根と朝鮮植民地支配について－日韓国際平和シンポジウムを通して明らかになったこと〉,《歴史地理教育》753, 2009. 12.

笹川紀勝,〈韓国併合100年－安重根の抵抗精神と平和論〉,《世界》, 2010. 2.

勝村誠,〈安重根の東洋平和論－その現代的意義を中心に〉,《歴史地理教育》754, 2010. 1.